U0480473

蘇州全書

甲編

書

《蘇州全書》編纂出版委員會 編

·說文解字攷異

古吳軒出版社
蘇州大學出版社

圖書在版編目(CIP)數據

說文解字攷異 / (清) 鈕樹玉撰 . -- 蘇州 : 古吳軒出版社 : 蘇州大學出版社 , 2024. 12. -- (蘇州全書).

ISBN 978-7-5546-2463-0

Ⅰ. H161

中國國家版本館 CIP 數據核字第 2024UC0843 號

責任編輯 魯林林
助理編輯 黄超群
裝幀設計 周　晨　李　璇
責任校對 戴玉婷
助理校對 周　磊

書　　名 說文解字攷異
撰　　者 〔清〕鈕樹玉
出版發行 古吳軒出版社
地址：蘇州市八達街118號蘇州新聞大厦30F　電話：0512-65233679
蘇州大學出版社
地址：蘇州市十梓街1號　電話：0512-67480030
印　　刷 常州市金壇古籍印刷廠有限公司
開　　本 889 × 1194　1/16
印　　張 139.75
版　　次 2024 年 12 月第 1 版
印　　次 2024 年 12 月第 1 次印刷
書　　號 ISBN 978-7-5546-2463-0
定　　價 1200.00 元(全三册)

《蘇州全書》編纂工程

總主編

劉小濤　吳慶文

學術顧問（按姓名筆畫爲序）

王　芳　王　宏　王　堯　王　鍔　王紅蕾　王華寶　王爲松　王衛平
王餘光　王鍾陵　朱棟霖　朱誠如　任　平　全　勤　江慶柏　江澄波
汝　信　阮儀三　杜澤遜　李　捷　吳　格　吳永發　何建明　言恭達
沈坤榮　沈燮元　武秀成　范小青　范金民　茅家琦　周　秦　周少川
周國林　周勛初　周新國　胡可先　胡曉明　姜　濤　姜小青　韋　力
姚伯岳　馬亞中　袁行霈　華人德　莫礪鋒　徐　俊　徐　海　徐　雁
徐惠泉　徐興無　唐力行　陸振嶽　陸儉明　陳子善　陳正宏　陳尚君
陳紅彦　陳廣宏　黄愛平　黄顯功　崔之清　張乃格　張志清　張伯偉
張海鵬　葉繼元　葛劍雄　單霽翔　程章燦　程毅中　喬治忠　鄔書林
賀雲翱　詹福瑞　趙生群　廖可斌　熊月之　樊和平　劉　石　劉躍進
閻曉宏　錢小萍　戴　逸　韓天衡　嚴佐之　顧　芗

《蘇州全書》編纂出版委員會

前言

中華文明源遠流長，文獻典籍浩如烟海。這些世代累積傳承的文獻典籍，是中華民族生生不息的文脉和根基。蘇州作爲首批國家歷史文化名城，素有『人間天堂』之美譽。自古以來，這裏的人民憑藉勤勞和才智，創造了極爲豐厚的物質財富和精神文化財富，使蘇州不僅成爲令人嚮往的『魚米之鄉』，更是實至名歸的『文獻之邦』，爲中華文明的傳承和發展作出了重要貢獻。

蘇州被稱爲『文獻之邦』由來已久，早在南宋時期，就有『吴門文獻之邦』的記載。宋代朱熹云：『文，典籍也；獻，賢也。』蘇州文獻之邦的地位，是歷代先賢積學修養、劬勤著述的結果。明人歸有光《送王汝康會試序》云：『吴爲人材淵藪，文字之盛，甲於天下。』朱希周《長洲縣重修儒學記》亦云：『吴中素稱文獻之邦，蓋子游之遺風在焉，士之嚮學，固其所也。』《江蘇藝文志·蘇州卷》收録自先秦至民國蘇州作者一萬餘人，著述達三萬二千餘種，均占江蘇全省三分之一强。古往今來，蘇州曾引來無數文人墨客駐足流連，留下了大量與蘇州相關的文獻。時至今日，蘇州仍有約百萬册的古籍留存，入選『國家珍貴古籍名録』的善本已達三百一十九種，位居全國同類城市前列。其中的蘇州鄉邦文獻，歷宋元明清，涵經史子集，寫本刻本，交相輝映。此外，散見於海内外公私藏家的蘇州文獻更是不可勝數。它們載録了數千年傳統文化的精華，也見證了蘇州曾經作爲中國文化中心城市的輝煌。

蘇州文獻之盛得益於崇文重教的社會風尚。春秋時代，常熟人言偃就北上問學，成爲孔子唯一的南方弟子。歸來之後，言偃講學授道，文開吴會，道啓東南，被後人尊爲『南方夫子』。西漢時期，蘇州人朱買臣負薪讀書，穹窿山中至今留有其『讀書臺』遺迹。兩晉六朝，以『顧陸朱張』爲代表的吴郡四姓涌現出大批文士，在不少學科領域都貢獻卓著。及至隋唐，蘇州大儒輩出，《隋書·儒林傳》十四人入傳，其中籍貫吴郡者二人；《舊唐書·儒學傳》三十四人入正傳，其中籍貫吴郡（蘇州）者五人。文風之盛可見一斑。北宋時期，范仲淹在家鄉蘇州首創州學，並延名師胡瑗等人教授生徒，此後縣學、書院、社學、義學等不斷興建，蘇州文化教育日益發展。故明人徐有貞云：『論者謂吾蘇也，郡甲天下之郡，學甲天下之學，人才甲天下之人才，偉哉！』在科舉考試方面，蘇州以鼎甲萃集爲世人矚目，清初汪琬曾自豪地將狀元稱爲蘇州的土産之一，有清一代蘇州狀元多達二十六位，占全國的近四分之一，由此而被譽爲『狀元之鄉』。近現代以來，蘇州在全國較早開辦新學，發展現代教育，涌現出顧頡剛、葉聖陶、費孝通等一批大師巨匠。中華人民共和國成立後，社會主義文化教育事業蓬勃發展，蘇州英才輩出、人文昌盛，文獻著述之富更勝於前。

蘇州文獻之盛受益於藏書文化的發達。蘇州藏書之風舉世聞名，千百年來盛行不衰，具有傳承歷史長、收藏品質高、學術貢獻大的特點，無論是卷帙浩繁的圖書還是各具特色的藏書樓，以及延綿不絶的藏書傳統，都成爲中華文化重要的組成部分。據統計，蘇州歷代藏書家的總數，高居全國城市之首。南朝時期，蘇州就出現了藏書家陸澄，藏書多達萬餘卷。明清兩代，蘇州藏書鼎盛，絳雲樓、汲古閣、傳是樓、百宋一廛、藝芸書舍、鐵琴銅劍樓、過雲樓等藏書樓譽滿海内外，彙聚了大量的珍貴文獻，對古代典籍的收藏保護厥功至偉，亦於文獻校勘、整理裨益甚巨。《舊唐書》自宋至明四百多年間已難以考覓，直至明嘉靖十七年（一五三八），聞人詮在蘇州爲官，搜討舊籍，方從吴縣王延喆家得《舊唐書》『紀』和『志』部分，從長洲張汴家得《舊唐書》『列傳』部分，『遺籍俱出宋時模板，旬月之間，二美璧合』，于是在蘇州府學中槧刊，《舊唐書》自此得以彙而成帙，復行於世。清代嘉道年間，蘇州黃丕烈和顧廣圻均爲當時藏書名家，且善校書，『黃跋顧校』在中國文獻史上影響深遠。

蘇州文獻之盛也獲益於刻書業的繁榮。蘇州是我國刻書業的發祥地之一，早在宋代，蘇州的刻書業已經發展到了相當高的水平，至今流傳的杜甫、李白、韋應物等文學大家的詩文集均以宋代蘇州官刻本爲祖本。宋元之際，蘇州磧砂延聖院還主持刊刻了中國佛教史上著名的《磧砂藏》。明清時期，蘇州成爲全國的刻書中心，所刻典籍以精善享譽四海，明人胡應麟有言：『凡刻之地有三，吴也、越也、閩也。』他認爲『其精，吴爲最』，『其直重，吴爲最』。又云：『余所見當今刻本，蘇常爲上，金陵次之，杭又次之。』清人金埴論及刻書，仍以胡氏所言三地爲主，則謂『吴門爲上，西泠次之，白門爲下』。明代私家刻書最多的汲古閣、清代坊間刻書最多的掃葉山房均爲蘇州人創辦，晚清時期頗有影響的江蘇官書局也設於蘇州。據清人朱彝尊記述，汲古閣主人毛晉『力搜秘册，經史而外，百家九流，下至傳奇小説，廣爲鏤版，由是毛氏鋟本走天下』。由於書坊衆多，蘇州還産生了書坊業的行會組織崇德公所。明清時期，蘇州刻書數量龐大，品質最優，裝幀最爲精良，爲世所公認，國内其他地區不少刊本也都冠以『姑蘇原本』，其傳播遠及海外。

蘇州傳世文獻既積澱着深厚的歷史文化底蘊，又具有穿越時空的永恒魅力。從范仲淹的『先天下之憂而憂，後天下之樂而樂』，到顧炎武的『天下興亡，匹夫有責』，這種胸懷天下的家國情懷，早已成爲中華民族精神的重要組成部分，傳世留芳，激勵後人。南朝顧野王的《玉篇》，隋唐陸德明的《經典釋文》、陸淳的《春秋集傳纂例》等均以實證明辨著稱，對後世影響深遠。明清時期，馮夢龍的《喻世明言》《警世通言》《醒世恒言》，在中國文學史上掀起市民文學的熱潮，具有開創之功。吴有性的《温疫論》、葉桂的《温熱論》，開温病學研究之先河。蘇州文獻中藴含的求真求實的嚴謹學風、勇開風氣之先的創新精神，已經成爲一種文化基因，融入了蘇州城市的血脉。不少蘇州文獻仍具有鮮明的現實意義。明代費信的《星槎勝覽》，是記載歷史上中國和海上絲綢之路相關國家交往的重要文獻。鄭若曾的《籌海圖編》和徐葆光的《中山傳信録》，爲釣魚島及其附屬島嶼屬於中國固有領土提供了有力證據。魏良輔的《南詞引正》、嚴澂的《松絃館琴譜》、計成的《園冶》，分别是崑曲、古琴及園林營造的標志性成果，這些藝術形式如今得以名列世界文化遺産，與上述名著的嘉惠滋養密不可分。

維桑與梓，必恭敬止；文獻流傳，後生之責。蘇州先賢向有重視鄉邦文獻整理保護的傳統。方志編修方面，范成大《吴郡志》爲方志創體，其後名志迭出，蘇州府縣志、鄉鎮志、山水志、寺觀志、人物志等數量龐大，構成相對完備的志書系統。地方總集方面，南宋鄭虎臣輯《吴都文粹》、明錢穀輯《吴都文粹續集》、清顧沅輯《吴郡文編》先後相繼，收羅宏富，皇皇可觀。常熟、太倉、崑山、吴江諸邑，周莊、支塘、木瀆、甪直、沙溪、平望、盛澤等鎮，均有地方總集之編。及至近現代，丁祖蔭彙輯《虞山叢刻》《虞陽説苑》，柳亞子等組織『吴江文獻保存會』，爲搜集鄉邦文獻不遺餘力。江蘇省立蘇州圖書館於一九三七年二月舉行的『吴中文獻展覽會』規模空前，展品達四千多件，並彙編出版吴中文獻叢書。然而，由於時代滄桑，圖書保藏不易，蘇州鄉邦文獻中『有目無書』者不在少數。同時，囿於多重因素，蘇州尚未開展過整體性、系統性的文獻整理編纂工作，許多文獻典籍仍處於塵封或散落狀態，没有得到應有的保護與利用，不免令人引以爲憾。

進入新時代，黨和國家大力推動中華優秀傳統文化的創造性轉化和創新性發展。習近平總書記强調，要讓收藏在博物館裏的文物、陳列在廣闊大地上的遺産、書寫在古籍裏的文字都活起來。二〇二二年四月，中共中央辦公廳、國務院辦公廳印發《關於推進新時代古籍工作的意見》，確定了新時代古籍工作的目標方向和主要任務，其中明確要求「加强傳世文獻系統性整理出版」。盛世修典，賡續文脉，蘇州文獻典籍整理編纂正逢其時。二〇二二年七月，中共蘇州市委、蘇州市人民政府作出編纂《蘇州全書》的重大決策，擬通過持續不斷努力，全面系統整理蘇州傳世典籍，着力開拓研究江南歷史文化，編纂出版大型文獻叢書，同步建設全文數據庫及共享平臺，將其打造爲彰顯蘇州優秀傳統文化精神的新陣地，傳承蘇州文明的新標識，展示蘇州形象的新窗口。

「睹喬木而思故家，考文獻而愛舊邦。」編纂出版《蘇州全書》，是蘇州前所未有的大規模文獻整理工程，是不負先賢、澤惠後世的文化盛事。希望藉此系統保存蘇州歷史記憶，讓散落在海内外的蘇州文獻得到挖掘利用，讓珍稀典籍化身千百，成爲認識和瞭解蘇州發展變遷的津梁，並使其中藴含的積極精神得到傳承弘揚。

觀照歷史，明鑒未來。我們沿着來自歷史的川流，承荷各方的期待，自應負起使命，砥礪前行，至誠奉獻，讓文化薪火代代相傳，並在守正創新中發揚光大，爲推進文化自信自强、豐富中國式現代化文化内涵貢獻蘇州力量。

《蘇州全書》編纂出版委員會

二〇二二年十二月

凡例

一、《蘇州全書》（以下簡稱『全書』）旨在全面系統收集整理和保護利用蘇州地方文獻典籍，傳播弘揚蘇州歷史文化，推動中華優秀傳統文化傳承發展。

二、全書收録文獻地域範圍依據蘇州市現有行政區劃，包含蘇州市各區及張家港市、常熟市、太倉市、崑山市。

三、全書着重收録歷代蘇州籍作者的代表性著述，同時適當收録流寓蘇州的人物著述，以及其他以蘇州爲研究對象的專門著述。

四、全書按收録文獻内容分甲、乙、丙三編。每編酌分細類，按類編排。

（一）甲編收録一九一一年及以前的著述。一九一二年至一九四九年間具有傳統裝幀形式的文獻，亦收入此編。按經、史、子、集四部分類編排。

（二）乙編收録一九一二年至二〇二一年間的著述。按哲學社會科學、自然科學、綜合三類編排。

（三）丙編收録就蘇州特定選題而研究編著的原創書籍。按專題研究、文獻輯編、書目整理三類編排。

五、全書出版形式分影印、排印兩種。甲編書籍全部采用繁體竪排；乙編影印類書籍，字體版式與原書一致；乙編排印類書籍和丙編書籍，均采用簡體横排。

六、全書影印文獻每種均撰寫提要或出版説明一篇，介紹作者生平、文獻内容、版本源流、文獻價值等情況。影印底本原有批校、題跋、印鑒等，均予保留。底本有漫漶不清或缺頁者，酌情予以配補。

七、全書所收文獻根據篇幅編排分册，篇幅適中者單獨成册，篇幅較大者分爲序號相連的若干册，篇幅較小者按類型相近原則數種合編一册。數種文獻合編一册以及一種文獻分成若干册的，頁碼均連排。各册按所在各編下屬細類及全書編目順序編排序號。

據中國國家圖書館藏稿本影印。

説文解字攷異

〔清〕鈕樹玉 撰

提要

《説文解字攷異》十五卷，清鈕樹玉撰。

鈕樹玉（一七六〇—一八二七），字藍田，號非石，亦作匪石、匪石山人。清吳縣洞庭東山人。錢大昕弟子。曾任梁章鉅館賓，身後志銘亦爲梁氏所撰。通六書之學，兼工書法。著有《説文新附考》《段氏説文注訂》《匪石山人詩》《匪石先生文集》等。《清史稿》有傳。

《説文解字攷異》，又作《説文解字校録》，諸家序跋中兩名互見。據鈕氏自序，本書定稿於道光元年（一八二一），因友人陳鴻壽延其課子，課餘得閑，重爲寫定，『計初創至此，凡四易稿矣』。此書初以稿鈔本形式流傳。稿本兩部，『一存祁之釪家，欲梓，未果』；一藏姻親金樸庭處，『馮中允桂芬見之，録副以去』。至同治三年（一八六四），鈕惟善於金宅訪得《攷異》十五册，傳録副本藏於家。至光緒初，潘祖蔭訪得鈕惟善鈔本，改題《説文解字校録》，交江蘇書局刊刻行世。

本書依大徐本《説文》次第，厘爲十五卷，卷各分上下。每條先列篆文及許氏説解，再校以多書，録其異文，附以按語。鈕氏認爲《説文》自唐至宋多有改移，所傳者止二徐本，往往以其所知改所不知。小學之存於後世者，《説文》以下無過於《玉篇》，因以《玉篇》爲主，旁及群書所引，一一參訂，冀還許氏之舊。李鋭跋此書『皆平正通達，不參臆見』，絶非『先設條例而後以典籍附合其説者』。今人評價此書，雖存在《玉篇》底本選用不當、誤記他書爲《説文》、用語前後不一等缺點，但其書『搜羅之博，考辨之精，於清人校勘《説文》著作中堪稱上乘』。

此本出於鈕氏手書，應屬《攷異》稿本之一。稿本曾經著者塗乙勾勒，並夾有諸家批校細籤，誤脱衍錯，多經增補。書中朱、墨筆批校手迹，可考者爲清戴桐生、柯培元，後附清李鋭跋文。

本次影印以中國國家圖書館藏稿本爲底本，内容稍繁於江蘇書局刻本。原書高二九·六厘米，廣十七·八厘米。

說文解字攷異弟一上　漢太尉祭酒許慎記

銀青光祿大夫守右散騎常侍上柱國東海縣開國子食邑五百戶臣徐鉉等奉　敕校定每卷放此不錄

十四部　六百七十二文繫傳作二百七十四誤今去與實六百七十一　重八十繫傳作七十七毛本作八十一並非　凡萬六百三十九字

一　惟初太始玉篇引繫傳及韻會引始作極道立於一造分天地化成萬物韻會成作生　凡一之屬皆从一於悉切繫傳从並作從下放此　弌　古文一　元

始也从一从兀 愚袁切 徐鍇曰元者善之長也故从一 繫傳韻會作从一兀聲 書故曰一本說文兀下有聲字 九經字樣作從一兀聲則聲字二徐删 天 顛也至

高無上从一大 他前切 丕 大也从一不聲 敷悲切 徐鍇曰吏之治人心主於一故从一 吏 治人

者也从一从史史亦聲 力置切 文五 重一

上 高也此古文上指事也凡上之屬皆从上 時掌切 上

篆文上 玉篇部首作上重文作丄注云古文 [illegible] 帝 諦也王天下之號也 都計切 [illegible]

號 下無也 从丄朿聲 帝 古文帝古文諸上字皆 非

字韻會有

从二篆文皆从二二古文上字辛示辰龍童音章皆从

此四行並當低一字

古文丄　繫傳辛下有　旁　溥也从二闕　諸字毛本同古文諸上字以下疑後人加　繫傳作从二方聲闕韻會作从二方無聲字闕　步光切

按字通部無旁故云闕也　旁　古文旁　旁　亦古文旁　元本玉篇作旁　旁　籀文

又按說文央从大在冂之内大人也央旁同意則冂當是人筆迹小異則闕字衍

丅　底也指事　胡雅切繫傳韻會作底也从反上爲下無指事二字玉篇何雅切又何嫁切廣韻收上去二聲　下　篆文

丅　文四　重七　毛本七作六是也

示　天垂象見吉凶所以示人也从二　二古文上字按五字乃大徐說繫傳韻會無　三垂日月星也觀乎天文以察時變示神事也凡示之屬皆从示　神至切　𥘆　古文示　祜　上諱　臣鉉等曰此漢安帝名也福也當从示古聲　侯古切　禮　履

說文攷異　二

周禮大宗伯職以吉禮事邦
國之鬼神示鄭注故書
示爲祇杜子春云祇當爲示
書亦或爲祇

凡廟諱御名
宜不書其義

提高一字

說文彊異　二

也所以事神致福也从示从豊豊亦聲靈啓切𥘡古文

禮繫傳作𥘡禧禮吉也从示喜聲許其切（玉篇禧福也廣韻福也喜也）（錢大昕云盧先生云吉當作告釋詁禧告也郭注云未詳樹玉按廣韻吉也蓋本說文未必是告）

——廟諱以眞受福也从示眞聲側鄰切祿福也从示彔聲

盧谷切褫福也从示虒聲息移切（釋詁文郭注未詳）禎祥也从示貞聲陟

盈切祥福也从示羊聲（一云善）似羊切祉福也从示止聲敕里切福

祐也从示畐聲方六切繫傳韻會作備也與祭統合（玉篇引同廣韻德也祐也）（繫傳無一云善三字韻會作一曰善也）祐助也从示右聲于救切（則作祐乃大徐改）

禥吉也从示其聲渠之切禥籀文从基祗敬也从示氐

聲音移切禔安福也从示是聲易釋文引作安也玉篇注福也安也廣韻注福也亦安也則安下當有也字是二義易曰禔旣平市支切今易禔作祇唐石經作祇禔繫傳作

神天神引出萬物者也从示申食鄰切顧千里云繫傳申下有聲字徐鍇曰疑多聲字韻會引無依鍇說刪之也鉉刪亦依鍇說毛板初印即有聲字

祇繫傳作祇目氏也反用繫傳本添鉉本未嘗不是然失鉉面目矣

[illegible]地祇提出萬物者也韻會祇作神非从示氏聲巨支切此作祇爲與訓敬不分篇韻作祇

祕神也从示必聲兵媚切

齋戒潔也繫傳潔作絜按从水从人人說文並無古通作絜詳新附攷从示齊省聲側皆切韻會無省字

䶒籒文齋从䨲省䨲音禱繫傳無此三字

禋　潔祀也玉篇引潔作絜一曰精意以享爲禋从示垔聲於眞切

[illegible]　籀文从宀繫傳作[illegible]　祭　祭祀也从示以手持肉子例切爾雅釋詁疏引作從示從又從肉顧千里云當作

从又持肉又部从又持凡四見　祀　祭無已也从示巳聲詳里切　禩　祀或从異

祡　燒柴燓燎以祭天神玉篇引同繫傳韻會作燒柴燎以祭天神釋天釋文引作

燒柴燎祭天也殷敬順列子釋文引作燒柴焚燎以祭天神當不誤从示此聲虞書曰至于

岱宗祡仕皆切今書作柴　[illegible]　古文祡从隋省　禷　以事類祭天

神从示類聲力遂切　祪　祔祪祖也詁本釋文从示危聲過委切　祔

彷徨

後死者合食於先祖从示付聲符遇切祖始廟也从示且聲則古切鬃門內祭先祖所以徬徨繫傳徬作彷韻會及釋宮釋文引亦作彷徨下有也字玉篇及詩楚茨釋文引作徬所亦有也字按說文無彷徨當作徬皇从示彭聲詩曰祝祭于鬃補盲切今詩作祊祊鬃或从方祰告祭也从示从告聲苦浩切祏宗廟主也周禮有郊宗石室左傳莊十四年原繁曰先君桓公命我先人典司宗祏杜注宗祏宗廟中藏主石室昭十八年子產使祝史徙主祏於周廟玉篇祏廟主石室也一曰大夫以石爲主廣韻引石作祏非从示从石石亦聲常隻切祉以

豚祠司命（玉篇引同韻會祠作祀藝文類聚三十八初學記十三引作祭祀非）从示比聲漢律曰祠祉司命（卑履切韻會無祠字祉作祀竝非）

祠春祭曰祠品物少多文詞也从示司聲仲春之月祠不用犧牲用圭璧及皮幣（似茲切）

禴夏祭也从示勺聲（以灼切）

禘諦祭也周禮曰五歲一禘（特計切後漢書張純傳引禮說三年一祫五年一禘南齊書禮志王儉引禮緯稽命徵云三年一祫五年一禘）

祫大合祭親疏遠近也从示合（繫傳韻會下有聲字疏作疎俗）周禮曰三歲一祫（侯夾切按此齊禮說）

祼　灌祭也从示果聲　古玩切

𥜶　數祭也讀若舂麥爲𥜶之𥜶　此芮切　臣鉉等曰舂麥爲𥜶今無此語且非異文所未詳也

繫傳作爲毳是也下之𥜶亦當是毳凡讀若不應仍同本字也廣雅作橇舂也木部無橇

周礼小宗伯兩𥜶杜子春讀𥜶爲毳皆謂𥜶祭也

祝　祭主贊詞者从示从人口一曰从兌省易曰兌爲口爲巫　之六切

𥛸　祝𥛸也从示留聲　力救切

祓　除惡祭也从示犮聲　敷勿切　左傳僖六年釋文引祭上有之字

祈　求福也从示斤聲　渠稀切

禱　告事求福也从示壽聲　都浩切

𥛍　禱或省　𥙊　籀文禱　繫傳在禂上

禜　設綿蕝爲營以禳風雨雪霜水旱癘疫於日月星辰山川也

从示榮省聲 繫傳韻會榮作營上有从字 一曰禜衛使灾不生 繫傳韻會灾作災

禮記曰雩禜祭水旱 爲命切繫傳禮記上有臣鍇按三字是也祭法本作雩宗鄭■讀宗爲禜楚金依鄭耳■非許說

禳 磔禳祀除癘殃也古者燧人禜子所造 說文無燧古通作遂 从示襄聲 汝羊切

禬 會福祭也从示从會會亦聲周禮曰禬之祝號 古外切繫傳作从示會聲無曰字

禪 祭天也从示單聲 時戰切玉篇又市然切靜也廣韻收平去二聲

禦 祀也 廣韻引作祠也誤 从示御聲 魚舉切

䄆 祀也从示昏

聲古末切玉篇作祮凡𠯑啓並作舌禖祭也从示某聲莫桮切𥜗祭

具也从示胥聲私呂切祳社肉盛以蜃故謂之祳天子

所以親遺同姓廣韻引盛下有之字从示辰聲春秋傳曰石尚來

歸祳時忍切見定十四年經祴宗廟奏祴樂从示戒聲古哀切禡師行

所止恐有慢其神下而祀之曰禡从示馬聲周禮曰禡

於所征之地莫駕切繫傳韻會無曰字按見禮記王制非周官也禂禱牲馬祭也

从示周聲詩曰既禡既禂都皓切繫傳詩上有臣鍇按三字則非許說今詩吉日作

天

國老袁良銘堂序
歷隆灊邁文字
為訓則必疑亦聲
要意乏字其社从
土聲 亦有者也
左傳閒于兩社爲公室輔
漢書劉德傳與社為輔

旣伯旣禱騊或从馬壽省聲社地主也从示土繫傳土下

釋天同釋文[illegible]旣禱引說文作禂[illegible]

有聲字韻會無顧千里云韻會

引說文頗多改易非專依鍇本是也春秋傳曰共工之子爲

社神周禮二十五家爲社各樹其所宜之木常者切據風俗通二

十五家爲社乃周禮說大司徒職云設其社祉古文社繫傳下有

稷之壝而樹之田主各以其野之所宜木

同禓道上祭从示易聲与章切禮精氣感祥从示侵漢書匡衡傳宋祁引字林感作祲疑本說文

字

省聲春秋傳曰見赤黑之禮子林切繫傳禮下有是字韻會無禍害

也神不福也从示咼聲胡果切祟神禍也从示从出雖遂切繫傳韻

會作从示出疑 𥜃 出示下有聲字後人刪 籀文祟从𩗽省 䄏 地反物爲䄏也从示芺聲 於喬切 祘 明視以筭之从二示逸周書曰士分民之祘 今逸周書未見 當在逸篇 均分以祘之也讀若筭 蘇貫切 按此字當在禁下説文凡重文皆在部末禫字乃後人增

禁 吉凶之忌也从示林聲 居蔭切 禫 除服祭也 韻會引从也作名 从示覃聲 徒感切 按此字疑後人增據棪㐁突三字並云讀若三年導服之導是許君以導當禫鄭注士虞禮亦云古文禫或爲導後人見禮經有禫因增於部末耳

繫傳禫下尚有禰禮祧祆祚五篆當非原有故不錄

文六十 毛本作六十三是也 繫傳作六十五亦誤 重十三

三天地人之道也从三數凡三之屬皆从三蘇甘切　弎古文三从弋繫傳無从弋二字　文一　重一

王天下所歸往也董仲舒曰古之造文者三畫而連其中謂之王三者天地人也而參通之者王也孔子曰一貫三爲王凡王之屬皆从王李陽冰曰中畫近上王者則天之義雨方切　𤣥古文王　閏餘分之月五歲再閏告朔之禮天子居宗廟閏月居門中从王在門中周禮曰閏月王居門中終月也如順切韻會引終作無非太史職閏月詔王居

唐徐堅初學記玉部引逸論語曰玉十謂之區治玉謂之琢亦謂之雕（當作琱雕乃段借字）瑳玉色鮮白也瑩玉色也瑛玉光也瓊赤玉也璿瑾瑜美玉也璑三采玉也玲瑲琤瓄瑝玉聲也璥玉佩也瑱充耳也璪玉飾

門終月

皇大也从自（韻會下有王字）自始也始皇者三皇大君也自讀若鼻今俗以始生子爲鼻子（胡光切 繫傳始上有作字鼻子下有是字）

文三　重一

王石之美有五德潤澤以温仁之方也䚡理自外可以知中義之方也其聲（舒揚）專以遠聞智之方也（集韻引專作尃類篇作尃繫傳作尃下有鍇曰尃音敷布也則專非）不橈而折（毛本橈作撓非）勇之方也鋭廉而不技（繫傳技作忮鍇曰忮害也則技非無不字蓋脱事類賦引忮作劌恐因轉寫改）絜之方也象三玉之連丨其貫也凡玉之屬皆从玉（陽冰）

以水藻也案玉部珕琱瑳瑩瑛瓊璿瑾瑜理玲瑲琤瑣瑝璬瑱璪十八訓皆與逸論語合毋毫髮爽玉部瑮瑩二字明引逸論語璠字引孔子曰據太平御覽所引亦逸論語文合此十八訓蓋皆齊論問玉篇文也叔重解說字字皆本古訓此十八訓亦本逸論語惜前人說文無有証明之者　戴彥升說

曰三畫正均如貫玉也魚欲切

𤣪　古文玉

璙　玉也从玉尞聲　洛蕭切玉篇力弔力小二切玉名廣韻平上去三聲並收

瓘　玉也从玉雚聲春秋傳曰瓘斝　工玩切

璥　玉也从玉敬聲　居領切

琠　玉也　韻會引作玉名玉篇凡玉也並作玉名　从玉典聲　多殄切

⿰王夒　玉也从玉夒聲　耳由切玉篇奴刀切廣韻收豪

⿰王毄　玉也从玉毄聲　郎擊切

璠　璵璠魯之寶玉　說文無璵古通作與詳新附攷　从玉番聲孔子曰美哉璵璠遠而望之奐若也近而視之瑟若也一則理勝二則孚勝　附袁切御覽引作逸論語

瑾　當作瑾

瑾　瑜美玉也从玉堇聲居隱切（玉篇注同文選琴賦注引作玉名）

瑜　瑾瑜美玉也从玉俞聲羊朱切

玒　玉也从玉工聲戶工切

𤥨　𤥨瓄玉也廣韵引作瓄玉也玉篇注玉屬也按說文無瓄未知古用何字廣雅瓄曹音讀玉篇瓄引史記崐山出瓄玉今史記龜策傳有玉櫝隻雉出於昆山當即此左傳昭七年瑤甕玉櫝杜注櫝匱也

[illegible]从玉來聲落哀切

瓊　赤玉也从玉夐聲渠營切（玉篇引同又引莊子云積石為樹名曰瓊枝其高一百二十仞大三十圍以琅玕為之實　今莊子無此文）

璚　瓊或从矞

瓗　瓊或从巂

琁　瓊或从旋省　臣鉉等曰[illegible]今與璿同

珦　玉也从玉向聲許亮切（玉篇璇為璿之重文璇似宣切美石次玉廣韻璇為旋之重文義同書顧命釋文）

[玉剌]　玉也从玉剌聲盧達切

珣　醫無閭珣玗琪周書所謂夷玉也　引作夷玉郎

珣玗琪作玗璘顧千里云宋本琪毛初刻改璂後仍改琪今按皆非也當作基集韻云琪或書作基說文既無琪字則借基字為之五音韻譜繫傳韻會並作琪則二徐本不作璂之明證唯集韻類篇載說文是璂字恐非二書之舊 从玉句聲一曰器讀若宣 相倫切 璐 玉也从玉路聲 洛故切 楚辭九章被明月兮珮寶璐洪補注引作玉名 瓚 三玉二石也从玉贊聲禮天子用全純玉也上公用駹四玉一石侯用瓚伯用埒玉石半相埒也 徂贊切 考工記作天子用全上公用龍侯用瓚伯用將先鄭注云龍當為尨尨謂雜色後鄭云瓚讀如餐饜之饜龍瓚將皆雜名也 瑛 玉光也从玉英聲 於京切 璑 三采玉也从玉無聲 武扶切 珛 朽玉也从玉有聲讀若

戴（立言弁）左氏傳謂畧僖廿八年楚子玉自為瓊弁玉纓杜注弁以鹿子皮為之瓊玉之別名次之以飾弁及纓詩云會弁如星（立言弁）如星瓊說文赤玉、也非玉之別名傳當作璿說文引傳作璿云美玉也西京賦璿弁玉纓平子用傳文正作璿杜以為皮弁之飾考孔無以玉飾纓之文亦非也記玉制疏引服虔解謂瓊弁玉纓謂馬飾薛綜西京賦注弁馬冠也以璿作之纓馬鞅也以玉飾之薛文學學劉成國且知古義蓋本古左氏家說故解因子慎元凱之不根甚矣

畜牧之畜 許救切 璿 美玉也从玉睿聲春秋傳曰璿弁玉纓 似沿切 左傳僖二十八年作瓊弁玉纓繫傳[illegible]弁作冠段君懋堂云諱李昪嫌名 璚 古文璿 [古文字形] 籀文璿 繫傳作[籀文字形]是也玉篇廣韻並作[籀文字形]叔部有叡不應重 球 玉聲也 [illegible]聲字蓋譌廣韻引作玉磬也繫傳韻會作玉也[illegible] 顧命天球釋文引馬云玉磬 璆 球或从翏 琳 美玉也从玉林聲 力尋切 釋[illegible]璆琳玉也 璧 瑞玉圜也从玉辟 玉篇瑞玉圜以象天也廣韻引白虎通曰璧[illegible] 者以圜象天內方象地爾雅曰肉倍好謂之璧肉邊[illegible]作環恐非玉篇璧 聲 比激切 瑗 大孔璧人君上除陛以相引从玉爰聲 好孔也爾雅覽圜作環按環者肉好若一與璧異白虎通內方亦非 爾雅曰好倍肉謂之瑗肉倍好謂之璧 王春切 環 璧也

肉好若一謂之環 韻會引同繫傳無謂之環三字蓋脫（釋器文） 从玉睘聲 戸關切 璜

半璧也从玉黄聲 戸光切 琮 瑞玉大八寸似車釭从玉宗聲

藏宗切 琥 發兵瑞玉爲虎文从玉从虎虎亦聲 繫傳韻會

作从玉虎聲 春秋傳曰賜子家雙琥 呼古切 韻會引同繫傳家下有子字琥下有是

字 瓏 禱旱玉龍文 繫傳同韻會引文作也非 玉篇注禱旱之玉爲龍文也 从玉从龍龍（左傳昭三十二年傳[illegible]有子字）（左傳昭二十九年疏引作禱旱玉也爲龍文）

亦聲 力鍾切 繫傳作从玉龍聲 琬 圭有琬者 琬當是宛 从玉宛聲 於阮切 璋

剡上爲圭半圭爲璋 韻會引二爲字並作曰 从玉章聲 禮六幣

凡廟諱御名似當加一方圍庶与叔重上諱之文有別　彥升識

提高一字改廟諱

圭以馬璋以皮璧以帛琮以錦琥以繡璜以黼　諸良切見小行人職

廟諱御名璧上起美色也从玉炎聲　以冉切

玠大圭也从玉介聲

周書曰稱奉介圭　古拜切韻會引介圭作玠玉玠當不誤玉字非書顧命作大保承介圭康王之命作賓稱奉圭此引蓋合二為一

瑒圭尺二寸　韻會引作圭尺有二寸　有瓚以祠宗廟者也　韻會祠作祀玉篇雜杏切珪尺二寸有瓚以祀宗廟又音暢廣韻■平聲陽注玉名上聲梗注祀宗廟圭名長尺二寸徒杏切又音暢集[illegible]

从玉昜聲　丑亮切顧千里云周語奉犧牲玉鬯即此瑒字攷工記謂之祼圭

瓛桓圭公所執　韻會引同繫傳公上有三字非　从玉獻聲　胡官切

珽大圭長三尺抒上終葵首从玉廷聲　他鼎切

瑁諸

侯執圭朝天子天子執玉以冒之似犁當作犂冠周禮曰天子執瑁四寸考工記作冒从玉冒冒亦聲莫報切珇古文省繫傳作古文从目玉篇韻會作玥是也蓋省目非省冃也璬玉佩从玉敫聲古了切珩佩玉上也所以節行止玉篇引止作步从玉行聲戶庚切繫傳無聲字韻會引作从玉行所以節行止玦玉佩也从玉夬聲古穴切瑞以玉爲信也从玉耑徐鍇曰耑諦也會意是僞切繫傳又曰或有聲字誤也無會意二字按[illegible]从耑聲讀若捶則瑞从耑聲明矣凡形聲字多聲兼意後人疑聲不近輒去聲字非珥瑱也从玉耳耳亦聲仍吏切瑱以玉

充耳也从玉眞聲詩曰玉之瑱兮臣鉉等曰今充耳字更从玉旁非是他甸切

廣韻韻會引兮作也■此詩通章當不誤作也玉篇耳部䩠下引詩亦作也

䩠瑱或从耳

琫佩刀下飾玉篇同詩瞻彼洛矣毛傳曰琫上飾珌下飾孟康注王莽傳云佩刀之飾上曰琫下曰珌此■作下字■蓋傳寫誤釋名室口之飾曰琫琫捧也捧束口也下末之飾曰琕琕卑也在下之言也天子以玉諸侯以金从玉奉聲邊孔切

珌佩刀下飾韻會引𤣩篇韻注下作上非天子以玉从玉必聲卑吉切

璏劍鼻玉也左傳桓元年作藻率鞞鞛杜注鞞佩刀削上飾鞛下飾亦誤釋文鞞補頂反鞛布孔反說文無鞞鞛从玉彘聲直例切

瑵車蓋玉瑵从玉蚤聲側絞切

瑑圭璧上起兆瑑也从玉篆省聲韻會引作从玉彖聲周禮曰瑑圭璧直戀切典瑞作瑑圭璋璧

琮

珇　琮玉之瑑从玉且聲則古切　璪　弁飾往往冒玉也詩鳲鳩釋文引同繫傳韻會往往作行行鍇曰■謂綴玉於武冠若綦子之列布也从玉綦聲渠之切

璂　璪或从基　璪　玉飾如水藻之文从玉喿聲虞書曰璪火黺米子皓切繫傳及類篇引黺作粉[illegible]誤黹部黺下引此文書稷益釋文引■作黺[illegible]

瑬　垂玉也冕飾从玉流聲力求切　璹　玉器也从玉𠷎聲當作从玉𠷎省聲後放此　讀若淑殊六切即琡之正體　瓃　玉器也从玉畾聲臣鉉等案靁字注象回轉之形畾不成字凡从畾者並當从靁省魯回切　瑳　玉色鮮

白从玉差聲七何切玼玉色鮮也玉篇注同韻會引鮮下有

絜字詩新臺有泚君子

偕老釋文引並作（玉篇且禮切玉色鮮白也詩傳曰瑳巧笑貌又七何切廣韻瑳平上二聲）从玉此聲詩曰新臺有玼千礼切今詩作泚璱

新色鮮也蓋誤

玉英華相帶如瑟弦从玉瑟聲詩曰瑟彼玉瓚所櫛切韻

會引同集韻類篇引詩作璱是瑮玉英華羅列秩秩从

也詩旱麓釋文云瑟又作璱

玉㮚聲逸論語曰玉粲之瑮兮其瑮猛也力質切瑩

玉色从玉熒省聲一曰石之次玉者逸論語曰如玉之

瑩烏定切玉篇烏定爲明二切又於坰切

廣韻去聲引說文平聲引詩充耳秀瑩璊玉䞓色也从玉

㒼聲禾之赤苗謂之虋言璊玉色如之莫奔切玉篇引同詩大車檻檻釋文引經作𩕊虋作璊無言璊二字玧璊或从允瑕玉小赤也从玉叚聲乎加切琢治玉也从玉豕聲竹角切琱治玉也一曰石似玉从玉周聲都寮切理治玉也从玉里聲良止切珍寶也从玉㐱聲陟鄰切玩弄也从玉元聲五換切貦玩或从貝玲玉聲从玉令聲郎丁切瑲玉聲也从玉倉聲詩曰鞗革有瑲七羊切詩瑲作鶬玎玉聲也从玉丁聲齊太公子伋

琤

謚曰玎公 當經切 繫傳太下無公字是也 琤 玉聲也从玉爭聲 楚耕切 瑣 玉聲也从玉貨聲 蘇果切 瑝 玉聲也从玉皇聲 乎光切 瑀 石之似玉者从玉禹聲 王矩切 玤 石之次玉者以爲系璧从玉丰聲讀若詩曰瓜瓞菶菶 今詩作唪唪說文無唪 一曰若盒蚌 補蠓切玉篇布孔步講二切廣韻止收上聲講 玪 玪𤩌石之次玉者从玉今聲 古函切 玉篇爲瑊之重文 𤩌 玪𤩌也从玉勒聲 盧則切 繫傳作𤩌韻會同玪作鈐非玉 篇韻無名 篇作𤩌 有𤩌文玏 又玪爲瑊之重文 琚 瓊琚 段君云詩鄭風正義釋文皆引

說文琚佩玉名从玉居聲詩曰報之以瓊琚九魚切瓊當作瓊璓石之次玉者从玉莠聲詩曰充耳璓瑩息救切繫傳璓作琇蓋後人以今詩改

玖石之次玉黑色者韻會引無色字■非■玉篇注無之字从玉久聲詩曰貽我佩玖詩釋文引貽作詒是也貝部無貽讀若芑或曰若人句脊之句舉友切疒部痀曲脊也音其俱切接句脊當即莊子痀僂字𤤺石之似玉者玉篇似作次从玉𦣞聲讀若貽與之切貽當作詒珢石之似玉者从玉艮聲語巾切玉篇居恨魚巾二切石次玉也廣韻平聲引說文又收去聲𤥗石之似玉者从玉曳聲

余制切 璪 石之似玉者从玉巢聲 子浩切 璡 石之似玉者从玉進聲讀若津 將鄰切 ⿰玉朁 石之似玉者从玉朁聲 側岑切 璁 石之似玉者从玉悤聲讀若蔥 倉紅切 ⿰玉號 石之似玉者从玉號聲讀若鎬 乎到切 ⿰玉𦎧 石之似玉者从玉𦎧聲讀若曷 胡捌切 ⿱⿰目又玉 石之似玉者从玉⿰目又聲 烏貫切 ⿰玉燮 石之次玉者 繫傳作石之玉言次玉者[illegible]蓋傳寫有譌 玉篇廣韻並注石似玉 从玉燮聲 穌叶切 玽 石之次玉者 韻會引同繫傳 玉篇注次作似 从玉句聲讀若苟 古厚切 琣 石

之似玉者从玉言聲語軒切璶石之似玉者从玉盡聲徐刃
切璡石之似玉者从玉隹聲以追切瑦石之似玉者从玉烏聲
安古切玉篇於古切又於都切瑂石之似玉者从玉眉聲讀若眉武悲切璒
石之似玉者从玉登聲都騰切玜石之似玉者从玉厶聲
讀與私同息夷切玗石之似玉者从玉于聲羽俱切⿰王𠬸玉屬
从玉𠬸聲讀若沒莫悖切瑎黑石似玉者从玉皆聲讀
若諧戶皆切碧石之青美者玉篇韻會引同一切經義卷十一引作石之美者也

从玉石白聲兵尺切　琨　石之美者从玉昆聲虞書曰楊州貢瑤琨古渾切　瓘　琨或从貫　珉　石之美者从玉民聲武巾切

繫傳楊作揚是也廣韻揚引禹貢淮海惟揚州李巡曰江南之氣躁勁厥性輕揚故曰揚州虞……當作夏……

瑤　玉之美者

詩木瓜釋文引作美石按毛傳云瓊瑤美石盖本釋文

玉正義引傳作美石則玉乃石之誤

詩曰報之以瓊瑤余招切　珠　蚌之陰精

繫傳韻會从玉

蚌作蜯俗

朱聲春秋國語曰珠以禦火灾是也章俱切

玉篇引珠下有足字

廣韻引同玉篇色下有也字李注文選上林賦引色作光下有也字恐非

玓　玓瓅明珠色从玉勺聲都歷切　瓅　玓瓅从玉樂聲郎擊切　玭　珠也从玉比聲宋宏云淮水中出玭珠玭珠之

說文攷異　十六

有聲步因切韻會引作淮水中出玭珠珠之有聲者玉篇蒲蠲蒲賓二切廣韻收真符真切又步田切先二韻

蠙夏書玭从虫賓廣韻收真先二韻

珕蜃屬从玉劦聲禮佩刀士珕琫而珧珌臣鉉等曰劦亦音麗故以爲聲郎計切按此下及珧璗引禮並見毛傳詩瞻彼洛矣作士珕琫而珕珌此作珧蓋涉下而誤

珧蜃甲也所以飾物也从玉兆聲禮云佩刀天子玉琫而珧珌余昭切釋魚蜃小者珧釋文郭山海經云激女之水多蜃珧郭注云蚌屬也

玟火齊玫瑰也一切經音義卷六引作火齊珠也玉篇注火齊珠一曰石之美者玉篇注同一切經音義卷三引作石之美好者曰玫圓好者曰瑰从玉文聲莫桮切

瑰玫瑰韻會引下有火齊珠三字恐非从玉鬼聲一曰圜好

公回切玉篇引一曰下有珠字恐非

璣　珠不圜也　書禹貢釋文引同玉篇引也上有者字一切經音義卷十六引亦有圜作圓韻會引作珠不圓者後漢書賈琮傳注引作珠之不圓者　从玉幾聲　居衣切玉篇渠氣居沂二切廣韻止收五微

琅　琅玕似珠者　从玉良聲　魯當切

玕　琅玕也　从玉干聲　禹貢雝州球琳琅玕　古寒切繫傳球作璆

𤦲　古文玕　繫傳下有從玉旱三字

珊　珊瑚色赤生於海或生於山　玉篇引或作亦繫傳或下無生字韻會引有無赤色二字華嚴經音義卷二十五引作珊瑚色赤生之於海或出山中也蓋有增改（廣韻引海下有中字）　从玉删省聲　穌干切

瑚　珊瑚也　韻會引作珊瑚似玉而赤作

說文攷異　十七

樹形盍雜他說　从玉胡聲　戶吳切　珋　石之有光璧珋也出西胡　李注文選江賦引作石之有光者

中　从玉丣聲　力求切　琀　送死口中玉也　左傳文五年釋文引及玉篇注並作

送終口中玉　从玉含含亦聲　胡紺切　漢書地理志粵地入海市明珠璧流離　⿱歔玉　遺玉也　从玉歔聲　以周

切　繫傳作⿱歔玉　凡欥並作欥　玉篇餘　璗　金之美者與

周餘九二切　廣韻收平上二聲

玉同色　从玉湯聲　禮佩刀諸侯璗琫而璆珌　徒朗切　廣韻引

作金之美與玉同色者也　釋器　靈　靈巫以玉事神　玉篇

釋文引作金與玉同色也

引作以玉事神也　當非脫　廣　从玉霝聲　郎丁切　靈　靈或从巫

韻引作巫以玉事神也

文一百二十六　繫傳有次立曰今文一百二十四補遺璵璠
二字■按璵字非許書[illegible]敚不録實一百二十五

重十七　繫傳作十五並非
毛本作十六是也

玨　二玉相合爲一玨　廣韻注同　釋器釋文引無一字玉
篇引作二玉爲一玨　凡玨之屬皆从玨

古岳切

瑴　玨或从㱿

班　分瑞玉　廣韻引同韻會引作分瑞
玉也玉篇引作分瑞也當
非脫蓋瑞[illegible]以玉爲
信不必更加玉字矣　从玨从刀　布還切　繫傳韻
會作从玨刀

𤪈　車笭
間皮篋古者使奉玉以藏之　玉篇引以上有所字藏作
㦹當不誤　古藏通作㦹

新附錄　李注文選東京賦引作車蘭間皮篋以安其弩也
[illegible]顧千里曰選注當本云以安其玉也爲隱括說文語

但引之以解𨍏耳於賦文之䡈字未解故下又引徐廣云云以解之傳寫選注者不察乃改為䡈以求合於賦文於是而選注誤矣近時又有謂以安其䡈也一句為說文脫文者誤中之誤也　从車珏　韻會引珏下有聲字　讀與服同　房六切　文三　重一

气　雲气也　繫傳韻會气作氣非　廣韻引作气　象形　繫傳無韻會引有　凡气之屬皆从气　去既切　玉篇去乙切求也說文去既切以為雲氣字廣韻去聲引說文又收入聲　氛　祥气也　繫傳韻會气作氣非　从气分聲　符分切　雰　氛或从雨

文二　重一

士事也數始於一終於十从一从十繫傳無从一从十四字孔子曰推十合一爲士廣韻引同韻會六書故引玉篇注並作推一合十當不誤（自下而上故曰推也）宋薛據孔子集語亦作推一合十蓋即聞一知十之義列女傳云文王生而明聖太任教之以一而識百凡士之屬皆从士鉏里切

壻夫也从士胥聲繫傳韻會無聲字詩曰女也不爽士貳其行士者夫也讀與細同穌計切婿壻或从女

壯大也从士爿聲側亮切爿即疒字詳木部牀下

墫舞也韻會引同繫傳舞上有墫字詩伐木釋訓釋文引並作士舞也从士尊聲詩曰墫墫舞我

慫損切今詩作蹲　文四　重一

丨上下通也玉篇注下上通也引而上行讀若囟引而下行讀若退凡丨之屬皆从丨古本切玉篇思二切又古本切廣韻收上聲混

中而也繫傳作和也集韻類篇韻會引同萬廉山承絕司馬云而當爲内之譌後漢班昭傳注中内也當本說文从口丨上下通陟弓切韻會引通下有也字玉篇致隆切半也和也又丁仲切禮射矢至的曰中廣韻收平去二聲　𠁦古文中　𠁩籒文中玉篇並云古文

㫃旌旗杠皃从丨从㫃㫃亦聲丑善切繫傳作从丨㫃亦聲玉篇陟陵丑善二切廣韻蒸引說文又收上聲阮

文三　重二繫傳次立曰今重一補遺籒文中

說文解字攷異弟一上

說文解字攷異弟一下

屮　艸木初生也象丨出形有枝莖也古文或以爲艸字讀（韻會詩引丨作屮非）若徹凡屮之屬皆从屮尹彤說　臣鉉等曰丨上下通也象艸木萌芽通徹地上也　丑列切

屯　難也象艸木之初生屯然而難从屮貫一一地也尾曲易曰屯剛柔始交而難生　陟倫切

每　艸盛上出也从屮母聲　臣鉉等案左傳原田每每今別作莓非是　武罪切

毒　厚也害人之艸往往而生（繫傳同）韻會引生作有非　从屮从毒　徒沃切　繫傳作从屮毒聲袪妄篇引陽冰云从屮毋

說文[illegible]異　一

出地之盛从土土可制毒非取毒聲臣鍇按顏師古漢書毒音與毒同是古有此音據此則聲字大徐删字从毐非从毒古文毒从刀萅

芬屮初生其香分布一切經音義卷十三引作芳也玉篇注草初生香分布也廣韻注从中从分分亦聲撫文切草木初生香分布也

芬芬或从艸當作芬或从艸

𡵊菌𡵊地蕈生田中玉篇注圞𡵊地蕈生田中也圞字蓋誤釋草中馗菌郭注地蕈从屮六聲力竹切

𡵊籒文𡵊从三𡵊

熏火煙上出也从屮从黑屮黑熏黑也許云切繫傳作从屮从黑屮黑熏象韻會引作从中从黑熏象也

文七　重三

艸 百卉也从二屮凡艸之屬皆从艸 倉老切

莊 上諱 臣鉉等曰此漢明帝名也从艸从壯未詳側羊切 韻會引作盛飾也从艸壯壯亦盛也乃楚金說玉篇注草盛皃又莊敬也

𦻖 古文莊

蓏 在木曰果在地曰蓏 玉篇易說卦釋文引同廣韻引作木上曰果地上曰蓏恐非齊民要術引在地作在草 御覽 从艸从㼌郎果切 繫傳作从艸㼌聲

芝 神艸也从艸从之 止而切 繫傳作从艸之聲

萐 萐莆瑞艸也堯時生於庖廚扇暑而涼从艸疌聲 士洽切 繫傳韻會無也字

莆 萐莆也从艸甫聲 方矩切

虋 赤苗嘉穀也从艸釁聲 莫奔切 玉篇韻會作虋注同

荅

小尗也从艸合聲都合切 萁豆莖也从艸其聲渠之切 䕻
尗之少也 玉篇引同釋草釋文引尗作菽俗李注文選阮嗣宗詩引作豆之葉也恐非說文 从艸
䕻聲虛郭切 蓩鹿藿之實名也从艸狃聲敕久切 蓈
禾粟之采生而不成者謂之董蓈 類篇引同玉篇廣韻韻會引采作穗
采穗字同釋草釋文稂下引作禾粟之莠生而不成者詩
大田釋文引作禾粟之莠生而不成者謂之童蓈也童或者
莠字恐非 从艸郎聲魯當切 稂蓈或从禾 莠禾粟下生莠
繫傳生上有揚字韻會引亦有又 从艸秀聲讀若酉与久切
引徐曰下揚謂禾粟播揚而生

萉枲實也从艸肥聲房未切𧅭萉或从麻賁芓麻母也从艸子聲一曰芓即枲也疾吏切䔨芓也从艸異聲羊吏切蘇桂荏也釋草文韻會引同繫傳桂下有蘇字衍从艸穌聲素孤切荏桂荏蘇从艸任聲如甚切芺菜也玉篇蒿也从艸矢聲失匕切䓗菜之美者雲夢之䓗呂覽作雲夢之芹从艸豈聲驅喜切玉篇音遺引說文云上有有字又音豈廣韻去聲隊引呂氏春秋云菜之美者有雲夢之䓗又收上聲尾注云菜似蕨生水中𦶜菜也廣韻引下有常傾葉向日不令照其根十字蓋雜他書从艸䅈聲彊惟切

薑禦溼之菜也从艸彊聲居良切（廣韻引作御濕之菜）蓼辛菜薔虞
也虞下疑脫蓼字唐時已然故顏監注急就篇云許叔重云蓼一名薔虞非也从艸翏聲盧鳥切蒩菜也廣韻引同玉篇無繫傳
引崔豹古今注蒩一名蕺按廣雅蒩蕺也其字从租曹音子乎反無則蒩當為蒩之譌疑後人增徐音則古切亦非从
艸祖聲則古切䕮菜也似蘇者从艸豦聲彊魚切玉篇渠與切今之
苦䕮江東呼為蕢又音
渠廣韻收平上二聲薇菜也似藿韻會引下有菜之微者也五字
非說文从艸微聲無非切薇籀文薇省玉篇廣韻並無蓶菜
也从艸唯聲以水切菦菜類蒿从艸近聲周禮有菦

菦巨巾切醢人職作芹 釀菜也从艸釀聲女亮切玉篇引說文
釋文云說文作菦
齊民要術芹菜注音謹似蒿也
而丈切 莧莧菜也从艸見聲侯澗切 芋大葉實根
駭人故謂之芋也 齊民要術卷二引作大葉實根駭人
者也故謂之芋 一切經音義卷十五
引亦同唯从艸亏聲 徐鍇曰芋猶言吁吁驚辭故曰駭人
駭作驚 王遇切玉篇或虞切草盛皃又王遇
切廣韻收 莒齊謂芋爲莒 韻會引齊上有 从艸呂聲
平去二聲 草名二字非
居許切 蘧蘧麥也从艸遽聲彊魚切 菊大菊蘧麥
从艸匊聲居六切 葷臭菜也从艸軍聲許云切 蘘

蘘荷也一名蒚葙从艸襄聲汝羊切 菁韭華也从艸青聲子盈切 蘆蘆菔也一曰薺根韻會引作又薺根曰蘆非从艸盧聲落乎切 菔蘆菔似蕪菁實如小尗者从艸服聲蒲北切 苹萍也韻會引同繫傳及玉篇注作萍也[illegible]篇韻萍蓱同字無根浮水而生者从艸平聲詩疏引舍人云蓱一名萍大者名蘋符兵切 茞艸也从艸臣聲稹鄰切 薲大萍也繫傳韻會並作萍也玉篇為蘋之重文亦作萍也从艸賓聲符眞切 藍染青艸也从艸監聲魯甘切 蘮令人忘憂艸也詩釋文引無艸字蓋脫韻會引

艸上有之字亦衍玉篇注令人善忘憂草

从艸憲聲詩曰安得藼艸況袁切今詩作焉得諼草

蕿或从煖

萱或从宣

营营藭香艸也从艸宮聲去弓切

芎司馬相如說营或从弓繫傳韻會無或字

藭营藭也从艸窮聲渠弓切

蘭香艸也从艸闌聲落干切

葌艸出吳林山一切經音義卷二卷八卷十二引並作香草也當不誤廣韻亦注香草玉篇缺中山經吳林之山其中多葌草从艸姦聲古顏切按鄭風秉蕳字當同葌左傳昭二十二年大蒐於昌間公羊作昌姦

葰薑屬繫傳及玉篇引薑作薑韻會引作薑並非可以香口从艸俊

一切經音義引聲類云蕳蘭也又引字書云蕳與蘭同

聲息遺切

芄　芄蘭莞也釋草雚芄蘭从艸九聲詩曰芄蘭之枝胡官切今詩枝作支

虈　楚謂之蘺晉謂之虈齊謂之茝从艸嚻聲許嬌切繫傳韻會作虈

蘺　江蘺蘼蕪蘼當作蘪从艸離聲呂之切

（玉篇茝昌改切香草也廣韻收止諸市切香草引字林云蘪蕪別名又收海昌紿切）

茝　虈也从艸𦣞聲昌改切按即芷之正文後人誤分為二字艸部無芷

蘪　蘪蕪也从艸麋聲靡爲切

薰　香艸也从艸熏聲許云切

䕻　水萹茿从艸从水毒聲讀若督徒沃切

萹　萹茿也从艸扁聲方沔切

茿　萹茿也

从艸筑省聲 陟玉切

藒 芞輿也从艸楬聲 去謁切 顧千里曰五音韻譜繫傳並同玉篇藒注云藒車香草也重文作藒韻會引作藒車芞輿也藒聲非

芞 芞輿也从艸气聲 去訖切

莓 馬莓也从艸母聲 武辠切 玉篇莫罪切引說文又音戊

茖 艸也从艸各聲 古額切

苷 甘艸也从艸甘聲 古三切 繫傳甘下有聲字韻會引作从艸甘聲

芧 艸也从艸予聲可以爲繩 直呂切 李注文選南都賦引繩作索恐非篇韻並作繩

藎 艸也从艸盡聲 徐刃切

蒁 艸也从艸述聲 食聿切

荵 荵冬艸从艸忍聲 而軫切

萇 萇楚跳

弋　五音韻譜繫傳及玉篇注跳作銚與釋草毛傳合韻會作姚非　一名羊桃从艸長聲

直良切韻會名作曰　薊芙也从艸魝聲　古詣切　䔧艸也从艸里

聲讀若釐　里之切玉篇丑力切一名蒠似冬藍食之醋也又丑六切廣韻收入聲屋注云羊蹄菜重文作蓫

又收職按　音丑六切者不近里聲疑當从畜聲作蓄畜讀若篤藥下云丈蓄亦當是蓄

藋　釐艸也　五音韻譜繫傳類篇集韻韻會並作堇艸也釋草釋文引作堇也廣雅堇藋也則釐字非　一曰拜商

藋　五音韻譜蔏作啇為釋草作蔏俗[illegible]玉篇注藜蓧藋也（廣韻同）蓋本左傳昭十六年文　从艸翟聲　徒弔切　芨

堇艸也从艸及聲讀若急　居立切繫傳無讀若急三字　（玉篇芨又堇草即烏頭也）　葥山苺也

釋草作葥玉篇無　从艸歬聲　子賤切　蓩毒艸也从艸務聲

廣韻（蓩）注草名

蕟蓩二字恐後人譌

玉篇蓩蕟二字相次而音切不同恐亦後人竄　廣韻亦無蕟

莫候切　繫傳務作蕟　段君云後漢書劉聖公傳戰於蓩鄉注曰蓩音莫老反字林云毒艸也因以爲地名廣韻蓩毒艸武道切又地名據此則毒艸之字从力不从女明矣玉篇蓩莫屋莫老二切毒艸也此顧野王原本下引説文卷耳也又出蕟字莫候切引説文毒艸也或此孫强陳彭年輩據俗本説文增

蓩　卷耳也从艸務聲　亡考切

蓡　人蓡藥艸出上黨从艸浸聲　山林切　段君云本艸經作人參　當作[illegible]浸聲

虊　鳧葵也从艸攣聲　洛官切　玉篇作⿱艹䜌力官力卷二切重文作虊　廣韻收桓作⿱艹䜌

⿱艹戾　艸也可以染留黃从艸戾聲　郎計切

荍　蚍⿰虫不也　韻會引蚍上有草名二字蓋黃氏增　玉篇注蚍⿰虫不也今荊葵　顧千里云⿰虫不當作衃　爾雅

説文攷異　二

用蚍蜉毛詩傳用茈芣爾雅釋文云蜉本又作芣又作蜉說文無蜉必蜉字之誤　从艸收聲　渠遙切

[艸毗]　蓠也从艸毗聲　房脂切

萭　艸也从艸禹聲　王矩切

荑　艸也　繫傳韻會同五音韻譜作荑非玉篇荑引說文蓋後人增一切經音義卷十四稊注云說文作荑　从艸夷聲　杜兮切　玉篇荑大奚切始生茅也又荑桑也又音夷荎荑也廣韻收脂齊二韻　（釋草蘱薍）

薛　艸也从艸辥聲　私列切

苦　大苦苓也　（大苦苓　釋草）　从艸古聲　康杜切

菩　艸也从艸音聲　步乃切　玉篇防誘切香草也又音蒲　（有副同又收）　廣韻上聲海引作草也又收平聲模　（梵言菩提漢言王道）

蓄　薏苢　（薏當作蓄）　从艸啻聲一曰蓄英　於力切

茅　菅也从艸

矛聲 莫交切 菅 茅也从艸官聲 古顏切 蘄 艸也从艸靳聲江夏有蘄春亭 臣鉉等案說文無靳字他字書亦無此篇下有菥字注云江夏平春亭名疑相承誤重出一字渠支切按玉篇蘄居衣■渠之二切草也又縣名廣韻七之蘄注云州名漢蘄春縣也皆本地理郡國志■亭■字盖後人加字書雖無靳而漢書莊子廣雅並有靳亦見漢碑 莞 艸也可以作席从艸完聲 胡官切 藺 莞屬 韻會引下有可爲席三字恐非 从艸閵聲 良刃切 蒢 黃蒢職也 繫傳黃作董譌釋草職作蘵俗加艸 从艸除聲 直魚切 蒲 水艸也可以作席 繫傳韻會 夏小正三月采識[illegible]當同職

可作或从艸浦聲薄胡切蒻蒲子可以爲平席李注文選
秋興賦引作華蓆顧千里云華者莘之誤平莘同字
釋名謂之蒲平鄭氏間傳注謂之蒲苹小徐引尚書
孔傳之蒻平从艸弱聲而灼切⿱艹深蒲蒻之類也从艸
亦其義也
深聲式箴切蓷萑也从艸推聲詩曰中谷有蓷他回切
萑艸多皃从艸佳聲職追切茥缺盆也釋草作蒛葐俗加艸
从艸圭聲苦圭切莙井藻也五音韻譜繫傳及玉篇廣韻注並作牛藻与釋
草合則井字誤从艸君聲讀若威渠殞切玉篇其隕俱云二切廣韻收平上二聲蒬

夫蘺也从艸睆聲　胡官切　玉篇胡綰胡官二切引爾雅曰莞夫蘺　廣韻無此字疑後人
其上菅蔺莞疑後所止有莞
按睆乃徐氏所增　蒚夫蘺上也从艸鬲聲
增玉篇亦無　十九字之一　鍇本無此文附錄於後也　綴睆之正文詳新附攷釋文草莞本亦作睆字林音緩
力的切　蒚　芣苢一名馬舄　韻會名作曰釋草釋　其食如
文引作馬扁也蓋譌
李令人宜子　韻會引無令人宜子四字李作麥蓋黃氏
竄改詩芣苢釋文云山海及周書王會皆
云芣苢木也實似李食之宜子　从艸目聲周書所說　羊止切
出於西戎衛氏傳及許慎並同
切繫傳書上　蕁　芫藩也　釋草作　从艸尋聲　徒含切
蕁莸藩
有禮字衍　當
作
蕁　蕁　蕁或从爻　蕁　艸也从艸𣪊聲　古歷切　蓲

艸也釋草釋文引作烏蓲草也又引張揖云未秀曰烏蓲玉篇注烏蓲也从艸區聲去鳩切玉篇於于去尤二切廣韻收虞注草名又收侯為櫙之重文櫙引爾雅櫙荎

⿱艹固艸也从艸固聲古慕切玉篇廣韻並無

⿱艹榦艸也从艸榦聲古案切

藷諸蔗也从艸諸聲章魚切

蔗諸蔗也从艸庶聲之夜切

⿱艹⿰𠮷㸚牂⿱艹⿰𠮷㸚可以作縻綆繫傳牂⿱艹⿰𠮷㸚作牂蘘非說文無牂从艸⿰𠮷㸚聲女庚切

⿱艹賜艸也从艸賜聲斯義切

⿱艹中艸也从艸中聲陟宮切

萯王萯也从艸負聲房九切

芺艸也味苦江南食以下气

夏小正七月荓秀傳曰荓也者馬帚也

繫傳气作氣玉篇引亦作氣食下有之字釋草釋文引作江東食以下氣 从艸夭聲 烏浩切繫傳作芺凡夭並作芺玉篇烏老切又乙矯切廣韻收小晧二韻

𦯀 艸也 玉篇引作草名 从艸弦聲 胡田切

⿱艸囿 艸也 从艸圞聲 圞籒文囿 于救切繫傳作臣鍇曰圞籒文囿字也

莩 艸也 从艸孚聲 （六書故韻會引下有一曰葭中白皮六字） 芳無切

蔩 兔苽也 （釋草作菟瓜）五音韻譜繫傳苽作瓜是也 釋草作菟瓜艸部曰芓菟 从艸寅聲 翼真切

荓 馬帚也 从艸并聲 薄經切

蕕 水邊艸也 从艸猶聲 以周切

荌 艸也 从艸安聲 烏旰切

藄 綦月爾也 五音韻譜繫傳綦作藄是也釋草釋文引作土夫也按釋草藄月爾上即芏夫王恐因連文致誤

邵氏即本淵如先生說
擬邵十一字可刪　戴議

从艸綦聲渠之切綦即綥之別體　莃兔葵也从艸稀省聲香衣切繫傳作从艸希聲　蘉當作蘉五音韻譜不誤灌渝孫觀察星衍云即釋草之其萌虇蕍郭景純誤以蕍屬下句蘉萌聲相近从艸夢聲讀若萌莫中切按邵氏爾雅正義已有此說　蕧盜庚也从艸復聲房六切　苓卷耳也从艸令聲郎丁切　蘔艸也从艸贛聲一曰薏苢古送切又古禫切玉（蘔公禫公棟二切草名廣韻收上聲感去聲送）　藑茅葍也一名舜即蕣从艸敻聲渠營切　⿱艹富葍也从艸富聲方布切玉篇甫又切廣韻收宥方副切　葍葍也从艸畐聲方六

切

蓨 苗也从艸脩聲 徒聊切又湯彫切玉篇他苗切廣韻收入聲錫

苗 蓨也从艸由聲 徒歷切又他六切

⿱艸昜 艸枝枝相值葉葉相當从艸昜聲 楮羊切玉篇吐郎丑良二切遂⿱艸昜馬尾商陸也下引說文同廣韻為薚之重文音吐郎切釋草作薚

蘡 嬰薁也 韻會引同繫傳薁作莫譌齊民要術卷十引作櫻薁也櫻即嬰之近字

从艸奧聲 於六切

葴 馬藍也从艸咸聲 職深切

⿱艸魯 艸也可以束从艸魯聲 郎古切

蓾 ⿱艸魯或从鹵

蒯 艸也从艸㪿聲 臣鉉等案說文無㪿字當是𠭥字之省而聲不相近未詳 苦怪切 按邑部⿰㪿阝从蒯省聲耳部聵或从㪿作⿰耳㪿玉篇㪿

釋草有蓧蓨郭注未詳釋文蓧他彫反蓨他的反鄭氏正義云蓧與蓨古通用史記周勃世家封為條侯表作蓨侯漢書地理志信都國脩縣脩音條括地志作蓨是也下文云苗蓨玉篇以蓧苗蓨三字轉相訓是蓧即苗苗蓨古音相近樹玉按玉篇蓧他彫切苗也下即苗他六徒歷二切蓧也當本說文下又有蓨他笛切蓧也蓋宋人增蓧蓨可通不當為訓从條音是也

收又部訓息蓋本釋詁竊疑（未知古用何字或）為蔽之譌（反後人誤認）

而增熹平石經論語蔽作蔽史晨碑敝作敝頁部顉頭

蔽顉也（毛）[illegible]本蔽作蔞艸也可以亨魚繫傳亨作（烹）[illegible]（俗）人

蔽[illegible]作蒯（繫傳）[illegible]

艸婁聲力朱切玉篇力俱力侯二切蔞蒿也廣韻收虞侯二韻藟艸也从艸畾聲

詩曰莫莫葛藟一曰秬鬯也力軌切蒬棘蒬也从艸冤

聲於元切茈茈艸也从艸此聲將此切藐茈艸也从艸貌

聲莫覺切萴鳥喙也繫傳鳥作鳥譌从艸則聲阻力切蒐

茅蒐茹藘集韻引藘作蘆是也（艸部無藘）唐石經釋草本作

茹蘆後改蘆作藘廣雅釋草作茹蘆

人血所生可以染絳从艸鬼从所鳩切繫傳作从艸鬼至丕希所鳩切茜茅蒐也从艸西聲倉見切𦺇赤蕼也从艸隸聲息利切薜牡贊也从艸辟聲蒲計切莣杜榮也从艸忘聲武方切苞艸也南陽以爲麤履从艸包聲布交切艾冰臺也冰當作仌从艸乂聲五蓋切蔁艸也从艸章聲諸良切芹楚葵也从艸斤聲巨巾切段君云此字恐後人因爾雅增攷周禮音義曰芹說文作菦則說文有菦無芹明矣且詩箋引周禮芹菹說文引周禮菦菹豈得云二物也

樹玉謂蓮菜類蒿芹楚葵二物不同後人止用芹說文非無芹字

蘸豕首也从艸甄聲側鄰切蔦寄生也詩頍弁釋文引

作寄生草也韻會从艸鳥聲詩曰蔦與女蘿都了切

引亦作寄生草

槮蔦或从木芸艸也似目宿从艸云聲淮南子說

芸艸可以死復生王分切廣韻引子作王[illegible]也（當不誤）韻會引無子字宿作蓿非蔛艸也

从艸𣪠聲麤最切葎艸也从艸律聲呂戌切茦莿

也从艸朿聲楚革切萿苦婁果蓏也繫傳蓏作𤬪廣韻引

作𤬪與釋草合說文从艸昏聲古活切葑須從也

無𤬪（段君云當作𤬪恐非）

繫傳須作蕦釋草作須葑蓯說文無蕦蓯 从艸封聲 府容切

薺 蒺棃也 从艸齊聲詩曰牆有薺 疾咨切又徂礼切 說文無蒺楊子雲枝獵賦作疾棃今詩及釋草作茨

莿 茦也 从艸刺聲 七賜切

董 鼎董也 从艸童聲杜林曰藕根 多動切 繫傳鼎作薡薡蓋後人因釋草改說文無薡 藕當作蕅玉篇作董乃隸體

蘻 狗毒也 从艸繫聲 古詣切

䕦 艸也 从艸嫂聲 蘇老切 釋草藗䕦縷 釋文䕦謝先老反沈施所留反本草呼為繫䕦

芐 地黃也 从艸下聲禮記鈃毛牛藿羊芐豕薇是 侯古切 公食大夫禮記作鉶芼牛藿羊苦豕薇鄭注云苦苦荼也今文苦為芐玉篇

胡古切地黃也又何嫁切蒲華　薟白薟也从艸僉聲良冉
草廣韻牧上聲姥去聲禡注同
切　蘞薟或从斂　菳黃菳也从艸金聲具今切玉篇
為芩之重文
渠炎渠今二切廣韻芩菳收侵並音　芩艸也詩鹿鳴釋文
巨金切芩注黃芩藥名菳草名似蒿　引作蒿也恐非
从艸今聲詩曰食野之芩　巨今切據玉篇則　蔍鹿
芩下别作音義非
藿也　繫傳藿作蘿韻會引　从艸麃聲讀若剽一
藿上有草名二字非釋草作蔨鹿藿艸部無蔨
曰蔽屬平表切　虉綬也从艸鷊聲詩曰邛有旨虉虉是
韻會引作綬草也恐因毛傳改
五狄切玉篇為虉　鷊當作鶂
之重文今詩作鷊　蔆芰也从艸淩聲楚謂之芰秦

謂之薢茩力膺切韻會引同繫傳秦謂之作秦曰䔖司馬相如說蔆

从遴芰蔆也从艸支聲奇記切茤杜林說芰从多

薢薢茩也从艸解聲胡買切茩薢茩也从艸后

聲胡口切芡雞頭也从艸欠聲巨險切蘜日精也以

秋華繫傳韻會同五音韻譜及集韻類篇引以並作似

玉篇廣韻爲蘜之重文引亦作似顧千里云諸

書等似字皆校者从艸𥷚省聲居六切繫傳韻會

依毛本說文誤改耳樹玉謂五音韻譜作似毛本從之作从艸鞠聲非說文

無𦺇蘜或省繫傳同五音韻譜作𦺇非蘥爵麥也从艸龠

鞠

聲以勺切藗牡茅也从艸遬聲遬籒文速桑谷切𦯬茅

秀也从艸私聲息夷切玉篇注同廣韻引秀作莠非蒹雈之未秀者

雈當是雚雈下同敍批从艸兼聲古恬切薍剡也从艸亂聲八月薍

為葦也五患切菼雈之初生一曰薍一曰鵻从艸剡聲鵻當作騅釋言菼騅也釋文作騅云如騅馬色也

土敢切𦵼菼或从炎薕蒹也从艸廉聲力鹽切薠

青薠似莎者韻會引莎下有而大二字玉篇注青蘋也似蘋而大从艸煩聲附袁切

茚昌蒲也从艸卬聲益州云五剛切集韻類篇同繫傳云作生𦾓

茚䓞也从艸邪聲以遮切

芀　葦華也从艸刀聲徒聊切

茢　芀也从刀列聲良辥切

菡　菡藺也从艸圅聲胡感切

藺　菡藺芙蓉華未發爲菡藺已發爲芙蓉說文無芙蓉古通作夫容从艸閻聲徒感切

蓮　芙蕖之實也說文無蕖釋草釋文作渠淮南說山訓曰荷夫渠也其花曰夫容从艸連聲洛賢切

茄　芙蕖莖从艸加聲古牙切

荷　芙蕖葉从艸何聲胡哥切

蔤　芙蕖本从艸密聲美必切

蕅　芙蕖根从艸水禺聲五厚

佩觿注龠作籥

史記龜策列傳蓍百莖
共一根徐廣曰劉向云蓍
百年而一本百莖
春秋繁露蓍本百白
著百莖而共一本

說文[illegible]　十五

蘢　天龠也从艸龍聲　盧紅切

蓍　蒿屬　繫傳蒿下有葉字衍

韻會引無而屬下有
用之以筮四字亦非

生十歲百莖　五音韻譜繫傳及玉篇廣韻集韻類篇韻會易說卦

釋文引並作生千歲三百

莖廣韻生上有著字

易以爲數天子蓍九尺諸侯七尺

博物志蓍一千歲而三百莖其本以老故知吉凶

大夫五尺士三尺从艸耆聲　式脂切

菣　香蒿也从艸臤聲　去刃切

𦺇　菣或从堅

莪　蘿莪蒿屬从艸我聲　五何切

蘿　莪也从艸羅聲　魯何切

菻　蒿屬　廣韻注同　玉篇缺　从艸林聲　力稔切

蔚　牡蒿也从艸尉聲　於胃切　玉篇烏貴於勿二切　廣韻收去入二聲

蕭

艾蒿也从艸肅聲蘇彫切

萩　蕭也从艸秋聲七由切玉篇作萩凡萩並作秋

芍　鳧茈也从艸勺聲胡了切玉篇都歷切蓮子也又時灼切芍藥也又七略切芍陂也又下了切鳧茈也廣韻收去聲篠又收入聲藥錫

葥　王彗也釋草釋文引譌作湔从艸湔聲昨先切玉篇為葥之重文音子賤子踐二切又音前廣韻收上聲獮

蔿　艸也从艸爲聲于鬼切

䒗　艸也从艸宂聲直深切

蘜　治牆也韻會引同繫傳及玉篇注牆作蘠與釋草合郭注云今之秋華菊从艸鞠聲居六切

蘠　蘠蘼虋冬也从艸牆聲賤羊切

芪　芪母也从艸氏聲常之切

蔄　茈菀出漢中房

陵从艸宛聲於阮切玉篇茈作紫莔貝母也玉篇注同韻會引作貝母草療蛇毒蓋雜他說从艸明省聲武庚切繫傳明作朙是也⿱艹朮山薊也从艸朮聲直律切蓂析蓂大薺也从艸冥聲莫歷切繫傳無聲字蓋脫菋荎藸也从艸味聲无沸切荎荎藸艸也繫傳無艸字从艸至聲直尼切藸荎藸也繫傳作艸也玉篇注藸蒘草从艸豬聲直魚切葛絺綌艸也从艸曷聲古達切蔓葛屬从艸曼聲無販切⿱艹皋葛屬白華从艸皋聲古勞切莕

莕菨餘也从艸杏聲何梗切 荇莕或从行同篇韻同爾雅釋文引及五經文字

並作荇荇未[illegible]是篇韻無荇 菨菨餘也从艸妾聲子葉切 ⿱艹罤艸也从艸罤

聲古渾切 芫魚毒也从艸元聲愚袁切釋木作杬釋文杬亦曰元又作芫本許云杬 蘦大苦也从

艸霝聲郎丁切 蕛蕛苵也从艸稊聲大兮切玉篇作蕛字从稊

是也稊禾部文無稊 苵蕛苵也从艸失聲徒結切玉篇作蕛苵

艼艼熒朐也从艸丁聲天經切玉篇艼鼎艼霝二切廣韻收平上二聲釋草作葋芋熒郭注未詳 蔣苽

蔣也韻會苽作菰非說文無菰从艸將聲子良切又即兩切 苽雕苽一名

苽从艸瓜聲古胡切⿱艹育艸也从艸育聲余六切藣艸也从艸罷聲符羈切繫傳無聲字蓋脱⿱艹難繫傳作⿱艹難是也艸也从艸難聲如延切莨艸也从艸良聲魯當切葽艸也从艸要聲詩曰四月秀葽劉向說此味苦苦葽也於消切薖艸也从艸過聲苦禾切菌地蕈也繫傳韻會無也字从艸囷聲渠殞切蕈桑䓴从艸覃聲慈衽切（釋草釋文引字林式甚反沈徒感反）䓴木耳也从艸耎聲一曰萮茈而兖切說文無萮疑本作俞後人加艸玉篇萮庾俱切茈萮重

文作葚桑實也从艸甚聲常衽切蒟果也从艸竘
蘜廣韻譌作蘜
聲俱羽切芇艸也一曰芇茱木繫傳茱作朱蓋譌玉
篇注蓄也廣韻注藥
芇荊蕣木堇韻會作木槿堇當作菫朝華暮落者暮當从
蓄非說文無槿作莫
艸舜聲詩曰顏如蕣華舒閏切今詩作舜萸茱萸也从
艸臾聲羊朱切茱茱萸茮屬繫傳作茱萸也从艸無茮屬二字
朱聲市朱切茮茮菉从艸尗聲子寮切莍茮樧實
裹如表者韻會引同繫傳裹作裛並譌[illegible]釋木釋文从艸
引作實裹如求衣也[illegible]

求聲巨鳩切　荊楚木也从艸刑聲舉卿切　茢古文荊

菭水衣廣韻引同韻會引下有也字釋草釋文引作水青衣也未必是从艸治聲徒哀切

芽萌芽也从艸牙聲五加切　萌艸芽也韻會引同繫傳脫芽字玉篇引作草木芽也从艸朙聲武庚切　茁艸初生出地皃繫傳韻會無出字盖脫玉篇注草出皃从艸出聲詩曰彼茁者葭鄒滑切玉篇側劣側滑二切廣韻收質黠二韻

莖枝柱也玉篇引及廣韻注作草木幹也从艸巠聲戶耕切　莛莖也从艸廷聲特丁切　葉艸木之葉也

从艸業聲 与涉切 玉篇缺 蘮 艸之小者从艸劂聲劂古文銳字 五字疑後人增 劂籀文銳也 讀若芮 居例切玉篇作薊居偈切 蘮葪似芹廣韻同

芣 華盛从艸不聲一曰芣苢 縛牟切 葩 華也从艸皅聲 普巴切繫傳作葩

芛 艸之葟榮也 顧千里云五音韻譜葟作皇非韻會引作草之皇榮者也更非 从艸尹聲 羊捶切玉篇惟畢羊箠二切廣韻上聲紙引爾雅蕍芛葟華榮入聲術注草木初生 郭注釋草云今俗呼草木華初生者為芛

蘳 黃華 繫傳作華黃誤 从艸黊聲讀若壞 乎瓦切 [illegible] 玉篇呼規切黃花又果實見皃廣韻去聲馬引說文黃華又收平聲支

蔈 苕之黃華也从

艸票聲一曰末也方小切玉篇芳燒切黃花也廣韻收平
聲宵引爾雅黃華蔈郭璞云苕華
色異名也據此英艸榮而不實者一曰黃英韻會引黃
則音方小切誤
英下有木名二字非从艸央聲於京切薾華盛从艸爾聲
一曰句在央聲下
詩曰彼薾惟何兒氏切集韻引惟作萋艸盛韻會引下
維今詩作彼爾維何
有貌从艸妻聲詩曰萋萋萋萋七稽切菶艸盛从
字
艸奉聲補蠓切薿茂也从艸疑聲詩曰黍稷薿
薿魚己切玉篇言紀切又牛蕤艸木華垂皃从艸甤
力切廣韻收平入二聲

聲儒佳切葼青齊沇冀謂木細枝曰葼从艸㚇聲子紅切⿱艹移艸萎移从艸移聲弋支切蒝艸木形玉篇作莖葉从艸原聲愚袁切莢艸實从艸夾聲古叶切

布也（廣韻同）

芒艸耑从艸亡聲武方切⿱艹隋藍蓼秀玉篇引下有也字韻會引作蓼秀也脫藍字从艸隨省聲羊捶切繫傳作从艸隋聲蔕瓜當也从艸帶聲都計切荄艸根也从艸亥聲古哀切又古諧切⿱艹均茇也茅根也从艸均聲于敏切茇艸根

也从艸友聲春艸根枯引之而發土爲撥故謂之
犮一曰艸之白華爲犮 北末切玉篇蒲達切草木根也又補末切華犮廣韻兩收
末 釋 芈黃華蒸白華犮釋文犮引說文布末反
芃 艸盛也 韻會引也作貌 从艸凡聲詩曰芃芃黍苗
房戎切
[艸傅] 華葉布从艸傅聲讀若傅 方遇切
蓻 艸木不生也一曰茅芽 玉篇蓻芽也又草木生皃 廣韻草生多皃 按不字疑衍與上下文義不類左傳昭
十六年有事于山蓻山林也杜注蓻養獲令繁殖 从艸執聲 姊入切
䔮 艸多皃从艸折聲江夏平春有䔮亭 語斤切
茷 艸豐盛 韻會引作

草木盛貌玉篇注草木盛从艸伐聲莫候切⿱艸暘艸茂也从艸暘聲丑亮切䕃艸陰地廣韻引作草陰地也玉篇引作草蔭地也蔭字蓋譌从艸陰聲於禁切⿱艸造艸皃从艸造聲初救切俗⿱艸造字本此茲艸木多益从艸兹省聲兹即玆字毛本作絲非韻會引作从艸絲聲更非⿱艸俶艸旱盡也从艸俶聲詩曰⿱艸俶⿱艸俶山川徒歷切玉篇作菽引詩作菽菽廣韻亦作菽今詩作滌藃艸皃从艸歊聲周禮曰轂獘不藃許嬌切繫傳作轂雖蔽不藃考工記蔽作蔇艸多皃从艸既聲居味切薋艸多皃从艸資

轂雖敝

聲疾茲切蓁艸盛皃从艸秦聲側詵切𦯔惡艸皃

从艸肖聲所交切芮芮芮艸生皃玉篇注止从艸內一芮字文選西征賦注引作小貌

聲讀若汭而銳切茬艸皃从艸在聲濟北有茬平

縣仕甾切薈艸多皃从艸會聲詩曰薈兮蔚兮烏外切

䔟細艸叢生也从艸敄聲莫候切芼艸覆蔓

从艸毛聲詩曰左右芼之莫抱切玉篇注拔取菜不引詩覒下引詩左右覒之覒擇也本亦作芼

蒼艸色也韻會引同繫傳作艸覆也誤从艸倉聲七岡切𦽏艸得

班馬字類茬九麻茬渣韭

吳孫侍山不茬蘗

古樓字

風皃从艸風繫傳下有風讀若婪盧含切玉篇負
亦聲三字　弓切草動皃廣
韻收萃艸皃从艸卒聲讀若瘁秦醉切瘁當
覃　是悴讀與易
萃卦同說蒔更別種繫傳種作穜韻會引从艸
文無瘁　亦作穜下有也字
時聲　時吏切玉篇石至切又音苗艸生於田者从艸从田武鑣
時廣韻收平去二聲　切繫
傳韻會艸苛小艸也後漢書光武紀注引同宣秉
下無从字　傳注引小作細恐非玉篇注小
一切經音義卷一卷十二引作大艸亦非
草生皃廣韻从艸可聲乎哥切蕪薉也从艸無聲
引作小艸也
武扶切薉蕪也从艸歲聲於廢切荒蕪也从艸巟

説文攷異　二十二

聲一曰艸淹地也呼光切繫傳及集韻類篇引淹作掩當不誤蘦艸亂也从
艸盁聲杜林說艸⿱艹爭蘦皃女庚切玉篇作薴⿱艹爭⿱艹爭蘦釋詁釋文引零
皃从艸爭聲側莖切落凡艸曰零木曰落
作苓無凡字玉篇作零亦無凡字从艸洛聲盧各切蔽蔽蔽小艸
也从艸敝聲必袂切蘀艸木凡皮葉落陊地爲蘀
繫傳韻會陊作墮無凡字从艸擇聲詩曰十月隕蘀他谷切繫傳韻會
隕作殞非說文無殞蕰積也从艸溫聲春秋傳曰蕰利生孽

於粉切

蔫 菸也从艸焉聲 於乾切

菸 鬱也从艸於聲一曰𣨙也 央居切玉篇於去切臭草也引楚辭曰葉菸邑而無色兮菸鬱也廣韻收去聲

⿱艸榮 艸旋皃也从艸榮聲詩曰葛纍⿱艸榮之 於營切今詩作葛藟縈之繫傳韻會作藟

蔡 艸也从艸祭聲 蒼大切

茷 艸葉多从艸伐聲春秋傳曰晉糴茷 符發切玉篇符廢博賴二切廣韻收去聲泰廢入聲月

菜 艸之可食者从艸采聲 蒼代切

荋 艸多葉皃从艸而聲沛城父有楊荋亭 如之切繫傳同五音韻譜楊作揚

⿱艸乏 艸浮水中皃

从艸乏聲匹凡切𦺇林薄也一曰蠶薄韻會引一曰句在溥聲下

从艸溥聲旁各切苑所以養禽獸也从艸夗聲於阮切

藪大澤也从艸數聲九州之藪楊州具區荊

州雲夢豫州甫田青州孟諸沇州大野雝州弦圃

幽州奚養冀州楊紆并州昭餘祁是也蘇后切繫傳甫作圃

餘作余圃作蒲沇作兖韻會引二楊字並作揚余作餘無是也二字餘同按楊州當作揚詳環下菑不耕田也从艸

甾易曰不菑畬徐鍇曰當田言从艸从巛从田田不耕則艸塞之故从巛巛音災若从甾則下有甾缶字

相亂側詞切按𠚏即甾之隸體宁部𢇍字可證也玉篇𠚏爲甾之今文𦰏下無重文甾廣韻𦰏下重文甾注云東楚名缶曰甾據此則說文𦰏下重文乃後人增玉篇𦰏阻飢切一歲田也又子來切害也廣韻收之引說文又音栽咍韻（菑爲𦰏之重文注云亦作𦰏見經典）

甾 𦰏或省艸 此字疑後人增詳前

蘨 艸盛皃从艸䌛聲 韻會引作蘨䌛聲非說文無䌛（六書故引唐本作古文[illegible]不足信韻會不用重文） 夏書曰厥艸惟蘨 余昭切 䌛傳作繇 蘨[illegible]後人因今書改

薙 除艸也明堂月令曰季夏燒薙从艸雉聲 他計切玉篇引周禮薙氏掌殺草令周禮作雉

𦓤 耕多艸 玉篇廣韻注同𦓤傳作耕名蓋誤 从艸耒耒亦聲 盧對切

𦺇 艸大也从艸致聲 陟利切按𦺇即葪之譌 玉篇有葪無𦺇葪

都角切引韓詩菿彼甫田又音到廣韻菿收覺引說文云草大也亦無⿱艹致字釋詁譌作箌郭注云箌義未聞釋文引說文云草大也則唐時尚未譌徐氏不察⿱艹致即菿於後更增菿非是

蔪　艸相蔪苞也繫傳韻會無也字廣韻引有玉篇注草相蔪苞裹也　从艸斬聲書曰艸木蔪苞慈冉切今書作草木漸包

⿱艹槧　蔪或从槧

茀　道多艸不可行从艸弗聲分勿切

苾　馨香也从艸必聲毗必切

蔎　香艸也从艸設聲識列切

劉向九歎懷椒聊之蔎蔎兮洪補注蔎桑葛切集韻引此

芳　香艸也从艸方聲敷方切

蕡　雜香艸从艸賁聲浮分切

藥　治病艸　廣韻引同玉篇引作治疾之草總名

从艸樂聲以勺切䕻艸木相附麗土而生从艸麗聲

易曰百穀艸木麗於地呂支切玉篇引於作乎李鼎祚

易傳一切經音義卷六引作麗

于地繫傳作麗於土易釋文云土王肅本作地草木麗

說文作䕻麗則麗土並非玉篇力計切廣韻收平去二聲

韻會收支不引易䕻土作麗土

蓆廣多也从艸席聲祥易切芟刈艸也从艸从殳

所銜切繫傳韻會引荐薦蓆也韻會引蓆从艸

作从艸殳聲[illegible]作席是也

存聲在甸切藉祭藉也一曰艸不編狼藉慈夜切又秦昔切

蒩茅藉也从艸租聲禮曰封諸侯以土蒩以白茅

說文攷異　二十五

予余切逸周書作雜解
云苞以黄土苴以白茅

蕝朝會束茅表位曰蕝从艸絕聲春秋國語曰致茅蕝表坐 子說切晉語作置茆蕝設望

李注文選東京賦引作茅茨蓋屋也

表玉篇子悅子芮二切廣韻收去入二聲

茨以茅葦蓋屋 韻會引作茨茅蓋屋非玉篇注以茅覆屋也 从艸次聲 疾茲切

葺茨也从艸咠聲 七入切

蓋苫也从艸盍聲 古太切玉篇胡臘切又古害切廣韻去聲别說文又收入聲

苫蓋也从艸占聲 失廉切玉篇舒鹽切廣韻收平去二聲

⿱艹渴蓋也从艸渴聲 於蓋切廣韻引同玉篇作藹於蓋切腌藹樹繁茂别無⿱艹渴字

⿱艹屈刷也 五音韻譜繫傳

作㪉也从艸屈聲區勿切 藩屏也从艸潘聲甫煩切 菹酢菜也从艸沮聲側魚切 ⿱艹⿱沮皿或从皿 ⿱艹⿱⿰缶且皿或从缶 玉篇廣韻菹下並無此二字（按）皿部有⿱艹⿱沮皿重文作⿱艹⿱⿰缶且皿疑後人不察復增入艸部 荃芥脃也繫傳韻會脃作脃是也玉篇香草 从艸全聲此緣切 ⿱艹酤韭鬱也从艸酤聲苦步切 蘫瓜菹也廣韻去聲闞作⿱艹濫注云瓜葅也出說文音呼濫切類篇引亦作⿱艹濫瓜葅也玉篇⿱艹濫來甘切瓜葅葅並（葅）非作⿱艹濫是也繫傳次立云按前已有藍此當從艸濫聲則其譌已久 从艸監聲魯甘切 ⿱艹泜菹也从艸泜聲直宜切 ⿱艹⿱泜皿⿱艹泜或从皿皿器也 ⿱艹⿰木責

乾梅之屬（韻會引無之字）从艸橑聲周禮曰饋食之籩其實乾䕨後漢長沙王始煮艸爲䕨（盧皓切）

⿱艹潦 䕨或从潦（玉篇廣韻並無）

⿱艹顡 煎茱萸从艸顡聲漢律會稽獻⿱艹顡一斗（魚既切）

⿱艹宰 羹菜也从艸宰聲（阻史切玉篇莊里切下引說文）

若 擇菜也从艸右右手也一曰杜若香艸（而灼切玉篇如灼切杜若香草又如也汝也廣韻收入聲又收上聲爲乾草又般若出釋典）

蓴 蒲叢也（玉篇注蓴菜廣韻注蒲秀）从艸專聲（常倫切繫傳無聲字蓋脫）

茜 以艸補缺从艸西聲讀若陸或以爲綴一

西山經小華之山其草有萆荔狀如烏韭而生于石上亦緣木而生食之已心痛

曰約空也直例切繫傳陸作俠蓋譌⿱艹尊叢艸也从艸尊聲
慈損切莜艸田器韻會引作芸田器蓋意改廣韻收去聲嘯注草田器又音苕玉篇
注草器名从艸條省聲論語曰以杖荷莜今作蓧徒弔切繫
傳無今作蓧三字蓋後人語說文無蓧論語集解引包曰蓧竹器萆雨衣一曰衰衣从艸卑聲
一曰萆藨似烏韭扶歷切繫傳衰作蓑俗藨作歷[illegible]⿱艹是艸也从艸
是聲是支切繫傳無聲字蓋脫苴履中艸从艸且聲子余切⿱艹麤
艸履也从艸麤聲倉胡切蕢艸器也从艸𧶠聲求位切

切臾古文蕢象形五音韻譜作臾是也韻會引作臾玉篇廣韻亦同貴貝部下云臾古文蕢論語曰有荷臾而過孔氏之門韻會引同繫傳臾作蕢蓋後人因今本論語改[illegible]覆也玉篇引廣韻注同繫傳作艸覆地从艸侵省聲七朕切茵車重席廣韻韻會引下有也字一切經音義从卷三卷二十一引作車中重席也艸因聲於真切鞇司馬相如說茵从革𠧪刈艸也象包束艸之形又思切繫傳韻會也象作爲也蓋譌而又倒詩綢繆釋文引包作苞艸作草茭乾芻从艸交聲一曰牛蘄艸古肴切繫傳無牛字蘄作蘄蓋譌脫玉篇古交切草

可供牛馬又下絞切廣韻止收平聲引說文軋芻也

荹亂艸■廣韻引作亂槀也玉篇注牛馬草亂槀也槀當作槀从艸步聲薄故切玉篇又音蒲廣韻去聲引說文又收平聲

茹飤馬也从艸如聲人庶切玉篇而預而與而諸三切菜茹也䴡也飯牛也又相牽引皃廣韻收平上去三聲

莝斬芻从艸坐聲麤臥切

萎食牛也从艸委聲於僞切據上文則食當作飤

⿱艹敕以穀萎馬置莝中繫傳萎作餧玉篇注以穀和草餧馬也从艸敕聲楚革切

⿱艹曲蠶薄也从艸曲聲丘玉切曲當作[曲]玉篇作苗

蔟行蠶蓐从艸族聲千木切

苣束葦燒从艸後漢皇甫嵩傳注引燒下有之字

說文攷異　三八

巨聲 巨鉉等曰今俗別作炬非是 其呂切 蕘 薪也 詩板釋文引作草薪也玉篇注同

李善注文選長楊賦

从艸堯聲 如昭切 薪 蕘也 从艸新聲 息鄰切 蒸 折

麻中榦也 廣韻引折作析 从艸烝聲 煮仍切 𦳝 蒸或省

恐譌

火 蕉 生枲也 从艸焦聲 即消切 𦳊 糞也 从艸胃

省 式視切 薶 瘞也 从艸貍聲 莫皆切 蓡 喪藉也 从艸

侵聲 失廉切 玉篇舒鹽切 蓡猶苫也 草自藉也 或作苫 廣韻無蓡 折 斷也 从斤

斷艸 譚長說 食列切 說文無譚 古通作鄲 𣂚 籒文折 从艸在仌中

冬寒故折 繫傳作𣂚是也 𣂚 篆文折从手 此字疑後人增九經字樣云隷作折

玉篇云今作折[illegible]非篆文 艸 艸之總名也从艸屮 許偉切玉篇許胃■許偉二切廣

韻收上去二聲 芁 遠荒也从艸九聲詩曰至于芁野 巨鳩切 按此字當次部末

蒜 葷菜从艸祘聲 蘇貫切 齊民要術卷十蒜■引說文曰■菜之美者雲夢之葷菜 蓋誤引說文葷下云菜之美者雲夢之葷 ……

左文五十三 重二大篆从茻 繫傳蒜接芥 無左文以下十一字疑後人增

芥 菜也从艸介聲 古拜切 蔥 菜也从艸悤聲 倉紅切

藿 艸也从艸隺聲詩曰食鬱及藿 余六切 繫傳不引詩今詩

作食鬱及薁說文薁蘡薁與毛傳合段君云釋草疏引韓詩作藿
宋掌禹錫蘇頌皆云韓詩六月食鬱及藿

蕇　亭歷也从艸單聲多殄切

蒟　艸从句聲吉厚切

蕨　鼈也从艸厥聲居月切

莎　鎬侯也从艸沙聲蘇禾切釋草作薃侯莎[illegible]

蓱　苹也从艸洴聲薄經切[illegible]無洴字疑後人增釋草萍蓱釋文作苹萍篇韻洴為萍之重文

蓳　艸也根如薺葉如細柳蒸食之甘蒸當作烝按此注與上下文不類疑經後人改从艸堇聲居隱切玉篇艸部無蓳木部有槿
注木槿朝生夕隕可食蓋以槿當蓳廣韻上聲隱蓳
注云菜也說文作蓳黏土也又音芹不知說文有蓳也

菲　芴也从艸非聲芳尾切玉篇菲芳尾切菜名又薄也引論語菲飲食而致孝於鬼神今論語[illegible]

芴　菲也从艸勿聲文弗切

[illegible]

夏小正七月秀雚葦傳曰未秀則不爲雚葦又曰雚未秀爲菼葦未秀爲蘆

肥切苦菲也又父来切廣韻收平上去三聲

艸也从艸𪄠聲呼旰切又呼旦切玉篇爲䕼之重文草也廣韻無

萑薍也从艸雈聲胡官切

葦大葭也从艸韋聲于鬼切

葭葦之未秀者从艸叚聲古牙切

萊蔓華也从艸來聲洛哀切釋草作釐

荔艸也韻會引作草名似蒲而小根可作㕞玉篇韻會引作作爲顏氏家訓書證篇引作根可爲刷从艸劦聲郎計切

蒙王女也徐本釋草王作玉誤从艸冢聲莫紅切

藻水艸也从艸巢聲詩曰于以采藻子皓切繫傳韻會水上無从字藻作藻非

藻藻或从澡

菉王芻也繫傳韻會無也字从艸录

說文攷異

聲詩曰菉竹猗猗力玉切大學引詩同毛詩作綠釋文云爾雅作菉韓詩竹作藩石經同

蓸艸也从艸𣍘聲昨牢切玉篇作蓸凡𣍘並作曹

⿱艹卣艸也从艸卣聲以周切

菬艸也从艸沼聲昨焦切

䓊艸也从艸吾聲楚詞有䓊蕭艸五乎切今楚詞無䓊蕭蓋唐勒宋玉之賦皆可稱楚詞或在其中已亡佚（玉篇草似艾廣韻同）

范艸也从艸氾聲房𠬝切

艿艸也从艸乃聲如乘切繫傳作艿韻會脫聲字玉篇引作舊艿草不芟又新草又生曰艿

⿱艹血艸也从艸血聲呼決切

萄艸也从艸匋聲徒刀切

芑白苗嘉穀

从艸己聲驅里切藚水舄也从艸賣聲詩曰言采
其藚似足切按釋文引賣同苳艸也从艸冬聲都宗切蘠蘠虞蓼
釋草釋文引作虞从艸嗇聲所力切苕艸也从艸召
蓼也玉篇注同
聲徒聊切⿱艸楙艸也从艸楙聲莫厚切萺艸也从艸冒
聲莫報切玉篇無萺廣韻收入聲屋注萺蓿菜茆鳧葵也从艸丣聲詩
曰言采其茆力久切韻會引作茆丣聲作卯聲言作
薄蓋本今詩改今詩魯頌作薄采其茆
釋文茆音卯徐音柳韋昭萌藻反音雖不同而字並從
卯玉篇茆閭酉切茂盛皃又鳧葵也詩云言采其茆

或亡絞切重文作茆注云出說文廣韻茆收巧有二韻巧韻注云說文作茆音柳按卯丣二字形聲並近[illegible]易譌篇韻所引蓋出宋人據石鼓文則柳亦从丣

茶苦荼也从艸余聲同都切臣鉉等曰此即今之茶字玉篇杜胡切又除加切廣韻收模麻二韻

疑茆字未必原文

蘩白蒿也从艸緐聲附袁切韻會引緐作緐是也無聲字蓋脫

蒿菣也从艸高聲呼毛切

蓬蒿也从艸逢聲薄紅切

䒠籀文蓬省

藜艸也从艸黎聲郎奚切繫傳作藜

蘬薺實也繫傳作薺食實

蘬艸也从艸歸聲驅歸切玉篇丘非丘誄丘追三切廣韻收平聲脂微上聲旨

[illegible]艸盛

衍

夏小正四月取荼傳曰荼也者以為君薦蔣也又七月灌荼傳曰荼雚葦之秀為蔣褚之也

釋草紅蘢古其大者蘬又云蘬差薺實

皃从艸保聲博裒切 蕃 艸茂也从艸番聲甫煩切玉篇縛袁切
滋也息也又甫煩切蕃 茸 艸茸茸皃从艸聰省聲
屛也廣韻兩收元
而容切玉篇又而勇切 𦺳 艸皃从艸津聲玉篇注草茂根
不肯也廣韻止收平聲
廣韻收仙注云 五音韻譜 从艸叢
草茂皃出字林 叢 艸叢生皃 叢作叢非 釋草釋文引作草叢生也
聲徂紅切 草 草斗櫟實也一曰象斗子繫傳作草斗櫟
實一曰橡斗玉篇引同繫 从艸早聲自保切臣鉉等
傳橡作樣是也說文無橡 曰今俗以此爲
艸木之艸別作皁字
爲黑色之皁 案櫟實可以染帛爲黑色故曰草通用爲草棧字今俗書皁或从白从十或从白从七
菆 麻蒸也从艸取聲一曰蓐

說文攷異

也側鳩切 蓄積也从艸畜聲丑六切 萅推也从艸从日艸春時生也屯聲昌純切顧千里云韻會作从日艸屯屯亦聲繫傳有臣鍇曰故云亦聲則鍇本當有亦字 菰艸多皃从艸狐聲江夏平春有菰亭古孤切玉篇廣韻並無按菰注與菥同蓋即菥之譌字後人不察更增 菿艸木倒从艸到聲都盜切按前菿字乃菿之譌後人不察更增於此倒即到之俗體詳新附攷繫傳有鍇引莊子草木之倒植者半

文四百四十五繫傳次立曰今文四百三十九 重三十一

補遺茖蓩蒢蘱蓨萃六字

繫傳三十
補[illegible]一字

蓐　陳艸復生也　繫傳韻會引艸作草無也字玉篇引有也字亦作草凡艸字繫傳及他書引多作草　从艸辱聲一曰蔟也凡蓐之屬皆从蓐　而蜀切

蓐　籀文蓐从茻　玉篇廣韻並無

薅　拔去田艸也　繫傳作披田草也披譌詩良耜釋文及韻會引並作拔田草也玉篇注亦同　从蓐好省聲　呼毛切廣韻同玉篇呼勞切

薅　籀文薅省

茠　薅或从休詩曰既茠荼蓼　玉篇薅下引詩作以薅荼蓼當本說文既字誤

文二　重三

茻　眾艸也从四屮凡茻之屬皆从茻讀與冈同模朗切繫傳冈作罔

莫　日且冥也廣韻引且作旦譌从日在茻中莫故切又慕各切繫傳中下有茻亦聲三字九經字樣亦有

莽　南昌謂犬善逐菟艸中為莽繫傳及玉篇廣韻韻會引菟作兔是也說文無菟从犬从茻茻亦聲謀朗切

葬　藏也从死在茻中一其中所以薦之易曰古之葬者厚衣之以薪則浪切藏當作臧繫傳薪下有茻茻亦聲三字韻會無莫下亦無按莫下當有

文四

說文解字攷異弟一下

李銳清元和人字尚之一字四香諸生邃於
算學窮究天元一術於古法多所闡
明嘉慶中阮元撫浙延至西湖校
禮下義元輯疇人傳銳之力爲多有
天元句股細草弧矢算術細草開方
說諸書

說文解字攷異弟二上

三十部　六百九十三文　繫傳三作二譌今去趨字實六百九十二

作八十七是也繫傳作七十九誤　凡八千四百九十八字

重八十八　毛本

小　物之微也从八丨見而分之　繫傳韻會而下有八字六書故引唐本从八見而八分之

凡小之屬皆从小　私兆切

少　不多也从小丿聲　書沼切　玉篇又始曜切幼也廣韻收上去二聲按當是从小丿小亦聲汗簡作少古文四聲韻同

𡮐　少也从小乀聲讀若輟　子結切　文三

疑夭首　韻會引徐曰丿音夭

八　別也象分別相背之形凡八之屬皆从八　博拔切

分

厃高也當雙行

別也从八从刀刀以分別物也甫文切玉篇又扶問切限也廣韻收平去二聲尒

詞之必然也廣韻引同玉篇注詞之畢也疑本說文从入丨八八象气之分散兒氏切韻會作詞之必然也从入丨八象气之分散入聲曾

詞之舒也韻會引同繫傳及李注文選長楊賦引詞作辭从八从曰㓁聲昨稜切㓁古文囪字玉篇子登切則也又才登切經也尚

曾也庶幾也从八向聲時亮切玉篇時樣切廣韻收平去二聲㒸

从意也繫傳从作從玉篇廣韻同从八豕聲徐醉切詹

多言也玉篇注詹詹多言蓋本說文莊子齊物論小言詹詹从言从八从厃臣鉉等曰厃高也八分也多故可分也職廉切段君云當作产聲介

畫也从

八从人人各有介（古拜切）𠔁分也从重八八別也亦聲孝經說曰故上下有別（兵列切玉篇云古文別廣韻誤為兆字）公平分也从八从厶（音司）八猶背也韓非曰背厶為公（古紅切韻會引背厶為公上有自營爲厶四字蓋黃氏加）必分極也从八弋弋亦聲（卑吉切繫傳作从八弋聲韻會亦同）余語之舒也从八舍省聲（以諸切）𠍜二余也讀與余同（顧千里云玉篇余下𠍜注云同上則為余之重文其注蓋後人加）

文十二　重一（即𠍜也）

釆　辨別也象獸指爪分別也凡釆之屬皆从釆讀

若辨　蒲莧切　𠂔　古文釆　繫傳下有同字　番　獸足謂之番

从釆田象其掌　附袁切玉篇又普丹步丹二切廣韻收元引說文又翻盤潘三音書亦音

波　蹞　番或从足煩　𤕫　古文番　宷　悉也知宷諦

釋獸貍狐貒貈醜其足蹯足部無蹯

也从宀从釆　徐鍇曰宀覆也釆別也包覆而深別　審

廣韻引諦作諟玉篇注宷知諟也

之宷悉也式荏切繫傳韻會作从宀釆

篆文宷从番　悉　詳盡也从心从釆　息七切繫傳韻會釆上無从字

繫傳作篆文審从田

繫傳韻會作𢇇玉篇廣韻並無疑後

𢇇　古文悉

人增汗簡有𢇇注云悉盡息之別體

心部

古文四聲韻作𢇇

釋 解也从釆釆取其分别物也从睪聲 賞職切

文五 重五 繫傳五作四非

半 物中分也从八从牛牛爲物大可以分也凡半之屬皆从半 博幔切

胖 半體肉也一曰廣肉从半从肉半亦聲 普半切繫傳作从肉从半半亦聲玉篇收肉部

叛 半也从半反聲 薄半切

文三

牛 大牲也牛件也件事理也 件疑牽之俗體詳新附攷 象角頭

韵會引無牛件也以下七字其徐曰下有一曰件也四字當是繫傳原本

物 牛爲大物天地之數起於牽牛

三封尾之形凡牛之屬皆从牛徐鍇曰件若言物一件二件也封高起也語求切

牡畜父也从牛土聲莫厚切

犅特牛也从牛岡聲古郎切

特朴特牛父也繫傳韻會作特牛也玉篇注牡牛也又獨也廣韻注特牛又獨也从牛寺聲徒得切

牝畜母也从牛匕聲易曰畜牝牛吉毗忍切玉篇毗忍脾死二切廣韻收旨軫二韻

犢牛子也从牛瀆省聲徒谷切韻會引作从牛賣聲

㸬二歲牛从牛市聲博蓋切

犙三歲牛从牛參聲穌含切玉篇山含切又且含切廣韻收覃又收幽音山幽切

牭四

歲牛从牛从四四亦聲息利切𤘽籒文牭从貳玉篇但注籒文犗騬牛也後漢書陳忠傳注引同初學記引作騰騬牛也玉篇注騬牛也騰也騬蓋騬之譌从牛害聲古拜切牻白黑雜毛牛从牛尨聲莫江切㹁牻牛也从牛京聲春秋傳曰牻㹁呂張切左傳閔二年作尨涼冬殺犡牛白脊也从牛厲聲洛帶切玉篇作犡力勢力大二切廣韻泰作犡引說文又收祭㹀黃牛虎文从牛余聲讀若塗同都切塗當作涂詳新附攷犖駁牛也从牛勞省聲呂角切㹈

牛白脊也从牛爭聲力輟切⿰牛平牛駁如星玉篇注同繫傳駁作駮从牛平聲普耕切犥牛黃白色从牛麃聲補嬌切玉篇普沼扶表普豪三切廣韻收小敷沼切犉黃牛黑脣也从牛𦎫聲詩曰九十其犉如勻切⿰牛隺白牛也从牛隺聲五角切⿰牛畺牛長脊也从牛畺聲居良切玉篇白牛也蓋誤廣韻牛長脊一曰白脊⿰牛支牛徐行也从牛叏聲讀若滔土刀切犨牛息聲廣韻作犨引說文牛息聲也玉篇正作犨重文作犫五經文字犫注云作犨訛見春秋傳一曰牛名赤周切

牟　牛鳴也从牛象其聲气从口出莫浮切

𤛓　畜牷也五音韻譜繫傳並作畜牲也則牷字譌玉篇注畜牲𤛓廣韻注畜𤛓畜牲从牛產聲所簡切

牲　牛完全从牛生聲所庚切

牷　牛純色韻會引同繫傳牛上有牷字衍从牛全聲疾緣切

牽　引前也玉篇注同韻會作引而前也从牛象引牛之縻也韻會作从牛冂冂象引牛之縻也非玄聲苦堅切玉篇口田切廣韻平去二聲

牿　牛馬牢也从牛告聲周書曰今惟牿牛馬古屋切韻會引同繫傳牿上有淫字費誓作今惟淫舍牿牛馬

牢　閑養牛馬圈也从牛

冬省取其四周帀也　魯刀切韻會引同繫傳省下㸲
有聲字恐非帀下無也字
以匋𡏧養牛也从牛匋匋亦聲　五音韻譜繫（李注文選七發初學記引𡏧作埜）
傳重匋字　春秋國語
曰㸲豢幾何　側愚切楚語㸲作匋　𤛓牛柔謹也从牛𡕥聲　而沼切玉
篇而小而照二切引尚書擾而毅　犕易曰犕牛乘馬从牛葡
字如此廣韻而沼切
聲　平祕切今易作服玉篇注服也以鞌裝馬也又牛八歲也廣韻牛具齒　犂耕也从牛黎聲（初學記引字林牛具齒也）
郎奚切玉　𤛛兩壁耕也从牛非聲一曰覆耕種也　繫傳
篇作犎（廣韻犎注云墾田器亦耕也引山海經曰后稷之孫叔均所作犎略曰皇甫隆爲燉煌太守教民作摟犂也）
種作
種　讀若匪　非尾切　㹌牛羊無子也从牛𠷎聲讀若

糗糧之糗徒刀切玉篇作犢徒刀充刀二切

牴觸也从牛氐聲都礼切繫傳作牴凡氐並作坒

犩牛踶犩也于歲切玉篇九綴切牛蹄也廣韻牛觸人渠穢切

⿱臤牛牛很不從引也从牛从臤臤亦聲一曰大皃讀若賢喫善切玉篇五殄胡結二切廣韻收上入二聲

牼牛厀下骨也从牛巠聲春秋傳曰宋司馬牼字牛口莖切左傳昭二十年有少司寇牼杜注牼華亥庶兄餘未見名牼者玉篇胡耕口耕二切廣韻兩收耕

⿰牛今牛舌病也从牛今聲巨禁切

犀南徼外牛一角在鼻一角在頂似豕韻會引作徼外獸一角在鼻一角在頂無似豕二字蓋黄

氏改玉篇注獸似牛也从牛尾聲先稽切牣物滿也韻會作滿也玉篇注同从牛刃聲詩曰於牣魚躍而震切物萬物也廣韻引無此三字牛爲大物天地之數起於牽牛故从牛勿聲文弗切犧宗廟之牲也从牛羲聲賈侍中說此非古字許羈切

文四十五　重一

犛西南夷長髦牛也从牛𠩺聲凡犛之屬皆从犛利之切

莫交切五音韻譜同繫傳夢稍反按𠩺聲則不當音莫交切然一切經音義卷六犛亡交切下引說文卷十四犛

注云說文音茅則唐時已然玉篇犛莫交切又力之切廣韻收之肴二韻莫能定唯集韻七之犛陵之切牛名黑色出西南徼外張揖說爲不誤

氂　犛牛尾也从犛省从毛　里之切　玉篇作氂莫袍切犛牛尾或作旄據此則毛下當有聲字里之切非廣韻收之豪二韻亦非

斄　彊曲毛（切經音義卷二引作強屈毛也）可以箸起衣从犛省來聲　洛哀切　繫傳箸作著玉篇力之切又力才切廣韻之引說文強曲毛也可以著起衣又收咍韻

庲　古文斄省

文三　重一

告　牛觸人角箸橫木所以告人也从口从牛　玉篇韻會引箸作著

說文殘異

易釋文引作牛觸角著橫木所以告人 易曰僮牛之告 韻會僮作童蓋因今易 凡告之屬皆从告 古奧切 玉篇公号切又公篤切廣韻收去入二聲 嚳 急告之甚也 玉篇廣韻引同一切經音義卷三引作急也甚也卷十五引作急也酷之甚也鈔本酷作苦蓋告之譌所引不同 从告學省聲 苦沃切 而急下同有也字 文二

口 人所以言食也象形凡口之屬皆从口 苦后切 噭 吼也 玉篇引同說文無吼玉篇吼呼垢切牛鳴也廣韻注同重文作吽呴說文亦無 疑詬之俗體詬或作詢 顧千里云當是口孔二字誤并為吼 吼字當為口孔殽其字在口下噣上 从口敫聲 一曰噭呼也 古弔切 玉篇重文作叫 噣 喙也从口蜀聲 陟救切

㖃厚怒聲

喙口也从口彖聲許穢切彖當是豙陳氏毛詩稽古編曰昆夷駾矣維其喙矣毛云喙困也孔疏云喙之爲困未詳案晉語靡笄之役郤獻子傷曰余病喙韋注云喙短氣皃郤以喙爲病豈非困乎

吻口邊也从口勿聲武粉切勿疑勿之譌形相近也

脗吻或从肉从昏繫傳作吻或从肉昏按昏注云一曰民聲疑昏下有重文昬

嚨喉也从口龍聲盧紅切

喉咽也从口侯聲乎鉤切

噲咽也从口會聲讀若快一曰嚵噲也苦夬切繫傳讀上有或字

吞咽也从口天聲土根切天本作天此从籀文大

咽嗌也从口因聲烏前切

嗌咽

也从口益聲伊昔切森籒文嗌上象口下象頸脉理也繫傳韻會作森玉篇作嗌注云本亦作荞

喗大口也从口軍聲牛殞切

哆張口也从口多聲丁可切玉篇處紙尺寫二切廣韻收平聲麻上聲紙哿馬段君云元應兩引說文殆可切

呱小兒嗁聲韻會引嗁作啼俗繫傳脫此四字从口瓜聲詩曰后稷呱矣古乎切

啾小兒聲也从口秋聲即由切

喤小兒聲从口皇聲詩曰其泣喤喤乎光切

咺朝鮮謂兒泣不止曰咺玉篇韻會引同繫傳咺作喧俗从口宣省聲

況晚切韻會作从口亘聲

唴秦晉謂兒泣不止曰唴繫傳泣下有下字恐非玉篇引兒上有小字从口羌聲丘尚切

咷楚謂兒泣不止曰噭咷从口兆聲徒刀切

喑宋齊謂兒泣不止曰喑韻會引同繫傳泣下有下字从口音聲於今切玉篇於金於甘二切啼極無聲也廣韻收侵覃二韻

嶷小兒有知也从口疑聲詩曰克岐克嶷魚力切今詩作嶷說文無玉篇嶷牛力牛忌二切廣韻入聲引說文又收去聲

咳小兒笑也玉篇引同繫傳笑作笑韻會引笑下有聲字恐非笑笑說文並無古當作芺詳新附攷从口亥聲戶來切玉篇何來切又苦代切廣韻收平

聲 孩 古文咳从子 嗛 口有所銜也从口兼聲 戶監切

咀 含味也从口且聲 慈呂切 啜 嘗也从口叕聲一曰喙也 昌說切 釋言釋文云啜郭音銳顧猪芮反施毋芮尺銳二反

⿰口集 噍也从口集聲讀若集 子入切

嚌 嘗也从口齊聲周書曰大保受同祭嚌 在詣切

噍 齧也从口焦聲 才肖切玉篇才笑切嚼也侍食於君子數噍 廣韻收笑又子幺子由二切又收宵不收尤

嚼 噍或从爵 又才爵切玉篇疾略切噬嚼也不為重文廣韻同

吮 欶也 韻會引同繫傳欶作嗽俗 从口允聲 徂沇切玉篇食允徂兖二切廣韻止收獮

⿰口率 小歠也

玉篇小飲也

㕞从口率聲讀若㕞所劣切繫傳㕞作刷玉篇山劣山芮二切廣韻收入聲薛

嚵小啐也从口毚聲一曰喙也士咸切

噬啗也喙也从口筮聲時制切當从筭省聲

啗食也从口臽聲讀與含同徒濫切

嘰小食也从口幾聲居衣切

⿰口尃噍皃从口尃聲補各切

含嗛也繫傳及廣韻韻會引並作銜也从口今聲胡男切

哺哺咀也釋鳥釋文引作口中嚼食也玉篇注同一切經音義卷一引作口嚼食蓋脫从口甫聲薄故切俗作㕮

味滋味也从口未聲無沸切

嚛食辛嚛也一切經音義

卷十二引作食辛也玉篇注大噉曰嚛伊尹曰引从口樂聲酸而不嚛呂覽本味篇作酸而不酷辛而不烈火沃切

⿰口竅口滿食从口竅聲丁滑切

噫飽食息也一切經音義卷十二十四十五引並作飽出息也玉篇注同从口意聲於介切玉篇乙乜乙介二切廣韻收去聲怪又收平聲之注恨聲

嘽喘息也一曰喜也从口單聲韻會引一曰句在單聲下詩曰嘽嘽駱馬他干切按疹下引詩疹疹駱馬蓋三家詩毛傳嘽嘽喘息之貌說文本之

唾口液也从口垂聲湯臥切

涶唾或从水按水部有涶不應重出漢書楊雄傳蕭該注字引字林涶即唾也或後人因字林增

咦南陽謂大呼曰

咦从口夷聲以之切　呬東夷謂息爲呬从口四聲詩曰犬夷呬矣虛器切今詩作混夷駾矣維其喙矣呬喙聲相近方言並訓息　嘽疾息也从口單聲昌沆切　呼外息也从口乎聲荒烏切玉篇火胡切又火故切廣韻止收平聲引說文　吸内息也从口及聲許及切　嘘吹也玉篇引聲類曰出氣急曰吹緩曰嘘从口虛聲朽居切　吹嘘也从口从欠昌垂切玉篇齒規切出氣也又齒僞切廣韻收平去二聲韻會引同繫傳欠上無从字

唐景龍石刻老子或嘘或吹御注本嘘作呴口部無呴字見夏小正玉篇呴呼其呼俱二切呴亦嘘吹之也老子曰或呴或吹廣韻呴收去聲注吐沫

喟大息也繫傳無也字韻會引作太息玉篇引作太息也从口胃聲丘貴切　嘳喟或从貴

啍口气也从口𦎫聲詩曰大車啍啍他昆切嚏悟解气也从口疐聲詩曰願言則嚏都計切玉篇注噴鼻也引詩同按毛傳嚏跲也則當是疐鄭箋嚏當讀爲不敢嚏咳之嚏然則今詩後人因鄭箋改說文引詩疑亦後人增詳陳氏毛詩稽古編躓野人言之五音韻譜繫傳作野人之言玉篇注作野人之言也从口質聲之日切唫口急也从口金聲巨錦切又牛音切玉篇巨錦切引說文口急也亦古吟字噤口閉也玉篇引同韻會引脫口字从口禁聲巨禁切玉篇巨錦巨禁二切廣韻去聲引說文又收上聲名自命也从口从夕夕者冥也繫傳作从夕口

夕者冥也韻會作从口夕夕者冥也冥不相見故以口自名武并切吾我自

稱也从口五聲五乎切哲知也从口折聲陟列切悊

哲或从心廣韻同玉篇收心部嚞古文哲从三吉繫傳作吉喆在悊下凡古文ㄗ繫傳韻會並

作曰君尊也从尹發號故从口舉云切繫傳尹下有口字韻會作从尹从口

以發號𠇾古文象君坐形繫傳作宮譌通論及錯綜篇作𠇾玉篇廣韻並無

隸釋載石經三體有此字命使也从口从令眉病切繫傳韻會令上無从字咨

謀事曰咨从口次聲即夷切召評也繫傳作嘑也恐非韻會引

作呼也玉篇　从口刀聲直少切　問　訊也从口門聲亡運切
廣韻注同
唯　諾也从口隹聲　以水切玉篇俞誰切書曰唯予一人
唯獨也又以水切唯諾也廣韻收平
上二　唱　導也从口昌聲　尺亮切　咊　相譍也　繫傳
聲　韻會
譍作應是也說文無　从口禾聲　戶戈切玉篇作和胡
譍詳新附攷下放此　戈切書云協和萬邦
又胡過切易曰其子和之以咊爲古文廣韻收平去二聲　咥　大笑也从口至聲詩曰
咥其笑矣　許旣切又直結切玉篇虛記虛吉二切又大結切
引易不咥人身咥齧也廣韻去聲失收入聲
收質又收屑徒結　啞　笑也从口亞聲易曰笑言啞啞　於革
切又火至丑栗二切

切玉篇於雅切不言也又烏格切笑聲廣韻收去聲禡入聲陌

嘑大笑也从口虖聲其虐切

唏笑也从口稀省聲繫傳韻會作从口希聲一曰哀痛不泣曰唏虛豈切玉篇許几許既二切引說文痛作病蓋譌廣韻收上去二聲

听笑皃从口斤聲宜引切

呭多言也从口世聲詩曰無然呭呭余制切今詩作泄釋文云說文作呭

嘄聲嘄嘄也五音韻譜作嘄李注文選曹植贈白馬王彪詩引及玉篇注作嘄是也玉篇無嘄有嘄音古弔切聲也適當說文嘄次蓋以嘄爲嘄廣韻去聲嘯譌作嘄平聲無嘄从口梟聲古堯切

吅相謂也玉篇注吅也廣韻呵也从口

出聲當没切

唉　譍也　繫傳譍作應是也韻會作應更非一切經音義卷十二引作譍聲也玉篇注作應聲也則今本脱聲字　从口矣聲讀若埃烏開切　繫傳埃上有𡑞字

哉　言之閒也　釋詁哉間也郭注未詳　从口𢦏聲祖才切

噂　聚語也　从口尊聲詩曰噂沓背憎子損切　按傳下引詩與釋文合不應又引作噂疑後人因今詩增

咠　聶語也从口从耳詩曰咠咠幡幡七入切　按巷伯三章作緝緝翩翩四章作捷捷幡幡此蓋誤合為一　釋文咠引作聶語也蓋傳寫譌

呷　吸呷也　李注文選吳都賦一切經音義卷十七引作吸也　玉篇引同繫傳也作兒　从口甲聲呼甲切

嘒　小聲也从口彗

聲詩曰嘒彼小星呼惠切廣韻但引小聲也韻會引詩作鳴蜩嘒嘒玉篇同然不引說文恐韻會引詩非說文所引

嚖或从慧

嘫語聲也从口然聲如延切

唪大笑也从口奉聲讀若詩曰瓜瓞菶菶方蠓切今詩作唪玉篇薄孔切大聲也又方孔切廣韻大笑也（疑本說文）

嗔盛气也廣韻引同玉篇注盛聲也从口眞聲詩曰振旅嗔嗔待年切今詩作闐

嘌疾也韻會引下有聲也二字非說文廣韻注疾吹之皃从口㬱聲詩曰匪車嘌兮撫招切

嗥嘑也五音韻譜作嘑也繫傳作號也顧千里曰號字是也五音韻譜

作唬誤而 从口虖聲 荒烏切玉篇火吳火故二切引周
毛本依之 禮雜人掌大祭祀夜嘑旦以
嘂■百官亦大聲也廣 喅 音聲喅喅然从口昱聲
韻收平聲去聲收謼
余六切按漢書樂志粥粥
音送蓋同聲假借 嘯 吹聲也从口肅聲 穌弔切（玉篇引詩其嘯也歌 感足口而出聲也） 歗
籒文嘯从欠（玉篇收欠部） 台 說也繫傳作悅也俗 从口㠯聲 与之切玉篇與時切我也
又音胎廣 韻收之咍 嗂 喜也从口䍃聲 余招切 启 開也从戶从口
康礼切繫傳 作从戶口 嗿 聲也从口貪聲詩曰有嗿其饁 他感切
咸 皆也悉也从口从戌戌悉也 胡監切韻會引同繫 傳作从口戌聲蓋誤又脫戌悉也三字

呈平也从口壬聲直貞切　右助也从口从又于救切徐鍇曰言不足以左復手助之　繫傳作从口又聲韻會作从口又按又部有右解手口相助不應重出疑口部為後人增玉篇又部右引說文口部不引　啻語時不啻也一切經音義卷十二引作語時也蓋脫玉篇注買賣云不啻也　一曰啻諟也讀若鞮施智切　吉善也从士口居質切　周密也从用口職留切　古文周字从古文及　唐大言也从口庚聲徒郎切　玉篇廣韻並無按𠱃从甲乙之乙與白同意　古文唐从口昜　繫傳韻會作暘　𠷎誰也从口𠃬又聲𠃬古文疇直由切　繫傳無𠃬古文疇四字則四字乃大徐增𠃬為疇省文非古文廣韻引作𠷎又作𠷎玉篇作嚋　嘾含

深也从口覃聲徒感切　噎飯窒也玉篇韻會引同繫傳飯作飲譌从口壹聲烏結切　嗢咽也玉篇注嗢咽也从口昷聲烏没切　哯不歐而吐也顧千里云玉篇廣韻並作不顧而吐皆校者誤改从口見聲胡典切　吐寫也韻會引同繫傳寫作瀉俗从口土聲他魯切　噦气啎也啎即牾字五音韻譜繫傳韻會作牾譌說文無牾从口歲聲於月切玉篇火外切鳥鳴也又於月切逆氣也廣韻收去聲泰入聲月薛　咈違也从口弗聲周書曰咈其耇長符弗切段君云周當是商見微子篇　嚘語未定皃从口憂聲於求切玉篇老子終日號而不嚘嚘

氣逆吃言蹇難也一切經音義卷七十五引無蹇字當非脫玉篇注語難也从口
也今本老子作嗄譌口部無嗄欠部歐嗄也
气聲居乙切 嗜嗜欲喜之也韻會引作喜欲之也一切經音義卷二十二引
作嗜欲意也从口耆聲常利切 唊嚾唊也釋草釋文
並有脫誤及一切經音
義卷二十引从口炎聲一曰噉徒敢切韻會引一曰作或作
並作嚾也按說文無噉玉篇廣韻
並以唊為噉之重文韻會引同
則此三字乃後人加 哽語為舌所介也繫傳介下
有礙字玉篇注語為人所忿疑也忿疑蓋忿礙之譌
華嚴經音義卷七十七引說文哽謂食肉亭骨在喉
內也誤以他書為說文从口更聲讀若井級綆當是綴井綆古杏切 嘐誇語

也从口琴聲古肴切　啁　啁嘐也从口周聲陟交切　哇

諂聲也玉篇引同韻會諂作謟謠說文無謟　从口圭聲讀若醫於佳切玉

篇於佳居攜二切廣韻止收佳　[illegible]　語相訶歫也繫傳歫上有相字蓋衍廣韻

引歫作距非玉篇注言相呵歫也呵即訶之別體歫乃歫譌　从口歫辛繫傳作从口辛　辛惡

聲也讀若櫱五葛切　吺　讘吺多言也从口投省聲

當侯切繫傳作从口殳聲六書故云唐本殳聲　呧　苛也从口氐聲都礼切廣韻引同一

呰苛也華嚴經音義卷十五引作訶也

切音義婁引作呵也口部無呵卷二十二引作訶也華嚴經音義卷十五引同　从口此聲將此切繫傳作呰　嗻

遮也从口庶聲之夜切唊妄語也从口夾聲讀若莢古叶切嗑多言也从口盍聲讀若甲候榼切嗙謌聲嗙喻也說文無喻當是諭之別體顧千里云謌當作訶玉篇云嗙訶聲也蓋本說文今本謌字涉下而誤司馬相如說別為一義不當因舞字而改訶為謌也嗙喻二字玉篇無非誤必衍从口旁聲司馬相如說淮南宋蔡舞嗙喻也補盲切擊舞上有謌字無也字非此蓋凡將篇七字句也廣韻噧喝聲噧高气多言也从口蠆省聲萬虫當是蠆春秋傳噧言訶介切玉篇呵芥他曷二切廣韻收去入二聲錢宮詹曰當即左傳哀二十四年之

讆言服云僞不信也杜云讆過也釋文讆
戶快反與訶介切相近此田謂讆者假借字叴高
气也从口九聲臨淮有叴猶縣巨鳩切嘮嘮呶讙
也从口勞聲敕交切呶讙聲也韻會引同繫傳讙作嚾非从口奴
聲詩曰載號載呶女交切叱訶也从口七聲昌栗切噴
吒也从口賁聲一曰鼓鼻普魂切玉篇引戰國策驥儳而鼓鼻也今楚策作驥
於是俛而噴則吒噴也吒怒也廣韻引玉篇注同五音
儳乃俛之譌韻譜繫傳韻會作叱
怒也从口乇聲陟駕切玉篇知加陟嫁噅危也从口爲釋詁文郭注未詳
譌二切廣韻止收去聲

聲余律切

啐驚也从口卒聲七外切五音韻譜作七內切毛本從之玉篇倉快倉憒二切嘗也又子律切吮聲廣韻兩收去聲隊又收入聲術

唇驚也从口辰聲側鄰切

吁驚也从口于聲況于切按于部有吁解驚語口部不應重出疑後人增玉篇口部雖有吁而注驚語与于部同一切經音義卷三吁引作驚語也

嘵懼也韻會引作懼聲也蓋黃氏因廣韻增从口堯聲詩曰唯予音之嘵嘵許么切集韻引同韻會無之字蓋因今詩刪玉篇廣韻引詩作予維音之嘵嘵當本說文

嘖大呼也釋鳥釋文引作呼也从口責聲士革切

讀嘖或从言

嗷眾口愁也从口敖聲詩曰

哀鳴嗷嗷五牢切繫傳作嗸注作嗸嗸玉篇同廣韻嗷為嗸之重文韻會作嗷唸吚都見切今詩作殿屎玉篇丁見丁念二切唸吚

也从口念聲詩曰民之方唸吚

呻吟也廣韻收霰㮇二韻吚唸吚呻也韻會唸作念非从口尸聲馨伊切詩爾雅

釋文引作吚五經文字云屎說文作吚蓋本釋文然釋文未必是玉篇作吚廣韻無⿰口嚴呻也从口嚴

聲五銜切玉篇牛衫切又宜戟切廣韻入聲陌引說文平聲銜作⿰口嚴呻吟也从口申聲

失人切五音韻譜繫傳作呻吟呻也藝文類聚御覽引作歎也从口今聲魚音切⿰音今吟或从

音⿰言今廣韻在談下作古文或从言嗞嗟也咗即⿱差言之別體从口茲聲子之切哤

廣韻吟歎也引說文呻吟也出文不誤

哤異之言从口尨聲一曰雜語讀若尨莫江切

叫嘑也繫傳韻會作呼也玉篇為嘂之重文引說文呼也从口丩聲古弔切

嘅嘆也从口既聲詩曰嘅其嘆矣苦蓋切

唌語唌嘆也从口延聲夕連切玉篇似延切又徒坦切歎也廣韻無唌

嘆吞歎也从口歎省聲一曰太息也他案切繫傳息下無也字篆當作嘆玉篇嘆旦歎丹二切況也太息也與歎同廣韻收平去二聲

喝㵣也繫傳及一切經音義卷十一引作渴也玉篇注嘶聲也从口曷聲於介切

哨不容也韻會引不上有口字蓋黃氏增廣韻口不正也从口肖聲才肖切玉篇且醮切

氣　噆本此

聽

小也又先焦切廣　吪　動也从口化聲詩曰尚寐無吪　五禾切
韻收平去二聲
噆　嗛也　韻會引同繫傳作從也譌一切經音義　从口
（又引徐曰文子曰蚉䖟噆膚）
卷十七卷二十引並作銜也玉篇注亦同
朁聲　繫傳韻會作从口朁者聲　子荅切玉篇　吝　恨惜
（李注文選琴賦引恨作貪）
昔感子感子合三切廣韻收上入二聲
也从口文聲易曰以往吝　良刃切玉篇不引易引論語
改過弗吝誤以尚書為論語
惠徵君棟曰辵部遴引易　吝　古文吝从彣　繫傳韻
以往遴吝下引易後人增　會作㖶
各　異辭也　玉篇韻會引同繫傳　从口夂夂者有行而
辭作辤廣韻引作詞
止之不相聽也　古洛切繫傳　否　不也从口从不　方九切繫
韻會聽下也作意　傳作从口

不聲玉篇蒲鄙切引易天地不交否又方九切引說文按不部有否則口部不應重出疑後人增玉篇引說文亦後人增

唁 弔生也从口言聲詩曰歸唁衛侯 魚變切

哀 閔也从口衣聲 烏開切

嗁 號也从口虒聲 杜兮切

嗀 歐也从口殼聲春秋傳曰君將嗀之 許角切文見左傳哀二十四年玉篇引左氏傳之作焉

咼 口戾不正也 一切經音義卷六引作口戾也當非脫玉篇廣韻注同 从口冎聲 苦媧切玉篇口淮切廣韻收佳

㖢 嗼也 廣韻引作嘆也譌玉篇注㖢嗼而無聲言安靜也 从口叔聲 前歷切

嗼 㖢嗼也从口莫

聲莫各切 昏塞口也 玉篇引作塞也廣韻作舌注云塞口說文作昏則有口字 从口𠬪省聲𠬪音厥古活切 繫傳作𠬪古文厥字按𠬪厥音同非古文 𠯑古文从甘 玉篇廣韻並無按二書昏皆引說文不應遺古文疑後人增

嗾使犬聲 左傳宣二年釋文引作使犬也 从口族聲春秋傳曰公嗾夫獒 蘇奏切 玉篇蘇走先奏二切廣韻止收去聲

吠犬鳴也从犬口 符廢切 繫傳作从口犬無也字韻會作从犬从口亦無也字五音韻譜作从口犬符廢切

咆嗥也从口包聲 薄交切

嗥咆也从口皋聲 乎刀切 獋譚長說嗥从犬

喈鳥鳴聲 繫傳聲下

有也字韻會引作鳥鳴也从口皆聲一曰鳳皇鳴聲喈喈古諧

切嗃豕驚聲也从口孝聲許交切喔雞聲

也韻會引同繫傳作雞鳴也玉篇注同从口屋聲於角切呝喔也

从口尼聲鳥格切咮鳥口也从口朱聲章俱切玉篇為噣之重文

廣韻去聲宥同平聲虞注龍言咮多言皃嚶鳥鳴也从鳥嬰聲烏莖切

啄鳥食也从口豖聲竹角切唬嗁唬聲也五音韻譜同繫傳

嗁作唬一曰虎聲从口从虎繫傳作从口虎一曰虎聲讀若暠

謞

說文孫異　二十

呼訏切玉篇呼交切虎聲也又古伯切廣韻收陌注云鳥啼[illegible]蓋以啼當屬鳥不知左傳有豕人立而啼也五音韻譜作呼訝切當不誤故廣韻亦收禡注虎聲一切經音義卷五虖注云又作唬呼交反則唬虖古通故玉篇音呼交切也

漢書司馬相如傳𠴲然內首注師古曰𠴲或作[illegible]同音學

玉篇𠴲古老切白也說文無𠴲

呦　鹿鳴聲也从口幼聲伊虯切

𪡙　呦或从欠　廣韻同玉篇注云亦作𣢗按欠部有𣢗解愁皃大徐以爲重出據玉篇廣韻則欠部當有口部疑後人增

噳　麌鹿羣口相聚皃　詩吉日釋文引皃作也韻會从口虞聲詩曰麀鹿噳噳　魚矩切今詩作麌同而脫口字

喁　魚口上見　一切經音義卷十二十三引並作眾口上見也玉篇注眾口也顏千里云作麌說[illegible]

此有兩義一是魚口上見為本義所謂水濁則魚喁也一是衆口向上為推廣之義所謂喁喁然也蓋言人衆口向上如魚之口上見耳許氏當說本義且以次求之自吠以下類說獸鳥及魚字不誤玉篇或經後人改若一切經音義則必誤衆口但　从口禺聲　魚容切

局　促也从口在尺下復局之一曰博所以行棊象形　徐鍇曰人之無涯者唯口故口在尺下則為局博局外有垠堮周限也渠綠切

㕣　山間陷泥地　玉篇引閒作澗廣韻注山澗泥也　从口从水敗皃讀若沇州之沇九州之渥地也故以沇名焉　以轉切

𠔍　古文㕣　玉篇廣韻並無按谷部有㕣解深通

川口部不應重出疑後人增　文一百八十繫傳下有二字非　重二十一繫傳次立補遺詥字

凵張口也象形凡凵之屬皆从凵口犯切

吅驚嘑也从二口凡吅之屬皆从吅讀若讙臣鉉等曰或通用讙今俗別作喧非是況袁切玉篇注囂也驚呼也與讙同

𤕦亂也从爻工交吅一曰窒𤕦徐鍇曰二口嚾呼也爻物相交質也工人所作也己象交構形讀若禳女庚切五音韻譜繫傳及廣韻集韻類篇六書故引窒並作窒𤕦是也玉篇引作一曰窒禳穴部無窒六書故作禳作穰與玉篇合

𤕦籀文𤕦繫傳作𤕦玉篇作𤕦

嚴教命急也韻會引同繫傳無也字廣韻引作說文曰嚴令急也从吅厰聲語杴切

𠮥古文

繫傳作嚴古文嚴玉篇作嚴

咢　譁訟也从吅屰聲　五各切繫傳韻會聲上有屰字玉篇作咢注驚咢也

單　大也从吅甲吅亦聲闕　都寒切說文無甲故云闕

喌　呼雞重言之从吅州聲　州上有从字　繫傳雞作鷄　讀若祝　之六切

文六　重二

哭　哀聲也从吅獄省聲凡哭之屬皆从哭　苦屋切玉篇無哭部哭喪並收吅部

喪　亡也从哭从亡會意亡亦聲　息郎切繫傳韻會作从哭亡聲無會意二字

文二

走趨也从夭止夭止者屈也繫傳韻會作走从夭止夭者屈也繫傳凡走並作走

凡走之屬皆从走徐鍇曰走則足屈故从夭子苟切按石鼓文[illegible]有𧺆从走漢碑多作𧺆上从犬犬善走也此字大徐本作走尚有犬形小徐改作走而為說曰走則足屈故从夭非也顧南原隸辨云走次哭下則當上蒙犬字[illegible]確不可易

趨走也

趨也从走芻聲七逾切

赴趨也从走仆省聲臣鉉等曰春秋傳赴告用此字今俗作訃非是芳遇切

趣疾也从走取聲七句切玉篇且句切又蒼后切引詩來朝趣馬言早且疾也今詩作走廣韻收上聲厚去聲遇

超跳也从走召聲敕宵切

趫善緣木走之才李注文選西京賦一切經音義卷十一引並作善緣木之士

也玉篇注善緣木从走喬聲讀若王子蹻去嚻切繫傳之工也工蓋士譌作蹻段君云蓋即王子喬周靈王太子晉也

趫輕勁有才力也玉篇注同繫傳韻會才作材釋訓釋文引作輕勁有才也从走丩聲讀若鐈居黝切繫傳無讀若鐈三字

𧺢緣大木也一曰行皃从走支聲巨之切

趮疾也从走喿聲臣鉉等曰今俗別作躁非是則到切

趯踊也繫傳作躍也玉篇注趯踊也从走翟聲以灼切玉篇廳歷切廣韻收錫注趯皃前以灼切非

𧾩蹶也从走厥聲居月切

越度也从走戉聲王伐切玉篇于厥切遠也

踰也又胡括切引左傳大路越席廣韻月引說文又收末 趁 䞨也从走亶聲 張連切繫傳無聲字蓋脫 趞 趞趞也 繫傳五音韻譜及玉篇引並作趬趞也 一曰行皃从走昔聲 七雀切繫傳从走昔聲在一曰句上 趬 行輕皃一曰趬舉足也 繫傳一曰句在从走堯聲下無也字玉篇引有一切經音義卷十六引作行輕皃也一曰舉也當不誤 从走堯聲 牽遙切玉篇牽遙丘照二切廣韻收平去二聲 ⿺走弦 急走也从走弦聲 胡田切 趀 蒼卒也 易姤釋文 廣韻引作倉卒也玉篇注同 从走朿聲讀若資 取私切玉篇千尺千私二切廣韻止收脂 ⿺走票 輕行也从走票聲 撫招切

⿺走臤　行皃从走臤聲若菣　弃忍切玉篇去忍巨人二切廣韻止收上聲

⿺走酋　行皃从走酋聲　千牛切玉篇且仲千牛二切廣韻平聲尤引說文又收去聲送

⿺走蜀　行皃　玉篇注小兒行廣韻小兒行皃　从走蜀聲讀若燭　之欲切

⿺走匠　行皃　繫傳無皃字蓋脫　从走匠聲讀若匠　疾亮切

⿺走叡　走皃从走叡聲讀若紃　臣鉉等以爲叡聲遠疑从容　祥遵切廣韻⿰言尋作⿺走叡引說文走皃也玉篇亦作⿺辶叡注走也音祀傳切一據宋本注中作叡則大徐本作⿺辶叡繫傳五音譜注中作叡[illegible]誤

⿺走薊　走意　玉篇走意也　从走薊聲讀若髽結

之結吉屑切

⿺走囷走意从走囷聲丘忿切　趖走意繫傳

走意也玉篇从走坐聲蘇和切玉篇作趖先過切廣

注走皃韻亦作趖注趖疾

⿺走憲走意繫傳走意也玉篇注走皃从走憲聲許建切　⿺走臱走

意廣韻引同玉篇闕从走臱聲布賢切繫傳作⿱自冋省聲則⿱自冋當是邊　⿺走𢦏

走也廣韻作⿺走戴注走皃玉篇闕从走𢦏聲讀若詩威儀秩秩

直質切顧千里曰此大雅假樂之三章威儀抑抑德音秩秩也如昆夷呬矣之例　⿺走有走也玉篇廣韻注走

皃从走有聲讀若又于救切　⿺走鳥走輕也从走鳥聲讀

若鄔 安古切

趯 走顧皃从走瞿聲讀若劬 其俱切 說文無劬疑古但作句

⿱𡨄走 走皃从走蹇省聲 九輦切 玉篇丘言虛言二切廣韻收元音丘言切則九輦切誤

⿺走才 疑之等趄而去也 廣韻同 玉篇注同惟無也字 廣韻引有也字 繫傳重趄字蓋衍 从走才聲 倉才切

⿺走此 淺渡也从走此聲 雌氏切

䞕 獨行也 玉篇注獨行皃 从走匀聲讀若煢 渠營切

⿺走與 安行也从走與聲 余呂切

起 能立也从走巳聲 墟里切

⿺辵己 古文起从辵 繫傳韻會作⿺辵己

⿺走里 留意也讀若小兒孩

戶來切⿺走臭行也从走臭聲香仲切趛低頭疾行也玉篇注低頭行疾低當作氐詳新附攷从走金聲牛錦切趌趌⿺走曷怒走也从走吉聲去吉切⿺走曷趌⿺走曷也从走曷聲居謁切⿺走睘疾也从走睘聲讀若讙況袁切玉篇呼泉切疾行也廣韻收仙注疾走皃⿺走气直行也玉篇廣韻注行皃从走气聲魚訖切⿺走翼趨進⿺走翼如也廣韻注同玉篇注趨進皃疑本說文从走翼聲与職切趹趧也从走決省聲古穴切趩行聲也一曰不行皃从走異聲讀若敕

丑亦切繫傳一曰 趆 趨也从走氐聲 都礼切王篇都
句在讀若敕下 替切走皃廣韻
平聲齊注趆也去聲霽注趆走皃顧千里曰趨當作趍
此及趍下趙下相次者凡有三趍字宋本皆譌作趨毛本
改正下二字而趆下仍其舊以次求之若趨也 趍 趨趙久
則當與上走趨赴等相承不得在趍上明是亦誤
也 繫傳五音韻譜久作夂集韻韻會引作趍趙久也
王篇引作趍趙夂也廣韻引作趍趙夂也夂當不誤
从走多聲 直离切 趙 趨趙也 五音韻譜同繫傳作趙
趨也韻會引作趨並譌
脫王篇引作趍趙也當不誤廣 从走肖聲 治小切 赾 行難也
韻注少也久也引字林云趍也
廣雅釋詁三赾難也王篇注 从走斤聲讀若菫 丘菫切 ⿺走賣
行謹皃廣韻注跛行皃

走意也从走䨏聲讀若繘 居聿切玉篇撰扃九聿呼衘三切廣韻收去聲霰入聲術

趠遠也从走卓聲 敕角切玉篇丑孝切行皃又丑角切廣韻收入聲為逴之重文

⿺走龠趠⿺走龠也从走龠聲 以灼切繫傳作从走龠龠亦聲

⿺走矍大步也从走矍聲 丘縛切

⿺走㓞超特也从走契聲 丑例切繫傳五音韻譜作⿺走契

⿺走幾走也从走幾聲 居衣切

⿺走弗走也从走弗聲 敷勿切玉篇作⿺走弗注走皃廣韻亦作⿺走弗

⿺走矞狂走也从走矞聲 余律切

⿺走曼行遲也从走曼聲 莫還切

趉走也 繫傳脫走也二字玉篇注卒起走也 从走出聲

讀若無尾之屈瞿勿切按屈即屈省趜窮也玉篇注窮困也从走匊
聲居六切趑趑趄行不進也从走次聲取私切按趄古通作且詳
新附攷趑易作次釋文云次說文及鄭作趑據此則趑
字亦非說文所有然趑注倉卒不引易不知陸氏何以云然
𧼯蹇行𧼯𧼯也玉篇注蹇行从走虔聲讀若愆去虔切
𧾩行𧾩趢也一曰行曲脊皃繫傳無皃字玉篇皃作也从走雚
聲巨員切繫傳一曰句在雚聲下趢𧾩趢也从走录聲力玉切趗
行趚趢也繫傳作行速趢趢韻會引作行速趢趢
也玉篇闕廣韻注逡巡也顧千里曰宋本

趚字五音韻譜及集韻類篇同毛板改趚為趚不過因說文無趚而趚篆適與趚篆相次耳不知趚實速譌繫傳韻會可證也

从走夋聲七倫切

趚 側行也玉篇小行皃 从走朿聲詩曰謂地蓋厚不敢不趚 資昔切今詩作蹐

趌 半步也 玉篇半步也 从走圭聲讀若跬同 丘弭切韻會引無讀若跬同四字 一舉足也

廣韻趌為跬之重文說文無跬禮記祭義借作頃左傳蹔而乘他車杜注蹔一足行疑趌之假借玉篇趌一舉足與杜注合

大戴禮記曾子大孝篇亦同

𧾵 𧾵隲輕薄也从走虒聲讀若池 直离切 池即傂池之隸體疑馳之譌

𧼮 僵也从走吾聲 繫傳五音韻譜作𧼮是也 讀若

訇 朋北切舊鈔繫傳無讀若訇三字 𧻺 距也从走厈省聲 繫傳作从走

厈聲按當作𧻺㡿聲蓋後人以隸改篆而增省字也厈為厂之籀文聲不近厈字譌 漢令曰𧻺

張百人 車者切玉篇作𧻺尺夜切怒也一曰牵也又丑格切半步也廣韻收去入二聲注同 𧽘 動也

从走樂聲讀若春秋傳曰輔𧽘 郎擊切按讀若[illegible]不應仍同本字 [illegible]疑有譌 左傳襄二十

四年作輔躒釋文躒力狄反徐音洛說文無躒 𧺯 動也从走隹聲春秋傳曰

盟于𧺯（見桓十七年經） 𧺯地名 千水切 𧼯 趄田易居也从走亘聲 羽元切

𧽏 走頓也从走眞聲讀若顛 都年切 𧽆 喪辟𧽆

繫傳辟作擗廣韻引作喪躃⿺走甬也玉篇注同說文無躃檀弓作辟踊則作辟是也擗當為擘之別體亦非

从走甬聲余隴切

⿺走畢止行也玉篇注同韻會引行下有人字蓋黃氏本廣韻增一曰竈上祭名从走畢聲卑吉切韻會一曰句在畢聲下

⿺走斬進也从走斬聲藏濫切玉篇作⿱斬走才濫才冉二切不久也超忽而騰疾也又進也廣韻上聲引說文去聲無⿱斬走有⿱斬走為暫之重文

趧趧婁四夷之舞各自有曲周禮作鞮鞻氏鄭注云鞻讀為屨从走是聲都兮切

趒雀行也从走兆聲徒遼切玉篇他弔徒聊二切廣韻收平去二聲

赶舉尾走也从走干聲巨言切

文八十五今刪趕一字實八十四　重一

止　下基也繫傳韻會作下也當非脫基阯字在𠂤部象艸木出有址故以止爲足凡止之屬皆从止諸市切

歱　跟也廣韻引同玉篇引作足跟也顧千里云一切經音義卷十二引亦有足字从止重聲之隴切

𣥺　歫也从止尚聲丑庚切

歭　躇也韻會引玉篇注同繫傳作躇也俗从止寺聲直离切

歫　止也从止巨聲一曰搶也搶當是槍手部無搶一曰超歫其呂切玉篇引同繫傳韻會歫作距

歬　不行而進謂之歬韻會引作不行而進也玉篇注同

从止在舟上　昨先切

歷　過也　繫傳韻會下有傳也二字　从止厤聲　郎擊切

𣦢　至也从止叔聲　昌六切

𨇛　人不能行也从止辟聲　必益切

歸　女嫁也从止从婦省　繫傳韻會婦上無从字　𠂤聲　舉韋切

㱕　籀文省　繫傳作籒文歸从止

疌　疾也从止从又又手也　繫傳作从又又手也从止　屮聲　疾葉切

𤴓　機下足所履者　玉篇注同一切經音義卷五引者作也　繫傳者下有疾字行　从止从又入聲　尼輒切

𣥂　蹈也从反止讀若撻　他達切　繫傳五音韻譜撻作撻

𣥖　不滑也从四止　色立切

文十四　重一

癶足刺癶也廣韻注同玉篇引作足有所刺也蓋脘五經文字云象足有所刺癶也从止少

凡癶之屬皆从癶讀若撥北末切

𤼵上車也从癶豆象登車形都滕切繫傳韻會象作爲蓋譌

𤼷籀文登从収玉篇作𤼷注云古文

癹以足蹋夷艸从癶从殳玉篇艸作草下有也字繫傳作从癶殳春秋傳曰癹夷蘊崇之普活切說文無蘊唐石經左傳隱六年作薀是也癹夷今譌作芟夷釋文云芟說文作癹

文三　重一

步　行也从止少相背凡步之屬皆从步薄故切　歲　木星也越歷二十八宿宣徧陰陽十二月一次从步戌聲律歷書五星爲五步相銳切釋名歲越也越故限也　文二

此　止也从止从匕匕相次也繫傳作从止能相比次也韻會作从止匕能相比次也　凡此之屬皆从此雌氏切　呰　窳也闕將此切按呰當从此聲玉篇子亦子爾二切引史記云呰窳偷生謂苟且也廣韻收平聲齊上聲紙　𣦵　識也玉篇廣韻引同一繫傳作識也蓋譌　从此朿聲一曰藏也遵誄切玉篇子累切廣韻收紙藏當作臧　文三

說文解字攷異弟二上

說文解字攷異弟二下

正　是也从止一以止　繫傳韻會作从一从止　凡正之屬皆从正　徐鍇曰守一以止也　之盛切　玉篇音周又音征廣韻收平去二聲

⿱二正　古文正从二二古文上字

⿱一足　古文正从一足足者亦止也　繫傳作⿱一足無者字

乏　春秋傳曰反正爲乏　房法切　韻會無春秋傳曰四字玉篇注文反正爲乏

文二　重二

是　直也从日正凡是之屬皆从是　承旨切

昰　籀文是从古文正　繫傳作昰玉篇注云古文

韙　是也从是韋聲春秋傳曰犯五不

韙于鬼切　愇籒文韙从心玉篇收心部注怨恨也廣韻引字書云恨也　尟是少也尟俱存也玉篇引同韻會引止作少也从是少賈侍中說酥典切

文三　重二

辵乍行乍止也从彳从止廣韻引作乍行乍止从彳止聲誤　凡辵之屬皆从辵讀若春秋公羊傳曰辵階而走丑略切宣六年傳作躇階而走躇即躇之別體此當作讀若躇或讀若二字衍

迹步處也从辵亦聲資昔切　蹟或从足責　𨒪籒文迹从朿繫傳作𨒪違無違也廣韻在蹟篆上

引同玉篇注遠也据此疑無字衍從𩏑兩穿相背與違義合 从辵韋聲讀若害胡蓋切

達先道也从辵率聲疏密切 邁遠行也从辵蠆省聲莫話切韻會引同繫傳作从辵萬聲 邁邁或不省繫傳作邁或从蠆

巡延行皃五音韻譜繫傳作視行皃韻會引同玉篇廣韻引作視行也 从辵川聲詳遵切

䢜恭謹行也廣韻注同玉篇也作皃 从辵殹聲讀若九居又切 𨑨步行也从辵土聲同都切繫傳韻會作徒

⿺辶䌛行遙徑也从辵䌛聲以周切玉篇爲遙之重文遙注疾言也 ⿺辶正正行也玉篇注行也廣韻為征之重文 从

辵正聲諸盈切征延或从彳邎从也玉篇注隨從也廣韻注從也韻會同从辵𡐦省聲句爲切繫傳韻會作从辵隋聲𨑹行皃从辵市聲蒲撥切玉篇廣韻注急走毛本作述誤迋往也从辵王聲春秋傳曰子無我迋于放切玉篇尢放切下引說文又具往切引詩云人實迋女迋誑也廣韻收上去二聲杜注昭二十一年傳云迋恐也逝往也从辵折聲讀若誓時制切退往也从辵且聲退齊語全徒切韻會引作齊語曰退在从辵且聲上徂退或从彳𧻸籀文从虘繫傳作𨘋在徂篆上述循也从辵术聲食聿切𨗭籀文从

秝擊傳作遳

遵　循也从辵尊聲　將倫切

適　之也从辵啻聲適宋魯語　施隻切韻會引作齊魯語也非方言逝秦晉語也徂齊語也適宋魯語也往凡語也說文蓋本方言玉篇尸亦切之也女子出嫁也又之赤切得也往也又音滴從也廣韻收昔錫

過　度也从辵咼聲　古禾切玉篇古貨古禾二切度也越也廣韻去聲爲部首又收平聲戈

𨗿　媟𨗿也　玉篇𨗿也易也數也亦爲媟嬻字按玉篇𨗿也疑本說文今注蓋後人改媟嬻字在女部　从辵𧶠聲　徒谷切

進　登也从辵閵省聲　即刃切

造　就也从辵告聲譚長說造上士也　七到切　艁古

文造从舟繫傳韻會作䑣

逾䠓進也繫傳作越進也韻會引作越也進也玉篇注越也遠也進也从辵俞聲周書曰無敢昬逾羊朱切韻會引同繫傳昬作昏与今書顧命同

遝迨也从辵眔聲徒合切

䢔遝也从辵合聲侯閤切玉篇迨在遝上注迨遝行相及遝注迨遝疑本說文

迮迮迮起也从辵作省聲阻革切玉篇子各切起也又阻格切迫迮也廣韻收鐸陌注同

逪迹逪也繫傳作迹道也譌廣韻引作迹逪也玉篇注同當不誤廣雅逪迹也从辵昔聲倉各切

遄往來數也从辵耑聲易曰㠯事遄往市緣切繫傳㠯作以韻會

引作己蓋黄氏因今易改速疾也从辵束聲桑谷切遬籒文从欶繫傳作遬𨗑古文从欶从言繫傳在籒文上作𧬄言上無从字迅疾也从辵卂聲息進切适疾也从辵𠯑聲讀與括同古活切逆迎也从辵屰聲關東曰逆關西曰迎宜戟切迎逢也从辵卬聲語京切䢒會也从辵交聲古肴切遇逢也从辵禺聲牛具切遭遇也从辵曹聲一曰邐行作曹切遘遇也从辵冓聲古候切逢遇也从

辵夆省聲　符容切說文無夆韻會引作夅而仍有省字亦非據楚金云言若逢蟲

飛則當是螽蟲者　⿺辵睪　相遇驚也从辵从睪　繫傳韻會作从辵睪　睪亦聲　五各切玉篇還爲迕之重文迕吴故切遇也廣韻去聲暮亦同又收入聲鐸　迪　道也从辵由聲　徒歷切　遞　更易也从辵虒聲　特計切玉篇徒禮切遠也又徒戾切廣韻收上去二聲　通　達也从辵甬聲　他紅切　⿺辵止　迻也从辵止聲　斯氏切　⿰彳止　徙或从彳　玉篇作徙　韻會引作移也蓋因篇韻改

屎　古文徙　繫傳在徙篆上玉篇廣韻並無屎詩殿屎字疑即此（殿屎之[illegible]後人增）　迻　遷徙也

玉篇徙也遷也从辵多聲弋支切遷登也从辵䙴聲七然切

拪古文遷从手西繫傳作𢬵韻會玉篇收手部同運迻徙也从

辵軍聲王問切遁遷也一曰逃也从辵盾聲徒困切

遜遁也从辵孫聲蘇困切返還也从辵从反反亦

聲繫傳反上無从字商書曰祖甲返扶版切集韻引甲作𢓊伊是也見西伯戡黎

釋言釋文亦有此說

春秋傳返从彳見今未還復也从辵睘聲戶關切玉

篇胡關徐宣二切選遣也从辵巽巽遣之巽亦

廣韻收删仙二韻

聲一曰選擇也 思沇切韻會引作从辵巽巽遣之也亦聲徐曰亦選擇也據此則一曰句似非許說玉篇先兖切擇也迅也數也又先綃切廣韻收上去二聲又思管切

送遣也从辵𠊊省 蘇弄切

𨔼籀文不省

遣縱也 玉篇送也去也 从辵𠳋聲 去衍切

邐行邐邐也 玉篇注邐迤也 釋邱釋文引作行也 从辵麗聲 力紙切

逮唐逮及也 韻會兩引並無唐逮二字一切經音義卷一華嚴經音義卷四卷六引亦作及也玉篇注同則唐逮二字後人誤增又據廣韻注逮及也或本說文則唐字非 从辵隶聲 臣鉉等曰或作迨徒耐切

遲徐行也从辵犀聲詩曰行道遲遲 直尼切

𨒈遲或从尼 繫傳

在籀文下玉篇作遅亦在籀文下按漢隸字源引說文作遅則遅乃遅之譌字　遅當古文仁義不合

遲籀文遲从犀　邌徐也从辵黎聲郎奚切繫傳作邌聲上有省字衍韻會引無

遰去也从辵帶聲特計切　𨗨行皃从辵開聲烏玄切

𨘢■不行也繫傳韻會作馬不行也从辵䮷聲讀若住中句切說文無住古通作駐　豈即尌立也讀若駐　漢碑　西狹頌息不得駐足也玉篇竹句切不行也又丑凶切廣韻收去聲遇

逗止也从辵豆聲田候切　迟曲行也从辵只聲綺戟切玉篇丘戟切迟曲行也廣韻無段君云史漢韓安國傳廷尉當恢迟橈當斬服虔曰迟音企莊子吾行郤曲卽

逶迟曲 逶迤袤去之皃 繫傳作逶迤邪去之皃韻會逶迤袤去皃迤即迪之假借 从辵委聲 於爲切 蟡或从虫爲 俗體一切經音義卷十九引作逶迤行去也誤（文選舞賦注引作逶迤袤行去也）

迤袤行也 韻會引同繫傳袤作邪 从辵也聲 夏書曰東迤北會于匯 移尔切 玉篇余紙切邐迤水曲流也又以支切逶迤也廣韻收平上二聲

遹回避也 韻會引避作辟[illegible]非玉篇 从辵矞聲 余律切

避回也 循也述也自也迴也避也 韻會引回作迴俗 从辵辟聲 毗義切

違離也 从辵韋聲 羽非切

遴行難也 从辵粦聲 易曰以往遴 良刃切 今易作吝 僯或

从人

逡 復也 復當是𢓴 釋言逡退也 玉篇注逡巡也退也卻也無復訓 从辵夋聲 七倫切

𨒅 怒不進也 繫傳下有一曰鷙鳥也四字 玉篇丁計切 鷙不進也 向不及也 驚也 駭也 則鷙當是驚 大徐不審而刪去排[illegible] 从辵氐聲 都礼切 廣韻無

達 行不相遇也 韻會引同繫傳無也字 詩釋文引作不相遇也 按行不二字疑往來之譌 詩挑兮達兮 毛傳挑達往來相見貌 若不相遇與詩傳正相反 从辵羍聲 詩曰挑兮達兮 徒葛切 繫傳挑作佻 達下有兮字 譌 按𡴘下引詩作𡴘兮達兮 此作挑疑後人因今詩改 玉篇佗葛切通也 又音闥 廣韻兩收曷

达 達或从大 或曰迭 玉篇迭他計切 達也 迭也 亦與達同 廣韻收霽注足滑

逯 行謹逯逯也 玉篇注同 一切經音義

說文[illegible]　十

淮南子術[illegible]

者[illegible]

卷五引止一逯字蓋脫从辵彔聲盧谷切迵迵迭也廣韻引作迭也玉篇注通達也从辵同聲徒弄切迭更迭也从辵失聲一曰达徒結切繫傳作一曰迭譌韻會引無此句蓋後人誽迷或也繫傳五音韻譜作惑也玉篇廣韻注同从辵米聲莫兮切連負連也从辵从車力延切繫傳負作員車上無从字韻會同逑斂聚也韻會引作聚斂也集韻類篇引作負連也恐譌玉篇合也匹也廣韻合也續也還也从辵求聲虞書曰旁逑孱功孱下引作旁救孱功今書作方鳩孱功又曰怨匹曰逑巨鳩切又曰當是一曰非書也左傳桓二年作怨耦曰仇⿺辶貝𣀔也玉篇壞也散走也从辵貝聲周書曰我興

受其退　薄邁切　按周當是商今微子篇作我興受其敗

逭　兆也　繫傳五音韻譜並作逃也韻會引箋韻注皆作逃則兆誤　从辵官聲　胡玩切　𨘢　逭或从雚从兆　廣韻同玉篇作𨘢注云古文

遯　逃也从辵从豚　徒困切　繫傳韻會作从辵豚聲　玉篇爲遁之重文

逋　亾也从辵甫聲　博孤切　𨓦　籒文逋从捕

遺　亾也从辵貴聲　以追切　玉篇余佳切亡也又余恚切貽也廣韻止收平聲

遂　亾也　玉篇進也久也安也信也　从辵㒸聲　徐醉切　𨗨　古文遂　繫傳作𨗨

學記術有序鄭注術當為遂　春秋秦伯使術來聘公羊傳作遂

逃　亾也　韻會引下有避也二字玉篇注同　从辵兆聲　徒刀切

追　逐也

从辵𠂤聲　陟隹切　𨔣　追也从辵从豚省　徐鍇曰豚走而豕追
之會意直六切　繫傳作𨔣豚上無从字韻會引亦無
■豚作豕誤五音韻譜亦作𨔣段君云當是豕聲　𨗴
廹也从辵酉聲　字秋切　𨗴　遒或从酋　近　附也从辵斤
聲　渠遴切玉篇其謹切不遠也又其靳切附近也廣韻收上去二聲　𡕲　古文近　邋
擸也　擸當作搚玉篇引作儠更謁　从辵巤聲　良涉切　迫　近也从
辵白聲　博陌切　𨔶　近也从辵臸聲　人質切段君云臸同臸　邇
近也从辵爾聲　兒氏切　𨗿　古文邇　五音韻譜及集韻類篇引同蓋涉邇文而誤

繫傳作迹韻會引或作迒不云古文 遏 微止也 繫傳同韻
玉篇廣韻重文作迒亦不云古文
會引微从辵曷聲讀若桑蟲之蝎烏割切繫傳
作徵譌 蟲作虫非
遮 遏也从辵庶聲 止車切 𨗨 遮𨗨也从辵羨聲 于線
切 迣 迾也晉趙曰迣从辵世聲讀若寘 征例切寘
疑窴之
別體詳
新附攷 迾 遮也从辵列聲 良辥切玉篇旅際旅
結二切廣韻收入聲
迀 進也从辵干聲讀若干 古寒切 ⿺辶侃 過也从辵侃
聲 去虔切 遱 連遱也从辵婁聲 洛侯切 𨒫 前頡也

說文攷異 九

从辵市聲　繫傳作迊是（頡作頓）也前已有迊不應重出市

當作帀玉篇無迊有遾適書說文迊（篆之）次音

口黠切又竹季切前頓也似以遾當迊然形聲不同未必是也

廣韻無迊遾按走部有趀解倉卒讀若資走辵義同

蓋古今字　賈侍中說一讀若桍　繫傳一下有曰字桍作拾當不誤（賈侍中說）

蓋說上文五音韻譜拾作桍譌　又若郅　北末切按篇韻既無此字今不能定其音然北末切必誤

迦　迦互令不得行也　玉篇注迦牙令不得進也（蓋本許義）从辵枷聲　徐鍇曰迦互猶犬牙左右相制也古牙切

⿺辶戉　踰也从辵戉聲易曰雜而不⿺辶戉　王伐切今易作越

逞　通也从辵呈聲楚謂疾

行爲逞春秋傳曰何所不逞欲丑郢切玉篇引無欲字繫傳何上有君字蓋後人因哀二十五年傳加

遼遠也从辵尞聲洛蕭切

遠遼也从辵袁聲雲阮切玉篇于阮切遐也極也又于勸切離也廣韻收上去二聲

𨘼古文遠繫傳作𨘼

逖遠也韻會引同繫傳作逨也譌从辵狄聲他歷切

逷古文逖繫傳韻會作逿

迵遠也从辵同聲戶穎切繫傳韻會作迥

逴遠也从辵卓聲一曰蹇也讀若棹苕之棹臣鉉等■案棹苕今無此語未詳敕角切繫傳五音韻譜棹並作掉是也說文無棹玉篇敕角

切驚也蹇也又丑略切廣韻收覺藥　迂避也从辵于聲憶俱切　⿺辶𦘔進極也繫傳五音韻目作自廣韻引玉篇注並同　从辵書聲子僊切玉篇子千切

廣韻收先　邍高平之野人所登玉篇引同韻會引作高平曰原人所登蓋黃氏改　从辵备彔闕愚袁切說文無备故云闕也　道所行道也

从辵从首繫傳首上無从字　一達謂之道徒皓切釋宮道下有路字　𨗨古文道从首寸廣韻有玉篇無韻會引道亦無古文　遽傳也一曰

窘也从辵豦聲其倨切繫傳韻會一曰句在豦聲下　迒獸迹也

从辵亢聲胡郎切繫傳作䟘𨁡迒或从足从更繫傳更上無从字玉篇作連

𨑩至也从辵弔聲都歷切玉篇丁狄切又都叫切廣韻收去入二聲

邊行垂崖也韻會引崖作厓从辵臱聲布賢切

文一百一十八　重三十一繫傳作二十七補遺蟡僯二字並不合按[illegible]實重三十

彳小步也廣韻引玉篇注同文選魏都賦注引作彳步也蓋脫小字象人脛三屬相當是彳亍小步也或連彳篆文讀連也繫傳無也字篆作彳通部同凡彳之屬皆从彳丑亦切

德升也从彳㥁聲多則切

徑步道也从彳巠聲徐鍇曰道不容車故

曰步道居正切

復 往來也从彳复聲房六切繫傳作復是也

玉篇符六扶救二切廣韻收去入二聲

𢓜 復也从彳从柔柔亦聲人九切繫傳柔上無从字韻會引作从彳柔聲

徎 徑行也从彳呈聲丑郢切玉篇力整丈井二切徑也廣韻雨後徑也丈井切

𨒥 之也从彳㞷聲于兩切

𢓸 古文往从辵繫傳作𢓸玉篇正作往古文作徃

忂 行皃从彳瞿聲其俱切玉篇居遇渠虞二切廣韻收虞為躍之重文

彼 往有所加也从彳皮聲補委切

徼 循也後漢書董卓傳注引作巡也从彳敫聲古堯切玉篇古幺切要也求也又古弔切邊徼也廣韻收平去二聲俗作邀

循 行順也書泰誓疏及一切經音義卷十

説文攷異

三十七引並作行也从彳盾聲詳遵切

彶急行也玉篇注同一切經音義卷五引作彶彶急行也卷二十三引亦同而譌作彶从彳及聲居立切

⿰彳歰行皃从彳歰聲一曰此與馺同蘇合切

微隱行也从彳𢼸聲春秋傳曰白公其徒微之無非切

徥徥徥行皃从彳是聲爾雅曰徥則也是支切今釋言作是繫傳皃下有也字則上有尾字並行

徐安行也从彳余聲似魚切

徲行平易也从彳夷聲以脂切

㣁使也从彳甹聲普丁切玉篇作⿰彳粤凡甹皆作粤說文無粤玉篇粤訓言廣韻無⿰彳粤

⿰彳夆使

也从彳夆聲讀若螽敷容切螽當是蠭[彳戔]迹也繫傳迹作跡俗从彳戔聲慈衍切徬附行也从彳旁聲蒲浪切玉篇蒲郎蒲盎二切廣韻平聲引説文又收去聲徯待也从彳奚聲胡計切蹊徯或从足待竢也繫傳竢作竢譌玉篇注擬也俟也从彳寺聲徒在切㣙行㣙㣙也从彳由聲徒歷切玉篇除又切古往今來無極之名也與宙同説文徒歷切行㣙㣙也蓋前爲顧氏原文後則宋人增廣韻收入聲錫引説文當亦宋人改徧帀也廣韻引同韻引帀作匝俗玉篇注周帀也从彳扁聲比薦切徦至也从彳叚聲古雅切玉篇柯額公

雅二切至也來也廣韻上聲馬假注云說文又作假至也別無徦字

得 却也 却當作卻 一曰行遲也从彳从日从夊 他內切繫傳韻會作从彳日夊一曰行遲

𢓜 復或从內 九經字樣作迵韻會同 𨓈 古文从辵 繫傳韻會作𨓈

後 遲也从彳幺夊者後也 徐鍇曰幺猶𦆇躓之也胡口切樹玉謂幺乃幼小蓋子孫承續非𦆇躓也 𨑢 古文後从辵 繫傳作𨓴

徲 久也从彳犀聲讀若遲 杜兮切

很 不聽从也 繫傳韻會从作從一切經音義卷十六華嚴經音義卷二十三引並同 一曰行難也一曰盭也从彳㫐聲 胡懇切繫傳作一曰行難也从彳㫐聲一曰盭

⿰彳重 相迹也从彳重聲之隴切

得 行有所得也繫傳作得無也字韻會亦作得引作取从彳㝵聲多則切 㝵 古文省彳也蓋黃氏以㝵注改玉篇注獲也玉篇廣韻並無接見部有㝵不應又為古文蓋後人增一切經音義卷一卷六並云衛宏詔定古文官書云㝵得二字同體則非古文明矣

徛 舉脛有渡也釋宮釋文引作舉脚有度蓋誤从彳奇聲去奇切玉篇丘奇居義二切舉足以渡也廣韻收上去二聲

徇 行示也从彳勻聲司馬法曰斬以徇詞閏切六書故云唐本旬聲徐本勻聲其說不足信玉篇徇辭峻切下引說文下文徇似閏切止也亦同徇字

律 均布也从彳聿聲呂戌切

切

御　使馬也从彳从卸　徐鍇曰卸解車馬也或彳或卸皆御者之職牛據切繫傳韻會卸上無从字卸當亦聲　馭　古文御从又从馬繫傳韻會馬上無从字

亍　步止也从反彳讀若畜　丑玉切繫傳作亍

文三十七　重七

廴　長行也从彳引之凡廴之屬皆从廴　余忍切繫傳作廴下並同

廷　朝中也从廴壬聲　特丁切玉篇徒廳徒聽二切朝廷也廣韻收平去二聲　延

行也从廴正聲　諸盈切　建　立朝律也从聿从廴　臣鉉等曰

聿律省也居萬切　文四

㢟安步㢟㢟也从廴从止繫傳作㢟下同止上無从字　凡㢟之屬皆从㢟丑連切玉篇㢟延並收廴部不立㢟部　延長行也从㢟丿聲以然切

文二

行人之步趨也从彳从亍繫傳作行通部同亍上無从字　凡行之屬皆从行　戶庚切玉篇下庚切引說文又胡岡切行伍也又胡孟切行迹也又乎浪切次第也廣韻收平聲唐庚去聲宕映　術邑中道也从行术聲食聿切　街四通道

也从行圭聲古膎切衢四達謂之衢从行瞿聲其俱切衝通道也玉篇注交道也从行童聲春秋傳曰及衝以戈擊之昌容切五音韻譜無戈字蓋脫左傳昭元年作及衝擊之以戈杜注衝交道衕通街也从行同聲徒弄切玉篇徒東切下也亦通衕也又徒弄切廣韻收平去二聲𧗳迹也繫傳迹作跡俗从戔聲才綫切玉篇疾演切蹈也廣韻收上聲衙行皃廣韻引作衙衙行皃从行吾聲魚居切又音牙玉篇魚加切衙參也又牛居魚舉二切引楚辭曰遵飛廉之衙衙今九辯遵作通廣韻平聲魚引說文又收麻又收上聲語衎行喜皃

衛 于歲切

韻會兩引皃並作也 从行干聲 空旱切 衙 行且賣也 玉篇引同韻會引作自矜蓋雜他書賣當作𧶠 从行从言 黃絢切 繫傳韻會言上無从字 衒 衙或从玄

𧗿 將衛也从行率聲 所律切

衛 宿衛也从韋帀从行行列衛也 于歲切 六書故云唐本从行从韋顧千里曰九經字樣云衛從韋從帀從行上說文下隸省唐元度所見並不云從行從韋也

文十二 重一

齒 口斷骨也象口齒之形止聲凡齒之屬皆从齒 昌里切

齒 古文齒字 繫傳作齒 韻會作齒

齗 齒本也 玉篇注齒根肉廣韻同錢

後漢書禮儀志注引大戴禮男八歲而齔女七歲而齔齔毀齒也今大戴本命篇作男以八月而生齒八歲而毀齒女七月生齒七歲而毀齒蓋經後人改

君坫獻之云一切經音義卷二引作齗肉也卷九引亦作齗肉也又引蒼頡篇齗根也則肉當不誤　从齒斤聲　語斤切

齔　毀齒也男八月生齒八歲而齔女七月生齒七歲而齔　从齒从七　初堇切　繫傳作从齒七聲韻會引作齓毀齒也从齒从匕匕音化男八月生齒八歲而齓女七月生齒七歲齓按一切經音義卷四齔引說文從齒從七聲則繫傳聲字不誤釋名齓洗也毀洗故齒更生新也是古讀齔如洗洗七聲相近又漢書全碑作齔祝睦後碑作齓並非从匕黃氏蓋因廣韻作齓而爲此說非是穿鑿之說

玉篇又謹初靳二切廣韻去聲引說文又收上聲

䶦　齒相值也一曰齧齒也　从齒責聲　繫傳一曰句在責聲下　春秋傳曰晢䶦　士革切　繫傳五音韻譜晢作晳當作晳从白左傳作幘

說文校畧

齛　齒相齘也一曰開口見齒之皃从齒柴省聲讀若〔一切經音義卷六引皃作也無之字〕

柴　仕街切　繫傳作齜　齘　齒相切从齒介聲　胡介切　齞　口張齒見

玉篇引同又引宋玉賦齞脣　从齒只聲　研繭切　䶢　齒差也

歷齒　韻會引作張口齒見也　李注文選登徒子好色賦引作張口見齒也

从齒兼聲　五銜切　玉篇牛銜魚欠二切　廣韻收平聲鹽去聲釅　齺　齒搚也　搚當作拹　一曰

齰也〔繫傳此句在芻聲下〕一曰馬口中糜也　玉篇引糜作橜是也　从齒芻聲　側鳩切　玉篇士角壯留二

切　無牙名也下引說文廣

韻收入聲覺注齒相近皃　齵　齒不正也从齒禺聲　五婁切　玉篇五

溝牛俱二切　齒不齊　[illegible]　齬齒也　一切經音義卷六引作齒不正也玉篇注同　从齒

也廣韻收虞侯　考工記釋文五構反一音隅

虘聲側加切玉篇莊加莊居二切又鉏牙切齇齖廣韻收魚麻　齱齵也玉篇注齱齵也齒聚皃也廣韻注齱齵齒偏　从齒取聲側鳩切　齹齒參差从齒差聲楚宜切一切經音義卷十九齹于何反引說文齒參差也玉篇作齹此何切齒齹跌者又楚宜切齒參差也廣韻齹收支歌齹收注齒本　齹齒差跌皃从齒佐聲春秋傳曰鄭有子齹　臣鉉等曰說文無佐字此字當从𠂇傳寫之誤昨何切桉樹玉謂此字因釋文而增竄則陸氏誤引也左傳昭十六年本作子齹釋文云齹說文作齹齹差跌也據廣韻齹注云齹齹跌出字統是誤以字統為說文後人或因之而增入說文耳火部㷼讀若齹則齹當依玉篇此何切與齹音合其又楚宜切一音疑後人加曰字衍

齤 缺齒也一曰曲齒从齒类聲讀若權 巨員切繫傳讀上有又字玉篇𪘏齒胡夾切齤齒一曰曲齒亦作齾適當說文齤字之次後有齤引說文按玉篇𪘏字當本說文乃顧氏原文後齤字當為宋人增其讀與本音殊故云又也見又部叒又讀若齤玉篇亦音巨員切是又讀若權之證廣韻齤收平聲仙注齒曲齤收入聲洽注齒曲生又缺也則其譌已久

齳 無齒也 玉篇作齳也作兒 从齒軍聲 魚吻切

齾 缺齒也从齒獻聲 五鎋切繫傳作齾玉篇作齾注齒缺也

齟 齗腫也从齒巨聲 區主切 玉篇引廣韻齟同史記高帝紀索隱引作齟齧齒也恐非

齯 老人齒从齒兒聲 五雞切

齮 齧也从齒奇聲 魚綺切

齝 齚

齒也从齒出聲仕乙切 齰 齧也从齒昔聲側革切 齚 齰或从乍 ⿰齒咸 齧也从齒咸聲工咸切玉篇口洽切廣韻收入聲洽 齦 齧也从齒艮聲康很切 ⿰齒干 齒見皃从齒干聲五版切 ⿰齒卒 ⿰齒卒齚也玉篇廣韻注齚也 从齒卒聲昨沒切 ⿰齒列 齒分骨聲从齒列聲讀若刺盧達切玉篇作⿱列齒 齩 齧骨也从齒交聲五巧切 ⿰骨齒 齒差也从齒屑聲讀若切千結切玉篇作⿰齒屑治骨也廣韻作⿰骨齒⿰骨齒齒也 ⿰齒吉 齒堅聲廣韻同玉篇注齧齒堅聲 从齒吉

聲赫鍇切⿰齒豈⿸厂⿰月齒牙也从齒豈聲五來切玉篇五哀切⿰齒豈齒也又音該廣韻古哀切牙也齝吐而噍也从齒台聲爾雅曰牛曰齝丑之切齕齧齒也从齒气聲戶骨切玉篇痕没下結二切廣韻收没屑二韻⿱聯齒齒見兒从齒聯聲力延切齧噬也从齒㓞聲五結切齭齒傷酢也从齒所聲讀若楚創舉切玉篇為齼之重文齨老人齒如臼也一曰馬八歲齒臼也从齒从臼臼亦聲其久切繫傳作老人齒如臼从齒臼聲馬八歲齒臼也玉篇注老人齒如齨一曰馬八歲曰齨也

齬齒不相值也从齒吾聲魚舉切

齛羊粻也粻乃徐氏新附米部無粻釋言粻糧也古或通作糧詳新附攷或作張詳食部饟下从齒世聲私列切釋獸作羊曰齥盖唐人避諱改玉篇齛注羊嚼草

齸鹿麋粻从齒益聲伊昔切玉篇引爾雅曰麋鹿曰齸齸者齝食之所在

𪘏齒堅也从齒至聲陟栗切玉篇大結竹栗二切齧齒堅皃廣韻收質注齧齒聲屑注齧齒堅聲

䶩齧齒骨聲从齒从骨骨亦聲戶八切繫傳作从齒从骨聲

䶣噍聲从齒昏聲古活切玉篇廣韻並無

⿰齒尃噍堅也从齒博省聲補莫切玉篇唯嚼聲廣韻為嚗之重文

文四十四　重二

牙　牡齒也　玉篇注同九經字樣作牡齒也則牡譌　象上下相錯之形凡牙之屬皆从牙　五加切　𤘗　古文牙　繫傳作𦥑按𦥑為古文齒後人譌字當本此玉篇作𦥑

𤘘　武牙也　繫傳同蓋唐人避諱改五音韻譜作虎牙玉篇廣韻同　从牙从奇奇亦聲　去奇切

𤘚　齒蠹也从牙禹聲　區禹切

齲　𤘚或从齒

文三　重二

足　人之足也在下　玉篇引下上有體字　从止口　玉篇引同　廣韻注作從口止𤴔　當作足　凡足之屬皆从足　徐鍇曰口象股脛之形即玉切玉篇子欲切廣韻收入聲燭去聲遇

蹏　足也从足

虎聲杜兮切 跟足踵也从足艮聲古痕切 𨀈跟或从止

踝足踝也从足果聲胡瓦切 跖足下也从足石聲之石切

踦一足也从足奇聲去奇切玉篇居綺丘奇二切廣韻收平上二聲 跪

拜也从足危聲去委切韻會引無聲字下有兩膝隱地體危陧也非許書 跽長跪

也从足忌聲渠几切 踧行平易也从足叔聲詩曰踧踧

周道子六切玉篇達的切下引說文又子六切廣韻收屋錫二韻 躩行皃从足瞿聲

其俱切 踖長脛行也韻會引同繫傳脛作踁俗 从足昔聲一曰踧踖■

資昔切玉篇子石切踽疏行皃从足禹聲區主切蹡行皃从
足將聲詩曰管磬蹡蹡七羊切荀子富國篇作管磬瑲瑲今詩執競作磬
筦將將釋文云筦本亦作管將說文作蹡不云磬筦說文作管磬躖踐處也从足斷
省聲徒管切𧿒趣越皃廣韻引玉篇注同繫傳趣作趨非从足卜聲
芳遇切踰越也从足俞聲羊朱切𨀟輕也繫傳作輕足也玉篇
廣韻注走皃从足戉聲王伐切蹻舉足行高也玉篇引同漢書高帝
紀晉灼注引作舉足小高也晉書音義引同蓋涉下文誤詩曰小子蹻蹻居勺切玉篇渠略居略二切廣

韻兩收入聲蕭小又收平聲宵

跾疾也長也从足攸聲式竹切繫傳作儵

蹌動也从足倉聲七羊切

踊跳也从足甬聲余隴切

躋登也从足齊聲商書曰予顛躋祖雞切繫傳予上有若字蓋告之譌見微子篇

躍迅也从足翟聲以灼切

跧蹴也一曰卑也絭也从足全聲莊緣切繫傳从足全聲在一曰上

蹴躡也一切經音義卷十一十二引並作蹴蹋也玉篇注同从足就聲七宿切

躡蹈也从足聶聲尼輒切

跨渡也从足夸聲釋言釋文引蒼頡篇云兩股間苦化切玉篇苦瓦切又苦化切越也廣韻收上去二聲

蹋踐也从

説文攷異

足䍐聲徒盍切　䟣蹈也从足步聲蒲各切又音步　蹈践也从足舀聲徒到切　躔践也从足廛聲直連切　踐履也从足戔聲慈衍切　踵追也从足重聲一曰往來皃之隴切　踔踶也从足卓聲知教切玉篇敕卓切跛也廣韻收去入二聲　蹛踶也从足帶聲當蓋切玉篇都賴直例二切廣韻收祭泰二韻　蹩踶也玉篇蹩躠旋行皃廣韻同　从足敝聲一曰跛也蒲結切五音韻譜繫傳作蹩　踶

更有一曰跛也句

躗也玉篇躗蹋也　从足是聲特計切　躗衞也从足衞聲于歲切

切玉篇雖引說文而字移在後恐非顧氏原敓廣韻作躛引爾雅云躛浚苦粟亦作蹶左傳昭二十四年躛言蓋假借字杜注躛為過亦非本義釋文引服云偽不信言也字林作衞心云夢言意不慧也

⿰足執 蟄足也从足執聲徒叶切

⿰足氏 尌也廣韻注⿰足氏尌也謂立也玉篇注樹也 从足氏聲承旨切玉篇時紙切廣韻收紙

蹢 住足也住當作駐 从足適省聲繫傳作从足啇聲啇即啻之別體 或曰蹢躅賈侍中說足垢也直隻切玉篇作蹢丈隻切蹢躅行不進又都歷切蹢也廣韻■收錫■注蹢引詩有豕白蹢又收昔為躑之重文

躅 蹢躅也从足蜀聲直錄切

踤 觸也从足卒聲一曰駭也一曰蒼踤六書故引蒼作倉 昨沒切玉篇財律切廣韻收術

蹶

僵也从足厥聲一曰跳也亦讀若橜居月切繫傳作蹷亦讀作
讀亦玉篇蹷渠月居月居衛三切下引說文𨇾蹶或
廣韻入聲月作蹶引說文又收去聲祭
从闕跳蹶也从足兆聲一曰躍也徒遼切䟴動也从
足辰聲側鄰切玉篇之仁之刃二切廣韻收去聲震𨇨峙𨇨不前也繫傳
韻會峙作跱非說文無跱一切經音義卷二十躇引說
文躊躇猶豫說文並無躊躇廣韻作躇蓋從俗玉
篇注𨇨峙不前譌倒从足屠聲直魚切𨁎跳也从足弗聲敷勿切玉
篇甫味切急行皃廣蹠楚人謂跳躍曰蹠廣韻注同
韻收入聲物跳也

玉篇為跖之重文又楚人謂跳曰蹠 从足庶聲之石切

𨂐 䠄也 繫傳作馺也馺疑馺之譌玉篇注踏䠄也廣韻作蹹䟔行皃 从足荅聲他合切

跳 跳也 从足兆聲余招切

趿 進足有所擷取也 玉篇注進足有所拾 从足及聲 爾雅曰趿謂之擷 穌合切釋器作扱衽謂之襭擷襭字同

𨁽 步行獵跋也 玉篇注同繫傳獵作躐非說文無躐 从足貝聲博蓋切

躓 跲也 从足質聲 詩曰載躓其尾 陟利切今詩作疐

跲 躓也 从足合聲居怯切

跇 述也 玉篇廣韻注超踰也 从足世聲丑利切玉

篇𦐇世丑世二切顧千里云漢書揚雄傳蕭該音義引字林𨁘述也弋世反

蹎 跋也从足真聲 都年切

跋 蹎跋也 韻會引作跋躠行皃蓋誤以廣韻為說文玉篇注跋躠行皃說文無躠躠 从足犮聲 北末切按繫傳此字本作蹳跋蹳也從足發聲韻會引同後有蹳字在路下躠上注同解字蓋大徐疑其重複删去玉篇蹳普末切行也廣韻無蹳漢書夏侯嬰傳漢王常蹳兩兒欲棄之服虔曰蹳音撥晉灼曰音足跋物之跋

蹐 小步也从足脊聲詩曰不敢不蹐 資昔切按趚下引詩不敢不趚不應又作蹐疑後人因今詩作蹐而增詩正月釋文雖引說文蹐小步當止釋蹐字未必蹐下引詩也玉篇趚下引詩蹐不引廣韻蹐下亦不引詩

跌 踢也从足失聲一曰越也 徒結切

踢 跌踢也

从足易聲一曰搶也徒郎切搶當作槍　蹲踞也从足尊聲徂尊切

踞蹲也从足居聲居御切按尸部居蹲也俗作踞繫傳作𡰪則居蹲字古不从足疑後人因蹲訓踞故於下增入踞字耳

跨踞許書原有玉篇引大戴禮獨處而踞不引說文然後漢茅容傳注已引說文踞蹲也則唐時已有也从足夸聲苦化切玉篇廣韻並無按一切經音義卷七引字林跨踞也卷十五引字林跨踞又引說文跨渡也則跨踞字不作䟸此字亦後人增

躩足躩如也玉篇注足躩也廣韻注盤辟皃从足矍聲丘縛切

踣僵也从足咅聲春秋傳曰晉人踣之蒲北切左傳襄十四年作與晉踣之玉篇蒲北匹豆二切廣韻收入聲又收去聲為仆之重文

跛

行不正也从足皮聲 繫傳下有讀若芀一曰足排之讀罷三字韻會無 若彼 布火切韻會無讀若彼句玉篇布火切跛足又碑寄切引國語云立無跛跛不正也廣韻收上聲果去聲寘

蹇 跛也从足寒省聲 臣鉉等案易王臣蹇蹇今俗作謇非是九輦切韻會一引寒作騫一引作寒

蹁 足不正也从足扁聲一曰拖後足馬 拖當作拕 讀若苹或曰偏 部田切 省 部田切 當是偏

䠙 脛肉也一曰曲脛也从足幷聲 繫傳一曰句在幷聲下 讀若逵 渠追切

踒 足跌也从足委聲 烏過切玉篇於卧切

跣 足親地也从足先聲

穌典切

跔　天寒足跔也　段君云周書太子晉解師曠曰天寒足跔此許所本莊子音義亦引周書天寒足跔　从足句聲　其俱切

䠅　瘃足也从足困聲　苦本切繫傳作䠅困聲玉篇作䠅口衮切廣韻無今本周書作足躅誤也

距　雞距也从足巨聲　其呂切

躧　舞履也从足麗聲　所綺切玉篇所倚所買二切廣韻紙引說文又收蟹韻

韈　或从革

䠣　足所履也从足叚聲　乎加切

䠊　踊也从足非聲　讀若匪　扶味切

跀　斷足也从足月聲　魚厥切玉篇五刮五厥二切廣韻收月爲刖之重文又引說文

音同冏當作囧𧿹跀或从亢𨁈曲脛馬也从足方聲讀與彭同薄庚切玉篇甫亡蒲庚二切廣韻收陽引說文收唐踕馬行皃玉篇疾也廣韻足疾从足決省聲古穴切趼獸足企也韻會無企字从足幵聲五甸切玉篇魚見切引爾雅曰騉蹄趼謂蹏如趼而健上山廣韻注趼骨路道也韻會引作道路也玉篇廣韻注同从足从各臣鉉等曰言道路人各有適也洛故切韻會作从足各繫傳祛妄篇曰路說文从足各聲陽冰云非各聲从足輅省今按周禮車輅字多借路字然則先有路字後有輅字不得言从輅省也據此則大徐改去聲字蹸轢也玉篇注蹸轢也廣韻無从足粦聲良忍切玉篇呂

振切

跂　足多指也从足支聲巨支切　文八十五繫傳作八十六多跂字也

重四

疋　足也上象腓腸下从止弟子職曰問疋何止今管子弟子職疋作所古文以爲詩大疋字玉篇引同廣韻注古爲雅字是也亦以爲足字或曰胥字玉篇引無或曰胥字一曰疋記也凡疋之屬皆从疋所菹切玉篇山居山慮二切廣韻收平上二聲

𤴓　門戶疏窻也一切經音義卷十四引作囱窻也誤玉篇注門戶青疏窻也廣韻無从疋疋亦聲囪象𤴓形繫傳作从疋囪疋象𤴓形讀

若疏　所菹切

𤴓通也从爻从疋疋亦聲　所菹切繫傳韻會無从疋二字玉篇引月令其器𤴓以達今月令作疏

文三

品眾庶也从三口凡品之屬皆从品　丕飲切

嵒多言也　玉篇曳嵒争言也　从品相連　繫傳韻會品下有山字　春秋傳曰次于嵒北讀與聶同　尼輒切左傳僖元年經作聶公穀同

喿鳥羣鳴也从品在木上　穌到切玉篇別立喿部

文三

龠樂之竹管三孔以和衆聲也　玉篇注竹作所蓋

鄭司農注笙師
云篪七空

謂風俗通曰龠樂之器竹从品侖侖理也韻會引作从
管三孔所以和衆聲也廣雅龠謂之笛有七孔品侖徐曰侖
倫理也則侖理也三字亦徐說非許凡龠之屬皆从龠以灼切龡籥音律
管壎之樂也从龠炊聲昌垂切繫傳脫聲字韻會引
有玉篇充垂充瑞二切樂人以
吹管中氣今作吹廣韻收
平聲又收去聲為古文吹䶵管樂也繫傳下有七孔二字一切經音義卷
十八引下有有七孔三字从龠虒聲直离切篪䶵或从竹龢
玉篇注管有七孔也
釋樂釋文引世本云蘇成公所作長一尺二寸廣雅䶵以竹為之長尺四寸有八孔前有一孔上有三孔後有四孔頭有一孔
調也从龠禾聲戶戈切繫傳脫與字玉篇注龤音龢
讀與和同今作和廣韻注諧也合也或曰古和字
龤樂和龤也廣韻引同繫傳及从龠皆聲虞書曰
玉篇引無也字

八音克龤戶皆切繫傳龤作諧非　文五　重一

冊符命也諸侯進受於王也玉篇作冊引同韻會引也上有者字非廣韻引冊無象其札一長一短中有二編之形凡冊之屬皆从冊楚革切

𠕋古文冊从竹繫傳作𥷑玉篇作𥷑

嗣諸侯嗣國也从冊从口司聲徐鍇曰冊必於廟史讀其冊故从口祥吏切繫傳韻會口上無从字

𠀠古文嗣从子繫傳作𠀠

扁署也从戶冊戶冊者署門戶之文也方沔切繫傳無重戶冊二字韻會引止重冊字玉篇補淺切又音篇音辯廣韻收平上二聲

文三　重二

說文解字攷異弟二下

說文解字攷異弟三上

五十三部　文六百三十 繫傳作六百三十三並非毛本作六百三十七是也今刪詔譍二字 實六百三十五　重百四十五 繫傳作百三十八並非毛本作百四十三亦誤今刪迸一字實百四十三

凡八千六百八十四字

㗊 衆口也从四口凡㗊之屬皆从㗊讀若戢 阻立切 又讀若呶 玉篇止莊立一切廣韻收緝

嚚 語聲也从㗊臣聲 語巾切玉篇彥陳切語聲也又愚也引書文頑母嚚

𡅧 古文嚚 類篇引同繫傳作𡅧譌五音韻譜作𡅧與玉篇作𡅧合

囂

聲也气出頭上从㗊从頁頁首也許嬌切繫傳韻會作从㗊頁頁亦首也玉篇

許朝切喧譁也又五高切廣韻收宵作嚻喧也許嬌切又五刀切嚣囂或省𠱠高聲

也一曰大呼也繫傳作高聲也从㗊丩聲一曰大呼从㗊丩聲春秋公羊

傳曰魯昭公叫然而哭古弔切韻會引叫作𠱠是也昭二十五年傳作噭釋文同

嚾呼也从㗊莧聲讀若讙呼官切玉篇荒貫切呼也與喚同廣韻收去聲換

作嚾為喚之重文又注云出說文器皿也象器之口犬所以守之去冀切玉

篇引同釋器釋文引作器皿也飲食之器從犬從㗊聲也誤

文六　重二

舌 在口所以言也 玉篇引作在口中所以立言者 别味也 韻會引也上有者字玉篇無此句 从干从口 玉篇引同繫傳韻會作从干口 干亦聲凡舌之屬皆从舌 徐鍇曰凡物入口必干於舌故从干 食列切

𦧲 歠也从舌沓聲 他合切玉篇作䑙 大食也 大當是犬廣韻狧注犬食重文作䑙

舓 以舌取食也 玉篇引食作物廣韻注亦作物 从舌易聲 神旨切玉篇神爾切廣韻收紙

䑛 舓或从也

文三　重一

干 犯也从反入从一 韻會引作从一从反入 凡干之屬皆从干 古寒切

𢆉 撖也从干入一爲干入二爲羊讀若能 繫傳能作餁从干下有倒字祛妄篇亦

有倒古作到詳新附攷䛌當作䛌六書故引不誤言稍甚也如審切

𢆉不順也玉篇廣韻引同繫傳不上有屰字从干下屮衍五音韻譜同繫傳屮作山屰之也魚戟切　文三

𧮫口上阿也从口上象其理凡𧮫之屬皆从𧮫其虐切（廣韻引無口上二字蓋脫下有一曰笑皃四字非說文）

㖈𧮫或如此　𦢊或从肉从豦繫傳作𧮫或从豦玉篇收肉部引詩嘉肴脾臄

㐁舌皃从𧮫省象他念切繫傳作舌皃象形从𧮫省聲蓋傳寫誤玉篇注舌皃从𧮫省象形一曰竹上皮音他感切本他念切廣韻收去聲勘注無光又舌出皃又收忝引說文

㐁古文㐁讀若三年導服之導一曰竹上皮讀若沾一曰讀若誓弼

字从此按玉篇一曰竹上皮注在西下蓋本說文西下但注古文二字則此注疑後人改

文二　重三

只語已詞也玉篇引詞作辭从口象气下引之形凡只之屬皆从只諸氏切玉篇之移之尒二切廣韻收平上二聲

𠷎聲也从只甹聲讀若聲呼形切玉篇呼丁切廣韻收青呼刑切引說文

文二

㕯言之訥也从口从内繫傳作从口内聲凡㕯之屬皆从㕯女滑切玉篇奴没切又女滑如劣二切下聲也言不出也廣韻收黠没薛三韻

矞以錐有所穿也

从矛从冏一曰滿有所出也　余律切繫傳韻會作从矛冏聲出下無也字廣韻引作一曰滿也玉篇余出切出也又況出切飛皃也——接禮運鳳以爲畜則鳥不獝獝古作矞故訓飛皃也（繫傳韻會从作從）

商　从外知內也从冏章省聲　式陽切

商　古文商　繫傳作商　玉篇作商

商　亦古文商　繫傳作商　玉篇作商

商　籀文商　繫傳作商　玉篇作商在古文

上　文三　重三

句　曲也从口丩聲凡句之屬皆从句　古侯切又九遇切玉篇古侯切曲也不直也又九遇切止也言語章句也又吉侯切廣韻平聲侯引説文又收去聲遇候

拘　止也从句从手

句亦聲舉朱切笱曲竹捕魚笱也韻會引無笱字从竹从句
句亦聲古厚切繫傳韻會句上無从字鉤曲也玉篇廣韻注同韻會引作曲鉤也
非从金从句句亦聲古矦切韻會作从金句聲並黃氏改文四
丩相糾繚也一曰瓜瓠結丩起玉篇相糾繚也又瓜丩起象形
凡丩之屬皆从丩居虯切茻艸之相丩者玉篇草之相繚也廣
韻作茻注草之相糾繚也从茻从丩繫傳作从茻丩丩亦聲居虯切糾
繩三合也从糸丩居黝切繫傳韻會丩下有聲字文三
詩月出釋文引作己小反又居酒反

古　故也从十口識前言者也韻會引無者字凡古之屬皆从古臣鉉等曰十口所傳是前言也公戶切

[illegible]　古文古玉篇廣韻並無

嘏　大遠也疑大下脫也字玉篇大也固也長也廣韻大也福也从古叚聲古雅切玉篇加下切廣韻古疋切

文二　重一

十　數之具也一爲東西丨爲南北則四方中央備矣凡十之屬皆从十是執切韻會引備作具

丈　十尺也从又持十直兩切繫傳韻會又作手丨玉篇別立部作文

千　十百也玉篇十百爲千也从十从人此先切繫傳韻會作从十人聲誤也

肸　蠁布也李注文選上林甘泉賦引並作蠁布也廣韻注肸蠁玉篇蠁布

也䰝即響之俗體　从十从𦫳　臣鉉等曰𦫳振𦫳也羲乙切繫傳作从十𦫳聲韻會無聲字蓋用大徐本玉篇許乞切廣韻收質迄二韻

卙　卙卙盛也从十从甚　繫傳作从十甚聲

汝南名蠶盛曰卙　子入切玉篇子入充入二切廣韻引字統云會聚也昌汁切

博　大通也　大下當有也字玉篇廣也通也廣韻廣也大也通也　从十从尃尃布也　補各切繫傳韻會作从十尃尃布也亦聲

㔓　材十人也　廣韻引同玉篇注十人也　从十力聲　盧則切

廿　二十并也古文省　人汁切繫傳韻會省下有多字

𠦃　詞之𠦃矣　廣韻引作詞之集也玉篇注辞之集　从十咠聲　秦入切

文九

卅三十并也廣韻引無并字玉篇注同古文省凡卅之屬皆从卅蘇沓切玉篇下有卌先入切四十也廣韻緝有卌注引字統云插糞杷又引說文云數名據此則今本脫卌字

世三十年爲一世从卅而曳長之亦取其聲也舒制切繫傳韻會無也字

文二

言直言曰言論難曰語玉篇引同廣韻引字林云直言曰言荅難曰語藝文類聚御覽引作論議曰語从口辛聲凡言之屬皆从言語軒切玉篇言引說文下有䇂注云古文疑亦本說文說文作䇂

言部偏旁婁見

譻聲也从言賏聲烏莖切

謦欬也玉篇欬聲

訂繫下脫傳字　作字侯

也廣韻注聲欬也从言殸聲殸籀文磬字去挺切繫傳無殸籀文磬字句

語論也从言吾聲魚舉切

談語也从言炎聲徒甘切

謂報也从言胃聲于貴切

諒信也从言京聲力讓切

詵致言也从言从先先亦聲詩曰螽斯羽詵詵兮所臻切玉篇但引致言也

請謁也从言青聲七井切玉篇且井疾盈二切又疾性切廣韻收平上去三聲

謁白也繫傳韻會作謁白也玉篇注告也白也从言曷聲於歇切

許聽也繫傳作聽言韻會引作聽言也玉篇注進也聽也從也从言

𠦃　三十并也廣韻引無并字玉篇注同　古文省凡𠦃之屬皆从𠦃　蘇沓切玉篇下有卌先入切四十也廣韻緝有卌注引字統云插耒杷又引說文云數名據此則今本脫卌字

世　三十年爲一世从𠦃而曳長之亦取其聲也　舒制切繫傳韻會無也字

文二

言　直言曰言論難曰語　玉篇引同廣韻引字林云直言曰言荅難曰語　藝文類聚御覽引作論議曰語　从口辛聲凡言之屬皆从言　語軒切玉篇言引說文下有𠙴注云古文疑亦本說文說文作𠙴言部偏旁妻見

譻　聲也从言賏聲　烏莖切

謦　欬也　玉篇欬聲

也廣韻注磬欬也从言殸聲殸籀文磬字去挺切繫傳無殸籀文磬字句

語論也从言吾聲魚舉切

談語也从言炎聲徒甘切

謂報也从言胃聲于貴切

諒信也从言京聲力讓切

詵致言也从言从先先亦聲詩曰螽斯羽詵詵兮所臻切玉篇但引致言也

請謁也从言青聲七井切玉篇且井疾盈二切又疾性切廣韻收平上去三聲

謁白也繫傳韻會作謁白也玉篇注告也白也从言曷聲於歇切

許聽也繫傳作聽言韻會引作聽言也玉篇注進也聽也從也从言

午聲虛呂切

諾　譍也譍當作應詳新附攷下放此从言若聲奴各切

讎　猶譍也韻會引譍作應說文並無玉篇注匹也對也从言雔聲市流切

諸　辯也釋訓諸諸便便辯也从言者聲章魚切

詩　志也韻會引下有志發於言四字蓋雜他說按心部當有志疑因桓帝諱或許沖進書時避去从言寺聲書之切

𧥒　古文詩省

讖　驗也从言韱聲楚蔭切繫傳作讖是也中从韭五音韻譜亦誤

諷　誦也从言風聲芳奉切

誦　諷也从言甬聲似用切

讀　誦書也从言賣聲徒谷切

䛩快也从言从中 於力切繫傳作从言中聲蓋傳寫誤下有鍇曰會意玉篇收口部

訓説教也从言川聲 許運切

誨曉教也 疑曉下有也字華嚴經音義卷二引作教也玉篇注教示也 从言每聲 荒內切

譔專教也从言巽聲 此緣切繫傳作譔玉篇仕眷切又此專切廣韻收平上二聲

譬諭也从言辟聲 匹至切

謜徐語也从言原聲孟子曰故謜謜而來 魚怨切韻會引無故字廣韻引孟子有今孟子作源

詇早知也从言央聲 於亮切玉篇於竟於仗二切廣韻收漾映二韻

諭告也从

史記朝鮮傳索隱引作曉也

大戴禮曾子立事篇君子出言以鄂鄂

言俞聲 羊戍切玉篇楊樹切譬諭也又他口切諭誘也廣韻止牧遏 詖 辯論也韻會引辯作辨非玉篇注佞諂也辯論也慧也 从言皮聲 彼義切 古文以爲頗字 諄 告曉之孰也 繫傳韻會孰作熟俗 从言𦎫聲 讀若庵 章倫切 䛛 語諄䛛也从言屖聲 直离切繫傳屖聲下有讀若行道遲遲六字 詻 論訟也傳曰詻詻孔子容 未詳何傳 孔字疑是君字漢書言容容詻詻 从言各聲 五陌切 誾 和說而諍也 繫傳韻會說作悅一切經音義卷十二引作誾誾和悅而爭說文無悅 从言門聲 語巾切論語與上大夫言誾誾如也何晏集解引孔曰

誾誾中正之貌

謀慮難曰謀从言某聲莫浮切𢘐古文謀繫傳作𢘐玉篇口部作呣𠰈亦古文繫傳作𠰈玉篇廣韻並無謨議謀也从言莫聲虞書曰咎繇謨莫胡切繇當作繇今書作皋陶謨曰蓋作有敷亮𠻝古文謨从口繫傳作暮訪汎謀曰訪从言方聲切諏聚謀也从言取聲子于切論議也从言侖聲盧昆切玉篇力昆切力困二切思理也議也廣韻收平去二聲議語也韻會引下有一曰謀也四字恐非說文蓋黄氏說玉篇謀也語也廣韻謀也擇也評也語也訂平議也从言丁

聲他頂切玉篇他丁唐頂二切廣韻平上二聲並注平議又收去聲引字林云逞遛也

詳審議也从言羊聲似羊切

諟理也从言是聲承旨切玉篇審也諦也

諦審也从言帝聲都計切

識常也一曰知也从言戠聲賞職切玉篇書力切引説文廣韻入聲引説文又收去聲注云標識見禮

訊問也从言卂聲思晉切𧥓古文訊从鹵

詧言微親詧也从言察省聲楚八切繫傳察作祭廣韻引同玉篇引無也字繫傳作親察恐譌蓋譌

謹慎也从言堇聲居隱切

[illegible]厚也从言乃聲

如乘切諶誠諦也从言甚聲詩曰天難諶斯是吟切韻
會引斯作思誤今詩大明作天難忱斯信誠也从人从言會意息晉切繫
傳作从人言無會意二字六書故曰蓋从言人聲屈申之申亦借用此㐰古文从言省繫傳
作仙古文从省也𧥷古文信玉篇作訫小即心也訦燕代東齊謂信訦繫傳信下有曰字訦下有也字
从言冘聲是吟切玉篇時林市荏二切廣韻平聲引說文有曰字又收
上聲誠信也从言成聲氏征切誡敕也从言戒聲古拜切
誋誡也韻會引同繫傳及廣韻引誡作誠譌玉篇禁也告也誠也从言忌聲渠記

切

諱　誋也　廣韻引同玉篇注隱也避也忌也　从言韋聲　許貴切

誥　告也　从言告聲　古到切韻會引無聲字非　𦣪　古文誥　玉篇廣韻並無汗簡作𦣪字从舟疑後人增

誓　約束也　从言折聲　時制切

譣　問也　从言僉聲　周書曰勿以譣人　息廉切繫傳韻會从言僉聲在譣人下今書立政作勿用憸人釋文引馬云憸利佞人也與心部憸解合玉篇譣虛儉息廉二切問也詖也廣韻平聲注譣詖上聲引說文問也

詁　訓故言也　後漢書桓譚傳注一切經音義卷二十二引並作訓古言也蓋連篆文讀詁訓者古言也詩抑及爾雅釋詁釋文引作古言也蓋傳寫脫　从言古聲　詩曰詁訓　公戶

切繫傳韻會無曰字此句疑有譌脫

譪臣盡力之美玉篇止也臣盡力也从言葛

聲詩曰譪譪王多吉士於害切繫傳韻會詩曰在从言葛聲下篆當作譪

𧩨餔旋促也从言束聲桑谷切玉篇且錄切從也廣韻收燭注飾也廣雅

促也

諝知也玉篇才智之稱也从言胥聲私呂切

証諫也从

言正聲之盛切繫傳聲下有讀若正月四字

諫証也从言柬聲古晏切

諗深諫也玉篇念也告也从言念聲春秋傳曰辛伯諗

廣韻告也謀也深諫也

左傳閔二年釋文引作深謀譎

周桓公式荏切韻會引辛作章譎見左傳閔二年

課試也从言果聲苦臥切

玉

說文攷異

十

篇枯過切又苦訛切

廣韻收平去二聲

試　用也从言式聲虞書曰明試以功式吏切

誠　和也从言咸聲周書曰不能誠于小民胡毚切集韻引同繫傳作丕誠于小民韻會引作誠于小民蓋並脫今書召誥作其丕能誠于小民孔傳丕訓大

䚻　徒歌韻會引下有也字一切經音義卷十五二十引作謠獨歌也說文無謠玉篇䚻與周切從也謠與招切獨歌也廣韻䚻收尤注從也謠收宵謠歌也引爾雅徒歌謂之謠然則䚻下注徒歌乃後人改大徐音余招切亦非顧千里云繫傳臣鍇按今說文本皆言從也當言徒歌必脫誤也下云從言肉亦誤也則大徐因小徐說改也六書故十一云徐本說文無謠字唐本曰䚻言從也从言从肉肉亦聲謠徒歌也　从言肉余招切肉下當有聲字

詮

具也从言全聲此緣切 訢喜也玉篇廣韻注同繫傳作憘也从言斤聲許斤切 說說釋也易小畜釋文引作解也蓋[illegible]說字易本是說从言兑繫傳韻會下有聲字一曰談說失爇切又弋雪切玉篇始悅切言也釋也又音稅談說也又余輟切懌也廣韻兩收入聲薛又收去聲祭 計會也筭也从言从十古詣切繫傳韻會作从言十 諧詥也韻會引詥作語譌一切經音義卷十引作合也玉篇注和也合也調也偶也廣韻同从言皆聲戶皆切 詥諧也从言合聲候閤切 調和也从言周聲徒遼切玉篇徒聊切和合也又大弔切選調也又度也求也廣韻收平去二聲 話合

會善言也廣韻引同詩板釋文引合會作會合从言昏聲傳曰告之話言胡快切韻會話作䛡按告當是著見左傳文六年詩大雅抑有告之話言然此引傳非引詩也譮籀文話从會繫傳會上有言字

諈諈諉纍也五音韻譜同繫作纍作累説从言垂聲竹寘切玉篇竹恚切託文無累玉篇累為纍之重文

諉纍也引爾雅曰諈諉累也繫傳韻會作累也釋言增釋文引孫云楚人曰諈秦人曰諉从言委聲女恚切

警言戒也玉篇注同韻會引作言之戒也蓋黃氏妄改廣韻注寤也戒也从言从敬敬亦聲居影切

謐静語也玉篇廣韻注静也从言监聲一曰無聲也彌必切

謙敬也

从言兼聲苦兼切　誼人所宜也玉篇廣韻注同韻會引無人字蓋黄氏刪从言从宜宜亦聲儀寄切　詡大言也从言羽聲况羽切　諓善言也玉篇巧言也廣韻諂也廣雅釋訓諓諓善也从言戔聲慈衍切　誐嘉善也从言我聲詩曰誐以溢我五何切繫傳溢作諡廣韻引詩亦作諡則作溢者後人因今詩改今詩維天之命作假以溢我毛傳假嘉溢慎左傳襄二十七年引詩作何以恤我蓋嘉假与何諡溢与恤並聲相近也玉篇誐五歌切吟也又牛可切廣韻止收平聲（一曰諴也）　詷共也从言同聲周書曰在夏后

之詷 徒紅切繫傳作共也周書曰在后之詷一曰譀从言同聲韻會引同唯从言同聲在共也下譀下有也字按繫傳是也夏字後人妄加譀訓誕譀訓聚聚義与共合今書顧命作在後之侗後后古通釋文云侗馬本作詷云共也亦与說文合玉篇詷徒貢切認詷又共同也廣韻亦收去聲

設 施陳也从言从殳殳使人也 識列切繫傳韻會殳又上無从字

護 救視也从言蒦聲 胡故切

譞 譞慧也 玉篇慧也廣韻智也 从言圜省聲 許緣切繫傳韻會作从言睘聲

誧 大也一曰人相助也从言甫聲 繫傳一曰句在从言甫聲下 讀若逋 博孤切玉篇滂古切大言又匹布切謀也廣韻收平

上去三聲諰思之意韻會引意下有也字玉篇注同从言从思胥里切繫傳思下有聲字

託寄也从言乇聲他各切

記疏也从言己聲居吏切

譽⿰言爯也繫傳五音韻譜⿰言爯作稱是也說文篇韻並無⿰言爯此蓋傳寫譌从言與聲羊茹切玉篇余恕切稱也聲美也又音余廣韻收平去二聲

譒敷也繫傳韻會敷作數俗从言番聲商書曰王譒告之補過切韻會引之下有修字蓋因今書增補過切今書盤庚作播

謝辤去也繫傳韻會辤作辭玉篇注辭也去也是二義从言射聲辤夜切

謳齊歌也从言區聲

烏侯切繫傳作謳是也詠歌也从言永聲爲命切咏詠或从
口諍止也从言爭聲側迸切評召也繫傳作召許也許當是評
从言乎聲荒烏切謼評謼也韻會引作評也从言虖聲荒故
切玉篇荒烏切大叫也廣韻收平去二聲訖止也从言气聲居迄切諺傳
言也从言彥聲魚變切訝相迎也从言牙聲周禮曰
諸侯有卿訝發吾駕切繫傳作訝相迎也周禮有卿訝也韻會引同唯訝下無也字發字
衍掌手訝無詣候至也玉篇往也到也至也廣韻至也从言旨聲五計切講

和解也从言冓聲 古項切 謄 迻書也从言朕聲 徒登切

訒 頓也从言刃聲論語曰其言也訒 而振切 集解引孔云訒難

也 訥 言難也从言从内 内骨切 韻會内下有聲字 謯 謯娽也 集韻引同

廣韻引娽作詠蓋⿰訁彔之譌字 从言虘聲 側加切 玉篇子斜切

廣雅玉篇並作謯⿰訁彔也說文無⿰訁彔

⿰訁彔也又側雅切謯⿰訁彔訶皃廣

韻平聲引說文又收上聲 ⿰訁伿 待也从言伿聲讀

若餐 胡禮切 譥 痛呼也 玉篇大呼也又痛呼也 从言敫聲

古弔切 譊 恚呼也从言堯聲 女交切 謍 小聲也从

言熒省聲詩曰營營青蠅余傾切今詩作營

諎大聲也繫傳無也字廣韻注同韻會引作聲也非从言昔聲讀若笮壯革切玉篇七个切䜆也䜆即[illegible]之俗字此字在俗字中當非顧氏原文廣韻收入聲陌

唶諎或从口

諛諂也从言臾聲羊朱切

讇諛也一切經音義卷六引作佞也玉篇注同廣韻爲諂之重文諂注諂諛从言閻聲丑剡切

諂讇或省繫傳作讇或从臽

諼詐也从言爰聲況袁切

謷不肖人也玉篇注同韻會引人下有言字廣韻五肴注不肖也六豪注不肖語也據此疑肖當是省俗作

聱玉篇聱引廣雅不入人語也不入人語即不省人言也詩板聽我囂囂毛傳囂囂猶謷謷也鄭箋女聽我言謷謷然　从言敖聲一曰哭不止悲聲謷不肯受与廣雅合

謷　五牢切韻會謷下也字玉篇同五勞五交二切

訹　誘也从言朮聲　思律切

訑　沇州謂欺曰訑　韻會引作欺也蓋以廣韻改　从言它聲　託何切玉篇湯何切又達可切訑謾而不疑兖州人謂欺曰訑廣韻收平上二聲　韻會引支詑詑自得之貌引集韻或作訑

謾　欺也从言曼聲　母官切玉篇莫般馬諫二切廣韻收平去二聲

譇　譇拏羞窮也　玉篇注同下更有怒也二字　从言奢聲　陟加切廣韻作譇陟加切譇詉語不正也

[illegible]　慙

語也廣韻引同玉篇注作䜊語也蓋譪䜊當為䜊之别體然非詐義从言作聲鉏駕

切謺謺讘也玉篇拾也廣韻拾人語也从言執聲之涉切

玉篇謰謱繁拏也廣韻作嗹謱言語繁拏兒

謰謰謱也从言連聲力延切謱謰謱也从言婁聲

洛侯切詒相欺詒也一曰遺也从言台聲與之切謲

切方言謰謱拏也郭注云譇拏也

相怒使也从言參聲倉南切誑欺也从言狂聲居況

卷二引字林大調曰譺

切譺騃也一切經音義卷十六引作欺調也[illegible]文廣雅譺調也玉篇欺也嘲調也

从言疑聲五界切玉篇魚記五界二切廣韻收志怪二韻譔相誤也廣韻

相謏誤也从言叟聲𠆢罵訕謗也从言山聲
玉篇欺也
所晏譏誹也从言幾聲居衣誣加也一切經
切切當作譏畟聲切音義
卷一引作加言曰誣卷十五十七二十一引並作加言
也則言字當有六書故引唐本說文加諸也不足信从言
巫聲武扶切誹謗也从言非聲敷尾切玉篇甫
切尾切誹謗也廣
韻收平去二聲謗毁也从言旁聲補浪切譸詶也从
言壽聲讀若醻周書曰無或譸張爲幻張流
切今書無逸作民詶譸也玉篇時遊切詶荅也說引
無或胥譸張爲幻文職又切詛也一切經音

義卷六卷十四二十五引說文並作詛也~~今音義並譌~~當不誤从言州聲市流切廣韻收平去二聲

詛詶也从言且聲莊助切

詶詶也廣韻注同玉篇祝也从言由聲直又切

誃離別也从言多聲讀若論語跢予之足跢字蓋誤說文無跢論語止有啓予足啓予手周景王作洛陽誃臺尺氏切玉篇舒紙切又直移切離也廣韻上聲引說文又收平聲注云別也亦作謻水經注穀水下云洛陽諸宮名曰南宮有謻臺

誖亂也从言孛聲蒲没切玉篇補潰步没二切廣韻兩收去聲隊又收入聲没

悖誖或从心繫傳在籀

文下 𧦝 籒文詩从二或 玉篇注同上不云籒文廣韻無 䜌 亂也一

曰治也一曰不絕也从言絲 呂貟切玉篇力官力全二切廣韻收桓仙二韻 〔[illegible]部[illegible]部大部並云古文䜌作从言絲形〕 𢆶 古文䜌

五音韻譜作𢆶 繫傳作𢆶 玉篇廣韻並

無隸續載三體石經有此字汗簡引石經 誤 謬

也从言吴聲 五故切 詿 誤也从言圭聲 古賣切五音韻譜

有或从言佳省聲六字蓋删大

徐本重出之篆而併其注於此 誒 可惡之辭 莊子

達生篇釋文引辭下有也字玉篇

注同廣韻引亦有也字辭作詞非 一曰誒然春秋

傳曰誒誒出出 許其切按左傳襄三十年作譆譆出出釋文譆許其反疑所引當在譆

下傳寫誤移於此譆訓痛
杜注譆譆爲熱亦非古義　譆痛也从言喜聲（一切經音義卷七引作痛聲也）火衣
切玉篇許其切懼聲也敕也悲恨之聲也　詯膽气滿
廣韻收之注痛聲則徐音火衣切誤
聲在人上从言自聲讀若反目相睞　荒內切玉篇胡內切又胡市切
廣韻兩收隊一注休市切　謧謧詍多言也繫傳謧詍下
一注胡市切恐有譌　有也字
从言离聲　呂之切玉篇力支力泥二切廣韻止收支　詍多言也从言世
聲詩曰無然詍詍　余制切按詩板作泄釋文云泄說文作呭口部呭引詩無然呭呭与釋
文合不應又作詍
玉篇詍下不引詩　訾不思稱意也　一切經音義卷七引作量也思也卷十二

引作思也卷十三引作思稱意曰訾卷二十引作思稱意也所引並誤玉篇訾下善皃也不思稱其上也下句本毛傳从言此聲詩曰翕翕訿訿將此切韻會訿作訾䛌往來言也一曰小兒未能正言也玉篇往來言也又小兒未能正語也一曰祝也从言匋聲大牢切韻會从言匋聲在往來言也下𧨲䛌或从包𧦝𧦝𧦝多語也玉篇廣韻作諵注多言从言冉聲樂浪有𧦝邯縣汝閻切𧮂語相反𧮂也六書故引唐本說文曰言語相及也言字蓋衍及當不誤玉篇𧮂誻語相及从言遝聲他合切誻𧮂誻也玉篇𧮂誻妄語也从言沓聲徒合切詽

諍語訮訮也繫傳無也字从言幵聲呼堅切玉篇呼田切呼也又五閑切訟也廣韻收山

讗言壯皃玉篇疾言皃一曰數相怒也从言巂聲繫傳从言巂聲在一曰句上讀若畫呼麥切廣韻收齊戶圭切引說文自是也蓋宋人誤[illegible]又收麥注讗嚄疾言玉篇止音胡麥切

訇騃言聲韻會引騃作駭當不誤玉篇駭言聲也从言匀省聲漢中西城有訇鄉繫傳五音韻譜城作域譌韻會引作漢西域傳有訇鄉更謬又讀若玄虎橫切繫傳無又字玉篇呼宏切廣韻收耕

訇籀文不省繫傳作訇

諞便巧言也从言扁

聲周書曰截截善諞言論語曰友諞佞 部田反今論語作便

（戔下引周書曰戔戔巧言）

玉篇步連符善二反巧佞之言也廣韻收平上二聲書秦誓釋文云諞徐敷連反又甫淺反 ⿱頻言 匹也 玉篇廣韻 从言頻聲 符眞切 詌 扣也如求婦先詌叕之从言从口 繫傳韻會口上無从字 口亦聲 苦后切 䛐 言相䛐司也从言兒聲 女家切繫傳作䛐是也玉篇女佳切詀䛐言不正廣韻收佳則女家切非 誂 相呼誘也 玉篇廣韻引同列子殷敬順釋文引作相誘蓋脫 从兆聲 徒了切 譄 加也从言曾聲 作滕切 ⿰言光 忘

說文攷異　十九

也从言失聲徒結切 諅 忌也从言其聲周書曰上不諅于凶德渠記切廣韻集韻引同玉篇注亦同繫傳上作尚上有爾字蓋後人因今書增改今書多方諅作忌 譀 誕也从言敢聲下闞切 詑 俗譀从忘 誇 譀也李注文選長楊賦引作誕也玉篇注逞也廣韻大言也 从言夸聲苦瓜切 誕 詞誕也玉篇廣韻竝注大也蓋本說文釋詁毛傳亟訓大也 从言延聲徒旱切 𨒆 籀文誕省正繫傳作𨒆 𧭮 譀也从言萬聲莫話切玉篇火界切譀譪諍罵怒皃又音邁廣韻收怪

夬二韻
謔戲也从言虐聲詩曰善戲謔兮虛約切
詪眼戾也繫傳五音韻譜作狠戾也狠即很之俗體犬部有𤞣音義別詪字當譌从言艮聲
乎懇切玉篇古恨古很二切難語皃又工
乎典切廣韻收上聲很銑又收去聲恨訌讀也玉篇潰也
蓋本毛傳从言工聲詩曰蟊賊內訌戶工切讀中止也
从言貴聲司馬法曰師多則人讀廣韻引讀止人作民
也胡對切韻會引無此三字廣韻引有[言歲]聲也从言歲聲詩曰
有[言歲]其聲呼會切聲字蓋涉上文而誤王伯厚詩考以爲即雲漢有嘒其星所引當即此嘒[言歲]當同詩詗疾

說文引異 三

言也玉篇注同繫傳从言咼聲呼卦切　譺　諜也从[篇韻注同]無言字蓋脫

言魋聲杜回切按說文無魋[詳新附攷]經史及羣書亦無魋恐有譌　譟　擾也韻會引作擾聒也恐非一切經音義卷二十引作擾耳也二十二引作擾耳孔也耳字或當有擾即擾之俗體　从言喿

聲蘇到切　訆　大呼也从言丩聲春秋傳曰或訆

于宋太廟古弔切左傳襄三十大作太訆作叫繫傳五音韻譜作太　諕　號也从

言从虎乎刀切繫傳虎上無从字玉篇火訝切誑也廣韻去聲禡止收唬別無諕字徐音乎刀切蓋誤　讙　譁也一切經音義卷二十引作嚾呼也玉篇注讙嚾之聲　从言雚聲

呼官切

譁　讙也从言華聲　呼瓜切

謣　妄言也从言雩聲　羽俱切

夸　謣或从夸　玉篇廣韻爲譁之重文疑本說文後人傳寫誤隔一字也

譌　譌言也　譌當是僞　玉篇化也僞也動也妖言曰譌　从言爲聲詩曰民之譌言　五禾切今詩作訛說文無按此下重出註誤二篆五音韻譜繫傳無今不録

言佳省聲　古賣切按前已有註此誤重繫傳無

誤　謬也从言吳聲　五故切按此字亦重出蓋傳寫誤

謬　狂者之妄言也　一切經音義卷二十引無妄字狂作枉譌　从言翏聲　靡幼切

詤　夢言也从言巟聲

呼光切玉篇虛光呼晃謈大呼自勉也錢宫詹
二切廣韻收平上二聲云廣韻
引勉作冤是也東方朔傳舍人不勝痛呼謈樹玉謂
元本玉篇作大呼自冤也張本引說文作勉蓋為
校者轉改有修改迹釋訓从言暴聲蒲角
釋文引作大呼也自冤也切訬
擾也玉篇擾也健也疾也一曰訬獪从言少聲讀若毚
楚交切諆欺也从言其聲去其切譎權詐也益梁曰
謬欺天下曰譎韻會引益梁作梁益方言[illegible]膠譎
詐也涼州西南之間曰膠自關而東西
或曰譎或曰膠从言矞聲古穴切詐欺也从言乍聲
詐通語也

側駕切

訏 詭譌也从言于聲一曰訏⿱差言齊楚謂信曰訏 況于切段君云信當作大（信上疑脫字）釋詁訏大也方言訏大也中齊西楚之間曰訏

⿱差言 咨也一曰痛惜也从言差聲 子邪切繫傳韻會从言差聲在一曰句上

讋 失气言 韻會作失氣言也 一曰不止也 一切經音義卷十九引作失氣也一曰言不止也所引當不誤李注文選東都賦引作失氣也玉篇注言不止也 从言龖省聲傅毅讀若慴 之涉切

讋 籀文讋不省 繫傳作讋

謵 言謵讋言也 一切經音義卷二十引作讋言也 从言習聲 秦入切玉篇叱涉丑涉二切謵讋言不正也正疑止譌廣韻

收葉注小語叱涉切

䛩相毀也玉篇廣韻相毀皃从言亞聲一曰畏亞宛古切繫傳作畏䛩

⿰阝⿱左言相毀也从言隨省聲雖遂切玉篇虛規切言相毀廣韻收支許規切

⿰言闒嗑也从言闒聲徒盍切

詾說也六書故云唐本說文作訟也■當不誤詾訟釋言文玉篇作訟也蓋本說文从言匈聲許容切

訩或省

⿰言兇或从兇廣韻說訟也

訟爭也玉篇爭訟也从言公聲一曰謌訟似用切繫傳謌作歌

⿰谷公古文訟繫傳韻會作⿰谷公按玉篇作訟則从公非从谷公与八同篆當作⿰谷公

謓恚也从言眞聲賈侍中說謓笑一曰讀若振

昌眞切

讘 多言也从言聶聲河東有狐讘縣之涉切

訶 大言而怒也从言可聲虎何切

𧦝 訐也从言臣聲讀若指職雉切按讀若指則當是臣聲篆當作𧦝

訐 面相厈罪相告訐也从言干聲居謁切玉篇同廣韻收月薛二韻論語陽貨釋文引作面相厈厈厈並㡯之俗體

訴 告也从言厈省聲論語曰訴子路於季孫臣鉉等曰厈非聲蓋古之字音多與今異如皀亦音香釁亦音門乃亦音仍他皆放此古今失傳不可詳究桑故切樹玉按繫傳作𧩿告也从言㡯聲韻會引同廣韻訴引說文作𧩿蓋用小徐本大徐以隸改篆不如

[illegible]非是

𧦒 訴或从言朔 愬 訴或从朔心 譖 愬也

从言朁聲 莊蔭切 讒 譖也 从言毚聲 士咸切 譴

謫問也 从言遣聲 去戰切 謫 罰也 从言啻聲 陟革

切 諯 數也 一曰相讓也 从言耑聲 讀若專 尺絹切 玉篇尺

絹至緣二切廣韻收平去二聲 讓 相責讓 韻會引下有也字 玉篇注責讓 从言

襄聲 人漾切 譙 嬈譊也 韻會引同繫傳作嬈嬈也 史記朝鮮傳索隱引作譙讓也恐非 从言焦聲

讀若嚼 才肖切 玉篇慈焦切 國名 廣韻收平聲宵注國名又姓 誚 古文譙

从肖周書曰亦未敢誚公繫傳肖上有言字亦上有王字文見金縢玉篇才妙切責也廣韻收去聲笑並不爲重文

誎數諫也从言朿聲七賜切

誶讓也从言卒聲國語曰誶申胥雖遂切今吴語作訊廣韻引詩歌以誶止今詩墓門作歌以訊之

誶繫傳作倅按國語吴語自殺辭誶申胥

詰問也从言吉聲去吉切

䛿責望也从言望聲巫放切繫傳作䛿玉篇亦作䛿據注望聲則當作䛿

詭責也从言危聲過委切

證告也玉篇注證驗也廣韻驗也按驗者今義此當是論語其父攘羊而子證之之古注从言登聲諸應切

詘詰詘也一曰屈

襞从言出聲區勿切五音韻譜作詘繫傳作詘韻會引作詰詘也从言出聲又屈襞

誳詘或从屈

𧦝尉也繫傳同五音韻譜作慰也廣韻去聲引說文又收上聲並作慰玉篇於万於阮二切慰也從也从言夗聲於願切

詗知處告言之玉篇下有也字从言同聲朽正切玉篇呼政火迥二切廣韻收上去二聲

讂流言也从言夐聲火縣切

詆苛也一曰訶也从言氐聲都禮切繫傳作詆荷也从言氐聲一曰訶韻會止引訶也乃黃氏[illegible]刪玉篇訶也法也呰也

誰何也从言隹聲示隹切

諽飾

也一曰更也从言革聲讀若戒古覈切繫傳从言革聲在飾也下更下無也字

讕　怟讕也繫傳韻會怟作詆集韻引同五音韻譜作抵當不誤心部無抵漢書文三王傳作抵讕从言闌聲洛干切玉篇洛干力但二切誣言相加被也廣韻收平上去三聲

譋　讕或从閒

診　視也从言㐱聲直刃切又之忍切廣韻收上去二聲

𧫒　悲聲也从言斯省聲先稽切玉篇作⿱斯言

訧　罪也玉篇過也蓋本毛傳从言尤聲周書曰報以庶訧羽求切今書呂刑作尤

誅　討也从言朱聲陟輸切

討治也从言从寸他皓切繫傳韻會寸上無从字

諳悉也从言音聲烏含切段君云元應書卷二十一引說文諳於禁切大聲也樹玉謂玉篇烏含切記也知也諵也大聲也或作喑廣韻收平聲覃記也憶也去聲沁止收喑注聲也元應恐誤引他書以喑為諳

讄禱也累功德以求福累當作纍論語云讄曰禱尔于上下神祇从言纍省聲力軌切繫傳功譌作坊尔作爾纍省聲作畾聲韻會引亦作畾聲功字不譌餘有更改說文無畾則畾聲非今論語作誄

讄或不省繫傳或上有讄字

謚行之迹也从言兮皿闕徐鍇曰兮聲也神至切六書故

云唐本説文無謚但有諡行之迹也按五經文字諡謚注云上説文下字林又云字林以謚爲笑聲戴氏所云唐本蓋本此廣韻謚注云説文作諡一切經音卷十三諡引説文行之迹也从言益聲藝文類聚引説文諡者説行之迹也貤説字衍然則作謚者乃後人改訓笑聲之謚後人增也

誄　諡也繫傳韻會作諡也从言耒聲力軌切

謑　恥也从言奚聲胡禮切莊子天下釋文引恥也下有五米反

䜓　謑或从奊

詬　謑詬恥也从言后聲呼寇切

詢　詬或从句

諜　軍中反閒也釋言釋文引同莊子列御寇釋文引作閒也从言枼聲徒叶切

該　軍中約也从言亥聲讀若心中滿該

古哀切　繫傳从言亥聲在滿該下　顧千里曰該當作核韓非子存韓曰若人之有腹心之病也虛處則核然所謂心中滿核也

譯　傳譯四夷之言者　後漢書和帝紀注引从言作傳譯四夷之語也　睪聲　羊昔切

䛴　迫也从言九聲讀若求　巨鳩切　繫傳求作丘

謚　笑皃从言益聲　伊昔切又呼狄切按此字後人增詳前

譶　疾言也从三言讀若沓　徒合切　繫傳从三言在讀若沓下　玉篇收諳部　文選吳都賦注引倉頡篇譶言不止　徒立反

文二百四十五　繫傳作二百四十六並非今刪譍詔二字實二百四十五　重三十三　繫傳作三十四並非今刪迻一字實三十一

誩競言也从二言凡誩之屬皆从誩讀若競渠慶切玉篇虔仰切廣韻收上聲養去聲映

譱吉也玉篇韻會引同繫傳及廣韻引作言也譌从誩从羊此與義美同意常行切繫傳韻會作此義與美同義蓋傳寫誤

善篆文譱从言善當作譱

競彊語也一曰逐也从誩从二人渠慶切繫傳韻會作彊語也从誩二人一曰逐也

讟痛怨也从誩𧶠聲春秋傳曰民無怨讟徒谷切左傳宣十二年作君無怨讟昭元年作民無謗讟段君云昭八年傳曰怨讟動於民疑相涉而誤

文四　重一

說文攷異　二十七

音聲也生於心有節於外謂之音宮商角徵羽聲繫傳下有也字玉篇廣韻引同絲竹金石匏土革木音也从言含一

凡音之屬皆从音於今切按當是一亦聲意从音聲也

響玉篇應聲也从音鄉聲許兩切

韽下徹聲从音酓聲恩甘切玉篇於林於南二切聲小不成也廣韻止收覃烏含切聲小又於林切

韶虞舜樂也書曰簫韶九成鳳皇來儀繫傳皇作凰俗从音召聲市招切

章樂竟爲一章从音从十繫傳韻會十上無从字十數之終也諸良切

竟

樂曲盡爲竟繫傳無爲字韻會有从音从人居慶切人當作儿　文六

辛 皋也从干二二古文上字凡辛之屬皆从辛讀若愆張林說去虔切

童 男有皋曰奴奴曰童繫傳韻會皋作罪玉篇男有罪爲奴曰童疑本說文女曰妾从辛重省聲徒紅切

童 籒文童中與竊中同从廿廿以爲古文疾字繫傳作童接疾下無古文故云以爲也竊下亦有是說

妾 有皋女子給事之得接於君者繫傳皋作罪从辛从女春秋云秋下當有傳字女爲人妾妾

不娉也（七接切）　文三　重一

丵　叢生艸也象丵嶽相竝出也凡丵之屬皆从丵讀若浞（士角切）

業　大版也所以飾縣鍾鼓（毄傳韻會同五音韻譜鍾作鐘）捷業如鋸齒以白畫之象其鉏鋙相承也（韻會鉏鋙作齟齬蓋黄氏意改）从丵从巾巾象版詩曰巨業維樅（魚怯切）（韻會巨作笸虡蓋因今詩改今詩作虡虡即虡之重文廣韻云虡俗作簴）

𢇁　古文業（毄傳作𢇁）

叢　聚也（史記功臣侯表索隱引作叢聚也恐非）从丵取

聲徂紅切韻會作从丵从
取蓋疑取非聲而改 對 譍無方也 韻會引譍
作應 从丵从口从寸 都隊切韻會同繫 對 對或
是也 傳作从丵口寸
从士漢文帝以爲責對而爲言多非誠對故去
其口以从士也 玉篇注漢文帝以爲責對而爲言多
非誠故去其口以從土蓋本說文五行
土爲信作土是也廣韻注漢文責對而面言多謂
非誠對故去其口以從土也當亦本說之而微有更改其
作土則同繫傳有 文四 重二
籀曰士事也非
丵 瀆丵也从丵从廾廾亦聲凡丵之屬皆从丵

臣鉉等曰瀆讀爲煩瀆之瀆一本注云丵衆多也兩手奉之是煩瀆也蒲沃切 僕給事者 廣韻引下 从人从菐菐亦聲 蒲沃切韻會有也字 作从人菐聲 𦣝古文从臣

䕭賦事也 玉篇注賤事也 [illegible]本說文 廣韻注賦事之皃 [illegible] 爾雅釋言班賦也郭注謂布與 蓋假借 从丵从八八分之也八亦

爾雅釋詁績緒采業服宜貫公事也 [illegible]賦也[illegible]事也 [illegible] 當非[illegible] [illegible] [illegible]事

聲讀若頒一曰讀若非 布還切 玉篇補顏甫尾二切 廣韻止收刪布還切

文三　重一

𠬞竦手也从𠂇从又 一切經音義卷 引作拱手也 玉篇 韻譜𠬞作廾是 凡廾之屬皆 也 繫傳作从屮又

从廾居竦切今變又隸作廾　顧千里云繫傳作𢪏下𢪏揚盡同韻會所引各字亦如此玉篇作𢪏部

雄說廾从兩手　繫傳揚作揚五音韻譜作揚[illegible]廣韻揚注州名楊注姓出宏農天水二望[illegible]

作揚非

奉承也从手从廾丰聲　扶隴切　玉篇扶拱切廣韻上聲引說文去聲作俸

丞翊也从廾从卪从山山高奉承之義　署陵切

奐取奐也一曰大也从廾夐省　臣鉉等曰夐營求也取之義也　呼貫切繫傳韻會省下有聲字

弇蓋也从廾从合　古南切又一儉切繫傳韻會作从合廾聲[illegible]　玉篇於檢切又古南切廣韻止收上聲音衣儉切

𢍁古文弇　繫傳作𢍁　玉篇作算

𢍃引給也从廾睪聲　羊益

切玉篇作罤引同廣韻罤注云引
縛皃引說文司視也乃罤部之罤
畁舉也从廾由聲顧千
里云繫傳影宋本由作甴臣鍇曰甴音菑
近時人刻繫傳改作由聲与甴音菑不可通
春秋傳曰晉人
或以廣隊楚人畁之隊通作隊
詳新附攷
黃顥說廣車陷楚
人為舉之繫傳鍇曰今左傳作惎按宣十二
年傳作惎杜注惎為教釋文同
杜林以為
騏麟字渠記切五音韻譜騏作麒繫傳作騏驎說文
無驎玉篇渠記渠基二切舉也廣韻收平去二
聲去聲
說文音其
[illegible]异舉也从廾巳聲虞書曰岳曰异
哉羊吏切韻會引同繫傳岳作嶽玉篇
余吏余之二切廣韻收平去二聲
弄玩也

从廾持玉 盧貢切繫傳韻會無持〻

𢍎 兩手盛也从廾𠔉聲 余六切玉篇又居六切

𢍏 摶飯也从廾釆聲釆古文辨字 辨當作辨詳新附 攷~~辨下所載古文~~釆讀若辨非古文

讀若書卷 居券切玉篇記倦切下引說文

廣韻收線不收願亦引說文

𢍐 持弩拊 玉篇持弩閑拊也 从廾肉讀若

逵 臣鉉等曰从肉未詳渠追切繫傳有鍇曰肉非聲逵未詳據此則肉下本有聲字段君云肉聲故讀如逵逵古音同仇足部䟴頁部頯皆讀如仇也小徐云肉非聲大徐逕删聲字誤矣

戒 警也从廾持戈以戒不虞 居拜切繫傳作从廾戈持以戒不虞韻會引同虞下有也字

說文發疑　三十一

兵　械也从廾持斤并力之皃　補明切玉篇（作兵）引作　械也从斤斤兵也

御覽三百七十引世本曰蚩尤作兵宋衷注曰蚩尤神農臣也

古文兵从人廾干　玉篇廣韻並無汗簡有引說文　籒文　繫傳下有

兵字此字見翻刻嶧山碑篇韻作兵即本此　龏　愨也从廾龍聲　紀庸切　繫

傳鍇曰左傳子產曰苟有位於朝無有不龔愨當作

此龏廾張本玉篇止音紀庸切而無義元本注廾也廣韻

收去聲用次在供下注云又九容切亦無義龏通用龔　弈　圍棊也从廾亦聲論語

曰不有博弈者乎　羊益切玉篇韻會但引圍棊博竹部作簙　具　共置也

从廾从貝省　繫傳韻會貝上無从字　古以貝爲貨　其遇切

文十七　重四

𠬜引也从反廾凡𠬜之屬皆从𠬜普班切今變隸作大

攀𠬜或从手从樊繫傳樊上無从字韻會引亦無下有聲字

樊鷙不行也玉篇引同接鷙疑騺譌从𠬜从棥棥亦聲附袁切繫傳韻會作从𠬜棥亦聲

𤔔樊也从𠬜䜌聲呂員切玉篇力金切攣䜌犯按金當是全廣韻無此字

文三　重一

共同也从廿廾凡共之屬皆从共渠用切

𠬞古文共五音韻譜作𦱬繫傳作𦱬韻會同玉篇作𦱬

龔給也从共龍聲俱容切

文二　重一

異分也从廾从畀繫傳韻會畀上無从字畀予也凡異之屬皆从異徐鍇曰將欲與物先分異之也禮曰賜君子小人不同日羊吏切戴分物得增益曰戴从異𢦏聲都代切戴籒文戴五音韻譜作戴繫傳作戴

文二　重一

舁共舉也从臼从廾繫傳廾上無从字凡舁之屬皆从舁讀若余以諸切䙴升高也从舁囟聲七然切䙴䙴或从

卩
𦦵古文舁
與黨與也从舁从与余呂切繫傳韻會
与上無从字玉篇余舉余據二切用也
下引說文廣韻上聲引說文又收去聲　𢍻古文與
繫傳作𢍻
韻會同
興起也从舁从同繫傳韻會同上無从字同
力也虛陵切玉篇虛凝切盛也起也
又許應切託事也廣韻收平去二聲
文四　重三繫傳卷第五止此
部後序目同
臼叉手也五音韻譜叉作叉譌繫傳从E彐凡臼之屬
作叉鍇曰兩手相叉也
皆从臼居玉切　要身中也象人要自臼之形从臼交

省聲　於消切又於笑切顧千里云玉篇引無从臼交省聲五字繫傳袪妄曰說文云从臼自臼交省聲臣鍇曰許不言象形云云疑象人要自臼之形後人羼入李陽冰語　〓古文要

文二　重一

晨早昧爽也　玉篇早也明也昧爽也　从臼从辰辰時也辰亦聲　繫傳作从臼辰辰時也亦聲韻會从臼从辰辰亦聲　丮夕爲夙臼辰爲晨皆同意凡晨之屬皆从晨　食鄰切　〓農耕也　一切經音義卷六引作耕人也　廣韻引同　玉篇注耕夫也　廣韻引作耕也　从晨囟聲　徐鍇曰當

北海相景君碑農夫與天
仁真身文民恩碑命親
廷衍若穀與囟聲正合

从囟乃得聲奴冬切按楚金說近穿鑿韻會改作囟聲更妄（鍇本亦忌農訓耕蓋取聲相近）古讀與今不同矣可因疑而改也

𨐌 籀文農从林 玉篇作古文廣韻作籀文

農 古文農 繫傳作農玉篇作農下从甘當不誤蓋稼穡作甘也廣韻無

辳 亦古文農

文二　重三

爨 齊謂之炊爨臼象持甑冂為竈口廾推林内火凡爨之屬皆从爨 七亂切 繫傳作爨下同玉篇作爨竈也齊謂之炊

爂 籀文爨省 韻會作㸑誤 爂蓋本說文 玉篇作㸑

所以枝鬲者類篇引枝作支[illegible]从爨省鬲省渠容切玉篇作䰜巨容切所以支曰鬲也又一方奉切曰字蓋衍廣韻無此字

釁血祭也象祭竈也从爨省从酉酉所以祭也从分分亦聲臣鉉等曰分布也虛振切玉篇作釁許靳切以血祭也瑕隙也動也罪也兆也或作衅

文三　重一

說文解字攷異弟三上

說文解字攷異弟三下

革獸皮治去其毛革更之象古文革之形 繫傳革作革韻會引無象古文革之形六字有徐曰此象古文革而省之也一切經音義卷十四引作獸去毛曰革革更也獸皮治去毛變更之故以爲革字也革者更也字三十從口口爲國邑國三十年而法更別取別異之意也口音韋按元應蓋雜己說（有增字又兼言文說）其口音韋當不誤則篆作口譌

𠦝古文革从三十三十年爲一世而道更也臼聲 繫傳作古文革从卅卅年爲一世而道更也臼聲韻會引同

鞹去毛皮也 詩載驅韓奕正義引並作革也獸皮治去毛曰革恐非玉篇廣韻注皮去毛

論語曰虎

豹之鞹从革郭聲苦郭切

靬　靬乾革也武威有麗靬縣顧千里云麗靬地理郡國二志屬張掖郡晉志乃屬武威郡或後漢此縣即改隸否則非許氏元文矣从革干聲苦旰切玉篇居言切乾靬又去汗切

⿰革各　生革可以爲縷束也玉篇注生革縷从革各聲盧各切

鞄　柔革工也从革包聲讀若朴周禮曰柔皮之工鮑氏鞄即鮑也蒲角切（柔當作攻蓋涉上文而誤）玉篇音角步敎二切廣韻收去入二聲

⿰革軍　攻皮治鼓工也从革軍聲讀若運王問切玉篇禹慍況萬二切廣韻收問願二韻

韗　韗或从韋

鞣耎也 玉篇乾革也 从革从柔柔亦聲 作从革柔聲 耳由切 繫傳 靼

柔革也从革从旦聲 旨熱切 繫傳旦上無从字 䩢古文靼从亶 繫傳 玉篇多達之列二切廣韻收曷薛二韻

作䩢 鞼韋繡也 廣韻引同玉篇注繡革也 从革貴聲 求位切 玉篇古回巨位二切 廣

韻平聲引說文又收去聲 鞶大帶也 廣韻引玉篇注同李注文選張平子賦引作覆衣大巾也蓋

說文記鞶 [illegible]幋字 易曰或錫之鞶帶男子帶鞶婦人帶絲 从革

般聲 薄官切 鞏以韋束也 釋詁疏引作玉篇以革 有所束也 玉篇注同 易曰鞏用黃牛

之革 从革巩聲 居竦切 鞔履空也 从革免聲 徐鍇曰履空猶言履

殻也毋官切按說文無免凡从免者皆當是免錢宮詹詳言之此篆本从免而作免聲者後人改也玉篇作鞔莫安亡阮二切注同廣韻止收平聲桓

靸　小兒履也从革及聲讀若沓蘇合切繫傳讀若沓在从革上

䩕　䩕角鞮屬玉篇絲履也鞮屬廣韻履頭从革卬聲五岡切

鞮　革履也一切經音義卷十七引作韋履也玉篇注單履也單蓋革譌廣韻注革履从革是聲都兮切

䩡　鞮䩡沙也从革从夾夾亦聲古洽切

䩥　鞮屬从革徙聲所綺切（繫傳作䩥鞮屬也韻會無也字）玉篇所綺所解二切廣韻收紙蟹二韻

鞵　革生鞮也玉篇革鞮也革底麻枲从革

奚聲戶佳切 靪補履下也繫傳無也字从革丁聲當經切玉篇丁冷切 玉篇注同 鞠蹋鞠也从革匊聲居六切廣韻收平上二聲 廣韻渠竹切蹋鞠以革爲之今通謂之毬子又菊麴二音 𥷚鞠或从𥷚 繫傳作𥷚 鞀鞀遼也釋樂釋文韻會引作遼也 从革召聲徒刀切 鞉鞀或从兆繫傳兆下有聲字 鼗鞀或从鼓从兆繫傳作鼗 鞀或从兆鼓玉篇收鼓部 𪔛籒文鞀从殸召 繫傳作𪔛玉篇廣韻無釋樂釋文引有 𩌦量物之𩌦一曰抒井𩌦古以革从革冤聲於袁切繫傳作𩌦从

革冤聲在一曰上玉篇於元切 [illegible] 𩍐或从宛 䩩 刀

又於阮切廣韻收平上二聲

室也从革卑聲 并頂切玉篇布頂切又毗移切廣韻上收 聲迴又收平聲支注牛轡縣在蜀又

收齊爲鞶 鞎 車革前曰鞎 韻會引前下有飾字非

之重文 釋器輿革前謂之鞎

玉篇注 輿革前 从革艮聲 戶恩切 靷 車軾也 韻會引作車

軾中靶也玉 篇注軾 中靶也 从革引聲詩曰鞹靷淺幭讀若穹 丘引

切 鞪 車軸束也从革敄聲 莫卜切鞪 傳作楘 [illegible] 車束

也从革必聲 毗必切 [illegible] 車衡三束也曲轅鞼縛直

篆當作[illegible]

䩭䩼韋縛廣千里云䩼韋集韻引作䩼類篇引作暴韋（暴韋）是也从革𧬈聲讀若論語鑽燧之鑽借官切說文無燧王篇燧似醉切以取火於日亦作鐆（周禮作遂）[illegible]

[illegible]或从革贊（篆當作[illegible]）（[illegible]當作[illegible]）鞱蓋杠絲也从革旨聲徐鍇曰絲其繫系也脂利切

鞁車駕具也从革皮聲平秘切鞥轡

鞥玉篇下有也字从革弇聲讀若譍譍即應之俗體（疑譍之譌）（[illegible]釋文引字林亦同）一曰

龍頭繞者烏合切玉篇龍作蘢鞎轡革也玉篇注同一切經音義卷十九引

作轡飾从革巴聲必駕切韅著掖鞥也左傳僖二十八年

也蓋誤

釋文正義引並作　从革㬎聲呼典切繫傳作顯革　靳當膺
著掖皮（[illegible]當作[illegible]）　玉篇作韅廣韻同
也从革斤聲居近切　[革蚩]驂具也从革蚩聲讀若
騁蜃丑郢切玉篇丑井切又丑善切騎具也廣韻收獮靜二韻（蜃字疑衍）　靷引軸也楊倞注荀（左傳僖二十八年釋文引脫可字）
子禮論篇引作所以引軸者也（蓋有增字）玉篇注以引軸　从革引聲余忍切　𩌸籀文
靷繫傳作𩌸玉篇作[illegible]　[革官]車鞁具也从革官聲古滿切　[革豆]
車鞁具也从革豆聲田候切　[革丂]輨内環靼也玉篇輨作
[革官]从革于聲羽俱切　[革尃]車下索也从革尃聲補各切

鞥車具也从革奄聲烏合切玉篇於合於劫二切廣韻收合業二韻䩞車具也从革叕聲陟劣切鞌馬鞁具也初學記引同韻會引鞁作鞍非从革从安烏寒切韻會作从革安聲䩸鞌毳飾也从革茸聲而隴切玉篇如用切廣韻收去聲鞊鞌革飾繫傳韻會下有也字从革占聲他叶切鞈防汗也从革合聲古洽切繫傳作韐非韻會作鞈玉篇公洽公帀二切橐也以防捍也廣訓收合注防捍又收洽勒馬頭絡銜也一切經音義卷十四引也作者華嚴經音義卷六十二引作馬頭鑣銜也恐非說文玉篇注馬鑣銜也刻也从革力聲盧則切鞙大車縛

鞙靼繫傳鞙作軏是也从革肙聲狂沇切䩃勒靼也从革面聲弥沇切靲鞮也玉篇廣韻並注靲鞻説文革部無鞻走部作趧婁从革今聲巨今切玉篇廣韻巨金切鞬所以戢弓矢从革建聲居言切士喪禮釋文引作其閣反⿰革賣弓矢韇也从革賣聲徒谷切⿰革巂綏也玉篇注鞌邊帶从革巂聲山垂切⿰革亟急也从革亟聲紀力切鞭驅也从革便聲卑連切隸省作鞕廣韻⿰革亟注皮鞕皃𠊳古文鞭繫傳同五音韻譜作𠊳鞅頸靼也廣韻一切經音義卷三卷六引同玉篇注亦同左傳僖二十八年釋文引作頸皮也非从革央聲於兩切⿰革蒦佩刀

絲也从革蒦聲乙白切玉篇乎故切又於虢切廣韻收去入二聲入聲作韄鞁馬尾鞁也从革它聲今之般緧徒何切䩞繫牛脛也从革見聲己彳切玉篇呼結切廣韻虎結切 文五十七繫傳七作九是也 重十一

鬲鼎屬實五觳斗二升曰觳象腹交文三足凡鬲之屬皆从鬲郎激切玉篇作鬲通部同䰛鬲或从瓦繫傳在歷下𤮎漢令鬲从瓦厤聲鬾三足鍑也一曰滫米器也从鬲支聲魚綺切鬹三足釜也有柄喙讀若嬀繫傳若作如从鬲

規聲 居隨切 鬷 釜屬从鬲㚇聲 子紅切 𩰫 秦名土釜曰𩰫从鬲牛聲讀若過 古禾切 繫傳作𩰫是也牛聲當作午

鬵 大釜也 [illegible]釋文 廣韻引同韻會引作土釜非玉篇注釜屬蓋本毛傳 一曰鼎大上小下若甑曰鬵从鬲兓聲讀若岑 才林切 [illegible]釋文引作才今反 𩱠 籀文鬵

䰝 鬵屬 玉篇注同繫傳韻會下有也字 从鬲曾聲 子孕切 廣韻爲甑

鬴 鍑屬从鬲甫聲 扶雨切 釜 鬴或从金父聲 之重文 五音韻譜繫傳作鬴或从父金聲誤

鬳 鬲屬从鬲虍聲 牛建切 六書故引唐

本虔省聲林罕亦云段君云戴説似是然獻尊即犧尊車轙亦作钀歌元古通魚歌古又通虎聲即魚歌之合也

融炊气上出也从鬲蟲省聲以戎切繫傳蟲作蠱誤

⿰鬲蟲籒文融不省

䰞炊气皃从鬲嚻聲許嬌切

鬺煮也从鬲羊聲式羊切

⿱沸鬲涫也从鬲沸聲芳未切

文十三　重五

䰜歷也古文亦鬲字象孰飪五味气上出也繫傳孰作熟俗出凡䰜之屬皆从䰜郎激切玉篇郎的切廣韻無

鬻

下無也字

鬻也从𩰲侃聲諸延切餰鬻或从食衍聲飦
或从干聲繫傳作鬻或从食干聲𩟄或从建聲繫傳作鬻或从食建聲
鬻𩟄也从𩰲米聲武悲切臣鉉等曰今俗粥作粥音之六切繫傳無聲字臣鍇
曰今俗作粥古或借此爲賣鬻字韻會亦無聲字玉篇羊六切鬻賣也又音祝說文又音糜廣韻收入聲屋注云
亦作粥亦姓周有鬻熊爲文王師說文本音糜（糜）按鬻从米聲自當音糜其音之六切者當是鬻字玉篇鬻注
云或作粥是也後人混粥爲鬻因有兩音𩱷𩟄也从𩰲古聲戶吳切釋言作餬饘
也玉篇■戶徒切𩟄也羹五味盉羹也繫傳盉作和無也字韻
或作糊廣韻無

會引作五味和䰜也䰜蓋䰜之譌从䰜从羔詩曰亦有和䰜古行切今詩作羹

𩰲䰜或省𩰳或从美䰜省繫傳作䰜或省鬲玉篇作䰜羹下从美非二羔也

羹小篆从羔从美韻會同繫傳羹作美俗五音韻譜作美更非篆當作羹

𩱐鼎實惟葦及蒲韻會引作鼎實詩維筍及蒲蓋據今詩增改玉篇但注鼎實

陳留謂健為䰜从䰜速聲桑谷切

餗䰜或从食束聲繫傳無聲字

𩱛䰜也玉篇注糜也蓋本說文繫傳有錯曰糜即䰜也糜當是糜

从䰜毓聲余六切

鬻[illegible]

或省从米䊗涼州謂鬻爲𩱹繫傳鬻作糜廣韻兩引並作糜也或涼州上有此二字韻會引作鬻也蓋黃氏删改玉篇注涼州謂粥爲鬻 从鬻𥻆聲莫結切玉篇亡達亡結二切廣韻收末屑二韻並爲粖之重文

𩱨粉餅也从鬻耳聲仍吏切 餌鬻或从食耳聲繫傳無餌字

𩱳熬也一切經音義卷三卷十四引及玉篇注並同釋草釋文引三蒼云熬也說文云火乾物也蓋誤以說文爲三蒼 从鬻芻聲臣鉉等曰今俗作煼别作炒非是尺沼切

𩱓内肉及菜湯中薄出之玉篇注内肉及菜於湯中 从鬻翟聲以勺

切
鬻孚也 廣韻引字作䰞是也 五音韻譜作音繫 从䰜
傳韻會作烹亯即享之俗體
者聲 章與切 䰞 鬻或从火 鬻 鬻或从水在其
中繫傳無在 鬻 吹聲沸也 五音韻譜繫傳作吹
其中三字 釜溢也廣韻引同玉
篇注釜湯溢段君云類 从䰜孛聲 蒲沒切
篇引作炊釜溢也是也
文十三　重十二
爪 丮也覆手曰爪象形凡爪之屬皆从爪 側狡切 孚
卵孚也从爪从子 繫傳韻會子 一曰信也 徐鍇曰鳥之孚
上無从字

卵皆如其期不失信也烏裒 𤓽 古文孚从呆呆
恒以爪反覆其卵也芳無切
古文保 繫傳作古文孚从 爲 母猴也其爲禽好爪
古文保保亦聲
爪母猴象也 韻會引無爪母 下腹爲母猴形王育
猴象也五字
曰爪象形也 薳支切 𤔔 古文爲象兩母猴相對形 繫傳
作古文爲象 爫 亦丮也从反爪闕 諸兩切王篇
母猴相對 引無闕字

文四 重二

丮 持也象手有所丮據也凡丮之屬皆从丮讀若

戟 几劇切

埶 種也从坴丮持亟種之書曰我埶黍稷徐鍇曰坴土也魚祭切五音韻譜亟作而書作詩繫傳無亟字書亦作詩是也

孰 食飪也玉篇引同繫傳韻會飪作餁非 从丮𦎫聲易曰孰飪易無孰飪之文鼎彖辭曰以木巽火亨飪也當即此 殊六切按

𩟧 設飪也繫傳飪作餁非廣韻引同玉篇注設食也 从丮从食段本說文从丮食 才聲繫傳作才聲讀若載 作代切

巩 袌也繫傳作抱也廣韻引玉篇注並同 从丮工聲 居悚切

𢀜 巩或加手繫傳加作從按手部有𢪏不應重出疑後人增

谻 相踦之也 五音

韻譜之作谻繫傳作谻則　从丮谷聲　其虐切玉篇之字誤玉篇注相踦卻也　其虐紀逆二切廣韻收陌

[illegible]　擊踝也　玉篇注廣韻引同繫傳擊作繫譌　从丮从戈　繫傳作从丮戈按戈下當有聲字　讀若踝　胡瓦切

[illegible]　拖持也　五音韻譜繫傳並作亦持也玉篇引同則拖字誤說文無拖　从反丮　闕　居玉切玉篇引無闕字廣韻無

文八　重一

鬥　兩士相對兵杖在後　繫傳及玉篇廣韻韻會引杖作仗非說文無仗　象鬥之形凡鬥之屬皆从鬥　都豆切

[illegible]　遇也从鬥斲聲

都豆切韻會引作从門从斲非

⿵鬥共 鬭也廣韻引玉篇注同韻會引作閧也誤 从鬥共聲孟子曰鄒與魯鬨 下降切

⿵鬥翏 經繆殺也从鬥翏聲 力求切玉篇吉了力求二切殺也廣韻收上聲篠注喪之降殺

⿵鬥龜 鬭取也从鬥龜聲讀若三合繩糾 古矦切玉篇居黝居稠二切手取也廣韻收平去二聲

⿵鬥爾 智少力劣也从鬥爾聲 奴禮切繫傳作智力少劣也葢誤玉篇莫氏乃弟二切褊狹也廣韻薺注智少力劣紙注力褊段君云莊子苶然疲役而不知其所歸苶者䦵之變也諸韻書皆於薺韻作䦵屑帖韻作苶是不知爲一字樹玉謂莊子葢假用薾字後人改爲苶

⿵鬥燹 鬭連結䦨紛相牽也从鬥燹

聲 臣鉉等案燹今先典切从豩聲豩呼還切蓋燹亦有豩音故得爲聲一本从⿱分火說文無⿱分火字撫文切 ⿵鬥賓

鬭也从鬥賓省聲 韻會引作鬭無省字蓋因俗改 讀若賓 匹賓切繫傳賓作續非說文無續玉篇作鬭爭亂也

鬩 恒訟也詩云兄弟鬩于牆从鬥从兒兒善訟者也 許激切韻會引無兒善訟者也五字有徐曰兒小兒也六書故云兒非善訟者倪霓皆兒聲乃諧聲也玉篇呼狄切爭訟也很也

⿵鬥戈 試力士錘也从鬥从戈或从戰省讀若縣 胡犬切

文十

又 手也象形三指者手之列 韻會引列作別非 多略不過三也

凡又之屬皆从又于救切

右手口相助也从又从口于救切繫傳韻會口上無从字玉篇于救切引說文又于久切廣韻收上去二聲

厷臂上也从又从古文古薨切五音韻譜繫傳古文下有乙字韻會引作从又从乙非

𠃋古文厷象形玉篇作厷譌

肱厷或从肉

叉手指相錯也玉篇指相交也从又象叉之形初牙切

㕚手足甲也从又象叉形側狡切繫傳㕚作叉五音韻譜作叉並譌韻會引無此字更非

父矩也矩即榘者家長率教者玉篇引者下有也字廣韻引同从又舉杖扶雨切韻會引又作手非

叜老也从又从灾闕穌后切

切繫傳無闕字韻會引作从灾又聲蓋黃氏意改 𡬶 籒文从寸 傁 叜或从人

燮 和也从言从又炎 繫傳韻會作从言又炎聲恐非廣韻引作从言又炎

籒文燮从羊羊音飪讀若溼 臣鉉等案燮字義大熟也从炎从又即孰物可持也此燮蓋从燮省言語以和之也二字義相出入故也穌叶切繫傳作籒文燮从羊音飪讀若溼樹玉按玉篇燮下有重文燮注云籒文當本說文故燮下有籒文燮从羊之說蓋文脫而注存羊音飪三字非許書徐說燮當是燮炎非是部有燮訓大熟疑後人增

曼 引也从又冒聲 無販切

曼 引也 顧千里云王蘭泉先生藏宋本經人描寫誤引作神其實予

屢見宋槧皆作引

从又昌聲昌古文申　失人切按昌為籀文申非古文也此句疑後人增

夬　分決也　玉篇廣韻注決也　从又中象決形　徐鍇曰コ物也丨所以決之古賣切

尹　治也从又丿握事者也　余準切

𡰥　古文尹　繫傳作[illegible]玉篇作[illegible]

[虘又]　又卑也　五音韻譜卑作取繫傳及類篇引作又取也是也玉篇注取也廣韻譌作叡

从又虘聲　側加切

[𠩺又]　引也从又𠩺聲　里之切

㕞　拭也　拭當是式手部無拭飾讀若式是式也荀子禮論篇濡巾三式注楊倞云式與拭同　从又持巾在尸下　所劣切

及　逮也从又从人　徐鍇曰及前人也巨立切繫傳韻會

人上無从字乀古文及秦刻石及如此繫傳鍇曰似甲乙之乙字頭曲下叙籀是甲乙下屈也又云嶧山會稽山碑也按今繹山碑作乁雖經翻刻要不甚遠然則秦刻石句疑後人增甲徐說甲

乁亦古文及非玉篇廣韻並無繫傳無亦字鍇曰似己字但少曲身逮亦古文及繫傳作逮作逮收辵部玉篇

秉禾束也从又持禾兵永切反覆也玉篇注反覆也从又厂反形府遠切反古文繫傳作古文反反治也玉篇改从又从卪卪事之節也治也

𠬝房六切繫傳作从又卪卪事之節

支滑也詩云支兮達兮今詩作挑从又屮一曰取

也（土刀切）𠭯楚人謂卜問吉凶曰𠭯从又持祟祟亦聲（繫傳無祟亦聲三字）讀若贅（之芮切）叔拾也从又尗聲汝南名收芌爲叔（式竹切韻會引名作謂）𡬶叔或从寸（玉篇廣韻並無）𠬶入水有所取也从又在回下（韻會引又作手非）回古文回回淵水也讀若沫（莫勃切）取捕取也从又从耳周禮獲者取左耳司馬法曰載獻聝聝者耳也（七庾切繫傳韻會耳下無也字）彗埽竹也从又持甡（祥歲切五音韻譜繫傳作彗）

韻會引同持甡作持䍧玉篇[redacted]亦作䍧說文無䍧當是从二丰

篲彗或从竹五音韻譜繫傳作篲韻會玉篇同

䉦古文彗从竹从習繫傳作䉦在篲上玉篇收竹部

叚借也闕古雅切繫傳袪妄篇云叚說文从又从コ尸闕則此注經後人刪借古作藉詳新附攷

𠬪古文叚繫傳作𠬪玉篇廣韻並無

𠬪譚長說叚如此玉篇作段

友同志爲友从二又相交友也（一切經音義卷二十五引作同門曰朋同志曰友）云久切繫傳韻會無友也二字

羿古文友玉篇韻會作羿

習亦古文友

度法制也从又庶省聲徒故切玉篇音同引說文又徒各切揆也次在友前當本說文廣韻收去入二聲

文二十八　重十六

ナ　ナ手也玉篇引ナ作屮韻會引作左非象形凡ナ之屬皆从ナ臧可切

卑　賤也執事也从ナ甲徐鍇曰右重而左卑故在甲下補移切繫傳事也作事者五音韻譜甲下有聲字非集韻類篇韻會並無九經字樣作從ナ從甲

文二

史　記事者也从又持中中正也凡史之屬皆从史疏士切

事　職也从史之省聲鉏史切

𠭥　古文事五音韻譜作𠭥繫傳作𠭥當作𠭥譌鍇曰此則之字不省也

文二　重一

支　玉篇作叓與吏無別亦譌

支去竹之枝也从手持半竹凡支之屬皆从支章移切

㩻古文支繫傳作㩻玉篇作希隶注云二古文

㩻持去也从支奇聲去奇切玉篇九爾居宜二切持去也今作不正之攲丘奇切廣韻平聲引說文又收上聲

文二　重一

聿手之疌巧也廣韻引同繫傳無也字玉篇注手之捷抒也从又持巾凡聿之屬皆从聿尼輒切

肄習也从聿希聲羊至切

𦙃籀文肄繫傳作𦙃玉篇作肄

肆篆文肄

肅持事振敬也

从聿在㫃上戰戰兢兢也息逐切肅古文肅从心从卪繫傳卪上無从字

文三　重三

聿所以書也楚謂之聿吳謂之不律燕謂之弗廣韻引玉篇注下並有秦謂之筆四字初學記引亦有弗作拂从聿一聲凡聿之屬皆从聿余律切

筆秦謂之筆玉篇注不律也韻會引雜聿注乃黃氏改移从聿从竹鄙密切

𦘙聿飾也玉篇廣韻並飾也从聿从彡俗語以書好爲𦘙讀若津將鄰切

書著也繫傳韻會著作著玉

篇別立部亦作著按著蓋藸之者 从聿者聲商魚切

釋草䕖茎藸玉篇著注作味茎著

文四

畫 界也象田四界聿所以畫之凡畫之屬皆从畫胡麥切玉篇畫畫並收書部畫胡卦切形也繪也又乎麥切分也計也界也止也廣韻收去入二聲

𤱪 古文畫省繫傳作畫無省字玉篇作畫

𠟭 亦古文畫繫傳作劃按刀部有劃不應又爲古文疑後人增

晝 日之出入與夜爲界玉篇注日正中 从畫省从日陟救切

晝 籒文晝繫傳作晝 文二 重三

隶及也从又从尾省繫傳尾上又持尾者从後及之也
無从字
繫傳从後作
後從隶誤倒
凡隶之屬皆从隶徒耐切玉篇徒戴切
又余二切廣韻收至
羊至切
又音代
𨽻及也从隶枲聲詩曰𨽻天之未陰雨
臣鍇等曰枲非聲未詳徒耐切
隸附著也繫傳
今詩作迨按枲从台聲無可疑
韻會
著作著玉篇注同
从隶柰聲郎計切
𨽸篆文隸从古文之體
臣鍇等未詳古文所出玉篇作隸漢石刻多作隸九經
字樣云周禮男子入于罪隸字故從又持米從柰聲又象
人手也經典相承作隸已久不可改正一切經音義
卷一隸注云字從米𣪊聲據此則米部當有隸

文三　重一

臤 堅也从又臣聲凡臤之屬皆从臤讀若鏗鏘之鏗
繫傳無之鏗二字按説文無鏗鏘鏗疑鏧之别體
如菣或作⿱艹堅是也鏘古通作將周頌鼛鼓將將又作
鎗學記鏗鏘開
成石經作鏗鎗
古文以爲賢字 苦閑切玉篇口閒
戶千口耕三切廣
韻收山注堅也又口耕切
又收先爲賢之重文

緊 纏絲急也从臤从絲省
糾忍切繫傳作从臤絲省

堅 剛也从臤从土 古賢切
聲誤韻會引無聲字

豎 豎立也从臤豆聲 臣庾
豎立也 韻會引同繫傳作豎立也
蓋從俗而又避家嫌名也一切經音義卷十六引作樹立也

切玉篇[illegible]臣廣韻切立也 豎 籀文豎从殳 玉篇但有重文豎注云俗廣韻韻會亦無

文四　重一

臣 牽也事君也象屈服之形凡臣之屬皆从臣 植鄰切

𦣞 乖也从二臣相違讀若誑 居況切

臧 善也从臣戕聲 則郎切

𦣟 籀文 五音韻同繫傳作𦣟玉篇同當不誤

文三　重一

殳 以杸殊人也禮殳以積竹八觚長丈二尺建於兵車旅賁以先驅 韻會引禮殳以下十九字在杸下禮上有周字蓋黃氏增改考工記云凡爲殳五分

其長以其一爲之被而圍之又廬人爲廬器殳長尋有四尺别無殳說玉篇注長丈二尺而無刃蓋本毛傳从又几聲凡殳之屬皆从殳市朱切祋殳也从殳示聲或說城郭市里高縣羊皮有不當入而欲入者暫下以驚牛馬曰祋故从示殳詩曰何戈與祋丁外切韻會引示下無聲字有改移玉篇丁外丁括二切廣韻收去入二聲杸軍中士所持殳也韻會引無中字玉篇注軍中所持也从木从殳司馬法曰執羽从杸市朱繫傳从杸作以杸譌廣韻引作從杸毄相擊中也如車相擊

故从殳从軎 古歷切玉篇作𣫞廣韻同 㱿 从上擊下也一曰素
也从殳青聲 苦角切繫傳韻會一曰句在从殳青聲下 𣪠 下擊上也
从殳冘聲 知朕切玉篇巨今竹甚二切治也制也廣韻收平聲注禁也又竹甚切 𣪘 繇
擊也 繇當作䌛 从殳豆聲古文投如此 度矦切玉篇注遥擊也古
爲投 𣪞 縣物𣪘擊 繫傳擊下有也字玉篇注同廣韻作鼓 从殳巳
聲 市流切 𣫁 椎毄物也从殳豖聲 冬毒切玉篇廣韻並無 毆
捶毄物也 一切經音義卷二十二引作毄手也二十三引作捶毄手也玉篇注同則物字後人加 从殳

區聲烏后切　毃　擊頭也从殳高聲口卓切玉篇口交口卓二切廣韻收入聲　殿　擊聲也从殳𡱂聲御覽引作堂之高大者也恐非說文堂練切玉篇徒見切大堂也又丁見切廣韻兩收殿軍在前曰啓後曰殿又殿最引漢書音義云上功曰最下曰殿都甸切又堂練切　殹　擊中聲也从殳医聲於計切　段　椎物也玉篇投物也从殳耑省聲徒玩切　𣪍　擊空聲也从殳宮聲徒冬切又火宮切玉篇大宗切廣韻無　殽　相雜錯也从殳肴聲胡茅切　毅　妄怒也一曰有決也韻會引同繫傳一曰

下有毅字一切經音卷　从殳豙聲　魚既切韻會引
二十二引作果决也　从几又豙在一曰上
無聲　𣪘　揉屈也　說文手部無揉　从殳从皀皀古文
字　通作煣柔
叀字　繫傳作从殳　臣鉉等曰叀小謹也
皀皀古叀字　廄字从此　亦屈服之意居又切
玉篇居又去流二切　廣韻引同韻　从
廣韻收平去二聲　役　戍邊也　會引作戍也非
殳从彳　臣鉉等曰彳步也彳　𠈌　古文役从人
亦聲　營隻切玉篇收彳部
廣韻引同玉篇無　毅　毅攺大剛卯也　玉篇注
繫傳韻會作役　毅者剛
卯
也　以逐精鬼　从殳亥聲　古哀切
文二十　重一

殺 戮也从殳杀聲凡殺之屬皆从殺 臣鉉等曰說文
無杀字相傳音察未知所出所八切 錢宮詹云杀
不成字字當从古文作𢑚𢑚本古文肆字尚書肆
類于上帝古文作𢑚兩𢑚與𢑚通肆與殺聲相轉
故論語檀弓皆有肆諸市朝之文樹玉謂樂志西顥
流碭秋氣肅殺含秀垂穎續舊不廢殺与廢為韻
是古讀殺近肆故古弒通作殺玉篇殺所札切斷命
也又所界切疾也 𢿥 古文殺 繫傳作𢿥
廣韻收去入二聲 玉篇作𢿥 𢽳 古文殺
繫傳作𢽳 杀 古文殺 按繫傳下有𣏂注云籀文
玉篇作𢽳 殺𢿥上有𣏂注云古文殺
多出二篆集韻殺下有重文六獨無此二字類篇有
𣏂注云史文殺作𣏂臣光曰說文失收故集韻今不載

然則類篇集韻並據大徐本也顧千里云鉉本元重㣲𢦒𣏂三字鍇本元重㣲𢦒𣏂𢼛四字故張次立校繫傳以爲多說文籀文一字也一誤鉉本部末改題重三爲重四再誤鍇本於所重四字之上別添殺一字三誤而毛斧季取鍇本之𢼛及別添之殺一概增入鉉本又改題之曰重五於是讀者罕識其本來矣

弒　臣殺君也易曰臣弒其君从殺省式聲　式吏切玉篇有音無義注云亦作殺按此字疑後人增古通作殺或作試蓋不爲悖逆造文也易臣弒其君釋文云弒本或作殺論語陳成子弒簡公釋文云弒本又作殺音試檀弓邾婁定公之時有弒其父者釋文作殺注云本又作弒兩漢書中亦多作殺曹全碑有𢦒字然非弒也公羊傳何隱爾弒也洪氏隸釋載石經殘碑作試注云板本作弒左傳自虐其君曰弒李注文選魏都賦引此文亦作殺

文二　重四　繫傳同注云多說文籀文一字五音韻譜作重三是也

𠘧　鳥之短羽飛𠘧𠘧也廣韻引同繫傳無也字玉篇注鳥短羽而飛也　象形凡𠘧之屬皆从𠘧讀若殊市朱切

㐱　新生羽而飛也廣韻注同玉篇引無而字繫傳作新生羽而飛無也字　从𠘧从彡之忍切繫傳作从彡从𠘧按作㐱是也作㐱則與稠髮字同

鳧　舒鳧鶩也韻會引同繫傳作鳧譌無也字　从鳥𠘧聲房無切當作从𠘧鳥𠘧亦聲

文三

寸　十分也人手卻一寸動𧖴謂寸口从又从一繫傳韻會一上無从字

凡寸之屬皆从寸倉困切廣韻誤以說苑爲說文

寺廷也有法度者也从寸之聲祥吏切

將帥也繫傳帥作師譌从寸牆省聲即諒切玉篇子羊切扶持爲將又子匠切帥也又七羊切廣韻收平去二聲

尋繹理也玉篇作尋注云繹也理也从工从口从又从寸繫傳韻會作从工口从又寸工口亂也又寸分理之類篇引同韻會之下有也字彡聲此與𤕦同意度人之兩臂爲尋八尺也徐林切類篇無八尺也三字韻會無此與以下十五字六書故云唐本不从口而从几其言不足信

專六寸簿也簿當作薄竹部無簿从寸叀聲

一曰尃紡尃　職緣切　韻會無一曰句紡尃字俗加土作塼斯干釋文云塼音尃本又作尃（蓋黃氏刪）

尃　布也从寸甫聲　芳無切

導　導引也　廣韻注作引也玉篇通也引也　从寸道聲　徒皓切玉篇徒到切教也　廣韻收去聲音同

文七

皮　剝取獸革者謂之皮　玉篇剝得獸革也強取也　从又爲省聲　凡皮之屬皆从皮　符羈切

𠸷　古文皮　繫傳韻會作𥫶玉篇作𥫶

𡰺　籒文皮

皰　面生气也　繫傳韻會气作氣一切經音義屢引亦作氣唯卷十四引作面生熱氣也熱字非玉篇注面皮生氣也　从皮包聲　旁教切

皯 面黑气也（韻會引作氣）从皮干聲 古旱切

文三　重二

𤿁 柔韋也 廣韻引同韻會引作柔皮革也玉篇注柔皮也韋也 从北从皮省从夐省 繫傳作从北皮省夐省者按从皮省則作瓦譌 凡𤿁之屬皆从𤿁 讀若耎一曰若儁 臣鉉等曰北者反而復柔治之也夐營也而兗切（儁當作雋）人部無儁玉篇儁爲俊之重文廣韻反是

𤿁 古文𤿁 玉篇廣韻韻會並無汗簡作𤿁注云人兗切今文从瓦者非

𤿁 籀文𤿁从夐省 五音韻譜同繫傳作𤿁玉篇作𤿁

[illegible] 火羽

說文攷異　二十三

氄韋絝从𣰥弇聲而隴切弇當从䑛省說文無弇玉篇𣰥子侚切羽氄韋袴廣韻收去聲稕爲𣰥䙕或从衣从朕虞書曰鳥獸䙕毛

之重文又而隴切

獸䙕毛繫傳作虞書曰鳥獸䙕毛从朕从衣按此篆及注疑經後人改增毨下引虞書鳥獸𣰥髦毛今書作氄不應又作䙕玉篇無䙕有𣰥在𣰥下音而冢切又人尹切亦作毨氄而無義廣韻䙕𣰥並無

文三據此則䙕非重文　重二

攴小擊也从又卜聲凡攴之屬皆从攴普木切玉篇普卜普角二切小擊兒廣韻收屋覺二韻

啟教也玉篇引同華嚴經音義

卷二引作開也葢誤以啟爲启从攴启聲論語曰不憤不啓康礼切

徹通也从彳从攴从育丑列切繫傳作从彳从攴育聲下有一曰相三字恐有譌脫韻會引亦有聲字無一曰相句𢔶古文徹繫傳作𢔶

肈擊也从攴肁省聲治小切韻會引作始也擊也从攴肁聲按此字疑後人增玉篇注云俗肇字廣韻無漢隸有肇而無肈佩觿有肇肈注云上擊也下初也據肈下徐氏引李舟切韻——云擊也則肈有擊義無庸區別

敏疾也从攴每聲眉殞切

敯彊也釋詁作暋強也玉篇敯勉也重文作暋說文作敯

从攴民聲眉殞切 敄 彊也繫傳及廣韻引玉篇注並作強也 从攴矛聲亡遇切 敀 迮也玉篇附也廣韻爲迫之重文 从攴白聲周書曰常敀常任博陌切今書立政篇作伯錢宮詹云常伯常任即漢之侍中 整 齊也从攴从束从正正亦聲之郢切繫傳韻會無从正二字玉篇收正部注整齊也 效 象也韻會引同繫傳作爲也譌 从攴交聲胡教切 故 使爲之也从攴古聲古慕切 政 正也从攴从正正亦聲之盛切繫傳韻會作从攴正聲 ⿰也攴 敷也从攴也聲讀

與施同 式支切

敷 㰅也 廣韻韻會引作施也 从攴尃聲 韻會無聲 周書曰用敷遺後人 芳无切 今書康王之誥人下有休字

敟 主也 从攴典聲 多殄切

⿰麗攴 數也（方言文）从攴麗聲 力米切

數 計也 从攴婁聲 所矩切 玉篇所屢所縷二切 廣韻收上去入三聲

⿰湅攴 辟漱鐵也 从攴从湅 郎電切 繫傳作从攴湅（下當有聲字）廣韻注熟漱 玉篇作敕 但音力見切 鍊（疑）非顧氏元本

孜 汲汲也 从攴子聲 周書曰孜孜無怠 子之切 玉篇韻會但引汲汲也 不引書 詩大明正義引太誓曰孜孜無怠 非今泰誓 ◯

攽分也从攴分聲周書曰乃惟孺子攽今書洛誥作頒孔傳以頒連朕不暇為訓亦讀與彬同布還切繫傳彬作虨無此字玉篇悲貧切廣韻收眞府巾切

𢼊止也从攴旱聲周書曰𢼊我于艱侯旰切今書文侯之命作扞

敳有所治也从攴豈聲讀若豤五來切繫傳豤作墾非詳新附攷

敞平治高土可以遠望也从攴尚聲昌兩切

敒理也从攴伸聲直刃切繫傳作敒是也五音韻譜作敒亦非玉篇直信切廣韻無

改更也从攴己李陽冰曰己有過攴之即改古亥切繫傳

己下有聲字大徐刪此而取彼失於持擇

變 更也从攴䜌聲 祕戀切

更 改也从攴丙聲 古孟切又古行切玉篇廣韻作又古衡切廣韻去聲映引說文又收平聲庚

敕 誡也臿地曰敕从攴朿聲 恥力切

[illegible] 使也从攴耴省聲 而涉切

斂 收也从攴僉聲 良冉切玉篇力冉切又力鹽切廣韻收上去二聲

敹 擇也从攴𡩜聲周書曰敹乃甲冑 洛蕭切五經文字作敹費誓釋文作敹按𡩜為罙之重文聲不相近疑𡩜之譌𡩜即審之正文與擇義合蓋會意非諧聲

敿 擊連也 五音韻譜及集韻引玉篇注並同繫傳韻會作繫連也

繫字當不誤敽

周書曰敿乃干讀若矯居夭切費誓正義引鄭曰敿猶繫也會又引徐曰連盾絲也謂紛十組帶所以繫盾鼻

敆合會也从攴从合合亦聲古沓切

敶列也从攴陳聲直刃切按當作敶五音韻譜繫傳並誤玉篇除珍丈刃二切廣韻收平去二聲

敵仇也釋詁仇讎敵妃知儀匹也从攴啻聲徒歷切

救止也从攴求聲居又切

敓彊取也繫傳彊作強玉篇注同周書曰敓攘矯虔今書呂刑作奪从攴兌聲徒活切

斁解也从攴睪聲詩云服之無斁斁猒也繫傳猒作厭韻會同不重斁字一曰終也羊益切玉篇余石切猒也又都故切廣韻收去入二聲

赦 置也 一切經音義卷七十六引同卷五引作寬免也誤玉篇放也置也 从攴赤聲 始夜切

赦 赦或从亦

攸 行水也从攴从人水省 徐鍇曰攴入水所杖也以周切 六書故云唐本曰水行攸攸也其中作丨与繹山刻石合

攸 秦刻石繹山文攸字如此 繫傳繹作嶧無字字五音韻譜亦作嶧並誤 按鄭文寶徐氏重摹繹山碑作攸不作攸當非徐改 則此注疑非許說或本在攸下後人移之

⿰亡攴 撫也从攴亡聲 讀與撫同 芳武切

敉 撫也从攴米聲 周書曰亦未克敉公功 讀若弭 緜婢切

侎 敉或从人

敡 侮也从攴从易易亦

聲以鼓切

𢾺戾也从攴韋聲羽非切　敦怒也詆也一

曰誰何也从攴𦎫聲　都昆切又丁回切玉篇都昆切廣韻敦收平聲魂恒去聲慁玉篇又有敦陟耕切敦擿也蓋後人增

𢿙朋侵也　玉篇朋也廣韻無　从攴从羣羣亦聲　渠云切繫傳作从攴君羣無下三字

敗毀也从攴貝敗賊皆从貝會意　薄邁切繫傳敗賊作賊敗

無會意二字按敗賊句疑後人加賊从則聲非从貝也　玉篇步邁切又補邁切　𣪠籀文敗从賏　繫傳

作𢿭　𢿭煩也从攴从𤔔𤔔亦聲　郎段切繫傳作从攴𤔔聲

寇暴也　段君云暴當作㬥　从攴从完　徐鍇曰當其完聚而欲寇之　苦候切繫

傳韻會作从攴完⿰𡴀攴刺也玉篇注同廣韻譌作敹亦注刺注同段君云敹與擻雙聲當作刺恐未安是从攴𡴀聲豬几切⿰度攴閉也華嚴經音義卷七卷十七引作塞閉也玉篇注塞也廣韻塞也閉也从攴度聲讀若杜徒古切剫⿰度攴或从刀按刀部有剫訓判此重文疑後人增玉篇⿰度攴下無剫敜塞也从攴念聲周書曰敜乃穽奴叶切⿰畢攴⿰畢攴盡也玉篇廣韻注盡也蓋本說文五音韻譜作戰盡也亦誤从攴畢聲卑吉切收捕也从攴丩聲武州切鼔擊鼓也廣韻引作擊鼓也玉篇注擊手也从攴从壴壴亦聲公戶切擊傳壴上無从字聲下

有讀若屬三字玉篇之録切又公戶切廣韻收上聲姥音公戶切按玉篇蓋本說文其又公戶切則後人加廣韻所引當出宋人（韻收姥亦恐非確切）

攷 敂也从攴丂聲苦浩切

敂 擊也从攴句聲讀若扣苦候切

攻 擊也从攴工聲古洪切

敲 橫擿也（左傳定二年釋文及一切經音義婁引作橫擿也非說文無擿）从攴高聲口交切

[illegible] 擊也从攴豖聲竹角切

[illegible] 放也从攴圭聲迋往切玉篇作[illegible]注云曲也今作枉蓋傳刻譌廣韻作[illegible]注曲侵

[illegible] 坼也从攴从厂厂之性坼果孰有味亦坼故謂之[illegible]从未聲徐鍇曰厂

厓也許其切玉篇火
之力之二切廣韻無
斀去陰之刑也玉篇韻會引同繫傳刑作形
譌廣韻引作去陰刑从攴蜀聲周書曰刖劅斀黥竹角切刖當是
刵形近而譌呂刑作劓刵椓黥刀部
刵斷耳也下即劓與劓同字刖絕也不類訓絕不類
敯冒也
从攴昬聲韻會引同繫傳昬作昏刪按日部當有昬蓋唐人因諱刪周書曰
敯不畏死眉殞切見康誥孟子引作閔假借也五
經文字作暋音敏強也見周書蓋避諱
改玉篇廣韻暋
爲敃之重文
敔禁也一曰樂器椌楬也韻會
引同繫傳椌
楬作控揭譌形如木虎廣雅敔象伏虎敔上有七十二刻从攴吾聲魚舉切
𢿣研

治也从攴果聲舜女弟名敤首 苦果切古今人表
作敤手舜妹玉
篇口果口卧二切
廣韻收上去二聲 鈙持也廣韻引作持止 从攴金聲
也玉篇注同
讀若琴
巨今切玉篇巨林 𢾭 从攴𠷎聲 𠷎當从
棄也
切廣韻收去聲沁 平聲侵作敜按釋詁欽敬也當即此字持有敬義
𠷎者 周書以爲
討 段君云今尚書周書中無討字惟虞書咎
繇謨云天討有罪疑周當作虞 詩云無我
𢾭兮 市流切今詩作醜釋
文云醜本亦作𢾭 畋 平田也从攴田周書
畋尒田 待年切繫傳韻會尒作爾与今書多方合
玉篇徒年唐見二切廣韻收平去二聲
攺 毅改大剛卯以逐鬼鬽也 廣韻引同玉篇注
大剛卯以辟鬼

从攴巳聲讀若巳古亥切繫傳作讀若吕玉篇余止切廣韻羊己切按古亥切乃更改字徐音誤

音五音韻譜繫傳並誤

敘次弟也韻會弟作第俗从攴余聲徐吕切⿰卑攴

毀也从攴卑聲辟米切玉篇布計布采二切𢾊毀采疑米譌廣韻收上聲薺補米切⿰兒攴

毀也从攴兒聲五計切玉篇五雞五禮二切廣韻收平上二聲牧養牛人也

从攴从牛繫傳韻會牛上無从字詩曰牧人乃夢莫卜切敇擊

馬也从攴朿聲楚革切⿰算攴小舂也从攴算聲初絭切

⿰堯攴敫角田也繫傳同五音韻譜無田字从攴堯聲牽遙切玉篇公幺公的二切

擊也廣韻收蕭肴二韻蕭引玉篇肴引蒼頡

篇並云擊手也一切經音義卷十三敲注引蒼頡訓詁作敲同

苦交切

下擊也

文七十七

毛本作七十八𣪊下有𣪊毀也从攴襄聲古賣切蓋本繫傳增

據土部𣪊為籀文壞有臣鉉等按文部有𣪊此重

出之說則大徐本攴部亦有𣪊然土部籀文釋詁釋

文已引之當非重出攴部之𣪊或後人因字

林增尚書序及釋詁釋文並引字林𣪊毀也

重六

教 上所施下所効也

五音韻譜及韻會引効

作效是也說文無効

从攴从

孝

繫傳韻會作从攴孝

凡教之屬皆从教

古孝切玉篇不立

教部教斅並

收攴部

𢽾 古文教 𤕝 亦古文教

繫傳作

斅 覺悟也

从教从冂冂尚朦也繫傳韻會同五音韻譜朦作矇是也說文無朦臼聲胡覺切玉篇下孝切斆[illegible]說文與學同廣韻收去聲效引書惟斆學半

學　篆文斆省玉篇收子部爲角切受教也覺也斆也廣韻收入聲覺引說文

文二　重二二當作三

卜　灼剝龜也錢宮詹云御覽引無剝字象灸龜之形一曰象龜兆之從橫也凡卜之屬皆从卜博木切

𠁽　古文卜

卦　筮也从卜圭聲古壞切臣鉉等曰圭字聲不相近當从桂省聲挂桂亦从圭聲徐說非是

叶　卜以問疑也从口卜讀與稽同書云叶疑古兮切繫傳韻會無書云叶疑四字繫傳有鍇曰尚書曰明用稽疑韻會云徐引書七叶疑則

引書並非許說 貞卜問也从卜貝以爲贄 贄當作摯貝部無贄 一曰鼎省聲京房所說 陟盈切 𠧧易卦之上體也商書曰貞曰𠧪 今書洪範作悔 从卜每聲 繫傳脫此四字荒内切 占視兆問也从卜从口 職廉切繫傳韻會口上無从字 𠧩卜問也从卜召聲 市沼切玉篇市照切廣韻收平去二聲 上聲無 ⿰兆卜灼龜坼也 五音韻譜同繫傳韻會作⿰兆卜 从卜兆象形 治小切玉篇⿰兆卜爲兆之重文廣韻兆引說文分也是誤以𠔀爲兆又⿰兆卜注云灼龜坼出文字指歸是並未檢說文[illegible]類篇列⿰兆卜兆𠔀注臣光曰按𠔀兵列切重八也 𠔀 古文兆省 當作⿰兆卜省玉篇作兆別立部 ⿰兆卜古當作𠔀蓋承其譌

文八　重二

用 可施行也从卜从中衞宏說 六書故引作从卜中聲 繫傳韻會用上無从字作从卜中 凡用之屬

皆从用　臣鉉等曰卜中乃可用也余訟切 一切經音義七引蒼頡篇曰用以也 𠰌 古文用 甫 男子美稱也

廣韻引子 从用父父亦聲 方矩切 廣韻作字从父用 韻

下有之字 會引作从父用 徐曰會意

庸 用也从用从庚 繫傳庚上無从字 韻會引作从庚从用 庚更事也易

曰先庚三日 余封切 五音韻譜作𤰈 葡 具也从用苟省 臣鉉等曰苟急敕也

會意 平祕切 𥨪 所願也 廣韻引同 玉篇注所欲也 从用寧省聲 乃定切

玉篇作葡

文五　重二

爻　交也象易六爻頭交也凡爻之屬皆从爻　胡茅切

棥　藩也（从爻从林）繫傳林上無从字韻會引作詩曰營營青蠅藩也从二木中枝交也並非營下引此詩則營疑後人改止于棥　附袁切繫傳作止于樊蓋後人因今詩改

文二

㸚　二爻也凡㸚之屬皆从㸚　力几切玉篇力爾切又力計切廣韻收上聲紙

爾　麗爾猶靡麗也从冂从㸚其孔㸚尒聲此與爽同意　兒氏切繫傳㸚上無从字韻會引作从冂其孔㸚尒聲有改移

爽　明也从㸚从大　疏兩切繫傳韻會大上無从字

篆文爽繫傳作爽

說文攷異　三十三

詁下　詩曰詁訓篤案謂此曰字亦當如謨下虞書曰之曰字同為有字之誤許於說文多毛傳故云詩有詁訓謂有毛公之詁訓以明詁為訓故之義

謚下　按五经文脫字　一切经音脫義

說文解攷異弟三下

說文解字攷異弟四上

四十五部　文七百四十八　繫傳六百四十並非今去剔𦝵二字實七百四十五

重百一十二　繫傳同並非今去睆一字實百一十五　凡七千六百三十八字

𡇐　舉目使人也从攴从目　繫傳目上無从字　凡𡇐之屬皆从

𡇐讀若䬀　火劣切玉篇火域切又火滅切廣韻收薛職二韻　夐　營求也从𡇐

从人在穴上商書曰高宗夢得說使百工夐求得之傳（一切經音義卷一引作商書高宗夢得說）

巖　繫傳人上無从書下無曰上作中夢作𡪿夐作

營韻會引作營求也从𡇐人在穴引商書使

百工營求諸野蓋因書序改說命序曰高宗夢得說使百工營求諸野得諸傅巖　山巖穴也徐鍇曰人與目隔穴經營而見之然後指使以求之攴所指畫也朽正切玉篇詡政霍見二切但引說文營求也廣韻收霰勁二韻

閺　低目視也　廣韻引同玉篇注低目視人也低當作氐詳新附攷　从夏門聲弘農湖縣有閺鄉汝南西平有閺亭　無分切玉篇武分切

[illegible]　大視也从大夏　繫傳下有聲字　讀若齤　況晚切玉篇巨負切廣韻收平聲仙巨負切又音倦按齤讀若權則篇韻音是也

文四

目　人眼　玉篇廣韻引同繫傳韻會作人目也　象形重童子也　廣韻引同玉篇引童

作瞳非說文無瞳　凡目之屬皆从目莫六切　𡇢古文目繫傳作回韻會作回玉篇作圓

眼目也从目皀聲五限切　䁉兒初生瞥者廣韻引作兒初生蔽目者玉篇注小兒初生蔽目也从目瞏聲邦免切繫傳聲下有讀若告之謂調六字謂疑詷之譌玉篇詷方辯切

眩目無常主也从目玄聲黃絢切玉篇胡徧胡蠲二切廣韻收平去二聲

眥目匡也一切經音義卷十三引同卷四引作目崖也目際也蓋以字林爲說文玉篇注目際也釋音釋文引說文目匡也字林目厓也从目此聲在詣切玉篇靜計切又才賜切廣韻收寘霽二韻

䀹目旁毛也从目夾聲子葉切　𥌾盧童也从目

說文攷異　二

大戴記本命篇曰
三年瞦合然後能
言瞦當是䁆
又三月而徹盷注盷
精也轉視貌當攷

䁆聲胡畎切玉篇戶犬戶鬬二切目瞳子也廣韻收平上二聲並注目童子也　瞦目童子精也繫傳精下有瞦字[illegible]衍玉篇注目瞳子精也　从目喜聲讀若禧許其切繫傳作讀若爾雅禧福　䁈目旁薄緻宀宀也繫傳宀上有從字衍集韻類篇引宀宀作矏矏韻會引作目旁薄緻矏矏也則宀字非玉篇引作目旁也蓋略緻古作敄詳新附攷當不誤　从目𦤎聲武延切　𥆎大目也从目非聲芳微切玉篇方巾方微二切廣韻收眞微二韻　𥈞大目也从目臤聲侯簡切　睅大目也从目旱聲戶版切　矔大目也

从目爰聲 況晚切汎字譌五音韻譜作況玉篇胡管切大目皆也又況晚切廣韻收緩引說文又收阮

瞞 平目也 廣韻引玉篇注同一切經音義卷十七引作平視也非 天地釋文引字林云目皆平貌 从目㒼聲 母官切

䁱 大目出也 一切經音義卷一引作从目大出目也玉篇注同 从目軍聲 古鈍切

矕 目矕矕也 从目䜌聲 武版切

睔 目大也 玉篇大目也 从目侖 繫傳下有聲字 春秋傳鄭有伯睔 古本切玉篇古遯切又盧本切廣韻收上去二聲去聲注大目露睛 見襄二年經

盼 詩曰美目盼兮 从目分聲 匹莧切韻會引無聲字詩上有目好流視四字乃林疋金說一切經音義卷

八引作目白黑分也蓋雜毛傳玉篇　盰　目多白也
作詩云美目盼兮謂黑白分也本毛傳
一曰張目也　廣韻引同繫傳作多白也从目干聲臣鍇
曰張目也韻會引作目多白也一曰目張玉
篇正注目白皃則一曰句非
許書廣韻蓋宋人引故同
張目乃盱字
从目干聲　古旱切玉篇公旦
切廣韻收去聲　眅　多白眼也　玉篇注
同一切經
音義卷一引
作眼多白也　从目反聲春秋傳曰鄭游眅字子
明　普班切玉篇普板普班二切廣韻
平聲注目多白皃上聲目中白皃　睍　出目也　一切經
音義
卷一引作目出皃
也玉篇注目出皃　从目見聲　胡典
切　矔　目多精也　从

目䁥聲益州謂瞋目曰矔 古玩切玉篇光旦切轉目視廣韻張目

瞵 目精也 玉篇引 同文引 蒼頡篇云視不了也 从目粦聲 力珍切

窅 深目也 玉篇引也作皃 从穴中目 烏皎切玉篇烏了烏苞二切廣韻收平上二聲並注深目皃

眊 目少精也 韻會精作睛非目部無睛 从目毛聲虞書耄字从此 亡報切說文無耄玉篇耄爲⿱艹耄之重文亦作耄段君云虞書無耄字古文大禹謨有之非許所知商書微子周書呂刑有耄漢書多以眊爲耄玉篇眊莫到莫角二切引孟子眸子眊焉眊不明皃廣韻收去入二聲並注目少睛

矘 目無精直視也 韻會引無也字玉篇注同 从目黨聲

他朗切睒暫視皃玉篇引同一切經音義卷一引皃作也讀若白蓋謂之苫相似失冉切繫傳無讀字蓋脫

眮吴楚謂瞋目顧視曰眮从目同聲徒弄切玉篇大孔大貢二切轉目視廣韻收上去二聲

䀣直視也从目必聲讀若詩云泌彼泉水兵媚切繫傳泌作䀣今詩作毖毛傳云泉水始出毖然流也釋文云毖韓詩作秘說文作䀣直視也按此蓋陸氏誤引而繫傳承之以改也泌使流也与泉水始出合若詩作䀣不當云讀若矣

瞴瞴婁微視也从目無聲莫浮切切玉篇亡于亡禹二切廣韻收平聲虞上聲麌不收尤

𥄎蔽人視也从目开聲讀若

攜手五音韻譜繫傳攜作擕是也一曰直視也又苦兮切玉篇去倪胡圭二切廣韻戶圭切

⿱幵目幵目或在下

睌睌賢目視皃从目免聲武限切免當是免玉篇廣韻作⿱𠂊見

眂眂皃繫傳作視皃也[illegible]當不[illegible]玉篇注視也从目氏聲承旨切玉篇上支切廣韻收支注眂眂役目

睨衺視也玉篇引同繫傳韻會衺作邪从目兒聲研計切

⿰目冒低目視也低當作氐从目冒聲周書曰武王惟⿰目冒亡保切今書君奭篇作冒玉篇莫報莫六二切低目視也細視也廣韻收去入二聲

眓視高皃从目戉聲讀若詩曰施罛濊濊呼哲切玉篇呼達切廣韻收末引說

文

眈　視近而志遠玉篇引下有也字兼从目冘聲易曰虎（該漢書敘傳音義引亦有）視眈眈丁含切

䀡　相顧視而行也从目从延延亦聲于線切玉篇餘連切廣韻收平去二聲

盱　張目也从目于聲一曰朝鮮謂盧童子曰盱況于切玉篇休俱切舉眼也燕代朝鮮列水謂盧瞳子爲盱

瞏　目驚視也从目袁聲詩曰獨行瞏瞏渠營切

䁓　視而止也（廣韻引作視而不止當[illegible]）（玉篇引[illegible]廣韻亦引作視而不止當不誤）从目𡇒聲旨善切

𥄫　目冥遠視也从目勿聲一曰（一曰久也）旦明也莫佩切玉篇亡拜亡撥二切目冥遠視一曰久也蓋本說文則旦明句疑

玉篇引同

後人增旦明者乃眇字廣韻收去聲怪入聲末

眕　目有所恨而止也　集韻類篇引及廣韻注無也字韻會引恨作限（限也）當不誤玉篇注亦作限眕从今眕亦从今有限義[illegible]　从目今聲　之忍切

〔書中言義眕引字林目有所恨也則恨字蓋後人因字林改〕

瞟　瞭也　韻會引作目瞭也　从目㷠聲　敷沼切玉篇匹昭切瞟瞭明察又匹小切廣韻收平上二聲上聲引埤蒼云一目病

䁟　察也　从目祭聲　戚細切玉篇戚細切視又音察廣韻收去入二聲

睹　見也　从目者聲　當古切

覩　古文从見　繫傳文下有睹字

眔　目相及也　从目从隶省　徒合切繫傳省下有聲字更有讀若與隶同也六字

睽　目不相聽也　易釋文及韻會引聽作視廣韻引作目少

睛又有睽引說文云耳不相聽說文無睽蓋誤以玉篇爲說文玉篇睽乖也目少精睽耳不相聽■从目癸聲苦圭切眜目不明也繫傳無也字从目末聲玉篇注同莫撥切䀿轉目視也从目般聲薄官切⿰目辡小兒白眼也玉篇注小兒白眼或曰視之皃廣韻注小見从目辡聲蒲莧切眽目財視也廣韻引作目邪視也當不誤玉篇注相視也眽眽衆人視也从目𠂢聲莫獲切⿰目脩失意視也从目脩聲他歷切玉篇敕周他狄二切失意視皃廣韻收入聲錫又收平聲尤作⿰目修並注失意視皃韻會引作⿰目條蓋黃氏改顧千里云按魏都賦⿰目脩焉失所五臣注作⿰目條善注作⿰目脩引此⿰目脩

失意視也尤延之本荼陵本誤睞唯袁本作睵不誤詳文選考異繫傳鍇引魏都作睵正據李善注本

𥉻 謹鈍目也玉篇作䁳無也字廣韻注鈍目从目𦎫聲之閏切

瞤 目動也从目閏聲知匀切

矉 恨張目也从目賓聲詩曰國步斯矉符眞切今詩柔桑作頻

眢 目無明也从目夗聲一九切繫傳聲下有讀若委三字近刊本委上增宛字未詳何本左傳釋文眢引字林井無水也一皮反皮疑𣢾之脫字玉篇於桓於元二切廣韻收元音於袁切又一九切

睢 仰目也从目隹聲許惟切玉篇許隹切睢盱視皃又眉維切水名廣韻兩收脂

旬 目搖也从目匀省聲

黃絢切玉篇胡絹切眴旬或从旬繫傳句上有目字矆大視也从目蒦聲許縛切玉篇廣韻爲矆之重文睦目順也从目坴聲一曰敬和也莫卜切⿱尗囧古文睦瞻臨視也玉篇視也从目詹聲職廉切瞀氏目謹視也五音韻譜繫傳氏作低非从目敄聲莫侯切五音韻譜作莫候切是也玉篇莫遘亡角二切目不明皃廣韻收去聲候⿰目買小視也从目買聲莫佳切⿰目監視也从目監聲古銜切玉篇耕懴耕讒二切廣韻收平去二聲⿸户⿰目攴省視也从目啓省聲苦系切相省視也

从目从木易曰地可觀者莫可觀於木 繫傳木上無从字 鍇曰今易無此文疑易傳及易緯有之也樹玉謂漢書五行志說曰木東方也於易地上之木爲觀盖經師傳說 詩曰相鼠有皮 息良切玉篇先羊切又先亮切引詩相彼鳥矣相視也廣韻收平去二聲

瞋 張目也从木眞聲 昌眞切

眓 祕書瞋从戌 繫傳祕作祕俗

瞗 目孰視也 繫傳孰作熟俗 从目鳥聲讀若雕 都僚切

睗 目疾視也 玉篇注同繫傳疾作熟誤韻會作急盖因廣韻改廣韻注睒睗急視 从目易聲 施隻切

眗

視皃从目肙聲　於絢切玉篇公縣切廣韻收平去二聲　⿰目窅　目深皃从目窅讀若易曰勿卹之卹　於悅切卹當从卩作卹　睼　迎視也从目是聲讀若珥瑱之瑱　也計切五音韻譜作他計切是也玉篇土系徒奚二切廣韻平聲齊謚作提注遠視也又坐見杜奚切又收去聲霰音他甸切　⿰目晏　目相戲也从目晏聲詩曰⿰目晏婉之求　於殄切今詩作燕玉篇烏澗烏殄二切廣韻收去聲諫又霰韻有⿰目晏嬿上聲銑有嬿並同⿰目晏　⿰目叜　短深目皃从目叜聲　烏括切玉篇一活女括二切目深皃廣韻烏括切目深黑皃　⿱釆目　顧也从目关聲

詩曰乃眷西顧居倦切督察也一曰目痛也繫傳一曰句在从目叔聲下从目叔聲冬毒切睎望也从目稀省聲繫傳韻會作从目希聲海岱之閒謂眄曰睎香衣切韻會眄作盻非方言睎眄也東齊青徐之閒曰睎看睎之五音韻譜繫傳之作也是也从手下目苦寒切玉篇苦安苦案二切廣韻收平去二聲⿰倝目看或从倝瞫深視也一曰下視也又竊見也从目覃聲式荏切睡坐寐也从目垂是僞切五音韻譜繫傳垂下有聲字瞑翕目也

从目冥冥亦聲臣鉉等曰今俗别作眠非是武延切眚目病生翳也从目生聲所景切瞥過目也又目翳也从目敝聲一曰財見也普滅切眵目傷眥也从目多聲一曰瞢兜叱支切䁾目眵也玉篇廣韻引同一切經音義卷九及二十引作兜眵也蓋誤从目蔑省聲莫結切⿰目夬涓目也繫傳作睊也蓋脱玉篇睊目也當本說文从目夬聲臣鉉等曰當从決省古穴切按決亦从夬聲此徐說非是云當从決省也䀶目病也从目良聲力讓切眛目不明也从

目未聲　莫佩切　按玉篇眛在瞽上莫蓋切目不明眼下
瞷上作眛莫達切目不明其次敘疑本說文而同
注目不明則誤據廣韻入聲末　收眛注目不正也當本說文
瞯　戴目也　一切經音義卷十四引作
戴眼也顧千里云素問診要經終論戴眼反折注戴眼
睛不轉而仰視也廣雅戴視也曹憲音子才即此戴字
矣　从目閒聲　江淮之閒謂眄曰瞯　戶閒切　繫傳眄
作眡誤五音韻
譜作眄眄當作眄方言瞯眄也吳楚江淮
之閒或曰瞯或曰略玉篇注眄也　並本方言　眯　艸入目中也
玉篇廣韻注
物入目中莊子
天運釋文引字林云物入眼為病也
从目米聲　莫禮切　眺　目不正也从目兆聲
他弔切　睞　目童子不正也从目來聲　洛代切　睩　目睞謹也
切　一切經音義卷七引作視也恐以規為眺

从目录聲讀若鹿盧谷切⿰目攸眣也从目攸聲敕鳩切玉篇湯勞切廣韻收豪目通白也⿰目丩⿰目攸或从丩玉篇九小切目重瞼也廣韻收上聲小注同

眣目不正也韻會引玉篇注同繫傳正上有從字衍从目失聲丑栗切玉篇丑乙達結二切廣韻收質屑二韻

矇童矇也一曰不明也从目蒙聲莫中切繫傳韻會矇作蒙一曰句在蒙聲下

眇一目小也从目从少少亦聲亡沼切韻會引少上無从字繫傳無从少二字

眄目偏合也一曰衺視也秦語玉篇引同繫傳衺作褭譌韻會引無秦語二字从目丏聲莫甸切繫傳韻會此句在

一曰句上

䀿 眄也从目各聲 盧各切玉篇來各來灼二切盼也廣韻收藥引說文又收鐸注大目

盲 目無牟子 韻會引同繫傳牟作眸非說文無眸 从目亡聲 武庚切

䁗 目陷也从目咸聲 苦夾切

瞽 目但有眹也 玉篇無目也引周禮大師之職有瞽矇按目部無眹有瞵瞵注目精玉篇引蒼頡篇視不了也疑眹當是瞵詳新附攷先鄭注周禮云無目眹謂之瞽有目眹而無見謂之矇有目無眸子謂之瞍此云目但有眹与鄭義不同 从目鼓聲 公戶切

瞍 無目也 玉篇無眸子曰瞍蓋本毛傳 从目叜聲 穌后切

𥌆 惑也从目熒省聲 戶扃切

周禮春官釋文矇引字林目有眹無珠子也 [illegible] 釋文引眹作眸

切玉篇唯幷胡亭二切廣韻收平聲清上聲梗

睉 目小也 玉篇引作小目也廣韻注小目 从目坐聲 臣鉉等曰案尚書元首叢脞哉叢脞猶細碎也今从肉非是昨禾切

書證要引陸[illegible]引書曰元首叢脞哉可補釋文

⿰目叉 捾目也从目叉 叉下有聲字 烏括切繫傳

睇 目小視也从目弟聲南楚謂眄曰睇 特計切韻會引同繫傳視上有衺字無曰字蓋脫玉篇作眱與脂大奚二切引說文云目小視也南楚謂眄曰眱又有睇達計切傾視也所引當不誤蓋夷弟形近易譌易明夷夷于左股釋文云夷子夏作睇鄭陸同云旁視曰睇京作眱蓋後人習見睇字因改說文為睇耳

瞚 開闔目數搖也 一切經音義卷二引作目開闔數搖也當不誤卷三及華嚴

經音義卷二十二引作目開閉數搖也閉字則非　从目寅聲　臣鉉等曰今俗別作瞬非是舒問切

眙　直視也从目台聲　丑吏切

廣韻音同玉篇敕吏　淳于長見傳目眙不禁徐廣曰眙吐甑反直視貌恐譌

眝　長眙也一曰張目也　从目宁聲　陟呂切　繫傳作長眙也从目宁聲一曰張眼　廣韻引亦作張眼　玉篇張目也

盻　恨視也　从目兮聲　胡計切　玉篇注同韻會引也作貌恐非廣韻注恨視　孟子引龍子曰爲民父母使民盻盻然將終歲勤動不得以養其父母趙注盻盻勤苦不休息之貌

唐文生義　孫宣公音義作肸肸　未詳孰是　唐程修己墓誌銘云情通盻響知肸或誤作盻

⿱弗目　目不明也从目弗聲　普未切

文百十三　重八　五音韻譜繫傳八作九是也今去睆一字實八

䀠左右視也从二目凡䀠之屬皆从䀠讀若拘又若良

士瞿瞿 九遇切玉篇荆遇切亦與瞿同又音拘廣韻收平去二聲

罒目圍也从䀠丿讀若書卷之卷古文以爲醜字 居倦切繫傳作古文以爲醜當不誤是也醜卷聲相近玉篇引作醜蓋出宋人

奭目衺也 廣韻引衺作邪玉篇注从䀠从大大人也 舉朱切玉篇作奭同

文三

眉目上毛也从目象眉之形上象額理也 韻會引作从目象形𠀎象額理𠀎當是仌 凡眉之屬皆从眉 武悲切玉篇不立眉部眉

省並收目部 省 視也从眉省从屮 臣鉉等曰屮通識也所景切 玉篇男井切善也引說文視也又所景切 𡮡囧 古文从少从囧 繫傳作𡮡囧上無从字 文二 重一 廣韻收梗靜二韻

方言盾自關而東或謂之瞂或謂之干關西謂之盾

盾 瞂也所以扞身蔽目 玉篇引目下有也字一切經音義卷三引亦有扞作捍 非韻會引作瞂也瞂者所以蔽身扞目 蓋從黃氏改 象形 繫傳下有厂聲二字 凡盾之屬皆从盾 食閏切 玉篇殊尹切又徒損切 廣韻收上聲準混

瞂 盾也从盾犮聲 扶發切 玉篇引詩蒙瞂有苑本亦作伐 今詩作伐

⿰盾圭 盾握也从盾圭聲 苦圭切 文三

說文攷異 十三

自 鼻也象鼻形 玉篇鼻也象形 凡自之屬皆从自 疾二切

𦣹 古文自 玉篇正文作自古文作𦣹

𦤎 宮不見也 五音韻譜作宀宀不見也繫傳作宂山不見也下有鍇曰宀音緜則宂山乃宀宀之譌 闕 武延切按說文無𦤎故云闕也玉篇作⿱自方注不見也廣韻同注視遠之皃

文二 重一

白 此亦自字也省自者詞言之气从鼻出與口相助也 繫傳無也字 凡白之屬皆从白 疾二切玉篇無白部故部中之字全闕唯者收老部當是後人增者非从老也

皆 俱詞也 廣韻引同繫傳韻會詞作

辭从比从白古諧切 魯 鈍詞也廣韻鈍也从白鮺省聲論語曰參也魯郎古切 者 別事詞也一切經音義卷二十三引作制事从白𣥜聲𣥜古文旅字之也切繫傳韻會無之辭也恐譌字字按旅下古文作𣥜注云古文以爲魯衛之魯与此形不類 𦒱 詞也从白𠃬聲𠃬與疇同虞書帝曰𦒱咨直由切繫傳無𠃬與疇同四字今書堯典作疇廣韻無𦒱 𣉻 識詞也从白从亏从知知義切繫傳韻會作从白亏知 𥏼 古文𣉻繫傳作𥏼 百 十十也从一白數

十百爲一貫相章也　博陌切　韻會引作十千也从一白數十十爲一百百白也十百爲一貫貫章也千譌餘亦雜他說（有增改）𦣻　古文百从自　繫傳無从自二字

文七　重二

鼻　引气自畀也　玉篇引同廣韻引畀作畀譌　从自畀凡鼻之屬皆从鼻　父二切　五音韻譜父作（八）父（毗譌也）　玉篇毗至切

齅　以鼻就臭也　玉篇引同又引論語三齅而作亦作嗅　从鼻从臭臭亦聲讀若畜牲之畜　許救切

鼾　臥息也　玉篇注同一切經音義卷十一十四

十五十七引並作臥息聲也 从鼻干聲讀若汗 侯幹切

鼾 病寒鼻窒也 禮記月令釋文引同玉篇引窒作塞廣韻引亦作塞脫病字 从鼻九聲 巨鳩切

齂 臥息也 玉篇鼻息也 从鼻隶聲讀若𡰥 許介切

文五

皕 二百也凡皕之屬皆从皕讀若祕 彼力切 五音韻譜祕作秘 秘非禾部無秘 玉篇彼利切又音逼廣韻彼側切 彼力切毛本作彼利切誤

奭 盛也从大从皕皕亦聲此燕召公名讀若郝史篇名醜 徐鍇曰史篇謂所作蒼頡十五篇也 詩亦切 繫傳謂下有史籀二字韻

會引此作又無讀若以下段君云當作史籀所作大篆十五篇也蒼頡篇者李斯作

奭 古文奭

玉篇廣韻並無

文二　重一

習 數飛也 廣韻引同李注文選左太沖詩引作習習數飛也蓋因詩而衍 从羽从白 繫傳韻會作从羽白聲 凡習之屬皆从習 似入切

翫 習猒也 左傳昭元年釋文引猒作厭非 从習元聲春秋傳曰翫歲而愒日 五換切

文二

羽 鳥長毛也 玉篇鳥毛羽也 象形凡羽之屬皆从羽 王矩切

翨 鳥之彊羽猛者 廣韻引同玉篇注鳥翨也鳥之強羽猛也 从羽是聲 居豉切

翰 天雞赤羽也从羽倝聲 五音韻譜幹作倝是也 繫傳亦作倝上有从字 雞作鷄韻會作雞 無从字倝作翰誤 逸周書曰大翰若翬雉 五音韻譜及集韻類篇引同繫傳大作文是也韻會亦作文翰逸周書曰作逸書非王會解曰蜀人以文翰文翰者若皐雞孔注鳥有文彩 一名鷐風周成王時蜀人獻之 矦幹切 五音韻譜獻作獻幹作榦是也繫傳亦作獻韻會不引者皐雞似鳧 釋鳥作鶾天雞郭注亦引逸周書鳥部無鶾隹部有雗一名以下玉篇胡旦胡干二切飛也又天鷄也廣韻去聲為部首引說文天雞赤羽也又收平聲

翟 山雉尾長者 繫傳韻會作山雉也尾長 从羽从隹 徒歷切

翡 赤羽雀也出鬱林从羽非聲

房未切繫傳从羽非聲在赤羽雀也下藝文類聚引作周書曰成王時蒼梧獻非羽翠今逸周書翡翠無此說

翠 青羽雀也出鬱林从羽卒聲七醉切繫傳同五音韻譜矢作

翦 羽生也一曰矢羽采與玉篇合玉篇作翦注云勤也羽生也采羽也蓋本上文釋詁■下本說文矢即矢之隸體

从羽前聲即淺切

翁 頸毛也韻會引作鳥頸毛也玉篇注鳥頸下毛又飛皃廣韻注鳥頸毛

从羽公聲烏紅切

翄 翼也从羽支聲施智切韻會玉篇作翅

𦐔 翄或从氏繫傳氏上有羽字

翮 翅也从羽革聲古翮切

翹 尾長毛也玉篇鳥長羽也从羽堯聲渠遙切

翭 羽本也一曰羽初三皃五音韻譜繫傳

三作生从羽矦聲 乎溝切 繫傳从羽矦聲在一曰是也 句上脫皃字韻會引有

翮 羽莖也从羽鬲聲 下革切

翑 羽曲也从羽句聲 其俱切 玉篇巨俱切羽曲也又馬後足白又俱禹切廣韻收平上二聲平聲為䳘之重文

羿 羽之羿風亦古諸矦也一曰射師从羽幵聲 五計切 繫傳韻會無聲字廣韻引羿風作羿風蓋省文玉篇注羽也又羿善射人

翥 飛舉也从羽者聲 章庶切 玉篇飛舉皃

翕 起也从羽合聲 許及切 玉篇合也歛也聚也炙也廣韻火炙一曰起也又歛也合也動也聚也盛也

李善文選思玄賦翕熾也恐非說文

翾 小飛

說文攷異　十七

也玉篇小飛皃楚詞九歌翾飛兮翠曾从羽睘聲許緣切翬大飛也玉篇飛舉皃

从羽軍聲一曰伊雒而南雉五采皆備曰翬韻會引一曰上有雉名二字五采上有素質二字蓋黃氏因釋鳥增詩曰如翬斯飛臣鉉等曰當从揮省許歸切按揮亦从軍聲徐說非是九經字樣引詩如作有大誤斯干此章四如字箋云此章四如者皆謂廉隅之正形貌之顯也

翏高飛也从羽从㐱力救切繫傳㐱上無从字玉篇力幼力要二切高飛皃廣韻收平聲蕭去聲宥

翩疾飛也从羽扁聲芳連切

翜捷也飛之疾也从羽夾聲讀若濇繫傳作歰

一曰俠也山洽切玉篇山立山甲二切捷也飛疾也廣韻收緝狎二韻

翊飛皃从羽立聲與職切

𦐇飛盛皃玉篇高飛皃廣韻飛皃从羽从曰臣鉉等曰犯冒而飛是盛也土盍切繫傳作从羽曰聲下有鍇曰會意則聲字非

𦐂飛盛皃繫傳作羽盛貌也玉篇注羽盛皃从羽之聲侍之切

翱翱翔也从羽皋聲五牢切

翔回飛也韻會引同繫傳回作迴俗玉篇布翅飛从羽羊聲似羊切

翽飛聲也詩卷阿釋文引說文羽聲也又引字林飛聲也蓋以字林為說文誤玉篇注翽翽羽聲眾皃从羽歲聲詩曰鳳皇于飛翽翽其羽[illegible]本毛鄭

呼會切

翯鳥白肥澤皃詩云白鳥翯翯胡角切礐

傳云作曰玉篇注同翯翯肥澤皃

蓋本毛傳孟子引詩作鶴鶴廣韻收屋引詩又收覺

𦏲樂舞以羽𦐇自翳其首𦐇當作翳韻會引作翿以祀星辰也从羽王聲

讀若皇胡光切

翇樂舞執全羽以祀社稷也从

羽友聲讀若紱分勿切紱當是帗或紱說文無紱

翳翳羽也所以

舞也从羽殹聲詩曰左執翿徒到切翿當作翳羽蓋後人以今詩改

釋言作纛翳羽也即翳羽之俗體又曰翿纛也五經

文字作纛以纛為譌字然亦不合六書又詩王風毛

傳云翿纛也翳羽
也疑並非原本[illegible]
翳華蓋也从羽殹聲於計切
翣棺羽飾也天子八諸侯六大夫四士二下
垂从羽妾聲山洽切　文三十四　重一

隹鳥之短羽總名也　廣韻引作鳥之短尾者總
名玉篇注鳥短尾之總名
象形凡隹之屬皆从隹職追切　雅楚烏也一名
鷽一名卑居　廣韻引同繫傳一名卑一名譽居
誤韻會上聲禡引同烏作鳥更誤
平聲麻引作一名鷽一名卑居蓋依大徐
本玉篇注楚烏也一名鷽一名鵯烏　秦謂

說文攷異　十九

之雅从隹牙聲臣鉉等曰今俗別作雅非是五下切又烏加切五音韻譜繫傳作

雓玉篇午下切又烏部有鴉於牙切廣韻上聲引說文平聲作鴉

隻鳥一枚也廣韻引同繫傳韻會作从又持隹持一隹曰隻二隹曰雙鳥一枚曰隻也之石切

雒鵋鵙也烏部無鵋鵙釋鳥釋文云本或作忌欺从隹各聲盧各切

閵今閵似雊鵒而黃玉篇注含閵鳥似鸜鵒而黃則今當是含从隹𠐍省聲良刃切五音韻譜同繫傳亦同按門部作𠐍門仍古文下六書故云𠐍門徐本从丁唐本从上今據此補及籀文賓从上則門部乃徐氏改

𨶜籀文不省五音韻譜作𨶜繫傳文

下有巂周燕也繫傳韻會从隹屮象其冠也
闈字　燕作鷰俗
冏聲一曰蜀王望帝婬其相妻慙亡去■爲子巂
鳥故蜀人聞子巂鳴皆起云望帝戶圭切繫傳
婬作媱非去
下有化字起云望帝下有乎字韻會多雜他說䧪鳥
玉篇胡圭切即布穀又思弜切廣韻止收平聲
地理志越巂郡孟康讀巂爲髓
讀若方府良切玉篇甫誑切雀依人小鳥也
也从隹方聲鳥名廣韻收去聲
从小隹讀與爵同即略切猚鳥也从隹犬聲睢
陽有猚水五加切五音韻譜五佳切玉篇作猚五佳
切水名又鳥名也廣韻收佳引說文云

鳥名又水名在雎陽音五佳切猴犬聲不相近當是从犬从隹隹亦聲如莽字之例又玉篇犬部有雅音壘又音柚似獮猴廣韻蜼下有重文雅與此字同

雗　雗鸒也繫傳鸒作鸒譌

从隹倝聲　侯幹切玉篇何干何旦二切白雗雉也又云鸒也廣韻收去聲平聲作鶾

雉　有十四種盧諸雉喬雉鳪雉鷩雉秩秩海雉翟山雉翰雉卓雉伊洛而南曰翬江淮而南曰摇南方曰𠷎東方曰甾北方曰稀西方曰蹲从隹矢聲　直几切繫傳翰作雗韻會引作鳥名从隹矢聲在有十四種上鳪作鵫伊洛而南作伊洛以南翰亦作雗釋鳥

盧作鸕喬作鷮卓作鵫搖作鷂哥作鴚翟作鸐
留作鶹稀作鵗蹲作鷷按羣注作伊雒此洛亦當作
雒說文無鳪韻會作鳪然無別證段君作卜又出意
斷鵫鶹鵗鷷說文並無玉篇雉野雞也又城高一丈
三尺爲雉蓋鴺脫廣韻引王肅云　𨾩　古文雉从弟　繫傳
城高一丈曰堵三堵曰雉
作
𨾩　雊　雄雌鳴也繫傳韻會作雌雄鳴也並誤鴜雉
鳴乃唯鷕字類篇引作雄雉鳴也一
切音義卷十引作雄雉鳴爲雊李注文　雷始動雉鳴
選長笛賦引作雄雞之鳴爲雊作雞蓋避諱
而雊其頸从隹从句句亦聲　古侯切　玉篇古候切　雞　知
是也廣韻收去聲
時畜也从隹奚聲　古兮切　鷄　籀文雞从鳥　雛　雞子

說文攷異　二十一

也从隹𠕀聲　士于（集韻）切　鶵　籀文雛从鳥　𪆫　鳥大雛

也　釋鳥釋文引同　繫傳作天鶵也誤　从隹翏聲

李注文選吳都賦引作大雛也字作𪆫亦誤

一曰雛之莫子爲𪆫　力救切　釋鳥作雡之暮子爲鷚　釋文力救反又力求反　引說文作𪆫（天鳥大雛也）一曰雛之暮子也　字林力幼反　離　黃

倉庚也　韻會引同　繫傳倉作蒼　鳴則蠶生　从隹

廣韻引作離黃倉庚　方言鸝黃自關而東謂之鶬鶊自關而西謂之鸝黃或謂之黃鳥或謂之楚雀

离聲　呂支切　玉篇力知切又力智切廣韻收平去二聲　雕　𪇶也　玉篇𪇶鳥也能食　草　廣韻𪇶屬鸇　千里云草當作𤢽郭注山海云今之雕亦能食𤢽鹿　从隹周聲　都僚

切　鵰　籀文雕从鳥　繫傳作鵰　雁　鳥也从隹瘖省聲

或从人人亦聲　徐鍇曰鷹隨人所指蹤故从人　於凌

切　韻會引作从隹从人瘖省聲　玉

篇作雁注云今作
鷹廣韻止有鷹 𩾲 籀文雁从鳥 𨾊 𨿽也
韻會引作 从隹氐聲 處脂切玉篇尺之切惡鳴之
𪀚也非 鳥亦作鴟廣韻收脂爲鴟
之重文 鴟 籀文𨾊从鳥 𨿽 𨾊也从隹垂聲 是僞切玉
篇示規市惴二切子𨿽巂周也
廣韻收平去二聲訓雅烏 雃 石鳥一名雝𪆫
繫傳韻會 一曰精列从隹幵聲春秋秦有士鳽
𪆫作渠
苦堅切玉篇苦田苦莖二切雝渠也廣韻先引說
文曰石鳥一名雝𪆫一曰精列又秦公子名士鳽又收
耕作鳽注云雝渠鳥名左傳襄九年 雝 雝𪆫也繫傳
秦景公使士雃乞師於楚非公子

說文攷異　二十二

說文引異　二十三

𪇰作渠玉篇注同韻會引作雝渠鳥名蓋黄氏改　从隹邕聲　於容切玉篇音同廣韻收平去二聲　雂鳥也从隹今聲春秋傳有公子苦雂　巨淹切　繫傳苦作若（韻會引同）雂作鴒譌　鍇曰若鴒宋人也蓋承五經文字之誤五經文字雂注云宋公子名玫左傳昭二十一年齊師宋師敗吳師于鴻口獲其二帥公子苦雂偃州員杜注二帥吳大夫其非宋人明矣玉篇古含巨林二切傳有公子若雂又巨炎切廣韻收侵鹽二韻鹽韻爲鴒之重文鴒注白喙鳥

雁鳥也从隹从人厂聲讀若鴈　臣鉉等曰雁知時鳥大夫以爲摯昏禮用之故从人五晏切

䨄　䨄黄也从隹黎聲一曰楚雀也其色黎黑而黄　郎兮切玉

篇廣韻作稚

雐　鳥也从隹虍聲　荒烏切玉篇闕廣韻注鳥名

䳟　牟母也从隹奴聲　人諸切韻會引作𨿽奴聲作如聲玉篇廣韻並作𨿽釋鳥作鴽鴾母釋文鴽音如鴾字或作牟母如字李音無舍人本作蕪五音韻譜繫傳作毋是也

鴽　𨿽或从鳥　玉篇廣韻韻會並作鴽

雇　九雇農桑候鳥扈民不婬者也　廣韻韻會引同繫傳及集韻引婬作媱非从隹戶聲春雇鳻盾　廣韻韻會盾作鶞並本釋鳥改說文無鶞　釋文云鶞本亦作遁　夏雇竊玄秋雇竊藍冬雇竊黃棘雇竊

丹行雇唶唶宵雇嘖嘖桑雇竊脂老雇鴳也侯古切廣韻引鴳作鷃是也鳥部鷃雇也無鴳字繫傳作老雇鴳鴳誤韻會無也字釋鳥[illegible]鳸鴳在前相隔又重桑鳸竊脂句雇皆作鳸盾作鶞[illegible]同玉篇呼切亦作鳸今以爲蓋後人傳寫誤雇僦字古護切廣韻上聲引說文又收去聲

雽 雇或从雩 鳸 籀文雇从鳥繫傳在鷚上

⿰享隹 ⿰龠隹屬繫傳韻會⿰龠隹作鸙一切經音義卷十五及殷敬順列子釋文引作鸙鶉也鶉即⿰享隹之別體从隹𦎫聲常倫切

⿰酓隹 ⿰享隹屬繫傳韻會下有也字从隹酓聲恩含切

⿰酓鳥 籀文⿰酓隹从鳥

⿰支隹 鳥也从隹支聲

一曰雜度章移切玉篇鳥也度也武帝造雜鵲觀在雲陽廣韻爲鳷之重文

雂鳥肥大雂雂也繫傳無也字廣韻也作然玉篇𩿧也鳥肥大也从隹工聲戶工切

鳿雂或从鳥

䧿繳𢿱也从隹椒聲一曰飛𢿱也蘇旰切繫傳下𢿱字作椒譌廣韻引作散玉篇注飛𢿱不聚也

隿繳射飛鳥也从隹弋聲與職切

雄鳥父也玉篇注同韻會引作羽屬之父非从隹厷聲羽弓切

雌鳥母也从隹此聲此移切

■䍜覆鳥令不飛走也玉篇注同文网部引作覆鳥令不得飛也廣韻引作覆鳥令不

得飛走也从网隹讀若到都校切廣韻音同玉篇竹教切或作罩

雋肥肉也从弓所以射隹長沙有下雋縣徂沇切玉篇注無

下字非

[illegible]飛也从隹隓聲山垂切

文三十九　重十二

奞鳥張毛羽自奮也廣韻引奮下有奞字玉篇注鳥張羽自奮奞从大从隹䨯傳作从大隹凡奞之屬皆从奞讀若睢息遺切

奪手持隹失之也从又从奞徒活切䨯傳奪上無从字玉篇作奪

奮翬也从奞在田上詩曰不能奮飛方問切

文三

雚　鴟屬从隹从𦫳有毛角所鳴其民有旤凡雚之屬皆从雚讀若和　胡官切玉篇後官切老兔似鵂鶹有角夜飛食雞鳴人有禍蓋本郭注釋鳥今釋鳥兔作鵵

蒦　規蒦商也从又持雚一曰視遽皃一曰蒦度也　徐鍇曰商度也雚善度人禍福也乙虢切玉篇紆縛於白居莫三切廣韻收藥陌二韻並作彠

彠　蒦或从尋尋亦度也　五音韻譜繫傳作彠是也　楚詞曰求矩彠之所同　繫傳詞作辭韻會同矩作榘是也今楚辭

說文段異

作蒦洪補注云一作蒦

雚 小爵也 小雞水鳥玉篇水鳥也 當是水 本詩鄭箋御覽删小字

非陳氏毛詩稽古篇云說文云雚小爵也陸氏艸木疏云鸛似鴻而大合此二說雚鸛大小異形定非一鳥 未能舉正也

[illegible] 从隹吅聲詩曰雚鳴于垤 工奐切今詩作鸛

舊 雖舊舊留也 繫傳韻會从隹臼聲 巨救切玉篇巨止一舊字 又切故也又許流切 當非脫

舊鶹今作鵂廣韻舊收去聲鵂收平聲

鵂 舊或从鳥休聲

文四　重二

𦫳 羊角也象形凡𦫳之屬皆从𦫳讀若乖 工瓦切玉篇乖買公瓦

二切丫丫兩角皃廣韻收蠻馬二韻

𦍋戾也从丫而北北古文別臣鉉等曰北兵列切篆文分別字也古懷切韻會無北古文別四字疑後人增玉篇作𦍋注云今作乖

𦍋相當也闕闕字疑後加讀若宀毋官切玉篇亡殄切又亡延亡寒二切廣韻收平聲桓仙上聲銑

文三

苜目不正也从丫从目凡苜之屬皆从苜莧从此讀若末徐鍇曰丫角戾也徒結切玉篇亡達切引說文廣韻收末莫撥切引說文則徒結切非

瞢目不明也从苜从旬旬目數搖也莫空切玉篇莫登莫中二切廣韻止收東楚辭天問冥昭瞢闇

⿱苜火火不明也从苜从火䌜傳火上無从字苜亦聲周書布重苜席今書顧命

作敷重蔑席織蒻席也玉篇引無此四字讀與蔑同莫結切

蔑勞目無精也从苜人勞則蔑然从戍莫結切韻會引作从苜从戍人勞則蔑然廣韻引作从苜戍人勞則蔑然也

文四

羊祥也初學記引祥作詳譌从𦍌象頭角足尾之形繫傳作从𦍌象四足尾之形韻會引作从𦍌象頭角下象足尾之形孔子曰牛羊之字以形舉也凡羊之屬皆从羊與章切

羋羊鳴也从羊象聲气上出繫傳韻會無聲字與牟同意緜婢切玉篇作芊五經文字引作羋

羔羊子

五經文字引作羋

也从羊照省聲古牢切羜五月生羔也玉篇未成羊本釋畜从羊宁聲讀若煑直呂切䍧六月生羔也从羊敄聲讀若霧己遇切又亡遇切按霧雨部作霚己遇切蓋傳刻譌玉篇亡具切六月生羊廣韻六月生羔亡遇切羍小羊也初學記藝文類聚引作七月生羔也从羊大聲讀若達他末切玉篇作羍小羊也羍羍或省䍦羊未卒歲也从羊兆聲或曰夷羊百斤左右爲䍦讀若春秋盟于洮治小切繫傳洮下有聲字羝牡羊也从羊氐聲都兮切羒牂羊也初學記引衍

作牡羊也玉篇注牝羊也牝字　从羊分聲　符分切　牂
蓋傳刻譌釋畜羊牡羒牝牂
牡羊也　初學記集韻韻會引牡作牝是　从羊爿聲
也詩苕之華毛傳牂羊牝羊也
則郎切　韻會引作牀省聲非爿即疒字詳牀下　羭
疒部有痒韻會与此同一从疒聲一从羊聲也
夏羊牡曰羭　韻會引牡作牝又引釋畜云夏羊牝羭
牡羖是也玉篇注牡羊也蓋亦傳刻
譌顏注急就篇云羭牂羊　羖　夏羊牡曰羖　二徐
之牡也羭夏羊之牝也　及各
本引並同許本釋畜也今釋　从羊殳聲　公戶切　羯　羊羖
畜作夏羊牡羭牝羖釋文引字林云夏羊牝為羖
犗也　玉篇羖犗羊也蓋本說　从羊曷聲　居謁切玉篇
文廣雅羖羊犗曰羯　正作𦍩重文

作羯

羠　騬羊也　初學記引騬作乘非　玉篇揵羊也騬羊也　从羊夷聲　徐姊切玉篇四以以脂二切廣韻收平上二聲

羳　黃腹羊从羊番聲　附袁切

羥　羊名从羊巠聲　口莖切段君云初學記引說文楷閒反蓋本音隱考工記顧字故書或作牼劉音苦顏反皆雙聲合韻也左傳邾子牼穀梁作瞷

𦏓　羊名从羊執聲汝南平輿有𦏓亭讀若晉　臣鉉曰執非聲未詳即刃切廣韻音同玉篇子吝切

羸　瘦也（御覽一引作委也一引作瘠也恐並非）从羊𣎆聲　臣鉉等曰羊主給膳以瘦爲病故从羊力爲切韻會引作从羊𣎆省聲非

䍪　羊相積也　繫傳

夏小正三月䍮羊傳曰羊有相還之時其類䍮々然記變爾或曰䍮羝也

羵作積非玉篇羊相䍮羵也蓋本說文廣韻注䍮羵

從羊委聲於僞切

羵 䍮羵也从羊責聲子賜切

羣 輩也从羊君聲 臣鉉等曰羊性好羣故从羊渠云切玉篇作群

䍷 羣羊相積也一曰黑羊 繫傳下有也字玉篇黑羊也羣羊相積也 从羊垔聲烏閑切

𦍩 羊名蹏皮可以割桼 玉篇注同繫傳及廣韻引桼作黍桼當不誤未詳孰是 从羊此聲 此思切玉篇七移切廣韻收支此移切

美 甘也从羊从大 繫傳韻會大上無从字 羊在六畜主給膳也美與善同意

無鄙切繫傳脫意字韻會有

羌西戎牧羊人也五音韻譜及廣韻集韻類篇韻會書牧誓釋文引並同繫傳牧作從蓋後人妄改从人从羊羊亦聲

南方蠻閩从虫北方狄从犬東方貉从豸西方羌从羊此六種也此六種也四字當在頗有順理之性下蓋僰人一種僬僥一種并以上爲六種也西南僰人僬僥僬當作焦人部無僬僥注作焦僥从人蓋在坤地頗有順理之性唯東夷从大大人也夷俗仁仁者壽有君子不死之

國孔子曰道不行欲之九夷乘桴浮於海有
以也去羊切𦍌古文羌如此玉篇無廣韻作𦍌似从𦍌省疑後人增
羑進善也从羊久聲文王拘羑里在湯陰
與久切湯地理郡國志作蕩屬河內郡

文二十六　重二

羴羊臭也玉篇羊氣臭也廣韻但收羶羊臭也从三羊凡羴之
屬皆从羴式連切羶羴或从亶𦏴羊相厠
也玉篇厠作廁是也从羴在尸下尸屋也一曰相出前也

初限切玉篇注同繫傳前下有屋在初三字誤衍

文二　重一

瞿　鷹隼之視也从隹从䀠䀠亦聲　繫傳無从䀠二字韻會作从隹䀠聲　凡瞿之屬皆从瞿讀若章句之句　九遇切又音衢玉篇忌俱居遇二切廣韻收平去二聲

矍　隹欲逸走也从又持之矍矍也　廣韻引同韻會引無也字矍矍上有从二目三字　讀若詩穬彼淮夷之穬　按魯頌作憬彼淮夷毛傳憬遠行貌說文憬覺寤也下引此詩釋文云憬說文作𢡱音獷云闊也一曰廣大也蓋因矍下讀若也然則矍下當是𢡱彼淮夷之𢡱憬下引

詩後人因今詩增也懬（懬）訓闊与毛傳遠行合憬訓覺悟今詩作憬者或假借也據李注文選安陸昭王碑引韓詩獷彼淮夷薛君曰獷覺寤之皃与說文憬注合則作憬者乃韓詩獷作者假借字也

一曰視遽皃 九縛切廣韻引同後漢書班固傳注引作視遽之貌李注文選東都賦引作驚視貌也蓋誤

文二

雔 雙鳥也从二隹凡雔之屬皆从雔讀若醻 市流切

靃 飛聲也雨而雙飛者其聲靃然 呼郭切廣韻引同繫傳——韻會雨作兩譌 玉篇呼郭切飛聲也又緌彼切——靃靡草隨風皃亦作霍廣韻收入聲鐸引說文又收

上聲紙

雙　隹二枚也从雔又持之　所江切　文三

雥　羣鳥也从三隹凡雥之屬皆从雥　徂合切玉篇才市切又走合　市當是帀廣韻收合

䨅　鳥羣也　玉篇注羣鳥廣韻鳥羣　从雥開聲　烏玄切

雧　羣鳥在木上也　繫傳韻會無羣字廣韻引字林羣鳥駐木上　从雥从木　秦入切

集　雧或省　文三　重一

鳥　長尾禽總名也　玉篇韻會引無也字　象形鳥之足似匕从匕凡鳥之屬皆从鳥　都了切

鳳　神鳥也天老曰鳳之

象也鴻前麐後蛇頸魚尾鸛顙鴛思鸛即雚之別體
顧千里曰詩卷阿正義爾雅釋鳥釋文初學記三十引皆
無鸛顙鴛思四字韓詩外傳亦無左傳莊二十二年正義
引有說苑辨物龍文虎背五音韻譜繫傳及釋鳥
鸛顙作鸛植釋文初學記引虎並作
龜各書亦作龜燕頷雞喙五色備舉出於東方君
則虎字誤
子之國翺翔四海之外過崐崘古作昆侖飲砥柱飲
詳新附攷欠
部作歠廣韻歠引濯羽弱水莫宿風穴左傳正義引
說文重文作飲風作丹初學
記引作暮宿丹宮蓋因山海經改宮字譌淮南見則天
覽冥訓作暮宿風穴高注風穴北方寒風從地出也許書本淮南
南山經丹穴之山有鳥焉其狀如雞五采而文名曰鳳皇

奠下周書布重首席首系奠之誤

下大安寧从鳥凡聲馮貢切 𠕋古文鳳象形鳳飛羣鳥從以萬數故以爲朋黨字韻會作𠕋廣韻作𠕋玉篇無[illegible]𠕋

[illegible]下似應補廣韻鳥肥也

亦古文鳳據形乃从鳥从隹非从鳥繫傳作鵬玉篇作鵬步崩切大鵬鳥廣韻收平聲登注大鳥後人遂分鳳鵬爲二字莊子逍遥遊化而爲鵬釋文鵬引崔云古鳳字

鸞亦神靈之精也韻會引亦作赤段君云藝文類聚埤雅集韻類篇並作赤樹玉謂上文鳳訓神鳥故此云亦其作赤者蓋涉下文赤色而誤赤色五采雞形鳴中五音頌聲作則至从鳥䜌聲周成王時氐羌獻鸞鳥洛官切見王會解韻會無頌聲以下御覽引周下有書字

鸑鸑鷟鳳屬神鳥也从鳥

說文攷異　三十二

象也鴻前麐後蛇頸魚尾鸛顙鴛思鸛即雚之別體顧千里曰詩卷阿正義爾雅釋鳥釋文初學記三十引皆無鸛顙鴛思四字韓詩外傳亦無左傳莊二十二年正義引有說苑辨物龍文虎背五音韻譜繫傳及釋鳥鸛顙作鶴植釋文初學記引虎並作龜各書亦作龜則虎字誤燕頷雞喙五色備舉出於東方君子之國翱翔四海之外過崐崘古作昆侖詳新附攷飲砥柱飲欠部作㱃廣韻㱃引說文重文作飲濯羽弱水莫宿風穴左傳正義引風作丹初學記引作暮宿丹宮蓋因山海經改宮字譌淮南覽冥訓作暮宿風穴高注風穴北方寒風從地出也許書本淮南見則天南山經丹穴之山有鳥焉其狀如雞五采而文名曰鳳皇

下大安寧从鳥凡聲馮貢切 朋古文鳳象形鳳飛羣鳥從以萬數故以爲朋黨字韻會作朋廣韻作朋玉篇無 鵬亦古文鳳據形乃从鳥从隹非从鳥繫傳作鵬玉篇作鵬步崩切大鵬鳥廣韻收平聲登注大鳥後人遂分鳳鵬爲二字莊子逍遥遊化而爲鵬釋文鵬引崔云古鳳字 鸞亦神靈之精也韻會引亦作赤段君云藝文類聚埤雅集韻類篇並作赤㭑玉謂上文鳳訓神鳥故此云亦其作赤者蓋涉下文赤色而誤赤色五采雞形鳴中五音頌聲作則至从鳥䜌聲周成王時氐羌獻鸞鳥洛官切見王會解韻會無頌聲以下御覽引周下有書字 鸑鸑鷟鳳屬神鳥也从鳥

獄聲春秋國語曰周之興也鸑鷟鳴於岐山江中
有鸑鷟似鳧而大赤目五角切韻會引國語以下在鷟下蓋黄氏移
鷟鸑鷟也从鳥族聲士角切鷫鷫鷞也五方神鳥也
東方發明南方焦明西方鷫鷞北方幽昌中央鳳皇
从鳥肅聲息逐切繫傳从鳥肅聲在五方句上鷞並作鷞鷞司馬相如
說从鳥叜聲繫傳說下有鷞字鷞鷫鷞也韻會引鷞作鷞又移五方
神鳥以下二十五字於此下並非从鳥爽聲所莊切繫傳爽作爽鵃鶻鵃也从

鳥九聲居求切

鶌　鶌鳩也从鳥屈聲九勿切繫傳作鶌

鵻　祝鳩也从鳥隹聲思允切玉篇作鶽思尹切廣韻上聲準作鵻引說文又收平聲脂六書故引唐本曰鵻从鳥从隼隼从隹从卂省李陽冰曰隼从卂省聲詩疏引說文曰隼鷙鳥也並非

隼　鵻或从隹一二曰鶉字鶉即鷻省詩四月匪鶉匪鳶毛傳鶉鵰也釋文云鶉或作鷻

鶻　鶻鵃也从鳥骨聲古忽切玉篇乎忽切廣韻屬又音骨班鳩也廣韻兩收沒又收黠

鵃　鶻鵃也从鳥舟聲張流切玉篇止遙丁交二切廣韻收宵肴二韻釋鳥釋文竹交反或竹牛反引字林云鶻鵃小種鳩也

鴶　秸鵴尸

夏小正五月鴂則鳴傳曰鴂者百鷯也蓋借周字

鳩 繫傳秸作桔是也禾部無秸韻會亦作桔尸作鳲蓋因釋鳥改釋鳥作鳲鳩鵲鶺說文無鳲鵲 从鳥𥫗聲 臣鉉等曰𥫗居六切與𥷚同居六切按當作𥷚𥫗从人非从勹也

鴿 鳩屬从鳥合聲 古沓切

鴠 渴鴠也从鳥旦聲 得案切韻會下有引詩相彼鳱鴠尚或惡之鳴急旦也乃楚金說說文無鳱坊記引詩作盍旦其詩逸玉篇注鶾鴠

鶪 伯勞也 玉篇注同韻會引伯作博非釋鳥作鶪俗體也 从鳥狊聲 古闃切

雗 鶪或从隹

鷚 天龠也 五音韻譜同（及集韻引）繫傳作鷚天鸙也蓋後人以釋鳥改釋鳥釋文云鸙說文龠當不誤鳥部無鸙 从鳥翏聲 力救切釋文引作力幼切玉篇莫彪巨幽二切廣韻收平

去二

聲

鸒　卑居也　韻會引作鷽王篇鷽注云鷽斯鵯鶋也蓋本釋鳥鳥部無鵯鶋釋鳥釋文云鵯音匹鶋本或作居　从鳥與聲　羊茹切

鷽　雗鷽山鵲知來事鳥也从鳥學省聲　胡角切釋鳥鷽山鵲無雗字

雤　鷽或从隹

鷲　鳥黑色多子師曠曰南方有鳥名曰羌鷲黃頭赤目五色皆備　一切經音義卷六引曰作云目作咽　从鳥就聲　疾僦切繫傳作鷲韻會同師曠曰作師曠禽經即黃氏改王篇廣韻並作鷲

鴞　鴟鴞寧鴂也从鳥号聲　于嬌切釋鳥作鴟鴞鸋鴂鳥部無鸋王篇闕鴞

夏小正五月鴂則鳴傳曰鴂者百鷯也

鴂　寧鴂也　玉篇注同韻會引寧作鸋無也字蓋以釋鳥改下有關西曰巧婦云云並非許書

鷍　鳥也从鳥祟聲　辛聿切玉篇思律切鳥名廣韻小鳥名

鴋　澤虞也从鳥方聲　分兩切釋鳥作鶭釋文云說文作鴋澤虞字作鸅鸆玉篇正作鶭重文作鴋鳥部無鶭

⿰截鳥　鳥也从鳥截聲　子結切玉篇子列切小鷄也廣韻收薛注小鷄

⿰桼鳥　鳥也从鳥桼聲　親吉切

鴩　鋪豉也　繫傳豉作鼓譌釋鳥作鴩鋪枝郭云未詳　从鳥失聲　臣鉉等曰鋪豉鳥名徒結切

鶤　鶤雞也　繫傳韻會雞作鷄　从鳥軍聲讀若

⿰芺鳥

運古渾切玉篇雞三尺或作鶤蓋本釋畜

⿰芺鳥 鳥也从鳥芺聲烏浩切

⿱臼鳥 鳥也从鳥臼聲居玉切擊傳作⿱臼鳥是也

鷦 鷦⿰眇鳥桃蟲也釋鳥桃蟲鷦擊傳蟲作虫非 从鳥焦聲即消切玉篇作鷦巧婦也又鷦鷯鳥廣韻鷦注云鷦鵬南方神鳥似鳳又鷦鷯小鳥

⿰眇鳥 鷦⿰眇鳥也从鳥眇聲亡沼切玉篇作鵬亡消切廣韻亦作鵬收平聲宵注工雀釋鳥釋文作⿱眇鳥亡小亡消二反引字林云澤雀

鶹 鳥少美長醜為鶹離从鳥留聲力求切釋鳥離作鷅釋文云鷅本亦作栗詩旄丘流離之子毛傳流離鳥也少好長醜玉篇篇作鶹注鶹鷅鳥又名鶹鷅

⿰堇鳥

鳥也从鳥堇聲那干切難鷬或从隹䧔古文鷬
五音韻譜作難繫傳作難䨼古文鷬繫傳作難𩀚古文鷬繫傳
作難玉篇難難難注云並古文在隹部難下鶨欺老也釋鳥欺作鵋鳥部無鵋
从鳥彖聲丑絹切玉篇丑弁徒頓二切又徒困切廣韻收圂恖線二韻鵎鳥也
从鳥說省聲乇雪切玉篇乇拙切繫傳作兌聲水鳥也廣韻無[illegible]鴸鳥也从鳥
主聲天口切玉篇水鳥黑色廣韻水鳥鴖鳥也从鳥昏聲武巾切類
篇引作鴖玉篇作鴖重文作鶻
廣韻作鴖注鳥似翠而赤喙鷯刀鷯剖葦

食其中蟲　釋鳥䲭鶅剖葦韻會引刀作鴞葦下
有皮字蓋因郭注增鴞鴞鳥部並無
玉篇注鷦鷯　从鳥尞聲洛蕭
小鳥在葦　切
鶠鳥也其嶋皇釋
鳥
鷗鳳其　从鳥匽聲一曰鳳皇也　於幰切繫傳鶠
雌皇　皇作凰俗御覽引鳳上有郎字
瞑鴟也　五音韻譜繫傳瞑　从鳥旨聲　旨夷切玉篇
作瞑譌日部無瞑　至几切鳥鷇
未生毛也廣韻鴟鳥鸔也从鳥各聲　盧各鸔
收平去二聲　切
鳥鸔也从鳥暴聲　蒲木切繫傳作鶴鳴九皋聲
鸔玉篇作鸔
集韻引同
聞于天　類篇引鳴上有鶴字蓋後人加許書多連上
篆文讀韻會引鳴上增鳥名二字非是大謬今

詩鳴下有于字據元本韓詩外傳論衡風俗通華陽國志後漢書張衡傳注繫傳通論引詩並無于从鳥隹聲下各切

鷺 白鷺也从鳥路聲洛故切

鵠 鴻鵠也李注文選西都賦一切經音義卷四引並作黃鵠也當不誤玉篇黃鵠仙人所乘引楚辭曰黃鵠之一舉知山川之紆曲再舉知天地之圜方此本賈誼賦而以為楚辭者藝文志賈誼賦七篇在屈宋賦後同擬楚辭也从鳥告聲胡沃切

鴻 鴻鵠也集韻韻會引下有大曰鴻小曰鴈六字廣韻作詩傳云是也孟子曰一心以爲有鴻鵠將至曰玉篇注鴻鴈也从鳥江聲戶工切

鶖 禿鶖也从鳥赤聲臣鉉等曰赤非聲未詳七由切玉篇爲鶖之重文（按某从赤聲[illegible]徐說非是）

鶖 鶖或

从秋　說文秋皆作烌唯此爲異

鴛　鴛鴦也　玉篇注鴛鴦匹鳥也蓋本毛傳　从鳥夗聲　於袁切

鴦　鴛鴦也　或說文亦有匹鳥字　廣韻注鴛鴦匹鳥　从鳥央聲　於良切

鵽　鵽鳩也　玉篇鵽鳩一名冠雉冠當作寇　从鳥叕聲　丁刮切

鵱　蔞鵝也　齊民要術卷六注引說文鵱野鵝也鳥部無鷜釋鳥作鵱鷜鵝郭注云今之野鵝玉篇廣韻注鵱鷜野鵞　从鳥坴聲　力竹切

鴚　鴚鵝也　从鳥可聲　古俄切

鵝　鴚鵝也　从鳥我聲　五何切　釋鳥釋文引說文音河玉篇作鵞

鴈　鵝也　玉篇大曰鴻小曰鴈　方言八鴈自關而東謂之鴚鵝　从鳥人厂聲

臣鉉等曰从人从厂義無所取當从雁省聲五晏切六書故引唐本曰从仄从鳥恐非

鶩 舒鳧也（衛[illegible]引舒作野恐非）从鳥敄聲 莫卜切玉篇亡附切又音目廣韻收去入二聲

鷖 鳧屬从鳥殹聲詩曰鳧鷖在梁 烏雞切按梁字蓋誤詩鳧鷖五章有在涇在沙在渚在潨在亹並無在梁之文（釋文引蒼頡解詁云鷖鷗也一名水鴞）

⿰契鳥 ⿰契鳥⿰鳥辥鳧屬 玉篇注同⿰鳥辥作⿰薛鳥繫傳作⿰契鳥⿰鳥辥也臣鍇曰字書鳧屬也李注文選南都賦引作⿰契鳥鷉鳧屬[illegible]誤

[illegible]从鳥契聲 古節切玉篇古屑切廣韻收黠屑二韻

⿰鳥辥 ⿰契鳥⿰鳥辥也从鳥辥聲 魚列切玉篇作⿰薛鳥古鍇切廣韻收鍇亦作⿰薛鳥注云⿰契鳥⿰鳥辥鳥名似鳧

鸏水鳥也从鳥蒙聲莫紅切鷸知天將雨鳥也从鳥矞聲禮記曰知天文者冠鷸余律切韻會禮記作逸周書按今二書並無其文顏氏匡謬正俗引逸禮記曰知天文者冠鷸逸字蓋顏氏加許君時當未逸也或禮字為後人加續漢書輿服志引記曰知天■者冠述知地者履絇述鷸聲相近是也韻會改為逸周書者蓋承顏監之誤漢書五行志師古注引逸周書知天文者冠鷸

⿰遹鳥鷸或从遹

鸊鸊鷉也从鳥辟聲普擊切玉篇作鸊注鸊鷉水鳥廣韻作鷿鳥名似鳧而小足近尾方言野鳧其小而好沒水中者南楚之外謂之鷿鷉大者謂之鶻鷉

鷉鷈

鷉也从鳥虒聲土雞切繫傳作𪇆玉篇作鷈

鸕鸕鷀也一切經音義卷二十引作水鳥也从鳥盧聲洛乎切玉篇廣韻作鸕

鷀鸕鷀也从鳥茲聲疾之切

鷧鷀也从鳥壹聲乙冀切玉篇作鷧郁祕於計二切鸕鶿廣韻收至亦作鷧注鷧鸕鶿鳥

鴔鴔鵖也从鳥乏聲平立切釋鳥作鵖玉篇同

鵖鴔鵖也玉篇注鵖鴔戴鵀蓋本釋鳥今釋鳥作鵖鴔戴鵀釋文同恐誤倒據說文次敘與玉篇合也从鳥皀聲彼及切

鴇鳥也肉出尺胾从鳥匕十聲博好切玉篇譌作鴇注鴇性不止樹蓋本

陸氏草木

毛傳陸疏鴝鳥似鷹而虎文連蹄惜不樹止樹止則為苦

鴝 鴝或从包 玉篇作鴝

鸔 雝鸔也从鳥渠聲 強魚切玉篇作鸔注云雝鸔亦作渠按隹部鴝雝渠並雝渠釋鳥本作雝渠釋文云渠字或作鸔五經文字亦作雝渠則鸔篆疑後人增 韻會作鸔不引說文

鷗 水鴞也从鳥區聲 烏侯切 鷖傳作鷗韻會同玉篇作鷗水鳥也廣韻鷗水鳥引說文云水鴞也

䳊 鳥也 玉篇大鳥也大疑水譌廣韻作䳊注云鳥名似鳧 从鳥犮聲讀若撥 蒲達切玉篇皮達切廣韻收末北末切又音拔

鷛 鳥也 韻會引作鷛渠乃楚金說段君云上林賦說水鳥有庸渠史記作鷛鸔郭曰鷛鸔似鶩灰色而雞足一名章渠吳都賦鷛鸔劉注同郭此鳥本

單呼鷛也从鳥庸聲余封切鶃鳥也从鳥兒聲春秋傳曰六鶃退飛五歷切繫傳作鶃韻會同左傳僖十六年經作鷁釋文云鷁本或作鶂玉篇鶂午的切水鳥善高飛又五兮切廣韻收入聲錫爲鷁之重文鷊鶃或从鬲䳱司馬相如說鶃从赤韻會引同繫傳作[illegible]鴺鴺胡污澤也詩曹風作鵜毛傳鵜洿澤鳥也釋鳥作鵜鴮鸅鳥部無鴮鸅从鳥夷聲杜兮切鵜鴺或从弟玉篇鴺注鷔鴺鵜注鴮澤並音徒兮切廣韻亦不作重文鴗天狗也玉篇天狗也亦名水狗蓋本郭注从鳥立聲力入切鶬麋鴰也从鳥倉聲七岡切釋鳥釋文引字林七羊反[illegible]鶬或

从隹 鴰 麋鴰也从鳥昏聲 古活切 䴔 䴔䴖也 釋鳥釋文引說文音割 釋鳥
鳽鵁鶄 从鳥交聲一曰䴔鸕也 古肴切玉篇作鵁 䴖 䴔䴖
也从鳥青聲 子盈切玉篇作鶄 鳽 䴔䴖也从鳥幵聲 古賢
切玉篇五革五田二
切廣韻收平入二聲 釋鳥釋文引字林音肩 ⿰鳥箴 ⿰鳥箴鴜也 段君云上林賦箴疵史記作⿰鳥箴鴜張揖曰箴疵
似魚虎而蒼黑色 从鳥箴聲 職深切 鴜 ⿰鳥箴鴜也从鳥此聲
即夷切段君云鴜之言觜也觜口也⿰鳥箴鴜蓋其味如鍼之銳 鷻 雕也 繫傳韻會作鵰也詩
四月正義引作鶉雕也 从鳥敦聲詩曰匪鷻匪鳶 度官切繫傳韻會鳶

作鳶蓋因今詩改玉篇 ⿱屰鳥 鷙鳥也 韻會引下
闕廣韻收桓作鷻 有似鴟而
小四字 从鳥屰聲 臣鉉等曰屰非聲一本从屮疑
非許書 从雈省今俗別作鳶非是與專
切玉篇⿱屰鳥爲鳶之重文廣韻止收鳶按⿱屰鳥當爲鶚
之正體漢書鄒陽傳云鷙鳥累百不如一鶚鶚百
爲韻正合屰聲其音與專切疑誤詩四月匪鶉匪鳶
正義鳶作鶚引說文鳶鷙鳥釋文鳶以專反蓋以
天淵爲韻其實 鷳 鴟也从鳥閒聲 戶閒切玉篇
此句不必叶韻也 夏小正作弋後人加鳥作鳶耳 白鷳也亦作
鷳廣韻作鷴注云白 鷂 鷙鳥也从鳥䍃聲 弋笑
鷴似雉而尾長四五尺 切玉
篇以招切五色雉又以照切 鷢 白鷢王鴡也从鳥
鷹鵭廣韻收平去二聲

厥聲 居月切 鴡 王鴡也从鳥且聲 七余切 鸛 鸛專
畐蹂如誰短尾射之銜矢射人 釋鳥作鸛鷒 鶝鶔餘文同誰
作鶝鳥部無鷒鶝鶔釋文云鶝 字亦作福鶔本亦作柔或作蹂 从鳥雚聲 呼官切
鸇 鷐風也 釋鳥晨風鸇詩 秦風亦作晨 从鳥亶聲 諸延切 詩釋文引說文上仙反
鸇 籀文鸇从廛 玉篇鸇下有重文鸇鶔無鸇 字釋鳥釋文鸇引說文上仙
反亦無籀文疑 此字爲後人增 鷐 鷐風也 釋鳥作晨釋文 云晨本或作鷐 从
鳥晨聲 植鄰切 鷙 擊殺鳥也从鳥執聲 脂利切

切鴥鸇飛皃从鳥穴聲詩曰鴥彼晨風余律切繫
傳作鴥詩鴥彼晨風釋文云鴥說文作鴥尹橘反
疾飛貌與毛傳合當不誤玉篇作鴥注飛疾皃
鶯鳥也玉篇鳥有文因廣韻鳥羽文也从鳥熒省聲詩
曰有鶯其羽烏莖切鴝鴝鵒也从鳥句聲其俱切考
工記左傳作鸜本又作
鴝公羊穀梁作鸛鵒鴝鵒也从鳥谷聲古者
鴝鵒不踰泲余蜀切韻會古者作周禮蓋黃氏改今考工記作鸛鵒不踰濟釋文鸛本又作鸜
雓鵒或从隹从臾或从臾隹繫傳作雓鵒鷩赤雉也从鳥

敝聲周禮曰孤服鷩冕并列切段君云司服曰侯伯之服自鷩冕而下如

鵔下與毛傳合似當作与釋文合以詩與毛傳皆作鵔不作鵕也

非是是求釋文所引說文何以与之合毛傳有侯飛字　栢易堂

孤服鷩冕者之孤當侯伯

鵔　鵔鸃鷩也廣韻引作鷩也下有漢初侍中服鵕鸃冠八字葢即鸃注从鳥夋聲私閏切玉篇思俊切鳥狀如鵕赤足直喙黃文見則大旱也

鸃　鵔鸃也从鳥義聲秦漢之初侍中冠鵔鸃冠魚羈切玉篇鵔鸃鳳屬又鷩雉也秦漢之初侍中冠之

⿰啇鳥　雉屬戇鳥也从鳥適省聲都歷切繫傳作从鳥啻聲玉篇知革切廣韻收錫都歷切

鶡　似雉出上黨从鳥曷聲胡割切

切

鴥鸇飛皃从鳥穴聲詩曰鴥彼晨風余律切繫傳作鳾詩鴥彼晨風釋文云鴥說文作鴪尹橘反疾飛皃與毛傳合當不誤玉篇作鴪注飛疾皃

鶯鳥也玉篇鳥有文盖本說因廣韻鳥羽文也从鳥熒省聲詩曰有鶯其羽烏莖切

鴝鴝鵒也从鳥句聲其俱切考工記左傳作鸜本又作鴝公羊穀梁作鸛

鵒鴝鵒也从鳥谷聲古者鴝鵒不踰泲余蜀切韻會古者作周禮蓋黃氏改今考工記作鸛鵒不踰濟釋文鸛本又作鸜

䳑鵒或从隹从臾繫傳作䳑鵒或从臾隹

鷩赤雉也从鳥

敝聲周禮曰孤服鷩冕 并列切段君云司服曰侯
伯之服自鷩冕而下如
公之服此云孤服鷩冕者 鵔 鵔鸃鷩也 廣韻
蓋以天子之孤當侯伯 引作
鷩也下有漢初侍中 从鳥夋聲 私閏切玉篇思俊
服鵕鸃冠八字蓋即鸃注 切鳥狀如鵰赤
足直喙黃文 鸃 鵔鸃也从鳥義聲秦漢之初
見則大旱也
侍中冠鵔鸃冠 魚羈切 玉篇鵔鸃鳳屬又鷩雉 鸐
也秦漢之初侍中冠之
雉屬戇鳥也从鳥適省聲 都歷切繫傳作从
鳥啻聲玉篇知
革切廣韻收 鶡 似雉出上黨从鳥曷聲 胡割
錫都歷切 切

鴧　鳥似鶡■而青，出羌中。从鳥介聲。古拜切

顏氏家訓勉學篇引鴧作雀

鸚　鸚䳇，能言鳥也。韻會引同，繫傳作鸚䳇也。■廣韻注：鸚䳇，能言之鳥。

西山經：有鳥焉，其狀如鴞，青羽赤喙，人舌能言，名曰鸚䳇。

从鳥嬰聲。烏莖切

䳇　鸚䳇也。从鳥母聲。文甫切　繫傳聲下有能言鳥也四字，韻會能言鳥三字在从鳥上。玉篇爲鵡之重文，又亡后切，廣韻收麌厚二韻。

鷮　走鳴長尾雉也。韻會引作長尾雉走且鳴，詩車舝正義引作長尾雉走鳴。乘輿以爲防釳，正義引輿作轝，下有尾字，非。著馬頭上。从鳥喬聲。巨嬌切

鷕　雌雉鳴也。从鳥唯

聲詩曰有鷕雉鳴以沼切繫傳作鷕詩匏有苦葉■釋文鷕引説文以水反字林于水反則以沼切非玉篇鷕音以沼切恐非顧氏所定廣韻收小以沼切又羊水切然不收旨蓋宋人改移

鼺鼠形飛走且乳之鳥也从鳥畾聲力軌切當作靁省聲玉篇作鸓力追切鼺鼠又名飛生又力軌切廣韻平聲注飛生鳥也上聲注飛生鳥名飛且乳一曰鼺鼠毛紫赤色似蝙蝠而長

鸓籀文鸓

鶾雉肥鶾音者也从鳥倝聲魯郊以丹雞繫傳作鷄祝曰以斯鶾音赤羽去魯侯之咎侯幹切玉篇何干何旦二切雞肥皃今爲

翰廣韻收平聲　鴳雇也从鳥安聲烏諫切玉篇音同注鴿
爲翰之重文
鴳也鴿字蓋譌後又有鴳音晏鴳雇
則後人增廣韻引爾雅鳫鴳重文作鷃　鴆毒鳥
也从鳥冘聲一名運日直禁切五音韻譜及集韻類篇引同繫傳日作目廣
韻引廣志云雄名運目雌名陰諧（王逸注離騷作運日）顧千里云諸書
有運日暉日鴆日雲日然則日字未必非目字未必是
鷇鳥子生哺者从鳥㱿聲口豆切　鳴鳥聲也
从鳥从口武兵切韻會引口上無从字繫傳作从鳥口聲誤　鶱飛皃玉篇
飛舉也廣韻　从鳥寒省聲虛言切　鳻鳥聚
飛舉皃

郭注中山經作雄名運日
雌名陰諧廣雅同
淮南繆稱訓作暉目
知晏陰諧知雨

皃一曰飛皃　廣韻引同玉篇鳥[illegible]皃又飛皃[illegible]本說文　从鳥分聲府文切

文百十六實百十五　重十九實二十

烏孝鳥也　五音韻譜同繫傳鳥作[illegible]烏廣韻引玉篇注並同　孔子曰烏盱繫傳作盱謼呼也取其助气故以爲烏呼凡烏之屬皆从烏哀都切臣鉉等曰今俗別作嗚非是

䋲古文烏象形繫傳作綒

於象古文烏省　繫傳作於韻會同

舄䧿也象形七雀切

五音韻譜作舄韻會䧿作鵲　非顧千里云當作从烏省象形玉篇又思亦切今爲履舄字廣韻收藥昔

䧿篆文

考作烏鵲也漢南人間刊烏鵲之語又汪論訓乾鵲知來而不知往注乾鵲之也

舄从隹𦐇 初學記引下有聲字

焉 焉鳥黄色出於江淮 廣韻引作鳥黄色出江淮閒韻會亦作鳥黄色無下四字 象形凡字朋者羽蟲之屬 五音韻譜繫傳屬作長是也繫傳蟲作虫非 鳥者日中之禽舄者知太歲之所在燕者請子之候作巢避戊己所貴者故皆象形焉亦是也 有乾切玉篇於連切鳥名也安也疑也又矣連切語已之詞也是也顧千里云當作从鳥省象形

文三　重三

說文解字攷異弟四上

睔下鄭有二字倒

説文解字攷異弟四下

𠦒　箕屬所以推棄之器也　繫傳棄作弃　玉篇箕屬弃糞器　象形

凡𠦒之屬皆从𠦒　官溥説　北潘切　玉篇俾蜜切又方干切　廣韻收入聲質引説文方干切　又收平聲桓

畢　田罔也从𠦒象畢形微也或曰由聲　臣鉉等曰由音弗卑吉切　韻會引作从田从𠦒象畢形　無下文

糞　棄除也　一切經音義卷十六引作糞除掃棄也　从廾推𠦒棄采也官溥説似米而非米者矢字　方問切　玉篇作糞　注除也物污穢也

棄　捐也

焉从隹笞祁字記引下有聲字焉焉鳥黃色出於江淮廣韻引作鳥黃色出江淮間韻會亦作鳥黃色無下四字象形凡字朋者羽蟲之屬五音韻譜繫傳屬作長是也繫傳蟲作虫非鳥者日中之禽舄者知太歲之所在燕者請子之候作巢避戊己所賢者故皆象形焉亦是也有乾切玉篇於連切鳥名也安也疑也又矣連切語已之詞也是也顧千里云當作从鳥省象形

文三　重三

説文解字攷異弟四上

說文解字攷異弟四下

華　箕屬所以推棄之器也繫傳棄作弃玉篇箕屬弃糞器象形凡華之屬皆从華官溥說北潘切玉篇俾蜜切又方干切廣韻收入聲質引說文方干切又收平聲桓

畢　田罔也从華象畢形微也或曰由聲臣鉉等曰由音弗畢吉切韻會引作从田从華象畢形無下文

糞　棄除也一切經音義卷十六引作糞除掃棄也从廾推華棄釆也官溥說似米而非米者矢字方問切玉篇作糞注除也物污穢也

棄　捐也

从廾推𠦒棄之繫傳之作也韻會同从去去逆子也臣鉉等曰去他忽切詰利切繫傳去作㐬

韻會同（形从㐬合）

𠫑古文棄𣪠籒文棄繫傳作古文棄玉篇廣韻並無接正文从去去逆子也則本當作𠫑不應更爲籒文疑後人增改

文四　重二

冓交積材也韻會引玉篇注同繫傳交上有小巳象三字蓋涉下文幺而誤象對交之形凡冓之屬皆从冓古候切玉篇同廣韻收平去二聲

再一舉而二也从冓省作代切繫傳韻會同五音韻譜作从一冓省非毛本从之

爯并舉也

从爪冓者　處陵切玉篇齒陵切舉也又尺證切與稱同廣韻止收平聲　文三

幺　小也象子初生之形　六書故引蜀本曰侌也重ム爲幺幺象冃昧也亦象子初成之形㠯養正也林罕引說文與蜀本同　凡幺之屬皆从幺　於堯切

幼　少也从幺　韻會作小也蓋用御覽改　从力　伊謬切　文二

𢆶　微也从二幺　六書故引蜀本曰隱微意也从重幺幺者微之至也　其本蓋有增改　凡𢆶之屬皆从𢆶　於虯切

幽　隱也从山中𢆶𢆶亦聲　於虯切

幾　微也殆也从𢆶从戍戍兵守也𢆶而兵守者危也　居衣切　繫傳微下無

也字戌上無从字韻會引解字唯不重戌字玉篇居衣切又居扆切幾𢦔多也又巨衣切廣韻收平上二聲

文三

叀專小謹也繫傳袪妄篇專作叀錢宮詹云當連篆文讀从幺省屮財見也袪妄篇財作才凡叀之屬皆从叀職緣切

𠀝古文叀

𢆉亦古文叀玉篇作卣𠧪部作卣斤部作卣

惠仁也从心从叀徐鍇曰爲惠者心專也胡桂切繫傳韻會叀上無从字

𢝊古文惠从芔

疐礙不行也玉篇廣韻注同釋言釋文引礙下有足字恐非从叀引而止之也袪妄篇作閡也

从叀引而止之蓋誤 叀者如叀馬之鼻从此與牽同意 陟利切 韻會作叀如叀馬之叀與牽同意

文三　重三

玄部

玄諱 幽遠也黑而有赤色者爲玄象幽而入覆之也凡玄之屬皆从玄 胡涓切 玄 古文玄 繫傳作玄 玉篇作𢆯

茲 黑也从二玄春秋傳曰何故使吾水茲 子之切 玉篇子貍切濁也黑也或作黸滋廣韻收先引說文吾謂作君胡涓切接左傳哀八年作何故使我水滋釋文滋（作𢆶又云）音玄本亦作茲子絲反濁也引字林云黑也蓋陸氏誤音如與玄同音則當爲重文不當又作滋也廣

韻承陸氏之誤　玉篇並無此讀宋劉跂摹泰山秦篆譜作豎鋝泰山

文二　重一

予　推予也玉篇引作推予前人也韻會引作相推予也與匡謬正俗引合象相予之形凡予之屬皆从予余臣切五音韻譜臣作呂是也玉篇以諸切我也又音與引說文廣韻收平上二聲

舒　伸也李注文選七命引作申也从舍从予予亦聲繫傳韻會作从舍予聲一曰舒緩也傷魚切

幻　相詐惑也从反予周書曰無或譸張爲幻胡辦切繫傳作幻韻會同

文三

放　逐也从攴方聲凡放之屬皆从放甫妄切玉篇甫望切又甫往切

比也敫也廣韻收上去二聲

敖　出游也从出从放　五牢切繫傳放上無从字玉篇注游也或在出部

𦤎　光景流也从白从放讀若龠　以灼切史記索隱王子年表注引作讀若躍玉篇余灼切又古了切廣韻止收入聲

文二　五音韻譜繫傳二作三是也

𠬪　物落上下相付也　繫傳及玉篇注同韻會引落下有也字　从爪从又　繫傳韻會作从爪又　凡𠬪之屬皆从𠬪讀若詩摽有梅　平小切

寽　引也从𠬪从于　繫傳韻會于上無从字　籒文以

說文𢖍異　四

爲車轅字羽元切𤔔治也幺子相亂受治之

也讀若亂同一曰理也徐鍇曰冂坰也界也郎段切按曰字衍𤔔

古文𤔔玉篇作𤔗受相付也从受舟省聲殖酉切𤔕

撮也从受从己臣鉉等曰己者物也又爪掫取之指事力輟切繫傳作从受己聲鍇

曰乙音甲乙之乙按乙當是己玉篇作𤔕又爭引也（一切經音義卷二十[illegible]引作[illegible]引物也）从受厂臣鉉等曰厂音曳受

二手也而曳之爭之道也𤔿所依據也（一切經音義卷九引作有所據也）从受工

側莖切繫傳作爭韻會同玉篇狙耕狙迸二切廣韻收平聲

讀與隱同於謹切玉篇於謹於靳二切廣韻收上去二聲寽五指持

也五音韻譜持作捋集韻類篇繫傳作持玉篇五指也亦作捋取也摩也从受一聲讀若律呂戌切玉篇力括切栝當是括廣韻收術呂卹切持取今乎禾是

𠭥進取也从受古聲古覽切 𠭦籀文敢 𠬶古文敢繫傳作𠭧

文九　重三

𣦼殘穿也从又从歺繫傳下有歺亦聲三字凡𣦼之屬皆从𣦼讀若殘昨干切

𣦿溝也从𣦼从谷讀若郝呼各切繫傳作叡韻會同下並放此

壡叡或从土

叡𣦼探堅意也繫傳

作㕡𣦼深堅意集韻類篇引作𣦼深堅意也玉篇注深堅意也蓋本說文廣韻注深堅意則探字譌㕡𣦼並行从𣦼从貝貝堅寶也繫傳寶作寶蓋譌讀若概古代切

𣦸坑也繫傳作坑地蓋譌坑當作阬土部無坑玉篇注坑𣦸也穿也捕獸也亦作穽从𣦼从井井亦聲疾正切廣韻有穽無𣦸

叡深明也通也五音韻譜作叡是也繫傳作叡無通也二字韻會同玉篇注明也聖也智也廣韻聖也从𣦼从目从谷省以芮切

睿古文叡玉篇無但見叡注云與睿同廣韻重文不云古文正文

壡籀文叡从土玉篇土部作壡注云古睿字廣韻無

文五　重三

歺 列骨之殘也从半冎凡歺之屬皆从歺讀若櫱岸之櫱 徐鍇曰冎剔肉置骨也歺殘骨也故从半冎臣鉉等曰義不應有中一秦刻石文有之 五割切段君云櫱當作屵屵者岸高也五割切櫱音同蓋轉寫者以其音改其字耳 樹玉謂釋山左右有岸厒說文無厒疑古作櫱或屵

𣦶 古文歺 繫傳作𣦵

𣨙 病也从歺委聲於爲切

殙 瞀也从歺昏聲 呼昆切繫傳作殙玉篇作殙引說文

殰 胎敗也从歺賣聲徒谷切

歾 終也从歺勿聲 莫勃切玉篇爲歿之重文

𣩘 歾或从回又

𣨛 大夫死曰𣨛 曲禮天子死曰崩諸侯曰薨大夫曰卒 从歺卒

聲子聿切殊死也从歺朱聲漢令曰蠻夷長有罪當殊之市朱切繫傳之下有市字衍殰胎敗也玉篇引同一切經音義卷七卷十三引並作暴無知也當不誤胎敗者乃殰字玉篇蓋宋人引从歺𥁕聲烏沒切玉篇烏殁切又音温廣韻收平入二聲殤不成人也人年十九至十六死爲長殤十五至十二死爲中殤十一至八歲死爲下殤从歺傷省聲式陽切韻會無人字八歲下無死字玉篇引有殂往死也玉篇廣韻注死也从歺且聲虞書曰勛乃殂昨胡切繫傳同集韻類篇引

作放勛乃殂孟子引堯典曰放勛乃徂落今書作帝乃殂落（五音韻譜作放勛乃殂落）𣦸古文殂从歺从作繫傳作𣦸作上無从字

殛殊也从歺亟聲虞書曰殛鯀于羽山巳力切玉篇韻會引無虞字是也

殪死也从歺壹聲於計切𡔛古文殪从死繫傳作𡔛無从死二字玉篇廣韻並無

⿱莫歺死宗𦠆也从歺莫聲莫各切

殯死在棺將遷葬柩賓遇之从歺从賓賓亦聲繫傳韻會賓上無从字夏后殯於阼階殷人殯於兩楹之間韻會殷作商周人殯於賓階必刃切

肂瘞

也玉篇引瘞作瘞是也从歺隶聲羊至切殣道中死人人所覆也韻會止一人字左傳昭三年釋文引作道中死者人所覆也从歺堇聲詩曰行有死人尚或殣之渠吝切今詩作墐殠腐气也从歺臭聲尺救切韻會气作氣無聲字殨爛也火部作爛从歺貴聲胡對切㱙腐也从歺丂聲許久切朽㱙或从木殆危也从歺台聲徒亥切殃咎也易坤釋文引作凶也玉篇注凶咎也从歺央聲於良切殘賊也从歺戔聲昨干切殄盡也玉篇絕也盡本新臺毛傳

从歺㐱聲徒典切 [古文字形]古文殄如此玉篇古文作殄 殲微盡也玉篇盡也死也蓋本釋詁及何注公羊傳 从歺韱聲春秋傳曰齊人殲于遂子廉切繫傳無 殫殛盡也繫傳韻會殛作極玉篇廣韻盡也 傳字韻會同見莊十七年經 从歺單聲都寒切 殬敗也从歺睪聲商書曰彝倫攸殬當故切五音韻譜彝作𢑱韻會引同繫傳作叓殬作斁並非玉篇作書云彝倫攸殬作彝是也今書洪範作斁 𣩡畜產疫病也从歺从嬴郎果切繫傳作从歺嬴聲嬴字譌玉篇力外力臥二切廣韻收去聲過 𣩠殺羊出其胎也从歺豈聲五來

切

⿰歺肉禽獸所食餘也从歺从肉昨干切

殖脂膏久殖也从歺直聲常職切

⿰歺古枯也从歺古聲苦孤切

⿰歺奇棄也玉篇廣韻引同繫傳棄作弃从歺奇聲俗語謂死曰大⿰歺奇去其切玉篇引無謂字丘知切又居綺切廣韻平聲支引有謂字又收上聲

文三十二　重六

死澌也人所離也从歺从人凡死之屬皆从死息姊切

𣦸古文死如此

薨公侯𣨏也廣韻引𣨏作卒非从死瞢

省聲 呼肱切 薨死人里也从死蒿省聲 呼毛切玉篇呼勞切黄八

泉也死人里也廣韻收平上二聲 上聲 㱡戰

引周禮曰辨魚物爲鱻薨注云薨乾也亦作槁

見血曰傷亂或爲惛死而復生爲㱡 玉篇引無亂字惽作惛

廣韻引亦作 从死次聲 咨四切玉篇資

惛有亂字 利七四二切

文四　重一

冎剔人肉置其骨也 剔當作鬄鬄詳新附攷 象形頭隆骨也

凡冎之屬皆从冎 古瓦切繫傳作冎韻會冎分

同無形字玉篇作另

解也从冎从刀憑列切玉篇蒲列切離也又彼列切分別也廣韻作别注云說文作別

[illegible]别也（玉篇注同集韻引作別衣也非）从冎卑聲讀若罷府移切玉篇補解切廣韻收上聲紙甫委切相分解也

文三

骨肉之覈也从冎有肉凡骨之屬皆从骨古忽切

髑髑髏頂也玉篇注髑髏頭也从骨蜀聲徒谷切

髏髑髏也从骨婁聲洛侯切

髆肩甲也玉篇引同韻會引作肩甲髆也非从骨尃聲補各切

髃肩前也从骨禺聲午口切玉篇牛口切

誤

引說文字同[illegible]譌廣韻五口切

骿 并脅也从骨并聲晉文公骿脅 臣鉉等曰骿胝字同今別作胼非部田切

髀 股也 錢宮詹云御覽引作股外也樹玉按釋畜釋文李注文選七命一切經音義婁引並有外字玉篇足部踔注云古髀字股外也[illegible]髀注無外字疑[illegible]後人改 从骨卑聲 并弭切玉篇補爾切又步米切廣韻收紙薺二韻

踔 古文髀繫傳作踔

髁 髀骨也从骨果聲 苦臥切玉篇口臥口禾二切又胡瓦切廣韻平聲戈引說文口臥切又收去聲過

𩩲 𩩲骨也从骨厥聲 居月切玉篇作[illegible]

髕 髀上也从骨

寬聲 苦官切 玉篇苦官苦昆二切廣韻收桓魂二韻魂韻為臗之重文

髕 厀耑也 繫傳韻會厀作膝俗 一切經音義卷三卷四卷十二華嚴經音義卷七十三引並作膝骨也玉篇膝端也引大戴禮人生朞而髕廣韻去膝蓋骨刑名 从骨賓聲 毗忍切

䯏 骨耑也 玉篇骨端也廣韻骨骨端段君云骨當是骸之誤骨空論云膝解爲骸關是也恐未確 从骨昏聲 古活切

𩪘 厀脛間骨也从骨貴聲 丘媿切

骹 脛也从骨交聲 口交切

骭 骹也从骨干聲 古案切

骸 脛骨也从骨亥聲 戶皆切

髓骨中脂也从骨隓聲息委切⿰骨易骨間黃汁

玉篇注同繫傳汁作汗譌

从骨易聲讀若易曰夕惕若

厲他歷切繫傳無讀若二字鍇曰當言讀若易曰也

體總十二屬也

段君曰十二屬許未詳言今以人體及許書覈之首之屬有三曰頂曰面曰頤身之屬有三曰肩曰脊曰尻手之屬三曰厷曰臂曰手足之屬三曰股曰脛曰足

从骨豊聲他禮切

髍㾓病也从骨麻聲莫鄱切玉篇亡何切廣韻收戈作䯢莫婆切

骾食骨留咽中也玉篇咽作嗌

从骨㪅聲古杏切

骼禽

獸之骨曰骼玉篇引無之字从骨各聲古覈切玉篇柯頟切廣韻收陌古伯切

骴鳥獸殘骨曰骴骴可惡也从骨此聲

明堂月令曰掩骼薶骴繫傳薶作埋俗韻會引亦作埋又改明堂爲禮記不知許君所稱非禮記中月令也

骴或从肉資四切繫傳無此四字乃是也後人增韻會作今文禮記作胔

骫骨耑骫奊也从骨丸聲於詭切繫傳無聲字韻會引作骫丸作九亦無聲字又引毛氏曰从八九之九从丸誤大謬殷敬順列子釋文引作骨曲直也恐非說文玉篇廣韻並注骨曲

䯤骨擿之可會髮者廣韻引同玉篇

引無之字

从骨會聲詩曰䯤弁如星吉外切今詩作會釋文引作䯤

文二十五　重一

肉

胾肉玉篇引下有也字象形凡肉之屬皆从肉如六切繫傳韻會作月

腜婦始孕腜兆也从肉某聲莫桮切

肧婦孕一月也从肉不聲匹桮切玉篇匹尤普回二切廣韻收灰尤二韻

胎婦孕三月也廣韻韻會引玉篇注同一切經音義卷七卷十三引作婦孕一月爲肧二月爲胎蓋譌淮南子廣雅並作三月而胎文子作四月而胎其書後出未可信从肉台聲土來切

肌肉

也玉篇注肌膚也廣韻同从肉几聲居夷切臚皮也从肉盧聲力居切韻會引作从肉盧省聲蓋意改膚籒文臚玉篇臚力居切引鄭注周禮云陳也膚府隅切皮也分爲二字[illegible]廣韻臚收魚膚收虞肫面額也玉篇又鳥藏也从肉屯聲章倫切⿰月幾頰肉也从肉幾聲讀若畿居衣切脣口耑也玉篇口脣也廣韻同从肉辰聲食倫切⿰辰頁古文脣从頁脰項也韻會引同繫傳項作頂譌从肉豆聲徒候切肓心上鬲下也心下鬲上也从肉亡聲春秋傳曰病在肓

左傳成十年釋文引作

之下呼光切左傳成十年作在肓之上膏之下腎水藏也从肉臤聲時忍切藏當作藏下放此肺金藏也一切經音義卷四卷二十引並作火藏也錢宮詹云五經異義今文尚書歐陽說肝木也心火也脾土也肺金也腎水也古文尚書說脾木也肺火也心土也肝金也腎水也案月令春祭脾夏祭肺季夏祭心秋祭肝冬祭腎與古文尚書同御覽引說文云肝火藏也肺木藏也脾金藏也樹玉謂說文心土藏肺火藏蓋從古文家說由此推之則肝當爲金藏脾當爲木藏今不然者疑並後人改御覽所引已非善本與今古文並不合从肉巿聲芳吠切脾土藏也从肉卑聲符支切肝木藏也从肉干聲古寒切膽連肝之府

繫傳韻會府下有也字玉篇肝之府也从肉詹聲都敢切繫傳脘聲字韻會同

胃穀府也从肉𡇒象形云貴切韻會引作从𡇒从肉非象形者象𡇒之形非有𡇒字也

脬膀光也韻會引同繫傳及一切經音義卷三卷十一引膀作旁从肉孚聲匹交切

腸大小腸也从肉昜聲直良切

膏肥也从肉高聲古勞切玉篇公勞切引説■文廣韻收平去二聲

肪肥也从肉方聲甫良切

膺胷也後漢書張衡傳注引作匈也从肉䧹聲於陵切玉篇作膺

肊胷骨也集韻類篇引同繫傳及韻會引作胷肉也五音韻譜作胷骨也李

注文選登樓賦引同當非脫玉篇廣韻注並作匈月也[illegible]

加肉[illegible]非其字从肉[illegible]以為胷者以从乙也然乙乃聲也

非[illegible] 从肉乙聲 於力切 臆 肊或从意 背 脊也从肉北聲 補妹切玉篇補對切又步內切廣韻兩收隊 脅 兩膀也 玉篇身左右兩膀也 从肉劦聲 虛業切 膀 脅也从肉旁聲 步光切 髈 膀或从骨 脟 脅肉也从肉寽聲一曰脟腸間肥也一曰膫也 力輟切玉篇但引腸間肥也 肋 脅骨也从肉力聲 盧則切 胂 夾脊肉也从肉申聲 失人切 脢 背肉也从

易咸釋文脢引鄭云背脊肉也說文同

説文攷異　十四

肉每聲易曰咸其脢 莫桮切玉篇脢者心之上口之下易釋文同 肩 髆也从肉象形 古賢切 肩俗肩从戶 肩當作肩玉篇廣韻有肩無肩

胳 亦下也 繫傳亦作掖玉篇作腋腋即亦之俗體 从肉各聲 古洛切 胠 亦下也 繫傳亦作掖 从肉去聲 去劫切玉篇去劫丘慮丘問三切廣韻收平去入三聲

臂 手上也从肉辟聲 卑義切 臑 臂羊矢也 史記龜策傳徐廣注引同集韻引作羊豕臂按鄉射禮釋文云臑說文讀爲儒字林云臂羊豕也然則集韻誤以字林爲說文禮記少儀釋文引說文臑臂羊矢讀若襦字林人於反

繫

因字形相近而譌繫傳有錯曰羞骨形象羊矢因

名之也則矢 从肉需聲讀若襦 那到切 釋文兩引讀
字當不誤 若儒一若襦恐襦誤玉
篇有腝無臑腝奴到切臂節蓋以腝當臑廣韻
臑收平聲虞注嫩耎皃腝收去聲号注臂節

肘 臂節也从肉从寸 寸手寸口也 陟柳切
繫傳韻會寸上無从字

𦟝 肶𦟝也 肶譌五音韻譜作肶繫傳同𦟝作臍譌
韻會引作肶臍也廣韻云說文作𡿺𦟝是
也囟部𡿺人臍也肶為膍之重文 从肉齊聲 徂兮切
義別玉篇作臍注膍臍非古

腹 厚也从肉复聲 方六切 當从复作腹

腴 腹下肥也从肉臾聲 羊朱切 繫傳作腴
五音韻譜及廣韻引同繫傳

脽 𡱂也 作尻也集韻類

篇韻會引同按漢書武帝紀元鼎四年立后土祠于汾陰脽上注師古曰脽者以其形高起如人尻脽故以名云則作尻是也从肉隹聲示隹切

肤孔也玉篇注肤孔也廣韻注孔肤从肉決省聲讀若決水之決古穴切

胯股也从肉夸聲苦故切繫傳當無此字後人以解字補故音切並同玉篇引史記曰不能死出我胯下胯股也廣韻一切經音義同五經文字所作胯謬

股髀也从肉殳聲公戶切

腳脛也从肉卻聲居勺切

脛胻也音義卷十八二十一引作腳胻也廣韻注腳脛玉篇腓腸前骨也从肉巠聲胡定切

胻脛耑也从肉行聲戶更切玉篇戶當切廣韻收唐胡郎切

腓脛

腨也从肉非聲符飛切

腨腓腸也从肉耑聲市沇切

胑體四胑也玉篇體四胑手足也从肉只聲章移切

肢胑或从支

胲足大指毛也一切經音義卷二引無毛字蓋脫玉篇注足指毛肉廣韻足大指毛肉从肉亥聲古哀切

肖骨肉相似也从肉小聲不似其先故曰不肖也私妙切

胤子孫相承續也从肉从八象其長也从幺象重累也羊晉切繫傳韻會幺上無从字下有亦字累當作纍

𦙍古文

胤胄胤也　廣韻引作裔也玉篇注同　从肉由聲　直又切

振𦙍也　繫傳作振也按顏注漢書樂志云肸振也蓋𦙍肸古通玉篇𦙍注振肸也肸疑

肸譌廣韻有肸無𦙍肸　从肉八聲　許訖切六書故

收質迄二韻注肸蠁　引唐本曰脤𦙍

也从肉从八按脤蓋祳之俗體　膻　肉膻也从肉亶聲

說文所無不足信也

詩曰膻裼暴虎　徒旱切今詩作襢　𦢊　益州鄙言人盛

諱其肥謂之𦢊　韻會謂之二字作曰非方言梁益之閒凡人言盛及其所愛偉

其肥晠謂之𦢊則諱當是偉　从肉襄聲　如兩切　⿰月皆　臞也从肉皆

聲古諧切玉篇口駭公理二切廣韻收平聲臞少肉也从肉瞿聲其俱切脫消肉臞也玉篇廣韻注肉去骨从肉兌聲徒活切脙齊人謂臞脙也玉篇瘠也齊人謂瘠腹爲脙从肉求聲讀若休巨鳩切玉篇呼尤渠尤二切廣韻兩收尤臠臞也从肉䜌聲一曰切肉臠也廣韻引無臠字詩曰棘人臠臠兮力沇切繫傳作臠兮（無兮字）詩作欒玉篇力兖切肉臠也又力官切臠臠瘠皃廣韻上聲引說文又收平聲膌瘦也从肉脊聲資昔切脨古文膌从疒从朿朿亦聲繫傳

⿸疒朿上 脀騃也 玉篇注同廣韻癡皃 从肉丞聲
無从字 韻會引作升也 乃儀禮疏改
韻會下有以牲實鼎也五字 讀若丞 署陵切 胗脣
周禮注文升乃儀禮疏
瘍也 廣韻一切經音義卷六引玉篇注 从肉㐱聲
並同李注文選風賦引瘍作傷非
之忍切 疹籒文胗从疒 腄瘢胝也 韻會引同 廣韻亦作
瘢胝 繫傳作跟胝也 从肉垂聲 竹垂切 胝腄也从肉
誤玉篇引作瘢腄也
氐聲 竹尼切 肬贅也 从肉尤聲 羽求切 䵳籒文
肬从黑 肒搔生創也 从肉丸聲 胡岸切 腫癰也

从肉重聲之隴切

胅骨差也从肉失聲讀與跌同徒結切繫傳與作若

脪創肉反出也廣韻引創作瘡俗从肉希聲香近切

𦙏瘢也从肉引聲一曰遽也羊晉切玉篇餘忍切脊肉也又丈忍切廣韻上聲軫注杖痕腫處說文音酳瘢也一曰遽也又收去聲震注脊肉

臘冬至後三戌臘祭百神玉篇引作冬至後三戌爲臘祭百神也从肉巤聲盧盍切

膢楚俗以二月祭飲食也御覽引二上有十字衍从肉婁聲一曰祈穀繫傳無聲字食新曰離膢力居切繫傳韻會無離字御覽引離作貙玉篇力僂切飲食祭也冀州八月楚俗二月

廣韻收虞
侯二韻
朓　祭也从肉兆聲　土了切玉篇通堯
他召二切廣韻平
上二聲有朓並▇一注月出西方一注月行疾出
西方乃月部朓字別無从肉之朓廣雅
作祧祭也知祧出於朓
新附疑失采
胙　祭福肉也从
肉乍聲　臣鉉等曰今俗別
作祚非是昨誤切
隋　裂肉也从肉从隓
省
徒果切
膳　具食也从肉善聲
切
常衍
腬　嘉善
肉也从肉柔聲　耳由切繫傳鍇引國語毋亦柔嘉
是食則當連篆文讀玉篇肥美也
初學記引作雜肉也
肴　啖也
玉篇俎實
从肉爻聲　徐鍇曰謂已修庖
又啖肉也
之可食也胡茅切
腆　設膳腆腆多也
韻會引同繫傳
从肉典聲
止一腆字葢脫

他典切 ⿱典肉 古文腆 玉篇類篇一切經音義卷十三作⿱典月則仍从肉 腯 牛羊曰肥豕曰腯 廣韻引同詩我將釋文引無牛字蓋脫 从肉盾聲 他骨切 ⿰月必 肥肉也从肉必聲 蒲結切 胡 牛顄垂也 繫傳顄作頷 玉篇廣韻韻會引同一切經音義卷十三引作牛頷下垂也 从肉古聲 戶孤切 胘 牛百葉也从肉弦省聲 胡田切 膍 牛百葉也从肉𣱼聲一曰 經典宋字云字書上无此字誤 鳥膍胵 房脂切 𣱼比 膍 當作𣱼膍 肶 膍或从比 胵 鳥胃也从肉至聲一曰胵五藏總名也 處脂切 繫傳韻會無名字藏當作臧

⿰月㬎　牛脅後髀前合革肉也　詩車攻公羊桓四年釋文引並作脅後髀前肉蓋脘玉篇注牛脅後髀前革肉當本說文　从肉㬎聲讀若繇　敷紹切　䌛當作繇玉篇扶小字小二切廣韻三收小

⿰月帥　血祭肉也　廣韻引四字在脺下　玉篇正作膟注膟腸間脂也重文作⿰月帥　从肉帥聲　呂戌切

膟　⿰月帥或从率

膫　牛腸脂也从肉尞聲詩曰取其血膫　洛蕭切　玉篇膫爲膋之重文引詩在膋下與今詩信南山合

膋　膫或从勞省聲

脯　乾肉也从肉甫聲　方武切

脩　脯也　韻會引同繫傳脯作

膊

膞譌 从肉攸聲息流切 膎 脯也从肉奚聲戶皆切廣韻收佳戶佳切玉篇引說文膎戶皆切 脼 膎肉也玉篇膎脼也 从肉兩聲良獎切

膊 薄脯膊之屋上和學字記用膊作㬪 从肉尃聲匹各切 脘 胃府也从肉完聲讀若患舊云脯 吉卯切繫傳府作脯無舊云脯三字當并脘

[illegible]錯曰謂以胃作脯也引史記貨殖傳曰濁氏以胃脯致富玉篇注胃脘廣韻注胃府[illegible]

經後下改 朐 脯挺也韻會引挺作脡非肉部無脡 从肉句聲其俱切韻會聲下有申曰脡曲 膴 無骨腊也楊雄說曰朐六蓋采何注公羊

鳥腊也繫傳楊作揚無下也字韻會同并無上也字[illegible]从肉無聲周禮有

膴判見肉饔及腊人判並作胖肉部無胖讀若謨荒烏切玉篇亡古切土地腴美膴

膴然也又訶姑切無骨腊廣韻平聲音武夫切又荒烏切又收上聲胥蟹醢也从肉足

聲相居切腒北方謂鳥腊曰腒韻會引同繫傳鳥作烏無

曰字蓋譌脫从肉居聲傳曰堯如腊舜如腒九魚切論

衡引傳、詳繫傳楚金說肍孰肉醬也繫傳孰作熟俗玉篇

同廣韻乾肉醬也醬酉部作醬从肉九聲讀若舊巨鳩切䐹乾魚尾䐹䐹

䐹也从肉肅聲周禮有腒䐹所鳩切庖人䐹作鱐魚部無

腝有骨醢也从肉耎聲人移切玉篇無臑以腝當臑廣韻有臡無腝五經文字云臡見禮經及周禮說文字林竝作腝釋器肉謂之醢有骨者謂之臡

臡腝或从難玉篇奴雞切廣韻奴低切

脠生肉醬也从肉延聲丑連切玉篇注同廣韻引作肉將酉盖[illegible]毛本作脠[illegible]知何本

䏰豕肉醬也从肉否聲薄口切否當作咅玉篇蒲候切廣韻收上去二聲

胹爛也爛即爤者从肉而聲如之切玉篇煑熟也廣韻爲臑之重文

腪切孰肉内於血中和也玉篇孰作熟無切字从肉員聲讀若遜

穌本切繫傳遜作選

胜　犬膏臭也从肉生聲一曰不孰也　桑經切

臊　豕膏臭也　玉篇注同韻會引作犬鮏臭也藍田周禮注改　从肉喿聲　穌遭切

膮　豕肉羹也从肉堯聲　許幺切　禮記內則釋文引字林云豕羹也火彼反

腥　星見食豕令肉中生小息肉也　玉篇豕息肉也　从肉从星星亦聲　穌佞切繫傳不重星字韻會作从肉星聲玉篇桑丁切廣韻收平去二聲

脂　戴角者脂無角者膏　家語執轡篇云無角而無前齒者膏有角無後齒者脂　从肉旨聲　旨夷切

膭　觷也　玉篇廣韻並注膏觷說文觷觷並無觷或作礐詳新　繫傳鍇曰理角也舍人謂解開猪羊頭爲膭也

大戴易本命篇無角者膏而無前齒有角者脂而無後齒

附攷玉篇臖烏酷切膏膭廣韻臖收屋沃二韻从肉

一注臖膏肥皃一注膏膭未詳古用何字或郎（膏字而讀入聲）

貴聲穌果切膩上肥也从肉貳聲女利切膜肉間

胲膜也一切經音義卷二十引無胲字玉篇注同从肉莫聲慕各切膈

肉表革裏也从肉弱聲而勺切臛肉羹也从肉隺

聲呼各切膹臛也从肉賁聲房吻切臇臛也从肉雋

（臇注急就篇云臇[illegible]切生肉也）

聲讀若纂子沇切玉篇子選子遺二切臇少汁也廣韻收平聲支上聲獮𤏅

臇或从火巽繫傳作𤏅胾大臠也从肉𢦔聲側吏切

膟薄切肉也从肉枼聲直葉切膾細切肉也从肉會聲古外切腌漬肉也从肉奄聲於業切玉篇於膽於劫二切廣韻入聲注鹽漬魚平聲爲醃之重文脃小耎易斷也玉篇廣韻引同韻會引耎下有物字非李注文選魏都賦引小作少一切經音義妻引亦作少則少當不誤从肉从絕省此芮切韻會作从肉絕省聲膬耎易破也李注文選七發引耎作腝非从肉毳聲七絕切玉篇爲脃之重文又七絕切廣韻收上聲祭[illegible]又收入聲散雜肉也从肉㪔聲穌旰切玉篇穌旦切引說文廣韻收上去二聲膞切肉也从肉專聲市沇切腏挑取骨閒

肉也从肉叕聲讀若詩曰啜其泣矣陟劣切䏿食所遺也从肉仕聲易曰噬乾䏿阻史切繫傳作䏿玉篇引易在胏下與今易合胏楊雄説䏿从𠂔䐀食肉不猒也玉篇注同繫傳猒作取譌从肉臽聲讀若陷戶猪切肰犬肉也从肉犬繫傳作从犬肉讀若然如延切𦘓古文然五音韻譜繫傳然作肰是也下同玉篇作𦘓𤉹亦古文然繫傳作䁲玉篇廣韻並無䐜起也从肉真聲昌眞切䏙肉汁滓也从肉冘聲他感切膠昵也繫傳韻會作胒也譌肉部無胒

作之以皮从肉翏聲古肴切䏿或曰嘼名象形闕郎果切玉篇郎戈郎果二切獸名廣韻無胆蝇乳肉中也从肉且聲七余切玉篇此據且居二切廣韻收平去二聲肙小蟲也从肉口聲一曰空也烏玄切臣鉉等曰口音韋玉篇烏衙切廣韻收去聲霰腐爛也从肉府聲扶雨切肎骨間肉肎肎箸也玉篇引箸作著韻會作箸譌从肉从冎省一曰骨無肉也苦等切玉篇引冎繫傳韻會曰作說肎古文肎繫傳作古文玉篇廣韻並無肥多肉也从肉从卩臣鉉等曰肉不可過多故从卩符非切繫傳作从肉卩聲鍇曰疑當从已或

从卩不得云聲皆誤也六書故云徐氏之説尤鑿而迂肥妃皆以己爲聲據此則當从己作肥

文一百四十　重二十

筋 肉之力也 玉篇廣韻引同一切經音義卷二十一引作肉之有力者曰筋卷二十二引作肉之力曰从力从肉从竹竹物之多筋者 韻會引同繫傳作从筋力肉竹竹物之多筋者从力象筋也 凡筋之屬皆从筋 居銀切

䈥 筋之本也 从筋从夗省聲 渠建切 繫傳夗上無从字玉篇渠建巨言二切廣韻注有腱收平去二聲

腱 䈥或从建 繫傳建上有肉字

𠠷 手足指節鳴也

玉篇注同繫傳作手足指節之鳴者　从筋省勺聲
也廣韻注筋手足指節之鳴者

北角切　肑　筋或省竹　繫傳無竹字　文三　重三　五音韻譜
繫傳三作二足也

此行當低一字

刀　兵也象形凡刀之屬皆从刀　都牢切玉篇都高切又丁幺切引莊子
刀刀手亦姓俗作刁廣韻收亭引說文蕭韻收刁

𠛆　刀握也从刀缶聲　方九切玉篇作𠛆孚至切刀握也或爲弣至疑（當是）缶之譌
廣韻收𠛆爲弣之重文引說文又方九切

㓵刀
劒刃也　廣韻引玉篇注並同　从刀咢聲　臣鉉等曰今俗作鍔
韻會引也作鋒非

非是五各切

⿱㓞各　籀文𠞯从㓞从各　繫傳作㓞（各上無从字）玉篇⿱㓞各收㓞部力灼切今作略又籀文剝剝當是𠞯段君云釋詁剡⿱㓞各利也顏籀孔沖遠引作略周頌有略其耜毛云略利也張揖古今字詁云略古作⿱㓞各

削　鞞也一曰析也从刀肖聲　息約切繫傳从刀肖聲在一曰句上韻會同玉篇思略切刻治也又思妙切所以貯刀劍刃廣韻收入聲去聲有鞘爲韒之重文

⿰句刂　鎌也从刀句聲　古侯切　廣韻引作關西呼鎌爲⿰句刂也蓋誤以方言爲說文（方言作自關西西或謂之鉤）玉篇注鎌也鎌即鎌之別體

剴　大鎌也一曰摩也从刀豈聲　五來切韻會引無大字从刀豈聲在一曰句上玉篇公哀五哀二切

剞　剞𠜾曲刀也　韻會引𠜾作劂蓋因廣韻改刀

部無剮玉篇注刀曲也从刀奇聲居綺切剧剞剧也从刀屈聲九勿切利銛也从刀和然後利从和省韻會引刀易上無从字曰利者義之和也力至切𥝢古文利繫傳作𥝢韻會同剡銳利也从刀炎聲以冉切初始也从刀从衣繫傳韻會衣上無从字裁衣之始也楚居切前齊斷也从刀歬聲子善切則等畫物也从刀从貝繫傳韻會貝上無从字貝古之物貨也子德切則古文則則亦古文則繫傳在籀文下

玉篇廣韻並無汗簡古文四聲韻有此
字引說文汗簡云說文續添疑後人增𠟭籀文則
从鼎剛彊斷也韻會引同繫傳作強从刀岡聲
也玉篇廣韻注同
古郎𠇍古文剛如此繫傳作𠇍玉篇㓹斷齊
切廣韻並無
也一切經音義卷十一十二引作斷首也亦截也蓋誤以剸為剬韻會
引作剸齊也則因毛氏增韻改玉篇廣韻並
注齊从刀耑聲旨兖切玉篇多九切廣韻
也收平聲又收上聲為剸之重文劊斷
也从刀會聲古外切玉篇古活切又古切刌也廣
會切廣韻收去入二聲韻
引作从刀七聲千結切繫傳作切韻會同玉篇妻
折也結切治骨也斷也急也又七計切一
一切經音義卷十九引作割也刌也

切也廣韻入聲引說文又收去聲注衆也刌切也从刀寸聲倉本切⿰辥刀斷也从刀辥聲私列切玉篇先列魚乙二切廣韻收質薛二韻刏劃傷也从刀气聲一曰斷也又讀若殪繫傳無又字一曰刀不利於瓦石上刏之古外切玉篇九祈切切刺也又公外切刺當是刺廣韻收平聲微去聲隊劌利傷也从刀歲聲居衞切刻鏤也从刀亥聲苦得切副判也詩生民釋文引作分也又引字林判也蓋誤以說文為字林从刀畐聲周禮曰副辜祭芳逼切繫傳辜作事譌今

周禮作疈玉篇普逼切坼也破也疈籀文副繫傳作疈又芳富切貳也廣韻收去入二聲

剖判也从刀咅聲浦后切

辨判也从刀辡聲蒲莧切玉篇作辨皮莧切具也又音片引爾雅革中絕謂之辨廣韻上聲引說文又收去聲

判分也从刀半聲普半切

剫判也从刀度聲徒洛切

刳判也从刀夸聲苦孤切

列分解也从刀𡿪聲良薛切

刊剟也从刀干聲苦寒切

剟刊也廣韻韻會引同繫傳作判也爾雅序釋文引作利也並譌从刀叕聲陟劣切

删剟也从刀玉篇注削也

冊冊書也所姦切劈破也从刀辟聲普擊切剝裂
也从刀从彔彔刻割也彔亦聲北角切繫傳作列衣也从刀从彔聲一曰彔刻
割也韻會引同⿰卜刀剝或从卜割剝也韻會引同
剝作剝是也繫傳作問
也誤从刀害聲古達切剺剝也劃也从刀𠩺聲里之
切劃錐刀曰劃从刀从畫繫傳作錐刀也从刀畫韻會同畫亦
聲呼麥切剈挑取也从刀肙聲一曰窐也烏玄切
劀刮去惡創肉也从刀矞聲周禮曰劀殺之齊

古鍇切繫傳無也字韻會同周 劑 齊也 玉篇剪从刀
禮曰作周禮瘍醫則黃氏增 齊也
从齊齊亦聲 在詣切繫傳韻會作从刀齊聲廣韻上
聲霽注分劑又收平聲支券也遵為切
㓹 刮也从刀㕞省聲禮布刷巾 所劣切韻會引布
作有段君云有字
是也禮有刷巾蓋指内則左佩紛帨注云帨（紛）
拭物之佩巾也帨與帥同帥刷聲相近 㓺 捂把
也 韻會引同繫（作桰杷也）从刀昏聲 古八切玉篇作刮 㔇 砭刺
傳（捂）捂作杷也譌（恐並譌） 摩也廣韻注刮削
一切經音義卷从刀㬎聲一曰剽劫人也 匹妙切按剽劫
也 十一引作刺也 繫傳韻會刺作刺是也五音韻譜亦譌 劫字（本）从力韻
會無一 刲 刺也 韻會引下有割也二字蓋因 从刀圭聲
曰句 廣韻增玉篇注屠也刺也

刖

易曰士刲羊 苦圭切繫傳脫士字韻會有

剉 折傷也 一切經音義卷二十引同二十一引作斫也誤 从刀坐聲 麤臥切廣韻音同玉篇子臥士臥二切斫也

劋 絕也 从刀喿聲周書曰天用劋絕其命 子小切周當是夏或後人加周字今甘誓作勦

刖 絕也从刀月聲 魚厥切當作[illegible]玉篇五厥五刮二切斷足也廣韻收月鎋二韻

刜 擊也从刀弗聲 分勿切玉篇扶弗孚弗二切斫也擊也

㓼 傷也从刀桼聲 親結切玉篇楚乙切作㓼割也又割聲也廣韻收質初栗切

劖 斷也从刀毚聲一曰剽也釗也 鉏銜切廣韻引無釗也二字繫傳釗下無也字韻會剽下無也字

刓 剸也

方言釗超遠也燕之北郊曰釗

玉篇削也廣韻圓削从刀元聲一曰齊也五九切釗刓也剽也廣

韻遠也見也从刀从金繫傳作从刀金聲誤韻會作从金刀聲按當是从刀金刀亦聲

勉也亦弩牙

釋詁勉也郭注未詳釋詁見也郭注引逸書曰釗我周王按釗薄勉也見方言

周康王名止遙切制裁也从刀从未未物成有滋味可

裁斷韻會作剬非斷下有也字一曰止也征例切玉篇作制𠝹古文制如此

繫傳作剬玉篇作制㓠缺也从刀占聲詩曰白圭之㓠丁念切今

詩作玷說文有罰辠之小者韻會引辠作罪从刀从詈未

㓠鉆[illegible]無玷

以刀有所賊但持刀罵詈則應罰房越切刵斷耳

也从刀从耳仍吏切繫傳韻會耳上無从字

劓刑鼻也五音韻譜刑作刖[illegible][illegible]集韻類篇韻會引並同繫傳作刖劓也誤一切經音義卷十五十九二十一引並作決鼻也或唐本不同从刀臬聲易曰天且劓魚器切今易作劓

劓臬或从鼻玉篇正作劓割也截鼻也重文作劓

刑剄也从刀幵聲戶經切玉篇作刑

剄刑也从刀巠聲古零切玉篇古冷切以刀割頸也廣韻收上聲迴古挺切剄古零切非

剸減也从刀尊聲茲損切

魝楚人謂治魚也从刀从魚繫傳魚上無从字讀若鍥古屑切玉篇山俱切又公節切割也廣韻收入聲屑按山俱切則當从魚聲

券

契也从刀𢍏聲券別之書以刀判契其旁故曰契

券　去願切　繫傳契下無券字一切經音卷十三引作券別之書以刀判其旁故曰契也　御覽引判作刻

刺　君殺大夫曰刺刺直傷也从刀从朿　韻會引朿上無从字　朿亦聲　七賜切　玉篇且利切殺也又七亦切針刺也廣韻收去入二聲

文六十二　繫傳作六十四當無剔字今去剔實六十四　重九　五音韻譜作十繫傳作七並非

刃　刀堅也象刀有刃之形凡刃之屬皆从刃　而振切

刅　傷也从刀从一　楚良切　繫傳韻會作丹誤按當作从刃从一　玉篇作刅引說文廣韻無

創　或从刀倉

說文攷異　三十

聲 臣鉉等曰今俗別作𠞝非是也繫傳作刅或从倉 劒 人所帶兵也 玉篇軍器所帶兵也 从刃僉聲 居欠切 劒 籀文劒从刀 繫傳作劒

文三 重二

㓞 巧㓞也从刀丰聲凡㓞之屬皆从㓞 恪八切 𡙇 齘契刮也 繫傳作㓞齘𡙇刮也蓋傳寫譌玉篇注前契刷刮也前即齘之別體 从㓞夬聲一曰契畫堅也 古黠切 栔 刻也从㓞从木 苦計切 韻會引作从木㓞聲接當是从㓞木㓞亦聲

文三

丯　艸蔡也　玉篇草丯也草莽也廣韻草介　按玉篇草莽也疑本說文蓋字形相近而譌艸部蔡艸也丯間有別義方言蘇芥草也江淮南楚之間曰蘇自關而西或曰草或曰芥南楚江湘之間謂之莽（芥丯聲相近當本方言）象艸生之散亂也凡丯之屬皆从丯讀若介　古拜切

㓞　枝格也　玉篇枝柯也廣韻無　从丯各聲　古百切

文二

耒　手耕曲木也　玉篇注同廣韻引無手字易（齊民要術引）繫辭釋文引作耜曲木並譌脫　从木推丯古者垂作耒梠以振民也　韻會引丯作手梠作耜並非　凡耒之

屬皆从耒盧對切耕犁也廣韻注同齊民要術卷一引作種也非玉篇牛犁也犁當作䎸从耒井聲一曰古者井田古莖切韻會井田下有故从井三字傳作耕耦耒廣五寸為伐二伐為耦从耒禺聲五口切耤帝耤千畝也古者使民如借故謂之耤五音韻譜畝作畮廣韻引[illegible]作畮初學記引作籍田者天子躬耕使人如借故謂之籍人字避諱餘亦有增改借當作藉內部無借詳新附攷从耒昔聲秦昔切䅭冊叉可以劃麥五音韻譜冊作䅭集韻引作冊又按冊見𠔁篇注數之積也廣韻又字統引說文云冊數名見廣韻或今本脫又當不誤河內

用之从耒圭聲古攜切攜當作攜 ⿰耒員 除苗間穢也廣韻引同韻會無間字穢當作薉禾部無穢 从耒員聲羽文切 ⿰耒芸 ⿰耒員或从芸玉篇作⿰禾芸

耡 商人七十而耡韻會引同繫傳商作殷玉篇引同 耡 耤稅也从耒助聲周禮曰以興耡利萌牀倨切集韻韻會引萌作甿蓋因今周禮改玉篇俟據俟居二切廣韻收平去二聲

文七　重一

角 獸角也玉篇獸頭上骨出外也 象形角與刀魚相似凡角

石鼓文作

之屬皆从角古岳切䚢揮角皃玉篇注同繫傳揮作揮譌廣韻注揮角从角雚聲梁隱縣有䚢亭邑部無隱地理志作隱屬陳留郡國志云梁國隱故屬陳留又讀若䊐況袁切玉篇許元先芮二切廣韻止收元觻角也从角樂聲張掖有觻得縣盧谷切玉篇力的力木二切廣韻收錫注角鋒䚡角中骨也韻會引無也字玉篇注同从角思聲穌來切觠曲角也从角𢍏聲巨員切玉篇居轉切又音權廣韻止收平聲觬角觬曲也繫傳無曲字玉篇角不正也从角兒

聲西河有觬氏縣研啓切玉篇牛兮切
廣韻收平上二聲地理志作觬氏作觬是
觢一角仰也玉篇注同易睽釋文引作
角一俯一仰蓋誤記觭字　从角㓞聲
易曰其牛觢臣鉉等曰从契者乃得聲尺制切按
繫傳契从㓞聲大徐去聲字故又
爲此說非是
今易作掣
⿰角虒角傾也从角虒聲敕豕切　觭角
一俛一仰也繫傳俛作俯蓋後人以釋文改　从角
人部無俯韻會引俛作俛下無也字釋
當釋文引字林云一角低一角仰
奇聲去奇切玉篇丘奇居倚
二切廣韻收平上二聲釋
觓角皃从角丩聲
當釋文引字林丘戲江宜二反
詩曰兕觵其觓渠幽切今詩作兕觥其
觩玉篇觩爲觓之重文　觵角

曲中也从角畏聲烏賄切玉篇闕廣韻收平聲烟烏恢切注同考工記作畏[illegible]角長皃玉篇引同譌作[illegible]从角爿聲士角切繫傳聲下有讀若粗觕四字按春秋公羊莊十年傳云觕者曰侵何注觕麤也隱元年文二年注中並有麤觕說文無觕玉篇觕昌欲切抵人又為觸之重文則觕當即[illegible]之別體粗當是粗粗與麤觕通然讀若不當仍同本字藝文志庶得麤觕師古曰觕粗略也音才戶反說[illegible]郎广字詳牀下

[illegible]角有所觸發也从角厥聲居月切觸抵也五音韻譜繫傳作牴也韻會引玉篇注並同牛部牴觸也从角蜀聲尺玉切觲用角低仰便也低當作氐仰當作卬从羊牛角詩曰觲觲角弓

息營切繫傳詩上有讀若二字衍今詩作騂馬部無騂釋文云騂說文作弲音火全反者蓋以弲訓角弓也玉篇作觲注角弓調利也用角便也一本毛傳一本說文也

䚗舉角也从角公聲古雙切玉篇職容切廣韻收鍾江二韻並作舡

衡牛觸橫大木其角从角从大行聲韻會引作牛觸橫大木从角大行聲詩曰設其楅衡戶庚切詩當作禮見周禮封人職詩當作楅夏而楅衡

奧古文衡如此繫傳作奧玉篇作奧蓋仍从角

⿰角耑角⿰角耑獸也狀似豕角善爲弓出胡休多國休多當即休屠地理志屬武威郡御覽作胡休尸國尸蓋屠之殘字事類賦引作出胡尸國藝文類聚引作胡休多國从角耑聲多官切

觰　觰拏獸也从角者聲一曰下大者也　陟加切玉篇觰拏獸也下大也角上長也或作奓

觤　羊角不齊也　玉篇角不齊也　从角危聲　過委切

觟　牝牂羊生角者也　廣韻注無也字韻會引作牝羊角者玉篇注角兒　从角圭聲　下瓦切

觡　骨角之名也　玉篇麋角有枝曰觡無枝曰角廣韻注鹿角　从角各聲　古百切

觜　鴟舊頭上角觜也一曰觜觿也　韻會引作鴟舊頭上角觜也又觜觿星名舊字譌（蓋沿五音韻譜之）下則黃氏增改據玉篇則觿當是觿　从角此聲　遵爲切玉篇子移切觜觿大龜也又星名又子鬼切廣韻收平上二聲

解判也从刀判牛角一曰解廌獸也　佳買切又戶賣切繫傳廌作豸　玉篇諧買居買二切緩也釋也說也散也又諧懈切接巾也又古隘切署也廣韻收上去二聲

觿佩角銳耑可以解結　廣韻引作角銳耑可以解結也　从角巂聲詩曰童子佩觿　戶圭切

觵兕牛角可以飲者也从角黃聲其狀觵觵故謂之觵　古橫切

觥俗觵从光

觶饗飲酒角也　五音韻譜集韻同饗作鄉禮記鄉飲酒釋文引同　繫傳韻會作　禮曰一人洗舉觶觶受四升从角

鄉飲酒觶

廣韻觶收支注云本音寘今作奉觶字又收寘玉篇但音之豉切

單聲　臣鉉等曰當从戰省乃得聲之義切按戰亦从單聲徐說非是繫傳从角單聲在一曰句上韻會同禮下有記字則黃氏增此引儀禮鄉飲酒一人洗升舉觶于賓非禮記也五音韻譜禮作礼鄭注特牲饋食引舊說云爵一升觚二升觶三升角四升散五升許君以觶角為一物故不同又禮記鄉飲酒義釋文並引字林音支恐有一誤

儀禮鄉飲酒釋文觶引字林音至禮記[illegible]引字林音支

觗　觶或从辰

觗　禮經觶

觛　小觶也　玉篇小巵也　从角旦聲　徒旱切

觴　觶實曰觴虛曰觶　韻會引實上無觶字玉篇飲器也實曰觴虛曰觶　从角煬省聲　式陽切繫傳作从角𥏫聲非說文無𥏫煬矢部作𥏫省者省矢爲𠆢也

𧢦　籒文觴从爵省　觴鄉飲酒之爵也　韻會引同繫傳

脘酒　一曰觴受三升者謂之觚　繫傳謂之作曰韻會無謂之二字五經異義引韓詩二升曰觚趙氏金石録云大觀中濰之昌樂丹水岸圮得此爵及一觚漢儒皆以爵一升觚二升今此二器同出以觚量之適容三爵與考工記合可以決經義之疑　从角瓜聲　古乎切

觛　角匕也　从角亘聲　讀若讙　臣鉉等曰亘音宣俗作古鄧切　笘篆文有異況袁切玉篇欣奇欣元二切廣韻收支元二韻

觳　杖耑角也　从角敫聲　胡狄切

觼　環之有舌者　从角夐聲　古穴切

鐍　觼或从金

⿰角弱　調弓也　从角弱省聲　於角切玉篇爲⿰角弱之重文

⿰角發　惟射

收鬃具也　廣韻引雉作弋鬃作繳　从角發聲　方肺切玉篇方吠方沫二切沫當是沫廣韻去聲廢引說文又收入聲末

䚈雉射收繳具从角酋聲讀若䚈字秋切五音韻譜繫傳䚈作䚈是也

觳盛觵卮也　集韻韻會引無也字玉篇盡也

盛酒卮也　一曰射具从角殼聲讀若斛　胡谷切玉篇胡族切廣韻收屋覺二韻

觱羌人所吹角屠觱以驚馬也　廣韻引屠作屠　从角觱聲觱古文誖字　卑吉切繫傳作从角觱古文誖玉篇有勿切角可以吹又卑溢切咸角沸濫泉廣韻止收質

段云觱作籀文此作古文疑後人改

文三十九　今去學角一字實三十八

重六

春秋傳曰鄭游販字子明蔿棻
謂曰亦當爲有之誤以隹部雃下引春秋傳例之
當作春秋傳鄭有游販字子明蓋傳寫誤倒耳

膋疑是膋詩信南山取其血膋　牛腸脂也与戴角者脂義合

痟酸痟頭痛周禮春時有痟首疾鄭注酸削也
痠當爲酸　華曰痠削　蘇林注揚雄謂縮朒爲痠縮
周

說文解字攷異弟四下

說文解字攷異弟五上

六十三部　文五百二十七　今去笑字實五百二十五

重百二十二　實百二十四　凡七千二百七十三字

竹　冬生艸也象形下垂者箁箬也凡竹之屬皆从竹　陟玉切

箭　矢也从竹前聲　子賤切　繫傳作箭　韻會引作箭　玉篇注同御覽引作矢竹也恐誤

箘　箘簬也从竹囷聲一曰博棊也　渠隕切　玉篇奇隕切　引說文又音囷桂也　廣韻收平上二聲

簬　箘簬也从竹路聲　夏

書曰唯箘簬楛 洛故切 簵古文簬从輅 繫傳作簵

筱箭屬小竹也从竹攸聲 先杳切玉篇先鳥切 筱箭也小竹也重文

作篠 釋草作篠篠箭釋文云字林作筱云小竹也

簜大竹也从竹湯聲夏書曰瑤琨筱簜

繫傳韻會筱作簜可爲幹當作榦筱可爲矢 徒朗

篠蓋因今書改瑤當作瑤

切繫傳不重簜 ⿱竹微竹也从竹微聲 無非切 ⿱竹𢼸籀

字韻會引有

文从微省 繫傳作⿱竹𢼸 籀文⿱竹微省

筍竹胎也从竹旬聲 思允

切玉篇先尹切竹

萌也蓋本釋草 ⿱竹怠竹萌也 釋草釋文引作竹萌

生也玉篇廣韻並無

生字从竹怠聲徒哀切玉篇徒改切又音臺廣韻收平上二聲釋草釋文引字林大才反

箁竹箬也玉篇注同廣韻引作竹箬也誤从竹咅聲薄侯切

箬楚謂竹皮曰箬从竹若聲而勺切玉篇竹大葉重文作篛

節竹約也从竹即聲子結切

筡折竹笢也折當是析方言析竹謂之筡玉篇注竹中空也亦析竹从竹余聲讀若絮同都切玉篇達胡切又丑於切廣韻收魚模二韻

⿱竹臱筡也从竹⿱自⿵冂方聲武移切玉篇亡支切竹篾也重文作⿱竹璽廣韻收籋注云亦作⿱竹臱

笢竹膚也从竹民聲武盡切玉篇亡忍切竹表也

笨竹裏也从竹本聲布忖

切

𥳉竹皃玉篇注同繫傳作竹皃也皃譌从竹翁聲烏紅切玉篇於孔切廣韻收平上二聲竹盛皃

篸差也从竹參聲所今切玉篇楚金切篸參差不齊也又子紺切針篸廣韻收平去二聲

篆引書也从竹彖聲持兗切

籀讀書也从竹擂聲春秋傳曰卜籀云直又切韻會無云字惠徵君棟曰籀今作繇

篇書也一曰關西謂榻曰篇从竹扁聲芳連切韻會从竹扁聲在一曰句上繫傳脱曰字

籍簿書也簿當作薄竹部無簿从竹耤聲秦昔切

篁竹田也从竹皇聲戶光切

篰剖

竹未去節謂之簩从竹將聲即兩切[竹枼]籥也从竹枼聲与接切籥書僮竹笘也繫傳笘作箈譌从竹龠聲以灼切玉篇廣韻丞注樂器以籥當龠[竹劉]竹聲也从竹劉聲力求切玉篇力周切竹名廣韻平聲引說文又收上聲說文無劉詳鎦下簡牒也从竹閒聲古限切笐竹列也廣韻引同又引爾雅曰仲無笐竹類也一切經音義卷十一引作竹次也从竹亢聲古郎切玉篇注似琴有弦篰䈶爰也繫傳鍇曰字書䈶爰簡牘也从竹部聲薄口切玉篇芳後蒲口二切竹牘也廣韻止收上聲等齊簡也从竹从寺繫傳韻會寺上無从

字寺官曹之等平也多肯切玉篇都肯都忌二切廣韻爲部首又收海韻

範法也从竹竹簡也氾聲繫傳韻會氾聲在从竹下古法

有竹刑防叐切䇲表識書也从竹戔聲則前切符

信也漢制以竹長六寸分而相合从竹付聲防無切

簭易卦用蓍也从竹从𢍰繫傳韻會𢍰上無从字𢍰

古文巫字時制切笄簪也从竹幵聲古兮切⿱竹𦣝取

蟣比也从竹𦣝聲居之切玉篇居疑切蟣⿱丮䖵枇籆收絲者也

从竹蒦聲　王縛切廣韻作篗引說文亦作篗　𧤗　篗或从竹从閒

篗當作篗玉篇無廣韻有　御覽引作从竹閒聲　筳　維絲筦也从竹廷聲　特丁切　筦

筟也从竹完聲　古滿切　筟　筳也从竹孚聲讀

若春秋魯公子彄　又芳無切玉篇撫于切　笮　迫也在瓦之下

棼上　韻會引作屋笮在瓦之下棼之上顧千里曰繫傳臣鍇曰爾雅注屋上薄謂之屋笮也黃氏因改耳

从竹乍聲　阻厄切玉篇側革切狹也迫也壓也又仄乍切笮酒也廣韻收去入二聲　簾　堂

簾也从竹廉聲　力鹽切　簀　牀棧也　玉篇牀簀又棧也　从

竹責聲阻厄切笫牀簀也从竹𠂔聲阻史切筵竹席也从竹延聲周禮曰度堂以筵筵一丈以然切簟竹席也从竹覃聲徒念切玉篇徒點切廣韻收上聲籧籧篨粗竹席也一切經音義卷十七引粗作麤从竹遽聲彊魚切篨籧篨也从竹除聲直魚切籭竹器也可以取粗去細韻會引作可以除麤取細是也一切經音義卷六引及玉篇注並同从竹麗聲所宜切玉篇所街所飢二切廣韻收支佳二韻籓大箕也从竹潘聲一曰蔽

也 甫煩切 籅漉米籔也从竹奧聲 於六切 籔炊箅也 玉篇十六斗曰籔又炊箅也 从竹數聲 穌后切 箅蔽也所以蔽甑底从竹畀聲 必至切 𥳓飯筥也受五升从竹稍聲秦謂筥曰𥳓 山樞切按此字疑後人增廣雅有䈰無𥳓廣韻同玉篇有𥳓引說文在俗字中蓋宋人增故音切並同曰𥳓筥注䈰不作𥳓亦一證秦謂筥曰䈰當在䈰篆下陳留上 䈰陳留謂飯帚曰䈰从竹捎聲一曰飯器容五升一曰宋魏謂箸筩爲䈰 所交切方言箸筩宋魏之間謂之筲玉篇筲爲䈰之重文

筥　箱也从竹呂聲　居許切

笥　飯及衣之器也　一切經音義卷四卷十三引作盛衣器曰笥卷十二引作盛衣之器也當不誤禮記引笎命曰唯衣裳在笥笥字見於經典莫先於此玉篇注盛飯器圖曰簞方曰笥蓋本禮記鄭注　从竹司聲　相吏切

簞　笥也　玉篇葦器也引論語曰一簞食　从竹單聲　漢律令簞小筐也傳曰簞食壺漿　都寒切　傳見孟子

簁　簁箄竹器也　玉篇注箄作箅謕　从竹徙聲　所綺切　繫傳作簁玉篇作簁山奇所綺二切廣韻上聲引說文又收平聲

箄　簁箄也从

竹卑聲　并弭切玉篇必匙必是二切江東　篿　圜
呼小籠爲箄廣韻收平上二聲
玉篇楚人謂折竹卜曰篿亦圜竹器也
竹器也从竹專聲　度官切　箸　飯攲也从竹者聲
陟慮切又遲倨切玉篇除庶切筴也飯具　簍　竹
也又陟慮切廣韻兩收御一爲著之重文
籠也从竹婁聲　洛侯切玉篇力甫切車籠弓也
又落侯切廣韻收平聲侯上
聲　筤　籃也从竹良聲　盧黨切玉篇力桑　籃
麌　切廣韻止收平聲
大篝也从竹監聲　魯甘切　㔶　古文籃如此　玉篇廣韻
竝無汗簡厂部有㔶注云
籃出義雲章然非籃字　篝　笿也可熏衣从

竹冓聲宋楚謂竹篝牆以居也古侯切按當是宋楚謂竹篝
曰牆居也方言篝陳楚宋魏之
間謂之牆居廣雅熏篝謂之牆居笿桮笿也从竹
各聲盧各切筩桮笿也从竹各聲或曰盛箸籠
古送切籢鏡籢也急就篇鏡籢疏比各異工从竹斂聲力鹽切
籫竹器也玉篇竹器也箸筩也从竹贊聲讀若纂一曰叢
作管切按當作籫玉篇作籫子短切籯笭也从竹嬴聲以成切廣韻引作籯
玉篇亦作籯引漢書曰遺子黃金滿籯
籯竹器也廣雅籯訓筩又訓籠則籯是當不誤[illegible]竹器也

从竹刪聲 蘇旰切玉篇所閒蘇干二切竹器也似箱而庳䉶廣韻去聲引説文又收平聲

簋 黍稷方器也 玉篇注同廣韻内圓外方曰簋錢獻之坫遅簋説曰依鄭康成周礼注及舍人爾雅注則方者曰簠圜者曰簋此名爲簋而形方與解字合 从竹从皿从皀 居洧切繫傳韻會皀作皀上無从字

𠥍 古文簋从匚飢 繫傳作𠥍玉篇收匚部爲匭之重文

匭 古文簋或从軌 繫傳作古文簋从匚軌

朹 亦古文簋 廣韻同玉篇收木部引爾雅朹繫梅

簠 黍稷圜器也从竹从皿甫聲 方矩切玉篇方武甫娛二切廣韻收平上二聲

𠤱 古文簠从匚从夫 繫傳作𠤱玉篇收匚部

籩 竹豆也

从竹邊聲布方切　𠥱　籀文籩繫傳下有从匚二字　𥫱　篅也从竹屯聲徒損切　篅　以判竹圜以盛穀也玉篇廣韻引無也字集韻韻會引判上無以字是也一切音義婁引亦無圜作圓　从竹耑聲市緣切玉篇市規市專二切廣韻仙引説文又收支　簏　竹高篋也从竹鹿聲盧谷切高注淮南精神訓云𥫱篅受穀器也𥫱讀𥫱穀之𥫱也　箓　簏或从录　簜　大竹筩也从竹昜聲徒朗切　筩　斷竹也从竹甬聲徒紅切　箯　竹輿也从竹便聲旁連切　笯　鳥籠也从竹奴聲乃故切玉篇女家乃胡二切引楚辭鳳皇在笯兮雞鶩翔舞廣韻收平聲模麻

去聲
暮法
竿 竹梃也从竹干聲 古寒切 補注楚辭引無鳥字下有南楚謂之笯五字恐並非
籱 罩魚者也从竹靃聲 竹角切 篧 籱或省 繫傳下更有篧注云籱或从隺按玉篇篧苦郭陟角二切魚籠也引爾雅篧謂之罩重文作籱並無籗字廣韻覺收篧鐸收籗引爾雅注云捕魚籠亦作篧然則籗篆當本是篧後人改爲籗故繫傳重出
箇 竹枚也 玉篇凡竹筊也數之一枚也 从竹固聲 古賀切繫傳聲下有讀若箇三字箇字[illegible]誤
筊 竹索也从竹交聲 胡茅切玉篇胡交切
筰 筊也从竹作聲 在各切
䈜 蔽絮簀也 玉篇廣韻引同繫傳絮作絮 从竹沾聲讀若錢 昨鹽切玉篇才田子田二切又昨鹽切廣韻

先引說文又收鹽注漂絮簣

箑扇也从竹疌聲山洽切䈉箑或从妾

籠舉土器也一曰笭也从竹龍聲盧紅切玉篇力公切又力董切廣韻收平上二聲

䉴袌也繫傳作抱也玉篇注䉴簟漉米竹器也廣韻[illegible]漉作盝从竹襄聲如兩切玉篇如張切廣韻收平聲

笠可以收繩也从竹象形中象人手所推握也胡誤切互笠或省玉篇無廣韻注差互不作重文

簝宗廟盛肉竹器也韻會引作宗廟盛食器非玉篇注宗廟盛肉器又竹也廣韻宗廟盛肉方竹器从竹尞聲周禮供盆簝以待事

洛蕭切牛人職凡祭祀共其牛牲之互與其盆簝以待事

⿱竹豦　飲牛筐也　集韻引飲作飲是也玉篇廣韻並作飲韻會引作飯[illegible]非　从竹豦聲方曰筐圜曰⿱竹豦　居許切五音韻譜作⿱竹豦繫傳同

篼　飲馬器也　飲亦當是飤玉篇飼馬器也廣韻飼馬籠也飼即飤之俗體　从竹兜聲　當侯切

籚　積竹矛戟矜也从竹盧聲春秋國語曰朱儒扶籚　洛乎切繫傳矜作矝[illegible]部有矜無矜無曰字籚作盧蓋後人因晉語改矛部無矜

箝　𥫗爾也　玉篇鑽頭　从竹甘聲　巨淹切

⿱竹爾　𥫗甘也从竹爾聲　尼輒切臣鉉等曰爾非聲未詳按爾轉入聲即有此音不得謂

說文攷異　七

非聲　簦笠蓋也从竹登聲都滕切　笠簦無柄也从竹立聲力入切葉氏石本急就篇簦笠二字並从廾隸書多如此孟子既入其笠亦當是笠　箱大車牝服也从竹相聲息良切　篚車笭也从竹匪聲敷尾切　笭車笭也从竹令聲一曰笭籯也郎丁切韻會籯作笭籯玉篇注同　⿱竹剡播馬也从竹剡聲丑廉切玉篇特甘切廣韻收談徒甘切　策馬箠也从竹朿聲楚革切　箠擊馬也从竹垂聲之壘切玉篇之縈市委二切廣韻收平上二聲　⿱竹朶箠也从竹朵聲陟瓜切玉篇簻竹瓜切箠也重文作⿱竹朶又徒果切竹名廣韻收平聲麻爲檛之重

文又收上聲果 笍 羊車騶箠也箸箴其耑長半分从竹内聲 陟衞切玉篇廣韻小車具也 籣 所以盛弩矢人所負也从竹闌聲 洛干切 箙 弩矢箙也从竹服聲周禮仲秋獻矢箙 房六切司弓矢仲作中 笨 棒雙也 段君云棒雙見木部廣雅笨雙謂之笨廣韻四江曰棒雙者帆未張也又曰雙者帆也 从竹朱聲 陟輸切 笘 折竹箠也从竹占聲潁川人名小兒所書寫爲笘 失廉切玉篇丁帖切廣韻收 笪 笞也 韻會引同繫傳作竹也譌 一切經音入聲 怗音丁愜切則失廉切非

義卷十七引作箬也又注云竹若音若竹皮名按玉篇廣韻並作笞也則笞當不誤然玉篇音丁但切廣韻亦收去聲則笞又不合或後人以其與笞篆相次改箬為笞篇韻亦當為校者改　从竹旦聲當割切玉篇丁但切笞也又丁達切麤籧篨也廣韻去聲翰注笞也入聲曷注竹⿱竹廢⿱竹廢當同⿱竹發玉篇⿱竹發甫吠切籧篨

笞　擊也从竹台聲丑之切

籤　驗也一曰銳也貫也从竹韱聲七廉切繫傳从竹韱聲在一曰句上一切經音義卷十四引作貫也銳也按元應所引當玉篇止注貫也並無驗訓訓驗者乃讖字廣韻引同今本者蓋宋人增

⿱竹殿　楇也从竹殿聲臣鉉等曰當从臀省聲徒魂切按臀亦从殿聲徐說非是玉

篇爲箴之重文

箴 綴衣箴也从竹咸聲 職深切 蓋古用竹後用金

箾 以竿擊人也从竹削聲虞舜曰箾韶 所角切又音蕭玉篇山卓切以竿擊人也又蘇堯切舜樂廣韻收平入二聲並引說文段君云音部引書簫韶九成知臯陶謨字作簫此云箾韶蓋據左傳左云見舞韶箾者此作箾韶見書與左一也

竽 管三十六簧也 玉篇三十六簧樂也 从竹于聲 羽俱切 廣雅竽象笙三十六管宮管在中央

笙 十三簧象鳳之身也笙正月之音物生故謂之笙大者謂之巢小者謂之和 初學記引作笙正月之音物生故謂之笙有十三簧

象鳳之聲顧千里曰笙象鳳身从竹生聲古者隨
簫象鳳翼初學記非也
作笙所庚切韻會引正月上無笙字生下
無聲字古者上有徐曰二字恐並非風俗通[illegible]引世本隨作笙釋樂釋文引同廣雅笙以匏爲之十三管管在左方簧笙中
之簧也从竹黃聲古者女媧作簧戶光切䈪簧
屬从竹是聲是支切簫參差管樂注玉藻引世本女媧作笙簧韻會引同繫傳參作
參象鳳之翼从竹肅聲穌彫切筒通簫也从
竹同聲徒弄切玉篇音洞簫無底也一切經音義卷二引作無底簫也[illegible]又音同廣韻收平去二聲籟三孔龠
也繫傳龠作籥韻會同大者謂之笙其中謂之籟小者謂

之箹約 韻會引笙作生謌按以上蓋本釋樂今釋樂作大籥謂之産其中謂之仲小者謂之箹

産笙形相近疑笙近未詳孰是若其中謂之仲則當是从竹

籟中仲古通不應轉釋也笙産形近而譌則作籟是矣

賴聲 洛帶切 韻會从竹 許 廣雅籟謂之簫大者二十四管小者十六管有底

賴聲在大者上 箹 小籟也 玉篇籥小籥也籟也 从竹

約聲 於角切 管如篪六孔十二月之音物開地牙故

謂之管从竹官聲 古滿切 廣雅管象篪長尺圍寸六孔無底 琯古者玉琯 集韻韻會引無玉字當非脫

以玉舜之時西王母來獻其白琯 韻會無之其字 前零

陵文學姓奚 風俗通作奚景 於伶道舜祠下得笙玉琯

集韻韻會伶作泠与地理志合孟康注樂志云漢
章帝時零陵文學奚景於泠道舜祠下得白玉管
無筦字　夫以玉作音故神人以和鳳皇來儀也　韻會無夫
字也字　从玉官聲　重文不應有此四字此韻會無　与上文疑續後人增　篎小管謂之
篎从竹眇聲　亡沼切　笛七孔筩也　玉篇注同一切經音義卷十六引筩作
籥初學記引作籥籥當不誤　从竹由聲羌笛三孔　徐鍇曰當从胄省乃得聲徒
歷切接胄亦从由聲繫傳無此說　筑以竹曲五弦之樂也　玉篇類篇韻會引同廣韻
引曲作爲　吉篇不作籀蓋傳寫二字譌為三字也　李注文選吳都賦引作筑似箏五絃之樂也
困學紀聞是　高誘注淮南泰族訓云筑曲二十五弦廣

韻注筑似箏十三弦从竹从巩巩持之也竹亦聲張六切

箏鼓弦竹身樂也御覽引作五弦筑身樂也風俗通箏云謹按樂記五弦筑身也今并梁二州箏形如瑟不知誰所改作也或曰秦蒙恬所造玉篇似瑟十三弦从竹爭聲側莖切

箛吹鞭也从竹孤聲古乎切急就篇箛簌起居課後先

篍吹筩也从竹秋聲七肖切玉篇作簌七周七召二切吹簫也廣韻收宵尤二韻

籌壺矢也从竹壽聲直由切

簺行棊相塞謂之簺从竹从塞繫傳韻會塞上無从字塞亦聲先代切

簙局戲也六箸十二棊也

說文[illegible]異　　十三

从竹博聲古者烏曹作簙補各切韻會曹作曹因廣韻改廣韻云六簙（藝文類聚一切經音義卷二引同）

綦類出說文世（文引）本曰烏曹作簙 篳藩落也（廣韻引藩作落）从竹畢聲春秋傳曰篳

門圭窬畢吉切韻會窬作竇盖本左傳改 [illegible]蔽不見也玉篇隱也蔽也亦作

薆釋言（作）薆隱也艸部無薆 从竹愛聲烏代切 [illegible]雉射所蔽

者也韻會引雉作弋 从竹嚴聲語枕切 篽禁苑也从竹御（徐侍郎頲）

聲春秋傳曰澤之目篽魚舉切五音韻譜目作自[illegible]云自當作舟昭二十年左傳

曰澤之萑蒲舟鮫守之鮫當是魰誤許 魰篽或从

所據（自）作舟篽（目）魯語有舟虞同也

又魚聲玉篇䈽引說文無重文廣韻亦無筭長六寸廣韻引長上有筭字

計歷數者从竹从弄繫傳韻會弄上無从字言常弄乃不

誤也蘇貫切算數也从竹从具繫傳韻會具上無从字讀

若筭蘇管切文百四十四繫傳作百四十五非今去笑字實百四十三重十五

箕簸也玉篇簸箕也从竹𠀠象形下其丌也韻會引作丌其下也凡

箕之屬皆从箕居之切𠀠古文箕省繫傳無省字𠨗亦

古文箕繫傳作皆古文玉篇作𠁷𠔀亦古文箕繫傳作籀文箕玉篇箕下

有甶具笛罝其四字注云竝古文盖以笛當甶 𠀠 籀文箕 玉篇同繫傳籀作古 𠥱

籀文箕 玉篇收匚部 簸 揚米去糠也 糠當作穅 从箕皮聲

布火切繫傳作簸 文二 重五

丌下基也薦物之丌象形凡丌之屬皆从丌讀若

箕同 居之切繫傳無同字 䢋 古之遒人以木鐸記詩言从辵

从丌丌亦聲讀與記同 徐鍇曰遒人行而求之故从辵丌薦而進之於上也居吏切漢

書食貨志曰孟春之月行人振木鐸徇於路吕采詩獻

之大師比其音律以聞於天子故曰王者不窺牖戶而知天下

典五帝之書也从冊在丌上尊閣之也莊都說典大冊也多殄切𥮛古文典从竹繫傳作𥮛顨巽也从丌从頁此易顨卦爲長女爲風者臣鉉等曰顨之義亦選具也蘇困切畀相付與之約在閣上也从丌由聲必至切繫傳韻會同五音韻譜作畀巽具也从丌𢀳聲臣鉉等曰庶物皆具丌以薦之蘇困切𢁉古文巽五音韻譜作𢁉繫傳作𢁉巽篆文巽五音韻譜作巽奠置祭也从酋酋酒也下其丌也禮有奠祭者堂練切韻會無者字

文七　重三

左手相左助也　繫傳韻會作手从𠂇工　凡左之屬皆从左　則箇切臣鉉等曰今俗別作佐

左相佐也非是

差貳也差不相值也

段君云貳當是貣為忒之假借

从左从𠂹　徐鍇曰左於事是不當值也　初牙切又楚佳切　繫傳𠂹上無从字　韻會同𠂹下有省聲二字　省字非　玉篇楚宜切又楚佳切　廣韻收平聲支佳　又收去聲卦

𢀩籀文差

从二　文二　重一

工巧飾也　象人有規榘也　與巫同意　凡工之屬

皆从工徐鍇曰爲巧必遵規矩法度然後爲工否則目巧也巫事無形失在於詭亦當遵規榘故

曰與巫同意古紅切𢒄古文工从彡繫傳韻會作⿰王彡式法也从工弋

聲賞職切繫傳作式巧技也韻會引同繫傳作巧技也玉篇注同从工丂

聲苦絞切巨規巨也从工象手持之其呂切繫傳韻會象下有

形字榘巨或从木矢矢者其中正也繫傳在古文下玉篇收矢部

爲矩之重文𠀁古文巨　文四　重三

㠭極巧視之也从四工凡㠭之屬皆从㠭知衍切𡨄

塞也从𡈼从廾室宀中𡈼猶齊也 穌則切 文二

巫 祝也女能事無形以舞降神者也 繫傳韻會無者字一切經音義卷十六引無女字當非脫玉篇注神降男爲巫女爲覡書序伊陟贊于巫咸釋文引馬云巫男巫也巫字見于經典此最先者非女也——楚語有神降女爲巫降男爲覡後人或本之增女字 象人兩褎舞形與工同意古者巫咸初作巫凡巫之屬皆从巫 武扶切 𡙅 古文巫 繫傳作𡙅

覡 能齋肅事神明也 繫傳無也字韻會引也作者 在男曰覡在女曰巫 一切經義卷三引作

在男曰巫女曰覡在玉篇覡注云女巫也廣从巫从見
韻注云巫覡男曰巫女曰覡葢並本說文
胡狄切嚳傳韻
會作从巫見疑下有聲字　文二　重一
甘美也从口含一一道也凡甘之屬皆从甘古三切　甛美
也从甘从舌韻會引作从舌从甘　舌知甘者徒兼切　曆和也从
甘从麻麻調也嚳傳作和也麻調也从甘麻鍇曰麻
音歷稀疏勻調也據此則當从厤作曆
甘亦聲讀若函古三切函當作函　猒飽也从甘从肰於鹽切玉
篇於豔於鹽二切足也飽也又於冉於甲於
涉三切廣韻收平去二聲其上入二聲作厭　猒猒

或从㠯甚尤安樂也玉篇孔也安樂也劇也按
李注文選婁引說文劇甚
也疑甚下本有劇也一訓彼引誤倒耳从甘从匹耦
廣雅釋言甚訓劇劇卽劇之別體詳新附攷
也常枕切韻會引作□古文甚繫傳作□
从甘匹匹耦也

文五　重二

曰詞也玉篇言辭也从口乙聲亦象口气出也凡曰之
廣韻辭也
屬皆从曰玉代切五音韻𣍘告也从曰从册册亦聲
譜代作伐是也
楚革切繫傳作从册曷何也从曰匃聲胡葛切曶
曰無册亦聲三字

出气詞也从曰象气出形春秋傳曰鄭太子曶呼骨切繫傳作㫚 𦣞籀文曶一曰佩也象形 玉篇廣韻並無𦣞 左傳作忽玉篇作㫚

朁曾也从曰兓聲詩曰朁不畏明 臣鉉等曰今俗有昝字蓋朁之譌七感切 玉篇朁且感切曾也發語辭也又音潛廣韻上聲引說文又收平聲今詩作憯釋言

沓語多沓沓也从水从曰 韻會作从水曰聲非 韻會是曰亦聲 遼東有沓縣 臣鉉等曰語多沓沓若水之流故从水會意徒合切 按韻會曰聲當本繫傳大徐去聲字故爲此說也 地理郡國二志並作沓氏縣

曹獄之兩曹也在廷東从棘治事者从曰 徐鍇曰以言詞治獄

也故从曰昨宰切韻會引作从𣏟在
廷東也从曰治事者也蓋黄氏改　文七　重一

乃　曳詞之難也　玉篇引詞作離蓋辭之譌廣韻注語辭也　象气之出難凡
乃之屬皆从乃　奴亥切臣鉉等曰今隸書作乃　𠄎　古文乃　𨑨　籀
文乃　繫傳作𨑨

𠧪　驚聲也从乃省西聲　籀文𠧪不省或
曰𠧪往也讀若仍　繫傳作𨓜往也誤一切經義卷十三引說文𠧪往也　臣鉉等曰西非聲未詳如乘切玉篇引作𠧪按卤爲籀文西卤爲古文
西聲（疑）疑當从乃省（[illegible]从西）乃亦聲
仍亦从乃聲故讀若仍也（然从西[illegible]不當云省下文有籀文𠧪不省無恐有譌）

𠧪　古文𠧪　繫傳作𠧪譌　玉篇作𠧪仍

从𠧪也

𨓜　气行皃从乃卤聲讀若攸　以周切按俗作逌玉篇辵部

有逌廣韻逌注云或作逌

文三　重三

丂气欲舒出勹上礙於一也丂古文以爲亏字玉篇引勹作丂丂字無古文上又以爲巧字凡丂之屬皆从丂苦浩切

甹亟詞也从丂从由或曰甹俠也三輔謂輕財者爲甹臣鉉等曰由用也任俠用气也普丁切按玉篇作甹普經切引說文廣韻亦作甹據此則从當是丂甲聲之字聲亦兼意俠者得申其意气也篆當作甹

御名願詞也从丂寍聲奴丁切

𠀀反丂也讀若呵

虎何切呵當作訶口部無呵

文四

可　肎也釋言猷肯可也从口丂丂亦聲凡可之屬皆从可肯我切

奇　異也一曰不耦繫傳作偶从大从可渠羈切玉篇竭羈切異也又居儀切不偶也廣韻兩收支注同

哿　可也从可加聲詩曰哿矣富人古我切

哥　聲也从二可古文以爲謌字古俄切

文四

兮　語所稽也韻會引作語有所稽也恐非有兮字玉篇注無語上从丂八象气越亏也凡兮

之屬皆从兮胡雞切𢍕驚辭也繫傳辭作辤玉篇廣韻注作詞从兮旬聲思允切惸𢍕或从心玉篇心部作惸葵營切獨也單也或作煢廣韻同收平聲清詩正月爾雅釋訓並作惸羲气也从兮義聲許羈切乎語之餘也玉篇韻會引同繫傳語上有乎者二字非从兮象聲上越揚之形也戶吳切

文四　重一

号痛聲也从口在丂上凡号之屬皆从号胡到切玉篇音同号令也召也引太祝掌辨六号廣韻去聲爲部首義同號呼也从号从虎乎刀切繫傳韻會作

从号虎聲誤玉篇在号下胡高切哭痛聲也亦同上廣韻去聲爲号之重文平聲注云大呼也又哭也詩引云或號或呼易云先號咷而後笑按号號蓋古今字說文號當爲重文疑後人改增音義故与篇韻不合

文二

亏　於也象气之舒亏从丂从一一者其气平之也韻會引舒下無亏字平下無之字气並作氣　凡亏之屬皆从亏　羽俱切今變隸作于

虧　气損也从亏雐聲　去爲切

𧇾　虧或从兮　玉篇虧引說文下云俗作虧廣韻亦同並無虧字疑後人增　韻會引集韻亦作虧

粵　亏也審慎之詞者　玉篇引同

繫傳詞作辝韻會作辭 从亏从宷 繫傳作从宷从兮謌韻會作从宷从亏 周書曰粵三日丁亥 王伐切按召誥越三日有三見並無丁亥疑丁巳之誤

吁 驚語也从口从亏亏亦聲 臣鉉等案口部有吁此重出 況于切按一切經音義卷三吁引說文驚語也与此合則亏部應有口部注驚也疑後人增

平 語平舒也从亏从八八分也爰礼說 符兵切繫傳礼作禮五音韻譜無爰礼說有又正也三字

𠀗 古文平如此 繫傳作古文平字

文五　重二

旨 美也从甘匕聲凡旨之屬皆从旨 職雉切

𠮛 古

文旨

嘗口味之也从旨尚聲（韻會作口之味也蓋因廣韻改）市羊切　文二　重一

喜樂也（玉篇樂也悅也廣韻喜樂釋詁疏引作不言而說也御覽引作不言而說曰喜說非）从壴从口凡喜之屬皆从喜　虛里切

𡔰古文喜从欠與歡同　繫傳作歖（同下當有憙字）

憙說也从心从喜　繫傳韻會說作悅非喜亦聲　許記切　玉篇收心部（音嚭）樂也

嚭大也从喜　繫傳上無从字　否聲春秋傳吳有太宰嚭　匹鄙切（廣韻上聲悅也去聲好也）　文三　重一

壴陳樂立而上見也　廣韻引玉篇注並作陳樂也則樂下當有也字　从屮从豆凡壴之屬皆从壴　中句切　繫傳豆上無从字

尌立也从壴从寸持

之也讀若駐常句切 鼜夜戒守鼓也从壴蚤聲

禮昏鼓四通爲大鼓夜半三通爲戒晨旦明

五通爲發明 繫傳韻會昏作昬旦下無明字鄭

注周禮鼓人引司馬灋曰昏鼓四

通爲大鼜夜半三通爲戒晨旦明五通爲發昫說

文鼜本此則大鼓當作大鼜蓋引此文以證鼜不應

反遺之也藝文志有軍禮司馬 讀若戚倉歷切 彭

法百五十五篇入禮故曰禮也 臣鉉等曰當从形省乃得聲

鼓聲也从壴彡聲薄庚切 嘉美也从壴加聲古牙切 按彭从彡聲古讀東通庚不必从形省也

文五

說文發異

鼓　郭也春分之音韻會引同繫傳分作秋誤萬物郭皮甲而

出故謂之鼓从壴支象其手擊之也段君云弓部弢下云从弓从屮又屮垂飾與鼓同意夢英所書郭氏佩觿皆作鼔此當依支作鼓周禮六鼓

靁鼓八面靈鼓六面路鼓四面鼖鼓鼓皋鼓晉

鼓皆兩面　廣韻作皷引皋作鼛無八面六面四面皆兩面九字周禮本無八面等字鄭注

有之其作鼓蓋從俗皋當作臯　凡鼓之屬皆从鼓　徐鍇曰郭者覆冒之意工戶切　鼔

籀文鼓从古聲　繫傳作䵻籀文鼓从古鍇曰古聲　鼛　大鼓

也从鼓咎聲詩曰鼛鼓不勝　古勞切繫傳及集韻類篇引並同五

音韻譜不作芇蓋因今詩改鼖大鼓謂之鼖鼖八尺而兩面以鼓軍事从鼓賁省聲符分切繫傳作从鼓卉聲韇鼖或从革賁不省繫傳作鼖或从革賁聲鼙騎鼓也从鼓卑聲部迷切鼕鼓聲也从鼓隆聲徒冬切玉篇力工切廣韻收東力中切鼘鼓聲也繫傳同韻會引鼓上有鼘鼘二字非从鼓淵聲詩曰鼗鼓鼘鼘烏玄切今詩作鞉鼓淵淵玉篇於巾於玄二切廣韻收真先二韻鼞鼓聲也从鼓堂聲詩曰擊鼓其鼞土郎切今詩作

鏜

⿱鼓合　鼓聲也从鼓合聲　徒合切玉篇口盍切廣韻他合切又苦盍切　鞈　古文⿱鼓合从革　繫傳作鞈玉篇廣韻並無按革部有鞈注防汗不應又爲⿱鼓合之古文蓋後人文中有借爲⿱鼓合者或以爲古文而增

⿱鼓咠　鼓無聲也从鼓咠聲　他叶切玉篇七立他叶二切廣韻收緝七入切

⿱鼓缶　鼓鼙聲从鼓缶聲　土盍切玉篇他盍切注同廣韻無按缶聲聲字蓋衍或當是鼓缶聲从鼓缶

文十　重三

豈　還師振旅樂也　繫傳重旅字蓋傳鈔誤　一曰欲也登也从豆微省聲凡豈之屬皆从豈　墟喜切

愷　康也从心豈

豈亦聲 苦亥切

⿰豈幾 幾也訖事之樂也从豈幾聲 玉篇樂也可也廣韻樂也康也按■心部有愷樂也與篇韻合則豈部疑後人增 臣鉉等曰說文無幾字从幾从气義無所取當是訖字之誤尓渠稀切 按廣韻引玉篇注並無幾也二字則後人 鍇增非訖字之譌也 釋詁⿰幾豈汔也汔訖可通

文三

豆 古食肉器也从口象形凡豆之屬皆从豆 徒候切 豆

古文豆 繫傳韻會作豆 玉篇作豆

梪 木豆謂之梪从木豆 徒候切 繫傳不加音是也此亦(當是)重文釋器木豆謂之豆釋文云豆如字本又作梪玉篇豆引說文下即古文豆下即梪注云並同上

⿱艹豋 蠡也从豆蒸省聲 居隱切 玉篇合巹瓢也廣韻爲巹之重文

說文攷異　二十四

玉篇注同　說文孑蹻引作居　末豋也恐非

𧯷豆屬从豆𢽼聲　居倦切玉篇九免九媛二切廣韻收上去二聲　𤼷注黄豆

豆飴也从豆夗聲　一九切玉篇於物於月二切廣韻入聲月作餐注云飴和豆說文作𤼷平聲桓作䝰注豆也

𤼷禮器也从廾持肉在豆上讀若鐙同　都滕切玉篇作𢍜有音無義廣韻無錢宮詹云鐙當作登說文云讀若者皆經典通用之字詩于豆于登爾雅瓦豆謂之登

文六　桓字誤加音當入重文實五　重一　實二

豐行禮之器也从豆象形凡豐之屬皆从豐讀與禮同　盧啓切

𧯛爵之次弟也从豐从弟虞書曰平

豑東作 直質切今書作秩 文二

豐 豆之豐滿者也 繫傳袪妄篇無也字韻會引同李注文選劉越石詩引作滿也蓋略

从豆象形 韻會从豆下有从𡴆二字繫傳袪妄篇引陽冰云山中之丰乃豐聲也臣鍇以爲象豆滿形足矣山是何義乎按少温此說非妄袪之過矣六書故引唐本曰从豆从山丰聲蜀本曰丰聲山取其高大說文無丰聲或不誤

一曰鄉飲酒有豐侯者 韻會無者字鄉射禮司射適堂西命弟子設豐

所引當即此鄭注豐形似豆而卑

凡豐之屬皆从豐 敷戎切

𧯷 古文豐 繫傳作𧯷 玉篇作𧯷

豔 好而長也从豐豐大也盇聲春

秋傳曰美而豔 以贍切 文二 重一

𧯛 古陶器也从豆虍聲凡𧯛之屬皆从𧯛 許羈切

𧯠 土鍪也从𧯛号聲讀若鎬 胡到切玉篇土釜也 𧯝 器也

从𧯛盅盅亦聲闕 直呂切玉篇除渚切器也或作盅廣韻無闕者當未辨其器之形 文三

虍 虎文也象形凡虍之屬皆从虍 徐鍇曰象其文章屈曲也 荒烏切繫傳有讀若春秋傳曰

虍有餘九字王廉使 摭事 紹蘭云公羊昭三十一年傳人未足而盱有餘疑所引即此 𧆞 騶虞也

白虎黑文尾長於身仁獸食自死之肉 廣韻引作騶虞仁獸白虎

黑文尾長於身不食生物 當是[illegible]本 从虍吳聲 韻會引此四字在騶虞也下 詩曰于嗟乎騶虞 五俱切

虙 虎皃从虍必聲 房六切

虔 虎行皃从虍文聲讀若矜 臣鉉等曰文非聲疑原未詳 按虔矜同爲牙音吝亦从文聲 渠焉切

𧆞 虎不柔不信也 玉篇廣韻並注虎不柔也則柔下當有也字不信別是一義 从虍且聲讀若𨞰縣 昨何切 繫傳𨞰作酇 然恐非地理志沛國𨞰縣師古曰此縣本為𨞰借酇字為之耳 玉篇昨何才都二切廣韻同 玉篇𨞰祚柯切沛郡縣也亦作酇

虖 哮虖也 廣韻引玉篇注同繫傳作哮呼也韻會引作哮也恐並非 从虍乎聲 荒烏切

虐 殘也从虍虎足反爪人也 魚約切 繫傳

韻會無虍字

虍　古文虍如此　繫傳作巤　玉篇作虐

彪　虎文彪也从虍彬聲　布還切玉篇補閒切或作玢廣韻收眞山二韻注虎文錢宮詹云易革傳大人虎變其文炳也當本是虨詳十駕齋養新錄

虡　鐘鼓之柎也　繫傳及廣韻韻會引鐘作鍾玉篇注鍾磬之柎　飾爲猛獸从虍異象其下足　其呂切繫傳象下有形字韻會亦有無其下足三字

鐻　虡或从金豦聲　繫傳無聲字韻會引作金銀器名誤

虡　篆文虡省　繫傳無省字

文九　重三

虎　山獸之君从虍虎象人足象形　韻會引作从虍从几虎足象人足也徐曰

象形段君云當作儿孔子曰在人下故詰屈虎 凡虎之屬皆从虎 呼古切

虝 古文虎 玉篇廣韻並無 𧆞 亦古文虎 繫傳韻會作𧆞 玉篇作虝

⿰毄虎 虎聲也从虎毄聲讀若隔 古覈切 繫傳毄下無聲字 蓋脫 玉篇作⿸虍毄

䖘 白虎也从虎昔省聲 段君云昔當作冥 汨从冥省聲 玉篇⿸虍冥俗䖘字 讀若鼏 莫狄切

䖔 虎屬从虎去聲 臣鉉等曰去非聲未詳 呼濫切 玉篇虛暫切甝屬也又虎怒皃 按釋獸作甝白虎 故玉篇云甝屬也 釋獸釋文云甝字林下甘反 又亡狄反 則作甝當始於字林 段君云業韵之猛怯亦音去劫切 而血部之盇隸字多作盍 蓋盍盇二字古通 去聲即盇聲也 重讀爲呼濫切

係吼

虪黑虎也从虎儵聲式竹切玉篇式六切又音育

虦虎竊毛謂之虦苗繫傳苗作貓蓋後人因釋獸改豸部無貓从虎戔聲竊淺也昨閑切玉篇作虥士板昨閑二切廣韻收平上去三聲

彪虎文也从虎彡象其文也甫州切玉篇悲蚪切

⿰乂虎虎皃从虎乂聲魚廢切

⿰气虎虎皃从虎气聲魚迄切玉篇作⿸虍乞

虓虎鳴也玉篇廣韻注虎聲一曰師子从虎九聲許交切韻會引从虎九聲在一曰句上

⿰斤虎虎聲也从虎斤聲語斤切

虩易

虩 虎尾虩虩恐懼 履九四作履虎尾愬愬釋文愬愬馬本作虩虩云恐懼也說文同則懼下當有也字玉篇恐懼也 一曰蠅虎也从虎𡭴聲 許隙切

虢 虎所攫畫明文也从虎寽聲 古伯切玉篇闕廣韻注國名亦姓

虒 委虒虎之有角者也 集韻類篇引無也字玉篇注同韻會引委誤作虒亦無也字有能行水中四字蓋因廣韻增 从虎厂聲 息移切

虪 黑虎也从虎騰聲 徒登切玉篇又音形廣韻收冬蒸二韻

文十五　重二

虤虎怒也从二虎凡虤之屬皆从虤　五閑切玉篇胡犬切又五間切廣韻止收山

𧇡兩虎爭聲从虤从曰讀若憖　臣鉉等曰曰口气出也語巾切玉篇雉栗牛巾二切二虎爭聲廣韻止收眞

𧈅分別也从虤對爭貝讀若迴　胡畎切繫傳迴作回按說文無迴回聲亦不近疑回之譌[illegible]

切[illegible]有力見爾雅

文三

皿飯食之用器也　五音韻譜及玉篇集韻類篇引並同繫傳及韻會引飯作飲誤韻會引作飯食之器用也[illegible]

象形與豆同意　繫傳意作形誤韻會無意字[illegible]凡皿

之屬皆从皿讀若猛武永切

盂飯器也廣韻引玉篇注同繫傳韻會飯作飲後漢明帝紀注及御覽引同从皿亐聲羽俱切

盌小盂也从皿夗聲烏管切

盛黍稷在器中以祀者也韻會引同繫傳作黍稷在器中也[illegible]廣韻注黍稷在器也从皿成聲氏征切繫傳無聲字玉篇時正切多多也又時征切在器也廣韻收平去二聲

齍黍稷在器以祀者類篇引同韻會引作黍稷器所以祀者當刪得文蓋黃氏改玉篇注黍稷在器也[illegible]本鍇文从皿齊聲即夷切

盓小甌也从皿有聲讀若灰一曰若賄切

手救切㚔傳一作或玉篇余救余九二切廣韻收上去二聲⿱又皿有皿或从右⿱右皿

盧飯器也从皿𠱾聲洛乎切籒文盧籒文盧玉篇不云籒文

⿱⿰缶古皿器也从皿从缶古聲公戶切

盄器也从皿弔聲止遙切玉篇諸姚切

盎盆也从皿央聲烏浪切㼜盎或从瓦

盆盎也从皿分聲步奔切

⿱宁皿器也从皿宁聲直呂切

盨檳盨負戴器也廣韻引同玉篇注戴器也从皿須聲相庾切

⿱漻皿器也从皿漻聲古巧切玉篇胡巧公巧二切廣韻下巧切温器又公巧切

益

椷器也 五音韻譜及玉篇引同繫傳無也字集韻類篇引椷作㮚蓋因廣韻改手部無㮚字椷注有盛爲椷無盛爲器 从皿必聲 彌畢切

䀂酸也作䀂以𩰪以酒从𩰪酒並省从皿皿器也 呼雞切玉篇作醯收酉部 醯味也廣韻酢味也

（李注文選祭古冢文引作醯也）

盉調味也从皿禾聲 戶戈切玉篇戶戈胡臥二切廣韻收平去二聲

益饒也从水皿皿益之意也 伊昔切

盈滿器也 玉篇滿也廣韻充也滿也 从皿夃臣鉉等曰夃古乎切益多之義也古者以買物多得爲夃故从夃 以成切

盡器中空也从皿㶳聲 慈忍切玉篇疾引切終也又即忍切廣韻兩收軫

盅器虛也从

皿中聲老子曰道盅而用之直弓切今本老子作沖釋文同盦覆

蓋也从皿畲聲臣鉉等曰今俗别作罯音非是烏合切玉篇於含切廣韻收平入二聲並引說

文盈仁也从皿以食囚也官溥說烏渾切盥澡手

也从臼水臨皿春秋傳曰奉匜沃盥古玩切廣韻引匜作匜是也沃水部

作渶左傳僖二十二年作奉匜沃盥玉篇公緩切又公玩切廣韻去聲引說文又收上聲盪滌器也

从皿湯聲徒朗切　文二十五　重三

凵　凵盧飯器以柳爲之繫傳爲作作盞作之譌象形凡凵之屬

皆从凵　去魚切玉篇作厶廣韻止收𠫬　[竹去]凵或从竹去聲　玉篇收竹部

文一　重一

去人相違也从大凵聲凡去之屬皆从去　丘據切玉篇羌據切除也違也行也又丘與切廣韻上聲引說文又收去聲

朅去也从去曷聲　丘竭切

𠫭去也从去夌聲讀若陵　力膺切鑿傳陵上有棘字按陵字隸行棱當是讀若棘又讀若棘陵故玉篇有居力切一音若讀若棘則當从去聲名甚多不必定取棘後人以夌聲故加陵字大徐去棘取陵更非玉篇居力切又力繩切廣韻收平入二聲

文三

血祭所薦牲血也从皿一象血形　袪安篇盟說文曰祭所獻也從皿一血也陽冰云从一聲鍇以爲人身之血無可以象故象血在此但見於器　凡血之屬皆从血　呼決切

衁血也从血亡聲春秋傳曰士刲羊亦無衁也　呼光切

衃凝血也从血不聲　芳桮切玉篇匹尤匹才二切廣韻灰引說文又收尤韻

𧖴气液也从血𦘔聲　將鄰切繫傳作从血𦘔𦘔亦聲

𧗳定息也从血甹省聲讀若亭　特丁切

衄鼻出血也从血丑聲　女六切

⿱𦥯血腫血也从血農省聲　奴冬切　膿俗

膿从肉農聲 䀋血醢也从血䏙聲禮記有䀋醢 韻會無記字是也玉篇爲䀋之重文引周禮醢人掌朝事之豆其實䀋醢䀋肉汁也又曰深蒲䀋醢 以牛乾脯粱𥻗鹽酒也 臣鉉等曰䏙肉汁滓也故从䏙䏙亦聲他感切 繫傳韻會𥻗作麴俗

𧖻醢也从血菹聲 側余切玉篇引周禮醢人掌供七菹溫酢清菜廣韻止收菹引說文酢菜也

𧗾𧖻或从缶

𧖹以血有所刏涂祭也 韻會引無刏字盖脫玉篇引刏作別譌涂作塗亦近字周禮犬人凡幾珥沈辜用駹可也鄭注幾讀爲刏珥當爲衈刏衈者釁禮之事 从血幾聲

渠稀切

䘏 憂也从血卩聲一曰鮮少也徐鍇曰卹者憂之切至也辛聿切卹當作血五音韻譜不譌一切經音義卷九引作少也

衋 傷痛也从血聿皕聲周書曰民罔不衋傷心許力切繫傳同作罔心下有讀若憘三字按言部譆訓痛譆憘可通相合大徐刪去非

衉 羊凝血也韻會引作羊血凝也非玉篇注羊凝血廣韻注凝血从血臽聲苦紺切

𧗿 衉或从贛依注當作𧗿繫傳作𧗿玉篇作𧗿並譌

盇 覆也从血大臣鉉等曰大象蓋覆之形胡臘切繫傳大下有聲字韻會引同

衊 污血也从血蔑聲

莫結切　文十五　重三

丶有所絕止丶而識之也玉篇點丶也有所記而識之凡丶之屬皆从丶知庾切

主鐙中火主也从主象形从丶丶亦聲臣鉉等曰今俗别作炷非是之庾切

咅相與語唾而不受也从丶从否否亦聲天口切繫傳作从否从丶否亦聲玉篇妨走他豆二切廣韻止收候

𧯠咅或从豆从欠繫傳作𧯠欠上無从字

文三　繫傳卷第十起此　重一

說文解字攷異弟五上

說文解字攷異弟五下

丹　巴越之赤石也象采丹井一象丹形　繫傳韻會一作・無下象字形　凡丹之屬皆从丹　都寒切　古文丹下有也字

彤　亦古文丹（玉篇同廣韻上古文按篆義不當从井疑後人增）

雘　善丹也　玉篇引善作美郭注南山經亦作美　从丹蒦聲　周書曰惟其敷丹雘　今書梓材敷作塗段君云孔穎達正義本作斁衞包改作塗　讀若雈　烏郭切　書釋文引作讀與靃同

彤　丹飾也　从丹从彡彡其畫也　徒冬切　繫傳作从丹彡彡其畫彡亦聲　韻會作从丹彡彡其

畫也亦聲

文三　重二

青東方色也木生火从生丹丹青之信言必然

五音韻譜繫傳及韻會引象作必是也此傳刻誤

凡青之屬皆从青倉經切

古文青

靜審也从青爭聲徐鍇曰丹青明審也疾郢切

文二　重一

井八家一井象構韓形・罋之象也

廣韻引井作丼構作搆

繫傳韻會作八家一井

象構韓形罋象也韓當作韓

古者伯益初作井

易井釋文引世本云化益作井宋衷云化益伯益也

凡井之屬皆

从井子郢切汬深池也池當作沱从井瑩省聲烏迥切繫傳無聲字玉篇澤地也廣韻無阱陷也一切經音義卷一卷二引作大陷也从𨸏从井繫傳韻會作从𨸏井井亦聲疾正切穽阱或从穴[井/氺]古文阱从水繫傳韻會作[井/氺]㓝罰辠也从井从刀繫傳作从刀井韻會作从井刀易曰井法也一切經音義卷二十引井作刑今易並無其文易井釋文引鄭云井法也蓋經師傳說井亦聲戶經切繫傳無亦字蓋脫刱造法刱業也从井刅聲刅當作刄讀若創初亮切

文五　重二

皀　穀之馨香也象穀穀在裹中之形匕所以扱之或說皀一粒也凡皀之屬皆从皀又讀（繫傳下有也字）若香（皮及切繫傳無又字玉篇許良方立二切廣韻收平入二聲）

即　即食也（廣韻引作食也玉篇注就也今也食也）从皀卩聲（徐鍇曰即就也子力切）

既　小食也从皀旡聲論語曰不使勝食既（居未切今論語作氣）

冟　飯剛柔不調相箸（繫傳箸作著玉篇注飯堅柔調）

也今作適廣韻注飯堅柔相著則不字衍顧千里曰當云飯剛柔調不相著誤倒調不二字耳从皀冂聲讀若適施隻切　文四

鬯以秬釀鬱艸芬芳攸服以降神也从凵凵器也中象米匕所以扱之易曰不喪匕鬯凡鬯之屬皆从鬯丑諒切

鬱芳艸也十葉爲貫百卄貫築以煮之爲鬱卄當作廿先鄭注周禮鬱人作二十从臼冂缶鬯彡其飾也一曰鬱鬯百艸之華遠方鬱人所貢芳艸合釀之以降

神鬱今鬱林郡也 迂勿切地理志作鬱林郡本注云故秦桂林郡屬尉佗武帝元鼎六年開更名

爵禮器也 玉篇注竹器■所以酌酒也象爵竹字蓋譌廣韻注禮器 之形中有鬯酒又持之也所以飲器象爵者取其鳴節節足足也 即略切五音韻譜繫傳爵並作爵

爵古文爵象形 五音韻譜爵作爵繫傳同下有如此二字玉篇廣韻並無古文四聲韻作爵按爵本象形不應更有古文疑後人增

𩰫黑黍也一稃二米以釀■也从鬯矩聲 其呂切當作秬

秬𩰫或从禾

𩰪列也 廣韻同玉篇从鬯𩰫省聲廣韻止作秬注𩰪烈也

初學記御覽引以上有所字

叀聲讀若迅 疏叀切 文五 重二

食 一米也 繫傳及玉篇引同韻會無一字 从皀亼聲 韻會同繫傳脫聲字 或說亼皀也凡食之屬皆从食 乘力切繫傳有讀若粒三字

饙 滫飯也 詩泂酌正義引作一蒸米也釋文引字書云一蒸米也則正義所引非說文釋名饙分也眾粒各自分也 从食𠦪聲 臣鉉等曰𠦪音忽非聲疑奔字之誤府文切 按𠦪賁並从卉聲徐說非是玉篇爲饙之重文饙注半蒸飯

𩞁 饙或从賁 餴 饙或从奔 餾 飯气蒸也 詩泂酌正義引作飯氣流也恐非玉篇注飯氣蒸 从食留聲 力救切 飪 大孰

也五音韻譜繫傳[illegible]俗韻會引作火孰也玉篇大孰也　从食壬聲如甚切　𦙶古文飪玉篇無廣韻注肉汁　恁亦古文飪玉篇廣韻並無繫傳作恁鍇曰恁心所齎卑下也按李舟切韻不收此亦古文飪疑此重出心部有恁念也

饔孰食也从食雝聲於容切

飴米櫱煎也一切經音義卷二十引無煎字玉篇廣韻注餳也餳當作餳　从食台聲與之切　𩞁籀文飴从異省六書故引下有聲字繫傳作𩞁

餳飴和饊者也玉篇注無者字一切經音義卷十三引作飴和饊曰餳　从食昜聲徐盈切廣韻音同玉篇徒當切按當作餳昜聲即糖之正體詳新附攷六書故云昜與唐同音孫氏徐盈切非

饊　熬稻粻程也　韻會引程作餭食部無餭古通作張皇顏注急就篇云饊古謂之張皇詩有饊釋文餳引方言云張皇也今本方言作餳謂之餦餭並經後人改　从食散聲　蘇旱切

御覽引同粻作張

餅　麪餈也　玉篇注同六書故引唐本曰䴵餈也非說文無䴵　从食并聲　必郢切

餈　稻餅也从食次聲　疾資切

𩜨　餈或从齊

玉篇𩜨重文作餎無𩜨字

粢　餈或从米　玉篇收米部

饘　糜也从食亶聲周謂之饘宋謂之餬　諸延切檀弓釋文初學記引並作周謂之饘宋衛謂之餰　玉篇廣韻饘餰同字

餱　乾食也从食侯聲周書曰峙乃餱

粻 乎溝切今書費誓作峙乃糗糧餱糗聲相近峙當為峙之別體米部無粻

餥 餱也从食非聲陳楚之閒相謁食麥飯曰餥 非尾切繫傳謁上有而字方言陳楚之内相謁而食麥饘謂之餥 玉篇甫罠切引說文同解字又甫違切廣韻收平上二聲

饎 酒食也从食喜聲詩曰可以饋饎 昌志切玉篇充志切詩泂酌釋文饎引字林充之反廣韻收去聲

⿰食巸 饎或从巸 廣韻引及玉篇同繫傳作⿰食巸注云饎或从巸蓋傳寫譌

糦 饎或从米

籑 具食也从食算聲 士戀切方言自關而西秦晉之閒凡取物而逆謂之籑

饌 籑或从巽 繫傳作饌玉篇正作饌重文作籑

養 供養也从食羊

飷下 增 玉篇同廣韻

無𩛙此 與粗同字 蓋古今字

聲 余兩切玉篇餘掌切育也字也樂也畜也長也 又弋尚切供養也廣韻上聲作部首又收去聲 𦎫古

文養 繫傳作𦎫 飯 食也从食反聲 符萬切玉篇扶晚切餐食飯也又

符萬切食也廣韻收上去二聲 𩚵雜飯也从食丑聲女咬 飤 糧也从人食 玉篇廣韻並注食也疑本說文 釋文引字林糧也疑後人因改

祥吏切繫傳韻會作从食人一切 經音義卷二引作從人仰食恐非 饡 以羹澆飯也从食贊聲 玉篇注同御覽引作中食也恐非

則榦切 𩝐 晝食也从食象聲 書兩切 餳 𩝐或从

傷省聲 繫傳作𩝐或从昜非說文無昜 飧 餔也 詩伐檀正義引作水

澆飯也蓋誤以字林為說文玉篇水和飯也 餔 日加申時食也 玉篇注同廣韻 左傳僖二十三年釋文引作餔也字林云水澆飯也

類篇韻會引無日加二字後漢書王充傳注引作餔謂日加申時也 从日甫聲 博孤切

𩞄 籀文餔从皿浦聲

餐 吞也从食奴聲 七安切

湌 餐或从水

䭑 嗛也从食兼聲 繫傳無聲字蓋脫 讀若風溓溓一曰廉潔也 力鹽切玉篇力冉切引說文云饑也一曰廉絜也饑字譌絜字是也廣韻收上聲注廉也小食也

饁 餉田也 左傳僖三十三年釋文引字林于劫反野饋也 玉篇餉田食 从食盍聲 詩曰饁彼南畝 筠輒切 廣韻無

饟 周人謂餉曰饟 繫傳饟作釀譌 从食襄聲 人漾切 玉篇式

尚式章二切饋食餉饟也一切經音義卷十二及韻

也廣韻收上去二聲會引作饋也當不誤玉篇注同

从食向聲式亮切饋餉也从食貴聲求位切饗

鄉人飲酒也玉篇設盛禮以飯賓也顧千里曰

饗食有鄉人之饗食七月傳饗食者鄉

人以狗是也又有天子之饗食諸侯之饗食大夫之饗食

許書主於說字之所以从鄉故云尒凡本字下說

本字所从之義別字下用之則不拘實許書全部之

通例故辟下饗食者天子饗食也泮下饗者小徐本諸侯

饗食也與此从食从鄉繫傳韻會作鄉亦聲許兩

非一義从鄉从食

切饛盛器滿皃从食蒙聲詩曰有饛簋盂

饛 莫紅切 飵 楚人相謁食麥曰飵 方言陳楚之内相謁而食麥饘謂之餥楚曰飵 从食乍聲 在各切玉篇在各族故二切廣韻收入去二聲

䬯 相謁食麥也 玉篇相謁而食麥曰䬯 从食占聲 奴兼切

䭡 秦人謂相謁而食麥曰䭡䬴 方言凡陳楚之郊南楚之外相謁而餐或曰飵或曰䬯秦晉之際河陰之間曰䭡䬴此秦語也 从食㥯聲 烏困切玉篇於寸於恨二切食欲飽也廣韻收慁恨二韻

䬴 䭡䬴也 从食豈聲 五困切玉篇五恨五寸二切廣韻止收恨

餬 寄食也 从食胡聲

戶吴切 左傳隱十一年餬其口於四方杜注餬饘也釋言餬饘也

飶 食之香也 玉篇食香也 从食必聲 詩曰有飶其香 毗必切 毛詩稽古篇云常棣之於兄弟伐木之於朋友故舊皆燕也然常棣兼飫禮伐木兼食禮或曰文王詩當殷世不得以周家禮律之禮或有然

䭃 燕食也 从食芺聲 詩曰飲酒之䭃 依據切 今詩作飫 玉篇作飫食多也

飽 猒也 韻會引作厭也非 从食包聲 博巧切 ⿰食采 古文飽 从采 繫傳下有聲字 ⿱卯食 亦古文飽 从卯聲

⿰食肙 猒也 从食肙聲 烏玄切

饒 飽也 韻會引同繫傳作饒飽也 从食

說文引異

堯聲如昭切 餘 饒也从食余聲以諸切 餀 食臭也从食艾聲爾雅曰餀謂之喙呼艾切 五音韻譜繫傳並同毛本喙作餯蓋本釋器改食部無餯喙當爲餯之假借 餞 送去也一切經音義卷十五引同左傳成八年釋文引去下有食字[illegible]玉篇注送也廣韻酒食送人 从食戔聲詩曰顯父餞之才線切 餫 野饋曰餫从食軍聲王問切 館 客舍也从食官聲周禮五十里有市市有館館有積以待朝聘之客古玩切一切經音義卷五引作客舍也周禮五

十里有候館令遺人職云五十里有市市有候館候館有積 饕 貪也 玉篇貪財也蓋本杜注左傳 从食號聲 土刀切 叨 饕或从口刀聲 繫傳在籀文下作俗饕从口刀聲 饕 籀文饕从號省 繫傳作饕玉篇作嚎餮

餮 貪也 玉篇貪食也亦本杜注然未必是 从食殄省聲 繫傳韻會作从食今聲 春秋傳曰謂之饕餮 他結切 韻會同繫傳無曰字謂之作是謂左傳文十八年作謂

饖 飯傷熱也 釋器釋文引熱作熱是也又引蒼頡篇云食臭敗也 玉篇廣韻飯臭 从食歲聲 於廢切

饐 飯傷溼也 論語釋文引字林溼上有熱字 从食壹聲 乙冀切

餲 飯餲也 玉篇

於利於介二切飯臭也廣韻收去聲　从食曷聲論祭夬二韻又收入聲曷注餅名
語曰食饐而餲　乙例切又烏介切

饑　穀不孰爲饑从食幾聲　居衣切

饉　蔬不孰爲饉　釋天文　韻會引爲作曰非　此本釋天蔬當作蔬詳新附攷　从食堇聲　渠吝切

餩　飢也从食戹聲讀若楚人言恚人　於革切方言㤿嗳恚也楚曰㤿又憒阸也

餧　飢也从食委聲一曰魚敗曰餧　奴罪切玉篇又於僞切餧飼也廣韻收上聲有重文餒又收去聲注餧飯

飢　餓也从食几聲　居夷切

餓　飢也

从食我聲五箇切 餽 吴人謂祭曰餽从食从鬼繫傳鬼上無从字鬼亦聲俱位切又音饋玉篇居位求位二切引說文廣韻爲饋之重文 餟 祭酹也从食叕聲陟衛切玉篇張芮切祭酹也餽也亦作醊 䭕 小餟也从食兑聲輸芮切玉篇始銳切又力外切廣韻收祭泰二韻一注門祭 䬲 馬食穀多气流四下也从食夌聲里甑切玉篇力甑力蒸二切廣韻去聲引說文气作氣又收平聲 䬴 食馬穀也从食末聲莫撥切

文六十二　重十八繫傳八作九非

說文徐異　七

亼三合也从入一象三合之形凡亼之屬皆从亼讀若集秦入切臣鉉等曰此疑只象形非从入一也

按說文部次相蒙下郎（會倉下郎）次入徐說非是

合合口也玉篇注同也廣韻注合同从亼从口候閤切玉篇胡荅切又古荅切廣韻侯閤切又音閤

僉皆也（古文……僉）从亼从吅从从虞書曰僉曰伯夷七廉切

侖思也从亼从冊力屯切

侖籒文侖（廣韻無）

今是時也从亼从乁乁古文及居音切韻會古文及作古及字

舍市居曰舍从亼屮象屋也口象築也始夜切

（玉篇舍下有畣都合切當也對也然也今作荅）

按此疑作今

文六　重一

會 合也从亼从曾省曾益也凡會之屬皆从會 黃外切玉篇胡外切又古外切廣韻兩收泰

𠌶 古文會如此 繫傳作佮韻會作佮玉篇廣韻並無疑後人增汗簡彡部有佮注云會石經其書不足信

朇 益也从會卑聲 符支切

䢅 日月合宿爲辰 集韻類篇引辰作䢅廣韻引亦同誤收泰韻 从會从辰 繫傳作从會辰 辰亦聲 植鄰切玉篇時眞切日月會也今作辰 又音會按又音會三字蓋後人增廣韻收泰韻並後人改因廣韻收泰而增實廣韻誤也解字用孫愐唐韻則否可知廣韻亦出後人妄改非本書也左傳昭七年伯瑕對晉侯曰日月之會是爲辰

文三　重一

倉 穀藏也倉黄取而藏之（藏並當作臧）故謂之倉从食省口象倉形凡倉之屬皆从倉（七岡切）

仝 奇字倉（玉篇作仝注云古文廣韻無）

牄 鳥獸來食聲也（廣韻韻會引無也字書益稷釋文引來作求謌玉篇注鳥獸來食穀聲）从倉爿聲虞書曰鳥獸牄（七羊切）

文二 重一

入 内也象从上俱下也凡入之屬皆从入（人汁切）

繫傳韻會从作從

内 入也从冂自外而入也（奴對切韻會冂下有入字）

𡧍 入山之深也（玉篇注入）

山谷之深也廣、从山从入闕 鉏箴切
韻入山深皃
又收山部引說文蓋後人增

糴 市穀也从入从糴 徒歷切繫傳韻
會糴上無从字

仝 完也从入从工 疾緣切玉
篇爲全之

重文

全 篆文仝从玉純玉曰全 繫傳無純玉
二字蓋脫

𠓞 古文仝

㒳 二入也兩从此闕 良獎切玉篇力掌切說
文云二入也兩字從此無

闕字、
廣韻無此及㒳下闕字疑並後人增

文六　重二

缶 瓦器所以盛酒漿秦人鼓之以節謌 繫傳同五
音韻譜鼓
作鼓俗韻會作擊蓋黄氏改李注文選
李斯上書引作瓦器秦鼓之以節樂
象形凡缶之

屬皆从缶方九切 𦈢未燒瓦器也从缶㱿聲讀若筩莩又苦候切繫傳筩作筩譌莩下有同字玉篇苦谷切廣韻去聲引說文又收入聲 匋瓦器也从缶包省聲古者昆吾作匋案史篇讀與缶同徒刀切繫傳古者上有臣鍇曰三字無案字則鍇非許說 罌缶也从缶賏聲烏莖切 𦈸小口罌也从缶𠂹聲池偽切繫傳無聲字玉篇是規丈睡二切廣韻收平聲去聲作甀 䍂小缶也从缶咅聲蒲候切玉篇步侯切又步後切廣韻收平聲上聲有作瓿 缾罋

⿰缶薦

也从缶并聲薄經切瓶缾或从瓦罋汲缾也

从缶雝聲烏貢切䍊下平缶也玉篇注同集韻類篇引作瓨也

蓋誤廣雅瓶也廣韻同从缶乏之聲讀若㬱土盍切繫傳作讀若簿

引㬱[illegible]譌⿱炏缶備火長頸缾也廣韻引同一切經音義卷五引作長頸

缾也玉（當非脫）篇注同从缶熒省聲烏莖切缸瓨也玉篇注與瓨同廣韻

甖缸䍣瓦器也从缶或聲于逼切⿰缶薦瓦器也

从缶薦聲作甸切玉（今作⿰缶薦）篇七鈍先見二切廣韻收霰散引說文又收慁䍃瓦器

說文殘異

也从缶肉聲臣鉉等曰當从䚻省乃得聲以周切按六書故䚻引唐本从言从肉肉亦聲徐說非𦉥瓦器也玉篇瓦器似瓶有耳廣韻似瓶有耳从缶霝聲郎丁切𦈢缺也从缶占聲都念切缺器破也从缶決省聲傾雪切罅裂也从缶虖聲缶燒善裂也呼迓切罄器中空也从缶殸聲殸古文磬字繫傳無殸古文磬字五字疋也殸爲籒文磬非古文乃後人增故誤也詩云缾之罄矣苦定切按空下亦引此詩蓋三家詩罊器中盡也

从缶㲉聲苦計切釋詁釋文引作口地反

缿受錢器也从缶后聲古以瓦令以竹大口切又胡講切玉篇胡講切又大口切廣韻止收講引說文又火口切大字當不誤

文二十一　重一

矢弓弩矢也从入象鏑栝羽之形古者夷牟初作矢凡矢之屬皆从矢式視切郭注山海經引世本云夷牟作矢揮作弓

䠶弓弩發於身而中於遠也从矢从身繫傳身上無从字玉篇時柘時益二切廣韻收去入二聲入聲引世本逢蒙作射

射篆文䠶

从寸寸法度也亦手也矯揉箭箝也廣韻引同韻會引無箝字玉篇注揉箭箝皃手部無揉古通作煣柔从矢喬聲居夭切

矰惟䠶矢也从矢曾聲作縢切侯春饗所䠶侯也从人从厂象張布矢在其下繫傳脫布字韻會引有天子䠶熊虎豹服猛也韻會無服猛也三字諸侯䠶熊豕虎大夫䠶麋麋惑也繫傳止一麋字韻會無麋惑也三字士䠶鹿豕爲田除害也繫傳無豕

字[蓋脫]韻會亦無 其祝曰毋若不寧矦不朝于王
并無下文妥黄氏刪
所故伉而䠶汝也 乎溝切 繫傳伉作抗韻會同祝
曰以下韻會以考工記改周禮司裘
王大射則共虎侯熊侯豹侯諸侯則共熊侯豹侯卿
大夫則共麋侯鄭注云射所以直己志用熊虎豹麋
之皮示服猛討迷惑者士不大射士無臣祭無所擇故書
諸侯則共熊侯虎侯杜子春云虎當爲豹鄉射禮記
曰凡侯天子熊侯白質諸侯麋侯赤質大夫
布侯畫以虎豹士布侯畫以鹿豕大戴禮記投
壺魯命弟子辭曰嗟爾不寧侯爲爾不朝於王所故亢而射汝
𥎦 古文
矦
𥏌 傷也从矢昜聲 式陽切
𥏋 有所長短以矢
爲正从矢豆聲 都管切
矤 況也詞也从矢引省聲

从矢取詞之所之如矢也式忍切

知　詞也玉篇識也覺也廣韻覺也欲也　从口从矢陟离切韻會引作从口矢聲

矣　語以詞也五音韻譜同繫傳以作已[illegible]也集韻類篇韻會引並同　从矢以聲于己切五音韻譜以作已繫傳韻會作㠯

文十　重二

高　崇也象臺觀高之形从冂口韻會引象上有冂字口作口與倉舍同意凡高之屬皆从高古牢切

亭　小堂也从高省冋聲去潁切

廎　高或从广頃聲五音韻譜同繫傳

無聲字玉篇廣韻無亭民所安定也亭有樓
漢隸借爲頃仄字見石門頌
从高省丁聲特丁切亭京兆杜陵亭从高省乇
聲旁各切　文四　重一

冂邑外謂之郊郊外謂之野野外謂之林林外謂
之冂　釋地邑外作邑外謂之郊郊外謂之牧牧外謂之
野野外謂之林林外謂之坰毛傳詩野有死
麇燕燕于旄並云野外曰林坰鄭箋叔于田
亦同與說文合似釋地古本無野外謂之林句
象遠界也
凡冂之屬皆从冂古熒切同古文冂从口象國邑

玉篇引同繫傳作古坰 同或从土 繫傳
文冂象國邑从口也 作坰 市 買
賣所之也 廣韻引同御覽引 市有垣从冂从乁乁
所之作之所 集韻引 呂氏春秋
勿躬篇云祝融作市易繫辭釋文引世本同宋衷云顓頊臣也
古文及象物相及也之省聲 時止切 繫傳作市市
有垣从冂乁象物相
及也之省聲乁古文及也 韻會作市有垣
从冂乁象物相及也乁古文及字中之省聲 冘 淫淫行
皃 五音韻譜及玉篇韻會引同繫傳皃下 从人出冂
有也字集韻類篇引作冘冘行皃後漢來歙傳注引同當不誤
余箴 央 中央也 玉篇注同韻會引作 从大在冂之
切 中也非廣韻注中央
内大人也央旁同意一曰久也 於良切 詩庭燎釋文引
作久也已也篇韻並無

已也一訓

隺高至也从隹上欲出冂易曰夫乾隺然胡沃切今易作確後人加石

文五　重二

𩫖度也民所度居也从回象城𩫖之重兩亭相對也或但从口音韋按或但从口四字四字疑後人加疑後人加未見其說凡𩫖之屬皆从𩫖古博切

𩫏缺也古者城闕其南方謂之𩫏从𩫖缺省䥾傳作从𩫖夬聲讀若拔物爲決引也傾雪切䥾傳拔作夾蓋夬之譌

文二

京　人所爲絶高丘也　釋丘絶高爲之京非人爲之丘　从高省丨象高形凡京之屬皆从京　六書故引蜀本作中聲恐非　舉卿切

就　就高也从京从尤　繫傳作从尤京　尤異於凡也　疾僦切

就　籀文就

文二　重一

亯　獻也从高省曰象進孰物形孝經曰祭則鬼亯之　今孝經作享　凡亯之屬皆从亯　許兩切又普庚切又許庚切　玉篇虛掌切覲也獻也當也引孝經曰祭則鬼亯之今作享重文作亨注云俗作享又許庚匹庚二切廣

韻收上聲養又兩收平聲庚作亨

亯　篆文亯　玉篇作籀文

𦎧　孰也从亯从羊　繫傳羊上無从字　讀若純一曰鬻也　常倫切按鬻者亦疑讀若[illegible]从𦎧聲也

𦎧　篆文𦎧

篙　厚也从亯竹聲讀若篤　冬毒切

𦏲　用也从亯从自自知臭香所食也讀若庸　余封切繫傳庸下有同字

文四　重二

㫗　厚也从反亯凡㫗之屬皆从㫗　徐鍇曰亯者進上也以進上之具反之於下則厚也胡口切繫傳㫗部在畗部後敘目亦同蓋誤

覃　長味也从㫗

鹹省聲　詩曰實覃實吁　徒含切今詩吁作訏　⿱鹵亘古文

覃　繫傳作⿱鹵豆玉篇廣韻並無汗簡西部有⿱鹵亘注云覃出郭顯卿字指與此形相近疑後人增

⿱鹵旱　篆文覃省　厚　山陵之厚也　从㫗从厂　胡口切　繫傳韻會作从厂㫗　玉篇收厂部

⿸厂⿱亠土　古文厚从后土　繫傳作⿸厂⿱亠土　玉篇收土部

文三　重三

畗　滿也　从高省　象高厚之形　繫傳作从高厚之形　蓋傳寫譌脱

凡畗之屬皆从畗　讀若伏　芳逼切　五音韻譜作房六切又

芳逼切玉篇普逼扶六二切腹滿謂之涌腸滿謂之畐廣韻收屋職二韻

㿝 善也从畐省亡聲 徐鍇曰良甚也故从畐呂張切按从畐省則當作㿝从亡盍聲兼[illegible]畐者滿也己[illegible]其滿則良矣

目 古文良 玉篇廣韻並無汗簡引有疑後人增良下古文三玉篇有二不應遺此也

戶 亦古文良 玉篇㫐筤注云並古文

𥃩 亦古文良 繫傳作筤

文二　重三

㐭 穀所振入宗廟粢盛倉黃㐭而取之故謂之㐭从入回 繫傳回上有从字 象屋形中有戶牖凡㐭之屬

皆从㐭力甚切　廩㐭或从广从禾繫傳禾上無从字

稟賜穀也後漢書光武帝紀注引及玉篇注同一切經音義卷十一十五引並作賜也[illegible]从㐭从禾筆錦切

亶多穀也从㐭旦聲多旱切

啚嗇也从口㐭韻會引作从口从㐭㐭受也方美切

𡆥古文啚如此玉篇廣韻並無中从井於義無取疑後人增

文四　重二

嗇愛濇也从來从㐭來者㐭而藏之廣韻引作愛嗇也从

來亩來麥也來者亩而藏之當不誤繫傳有臣鍇云𡉉音澀 故田夫謂之嗇夫 凡嗇之屬皆从嗇所力切繫傳下有一曰棘省聲五字 𤲃 古文嗇从田

牆 垣蔽也从嗇爿聲才良切 牆 籀文从二禾 繫傳作牆六書故作牆引蜀一本說文曰一說从棘省亩聲說亩聲非聲也 牆 籀文亦从二來 繫傳作牆玉篇同注云古文當不誤 文二 重三

來 周所受瑞麥來麰一來二縫象芒朿之形天所來也 韻會引麰作牟[illegible]詩思文正義引作周受來牟也一麥二夆象其芒刺之形

天所來也（一麥）故爲行來之來詩曰詒我來麰
（二牟當不誤）
繫傳語作貽蓋後人因今詩改韻會無故爲 凡
行來之來句又作徠案詩貽我來牟並黄氏改
來之屬皆从來 洛哀切玉篇力該切來麰瑞麥
也行來也歸也又力載切勤也
廣韻止收平
聲去聲作徠 彳部無徠 ⿰來矣 詩曰不⿰來矣不來 繫傳鍇曰此爾雅之言也按
（[illegible]金說是也）來下當有也字釋訓不俟不來从來
也釋文俟作⿰來矣注云宜從來今本作俟
矣聲 牀史切 ⿰彳矣 ⿰來矣或从彳 廣韻引同玉篇闕

文二 重一

麥　芒穀秋種厚薶故謂之麥麥金也金王而生火王而死从來有穗者从夊凡麥之屬皆从麥　臣鉉等曰夊足也周受瑞麥來麰如行來故从夊莫獲切

麰　來麰麥也　廣雅大麥麰小麥來也廣韻注大麥又短粒麥　从麥牟聲　莫浮切

𦬊　麰或从艸

麧　堅麥也　玉篇注同又引孟康曰麥穅中不破者也　从麥气聲　乎沒切

䴵　小麥屑之覈　玉篇䴵麥屑　从麥貟聲　穌果切

䴾　礦麥也从麥差聲一曰擣也

昨何切

麩　小麥屑皮也从麥夫聲　甫無切

麬　麩或从甫

麪　麥末也从麥丏聲　弥箭切

麱　麥覈屑也　玉篇麥屑也　十斤爲三斗（御覽引十下有三字蓋衍）从麥啻聲　直隻切　玉篇徒赤切廣韻直炙切

麷　煑麥也从麥豐聲　讀若馮　敷戎切玉篇芳充芳鳳二切熬麥曰麷廣韻收平去二聲

麮　麥甘鬻也从麥去聲　丘據切玉篇丘舉切煮麥也廣韻收去聲　急就篇甘麮殊美奏諸君王伯厚補注云麮音丘舉反又丘據反（[illegible]丘舉反當是顏注）

[illegible]　餅籟也从麥

㱿聲讀若庫 空谷切繫傳作⿱殸麥 ⿰麥穴 餅⿱⺮匊也从麥穴聲 戶八切 ⿰麥才 餅⿱⺮匊也从麥才聲 昨哉切

文十三　重二

夊 行遲曳夊夊象人兩脛有所躧也凡夊之屬皆从夊 楚危切玉篇思隹切行遲皃詩云雄狐夊夊今作綏廣韻息遺切又楚危切

夋 行夋夋也一曰倨也从夊允聲 七倫切繫傳从夊允聲在一曰句上

复 行故道也从夊畐省聲 房六切

夌 越也从夊从兴兴

高也　繫傳韻會共上無从字高下有大字　一曰夌徲也　力膺切玉篇越也遟也今作陵　徲當作徲

𡕕送詣也从夊从至　陟利切

憂和之行也从夊𢚧聲　𢚧當作𢚧六書故引蜀本𢚧聲非　詩曰布政憂憂　於求切繫傳韻會憂作優蓋因今詩改商頌作敷政優優

愛行皃从夊㤅聲　烏代切

𡕓行𡕓𡕓也从夊闕　說文無𡕓故云闕也　或當从屑省　讀若僕　又卜切五音韻譜作又卜切　[illegible]恐丕誤　玉篇蒲卜切廣韻作㚃蒲木切

竷繇也　糸部作繇　舞也　詩伐木釋文引作舞曲也　樂有章从章从夅　繫傳韻會作从夅从章　从夅蓋取其聲貝部贛从竷省聲也　从夊　詩曰竷竷

舞我 苦感切今詩作坎坎鼓我蹲蹲舞我

𡿺 𡿺盖也象皮包覆𡿺下有兩臂而夊在下讀若范 亡范切後人或譌作夋詳新附攷騣下

夏 中國之人也从夊从頁从臼臼兩 繫傳韻會頁上無从字 手夊兩足也 胡雅切玉篇胡假切中國也大也又胡嫁切冬冬夏也又加下切陽夏縣名廣韻收上去二聲

𡕥 古文夏 玉篇作𡕥

畟 治稼畟畟進也从田人从夊詩曰畟畟良耜 初力切耜木部作梠

㚇 斂足也 五音韻譜繫傳斂作歛韻會引非歛上有鳥字 䧿鵙醜其飛也㚇 釋鳥鵙作鶪㚇作捘

並俗字　从夊兇聲　子紅切

夒　貪獸也一曰母猴似人从頁巳止夊其手足　臣鉉等曰巳止皆象形也奴刀切按巳止無形可象蓋以貪獸故寓懲戒

夔　神魖也如龍一足　繫傳及韻會引神作即　从夊象有角手人面之形　渠追切玉篇夔夒悚懼也黃帝時獸也以其皮爲鼓聲聞五百里

文十五　重一

舛　對臥也　廣韻引同玉篇引無也字韻會引臥作服譌　从夊㐄相背凡舛之屬皆从舛　昌兖切說文無㐄一

踳　楊雄說舛从足春　韻會

引同繫傳說爲作誤

𦏓樂也用足相背从舛無聲 文撫切

𦏶古文舞从羽亡 繫傳下有聲字

舝車軸耑鍵也 玉篇車軸端鐵也廣韻作鎋注云車軸頭鐵重文作舝注出說文 兩穿相背从舛𥎿省聲𥎿古文偰字 胡戛切 繫傳無𥎿古文偰字五字韻會同（傳作舝） 按𥎿爲古文禼禼讀與偰同非古文偰也

文三　重二

䑞艸也楚謂之葍秦謂之藑蔓地連華（釋草釋文引下有而生二字）象形从舛舛亦聲 繫傳韻會止一舛字 凡䑞之屬皆从

舜舒閏切今隸變作舜𡕥古文舜䑞華榮也从舜生聲生當作𡳿讀若皇爾雅曰䑞華也戶光切䑞當作䑞下放此五音韻譜繫傳作䑞玉篇作䑞並譌釋言作皇華也釋草葟華榮此引當是釋草華下脫當有榮字葟䑞或从艸皇䑞當作䑞文二　重二

韋相背也从舛口聲獸皮之韋可以束枉戾相韋背玉篇引同韻會東下有物字非故借以爲皮韋借當作藉凡韋之屬皆从韋宇非切𩎟古文韋繫傳作𩎟玉篇作𩎟韠韍也所以

韍前以韋下廣二尺上廣一尺其頸五寸韻會下有肩革帶博二寸六字蓋本玉藻增一命緼韍再命赤韍玉藻一命緼韍幽衡再命赤韍幽衡三命赤韍蔥衡从韋畢聲卑吉切

韎茅蒐染韋也一入曰韎繫傳及集韻類篇韻會引並同五音韻譜入作又譌毛本初印亦作入後改作又从韋末聲莫佩切玉篇莫慨莫拜二切茅蒐染草也又東夷樂廣韻收去聲怪入聲末按先鄭注周禮韎師韎讀如味飲食之味杜子春讀爲韎莖著之韎故鄭康成駁異義云韎齊魯之間韎聲如茅蒐字當作韎也今音莫佩切者與妹昧音同亦作末聲

說文攷異　二十五

讀矣韢橐紐也从韋惠聲一曰盛虜頭橐
也徐鍇曰謂戰伐以盛首級胡計切玉篇詞季在芮二切橐裹紐也廣韻收祭又音遂韜
劒衣也从韋舀聲土刀切韝射臂決也李注文選李少卿答蘇武書引作臂衣也
當不誤蓋後人涉下文而改為決
玉篇結也臂沓也廣韻臂捍从韋冓聲古矦切韘射決也玉篇
決也指沓也所以拘弦韻會引拘作鉤以象骨韋系著右
巨指从韋枼聲詩曰童子佩韘失涉切弽
韘或从弓韣弓衣也从韋蜀聲之欲切玉篇徒木

切又尺欲切廣韻收屋燭二韻

鞲　弓衣也从韋長聲詩曰交鞲二弓　丑亮切

⿰韋叚　履也从韋叚聲　乎加切玉篇胡加切履根廣韻收麻注履後帖按下文⿰韋段訓履後帖據篇韻則似爲一字又據急就篇履舄沓裒越縀紃顏注縀履跟之帖也縀乎加反又音遐其音乎加反當出顏注今⿰韋段訓履後帖重文作縀疑並爲後人所亂⿰韋段下當依廣韻⿰韋叚履後注履後帖重文作縀其⿰韋段縀（恐並非此也疑…）

⿰韋段　履後帖也从韋段聲　徒玩切玉篇大卵切（按此字疑後人增）

縀　⿰韋段或从糸　廣韻有玉篇無[illegible]（此當从段作緞）

韤　足衣也从韋蔑

聲臣鉉等曰今俗作韤非是望發切

⿰韋尃 軶裹也从韋尃聲匹各切玉篇扶亘切又扶武切尻衣又作⿰革尃廣韻去聲候注尻衣入聲鐸注車覆軶上聲麌作⿰韋甫注尻衣

韏 革中辨謂之韏釋器文玉篇革中片也詘也曲也从韋𢍏聲九萬切

⿰⿰米焦韋 收束也从韋⿰米焦聲讀若酋臣鉉等曰⿰米焦側角切聲不相近未詳即由切按⿰米焦聲未嘗不近徐說非

⿰⿰米焦要 ⿰⿰米焦韋或从要玉篇廣韻並無

揫 ⿰⿰米焦韋或从秋手繫傳作揫按手部有揫不應又爲重文疑後人增

韓 井垣也从韋取

其帀也倝聲 胡安切廣韻注同玉篇闕 文十六　重五

弟 韋束之次弟也从古字之象 字當是文 凡弟之屬皆从弟 特計切

𢍙 古文弟从古文韋省丿聲 玉篇作𢦏丿當作厂虒字从此非右戾之丿

罤 周人謂兄曰罤从弟从眔 臣鉉等曰眔目相及也兄弟親比之義古𩲡切 繫傳韻會眔上無从字下當有聲字疑後人因大徐說刪去玉篇作罤

文二　重一

夂 从後至也象人兩脛後有致之者凡夂之屬

皆从夊讀若黹　陟侈切玉篇竹几切從後至也廣韻收旨豬几切　𡕒相遮要害也从夊手聲南陽新野有夆亭乎蓋切

夆啎也　繫傳韻會啎作牾俗　从夊丰聲讀若縫敷容切玉篇赴恭扶恭二切引爾雅曰甹夆掣曳也　夅服也　廣韻注同玉篇　从夊午相承不敢竝也下江切　夃秦以市買多得為夃

玉篇及詩卷耳釋文引同　从乃从夊益至也从乃　繫傳韻會引以作人非　會無从乃二字　詩曰我夃酌彼金罍　臣鉉等曰乃難意也　古乎切繫傳鍇曰令是也當非脫上文乃即乃也

詩作姑玉篇公覩公乎二切且也引說文曰秦以市買多得爲夃論語曰求善價而夃諸今作沽廣韻止收上聲音公戶切又古乎切

文六

𡕒 跨步也从反夂䡍从此 苦瓦切玉篇作中口化口瓦二切廣韻同收上去二聲

夊 从後灸之象人兩脛後有距也周禮曰夊諸牆以觀其橈 考工記作灸諸牆以眡其橈之均也鄭注灸猶柱也 凡夊之屬皆从夊 舉友切

文一

桀 磔也从舛在木上也凡桀之屬皆从桀 渠列切

磔 辜也 一切經音義卷八引作張也開也卷九引作辜也又引廣雅張也則前引誤今廣雅作磔開也

說文攷異 二十八

覑下一切經下脱音字

蓋脱玉篇張也 从桀石聲 陟格 乘 覆也从入
廣韻張也開也 切
桀桀黠也軍法曰乘 食陵切韻會引作軍法
曰入桀曰乘玉篇是升是
證二切廣韻平聲
引説文又收去聲 乘 古文乘从几
文三 重一

儀禮聘禮釋文云外圓內方曰簠內圓外方曰簋[illegible]注[illegible]盛
黍稷稻粱同 詩權輿釋文外方內圓曰簋外圓內方曰簠

說文解字攷異弟五下

說文解字攷異弟六上

二十五部　文七百五十三　繫傳同今去欁一字增鄉一字實七百五十五（三字譌）

重六十一　繫傳作五十九是也　凡九千四百四十三字

木冒也冒地而生東方之行从屮下象其根凡木之屬皆从木　莫卜切

橘果出江南从木矞聲　居聿切　篇大曰柚小曰橘引呂氏春秋曰果之美者有江浦之橘

橙橘屬从木登聲　丈庚切

柚條也似橙而酢　齊民要術卷一引作似橙實酢　从木由聲

夏書曰厥包橘柚 余救切玉篇似橘而大引呂氏春秋果之美者有雲夢之柚

樝 果似棃而酢从木虘聲 側加切

棃 果名从木 初學記引名作也 𥝢聲𥝢古文利 力脂切繫傳作棃从木無𥝢古文利四字玉篇作棃

梬 棗也似柹 李注文選上林賦引作梬棗似柹而小是也玉篇作梬注梬棗似柹而小𦍒亦本說文一切經音義卷十一㮕引說文云似柹而小也誤以㮕爲梬說文無㮕 从木甹聲 以整切

柹 赤實果从木𠂔聲 鉏里切

枏 梅也从木冄聲 汝閻切玉篇奴含而鹽而剡三切葉似桑子似杏而酸引爾雅云梅枏廣韻收平聲覃鹽又

㮕即[illegible]

可食者六果

收上

𣘗 枏也可食 玉篇引止作柟也則可食 从木每聲 莫桮切 槑

聲 釋木梅柟郭注似杏實酢 一切經音義引埤蒼云荊州曰梅揚州曰柟益州曰□ 二字疑後人加 ……無子也

或从某 杏 果也从木可省聲 何梗切 六書故引唐本曰从木从口林罕

曰从哽 柰 果也从木示聲 奴帶切 李 果也从木

省聲

子聲 良止切 㮵 古文 玉篇作古文李又音子 桃

木工也廣韻注木工匠

果也从木兆聲 徒刀切 玉篇毛果也 楙 冬桃 釋木作旄 从木敄

聲讀若髦 莫候切 繫傳無讀若髦毛三字玉篇

莫刀切冬桃也廣韻收平聲豪

亲 果實如小栗 繫傳無果字玉篇注實似小栗 从木辛聲

説文攷異　上

春秋傳曰女摯不過亲栗側詵切左傳莊二十四年作榛玉篇榛爲亲之重文

楷木也孔子冢蓋樹之者廣韻去聲引同平聲引作木名孔子冢蓋樹也韻會平聲引作木名孔子冢蓋樹之去聲引有者字玉篇注木名孔子冢蓋之樹當本說文爲最先本从木皆聲苦駭切玉篇口駭切又音皆

梫桂也釋木梫木桂从木侵省聲七荏切玉篇士荏切又子禁切士字蓋譌廣韻收平上二聲

桂江南木韻會引作江南衆木非玉篇廣韻並注木名百藥之長从木圭聲古惠切

棠牡曰棠牝曰杜釋木杜甘棠又

中山經岷山其木多楢杻
郭注楢剛木也中車材音秋

曰杜赤棠白者棠从木尚聲徒郎切槢木也玉篇堅木也廣韻堅木名

从木習聲似入切樿木也可以爲櫛玉藻櫛用樿櫛

从木單聲旨善切玉篇木名白理者可爲櫛蓋本郭注中山經椲木也可

屈爲杅者玉篇木名皮如韋可屈以爲盂从木韋聲于鬼切楢

柔木也工官以爲耎輪玉篇引耎作輭非說文無輭从木

酋聲韻會从木酋聲在工官上讀若糗以周切玉篇以周赤沼二切廣韻

收平聲尤上聲有⿰木皀⿰木署椐木也五音韻譜及[illegible]類篇引同木部無⿰木署繫

說文引異　三

傳及集韻引作欆是也　从木卭聲　渠容切玉篇注柙柜柳廣韻注柜柳蓋本釋木欆柂柙郭注云未詳或曰柳當爲柳柜柳似柳皮可煑作飲則當爲韻與或說合

棆　毋杶也　釋木作棆無疵釋文云疵本又作㾼郭璞反字書云無疵棆也　从木侖聲　讀若易卦屯　陟倫切　𣫭傳作謂若易卦屯是也蓋徐說非許書

楬　木也　从木曷聲　讀若艾刈之艾　私閭切玉篇先呂切廣韻收平上二聲

梀　梅也　釋木作時英梅玉篇柍注木實楔注楔梅　从木央聲　一曰江南橦材其實謂之柍　於京切𣫭傳實作寔非

楪　木也　从

木癸聲又度也求癸切玉篇渠惟切廣韻收平上二聲

楑 木也从木咎聲讀若皓古老切皓當作晧

椆 木也从木周聲讀若丩職留切玉篇之幼切廣韻收平去二聲

樕 樸樕木㯻傳同五音韻譜及集韻韻會引木上有小字玉篇引詩傳云樸樕小木也

从木敕聲桑屋切

橪 木也从木𤇾聲羊皮切五音韻譜皮作支是玉篇余脂切廣韻收脂以脂切

梣 青皮木从木岑聲子林切

棎 或从㝱省㝱籀文寑㯻傳作或从㝱省

栚 籀文蓋傳寫脱

中山經虎首之山多苴椆椵郭注椆未詳也

淮南俶真訓梣木色青翳注梣木苦歷木名也生於山采取皮以水浸之正青用洗眼愈人目中膚翳故曰色青翳

說文拾遺

木也从木叕聲益州有棳縣　職說切韻會引
地理志益州有
毋棳縣玉篇注梁上楹　椃　木也从木號省聲
也重文作梲廣韻無
乎刀　棪　遬其也　釋木作棪楗　从木炎聲讀若
切　其楗又作遫　南山經堂庭之山多棪木郭注棪剡名連音剡
三年導服之導　以冉切繫傳脫其
字無之導二字
[illegible]　木也从木
遄聲　市緣切玉篇作椯市專切木名又丁
果切重文作樿廣韻收平聲仙作椯　椋　即
來也　釋木椋即來釋文　从木京聲　呂張
云棶埤蒼字林作棶禾部無棶　切　檍　杶
也　釋木杻檍釋文引說文云檍梓屬也
蓋以檍當橿玉篇廣韻檍注木名　从木意聲
[illegible]

考工記弓人凡取幹之道
柘爲上檍次之[illegible]
檍讀爲億萬之億[illegible]
爾雅曰杻檍

於力切

樻木也玉篇廣韻木名从木貴聲房未切

𣝗木也玉篇惡木也廣韻亦注惡木詩豳風小雅作樗毛傳惡木也釋木無𣝗止有栲山樗从木虖聲丑居切繫傳櫖樻𣝗三篆並闕

楀木也从木禹聲王矩切玉篇俱禹于矩二切木名廣韻兩收麌

藟木也从木畾聲力軌切

櫐籀文

桋赤棟也五音韻譜繫傳並同毛本桋作棟蓋因釋木改釋木桋赤棟白者棟木部無棟詳新附攷从木夷聲詩曰隰有杞桋以脂切

栟栟櫚也韻會引作栟櫚椶也蓋以他書增說文無櫚史記司馬相如傳漢書楊雄傳中並作并閭从木并聲府盈切

梲

說文殘異

栟櫚也　韻會引作椶櫚也　御覽引作栟櫚也　玉篇注椶　栟作椶　餘同　郭注　櫚也一名蒲葵　廣韻同　郭注西山經云椶樹高三丈許無枝葉大而員枝生梢頭一名栟櫚　可作萆　从木㚇聲　子紅反

檟楸也　玉篇山楸也重文作榎　釋木槄山榎　郭注云今之山楸　从木賈聲春秋傳曰樹六檟於蒲圃　古雅切

椅梓也　从木奇聲　於離切

梓楸也　从木宰省聲　即里切　榟或不省

楸梓也　从木秋聲　七由切

檍梓屬大者可爲棺椁　繫傳韻會椁作槨　俗　小者可爲弓材　从木啻聲　於力切

柀檆也　檆當作煔　詳新附攷　从木皮聲　一曰折也　甫委切　類篇引折作析　繫傳無

一曰折榛木也从木秦聲一曰菆也側詵切集韻引也四字玉篇碑詵切廣韻殷上聲紙同繫傳脫菆字一切經音義卷十引作叢菆木也卷十五引作叢菆木曰榛玉篇注木叢生詩鳲鳩釋文引字林榛木叢生也

㯉山樗也 繫傳韻會樗作㰆蓋因釋木改釋木作栲山㰆玉篇栲山樗也重文作椐

椐从木尻聲 苦浩切

杶木也 玉篇木似樗从木屯聲 書禹貢疏引陸璣毛詩義疏云杶樗栲漆相似如一

夏書曰杶榦栝柏 敕倫切 繫傳柏作栢下有也字韻會亦作栢 俗栢即柏之俗體

櫄或从熏 中山經成侯之山其上多櫄木郭注似樗樹材中車轅吳人呼櫄音輴

杻古文杶 繫傳作古文𢀚鎋杶曰田旁細也 （疑）傳寫譌（亂）按廣韻杶[illegible]下重文作櫄注云說文同上無古文玉篇亦無疑後人增 其字从丑音亦不近

𣘿杶也从木筍

說文攷異

聲相倫切廣韻作楇注云杶木別名玉篇楇相倫切引說文杶也亦丑論切桵白桵棫从木妥聲臣鉉等曰當从綏省儒隹切按釋木白桵棫釋文云桵本或作楼字林人隹反字林當本說文舊切音則作桵者乃後人改

棫白桵也从木或聲于逼切陸璣草木疏引三蒼說棫即柞也其材理全白無赤心者為白桵

槵木也从木息聲相即切玉篇無廣韻有

椐樻也从木居聲九魚切玉篇京於丘於二切廣韻收平去二聲玉篇二於字恐有一譌

樻椐也从木貴聲求位切

栩柔也柔當爲矛木之譌五音韻譜亦譌繫傳作桙廣韻會引同釋木作栩桙釋文栩字林丑與反其皁繫傳作其皇皁廣韻引皇作實是也玉篇引無其實皁三字類篇集韻並脫實字一曰樣況羽切

栩也从木予聲讀若杼直呂切樣栩實从木羕聲徐兩切柞劉劉杙釋木文玉篇廣韻並注果名如梨又櫐也說文無劉从木弋聲與職切枇枇杷木也繫傳無木也二字从木比聲房脂切桔桔梗藥名从木吉聲一曰直木吉屑切繫傳無一曰直木四字有鍇曰一莖直上三四葉相對似人參故曰直木顧千里云鍇云故曰直木似不當無殆今本脫去耳𣏙木出橐山从木乎聲他乎切中山經作橐山其木多樗玉篇無𣏙廣韻平聲模注𣏙木可染也又收上聲姥譌作桴注木

名可
涤繒　楷　木也从木晉聲書曰竹箭如楷　子善切五

音韻譜作子賤切玉篇引木也作木名繫傳無書
曰竹箭如楷句有詩曰榛楛濟濟臣鍇按說文
無榛字此即榛字也當[illegible]說文有榛不應
云無□書無竹箭如楷之文鄭注職方
氏云故書箭爲晉杜子春云晉當爲
箭顧千里云或曰此當作讀若書曰竹箭似得之

檖　羅也　繫傳作欐也　非木部無欐　从木㒸聲詩曰隰有樹檖　徐醉
切　今詩作檖釋
木作檖蘿

[illegible]　木可作牀几　玉篇韻會引同　繫傳牀作伏
鍇曰古謂坐榻亦爲几故言伏几伏几即人手所
凭几者也伏曆之几也則伏字不誤韻會蓋本解

字从木段聲讀若賈古雅切

橞木也从木惠聲胡計切

楛木也从木苦聲詩曰榛楛濟濟侯古切

櫅木也可以爲大車軸繫傳大車軸作車軸材恐非玉篇白棗可以爲大車軸上本釋木下本說文也从木齊聲祖雞切

㭁木也从木乃聲讀若仍如乘切

櫇木也从木頻聲符眞切

樲酸棗也从木貳聲而至切玉篇引孟子云樲棗是也今孟子作樲棘葢後人改吳元恭翻宋本爾雅郭注引孟子養其樲棗宋刻單行疏同今本並改作棘

樸 棗也从木僕聲 博木切 橪 酸小棗从木然聲 一曰染也 人善切 玉篇引棗下有也字繫傳染作柔鍇按上林賦枇杷橪柿橪之言柔也未詳孰是玉篇於堅切橪皮香草也皮字譌又引說文而善切廣韻收平上二聲平聲注橪支香草也 柅 木也實如棃 韻會引也作名繫傳闕 从木尼聲 女履切玉篇女几奴禮二切木名又絡絲柎廣韻收平聲脂上聲旨 梢 木也 韻會引作木枝末[illegible]非玉篇木也小柴也引淮南曳梢肆柴廣韻船舵尾也又枝梢也 釋木梢梢櫂郭注謂木無枝柯 从木肖聲 所交切 ⿰木隸 木也 玉篇廣韻木名 从木隸聲 郎計切 [illegible]

木也从木寽聲力輟切梭木也从木夋聲臣鉉等曰今人別音穌禾切以爲機杼之屬私閏切玉篇且泉切木名又先和切織具也廣韻止收平聲歌⿰木畢木也从木畢聲卑吉切楋木也从木刺聲盧達切枸木也可以爲醬出蜀从木句聲俱羽切玉篇其木可以爲醬出蜀中亦作蒟樜木出發鳩山从木庶聲之夜切玉篇之夜舒預二切大木出發鳩山廣韻收禡爲柘之重文又收御北山經作發鳩之山其上多柘木枋木可作車从木方聲府良切橿枋

也从木畺聲一曰鉏柄名居良切釋名鉚齊人謂其柄曰橿郭注西山經云橿木中車材

樗木也以其皮裹松脂韻會以作從誤从木雩聲讀若華乎化切玉篇正作檴胡霸胡郭二切木名重文作樗廣韻收去入二聲並作檴

檴或从蒦

檗黃木也从木辟聲博戹切

梤香木也繫傳作木也鍇按字書云香木也則似本無香字然廣韻引玉篇注並有香字則徐說恐非从木芬聲撫文切篇韻作棻

榝似茱萸出淮南从木殺聲所八切釋木椒榝醜莍郭注莍榝似茱萸而小赤色

槭木可作大車輮从

木戚聲子六切　楊木也初學記引作蒲柳也（藝文類聚、御覽、又引楊）
與釋木合玉篇注楊柳也
从木昜聲与章切　檉河柳也从木聖聲敕貞切
桺小楊也从木丣聲丣古文酉力九切　⿰木𦎫大木
可爲鉏柄　廣韻引作大木也可以爲鉏柄　从木
玉篇作椁注木可爲鉏柄
𦎫聲詳遵切　欒木似欄　廣韻引及玉篇注
同　韻會引欄作欄下引徐曰木闌也
御覽引作木也似木蘭〔按艸木二部多通〕玉篇欄引楚辭欄今九歌作蘭
木部欄欄並無疑欄之別體考工記㡛氏以欄爲（楝）
灰鄭注以欄木之灰湅釋其帛也玉篇楝木名可以浣衣
从木䜌聲禮天子樹松諸侯柏大夫欒

說文引異

士楊洛官切（出禮緯含文嘉見）白虎通山崩薨篇引（禮緯含文嘉）作士槐庶人楊柳餘同柳字蓋衍

栘棠棣也釋木作唐棣栘从木多聲弋支切玉篇余支成兮二切廣韻收支齊二韻齊韻又有余氏切一音

棣白棣也（釋木常棣棣齊）从木隶聲特計切（民要術十引作棠棣如李而小子如櫻桃蓋誤引他書）

枳木似橘从木只聲諸氏切玉篇居紙諸氏二切似橘也廣兩收紙一引周禮橘踰淮北而爲枳今考工記作橘踰淮而北爲枳

楓木也厚葉弱枝善搖繫傳韻會木下無也字釋木釋文引亦無一名欇繫傳聶作欇韻會重一欇字蓋因釋木欇（釋木楓欇）从木風聲方戎切

權黃華木（釋草權黃華　釋木權黃英）从木雚聲一曰反

常巨員切繫傳脫一曰反常四字韻會引木下常下並有也字

柜木也玉篇注柜柳也廣韻同蓋並本鄭注釋木从木巨聲其呂切

槐木也韻會引作木名守宮也又引作木名花黃可染愧並非从木鬼聲戶恢切玉篇戶灰切引爾雅云槐大葉而黑爲櫰又守宮槐葉晝日聶合而夜炕布者又戶乖切廣韻收皆灰二韻

穀楮也从木㱿聲古祿切五經文字引作榖

楮穀也从木者聲丑呂切

柠楮或从宁繫傳作或从宁作

檵枸杞也釋木作杞枸檵从木繼省聲一曰監木也古詣切繫傳監作堅

杞枸杞也从木己聲墟里切

枒木

也从木牙聲一曰車輞會也五加切五音韻譜作枒輞作輞繫傳作枒輞作軸韻會同按車部無輞古通作罔先鄭注考工記云牙謂輪輮也世間或謂之罔玉篇魚稼切木名又弋賒切木出交阯高數千丈葉在其末也廣韻收上去二聲

檀木也从木亶聲徒乾切

櫟木也从木樂聲郎擊切玉篇來的切木名又舒灼切又余灼切櫟陽縣名廣韻收錫藥二韻

梂櫟實玉篇引同繫傳實作寔非釋木櫟其實梂一曰鑿首玉篇下有也字（詩破斧作銶釋文云木屬也引韓詩云鑿屬也一解云今之獨頭斧）从木求聲巨鳩切

楝木也玉篇木名子可以浣衣从木柬聲郎電切

檿山桑也从木厭聲詩

曰其檿其柘　於剡切

柘　桑也　韻會引同繫傳作柘桑也　从木石聲　之夜切玉篇木名亦作樜

〔木厀〕　木可爲杖　玉篇注木可以爲杖廣韻木名可爲杖也　从木厀聲　親吉切

檈　檈味稔棗　釋木作還　从木還聲　似沿切

梧　梧桐木从木吾聲一名櫬　五胡切繫傳韻會名作曰釋木櫬梧郭注今梧桐

榮　桐木也从木熒省聲一曰屋梠之兩頭起者爲榮　永兵切

桐　榮也从木同聲　徒紅切

橎　木也从木番聲讀若樊　附轅切玉篇甫袁甫遠二切廣韻止收上聲阮

榆　榆

白枌 繫傳作木白枌廣韻引作白枌也 玉篇注亦無榆字枌譌作粉 从木俞聲 羊朱切

枌 榆也 玉篇白榆也廣韻白榆木名 从木分聲 扶分切

梗 山枌榆有束莢可為蕪荑萊者 五音韻譜荑萊作荑 繫傳亦作荑者作也 按作荑是也 皇象本急就篇蕪荑鹽豉醯酢醬 顏本荑作荑 从木更聲 古杏切

樵 散也 五音韻譜繫傳作散木也 韻會引同 廣韻及一切經音義卷十五引作木也 華嚴經音義卷十三引作薪也 从木焦聲 昨焦切

（並非釋木釋文引字林云薪也）

松 木也 从木公聲 祥容切

㮤 松或从容 初學記引作古文榕从木容聲 玉篇廣韻並作古文 韻會

引作古作寀非

樠 松心木从木㒼聲 莫奔切玉篇武官莫昆二切引左傳又音朗廣韻收魂桓二韻按樠見左傳莊四年卒於樠木之下釋文樠郎蕩反又莫昆武元二反段君云音郎蕩反者當作㮖廣韻上聲養有㮖注云松脂

檜 柏葉松身 五音韻譜柏作栢非 从木會聲 古外切

樅 松葉柏身 韻會檜引作松葉栢身樅引作木名並非 从木從聲 七恭切繫傳作樅

柏 鞠也 釋木作柏椈木部無椈 从木白聲 博陌切玉篇作栢廣韻作柏

机 木也 玉篇木出蜀中北山經曰單狐之山多机木郭注机木似榆可燒以糞田出蜀中 从木几聲 居履切廣韻上聲旨机注云女机山名弱水所出机引說文

木也又引山海經曰族薗之山多松栢机桓今中山經作岷山之首曰女几之山又祑簡之山其上多松栢机桓祑蓋族之譌其簡字郭音彫當不誤廣韻作薗譌●

枮　木也从木占聲息廉切

梇　木也从木弄聲益州有梇棟縣盧貢切

楰　鼠梓木从木臾聲詩曰北山有楰羊朱切

桅　黃木可染者从木危聲過委切按桅當是梔玉篇梔適當說文桅字之次音之移切黃木實可以染蓋本說文又引爾雅桑辨有葚梔其桅字音俱彼切黃木可染也又五回切船上檣竿也在後俗字中繫傳以貸殖傳卮茜爲證其當从卮明矣大徐不察更以梔爲新附韻會四支梔引說文黃木可染者十灰桅注舟上帆干

杒　桎柱杒也玉篇廣韻並注木名

从木刃聲 而震切 櫏 榙櫏木也从木遝聲 徒合切 榙

榙櫏果似李从木荅聲讀若嚃 土合切 繫傳嚃作遝 遝是也口部無嚃言部有遝

玉篇榙在櫏上 某 酸果也从木从甘闕 莫厚切 玉篇某莫回切酸果也又音

母不知名者云某廣韻止收上聲 [illegible] 蓋經典未見經用故云闕說文用闕有此一例 槑 古文某从口 繫傳作槑

櫾 崐崘河隅之長木也从木䌛聲 以周切 崐崘當作昆侖詳新

附攷䌛系部作䌛 樹 生植之總名 韻會引同繫傳生上有木字玉篇木揔名廣韻木揔名也

从木尌聲 常句切 尌 籒文 本 木下曰本从木一

在其下　徐鍇曰一記其處也本末朱皆同義　布忖切　六書故引唐本曰本从木从下末从木从上郭忠恕同按此當出郭所造未必是唐本

𣎳　古文　繫傳作𣎳玉篇作𣎳按品當同品品衆庶也六書故引作杰非

柢　木根也　玉篇根也廣韻本也根也　从木氐聲　都礼切

朱　赤心木松柏屬　五音韻譜繫傳柏作栢非廣韻引屬下有也字　从木一在其中　章俱切　韻會中下有一者記其五字乃楚金說

根　木株也　玉篇株也　从木艮聲　古痕切

株　木根也　玉篇廣韻注同華嚴經音義卷七十四引作樹根也非是　从木朱聲　陟輸切

末　木上曰末　从木一在其上　莫撥切　繫傳韻會作一在其上也六書故引唐本作末一本是[illegible]

⿰木畟 細理木也 玉篇木名似松有刺細理也蓋本郭注西山經 从木畟聲 子力切

果 木實也 从木象果形在木之上 古火切

⿰木絫 木實也 从木絫聲 力追切 廣韻無

杈 枝也 玉篇注同繫傳作杈枝也廣韻韻會引同 从木叉聲 初牙切

枝 木別生條也 从木支聲 章移切

朴 木皮也 从木卜聲 匹角切玉篇本也廣韻爲樸之重文

條 小枝也 从木攸聲 徒遼切

枚 榦也可爲杖 从木从攴 繫傳韻會作从木攴支可爲杖 詩曰施于條枚 莫桮切

栞 槎識也 从木㸚

闑 繫傳作从木妖聲誤說文無妖故云闑也彖形則不同 夏書曰隨山栞木讀若刊 苦寒切今書作刊 栞 篆文从幵 繫傳無从幵二字史漢引禹貢作栞

槸 木葉榣白也 五音韻譜槸傳榣作搖 从木聶聲 之涉切

栠 弱皃 玉篇廣韻木弱皃 从木任聲 如甚切 枖 木少盛皃 詩釋文引同廣韻引無少字玉篇注同 从木夭聲 詩曰桃之枖枖 於喬切廣韻曰作云今詩作夭繫傳桃之枖枖下有詩曰愷風自南吹彼棘心棘心夭夭母氏劬勞言棘心所以枖盡楚金說

槙 木頂也 韻會引同繫傳無頂字蓋脫 从木眞聲

一曰什木也都季切玉篇多蓮切樹稍也又之忍切木密也廣韻收平聲先上聲軫　梃一枚也繫傳韻會作一枝也小徒頂切从廷聲　爾雅曰枝謂之梃

𣡽衆盛也从木驫聲逸周書曰疑沮事闕所臻切玉篇引疑上有馬𣡽字無闕字是也惠徵君棟曰馬𣡽疑沮事見周書文酌篇極有七事之一今周書馬𣡽誤聚宋刻亦然南唐二徐學問不廣故加闕字

標木杪末也繫傳韻會杪作標从木票聲敷沼切玉篇俾饒切木末也顛也又標舉也又畀小切廣韻方小切標杪木末

杪木標末也玉篇木末也廣韻梢也木末也从木少聲亡沼切

朵樹木垂朵朵也从

木象形此與采同意丁果切五音韻譜采作采繫傳韻會同意下有而下垂三字

桹高木也从木良聲魯當切

橌大木皃从木閒聲古限切

枵木根也繫傳韻會作木皃玉篇（潘田不誤）注玄枵虛危之次亦木皃春秋傳曰歲在玄枵玄枵虛也許嬌切繫傳韻會無下玄字非左傳襄二十八年傳作歲在星紀而淫於玄枵玄枵虛中也

柖樹搖皃从木召聲止搖切玉篇注同又引淮南子死而弄其柖責絡牀爲柖顧千里云淮南說山訓作死而弃其招簣浴牀爲柖玉篇誤

榣樹動也玉篇木名又樹動也廣韻木名从木䍃聲

余昭樛下句曰樛釋木作下句曰朻詩毛傳云下
切曲曰樛釋文云馬融韓詩本
並作朻則樛从木翏聲吉虯朻高木也从木（韻會作高木下曲也）
朻實一字切
丩聲吉虯切繫傳作（韻會同）从木丩丩亦聲按玉篇朻
爲樛之重文當本說文後人（疑）改加音義爲
高木高木者乃是喬字枉衺曲也从木㞷聲
廣韻引作高大也更誤
迂往切玉篇作枉注同橈曲木繫傳韻會作曲也
廣韻作枉注邪曲也蓋脫玉篇引作曲
木从木堯聲女教切玉篇奴教切引說文又引易
也云棟橈本未（當作末）弱也又如昭切小楫
也廣韻收枎扶疏四布也五音韻譜及玉篇注同
平去二聲繫傳枎譌作扶又脫

䟽　从木夫聲　防無切繫　𣚖木𣚖施　集韻引施
字　■傳作柎　作柅非
从木旖聲賈侍中說𣚖即椅木　玉篇引施下有
也字椅木作椅
也可作琴　於离　杝　相高也　相當作槢玉　从木
廣韻引亦作也　切　篇注忽高也
小聲　私兆　槢　高皃从木習聲　呼骨　槮木長
切　切
皃从木參聲詩曰槮差荇菜　所今切繫傳
菜下有是也
二字今詩作參玉篇所錦切木實也引爾雅槮
謂之涔又楚今史今二切木長皃廣韻收平上二聲
郭今作長木也非
玉篇木長皃
梴長木也　从木延聲詩曰松桷有
廣韻木長

梴 丑連切玉篇音同廣韻丑延切 橚 長木皃从木肅聲 山巧切玉篇息六切木長皃廣韻收平入二聲前收上聲

杕 樹皃 顏氏家訓引皃下有也字 玉篇廣韻並注木盛皃 从木大聲詩曰有杕之杜 特計切 韻會引

詩同繫傳無詩曰有杕之杜有𠋣錯按詩傳樹特生皃故曰有杕之杜生乎道左也蓋傳寫脫誤

𣏕 木葉陊也 繫傳陊作隋 韻會作墮 从木𠂤聲讀若薄 他各切玉篇爲欜之重文注云說文音託落也與籜同籜當作蘀廣韻有蘀無𣏕

槮 木長皃 一切經音義卷二十二引蒼頡篇槮格度量也以度量

說文疑疑

解大學之格物 从木各聲 古百切玉篇柯額切式也量也度也至也來也廣韻

似植藏

收釋陌 槷木相摩也 釋木作木相磨 从木埶

二韻 槷石部無磨

聲 魚祭切 槸 槷或从艸 槷傳作或从埶 埶作藝

考工記牙得則無槷而固先鄭云槷椴也蜀人言椴曰槷後鄭云槷讀如涅從木熱省聲當即此字椴當作㮕

執蓋艸之誤據此則

當作藝既从艸 枯 槀也 槷傳及玉篇韻會

不應更从木也 引並同五音韻譜槀

作槀 从木古聲 夏書曰唯箘輅枯木名也

非

苦孤切 玉篇韻會無夏書以下十字 按簬下引

書惟箘簬楛 不應又作枯 疑後人增木名也

史記夏本紀漢書地理志並作楛

三字 槀 木枯也 从木高聲 苦浩切 樸 木素也

亦非

[illegible]注東山經葉[illegible]

从木菐聲匹角切　楨　剛木也玉篇堅木也引山海經大山多楨木郭璞云女楨也今東山經大作太冬冬下有葉字　从木貞聲上郡有楨林縣陟盈切　柔　木曲直也从木矛聲耳由切　㯷　判也从木㡿聲易曰重門擊㯷他各切玉篇擊木也引爾雅云木謂之㯷亦作柝重文作椂按釋器作木謂之[illegible]即此釋文不載惠徵君曰引易者後人所增古文易作椂見下　朸　木之理也从木力聲平原有朸縣盧則切玉篇引韓詩云如矢斯朸木理也斯干釋文引韓詩云朸隅也　材　木梃

也玉篇廣韻注同韻（繫傳及五音韻譜及）會引梃作挺謕从木才聲昨哉切

柴小木散材从木此聲臣鉉等曰師行野次豎散木爲區落名曰柴蘺後人語謕轉入去聲又別作寨字非是士佳切

槫槫桑神木日所出也从木尃聲防無切

杲明也从日在木上古老切繫傳有讀若稾三字

杳冥也从日在木下烏皎切

㮝角械也从木卻聲一曰木下白也其逆切玉篇何格切角械也一曰木也廣韻收麥下革切木名則下白二字衍

栽築牆長版也从木𢦏聲春秋傳曰楚圍蔡里而栽

莊二十九年水昏正而栽杜注謂今十月定星昏而中於是樹板榦而

昨代切玉篇子來切又昨代切廣韻收平去二築擣也

聲左傳哀元年楚子圍蔡報柏舉也里而栽

與作栽日杜注釋文栽郭字林才代反一音再孔疏玉行北方木故於方之宿為水星

从木筑聲陟玉切 篁古文 繫傳韻會作篁玉篇竹部同按當从筥作篁筥

讀若篤也 榦築牆耑木也从木倝聲 五音韻譜作䄵聲是

也臣鉉等曰今别作幹非是矢榦亦同古案切 檥榦也从木義聲 魚羈切

切玉篇義奇儀倚二切廣韻止收上聲爲艤之重文又引説文魚羈切 構蓋也从木冓聲 古后切繫傳字上有之字

聲杜林以爲椽桷字 模法也从木莫聲讀若嫫母之嫫 莫胡切 桴棟名 繫傳韻會从作眉棟名

木孚聲 附柔切玉篇芳無扶留二切屋橝也引論語乘桴于海蓋借桴爲泭廣韻收虞尤二韻

棟 極也 一切經音義卷六卷十四十五引並作屋極也玉篇注同 从木東聲 多貢切

極 棟也从木亟聲 渠力切 柱 楹也 韻會引同繫傳楹作櫺譌

从木主聲 直主切玉篇雉縷切楹也又株主切塞也廣韻兩收上聲麌 楹 柱也

从木盈聲 春秋傳曰丹桓宮楹 以成切左傳莊二十三年經宮下有之字

樘 衺柱也 廣韻引同繫傳韻會衺作邪一切經音義卷二卷三卷十卷十四引作柱也[illegible]

从木堂聲 臣鉉等曰今俗別作撐非是丑庚切玉篇達郎丑庚二切柱也又車樘也廣韻止收庚

欂當作欂　吳注

楮　柱砥古用木今以石从木耆聲易楮恒凶章移（一切經音義卷十六引作柱下也）

切五音韻譜易下有曰字繫傳無下錯按周易恒

卦上六振恒凶王弼云振動也今許言楮則孟氏所注

易文惠徵君云楮當在下而反在上故象曰楮恒在上大无功也　櫨　欂櫨也　千顧

欂當作欂注文選甘泉賦引作薄誤

里曰欂當作欂薄本書無欂篆而欂下云壁柱錯本次

欂於楬後與楬絕遠明非一物也漢書王莽傳作薄

櫨鄭注禮記作薄盧楊雄甘泉賦擊薄櫨文選注

引說文薄櫨即此然則許氏亦元用薄字後人加金旁

耳鉉本移欂於楬後仍未改此鑮爲从木咨聲子結

欂是其迹之不盡泯者今訂正之

切玉篇作　欂　壁柱玉篇廣韻引下有也字　从木薄省聲

粢引同

彌戟切玉篇欂補各彌戟二切欂櫨枅也下即欂字引說文音義同廣韻欂收鐸欂收麥亦引說文據此疑說文本作欂其形与義蓋經後人改篇韻所引當亦出後人禮記明堂位作欂釋文引字林平碧反

櫨 柱上柎也 玉篇注同李注文選諸賦引柎並作枅一切經音義卷七卷十五引作欂櫨柱上枅也卷十一引作柱上枅曰櫨則柎字非 从木盧聲伊尹曰果之美者箕山之東青鳧之所有櫨橘焉夏孰也 繫傳鳧作梟譌櫨橘作甘櫨玉篇引呂氏春秋亦作甘櫨錢宮詹曰應劭注上林賦引伊尹書與說文同青梟作青鳥櫨作盧呂氏春秋作箕山之東青鳥之所有甘櫨焉見本味篇 一曰宅櫨木 玉篇注同繫傳作一曰有宅

櫨木出弘農山也落胡枅屋櫨也从木幵聲古
譌切　兮
錄引呂氏春秋高注清濁之流又引說文櫨欂柱也蓋亦誤
切玉篇結奚結賢　釋木栵栭郭注云樹
二切廣韻止收齊　栵栭也似槲樕而庳小子如
細栗可食今江　从木列聲詩曰其灌其栵良辥
東亦呼爲栭栗　切玉
篇力制力辥二切　栭屋枅上標　繫傳同五音韻
廣韻收去入二聲　釋木釋文引字林音佴　譜下有也字李注文選魯靈光殿賦王命論引作枅上梁
从木而聲爾雅曰栭謂之楮如之切　檼棼也从木
切釋文云論語禮記皆作節
㥯聲於靳　檼棿也　廣韻引同玉篇注棿也引
切　楚辭欄橑以木欄爲棿也
今九歌　从木㚒聲盧浩　橑棿也椽方曰桷从木
作蘭橑　切

角聲繫傳韻會从朿角春秋傳曰刻桓公之桷聲在榱也下左傳莊二十四年釋文引字林云齊魯謂榱爲桷古岳切繫傳脫刻字見莊二十四年經

椽榱也从木彖聲直專切

榱秦名爲屋椽周謂之榱齊魯謂之桷玉篇廣韻引同繫傳韻會無魯字易漸釋文引作秦曰榱周謂之椽齊魯謂之桷恐非釋宮釋文引字林云周人名椽曰榱與說文合从木衰聲所追切

楣秦名屋櫋聯也繫傳無聯字蓋脫玉篇引名作謂齊謂之檐楚謂之梠从木眉聲武悲切

梠楣也从木呂聲力舉切

[木毘]梠也从木毘聲讀

若枇杷之枇 房脂切玉篇婢脂裨低二切廣韻收脂又方奚切 櫋屋櫋聯也韻會引同繫傳櫋作榜譌 从木邊省聲 武延切繫傳韻會無聲字 檐梍也从木詹聲 臣鉉等曰今俗作簷非是余廉切 橝屋梠前也从木覃聲一曰蠶槌 徒含切玉篇大玷切注同又大耽切木名廣韻平聲注木名厌可染去聲注屋梠名 樀戶樀也 繫傳作摘也 蓋[illegible]脫譌韻會作樀也从木 从木啻聲 木啻聲下引爾雅恐黃改誤 爾雅曰檐謂之樀讀若滴 都歷切繫傳檐謂之樀下作樀朝門讀與滴同亦[illegible]譌門闕部作闕謂之樀樀廟門也 植戶植也 釋宮植謂之傳傳謂之突郭

注戶持鎖植从木直聲常職切玉篇時職切也見埤蒼根生之屬也樹也置也又除吏切養蠶器⿰木置或从置樞戶樞也也廣韻收去入二聲从木區聲昌朱切槏戶也从木兼聲苦減切樓重屋也从木婁聲洛侯切櫳房室之疏也从木龍聲盧紅切楯闌楯也五音韻譜繫傳作闌檻也韻會引玉篇廣韻注並同一切經音義卷二引亦同下有從曰檻橫曰楯是也八字从木盾聲食允切櫺楯間子也从木霝聲郎丁切杗棟也从木亡聲爾雅

曰枈廇謂之梁 武方切玉篇武方莫當二切廣韻收陽唐二韻 梀 短椽也从木束聲 丑錄切玉篇丑足七足二切短椽也亦木名廣韻收屋注赤梀木名桑谷切又收燭注梀槢木名丑玉切按即釋木梀赤梀字自郭音霜狄反後人誤（譌）爲梀徐氏以爲新附

杇 所以涂也秦謂之杇關東謂之槾 繫傳韻會涂作塗槾作鏝並非 从木亏聲 哀都切廣韻音同玉篇於胡切

槾 杇也从木曼聲 母官切玉篇莫干亡旦二切杇槾也廣韻平聲爲鏝之重文去聲作墁按金部槾爲鏝之重文附木部疑後人增

椳 門樞謂之椳 釋宮樞謂之椳

从木畏聲烏恢切　楣門樞之橫梁釋宮楣謂之梁
釋文楣或作相亡報反埤蒼云梁呂伯雍云門
樞之橫梁說文云秦名屋櫋聯也齊謂之檐
楚謂之梠按呂說楣字與說文合　从木冒聲莫報切　梱門
其引說文者陸氏說楣疑陸氏誤
橛也　釋宮橛謂之闑郭注門閫[illegible]　从木困聲苦本切　榍限也
釋宮柣謂之閾郭注　从木屑聲先結切
閾門限按木部無柣則柣乃榍之別體　柤木閑　从木且聲側加切
切玉篇爲樝之重文廣韻同玉篇又有楂側加
切水中浮木也柴門也柵也亦作查盖即柤之俗體
槍歫也从木倉聲一曰槍欀也　七羊切繫傳欀作攘是也

木部無欀五音韻譜亦譌

楗限門也繫傳同韻會引作門限也毋非李注文選南都賦注引作距門也从木建聲其獻切玉篇渠偃切關楗也與鍵同廣韻收上聲注同

欀楔也从木鑯聲子廉切

楔櫼也从木契聲先結切玉篇革鍇切荊桃也亦門兩傍木又先結切廣韻收黠屑二韻

柵編樹木也一切經音義卷十八十九引樹作豎玉篇注同當不誤廣韻引作豎編木譌从木冊冊亦聲楚革切繫傳韻會作从木冊聲

杝落也段君云元應書謂杝欙籬三字同引通俗文丸柴垣曰杝木垣曰柵从木也聲讀若他池尒切五音韻譜他作阤是也人部無他玉篇直紙切詩云析薪杝矣謂隨其理也又音移木名廣

韻收平上二聲

櫜　夜行所擊者（御覽引作行夜所擊木也）从木橐聲易曰重門擊櫜他各切今易作柝

桓　亭郵表也从木亘聲胡官切

楃　木帳也从木屋聲於角切

橦　帳極也玉篇集韻類篇引同擊傳从木童聲宅江切玉篇徒江切廣韻會作帳柱也韻收東鍾江三韻

杠　牀前橫木也初學記引無橫字蓋譌玉篇注牀前橫也廣韻注旌旗飾一曰牀前从木工聲古雙切橫則木字乃後人加

桯　牀前几从木呈聲他丁切玉篇戶經他丁二切牀前几也廣韻戶經切牀前長几他丁切碓桯

桱　桱桯也東方謂之

簜　段君云簜集韻類篇皆从竹作簜　从木巠聲　古零切玉篇公定切桯也又木名廣韻收去聲

牀　安身之坐者　繫傳作安身之几座也韻會引作安身之几坐初學記引作身之安也玉篇牀別立部注身所安也蓋本說文其木部牀引說文則後人增　从木爿聲　■■

徐鍇曰左傳薳子馮詐病掘地下冰而牀焉至於恭坐則席也故从爿爿則爿之省象人衺身有所倚著至牆壯戕狀之屬竝當从牀省聲李陽冰言木右爲片左爲爿音牆且說文無爿字其書亦異故知其妄仕莊切

樹玉謂李說果非徐說亦未確據玉篇疒又音牀廣韻疒亦收陽韻則爿即疒字俗書牆爲廧牀爲床又从疒省也釋言疾訓壯亦取其聲相近自五經文字創立爿部戴氏六書故輒云唐本說文有爿部不足信也

枕　臥所薦首者从木冘聲　章衽切玉篇之甚切臥頭所薦也又車後橫材又之賃切廣韻收平去二聲

槭　槭窬褻器也从木威聲　於非切

櫝　匱也从木賣聲一曰木名又曰大梡也　徒谷切繫傳作一曰櫝木枕也蓋傳寫誤玉篇注匱也亦木名又小棺也當本說文梡櫝或字通廣韻櫝函也又曰小棺

櫛　梳比之總名也　急就篇作鏡斂　从木節聲　阻瑟切疏比各異于考工記有櫛人闕釋文云櫛本或作櫛

梳　理髮也从木疏省聲　所菹切

㭘　劒柙也从木合聲　胡甲切玉篇居業公荅渠業三切廣韻收合業二韻

槈　薅器也

玉篇廣韻引同一切經音義　从木辱聲　奴豆切廣韻
卷八卷二十一引並作除田器　[illegible]引纂文曰
耨如鎒柄長三尺刃廣　鎒　或从金　茮　茮臿也从
二寸以刺地除草
木入象形眲聲　舉朱切玉篇　茮　兩刃臿也从木
作槀句娱切
𦥑象形宋魏曰茮也　互瓜切玉篇胡　釫　或从金
瓜切今爲鏵
从于　梠　臿也从木㠯聲一曰徙土輂齊人語也　臣
鉉
等曰今俗作　梩　或从里　枱　耒耑也　五音韻譜
耜詳里切按齊民要術引作耜耒端木也則當爲枱之俗體　耒作耒是
也繫傳作耒耑玉　从木台聲　弋之切　鈶　或从金
篇注耒端木也　廣韻無

繫傳下有台聲二字玉篇梠注云亦作鋁又金部有鋁䤊理切亦作䢊當是宋人增辝籀文从辝

楎六叉犂一曰犂上曲木犂轅从木軍聲犂當作犁讀若渾天之渾戶昆切繫傳作讀若緯或如渾天之渾玉篇呼歸切杖也在牆曰楎又犂轅頭也廣韻微䰟二韻

櫌摩田器玉篇引下有也从木憂聲論語曰櫌而不輟於求切隸釋載漢石經無而字今論語作耰鄭云耰覆種也

欘斫也齊謂之鎡錤金部無錤齊民要術卷一引作鎡基當不誤譌作劚釋器釋文引作兹箕

漢書樊噲傳注一切經音義卷十九引蒼頡篇

作兹基孟子作鎡基鄭注周禮薙氏作兹其　一曰斤柄性自曲者　枝上

齊民要術引下有也字玉篇

曲一曰斤柄也　从木屬聲　陟玉切　欘　斫謂之櫡　釋器作鐯

釋文云鐯字又作櫡字林竹畧反　从木著聲　張略切　杷　收麥器

从木巴聲　蒲巴切　㮅　種樓也　繫傳韻會一曰作種椴也

詩杷宋魏之間謂之渠拏　方言

燒麥柃椴　从木役聲　與辟切　玉篇胡的切又胡革切燒麥柃椴也廣韻

收麥作椴　柃　木也　从木令聲　郎丁切

廣韻引同玉篇木名可染

玉篇力丁力井二切廣韻平聲引說文上聲同玉篇

柫　繫傳禾連枷也　繫傳禾作木謳　从木弗聲　敷勿切　枷　柫也　从木加聲　淮

南謂之柍古牙切 杵舂杵也从木午聲昌與切 槩杚斗斛玉篇廣韻注平斗斛也疑本說文一切經音義卷五引蒼頡篇平斗斛曰槩也从木既聲工代切 杚平也从木气聲古沒切玉篇爲槩之重文疑本說文又引說文古沒切平也則後人增●此注與槩注蓋並後人改廣韻無杚 㮐木參交以枝炊籅者也从木省聲讀若驪駕臣鉉等曰驪駕未詳所綆切玉篇柾思漬切肉几也㮐注云同上又思井切廣韻收上聲靜注俎几名錢宮詹曰古灑釃纚字俱有蓰音省從聲相近故㮐取省聲而讀若驪駕之驪也 柶禮有柶

柶匕也玉篇角匕也周禮引从木四聲息利切桮
曰大喪共角柶段君云凡言禮者謂禮經十七篇也士冠禮注曰柶狀如匕以角爲之者欲滑也切繫傳無
㔶也从木否聲布回切𠤳籀文桮桮字韻會引作𠤳槃
承槃也从木般聲薄官切鎜古文从金繫傳
作古盤籀文从皿椃槃也从木虒聲息移
文切玉
篇注山桃也廣韻椃桃山桃並本釋木急就篇
槫榼椑榹匕箸籫顏注椃匕匙也亦謂之
柶似誤以椃匕爲一物玉[illegible]案几屬玉篇几
補注引說文椃槃也爾雅亦桃名屬也食
器从木安聲烏旰檈圜案也从木睘聲
也切

說文攷異　二十九

似沿切

椷　篋也。从木咸聲。古咸切　玉篇古咸胡緘二切木名又杯也篋也　廣韻收咸杯也

枓　勺也。从木从斗。之庾切　繫傳韻會作从木斗聲　玉篇覩口切栱枓　廣韻收麌斟水器也又收厚柱上方木

杓　枓柄也。从从木从字衍五音韻譜■無从勺。臣鉉等曰：今俗作市若切，以爲桮杓之杓。甫搖切　繫傳韻會作枓柄从木勺聲　一切經音義卷四杓注云說文都歷反北斗柄也又音同勺所引當是音　玉篇甫搖都歷二切斗橋也又市若切橋當爲柄之譌其音恐亦有後人增　廣韻收平聲宵入聲藥

櫑　龜目酒尊，刻木作雲雷象，象施

錫

不窮也从木畾聲　魯回切　繫傳韻會不重象字聲上有亦字廣韻引象上有之字　雷當作靁　畾聲當作靁省聲　罍　櫑或从缶　𥂁　櫑或从皿　玉篇廣韻並無　〓　籀文櫑　繫傳下有从缶回三字　椑　圜榼也从木卑聲　部迷切　榼　酒器也从木盍聲　枯蹋切　橢　車笭中橢橢器也　玉篇狹長也車笭中橢器也　从木隋聲　徒果切　槌　關東謂之槌關西謂之㭙　繫傳韻會㭙作持譌　从木追聲　直類切　㭙　槌也从木特省聲

陟革切按當从寺聲特亦从寺聲也

栚　槌之横者也關西謂之㯢　繫傳㯢作撰說文㯢撰並無疑當是選周禮典庸器設筍虡杜子春筍讀爲博選之選　从木灷聲　臣鉉等曰當从朕省直衽切方言槌其横關西曰㭪宋魏陳楚江淮之間謂之㯪齊海岱之間謂之繏㯪繏說文並無

槤　瑚槤也从木連聲　臣鉉等曰今俗作璉非是里典切玉篇玉部璉力展切或作槤木部槤力煎切簃移也又横關木又木名廣韻槤收平聲璉收上聲釋宮作連謂之簃移

橫　所以几器从木廣聲一曰帷屏風之屬　臣鉉等曰今别作幌非是胡廣切繫傳屬下有是也二字玉篇注所以支器一曰

帷櫎屏風屬椇舉食者从木具聲俱燭切檕繘
蓋本說文李注文選吳都賦引作帷屏屬器
耑木也从木毄聲古詣切檷絡絲檷易姤釋文引作絡絲趺也
足部無趺玉篇廣韻注
絡絲柎也當本說文
从木爾聲讀若柅奴礼切機
主發謂之機玉篇注弩牙也蓋本書孔傳
从木幾聲居衣切榺
機持經者从木朕聲詩證切杼機之持緯者廣韻
引同一切經卷十五十七引無之字玉篇注同詩大
東釋文引作盛緯器正義引作持緯者也並非
从木予聲直呂切椱機持繒者廣韻注同玉从
篇繒作繪譌

木复聲扶富切當作椱楥履法也从木爰聲讀若指撝吁券切繫傳指作檍撝乃後人加無撝字按指疑柘之譌檍字更譌核蠻夷以木皮爲篋狀如籢尊繫傳尊作樽俗下有之形也三字从木亥聲古哀切玉篇爲革戶骨二切果實中也廣韻止收麥棚棧也从木朋聲薄衡切玉篇皮堪部登二切閣也棧也廣韻收庚登二韻棧棚也竹木之車曰棧玉篇引竹上有一曰二字[illegible]引詩有棧之車从木戔聲士限切栫以柴木壅也李注文選江賦引壅下有水字是也玉篇注木也柴木壅水也壅當作雝擁土部無壅

从木存聲 徂悶切玉篇在見切廣韻收慁注木名又收霰注圍也引左傳云栫之以棘

椢 筐當也 玉篇筐也 从木國聲 古悔切廣韻作簂注云筐也亦作椢

梯 木階也从木弟聲 土雞切

棖 杖也从木長聲一曰法也 宅耕切玉篇宅行切門兩傍木也廣韻收庚注同蓋並本郭注釋宮

桊 牛鼻中環也 一切經音義卷四卷十二引並無中字當非脫玉篇注亦無繫傳環作檈

孟子桮棬即此字

無檈非木部 从木类聲 居倦切

[illegible]棬[illegible] 玉篇棬去[illegible]切屈木盂也又居媛切[illegible]亦作桊

椯 箠也从木耑聲一曰椯度也 揣 盖譌 繫傳椯作揣 一曰剟也 兜果切玉篇市專切木名又丁果切廣韻止

說文攷異　三十二

收仙

橜　弋也廣韻韻會引弋作杙从木厥聲一曰門梱也瞿月切釋宮橜謂之闑郭注門閫玉篇橛巨月居月二切廣韻兩收月

樴　弋也韻會引弋作杙玉篇廣韻注同从木戠聲之弋切玉篇之力徒得二切廣韻收職德二韻

杖　持也从木丈聲臣鉉等曰今俗別作仗非是直兩切

柭　棓也从木犮聲北末切

棓　梲也从木咅聲步項切玉篇爲棒之重文蓋後人補廣韻同

椎　擊也齊謂之終葵御覽引葵作揆从木隹聲直追切

柯　斧柄也亦作大从木可聲古俄切

棁　木杖也韻會木作大蓋因廣韻改

蓋因廣韻改後漢書禰衡傳注一切經音義卷十六引廣韻注同

从木兌聲他活切又之説切玉篇爲棳之重文後又有梲朱説切柝也廣韻收末注大棒亦木梲又收薛注梁上楹柄柯也从木丙聲陂病切棅或从秉柲欑也繫傳韻會同五音韻譜作攢也譌从木必聲丘媚切五音韻譜丘作兵是也欑積竹杖也从木贊聲一曰穿也一曰叢木在丸切繫傳叢作藂俗玉篇廣韻注木叢也㞑籆柄也五音韻譜籆作籆繫傳韻會作籆並譌从木尸聲女履切柅㞑或从木尼聲臣鉉等曰柅女氏切木若棃此重出榜所以輔弓弩玉篇廣韻引下

有也从木旁聲補盲切臣鉉等案李舟切韻一音
字北孟切進船也又音北朗切木片也
今俗作牓非玉篇蒲萌切說文曰所以輔弓弩也又
北孟切榜人船人也廣韻平聲庚引說文又收上聲
蕩去檠榜也从木敬聲巨京切玉篇闕廣韻
聲映收上聲梗注云所以正
弓出周禮亦作檠㯻桰也从木隱省聲於謹切
又收平聲庚作檠玉篇
廣韻引作㯻不省桰㯻也玉篇引从木𠯑
韻會引亦同無省字作㯻也
聲一曰矢栝築弦處吉活切玉篇爲栝之重文
音同廣韻作栝爲檜之
重文注棊愽棊五音韻譜玉篇注繫傳愽作博是也
云見書韻會引亦同心部無愽竹部作

廣韻上聲 栝 引説文 炊竈木也

簿从木其聲 渠之切 廣韻引博物志曰舜造圍棊丹朱善之 榛續木也从木妾聲 子葉切 椄 棒雙也从木夅聲讀若鴻 下江切 繫傳無讀若鴻三字 栝 炊竈木 繫傳同五音韻譜竈 从木舌聲 臣鉉等曰當从甛省乃得聲 他念切 作竈非 韻會引作粘 廣韻 韻 按 槽 畜獸之食器从木曹聲 昨牢切 臬 射準的也 李注文選東京賦引準作埻 韻會引作射的非 从木从自 五結切 繫傳韻會作从木自 的當作旳 聲 廣韻引禮注云門橜

李陽冰曰自非聲从劓省

字

火杖則木乃火之誤 栝

玉篇栝木杖也 栝注云說文栝[illegible]廣韻作栝 為部首注

按玉篇竈[illegible]

說文攷異 自也 劓為劓之重文 劓从臬聲 李説非是

也又引爾雅云在牆者曰㮔在地者曰臬玉篇臬樂札三字闕 桶 木方受六升从木甬聲 他奉切 廣雅方斛謂之桶 櫓 大盾也从木魯聲 郎古切 樐 或从鹵 樂 五聲八音總名象鼓鞞木虡也 玉角切釋樂釋文引作總五聲八音之名像鼓鞞之形木其虡也恐非 柎 闌足也 玉篇注同 廣韻收去入二聲 从木付聲 甫無切 枹 擊鼓杖也 廣韻無也字韻會引作鄂足也 蓋因常棣鄭箋改

莊子應帝王曰汝又何帠以治天下 帠疑臬之誤

李注文選王元長曲水詩序 一切經音義卷三引杖作柄玉篇注鼓槌也 从木包聲 甫無切玉篇縛謀切又百交切

枹

引爾雅抱遒木魁瘣廣韻收尤注鼓槌虡注縣名肴引爾雅 椌 柷樂也 玉篇注椌

楬柷敔也蓋从木空聲苦江柷樂木空也所
本鄭注樂記切
以止音爲節繫傳作樂木工用柷聲音爲亨韻
會引作樂也木音工用柷聲音爲亨
按亨享字同柷柷可通工用柷聲音爲享蓋取
詩楚茨工祝致告毛傳云善其事曰工大徐不解改
爲所以止音爲節又誤讀釋樂也按釋樂所以鼓柷謂
之止郭注云柷如漆桶方二尺四寸深一尺八寸中有椎
柄連底挏之令左右擊則止者其椎名則非節止音爲節也釋名
柷狀如伏虎如見柷柷然也故訓爲始以作樂也疑字句有譌御覽引作[illegible]也
从木祝省聲昌六切槧牘樸也从木斬聲自刻切■玉篇才
敢切削版牘也又七豔札牒也後漢書循吏傳注引
切廣韻收平上去三聲同一切經音義卷十五

莊子駢拇釋文策李云竹簡也古以寫書長二尺四寸

引作削朴也蓋誤以札當柿从木乙聲側八切檢書署也从木僉聲居奄切檄二尺書藝文類聚（集韻）引同玉篇引作二尺書也韻會引作尺二書蓋以他書改後漢書光武紀注引說文曰檄以木簡爲書長尺二寸謂之檄以徵召也恐非說文顏師古注漢書高帝紀云檄者以木簡爲書長尺二寸其注急就篇則云檄者以木爲書長二尺（蔡邕獨斷云策者簡也）从木敫聲胡狄切棨傳信也从木啓省聲康礼切楘車歷録束文也韻會引同五音韻譜繫傳及集韻類篇引文作交玉篇引作車歷録也當从木敄聲詩曰五楘梁輈莫卜切非脫毛傳小戎云楘歷録也枑行馬也从木互聲周禮曰設梐枑

再重 胡誤切見掌舍鄭注云故書枑爲拒杜子春讀爲梐枑梐枑謂行馬 梐 梐枑也 从木陛省聲 邊兮切韻會引作从木坒聲 极 驢上負也 玉篇廣韻注驢上負版按笈即极之俗體 从木及聲或讀若急 其輒切繫傳無或字 𣏌 极也 玉篇注𣏌极也 从木去聲 去魚切 槅 大車枙 玉篇大車軛也軛當是軶説文無軶枙 从木鬲聲 古覈切 橾 車轂中空也 廣韻引轂作轂玉篇闕 从木喿聲讀若藪 山樞切考工記作藪急就篇作轃碑本作桑与衛棠爲韻 楇 盛膏器 从木咼聲讀若過

附橾纂恐譌

手臥切玉篇古和切車釭盛膏者又紡車收絲具廣韻止收平聲

枊 馬柱从木卬聲一曰堅也 吾浪切玉篇五浪五郎二切繫馬柱也廣韻收平去二聲

棝 棝斗可射鼠 玉篇注棝斗可以射鼠也 从木固聲 古慕切

欙 山行所乘者从木纍聲虞書曰予乘四載水行乘舟陸行乘車山行乘欙澤行乘輴 力追切今書止作予乘四載下皆傳也玉篇作樏廣韻作欙注云山行乘欙亦作樏

其下蓋傳說 溝洫志引夏書作陸行載車水行乘舟泥行乘毳山行則梮毳欙聲相近然非山行玉

榷 水上橫木所以渡者也 玉篇水上橫木渡今之略彴也 从木隺聲 江岳切

橋 水梁也 玉篇梁也

廣韻水梁也　从木喬聲　巨驕切玉篇同又居召切引禮記曰奉席如橋衡廣韻止收平聲

梁　水橋也从木从水刅聲　呂張切　𣹮　古文　玉篇作㴩譌廣韻無

⿰木叜　船總名从木叜聲　臣鉉等曰今俗别作艘非是穌遭切

橃　海中大船从木發聲　臣鉉等曰今俗别作筏非是房越切繫傳韻會作从木撥省聲

楫　舟櫂也　詩樸樸釋文引櫂作棹木部無　櫂棹古通作濯詳新附攷　从木咠聲　子葉切玉篇才立子葉二切廣韻收葉緝二韻緝韻作檝

欚　江中大船名从木蠡聲　盧啓切玉篇力底切廣韻收薺作欚[illegible]

玉篇名作也初學記引作江中舟[illegible]非

校　木囚也　玉篇械也　从木交聲　古孝切

樔澤中守艸樓从木巢聲鉏交切 采捋取

也从木从爪倉宰切繫傳韻會爪上無从字 柿削木札樸也

韻會引同繫傳樸作朴李注文選潘安仁馬

汧督誄引作削柿也蓋譌一切經音義卷十三引

作削朴卷十六引作削朴也玉篇注同當不誤 从木市聲陳楚謂櫝為

柿芳吠切繫傳韻會作陳楚謂之札柿六書故引作陳楚謂牘為柿玉篇蒲會孚吠二切廣韻止收廢 橫

闌木也玉篇注闌木也疑本說文 从木黃聲戶盲切玉篇胡觵胡孟二切廣

韻收平去二聲 梜檢柙也从木夾聲古洽切 [illegible]充也釋文

从木光聲古曠切玉篇古黃切廣韻收平去二聲

檇以木有所擣也从木雋聲春秋傳曰越敗吴於檇李遵爲切玉篇作㰎譌遵爲子遂二切下引左氏傳廣韻收上聲至作檇亦引左氏傳今春秋經定十四年作於越敗吴于檇李公羊傳作醉

廣韻作檇收平聲脂注同說文春秋作左傳

椓擊也从木豖聲竹角切

朾橦也从木丁聲宅耕切玉篇徒丁切橦也又音汀廣韻兩收耕一音中莖切伐木聲也一音宅耕切引爾雅蠪打螘

柧棱也玉篇注柧棱木也从木瓜聲又柧棱殿堂上最高之處也古胡切

棱柧也从木夌

聲魯登切 欁 伐木餘也从木獻聲商書曰若顛木之有甹欁 五葛切繫傳甹作餘誤按甹下引書作甹枿今盤庚作由蘖釋文云蘖本又作枿玉篇正 櫱 欁或从木辥聲作櫱重文作欁不𣗥枿 𣎴 古文欁从木無頭 𣗥 亦古文欁 枰 平也从木从平平亦聲 御覽平作銓也恐非 蒲兵切繫傳韻會作从木平聲玉篇皮兵皮柄二切枰仲木名又博局也廣韻收平去二聲 柆 折木也从木立聲 盧合切 槎 衺斫也 繫傳韻會衺作邪 从木差聲春秋傳曰山不

槎 側下切五音韻譜繫傳山下有木字非韻會引亦有木字春秋傳曰作春秋公羊傳葢因楚金說改玉篇作國語山不槎

柮 斷也从木出聲讀若爾蘖與魯語合漢書貨殖傳作山不茬蘖雅貀無前足之貀 女滑切五音韻譜作柮繫傳引同玉篇當骨切榾柮木頭說文五滑切斷也一曰給也廣韻收沒末二韻

檮 斷木也从木𠷎聲春秋傳曰檮柮 徒刀切玉篇作檮左傳文十八年作檮杌木部無杌

析 破木也一曰折也从木从斤 先激切繫傳作从木斤聲一曰析也誤韻會作从木斤無一曰句

棷 木薪也从木取聲 側鳩切玉篇又垢側九二切木也柴也廣韻收平上

二聲

梡　棞木薪也从木完聲　胡本切玉篇口管胡管二切木名又束薪廣韻收緩注虞俎名

棞　梡木未析也从木圂聲　形有足如安案音苦管切明胡本切釋蓋涉下文誤　胡昆切玉篇胡本切木未破也廣韻收平上二聲

楄　楄部方木也春秋傳曰楄部薦榦　部田切玉篇扶田切引左氏傳曰唯是楄柎謂棺中笭牀也又方木也左傳昭二十五年作唯是楄柎所以藉幹者

楅　以木有所逼束也从木畐聲詩曰夏而楅衡　玉篇引同韻會引逼作畐當不誤辵部無逼詳新附攷[illegible]逼[illegible]楅　彼即切玉篇甫六切持牛不令牴觸人也說文又彼力切廣韻收屋職二韻

枼　楄也

枼薄也繫傳枼作葉恐譌玉篇廣韻注薄也从木世聲臣鉉等曰當从亦乃得聲亦穌合切与涉切按紲从世聲或作緤徐說非是

槱積火燎之也火蓋木之譌玉篇積木燎以祭天也廣韻積薪燒之五經文字積木燎之見周禮从木从火酉聲詩曰薪之槱之周禮以槱燎祠司中司命余救切大宗伯職祠作祀

𥛃柴祭天神或从示柴當是祡

休息止也从人依木許尤切

庥休或从广

𣔻竟也从木恒聲古鄧切

亙古文𣔻

械桎梏也从木戒聲一曰器之總名一曰

持也一曰有盛爲械　楊倞注荀子榮辱篇引同詩車攻釋文引作無所盛曰械恐誤　盌注　無盛爲器　胡戒切　六書故引唐本說文械器也或說內盛爲器外盛爲械不足信

杽　械也从木从手　繫傳手上無从字韻會引作从木在手蓋因小徐說改　手亦聲　敕九切　玉篇爲杻之重文

桎　足械也从木至聲　之日切

梏　手械也　繫傳下有所以告天也五字韻會亦有無也字周禮掌囚釋文引作梏手械也所以告天桎足械也所以質地　从木告聲　古沃切

櫪　櫪撕柙指也　玉篇注同段君云柙當作柙柙指如今之拶指故與械杽桎梏爲類未否是　从木歷聲　郎擊切

撕　櫪撕也从木斯聲

[illegible]二十三[illegible]櫳字也

先稽切　櫑　櫳也从木監聲一曰圈　胡黯切　櫳　檻也从木
龍聲　盧紅切　柙　檻也以藏虎兕　廣韻注云所以藏
虎兕也出說文■
一切經音義卷六柙注云古文匣字引說文柙檻也玉
篇但注檻也　从木甲聲　烏匣切　𠙵　古文柙　繫傳作囲
藏當作臧　此句疑後人因論語虎兕出於柙增　古文柙从口
韻會引同玉篇口部作囯假狎乎甲　棺　關也所以掩
二切亦作押押當作柙廣韻無疑　匣之俗體漢書文三王傳虎兕出於匣顏注讀作柙
繫傳尸作口譌廣韻引作　古丸切玉篇古
尸　所以掩屍也尸屍古今字　从木官聲　丸切棺之言完
所以藏屍令完也又古亂切　櫬　棺也从木親聲春秋
棺斂也廣韻止收平聲　初學記引作小棺
傳曰士輿櫬　初僅切　繫傳　槥　棺櫝也　應劭注漢
櫬下有是字　書高帝紀
左傳昭四年作士輿櫬從之

云槥小棺也今謂之櫝　从木彗聲　祥歲切玉篇爲綴才芮二切又音歲廣韻兩收祭　椁

葬有木𩫏也　繫傳韻會从木𩫏聲𩫏作郭　古博切　楬

楬桀也　宋刊五音韻譜同明刊本作楬櫫也韻會引同一切經音義卷十四引作櫫杙也並非木部無櫫廣韻引止作桀也　从木曷聲春秋傳曰楬而書之　其謁切按春秋傳當作周禮見典婦功及泉府職一切經音義卷十四引作周禮　梟

梟不孝鳥也日至捕梟磔之　繫傳韻會梟磔作磔梟非廣韻引日至上有故字北戶録引作不孝鳥至日捕梟磔之一切經音義卷十一十三引作冬至日捕梟磔之　从鳥頭在木上　古堯切廣

韻引同繫傳[illegible]無頭字

𣡵 輔也从木非聲 敷尾切

蓋脫韻會頭作首 五經文字作𣡵从𣡵省譌 隸

文四百二十一 繫傳作四百二十三 三當作二 櫑上多一閑字也閑字在門部不當重出今又去

𣗥 一字實

四百二十

重三十九 繫傳作三十八非

東 動也从木官溥說曰在木中 繫傳韻會作動也从日在木中 蓋因廣韻刪改 廣

韻引同 無 官溥說

凡東之屬皆从東 得紅切

𣧹 二東曹从此

闕 繫傳鍇曰說文舊本無音今字書音曹

玉篇昨遭切引說文曰二東也無下文廣韻無

文二

林平土有叢木曰林　玉篇引同廣韻引叢作䕺　从二木凡林之屬皆从林　力尋切

𣡡豐也从林𡘾或說規模字从大卌數之積也林者木之多也卌與庶同意　此注疑後人改𡘾不成字當是从林从大卌卌數之積也林者木之多也𣡡與庶同意或說規模字卌數之積者積廿為卌也與庶同意者庶炗从廿也或說規模字者謂𣡡可讀為模也

商書曰庶草緐無　徐鍇曰或說大卌為規模之模諸部無者不審信也文甫切　按大卌二字當是𡘾之譌緐傳無作蕪誤韻會引作𣡡今書洪範作庶草蕃廡　玉篇作𣡡注緐𣡡豐盛也

今作無爲有無字

鬱　木叢生者廣韻引同韻會無生字蓋脫玉篇注者作也从林鬱省聲迂弗切

楚　叢木一名荊也从林疋聲創舉切

棽　木枝條棽儷皃玉篇引無木字李注文選東都賦引作大枝條誤漢書王莽傳注蕭該引字林棽支條棽麗也从林今聲丑林切廣韻兩收侵一音丑林切一音所今切並注木枝長

楙　木盛也从林矛聲莫候切

麓　守山林吏也玉篇引吏上有之字从林鹿聲一曰林屬於山爲麓春秋傳曰沙麓崩盧谷切繫傳

春秋下有左字恐非說文通部不稱左傳僖十四年經作沙鹿崩

𣘟古文从彔繫傳無从彔二字

棼複屋棟也从林分聲符分切

森木多皃一切經音義卷十一十二十三二十引並作木長皃也玉篇注長木皃廣韻同从林从木讀若曾參之參所今切

文九　重一

才艸木之初也繫傳及玉篇韻會引艸作草非廣韻引作艸从丨上貫一將生枝葉一地也繫傳袪安篇作从丨貫一將生枝也一地也凡才之屬皆从才徐鍇曰上一初生歧枝也下一地也昨哉切

文一繫傳才爲十二卷部首

說文攷異

四十四

說文解字攷異弟六上

蘇州全書

甲編

《蘇州全書》編纂出版委員會 編

·說文解字攷異

古吳軒出版社
蘇州大學出版社

說文解字攷異弟六下

𣎵日所出東方湯谷繫傳缺湯字宋本五音韻譜作湯明刊本改作暘毛本從之非也玉篇集韻引並作湯李隱注史記五帝本紀云暘谷舊本作湯谷今並依尚書字案淮南子曰日出湯谷浴於咸池則湯谷亦有他證明矣段君云天問大招山海經並作湯谷所登榑桑叒木也繫傳作所登木桑木也蓋傳寫脫誤象形凡叒之屬皆从叒而灼切

𦬢籀文繫傳作𦬢漢斥彰長田君碑作𦬢借爲若字

桑蠶所食葉木玉篇注無木字从叒木繫傳作从木叒聲韻會息郎切

引同又引徐曰叒亦木名東方自然之神木叒象形而蔄也此蠶所食葉故加木以別之則聲字當有然（聲不相近蓋誤）

文二　重一

㞢 出也象艸過屮（繫傳韻會艸作草玉篇同 後不盡著）枝莖益大有所之一者地也凡之之屬皆从之 止而切

㞷 艸木妄生也从之在土上讀若皇（玉篇注云古文封字下引說文同 按古文封与此不同詳土部）徐鍇曰反生謂非所宜生傳曰門上生莠从之在土上土上

𡴀 古文 鍇曰壬者厚也與土益高非所宜也戶光切（反當作安）義同按此字本繫傳增解字雖無古文而下云重一則大徐失著

文二　重一（五音韻譜無重一字）

帀周也从反之而帀也凡帀之屬皆从帀周盛說子荅切

師二千五百人爲師从帀从𠂤𠂤四帀衆意也疎夷切繫傳作从𠂤帀四帀衆意韻會引作从𠂤从帀會意非 𢀉古文師繫傳作𢀉玉篇作𢀉

文二　重一

出進也象艸木益滋上出達也凡出之屬皆从出尺律切玉篇尺述切去也見也進也遠也又尺季切廣韻收去入二聲

敖游也从出从放五牢切繫傳作从出放聲韻會作从出放按放部有敖出游也五經文字引同不應重出疑後人增

賣 出物貨也 廣韻引無貨字玉篇注同 从出从買 莫邂切 繫傳韻會作从出買聲

糶 出穀也 玉篇賣也出穀米也 从出从糶 糶亦聲 他弔切廣韻糶糶並無

𡴘 槷𡴘不安也 易釋文引無槷字當非脫玉篇不安兒也 从出臬聲 易曰槷𡴘 徐鍇曰物不安則出不在也 五結切 繫傳作易曰劓𡴘困于赤芾 按今易困上六作困于葛藟于臲卼釋文云臲說文作劓与劓同字卼說文作𡴘皆與繫傳合熱槷字當非大徐改 槷當作槷藝槸之別體廣韻屑無𡴘有槷注危槷 文五

𣎵 艸木盛𣎵𣎵然象形 玉篇引無盛字韻會引作艸木盛貌非 八聲

凡𣎵之屬皆从𣎵。讀若輩。普活切 玉篇作㞶甫味切 蔽㞶小皃 説文普活切 艸木㞶㞶然 象形 廣韻無

[illegible] 艸木孛之皃。从𣎵畀。于貴切 玉篇作㞶草木㞶字也

索 艸有莖葉可作繩索 字即孛字譌 廣韻不譌 繫傳葉 从𣎵糸。繫傳韻會作杜林說𣎵亦朱木 作華譌 从𣎵糸聲 恐誤 字。蘇各切 玉篇蘇各切 散也 又繩索 又山責切 求也 又別立部 廣韻收鐸 又收麥 爲索之重文

孛 㞶也。从𣎵。人色也，从子。論語曰：色孛如也。蒲妹切 繫傳無曰字 如也下有是此二字 韻會亦無曰字 玉篇（今論語作勃）

𠂔 止也。步對切 彗星也 孛孛不明皃 廣韻收去入二聲

从𣎵盛而一横止之也即里切繫傳作从𣎵盛而从一横止之皃也南艸木至南方有枝任也从𣎵羊聲那含切𡴭古文

文六　重一

生進也象艸木生出土上凡生之屬皆从生所庚切丰艸盛丰丰也廣韻引作草盛丰也玉篇注草盛也韻會云說文本作丯草盛丰丰也今文省作丰丯說非从生上下達也敷容切產生也从生彥省聲所簡切隆豐大也玉篇高也廣韻盛也豐也大也从生降聲

力中切

甤 艸木實甤甤也 廣韻引同 玉篇注甤甤草不實 盖本說文 廣韻引作草木實 甤甤艸盖宋人引 當不誤 艸部蕤注艸木華垂皃華者不實也 从生豨省聲讀若綏 儒隹切 繫傳作从生豨聲 豨字讀若綏 盖傳寫譌 韻會作从生豕聲 豕字讀若豨 徐曰甤豕聲相近 段君云綏當作緌 禮家緌與蕤通

甡 衆生並立之皃 从二生 詩曰甡甡其鹿 所臻切

文六

乇 艸葉也 从垂穗上貫一下有根 繫傳艸作草 無从垂二字 無一字 盖傳寫脫 象形 繫傳下有字 字衍 凡乇之屬皆从乇 陟格切

文一

𠂹 艸木華葉𠂹 象形 繫傳華葉作葉華誤玉篇作草木華葉𠂹𠂹即𠂹譌 凡𠂹之屬皆从𠂹 是爲切 [illegible]古文 文一 重一

𠌶 艸木華也 从𠂹亏聲 凡𠌶之屬皆从𠌶 況于切玉篇火于芳于二切廣韻況于切

荂 𠌶或从艸从夸 繫傳作或从艸夸

廣韻又音斅

韡 盛也 从𠌶韋聲 詩曰萼不韡韡 于鬼切 說文會引韡作鄂蓋因詩改 𠌶當是𠌶後人加艸 今詩常棣作鄂 釋文同 艸部無𠌶

文二 重一

華 榮也 从艸从𠌶 凡華之屬皆从華 戶瓜切 玉篇胡瓜切 榮也 三千五百里曰華 夏也 又呼瓜切 廣韻又收去聲 爲華之重文

皣

艸木白華也从華从白　筠輒切廣韻音同玉篇于刼切草木花　文二

禾　木之曲頭止不能上也凡禾之屬皆从禾　古兮切玉篇五溉古兮二切亦作𥓇廣韻收平去二聲

𥝌　多小意而止也从禾从只聲　五音韻譜同繫傳作从禾只支聲當是从禾支只聲　一曰木也　職雉切集韻引作一曰木枝曲玉篇作𥝌居是切引爾雅有枳首蛇兩頭也又曲支果今作枳廣韻收紙曲枝果也諸氏切

𥢁　𥝌𥢁也从禾从又句聲又者从丑省一曰木名　徐鍇曰丑者束縛也𥝌𥢁不伸之意俱羽切繫傳名下有闕字玉篇居庚切木曲支也果名也今作椇

文三

稽 留止也从禾从尤旨聲凡稽之屬皆从稽 古兮切玉篇古奚切廣韻收平上二聲

𥡴 特止也 廣韻引同元本張本玉篇引並作持止也 从稽省卓聲 徐鍇曰特止卓立也竹角切

𥢋 𥢋極而止也 元本玉篇引極作跙張本引作跙說文跙並無玉篇跙才與切行不進也引太玄經云四馬跙跙跙女六切行 从稽省咎聲 讀若皓 當作皓 賈侍中說稽𥡴𥢋三字皆木名 古老切廣韻無𥢋

文三

巢鳥在木上曰巢在穴曰窠 廣韻引同玉篇引無在穴曰窠四字 从木象形凡巢之屬皆从巢 鉏交切

㝵傾覆也从寸臼覆之寸人手也从巢省杜林說以爲貶損之貶 方斂切 廣韻引作㝵玉篇作㝵注云貶損也與貶同並从寸與注合則當作㝵漢書司馬相如傳作㝵 文二

桼木汁可以髤物象形桼如水滴而下 廣韻引象形上有从木二字兩下下有也字繫傳韻會象形作象木形桼作漆非 凡桼之屬皆从桼 親吉切

髤桼也从桼髟聲 許由切玉篇火尤切桼赤黑色蓋本鄭注鄉

射禮記廣韻作髤引周禮駹車有髤

飾注謂髤漆赤多黑少也或作髹

䰍桼垸已復桼之从桼包聲　匹皃切玉篇步交切引說文廣韻竝收平聲則匹皃切非

文三

束縛也从口木凡束之屬皆从束　書玉切玉篇舒欲切束縛也又錦五匹又尸注切五藏之束廣韻止收入聲

柬分別簡之也从束从八八分別也　古限切繫傳韻會八上無从字廣韻引亦無又無下別字

𣝘小束也　玉篇注同繫傳也上有者字衍　从束幵聲讀若繭　古典

切繫傳讀下

㓨 戾也从束从刀刀者刺之也

有之字[illegible]非

徐鍇曰剌乖違也束而乖違者

莫刀若也盧達切玉篇收刀部

文四

㯻 㯻也玉篇橐囊也 从束圂聲凡㯻之屬皆从㯻

胡本切

橐 囊也玉篇小 从㯻省石聲 他各切

囊 橐也 廣韻引同詩公劉釋文引作無底曰囊有

底曰橐恐非說文玉篇注大曰囊小曰橐

一切經音義引倉頡篇囊橐之無底者也

則本毛傳 从㯻省襄省聲 奴當切

[illegible]詩音義 御覽引橐作囊

櫜 車上大橐 从㯻省咎聲詩曰載櫜

玉篇弓衣也廣韻

韜也一曰車上囊

弓矢古勞切橐囊張大皃从橐省匋省聲苻宵切王篇普到切又普刀切橐囊張大也廣韻止收平聲又有公混切一音蓋誤仞橐字

文五

囗回也象回帀之形凡囗之屬皆从囗羽非切（韻會引作象回帀之形）圜天體也从囗瞏聲王權切團圜也（玉篇注團圓也）从囗專聲度官切肙規也从囗肙聲似沇（沿）切（五音韻譜沇作沿是也）玉篇似沿於沿二切廣韻收先仙二韻一音火玄切一音似宣切囩回也从囗云聲

水經注河水南逕圓陽
縣東圓水出上郡白土
縣圓谷東逕其縣南東
東逕圓陰縣東謂圓
音銀劉寬碑陰兩母庶
石闕銘並作西河圜陽
与齊同地理志合按圓
疑圜之別體故字亦圜
近故或作圜也又中从云
亦字亦合

羽巾切玉篇于巾古元二切田十二頃　圓　圜全也　玉篇
也又回也廣韻止收眞引說文　麴篇同引圓韻　周也
从口員聲讀若員　王問切五音韻譜問作間　麴篇作間
玉篇為拳切廣韻
收仙為圜之重文按徐音王問切
者以讀若員也然篇韻無此音　刪王問切非
回　轉也从口中象回
轉形　戶恢切韻會
形上有之字　回　古文　繫傳作囘
韻會同　圖　畫計
難也从口从啚啚難意也　徐鍇曰規畫之也故从
口同都切繫傳作从口
啚聲難意也　圛　回行也从口睪聲尚書曰圛
蓋傳寫誤
圛升雲半有半無　玉篇引作商書曰圛圛升雲
者半有半無廣韻引作商書

說文疑異

曰圛圛者升雲半有半無（按廣韻）當不誤今洪範作

周書圛作驛（蓋後人改）按森下引洪範亦作商書

讀若驛　羊益切　國　邦也　王篇小曰邦大曰國按詩大（蓋本鄭注周禮）

雅王此大邦大邦有子商頌

邦畿千里則　从口从或　古惑切　繫傳韻　壼　宮中道　釋

邦（邦小也）國不當分別　會作从口或聲　宮

宮中衖　象宮垣道上之形詩曰室家之壼　苦本切王篇

謂之壼　收橐部音（同廣韻平聲眞引說文又收上聲混）

囷　廩之圜者从禾在口中圜謂之囷方謂之京　去倫

切繫傳二圜（史記龜策傳正義引二京作廩）　圈　養畜之閑也　廣韻引無之字一切經音

字並作圈譌　義卷十七十九引亦無李注

文選永明試表引作養獸閑也獸當作嘼　初學記引作苑

从口卷聲　渠篆切　囿　苑有垣也从口有聲　一曰禽獸（有圃曰囿恐非）

曰囿 于救切 繫傳及廣韻韻會引並作禽獸有囿 初（蓋譌）
學記御覽引作養禽獸曰囿 當不誤 玉篇于六
于救二切廣韻去聲 [𡈦] 籀文囿 繫傳（作）籀文 [園] 所以
引說文又收入聲 从二林
樹果也 初學記引無所以二 从口袁聲 羽元 [圃] 種菜
字玉篇注園圃也 切
曰圃 繫傳種作種廣韻韻會引 从口甫聲 博古
同初學記引作樹菜也 恐非 布五補五二切（五字恐譌）廣韻收上去二聲 並引說文 切玉篇
[因] 就也 从口大 徐鍇曰左傳曰植有禮因重固 [𠬛]
能大者衆圍就之 於眞切
下取物縮藏之 玉篇手取物也 蓋本說文 廣韻
亦作手取物 手与又同 从又 故云手取
从口从又 讀若聶 女洽切 繫傳作从又从口 讀若蘥
字玉篇女洽女立二切 廣韻收緝

說文攷異

洽二韻

囹 獄也 玉篇注囹圄獄也釋名囹領也圄御也領録囚徒禁禦之也 从口令聲 郎丁切

圄 守之也从口吾聲 魚舉切

囚 繫也 玉篇注同繫傳韻會作繫手也譌 从人在口中 似由切 繫傳韻會無中字

固 四塞也从口古聲 古慕切

圍 守也从口韋聲 羽非切

困 故廬也从木在口中 苦悶切

朱 古文困

圂 廁也从口象豕在口中也會意 胡困切 繫傳在下有其字

囮 譯也从口化 繫傳下有聲字 率鳥者繫生鳥以來之名曰囮讀若譌 五禾切 繫

傳譌作訛俗玉篇余周五戈二切

圝 囮或从繇 又音

鳥媒也廣韻收戈尤二韻

由繇系（余所鍇本字林音由）部作䌛

文二十六　重四

員 物數也从貝口聲凡員之屬皆从員 徐鍇曰古以貝爲貨故數之王權切玉篇胡拳切物數也一云官數也又手軍切廣韻收文仙二韻又收去聲問姓也

䵣 籀文从鼎

䡝 物數紛䡝亂也 韻會引無䡝字玉篇注物數亂也 讀若春秋傳曰宋皇鄖 羽文切繫傳鄖作䡝誤

文二　重一

説文引異

此行當低一字

貝　海介蟲也居陸名猋在水名蜬　廣韻韻會引猋作贆蓋因釋魚改説文無贆蜬　釋魚釋文云贆字亦作猋蜬字

見前文　魧小者蜬下注云本又作蜬則後人加虫蜬輔之

象形古者貨貝而寶龜周而有泉至秦廢　藝文類聚引周上有至字

貝行錢　藝文類聚引錢作泉　韻會引周下無而字　繫傳有　又至作到錢下有也字　韻會不同　凡貝之屬皆从貝　博蓋切

賏　貝聲也从小貝　酥果切五音韻譜酥作穌

賄　財也从貝有聲　呼罪切

財　人所寶也从貝才聲　昨哉切

貨　財也从貝化聲　呼臥切韻會無聲字非

䝹　資也　一切

經音義卷十四引說文云䝐貨玉篇廣韻並注賭也說文無賭从貝爲聲或曰此古貨字讀若貴詭僞切繫傳作臣鍇按字書云古貨字無讀若貴三字玉篇注云亦古貨字

資貨也从貝次聲即夷切

贎貨也从貝萬聲無販切玉篇亡怨切又力制切廣韻收祭願二韻

賑富也从貝辰聲之忍切

賢多才也詩卷阿正義引說文賢堅也以其人堅正然後可以爲人臣故字从臣並非說文从貝臤聲胡田切玉篇下田切有善行也多也益也能也持心也又下見切義見考工記

賁飾也从貝卉聲彼義切玉篇廣韻止收平聲彼寄切飾也

徵也又布門切虎賁勇士又扶非切人姓廣韻收微
注姓收文注三足龜收鼋注勇亦姓古有勇士賁育去聲
賁注卦名亦姓　賀　以禮相奉慶也　繫傳韻會禮下有物字　玉篇注以禮物　廣雅二賁飾也曹注云上奔音周易賁卦今人多以彼寄反失之　按易釋文賁引王肅符文反云有文飾黃白色
相慶加也　从貝加聲胡箇切　貢　獻功也　繫傳韻會無切
當本說文　从貝工聲古送切　贊　見
字也（當非脫）玉篇通也獻也上也
稅也賜也廣韻獻也薦也
也玉篇佐也導也助也具也具盡見　从貝从兟　臣鉉等曰兟音
之譌廣韻佐也出也助也見也
詵進也執贄而進有司贊相之則旰切　按玉篇引說文
作贊則是（當）从兟（贊字）玉篇兟兟銳意也子心切贊之
見於經典莫先於（自）皋陶謨思曰贊贊襄（釋文不釋贊）　賮　會
哉與从兟義合疏引王肅云贊贊猶贊奏也（鄭云贊明也）

禮也玉篇財貨也从貝妻聲徐刃切齎持遺也韻會遺下
有人字非廣韻持也从貝齊聲祖雞切玉篇子
付也遺也裝也送也兮切行道所用
也持也備也給與也付也又貸施也从貝代聲他代
子斯切歎辭廣韻止收齊代
切繫傳聲下有借也二字韻會作又借也人部無借
當通作藉玉篇施也假也借盈也以物與人更還主
也廣韻借也貣从人求物也一切經音義卷十五
施也假也引从作從繫傳㕯
貣本作從韻會同玉篇注從从貝弋聲他得賂遺也从貝
人求蓋脫物字切
各聲臣鉉等曰當从路乃得聲洛故切按路亦从
各聲詳繫傳袪妄篇大徐說非是韻會

因大徐說承安改爲从貝路省聲謬

賸 物相增加也 玉篇注相贈也以物加送也（疑本說文）廣韻注增益一曰送也又物相贈（~~無物二字~~）

一曰送也副也 以證切韻會無送也二字蓋黄氏刪

贈 玩好相送也 玉篇注玩上有以字一切經音義卷五引作以玩好之物相送（當本說文）曰贈也蓋有增字

从貝曾聲 昨鄧切

貱 迻予也 繫傳韻會迻作移玉篇廣韻並注益也

从貝皮聲 彼義切

贛 賜也从貝竷省聲 臣鉉等曰竷非聲未詳古送切按竷當从夅聲（後人失其讀）贛从竷聲正合繫傳韻會贛作贑譌玉篇古送切賜也又古禫切縣名廣韻收去聲送勘

贛 籀

文贛繫傳作贑籒文省作玉篇廣韻並無 賚賜也从貝來聲 周書曰賚尒秬鬯 洛帶切 繫傳韻會尒作爾今書文矦之命作賚爾秬鬯一卣 賞賜有功也从貝尚聲 書兩切 賜予也从貝易聲 斯義切 貤重次弟物也 顏注漢書武帝紀引作物之重次第也第字俗 从貝也聲 以豉切 玉篇貤也並也廣韻重物次第 贏有餘賈利也 韻會引作賈有餘利也 玉篇緩也利也溢也有餘也 从貝𣎵聲 臣鉉等曰當从嬴者乃得聲 以成切 繫傳韻會𣎵作嬴譌 段君云惟𣎵嬴二字

可云𣎆聲贏字當云从貝𣎆贏當一贏贏並从𣎆聲 賴贏也

云贏者聲樹玉謂古讀與令殊

（莊子南榮趎贏糧釋文贏音盈引方言贏儋也一音果）

从貝剌聲洛帶切 玉篇闕 負恃也从人守貝有所恃也

一曰受貸不償房九切 貯積也从貝宁聲直呂切韻

會引作从貝宁宁亦聲蓋因楚金說[illegible] 貳副益也从貝弍聲弍古

文二而至切傳二下有字耳

二字非韻會無弍古文二四字 賓所敬也从貝𡧍

聲必鄰切 賓古文 繫傳同五音韻譜作賓（同繫傳作賓是也）

玉篇廣韻作完貝[illegible]完貝者

蓋迻 賒貰買也从貝余聲式車切玉篇始遮

其摯 切不交賣貝也貰貝也

貰貸也从貝世聲　神夜切廣韻（收祭禡二韻）王篇時夜切段君云聲類字林鄒誕生皆音勢劉昌宗乃讀時夜反

贅以物質錢　繫傳韻會下有也字王篇注同　从敖貝敖者猶放貝當復取之也　之芮切繫傳韻會之下有一曰最三字無也字王篇以物質錢也最也（疑本說文）顧千里曰錯本是也古最聚通廣雅曰贅聚也（王篇當本說文）

質以物相贅从貝从所闕　之日切繫傳韻會作从貝所聲無闕字（非叢□未詳从所之義）王篇之逸切又知異切廣韻收去聲注交質又物相贅入聲爲部首

貿易財也从貝丣聲　莫候切韻會同繫傳作貿丣聲（當不誤）五音韻譜廣韻引同王篇作貿丣聲譌　王篇作貿（廣韻同）

贖貿也　質也以財拔罪也

誤句

从貝𧶠聲　殊六切玉篇市燭切又市注切廣韻收燭又音樹　費　散財用也
从貝弗聲　房未切玉篇孚味切損也用也惡也散也耗也又扶味切姓也廣韻兩收未又收至爲
鄪之重文　責　求也从貝朿聲　側革切　賈　賈市也从貝
襾聲　一曰坐賣售也　公戶切一切經音義卷六引無售字當非脫售即讎之俗體詳
新附攷玉篇公戶切通物曰𧶠賈居賣曰賈也　𧶠　行賈
聚也又古雅切姓也廣韻收姥馬　上聲　又收去聲禡
也　廣韻引同一切經音卷六引作行賣也　从貝商省聲　式陽切玉篇作𧶠　販　買
賤賣貴者　廣韻者作也　从貝反聲　方願切廣韻音同玉篇方万切賤買貴賣

買市也从网貝繫傳韻會下有聲字孟子曰登壟斷而网市利莫蟹切今孟子龍作龍

賤賈少也从貝戔聲才線切

賦斂也五音韻譜同繫傳斂作歛是也从貝武聲方遇切

貪欲物也玉篇欲也惏也从貝今聲他含切

貶損也从貝从乏方斂切繫傳韻會乏之下有聲字左傳釋文引字林方犯反

貧財分少也玉篇乏財也廣韻乏也少也从貝从分分亦聲符巾切繫傳作从貝分分聲鍇曰當由言分亦聲

賓古文从宀分繫傳下有聲字

賃庸也一切經音義卷六引作傭也是也當不誤玉篇注借傭也廣韻傭賃也借也

从貝任聲尼禁切賕以財物枉法相謝也繫傳無物字當非脫一切經音義卷二十一及韻會引同玉篇注亦同从貝求聲一曰戴質也巨留切韻會戴作載購以財有所求也玉篇注以財有所求償从貝冓聲古候切貶齎財卜問為貶韻會引作齎財卜問也廣韻注齎財問卜从貝疋聲讀若所疏舉切玉篇作賥使呂切以賣財卜問也貲小罰以財自贖也一切經音義卷十三引及玉篇注同韻會無自字非从貝此聲漢律民不繇貲錢二十二即夷切韻會引同繫傳繇作傜非繇系部作繇人部

無傜段君云二十二當作二十三漢儀注七歲至十四出（白人年十五至五十六出賦錢人百二十爲一筭又）口錢人二十以供天子至武帝時又口加三錢以補車騎馬見昭帝紀光武紀二注

賨 南蠻賦也从貝宗聲 徂紅切

𧷒 衒也从貝𡙁聲𡙁古文睦 繫傳韻會下有字字 讀若育 余六切

貴 物不賤也从貝臾聲臾古文蕢 居胃切 繫傳韻會無臾古文蕢四字

賏 頸飾也从二貝 烏莖切玉篇於敬於庚二切飾也廣韻止收平聲清注貝飾

文五十九　重三

邑 國也从口先王之制尊卑有大小从卪 繫傳大小作

小大韻會作大小从卩上有故字凡邑之屬皆从邑於汲切邦國也

从邑丰聲博江切𡵍古文邦郡周制天子地方千

里分爲百縣縣有四郡見逸周書作雒篇水經注卷二河水下引周作郡

誤[illegible]故春秋傳曰上大夫受郡是也玉篇引無是也二字水經

注引作故春秋傳曰上大夫縣下大夫郡所引是至

[illegible]左傳哀二年曰上大夫受縣下大夫受郡受字當有

秦初置三十六郡廣韻韻會引同水經注引初作始繫傳初下有天下二字郡下

有焉字以監其縣繫傳作以監其郡縣衍韻會作

並非以監縣[illegible]水經注[illegible]

从邑君聲 渠運切 都 有先君之宗廟曰都 左傳莊二十八年曰凡邑有宗廟先君之主曰都 从邑者聲 周禮距國五百里爲都 當孤切 繫傳韻會距作制 先鄭注載師引司馬法曰王國百里爲郊二百里爲州三百里爲野四百里爲縣五百里爲都 當草誤 玉篇引周禮曰四甸爲縣四縣爲都都采地也 合見小司徒職 說文所引非周官

鄰 五家爲鄰 周禮遂人職五家爲鄰五鄰爲里四里爲酇五酇爲鄙五鄙爲縣五縣爲遂 从邑粦聲 力珍切

酇 百家爲酇 酇聚也 玉篇韻會引同繫傳作酇四里也 从邑贊聲 南

陽有鄶縣作菅切又作旦切玉篇作鄶子管切引說文又子旦切南陽有鄶縣又在丸切廣韻收平上去三聲

鄙　五酇爲鄙从邑啚聲兵美切

郊　距國百里爲郊周禮大宰注云邦中在城郭者四郊去國百里从邑交聲古肴切

邸　屬國舍韻會下有也字从邑氐聲都禮切

郛　郭也从邑孚聲甫無切

郵　境上行書舍玉篇引下有也字境當作竟詳新附攷从邑垂垂邊也羽求切

𨛫　國甸大夫稍稍所食邑从邑肖聲周禮曰任𨛫地

載師職作以家邑之田任稍地鄭注云故書稍或作削又太宰家削之賦釋文云家削本又作鄁在天子三百里之内 所教切 稍人注云距王城三百里曰稍

鄯鄯善西胡國也 玉篇注胡作域 从邑从善善亦聲 時戰切 繫傳作鄯善上無从字玉篇時戰切鄯善西域國引漢書云本名樓蘭城去長安六千一百里元鳳四年傳介子誅其王更名其國爲鄯善又時演切廣韻收上去二聲

窮夏后時諸矦夷羿國也 玉篇引同又引書曰有窮后羿 从邑窮省聲 渠弓切

鄭周封黃帝之後於鄭也 樂記武王克殷及商未及下車

而封黄帝之後於薊从邑契聲讀若薊繫傳薊作葪譌地理郡國志並作薊上谷有⿰契阝縣古詣切顧千里云郡國志廣陽郡薊本燕國世祖省并上谷永平八年復

邰炎帝之後姜姓所封周棄外家國从邑台聲右扶風斄縣是也韻會引右扶風上有徐曰下無是也二字詩曰有邰家室土來切繫傳詩上有鍇曰二字有上有即字韻會引詩亦在徐下按九經字樣引詩有邰家室當本說文高誘注吕氏春秋辯土論引詩亦無即字則引詩當出許書徐因今本加即字遂爲已引耳

⿰支阝周文王所封在右扶風

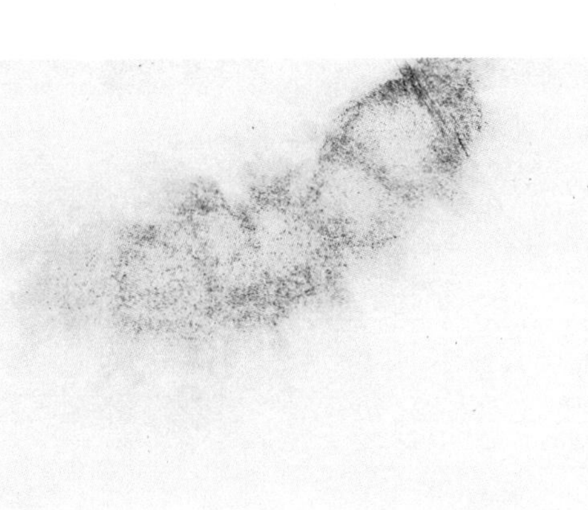

美陽中水鄉　繫傳韻會水作外譌地理志右扶風美陽禹貢岐山在西北中水鄉周大王所邑　从邑支聲　巨支切玉篇渠離切右扶風美陽縣西有郊山亦作岐古作歧山

岐　郊或从山支聲　繫傳無聲字　因岐山以名之也　薛綜注西京賦引作岐山在長安西美陽縣界

□　古文郊从枝从山　繫傳山下有作字　山有兩岐因以名焉

邠　周太王國　玉篇注同繫傳韻會無太字　在右扶風美陽　按此注疑後人誤因上文郊注改玉篇注周太王國在右扶風郇邑當本說文　从邑分聲　補巾切

豳　美陽亭即豳也民俗以夜市有豳山从山从豩

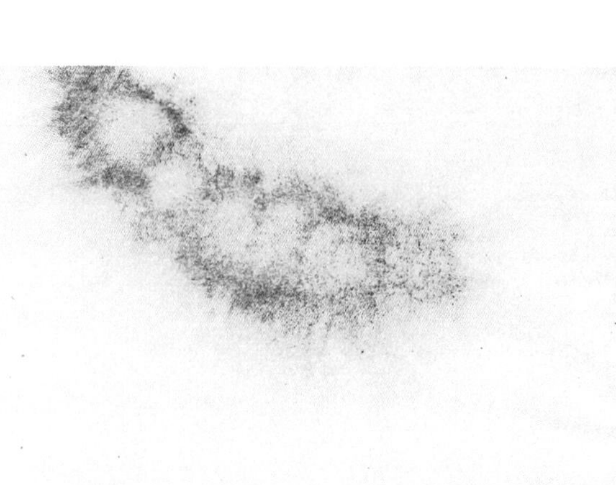

闕　韻會引毛氏曰說文豳从山豩聲按此注疑後人增改地理志豳在右扶風栒邑鄭箋詩譜同非美陽也玉篇豳收豩部注云古文邠

郿　右扶風縣　韻會引同繫傳下有名也二字衍　从邑眉聲　武悲切玉篇莫悲切右扶風縣名郃陽有郿鄉又音媚廣韻收平去二聲

郁　右扶風郁夷也　地理志引詩周道郁夷師古曰毛詩周道倭遲韓詩作郁夷字言使臣乘馬行於此道　从邑有聲　於六切

鄠　右扶風縣名　从邑雩聲　胡古切

扈　夏后同姓所封戰於甘者　書序啟與有扈戰於甘之野作甘誓　在鄠有扈谷甘亭　繫傳作在鄠有扈國也有甘亭韻會同無有甘亭三字玉篇注夏后同姓所

封之國在鄠从邑戶聲胡古切
有扈谷甘亭 𡵨古文扈从山弓 繫傳
鍇曰从辰巳之巳詩涉屺則从戌己之己按辰
巳之巳於義無取篆形亦不近玉篇廣韻並無此字疑後人增 𨛫右扶
風鄠鄉 地理郡國二志無此名 从邑崩聲沛城父有𨛫鄉 史記
索隱引三蒼云𨛫鄉在城父縣音裴 讀若陪 薄回切 玉篇𨛫在俗字中止注鄉名蓋後人所補廣韻
注鄉名在扶風 郿右扶風鄠鄉 玉篇注同廣韻注鄉名在鄠縣地理郡國志無此名 从邑
且聲子余切 𨛜右扶風鄠盩厔鄉 五音韻譜及集韻類篇引同繫傳
作右扶風鄠鄉盩厔縣韻會同盩作盩並誤玉篇
注右扶風盩鄉盩字譌無鄠字是也地理志鄠與

盩厔並屬右扶
風厔當作庢从邑赤聲呼各切玉篇呼各舒石
二切廣韻收鐸昔二韻酆
周文王所都在京兆杜陵西南韻會引同繫傳兆
作邑杜作桂並誤
从邑豐聲敷戎切鄭京兆縣周厲王子友所封从
邑奠聲宗周之滅鄭徙潧洧之上繫傳潧作
溍譌韻會
作宗明之滅鄭遷溱
洧之上明譌餘亦非今新鄭是也直正切郃左馮
翊郃陽縣从邑合聲詩曰在郃之陽候閤切今
詩作洽毛
傳洽
水也𨚩京兆藍田鄉繫傳下
有也字从邑口聲苦后切𨞺

京兆杜陵鄉从邑樊聲附袁切⿰樊阝左馮翊縣从邑麃聲甫無切地理志有作鄜鄜左馮翊鄜陽亭繫傳鄜上有有字玉篇注同从邑屠聲同都切邮左馮翊高陵从邑由聲徒歷切玉篇與鳩切左馮翊高陵縣有邮亭宋本說文又音笛廣韻平聲尤注亭名在高陵又收入聲錫注云鄉名在高陵鄉字非⿰秊阝左馮翊谷口鄉玉篇注同繫傳鄉作也非廣韻尤注鄉名在馮翊青注鄉名在馮翊谷口从邑秊聲讀若寍奴顛切玉篇奴經奴顛二切廣韻收尤青二韻邽隴西上邽也玉篇京兆有下

檢箋說

說文□異　三十一

邽縣隴西从邑圭聲古畦 部天水狄部地理志天
有上邽縣切水無狄部
勇士縣注云屬國都尉治滿福｜从邑咅聲蒲
水經注河水下引作蒲福則部當即蒲口
切郖弘農縣庾地从邑豆聲當侯切玉篇徒
玉篇儔口切分判也廣韻署也透切引說文又
音兜廣韻平聲引鄏河南縣直城門官陌地也
說文又收去聲
阜部無陌字管子四時篇作正千伯从邑辱聲春秋
食貨志作商君開仟伯則古通作伯
急就篇疆畔畷伯耒犂鉏
傳曰成王定鼎于郟鄏而蜀切文見
左傳宣三年鄻周邑也
从邑輦聲力展切繫傳[祭+邑]周邑也从邑祭聲
作鄻是也

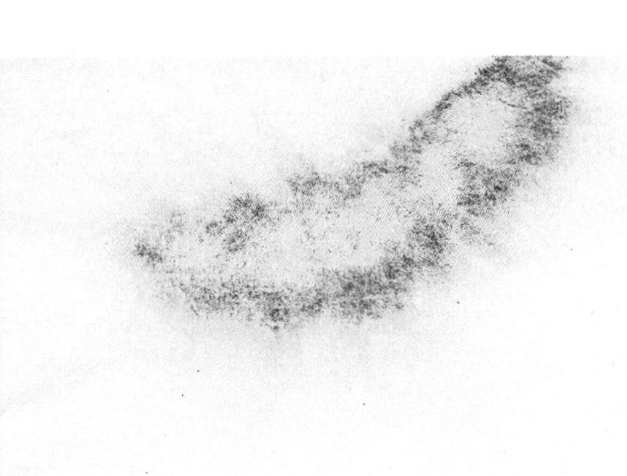

側介切

邙　河南洛陽北亡山上邑　繫傳亡作止五音韻譜及玉篇注作土▢並譌郡國志注引皇覽作北芒又按漢碑洛陽字並作雒地理郡國志同顏監引魚豢云漢火德忌水故去洛水而加佳未必是▢　从邑亡聲　莫郎切繫傳亡亦譌作止

鄩　周邑也　玉篇河南鞏縣西有鄩中蓋本杜注左傳　从邑尋聲　徐林切五音韻譜作鄩是也

郗　周邑也在河内　地理志河内郡波注孟康云有絺城郡國志河内波有絺城注引左傳王與鄭絺　从邑希聲　丑脂切

鄆　河内沁水鄉　韻會引同繫傳沁作泌譌　从邑軍聲魯有鄆地　王問切

鄇　故

商邑自河内朝歌以北是也从邑北聲補妹切

邘周武王子所封在河内野王是也从邑于聲又讀若區況于切繫傳作讀又若區字是玉篇禹俱切河内野王縣西有邘城

𨛫殷諸侯國在上黨東北玉篇引殷作商韻會無東字蓋脱从邑秎聲秎古文利繫傳下有字字商書西伯戡𨛫郎奚切玉篇商書作書曰戡𨛫當作𢦔疑後人因今書改

邵晉邑也从邑召聲寔照切

鄍晉邑也玉篇注同韻會無也字蓋因廣韻

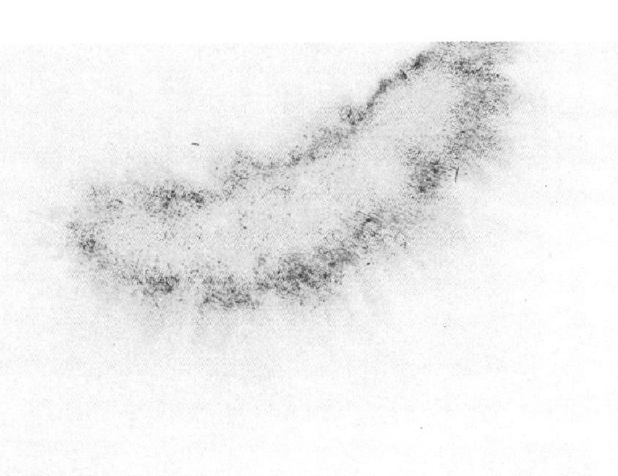

韻繫傳作晉邑食（刪）从邑冥聲春秋傳曰伐鄍

也蓋誤倒然食字不當有衍字也

三門 莫經切繫傳門下有是也二字

鄐 晉邢侯邑 段君曰當云晉雍子邑左傳襄廿六年聲子曰雍子奔晉晉人與之鄐 从邑畜聲 丑六切

鄇 晉之溫地从邑侯聲春秋傳曰爭鄇田 胡遘切左傳成十一年郤至與周爭鄇田玉篇（釋文云鄇字林音候）胡豆切晉地名又音侯廣韻收平去二聲

邲 晉邑也 玉篇注同韻會引作鄭地名蓋因廣韻改廣韻當本杜注左傳 从邑必聲春秋傳曰晉楚戰于邲 毗必切繫傳作臣鍇按春秋晉楚戰于邲則非許說

郤晉大夫叔虎邑也韻會引玉篇注同繫傳邑上有之字衍从邑谷聲綺戟切䣣河東聞喜縣玉篇縣作鄉蓋本說文廣韻注鄉名在聞喜又裴注云伯益之後封于䣣鄉因以爲氏後徙封解邑乃去邑從衣⿰虔阝河東聞喜聚繫傳聚作邑非玉篇注聚名在河東聞喜廣韻同从邑虔聲渠焉切⿰匡阝河東聞喜鄉廣韻引鄉下有也字繫傳河東上有仲邱二字从邑匡聲去王切鄈河東臨汾地繫傳下有也字即漢之所祭后土處玉篇注同集韻引無之字韻會引作河東

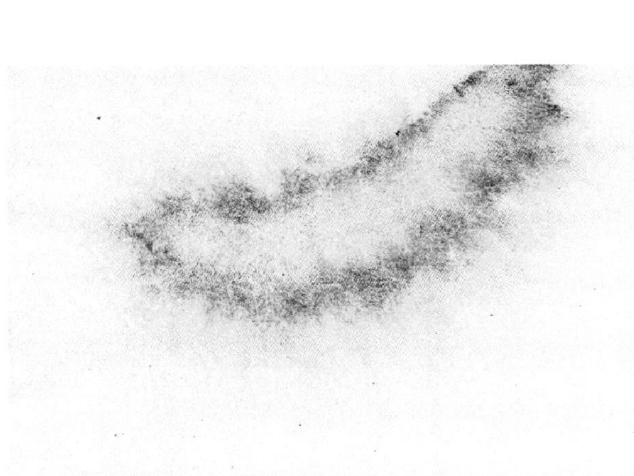

臨汾地漢祭后从邑癸聲揆唯切繫傳从邑郉

土處蓋删改武癸聲在地也下韻會引無懷字从邑

帝紀元鼎四年立后土祠於汾陰脽上注師古曰一說地臨汾水之上地本名鄈音與葵同

周公子所封地近河內懷封下有邑字

幵聲戶經切玉篇胡丁切左氏傳狄伐邢杜預云邢

國在廣平襄國縣又輕千切周公所封地近河

內廣韻收鄔太原縣繫傳同五音韻

先青二韻譜下有名字非从邑烏聲

安古切玉篇於古切晉大夫彌祁太原縣从邑示聲

牟邑又音烏廣韻收平上二聲

巨支鄴魏郡縣繫傳韻會下有也字从邑業聲

切玉篇注魏郡有鄴縣

魚怯郱鄭地郱亭五音韻譜郱作邢譌繫从邑井

切傳作鄭地有郱亭也

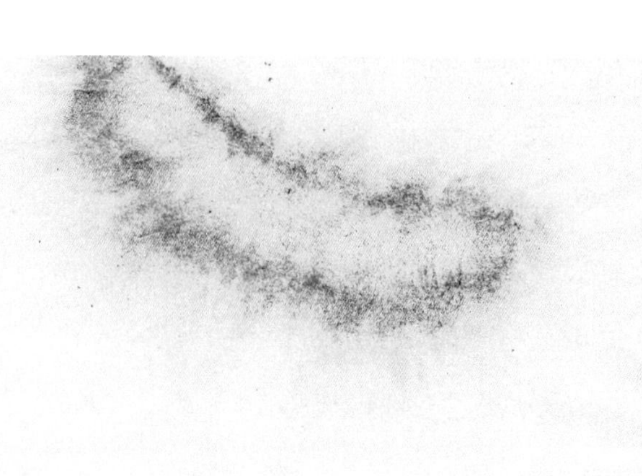

聲 戶經切五音韻譜繫傳作𨛬玉篇子省切地名廣韻收上聲靜注郉邢地名子郢切按徐音戶經切者蓋誤伊邢廣韻亦與邢混段君云鄭地恐誤此上下文皆河內地不宜忽羼以河南地名也疑即常山郡之井陘縣趙地也郉井蓋古今字

邯 趙邯鄲縣 韻會引作邯鄲趙縣[illegible]非玉篇注趙國有邯鄲縣[illegible]

本說文 从邑甘聲 胡安切玉篇何安胡甘二切廣韻收寒談二韻

鄲 邯鄲縣 玉篇注同韻會引縣下有名字非 从邑單聲 都寒切

郇 周武王子所封國在晉地 按武當是文左傳僖二十四年富辰曰郇文之昭也鄭箋詩下泉云郇侯文王之子爲州伯玉篇注郇伯文王子也今河東有郇城廣韻注地名在河東解縣周文王子封於郇後以爲氏 从邑

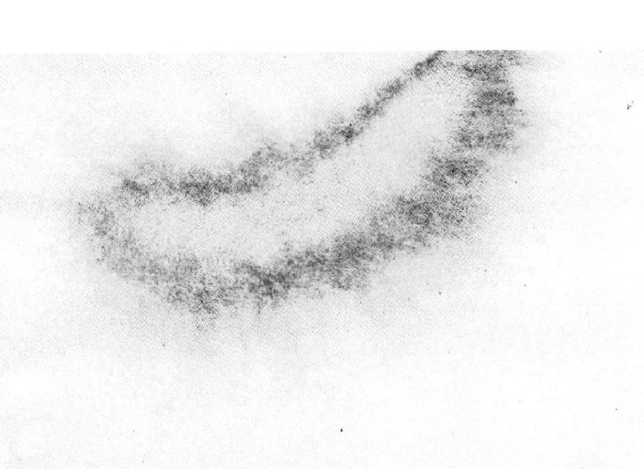

句聲讀若泓 相倫切

鄃 清河縣 玉篇清河郡鄃縣 从邑俞聲 式朱切 玉篇庚娛切 又音輸 廣韻兩收虞

鄗 常山縣 始祖所即位 今爲高邑 从邑高聲 呼各切 繫傳韻會縣下有也字 从邑高聲在也下 玉篇許各切 廣韻收上聲晧入聲鐸

鄡 鉅鹿縣 从邑梟聲 牽遙切 玉篇鄡若幺切 豫章有鄡陽縣 又鄡輕彫切 鉅鹿郡有鄡縣 廣韻同 蓋本地理志 說文無鄡

鄚 涿郡縣 五音韻譜繫傳涿作涿譌 韻會引縣上有鄚字 从邑莫聲 慕各切

郅 北地郁郅縣 玉篇北地郡有郁郅縣 从邑至聲 之日切

鄋 北方長狄國也 在夏爲防風氏 在

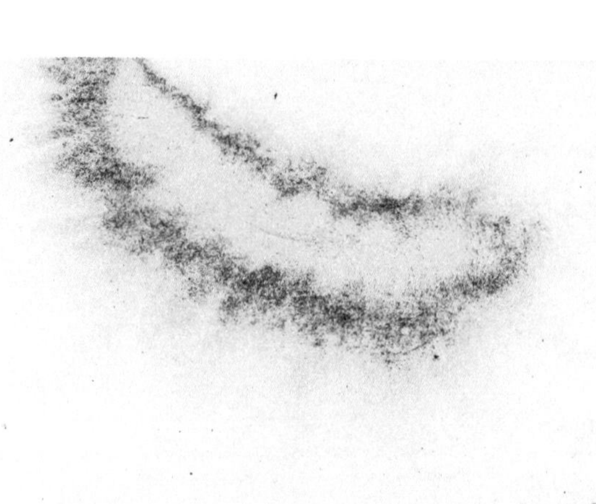

殷爲汪茫氏　繫傳殷上無在字左傳文十一年釋文引亦無水部無茫釋文作芒是也此文蓋本魯語今魯語作在虞夏　从邑变聲春秋傳曰

夏商爲汪芒氏（畐非古本）

郯瞞侵齊　所鳩切繫傳齊下有是也二字（左傳文十一年釋文引字林一音先牢反）

𨛬　炎帝太嶽之胄

繫傳嶽作岳　甫矦所封在潁川从邑無聲讀若許

虛呂切玉篇作鄦

邟　潁川縣　後漢書黃瓊傳注引作潁川縣也漢潁川有周承休

侯國元始二年更名曰邟按地理志云潁川郡周承休矦國元始二年更名鄭公則鄭乃邟之誤公字衍郡國志潁川無邟縣蓋并省者　从邑亢聲　苦浪切玉篇口盎古衡二切邟說文曰潁川縣廣

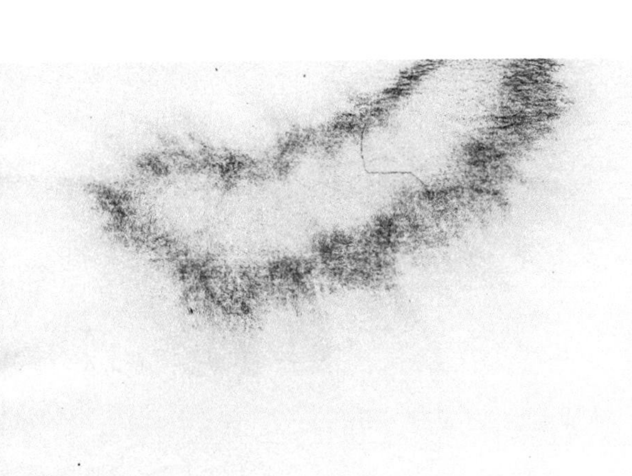

韻收平去二聲

郾　潁川縣从邑匽聲　於建切玉篇於獻切又於幰切廣韻收上去二聲去聲爲郾之重文

郟　潁川縣从邑夾聲　工洽切

郪　新郪汝南縣从邑妻聲　七稽切玉篇七兮千私二切新郪汝南縣又廣漢有郪縣廣韻止收齊

鄎　姬姓之國在淮北从邑息聲今汝南新鄎　相即切繫傳鄎作息下有是也二字地理郡國二志作新息玉篇廣韻作新鄎

郋　汝南邵陵里　玉篇注同地理郡國志作召陵與左傳合說文敘亦作召陵　从邑自聲讀若奚　胡雞切廣韻無

[旁邑]　汝南鮦陽亭从邑旁聲　步光

說文攷異　二十六

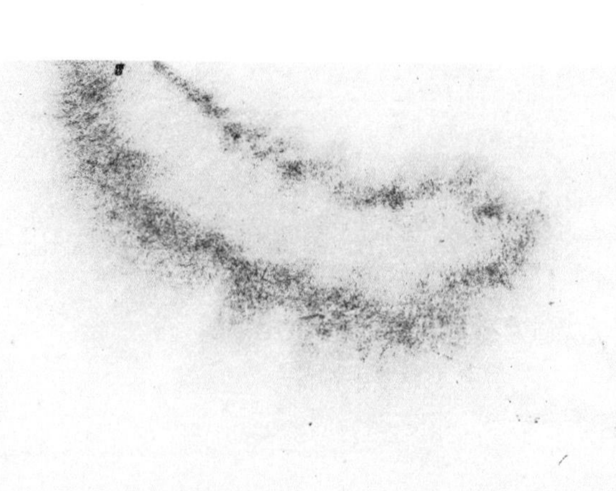

切

鄍蔡邑也从邑昊聲春秋傳曰鄍陽封人之女奔之古闃切文見左傳昭十九年繫傳作郹陽人女奔之蓋傳寫脫

鄧曼姓之國今屬南陽从邑登聲徒亘切

鄾鄧國地也从邑憂聲春秋傳曰鄧南鄙鄾人攻之於求切玉篇注同繫傳之下有也字衍左傳桓九年楚子使道朔將巴客以聘於鄧鄧南鄙鄾人攻而奪之幣

⿰号阝南陽清陽鄉繫傳清作清譌地理郡國志作育陽从邑号聲乎刀切

鄛南陽棗陽鄉後漢書宦者傳注引作南郡棘陽縣有鄛鄉南下

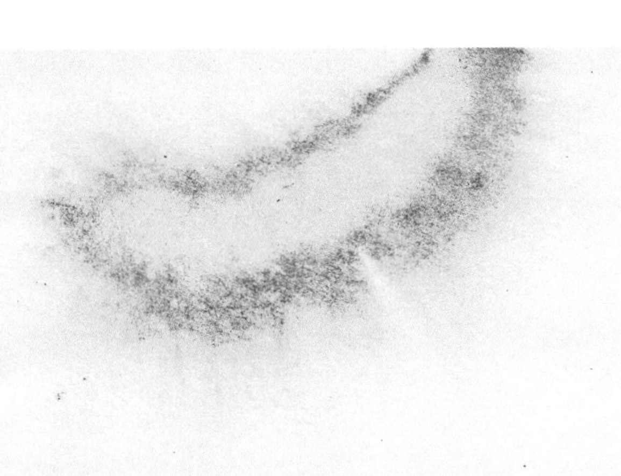

蓋脱陽字玉篇注南陽棘陽鄉名宋本棘女地理郡國二志並作棘陽則棗字誤 从邑巢聲 鉏交切

𨟙今南陽穰縣是 五音韻譜繫傳同韻會引穰作鄴無是字非地理郡國志並作穰故云今也 从邑襄聲 汝羊切五音韻譜繫傳作𨞪譌

𨞲南陽穰鄉从邑婁聲 力朱切玉篇力兜切南陽鄴縣鄉廣韻收虞侯二韻

𨛦南陽西鄂亭 玉篇注鄂下有縣字地理志西鄂注應劭云江夏有鄂故加西云 从邑里聲 良止切

𨙨南陽舞陰亭从邑羽聲 王榘切

郢故楚都在南郡江陵北十里 玉篇注同韻會引北作百

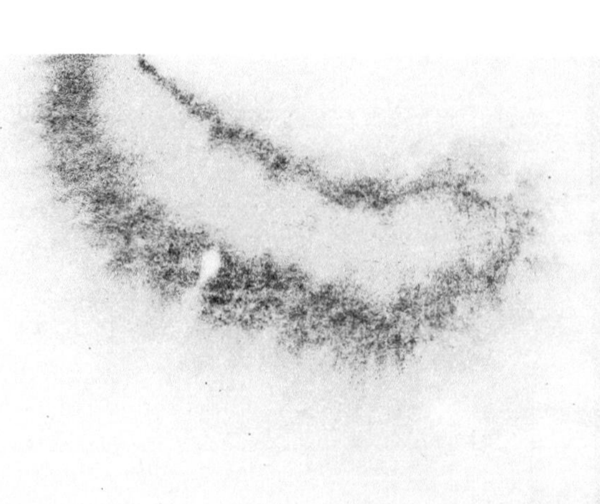

非从邑呈聲以整切 郢 郢或省 鄢 南郡縣孝惠三年改名宜城从邑焉聲於乾切玉篇於巘切鄢陵縣名又於乾切廣韻收上聲阮注云鄭楚地名引左傳曰晉侯鄭伯戰于鄢陵平聲注云人姓又鄢陵縣名又於晚切亦作傿按地理志陳留郡傿注應劭曰鄭伯克段於傿是也師古曰傿音偃■又潁川郡有傿陵故杜注左傳云今潁川鄢陵縣無鄢鄢陵之鄢乃後人改从邑郡國志作⿰阝焉更誤

鄳 江夏縣从邑黽聲莫杏切玉篇亡庚切廣韻收平上二聲

⿰葛阝 南陽陰鄉从邑葛聲古達切玉篇公達切引說文次在鄚下

鄂 江夏縣繫傳下有也字韻會作名从邑咢聲五各切五音韻譜咢作咢是也

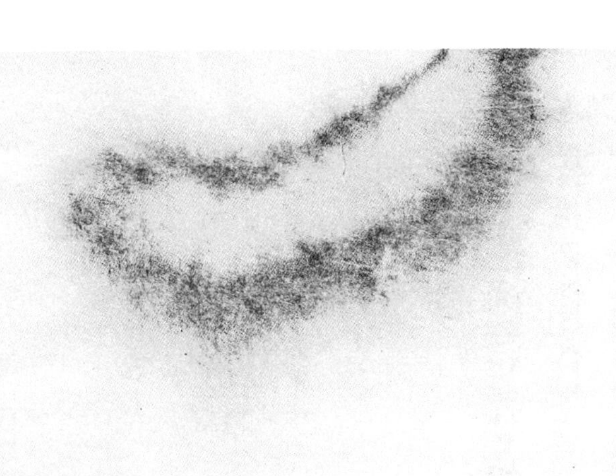

邔南陽縣錢宮詹云據漢志南陽乃南郡之誤繫傳作襄陽尤誤樹玉謂毛鈔繫傳亦作南陽近从邑己聲居擬切玉篇上紀渠記二切南郡有邔縣廣韻刊本乃改襄陽上聲注云縣名在南郡去聲注云古縣名在襄陽當出後人

邾江夏縣从邑朱聲陟輸切繫傳聲下空一字下有曰魯有小邾國六字韻會引作一曰魯有小邾國則此句乃大徐刪也玉篇注江夏縣亦魯附庸國郡國志江夏郡邾注引地道記曰楚滅邾徙其君此城水經江水又東過邾縣南注云楚宣王滅邾徙居於此

鄖漢南之國从邑員聲漢中有鄖關羽文切

鄘南夷國从邑庸聲

余封切 郫 蜀縣也从邑卑聲 符支切玉篇薄糜切又音脾廣韻兩收支 ⿰壽阝 蜀江原地从邑壽聲 市流切玉篇上留除留二切蜀郡江原縣⿰壽阝水首受江廣韻兩收尤 ⿰耤阝 蜀地也从邑耤聲 秦昔切繫傳鍇曰按字書鄉名在臨邛 ⿰蔓阝 蜀廣漢鄉也 玉篇注廣漢鄉名疑本說文廣韻注蜀有⿰蔓阝鄉則後人因今本說文而云 从邑蔓聲讀若蔓 無販切 邡 什邡廣漢縣 繫傳縣下有書字衍玉篇引無什字脫地理志作汁方應劭曰汁音十 隸釋載王君鄉道碑作汁邡郡國志作什邡 隸文當作汁 从邑方聲 府良切 ⿰馬阝

王伯厚姓氏急就篇有⿰耤阝注云⿰耤阝氏地在蜀亦姓出蒼頡篇蓋傳刻誤 音昨

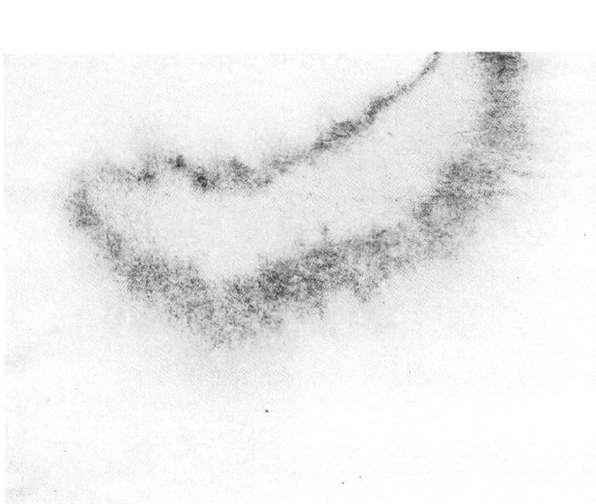

存䣕犍爲縣 五音韻譜存作郁蓋郁之譌然邑部無郁繫傳作在亦譌地理志作郁然師古無音則亦後人改華陽國志作存犍古通作楗詳新附攷 从邑馬聲 莫駕切

鄨 牂牁縣 牛部牂牁並無地理志作牂柯是也玉篇注牂牁郡有鄨邑縣鄨邑水所出說文本無牁 从邑敝聲讀若鷩雉之鷩 必袂切玉篇俾逝切

䢼 地名 廣韻引玉篇注同繫傳作城名也誤 从邑包聲 布交切玉篇百交百勞二切廣韻肴引說文又收豪

那 西夷國从邑冄聲安定有朝那縣 諾何切韻會引朝作胡譌

鄱 鄱陽豫章縣 韻會引同繫傳作鄱陽縣脫

說文攷異　二十九

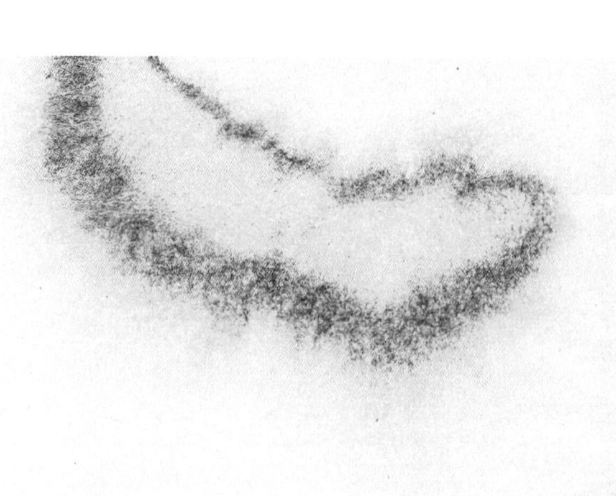

从邑番聲薄波切

酃　長沙縣从邑霝聲郎丁切

郴　桂陽縣从邑林聲丑林切

耒阝　今桂陽耒陽縣繫傳無縣字玉篇桂陽耒阝陽縣也亦作耒廣韻注耒阝陽縣漢書作耒則加當云今桂陽耒陽縣　从邑耒聲盧對切

鄮　會稽縣从邑貿聲莫候切五音韻譜同貿作貿　貿作貿　繫傳韻會作鄮貿聲是也玉篇作鄮

鄞　會稽縣从邑堇聲語斤切

䢾　沛郡繫傳作沛國郡　郡字渻　玉篇注郡名　廣韻爲沛之重文亦注郡名漢志作沛　从邑市聲博蓋切玉篇補大切亦作沛

邴　宋下邑玉篇注下有也字　从邑丙

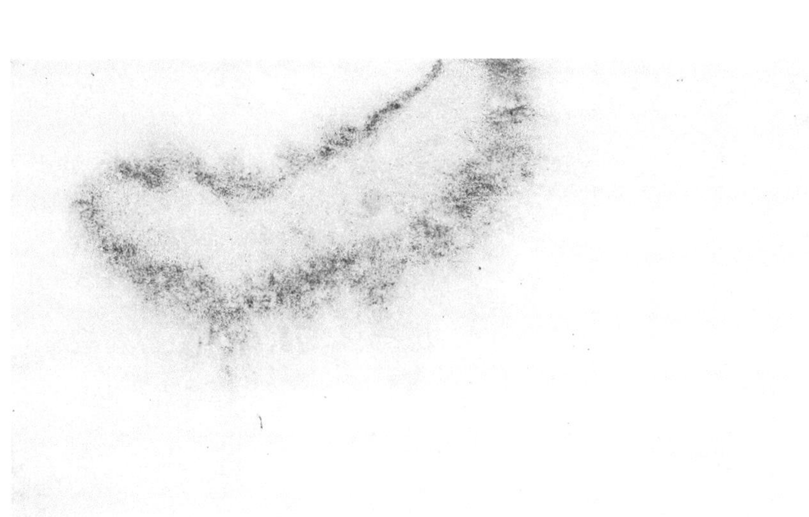

聲兵永切玉篇彼景彼命二切廣韻上聲注邑名在泰山去聲注邑名又姓

酁沛國縣从邑虘聲昨何切繫傳聲下有今酇縣三字玉篇沛郡縣也亦作酇（沛當作郡國當作郡）

𨚗地名廣韻引同繫傳下有也字玉篇注魯地名从邑少聲書沼切

郈地名玉篇廣韻注同繫傳下有也字从邑臣聲植鄰切玉篇時眞之刃二切廣韻收平去二聲

𨛫宋地也从邑毚聲讀若讒士咸切玉篇廣韻宋地名

酄宋魯閒地左傳莊十一年公敗宋師于郚杜注郚魯地从邑晉聲即移切玉篇子斯切北海都昌縣有郚城（[illegible]左傳[illegible]）

元年杜注（作北海都昌）

郜周文王子所封國从邑告聲古到切玉篇故到

（[illegible]作[illegible]）縣有[illegible]城

切濟陰成武縣東南 鄄 衛地今濟陰鄄城从邑垔
城名蓋本杜注左傳
聲 吉掾切玉篇故縣切東郡鄄城名 邛 邛地在濟陰
廣韻收線注鄄城縣在濮州吉掾切左傳莊四年釋文音絹
縣 集韻韻會引作从邑工聲 渠容切玉篇渠恭切山
地名在濟陰無縣字是也 陽邛成縣又蜀郡有臨
邛縣 鄶 祝融之後妘姓所封潧洧之間鄭滅之
繫傳潧 从邑會聲 古外切 邧 鄭邑也从邑元聲
作溱非
虞遠切玉篇牛遠切邧新城說文云鄭邑也段君云
左傳文四年晉侯伐秦圍邧新城廣韻云秦邑名
是也今左傳鄭 郔 鄭地 玉篇注鄭北地 从邑延聲 以然切
地無名邧者

郠 琅邪莒邑从邑更聲春秋傳曰取郠 古杏切

鄅 妘姓之國从邑禹聲春秋傳曰鄅人籍稻 繫傳籍作藉與左傳昭十八年合 讀若規榘之榘 王榘切 繫傳作讀若規矩 韻會作讀若矩

鄒 魯縣古邾國帝顓頊之後所封 韻會邾下有妻字恐非玉篇注魯縣也古扶風附庸國顓頊之後所封 按扶風二字[illegible]譌然此注疑本說文 从邑芻聲 側鳩切 韻會从邑芻聲在魯縣下

潛夫論志氏姓篇伏羲姓風其後封任宿須朐顓臾四國

左傳僖二十一年任宿須句顓臾風姓也 或當是風姓顓臾伏羲之後風姓國也

經二十有二年公伐邾取須句

⿰余阝 邾下邑地从邑余聲魯東有⿰余阝城讀若塗 同都切 塗當作涂 新附攷 玉篇似諸達胡二切廣韻收魚模二韻

邿附庸國在東平亢父邿亭从邑寺聲春秋傳曰取邿 書之切繫傳取邿下有下字行取邿見襄十三年經玉篇式時切任城亢父有邿亭

郰魯下邑孔子之鄉从邑取聲 側鳩切玉篇引同又云論語作鄹

郕魯孟氏邑从邑成聲 氏征切玉篇時盈切東平亢父縣有郕鄉

䣍周公所誅䣍國在魯 玉篇周公所誅叛國商奄是也 从邑奄聲 依檢切

酄魯下邑 繫傳作下邑也[illegible]脫玉篇魯下邑作 濟北蛇丘縣也蓋本杜注左傳傳讙 从邑雚聲春秋傳曰齊人來歸酄 呼官切繫傳酄下有是字

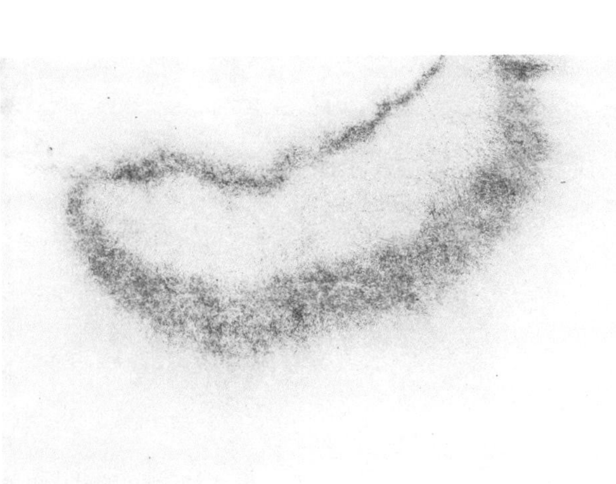

左傳定十年經齊人來歸鄆讙龜陰之田

郎　魯亭也　玉篇注魯邑也左氏傳曰費伯帥師城郎　从邑良聲　魯當切

邳　奚仲之後湯左相仲虺所封國在魯薛縣　繫傳下有是也二字辥作薛韻會亦作薛無是也又無奚仲之後　玉篇注奚仲之後所封在魯薛縣　从邑丕聲　敷悲切

鄣　紀邑也　春秋經莊三十年齊人降鄣　公羊穀梁並云鄣紀之遺邑也　从邑章聲　諸良切　玉篇之羊切　左氏傳紀子奔於紀鄣　注鄣上有紀字　鄣莒邑也按見昭十九年今本無於字

邗　國也今屬臨淮　从邑干聲　一曰邗本屬吳　胡安切　玉篇古寒戶安二切　左

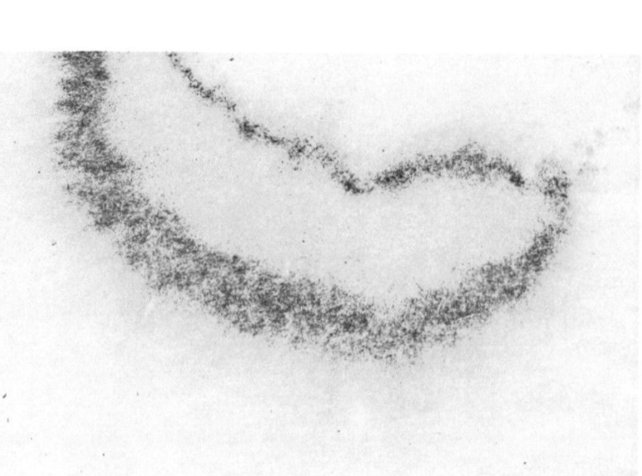

氏傳云吳城邗今廣陵韓江是

䣜臨淮徐地从邑義聲春秋傳曰徐䣜楚魚羈切左傳昭六年作徐儀楚杜注儀楚徐大夫繫傳錯曰據許所言則楚是大夫之名䣜是所食之邑若晉郤克魯叔孫之比

郈東平無鹽鄉韻會引同繫傳鄉下有是字玉篇注無从邑后聲胡口切

郯東海縣帝少昊之後所封昊當作昦从邑炎聲徒甘切

郚東海縣故紀侯之邑也从邑吾聲五乎切玉篇午姑切朱虛縣東南魯下邑也

酅東海之邑按東

當是北郡國志北海國東安平故屬菑川六國時曰安平有酅亭地理志甾川國東安平注孟康曰紀季以酅入于齊今酅亭是也　从邑巂聲戶圭切

鄫　姒姓國在東海从邑曾聲　疾陵切按女部無姒古通作似見特牲饋食釋文及隸續載司農劉夫人碑毄傳有鄫按杜預鄫姬姓與說文同或寫作姒誤其說亦謬左傳僖十六年季姬及鄫子遇于防使鄫子來朝杜注季姬魯女鄫夫人也是杜並不以鄫爲姬姓鄫或作繒周語杞繒由大姒韋注杞繒二國姒姓夏禹之後則鄫爲姒姓明矣

䣧　琅邪郡　注同五音韻譜及玉篇毄傳韻會郡下有名字廣韻注同　从邑牙聲　以遮切五音韻譜毄傳作䣧玉篇

又音斜引論語曰思無邪廣韻兩收麻

邞 琅邪縣一名純德地理志莽曰純德玉篇作止注琅邪縣也从邑夫聲甫無切五音韻譜作邞繫傳作邞

䣛 齊地也从邑桼聲親吉切

郭 齊之郭氏虛善善不能進惡惡不能退是以亡國也从邑𩫏聲古博切玉篇古穫切大也今作郭引白虎通云所以必立城郭者示有固守也

郳 齊地从邑兒聲春秋傳曰齊高厚定郳田五雞切左傳襄六年遷萊于郳高厚崔杼定其田

郣 郣海地繫傳脫海字玉篇引作郣

海郡是也廣韻注郡名地理郡國志作勃 从邑孛聲一曰地之起者曰

郣 臣鉉等曰今俗作渤非是蒲没切 鄿 國也齊桓公之所滅春秋

莊十年齊師滅譚譚子奔莒 从邑覃聲 臣鉉等曰今作譚非是說文注義有譚疑後

人傳寫之誤徒含切 邭 地名从邑句聲 其俱切玉篇巨俱居住二切地名廣

韻去聲注邑名平聲有陶無郇陶注地名在河東 郂 陳留鄉 玉篇注同廣韻鄉名在陳

留从邑亥聲 古哀切 𨛦 故國在陳留 玉篇故國在陳留外

黃縣春秋經隱十年宋人蔡人衛人伐載左傳音義云載字林作戴 穀梁音義云載本或作戴郡

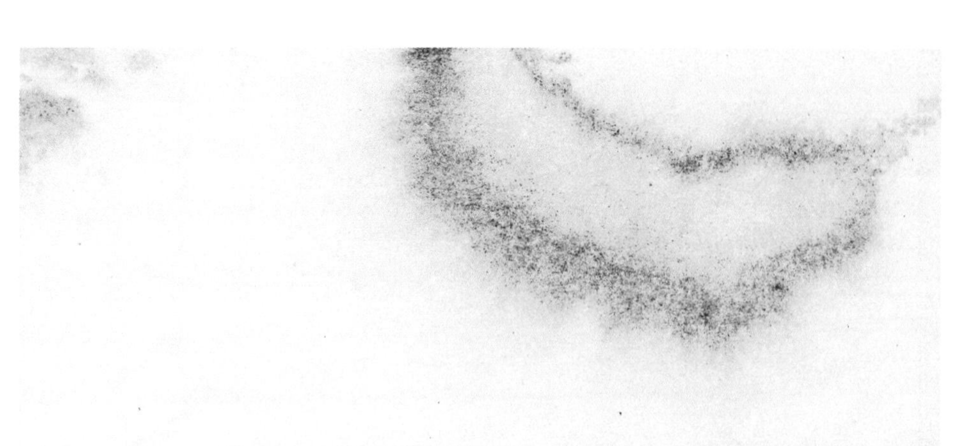

國志陳留郡考城故菑注引陳留志曰古戴國地名从邑𢦏聲作代切酀地名从邑燕聲烏前切玉篇於田切廣韻無邱地名从邑丘聲去鳩切玉篇作丠重文作邱⿰如阝地名从邑如聲人諸切⿰丑阝地名从邑丑聲女九切⿰几阝地名从邑几聲居履切玉篇居里切廣韻居履切⿰翕阝地名从邑翕聲希立切⿰求阝地名玉篇鄉在陳留从邑求聲巨鳩切⿰嬰阝地名从邑嬰聲於郢切玉篇於盈於井二切廣韻收平上二聲⿰尚阝地名玉篇引同又引廣雅云居也一曰五百家爲部今作黨韻

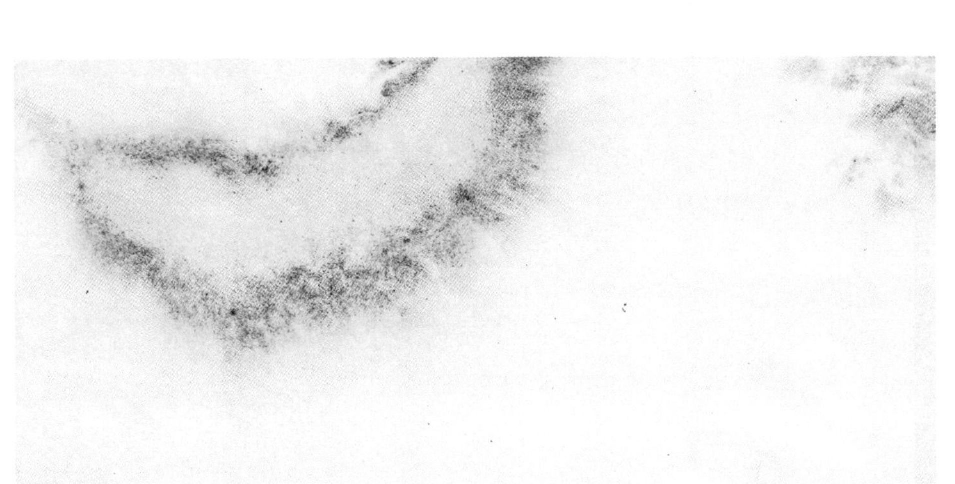

會引地名下有周禮五百家也六字卽蓋 从邑尚聲 多朗切黄氏增廣韻作鄭注云地名說文作鄗

郱地名从邑并聲 薄經切玉篇蒲經切地名在東莞臨朐縣東南按地理志齊郡臨朐注應劭云有伯氏駢邑郡國志齊國臨朐有古郱邑則郱駢字同

鄌地名从邑虖聲 呼古切玉篇有兩鄌一音義同說文一音呼土切魯地名廣韻有鄌無鄌鄌音呼古切地名

邩地名从邑火聲 呼果切廣韻引玉篇曰地名

鄝地名从邑翏聲 盧鳥切左傳文五年楚滅蓼釋文云字或作鄝

鄬地名从邑爲聲 居爲切玉篇爲彼切地名引春秋曰會于鄬杜預云鄭地亦作爲廣韻收平上二聲 左傳襄七年釋文于軌反引字林几吹反穀梁釋文云本又作隝說文隝鄬春秋傳曰會于隝伯于隝

邨地名从邑屯聲 臣鉉

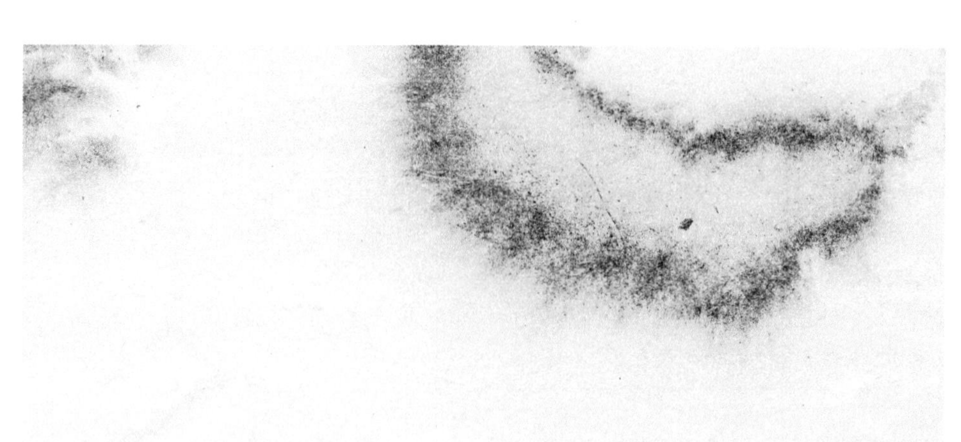

等曰今俗作村非是此尊切玉篇
且孫切又音豚廣韻分邨村爲二字 䣜 地名从邑舍聲
式車切玉篇始居切春秋曰徐人取舒杜預曰今廬江
舒縣廣韻注地名在廬江按左傳僖三年經作舒公
穀同地理郡 ⿰盍阝 地名从邑盍聲 胡蠟切玉篇音
國志亦作舒 同廣韻入聲引
說文地名也又收去聲泰注云地名或作⿰蓋阝
又入聲蓋注云姓也漢有蓋寬饒字書作⿰蓋阝 ⿰乾阝 地名
从邑乾聲 古寒切 ⿰酓阝 地名从邑酓聲讀若淫 力荏
切繫傳淫作滛非玉篇
與金切廣韻止收平聲 邖 地名从邑山聲 所閒切廣
韻注云地名出地理志按地
理志並無此字蓋誤引他書 ⿰臺阝 地名从邑臺聲

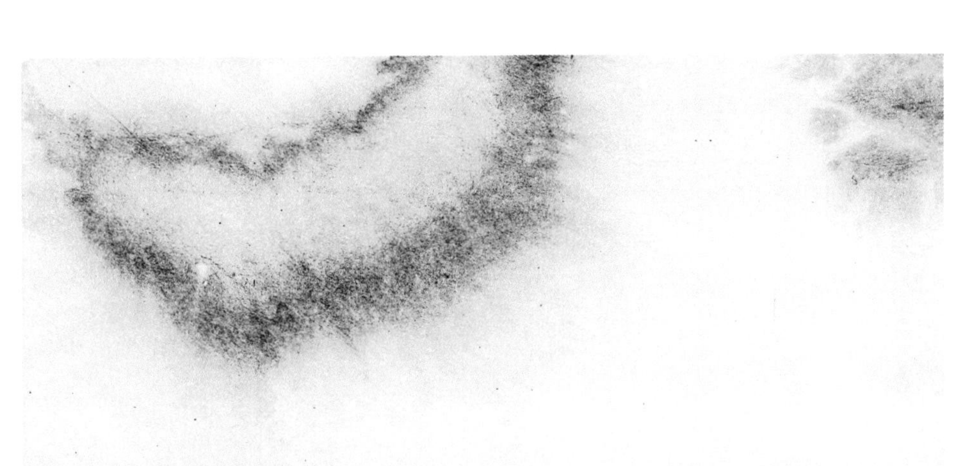

五音韻譜臺作台 臺古堂字 徒郎切按臺古堂
繫傳作臺並誤 字疑後人加土部
臺爲籀文堂也玉篇臺鄭爲鄭之重文注云出說
文鄭引續漢書云廣陵鄭邑也今郡國志作堂
邑廣韻作鄭 [篆] 姬姓之國 玉篇注國名次在郎
但注地名 鄭之間廣韻注云
姬姓之國又馮注云又姓畢公高 从邑馮聲 房戎切
之後食采於馮城因而命氏 五音韻
譜成作 [篆] 汝南安陽鄉 玉篇引同 从邑敲省
戎是也 廣韻無鄗
聲 苦怪切繫傳敲作㪇是也然說文亦無㪇據
漢書周緤傳更封緤鄘城虔注服虔曰■音菅
蒯之蒯則鄗酃䣥
同鄘字疑後人增 郙 汝南上蔡亭 从邑甫聲 方矩

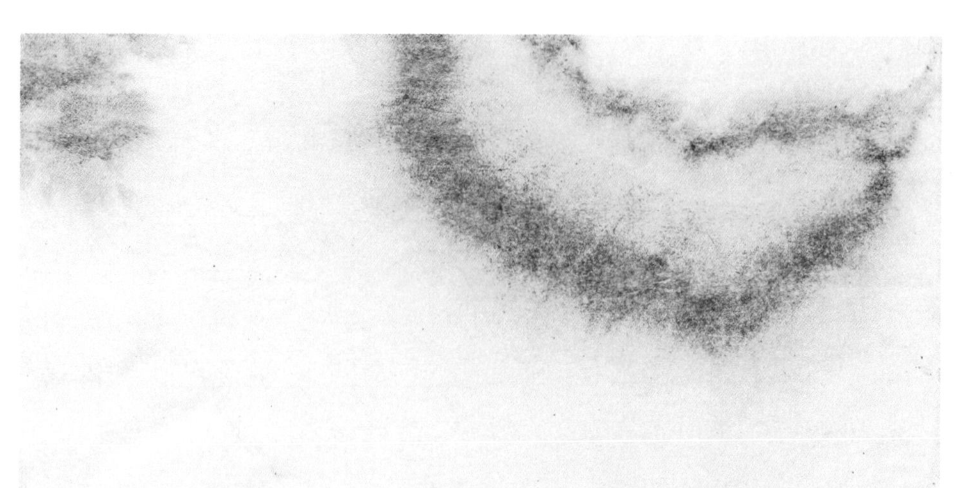

切玉篇方禹芳殊二切酈南陽縣从邑麗聲（次在郙郇之間）
注同廣韻收平上二聲
郎擊切玉篇郎的切又音蹢次在⿰𢍃阝地名玉篇
郘鄛之閒廣韻收平入二聲
引下有从邑𢍃聲七然切⿰興阝地名从邑興聲
也字切
虘陵切按此字大徐失收今本繫傳增繫傳次在
郉下以非原有故次在部末廣韻收蒸引說文
曰地名也音虛陵切𨙸从反邑䢼字从此闕玉篇
玉篇欣陵切地名
廣韻並無類篇注云臣光按集韻失收說文
亦無反切繫傳音怨阮切按今本繫傳無此音

文一百八十四　重六　繫傳作一百八十二是也毛宋本無鄦字故作一百八十一

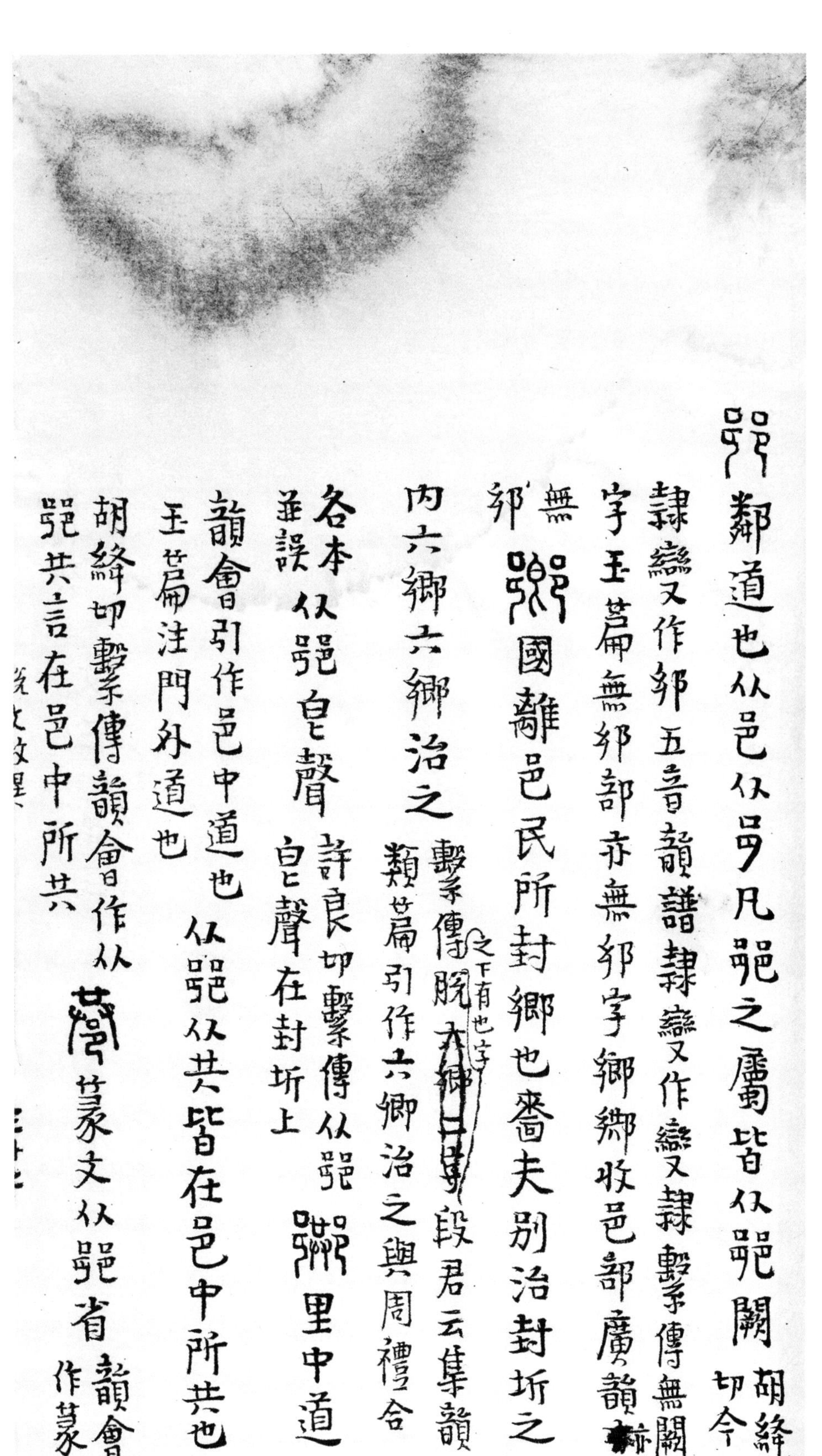

𨛜 鄰道也从邑从𨙨凡𨛜之屬皆从𨛜闕 胡絳切今

隸變又作𨙨五音韻譜隸變又作變又隸繫傳無闕字玉篇無𨙨部部亦無𨙨字鄉𨞰收邑部廣韻亦無𨙨部

鄉 國離邑民所封鄉也嗇夫別治封圻之內六鄉六卿治之 繫傳脫之下有也字六卿二字段君云集韻類篇引作六鄉治之與周禮合

各本从𨛜皀聲 並誤 許良切繫傳从𨛜皀聲在封圻上

𨞻 里中道 韻會引作邑中道也 从𨛜从共皆在邑中所共也 玉篇注門外道也

胡絳切繫傳韻會作从𨛜共言在邑中所共

巷 篆文从𨛜省 韻會作篆

說文攷異　三十七

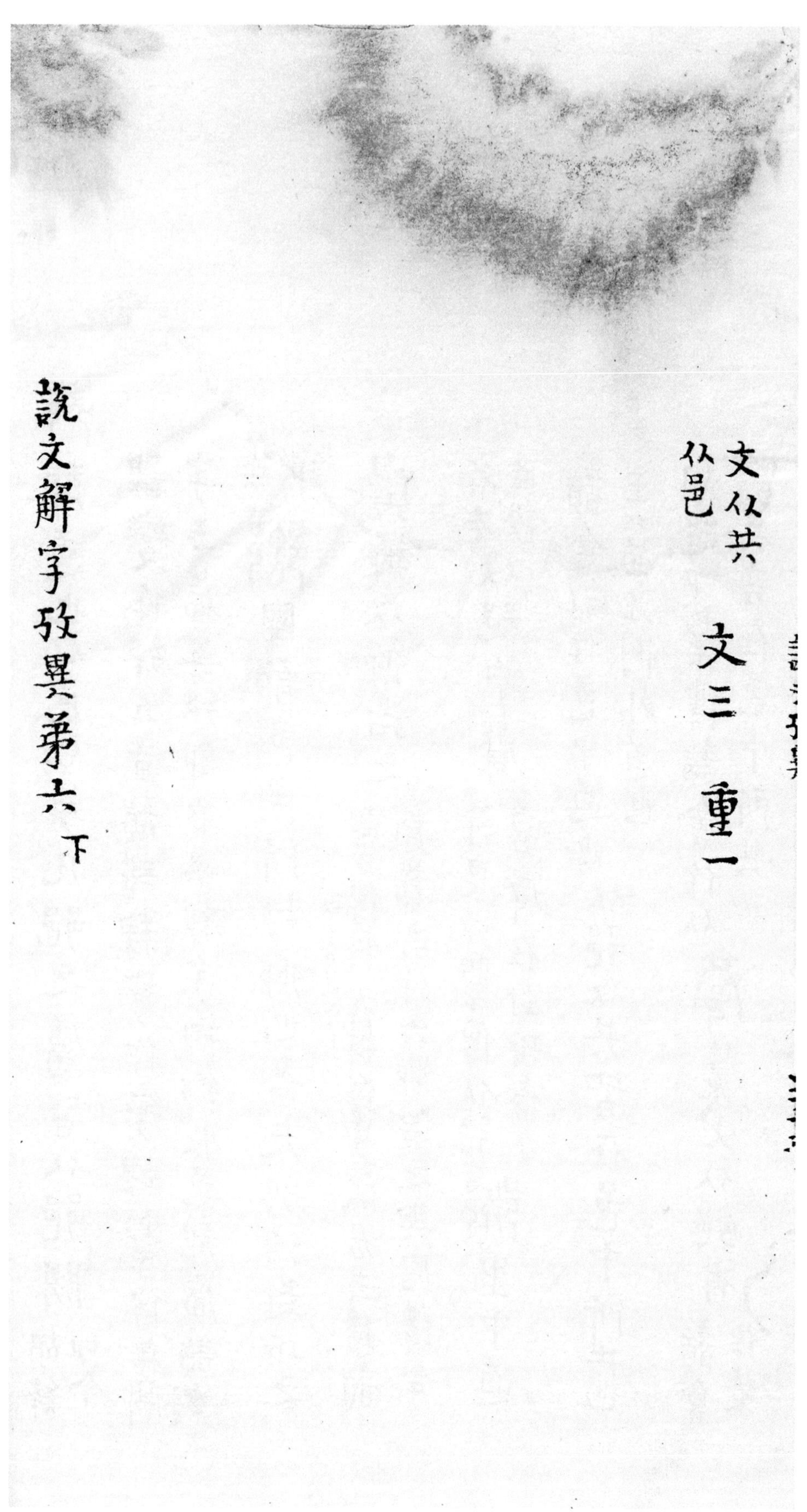

文从共从邑

文三 重一

說文解字攷異弟六下

説文解字攷異弟七上

五十六部　文七百一十四（繫傳作七百三文非）　重百一十五

（繫傳作百一十五非實百一十六）　凡八千六百四十七字

𡆸　實也太陽之精不虧从口一象形（韻會引同繫傳無象形二字廣韻引無之字）　凡日之屬皆从日　人質切　𡆸　古文象

形（五音韻譜作𡆸繫傳作𡆠玉篇廣韻並無此齊河清二年造像有𡆠字唐武后作𡆠蓋襲用）

御名　秋天也从日文聲虞書曰仁閔覆下則

稱旻天　武巾切繫傳稱下有曰字旻下無天字鍇曰當言虞書說韻會引同解字唯曰作說（則因楚金改）（則因徐說改）玉篇注秋天也仁覆愍下謂之旻天蓋本孔傳大禹謨

時　四時也　玉篇春夏秋冬四時也　从日寺聲　市之切　旹　古文時从之日　繫傳作古文从日之作

早　晨也从日在甲上　子浩切　繫傳上下有古文甲字四字蓋（後人加）韻會引無玉篇作早

昒　尚冥也　廣韻注同玉篇旦明也　从日勿聲　呼骨切　繫傳作曶鍇曰今史記作昒李

昧　爽旦明也　繫傳韻會爽上有昧字玉篇注冥也昧爽旦也　从日未聲　一曰闇也　莫佩切

曹伯班馬字類補遺曶注引漢書司馬相如傳曶爽音昒史記索隱引揮會云曶早朝也音妹

切

暏 旦明也从日者聲 當古切按李注文選婁引說文曙旦明也又玉篇曙適當說文暏字之次疑暏本是曙或脫去罒頭或宋人避諱改詳新附攷

晢 昭晰明也从日折聲禮曰晰明行事 旨熱切繫傳作晰鍇曰今禮記作質明按見士冠禮禮器並作質

昭 日明也 玉篇明也光也見也廣韻明也光也著也覿也則日字疑後人加

晤 明也 廣韻同玉篇欲明也 从日吾聲詩曰晤辟有摽 五故切今詩作寤釋文同

的 明也从日勺聲易曰為的顙 都歷切廣韻韻會引無易曰句按馬部馰引易為馰顙火部焯讀若馰顙之馰則的下引

易▢疑後人增　晄明也从日光聲胡廣切韻會
玉篇闕曰　引同繫傳作
作从日光光亦聲　曠明也从日廣聲苦謗切玉
玉篇爲晃之重文　篇苦浪切
廣遠也空也廣韻空苦謗切　旭日旦出皃从日九聲若讀
明也遠也大也久也
勖即勖之俗體詩匏有苦葉一曰明也臣鉉
勖釋文引作讀若好當不誤釋訓旭旭蹻蹻憍也當即詩驕人好好　等曰
九非聲未詳許玉切繫傳無一曰明
按孟子曰畜君者好君也
也句廣韻引有九聲正合徐說非是　晉日進也日出
萬物進从日从臸易曰明出地上臸繫傳韻會作从日臸聲　臣鉉等案臸
到也會意即
刃切五音韻譜　暘日出也从日昜聲虞書曰暘
作臸到也譌

谷與章切五音韻譜虞作商繫傳作虞暘谷上有
至于二字韻會亦有繫傳有鍇按尚書又暘若則
所引當是洪範暘字疑後人因今堯典暘谷故改商
爲虞又加谷耳玉篇注明也日乾物也亦與洪範合
暒雨而晝姓也廣韻引玉篇注姓从日啓省聲
作晴非日部無晴
康礼切繫暘日覆雲暫見也韻會引同繫从日
傳作暘傳無也字
易聲羊益切玉篇闕昫日出溫也从日句聲北
藝文類聚引作日溫曰昫又引作日溫也
廣韻注日無光
地有昫衍縣火于切又火句切玉篇欣句許宇二切暖也
亦煦同廣韻收去聲引說文上聲收煦
不收晛日見也从日从見見亦聲韻會作从
平聲則火于切非說文攷異
日見亦聲詩曰

見晛曰消 胡甸切玉篇奴見切日氣又戶顯切明也廣韻收上去二聲 晏 天清也从日安聲 烏諫切

曣 星無雲也 廣韻引同繫傳雲下有暫見二字晉書音義引亦有星謠爲日生二字玉篇注日出也 从日燕聲 於甸切

景 光也从日京聲 居影切 一切經音義卷十八引作廣大也 藝文類聚引作日書言貌也

晧 日出皃 光明也〔恐並〕非說文玉篇注日出也 明也廣韻光也明也日出皃也 从日告聲 胡老切

暤 皓旰也 五音韻譜皓作晧是也繫傳韻會作暤 旰也玉篇注旰也疑本說文連上讀也廣韻作暤注明也旰也曜也 从日皋聲 胡老切

曄 光也从日从

曅　筠輒切　繫傳作曅　从日𠌶聲　鍇以爲曅𠌶然象草木之盛不得云聲　韻會亦作曅　从日𠌶　藝文類聚引作日光也　蓋因徐說去聲字　玉篇曅

暉　光也　玉篇注同　韻會引作光也　𦸗日之　爲暉之重文　注云說文暉光　字非　華廣韻爲輝之重文　輝光也　許歸切　按暉暈同字後人从日軍聲　分爲二　此當兼音王問切

旰　晚也　玉篇注同　繫傳韻會作　从日干聲　春秋傳曰日旰日晚也　藝文類聚引　廣韻注同君勞　古案切　左傳昭十二年勞作勤

晚　日行晚晚也　韻會引同繫傳　無也字　从日施聲　樂浪有東晚縣　玉篇晚晚日行也　又縣名　讀若酏　弋支切

晷　日景也　从日咎聲　居洧切

昃　日在西方時側

也韻會無時字

从日仄聲易曰日厢之離音鍇等曰今俗别作昊非是阻力切繫傳日厢作昊蓋後人[改或易上有讀若字]又繫傳失部有昊日西也臣鍇按易曰日昊之離作此字與易釋文合[疑]大徐以為俗而删去

玉篇正作昊重文作昃

晚莫也繫傳韻會莫作暮俗从日免聲無遠切免當是免詳前

昏日冥也从日氐省氐者下也一曰民聲呼昆切按[繫傳作昏]玉篇廣韻昏引說文並有重文昬當亦本說文故昏下有一曰民聲[四字又篆文]偏旁亦要見昬字五經文字愍注云緣廟諱偏傍準式省從氏凡汦昬之類皆從氏據此則昬字蓋唐人避諱删𣅳六書故云昬唐本說文从民省从民不當云省

日旦昏時玉篇注無旦字疑本說文廣韻注日夕昬時从日䜌聲讀若新城䜌中洛官切玉篇力完切䜌中當作䜌中地新城䜌地理郡國志作䜌新城䜌中此恐誤

晻不明也从日奄聲烏感切五音韻譜作烏敢切

暗日無光也从日音聲烏紺切

晦月盡也从日每聲荒內切

𣈶埃𣈶日無光也从日能聲奴代切

曀陰而風也釋天陰而風爲曀毛傳陰而風曰曀段君云開元占經引作天地陰沉也大平御覽引作天陰沉也樹玉謂此誤以壇爲曀二書从日壹聲詩曰終風且曀於計切

旱不雨也从日干聲乎旰切

昃望遠合也 玉篇望遠也从日匕匕合也讀 廣韻合也 若窈窕之窈 徐鍇曰比相近也故曰合也 烏皎切 五音韻譜比作匕是也

昴白虎宿星从日卯聲 莫飽切 玉篇莫絞切

曏不久也从日鄉聲

堯典曰短星昴王氏尚書後案云昴字从丣象開門今說文傳刻之誤也詩云惟參與昴毛傳昴留也

春秋傳曰曏役之三月 許兩切 [illegible]左傳僖二十八年作鄉釋文云鄉本又作曏

曩曏也 注久也蓋本釋詁 曩曏也釋言文 玉篇 从日襄聲 奴朗切

昨壘日也从日乍聲 在各切 繫傳作累日也 从日作省聲 韻會引同

暇閑也 廣韻注同 玉篇閑暇也 从日叚聲 胡嫁切

暫不久也

从日斬聲藏濫切 昪 喜樂皃从日弁聲皮變切 昌
美言也从日从曰一曰日光也繫傳作从日从曰曰亦聲昌亦曰日光也韻會作从
日从曰亦曰目光也 詩曰東方昌矣臣鉉等曰曰亦言也尺良切繫傳
經說曰決非聲無曰亦聲三字是也目字譌
詩上有又字韻會作徐按詩美目昌矣昌美 ⊙ᐁ 籀
也恐國非今詩雞鳴作東方明矣朝既昌矣
文昌五音韻譜同繫傳作昌籀文者作 暀 光美也繫傳作美大光也廣韻爲旺
之重文旺注美光玉篇注美也釋詁暀暀皇皇美大也 从日往聲于放切 昄 大也釋詁文
从日反聲補綰切 昱 明日也玉篇日明也當本从說文廣韻注日光

日立聲余六切

㬉温溼也玉篇注同繫傳溼作濕非从日赧省聲讀與赧同女版切繫傳作讀若赧

暍傷暑也晉書音義韻會引同繫傳作傷熱暑非从日曷聲於歇切

暑熱也从日者聲舒呂切

㬮安㬮温也从日難聲奴案切玉篇奴旦切又奴達切温也安也廣韻去聲翰引說文收平聲山

㬎衆微杪也六書故引杪作眇云蜀本作杪繫傳有鍇曰衆而微眇者日中視絲也則本當是眇玉篇注微妙也女部無妙古微妙字通作眇从日中視絲古文以爲顯字或曰衆口皃繫傳或曰作

或以爲讀若唫唫或以爲繭繭者絮衆往往有小繭也五合切繫傳也上有是字玉篇呼殄切廣韻收上聲銑入聲合

㬥晞也韻會去聲引同入聲引作日乾也一切經音義卷二卷三卷九卷十四引並作晞乾也則乾字當有从日从出从廾从米薄報切玉篇步卜切曬也晞也又蒲報切廣韻去聲引說文又收入聲作㬥

[illegible]古文㬥从日麃聲繫傳古文下無㬥字

曬㬥也从日麗聲所智切玉篇所賣切廣韻收寘卦二韻

暵乾也耕暴田曰暵从日堇聲易曰燥

說文引異

萬物者莫暵于離 臣鉉等曰當从漢省乃得聲呼旰切按漢从難省聲難亦
从堇聲不必从漢省也繫傳于離作乎火下有火離
也三字韻會引亦作乎火易釋文云熯徐本作暵音
漢云熱暵也說文同玉篇呼僤切熱氣也 晞乾也 一切經音義卷二十引作日乾曰晞廣韻注日氣乾也 从日
希聲 香衣切韻會作从日稀省聲蓋因徐說改 昔乾肉也从殘肉
日以晞之與俎同意 思積切五音韻譜俎作俎非 𦠆籀
文从肉 繫傳作𦠆玉篇收肉部作腊引周禮腊人掌乾肉顏注急就篇云合骨全乾謂之腊 暱日近也从
日匿聲春秋傳曰私降暱燕 尼質切左傳昭二十五年作私降昵

宴昵暱或从尼繫傳作或从尼作暬日狎習相慢也繫傳慢作嫚从日執聲私列切段君云當从埶作暬與褻音同五經文字亦誤⿱否日不見也从日否省聲美畢切玉篇亡乙切注同廣韻收質作⿱否目注不見皃蓋俗體昆同也从日从比徐鍇曰日日比之是同也古渾切繫傳作从日比聲錢宮詹云比頻聲相近玭或作蠙昆由比得聲取相近之聲也晐兼晐也韻會引作兼該也蓋黃氏改玉篇注備也咸也兼也廣韻備也兼也則說文當是兼也从日亥聲古哀切普日無色也玉篇包也徧也廣韻博也大也徧也从日从並徐鍇曰日無光則遠近皆同故从並滂古

切繫傳作从日竝聲韻會同鍇曰有聲字傳寫誤多之按古讀竝同傍則㬱从竝聲正合小徐疑之非是大徐因刪去聲字更非

曉　明也从日堯聲　呼鳥切

昕　旦明日將出也　繫傳作旦也明也日將出也（月令音義引同）韻會引作旦从日（一切經義卷十三）明也日將出也當不誤玉篇注旦明也斤聲讀若希　許斤切繫傳曉及此字次在晳後希作忻鍇引禮記讀若希大徐因改

文七十　重六

旦　明也从日見一上一地也凡旦之屬皆从旦　得案切

暨　日頗見也从旦既聲　其異切五音韻譜異作冀是也廣韻其冀切

文二

倝 日始出光倝倝也 廣韻引同玉篇注曰光出倝倝也用也 从旦㫃聲凡倝之屬皆从倝 古案切

𠦝 闕 繫傳下有旦从三日在㫃中錯按李陽冰云从三日在㫃中蓋籀文許慎闕義旦字下後人加同上反按二旦字四譌 玉篇廣韻並無𠦝 乙部𠦝爲籀文乾則此當爲倝之重

𦩍 旦也从倝舟聲 陟遙切玉篇知驕切早也旦也又除驕切廣韻兩收宵

文三 當作文二重一

㫃 旌旗之游㫃蹇之皃 玉篇引游作斿釋天釋文引作旌旗得風靡也圖誤 从屮曲而下垂㫃相出入也讀若偃古人名㫃字子游 繫傳

名㫃作名偃凡㫃之屬皆从㫃於幰切

㫃古文㫃字象形

及象旌旗之游繫傳作㫃古文㫃字如此象旌旗之游及㫃之形玉篇廣韻並無

旐龜蛇四游以象營室游游而長繫傳韻會作龜蛇四斿以象營室悠悠而長也从㫃兆聲周禮曰縣鄙建旐治小切見司常

旗熊旗五游以象罰星繫傳韻會游作斿罰作伐韻會禮作書誤

士卒以爲期从㫃其聲周禮曰率都考工記作熊旗六斿以象伐[illegible]也（鳥旟七斿以象鶉火也）（則兵衆[illegible]伐文）

建旗渠之切司常率作師蓋帥之譌古率帥字通疏訓師爲衆非

旆繼旐之

旗也繫傳韻會無也字釋天繼旐曰旆沛然而垂（御覽引沛作旆）从㫃巿聲蒲蓋切

旌游車載旌析羽注旄首所以精進士卒繫傳韻會首下卒下並有也字釋天注旄首曰旌从㫃生聲子盈切

旟錯革畫鳥其上所以進士衆韻會引無畫字衆下有者也二字以下有增損故不録釋天錯革鳥曰旟郭注此謂合剥鳥皮毛置之竿頭［詩六月正義引孫炎曰錯置也畫急疾之鳥於旟也鄭志荅張逸亦云畫急絶之鳥隼則畫字當有］旟旟衆也五音韻譜同繫傳止一旟字从㫃與聲周禮曰州里建旟以諸切

旂旗有衆鈴以令衆也繫傳韻會作有鈴曰旂以令衆與釋天合从㫃斤聲渠希切

切

旞 導車所以載全羽以爲允允進也（御覽引作導車所載全羽允允而進也）司常云全羽爲旞又云道車載旞注云全羽析羽五色象其文德也　从㫃遂聲　徐醉切繫傳作䡴恐非

𣄸 旞或从遺　釋名旞作全羽為𣄸𣄸猶滑也順滑之貌也蓋俗書譌

旝 建大木置石其上發以機以追敵也　繫傳追作䃂左傳桓五年釋文引亦作䃂發下無以字石部無䃂（韻會引作𨘋蓋從俗改）晉書音義引作建大木置石其上發以𣪠敵也恐非　从㫃會聲　春秋傳曰旝動而鼓詩曰其旝如林　古外切　今詩作會韻會引作旝旗也从㫃會聲引詩曰其旝如林左傳旝動而鼓蓋因徐說改

旃 旗曲柄也

按此字許君蓋本左傳其引詩恐後人加

所以旃表士衆从㫃丹聲周禮曰通帛爲旃諸延切釋天因章曰旃釋文引世本云黃帝作旃

旜旃或从亶周禮作旜

[㫃攸]旌旗之流也五音韻譜同繫傳流作斿集韻引作旒玉篇注同㫃部無旒覍旒字作瀏从㫃攸聲以周切玉篇與昭切廣韻收蕭

[㫃要]旗屬玉篇注同廣韻旗類从㫃要聲烏皎切

施旗皃从㫃也聲亝欒施字子旗五音韻譜同繫傳亝作齊韻會引作晉蓋因公羊傳改知施者旗也式支切玉篇舒移切施張也又式豉以忮二切廣韻收平去二聲

旖旗旖施也繫傳韻會作旗之旖施

从㫃奇聲於离切玉篇於我切又於蟻切廣韻收平上二聲又哥韻作旑旚旌旗旚繇也繫傳繇作搖玉篇注旍旗旚搖之皃从㫃㝃聲匹招切𣄠旌旗飛揚皃从㫃猋聲甫遙切㳺旌旗之流也五音韻譜同繫傳韻會作旌旗斿也从㫃汓聲以周切繫傳聲下有汓古文泅四字玉篇作斿弋周切旌旗之末垂者或作游廣韻斿注同玉篇游注云浮也放也按篇韻疑並本說文今說文爲後人改周禮通作斿鄭注太宰斿貢云斿讀如圍游之游石鼓文作㳺則說文不應無斿字當作从㫃从汓省聲汓乃泅之或體非古文也其游字當別有義

𨒪古文游

五音韻譜作𨓈非繫傳作𨓈古文鍇曰𡥉古文子字蓋从古文汓省玉篇作𨓈韻會同

旇 旌旗披靡也 五音韻譜靡作磨譌繫傳也作皃玉篇注旗靡也廣韻旗靡 从㫃皮聲 敷羈切

旋 周旋旌旗之指麾也 麾當作摩 从㫃从疋疋足也 徐鍇曰人足隨旌旗—以周旋也似沿切繫傳韻會足上無从字

旄 幢也 幢當作童橦詳新附攷 从㫃从毛毛亦聲 莫袍切繫傳韻會作从㫃毛聲

旛 幅胡也 韻會引作幡胡也幡譌非 从㫃番聲 臣鉉等曰胡幅之下垂者也孚袁切

旅 軍之五百人

爲旅　繫傳韻會無爲旅二字　从㫃从从从俱也力舉
廣韻引作軍之五百人也
切　繫傳作從从旅俱也故從从盖傳
寫脱韻會作从㫃从从旅俱也故从从　𣥂古文旅
古文以爲魯衞之魯　繫傳作𣥂費玉衡士璣云
左傳仲子生而有文在其
手曰爲魯夫人盖古文爲作𣥂魯作𣥂故
手文似之孔疏云石經古文魯作𣥂
族　矢鋒也鏃當作鏃　束之族族也从㫃从矢　昨木切
也作鏃

文二十三　繫傳作二十四非　重五

李注文選思玄賦數枷賦陶詩引並作窈窈也

冥　幽也从日从六冂聲　繫傳作冥冂作冖六上無从字
韻會引同唯篆作冥　一切經
音義卷二十四引从冂云音古螢反

日數十十六日而月始虧幽也　一切經音義卷二十四引幽作冥無也字

凡冥之屬皆从冥　莫經切繫傳从冥下有冂聲二字誤重玉篇莫庭莫定二切窈也夜也草深也引爾雅曰冥㓜也廣韻止收平聲去聲作暝

詩斯干正義曰冥幼本或作冥窈者爾雅亦或作窈孫炎曰冥深闇之窈也某氏曰詩曰噦噦其冥爲冥窈於義實妥但於正長之義不允故據王注爲毛說

鼆冥也从冥黽聲讀若黽蛙之黽　武庚切繫傳作鼆从冥冥黽聲蓋傳寫脫誤玉篇亡耿切引杜預曰魯邑也又冥也又亡庚切廣韻止收上聲

文二

晶精光也从三日凡晶之屬皆从晶　子盈切

曐萬物之精上爲列星　廣韻引同繫傳韻會爲列作列爲恐誤玉

説文[illegible]異

篇萬物之精从晶生聲一曰象形从口古口復也列宿也管子内業篇云凡物之精此則爲生下生五穀上爲列星注中故與日同桑經切

〇曐古文星繫傳無星

曐或省繫傳無曐字

曑商星也錢宮詹云當从連篆文讀段君云商當作晉許氏記憶之誤也舉左傳子產說爲證晶今聲臣鍇等曰今非聲未詳所今切撥晉讀與含棘玉篇音同廣韻收侵覃韻說撥班孟堅典引序云詠雲門者難爲音觀隨和者難爲琭琭即珍字珍从今聲與音爲韻則曑从今聲正合

曑玉篇𤺊爲曑之重文亦足證曑亦可通

曑或省繫傳無曐曑字

曟房星爲民田時者从晶辰聲植鄰切

曟晶辰或省繫傳無晶辰字玉篇晨爲曟之重文

曐 揚雄說以爲古理官決罪三日得其宜乃行之从晶从宜 五音韻譜同繫傳揚作揚非宜上無从字 [illegible] 韻會 [illegible] 同無以爲二字 亡新以爲曡从三日太盛改爲三田 徒叶切 繫傳曡作疊誤盛下有而字改下有之字韻會作王莽以從三日太盛改爲三田今作疊並非

文五 重四

月 闕也 繫傳下有十五稍減故曰闕也八字蓋徐說韻會引同 大陰之精 五音韻譜繫傳大陰作太陰 象形凡月之屬皆从月 魚厥切

朔 月

一日始蘇也从月屰聲所角切

朔　月未盛之明从月出繫傳明下有也字出下有聲字周書曰丙午朏普乃切又芳尾切玉篇芳尾普乃普骨三切引說文云月未盛之明廣韻海引說文又收尾又入聲沒有朏義別

霸　月始生霸然也繫傳霸作魄書武成禮記鄉飲酒釋文引亦作魄韻會引作月始生霸霸然也非承大月二日承小月三日从月䨣聲周書曰哉生霸普伯切臣鉉等曰今俗作必駕切以爲霸王字玉篇普白切尚書云哉生霸今作魄又布駕切霸王也廣韻止收去聲

䨣　古文霸繫傳作䨣古文戓作此玉篇作䨣

朖

明也从月良聲盧黨切玉篇作朗注云亦作朖

朓晦而月見西方謂之朓尚書五行傳同韻會謂之作曰非从月兆聲土了切玉篇敕了切疾皃又晦而月見西方也

肭朔而月見東方謂之縮肭韻會引同繫傳無而月二字蓋傳寫脫玉篇作朒引說文曰月見東方謂之縮朒李注文選月賦引亦作縮朒則作肭譌从月内聲女六切按音女六切則非内聲矣廣韻作肭蓋傳譌已久

期會也从月其聲渠之切

𣅀古文期从日丌繫傳無期字五音韻譜作𣅀

文八　重二

有不宜有也春秋傳曰日月有食之隱三年經無月字按月字疑後人增此證有

不證月也春秋書日食不書月食集韻引無月字从月又聲凡有之屬皆从有云九切

戫 有文章也廣韻注同玉篇文章也从有𢦏聲於六切

龓 兼有也从有龍聲讀若聾盧紅切繫傳聾作籠玉篇注馬龓頭廣韻注龓頭

文三

朙 照也繫傳作昭也廣韻光也昭也通也發也當不誤周頌明昭有周又明昭上帝从月从囧繫傳作从囧月聲囧聲傳寫誤當是从月囧聲鍇曰當言囧亦聲則當是从月从囧凡朙之屬皆从朙

明 古文朙从日繫傳作古文从日

𥇝 翌也繫傳鍇曰尚書言翌者明日也按釋言翌明也郭注引書翌日乃瘳今書金縢作翼然釋

言作明不作㒶玉篇闕㒶廣雅㒶訓遽廣韻收唐同又收陽訓忘一切經音義卷一㤞注云又作㒶同莫荒反茫遽也㒶人晝夜作無日用月無月用火常思明故字從明據此則說文㞷也疑後人改

从明亡聲 呼光切廣韻武方切又莫郎切又收去聲注㒶悵失道皃莫更切

文二　重一

囧 窻牖麗廔闓明 一切經音義引作窻牖閒明曰囧 象形凡囧之屬皆从囧讀若獷賈侍中說讀與明同 俱永切繫傳無說字

盟 周禮曰國有疑則盟諸侯再相與會十二歲一盟北面詔天之司慎司命盟殺牲

歃血朱盤玉敦以立牛耳从囧从血武兵切[illegible]傳歃作啑

朱作珠立牛耳作立牛殺其耳也从血下有聲
字鍇曰从囧皿聲字傳寫妄加之也會意按玉
篇作盥廣韻同[illegible]則从囧皿聲之也[illegible]皿譌爲血
楚金不能辨因疑聲字爲傳寫加非是皿蓋聲
兼義盟有朱盤玉敦也啑字非口部無啑周禮
司盟職云凡邦國有疑會同則掌其盟約之載
及其禮儀北面詔明神既盟則貳之玉府職云若
合諸侯則共珠槃玉敦左傳昭十三年叔向曰明王之
制使諸侯歲聘以志業間朝以講禮再朝而會以示
威再會而盟以顯昭明杜注十二年而一盟所以昭信義
也襄十一年傳載書曰或間茲盟司慎司命名山
名川羣神羣祀先王先公七姓十二國之祖明神殛之

玉篇（作盟）靡京眉景二切諸侯莅牲曰盟又音孟盟津也𥁰靡京切與盟同廣韻平聲作盟重文作𥁰上聲作𥁰去

盟 篆文从朙 繫傳篆作古[illegible]聲作盟 玉篇作盟爲𥁰下重

文[illegible]

[illegible]誤

盟 古文从明 繫傳作 盟籒文

文二　重二

夕 莫也 繫傳韻會莫作暮俗 从月半見 韻會無見字廣韻注字從半月 凡夕之屬皆从夕 祥易切

夜 舍也天下休舍也从夕亦省聲 羊謝切

夢 不明也从夕瞢省聲 莫忠切又亡貢切玉篇莫忠切又莫貢切廣韻平聲引說文去聲爲𡬁之重文

夗 轉卧也从夕

从尸臥有尸也於阮切繫傳作从夕卧有尸

𡖋敬惕也从夕寅聲易曰夕惕若夤翼眞切韻會引作恭也敬惕也徐引易夕惕若

據此則引易非許書若下亦無夤字蓋大徐以是金說混入又妄加夤字由是容齋續筆惠氏周易述並承其誤胃部𦞠引易夕惕若厲漢書王莽傳孫悚引易夕惕若厲又淮南人閒訓應劭風俗通後漢書張衡傳並作夕惕若厲釋厲爲危易之通例故傳曰雖危無咎矣夬彖傳云孚號有厲其危乃光也震象傳云往來厲危行也其非夤明矣韻會當本繫傳惟若也二字當爲黄氏加今繫傳疑同解字乃經後人轉改篆當作𡖋五音韻譜繫傳不誤

𡖋籀文夤

繫傳無夤字五音韻譜作夤

夝　雨而夜除星見也　玉篇引同廣韻引星見作見星蓋譌類篇引作雨除夜而星見也亦非　从夕生聲　臣鉉等曰今俗別作晴非是疾盈切

外　遠也　玉篇引作表也遠也廣韻注同　卜尚平旦今夕卜於事外矣　五會切繫傳韻會今下有若字

𡖄　古文外　繫傳作古文

夙　早敬也从丮持事雖夕不休早敬者也　臣鉉等曰今俗書作夙譌息逐切廣韻引同韻會無早敬者也四字玉篇早也旦也敬也

㐰　古文夙从人㐁　繫傳作古文

𠈇　亦古文夙从人西宿

从此繫傳作亦古文从人西聲宿字从此 𡖋 宲也繫傳宲作寂俗从夕莫聲莫白切　文九　重四

多 重也从重夕夕者相繹也繫傳韻會無者字故爲多重夕爲多重日爲曡凡多之屬皆从多得何切

⿰夕夕 古文多繫傳作古文竝夕

夥 齊謂多爲夥繫傳韻會作齊謂多也方言齊宋之郊楚魏之際曰夥玉篇楚人謂多也蓋本史記陳涉傳从多果聲乎果切

⿰多圣 大也从多圣聲苦回切

⿱尚多 厚

脣皃 玉篇引同又緩皃也廣韻注緩口又厚脣也 从多从尚 徐鍇曰多即厚也陟加切 繫傳尚下有聲字按當是从多从尚多亦聲

文四　重一

毌 穿物持之也 玉篇注特穿也特字譌廣韻穿物持也 从一横貫象寶貨之形凡毌之屬皆从毌讀若冠 古丸切繫傳冠下有聲字衍

丹文誤衍

貫 錢貝之貫从毌貝 古玩切韻會引同繫傳作从貝毌聲恐非下有鍇曰毌貝會意

虜 獲也从毌从力虍聲 郎古切繫傳虍上有从字韻會無

文三

𢎘　嘾也艸木之華未發圅然象形　繫傳無圅然象形四字蓋脫玉篇廣韻引作草木之華未發圅然象形　凡𢎘之屬皆从𢎘讀若含　乎感切繫傳無讀若含三字蓋脫玉篇胡感切廣韻收平去二聲並引說文

圅　舌也象　廣韻引玉篇注詩行葦釋文引下有又云口裏肉也句恐非說文　形舌體𢎘𢎘从𢎘𢎘亦聲　胡男切繫傳作肣舌體𢎘𢎘亦聲　按圅當為圅之別體廣韻圅收感　俗圅从肉今　繫傳無圅字

𢎗　木生條也从𢎘由聲商書曰若顛木之有𢎗枿　廣韻引生上無木字書上無商字枿當是梓為巘之重文木部無枿　古文言由枿　徐鍇曰說文無由字今尚書只作由枿蓋古文省𢎘而後人因省之

通用爲因由等字从丂上象枝條華𠮛之形臣鉉等案孔安国（五音韻譜作國）注尚書直訓由作用也用枿之語不通以州切繫傳無古文言由枿五字按說文凡言从某聲者實有其字之从由聲者甚多不應無其字攷通部唯訓鬼頭之由其形相近而音讀不同疑莫能定也

甬　艸木華甬甬然也从丂用聲（余隴切）

𢎘　艸木𢎘盛也（玉篇注草木𢎘盛廣韻無）从二丂（胡先切繫傳丂下有闕字）

文五　重一

𣐺　木垂華實（繫傳下有也字玉篇引作草木垂華實廣韻無）从木丂丂亦聲凡𣐺之屬皆从𣐺（胡感切繫傳下有闕字）

𩏑　東也从𣐺韋

聲 徐鍇曰言束之象木華實之相累也于非切

文二

𠧪 艸木實垂𠧪𠧪然 玉篇廣韻注下有也字 象形凡𠧪之屬皆从𠧪 徒遼切 書洛誥秬鬯二卣當即此字 𠧪 籀文三𠧪爲𠧪 繫傳作籀文从三𠧪作

㮚 木也其實下垂故从𠧪 力質切 繫傳韻會作从𠧪木其實下垂也

𣡌 古文㮚从西从二𠧪徐巡說木至西方戰㮚 繫傳作籀文栗从西二𠧪徐巡說木至西方戰栗也巡字俗玉篇作𠧪𠧪木注云籀文廣韻作䕻注古文

𠧪米 嘉穀實也从𠧪从米孔子曰㮚之爲言續也 相玉切

𠧪𠧪米

二地之數也偶也又古文亟
亟从二二天地也

籀文㮚 玉篇作古文

文三　重三

亝 禾麥吐穗上平也象形凡亝之屬皆从亝

徐鍇曰生而齊者莫若禾麥二地也兩傍在低処也徂兮切五音韻譜作亝繫傳同

按勻亦从二象地非地

齋 等也 从亝妻聲 徂兮切五音韻譜作齋繫傳同

文二

朿 木芒也象形凡朿之屬皆从朿讀若刺 七賜切

棗 羊棗也 玉篇廣韻並注果名按釋木棗之名有十一此獨著羊棗者蓋以孟子曾晳嗜羊棗 从重朿 子皓切繫傳朿下有聲字衍

棘 小棗叢生者从並朿 己力切繫

傳韻會作从竝粟也誤

文三

片判木也从半木凡片之屬皆从片匹見切

版判也从片反聲布綰切

㸿判也从片畐聲芳逼切

牘書版也从片賣聲徒谷切

牒札也韻會引同繫傳作禮也蓋札譌爲礼後人又改爲禮耳玉篇札也譜也从片枼聲徒叶切

牑牀版也繫傳牀作木譌玉篇注牀上版廣韻牀上版也从片扁聲讀若邊方田切

牖穿壁以木爲交窻也廣韻

引穿上有牖字李注文選鸚鵡賦引　从片戶甫
作穿壁以爲牕也牕即窗之俗體
繫傳甫下有聲字韻會引　譚長以甫上日也
作从片扁聲非說文無扁
非戶也牖所以見日　與久切

牏　築牆短版也　五音
韻譜牆作牆是也繫傳亦譌韻會引牆　从片
作垣蓋因廣韻改玉篇注築牆短版
俞聲讀若俞一曰若紐　度矦切　繫傳作一曰紐
也玉篇之句切又音頭
廣韻收平聲虞
侯又收去聲遇

文八

鼎　三足兩耳和五味之寶器也　五音韻譜繫傳
寶作寶韻會引

汗簡古文以貞爲鼎
籀文以鼎爲貞

下揍象析木以炊从貞省聲九字九經字樣引作上從貞省聲下象析木以炊 昔禹收九牧之金鑄鼎荊山之下廣韻引無昔字以下不引 入山林川澤螭魅蝄蜽莫能逢之以協承天休繫傳蝄作蛧韻會澤下有者字無以協承天休句 易卦巽木於下者爲鼎韻會作易巽木於下者爲鼎所引止此蓋黄氏有改易又卦名 象析木以炊也籀文以鼎爲貞字繫傳炊下有鼎字下作从貞省聲古文以貞爲鼎籀文以鼎爲貞韻會古文上有徐曰無象析木句二字則非許說 凡鼎之屬皆从鼎都挺切 𪔂 鼎

之圜掩上者韻會引同繫傳圜作圓非釋器圜弇上謂之鼒从鼎才聲詩曰鼐鼎及鼒子之切玉篇子思切廣韻收之咍二韻鎡俗鼒从金从茲繫傳作俗鼒从金茲聲鼐鼎之絕大者从鼎乃聲魯詩說鼐小鼎奴代切鼏以木橫貫鼎耳而舉之从鼎冂聲周禮廟門容大鼏七箇即易玉鉉大吉也莫狄切繫傳韻會無而字考工記作廟門容大扃七个鄭注云大扃牛鼎之扃長三尺儀禮有設扃鼏之文鄭注云今文扃爲鉉古文鼏爲密是扃與

儀禮鼏古文為冪之假借

儀禮鼏作冪葢作遳

音義一而體別

鼏乃二物許君說文鼏與鼏則為一物葢鄭注之鼏審當為幎之假借故不同耳然字从是有不可強通者當闕疑也

冂冂訓覆恐非冒鼎

王篇亡狄切覆樽巾也又冒鼎葢也廣韻莫狄切鼎葢

文四　重一

𠅌 肩也象屋下刻木之形凡克之屬皆从克 徐鍇曰肩任也負何之名也與人肩髆之義通能勝此物謂之克苦得切 繫傳在彔部後

𠅌 古文克 繫傳作 𠅌 亦古文克 繫傳作𠅌古文 無克字

文一　重二

彔 刻木彔彔也象形 繫傳作刻木彔彔象形也 凡彔之屬

皆从录 盧谷切 文一

禾 嘉穀也二月始生八月而孰得時之中故謂之禾〔繫傳作從二月始生八月而熟得時之中和故謂之禾也齊民要術引作以二月始生八月而熟得之中和故謂之禾李注文選思玄賦引作二月生八月熟得中和故曰禾所引雖不同而中下並有和字〕禾木也〔繫傳無木也二字齊民要術引有〕木王而生金王而死〔文選注引作木王而生木衰而死故曰木禾〕从木从𠂹省𠂹象其穗〔繫傳穗作木蓋采之譌下有也字〕凡禾之屬皆从禾 戶戈切

秀 上諱 漢

漢光武帝名也[illegible]

光武帝名也徐鍇曰禾實也有實之象下垂也息救切按繫傳上諱下作臣鍇曰禾實也有實之象下垂也漢光武帝諱故許慎闕而不書也今以[illegible]錢昆入許書因移也非是

稼 禾之秀實爲稼莖節爲禾从禾家聲一曰稼家事也一曰在野曰稼古訝切繫傳家聲下作稼家也一曰禾在野爲稼也

穡 穀可收曰穡玉篇注斂曰穡廣韻穡曰稼斂曰穡从禾嗇聲所力切

穜 埶也从禾童聲之用切玉篇除恭切先穜後熟曰穜又音童廣韻收平聲注同詩七月釋文引說文云禾邊作重是重穋之字禾邊作童是種埶

之字今人亂之已久

稙　早穜也　繫傳穜作種玉篇注同韻會引作早種後孰[illegible]非从禾直聲詩曰穜稚尗麥　常職切穜譌五音韻譜作稙繫傳作稙稺菽麥與今詩閟宮合禾部無稚作稺是也艸部無菽

穜　先穜後孰也从禾重聲　直容切玉篇之勇切種類也又之用切種稙也廣韻收上去二聲五經文字云字林爲種稑之種直龍反經典相承爲種稙之種

稑　疾孰也从禾坴聲詩曰黍稷穜稑　力竹切今詩七月作重穋釋文云又作種稑

穋　稑或从翏　繫傳作或从翏聲

稺　幼禾也从禾屖聲　直利切繫傳韻會聲

下有晚種後孰者五字盖徐說玉篇止作紉禾也稹種穊也廣韻引同繫傳種作種韻會引作種鄉也並非从禾眞聲周禮曰稹理而堅之忍切玉篇之忍切叢緻也又之仁切廣韻平聲引說文又收上聲稠多也从禾周聲直由切

穊稠也从禾既聲已利切宋本脫已字從五音韻譜補

稀疏也从禾希聲徐鍇曰當言从爻从巾無聲字爻者稀疏之義與爻同意巾象禾之根莖至於莃晞皆當从稀省何以知之說文無希字故也香依切錢宮詹曰周禮司服祭社稷五祀則希冕鄭氏讀希爲絺希即古文絺也古文絺綌皆从巾今本說文有帢無希蓋轉寫漏落徐氏巾象禾根莖之說穿鑿不

足信

𥢗　禾也　廣韻注莊子謂之禾也按今莊子無此說蓋誤　从禾蔑聲　莫結切繫傳作[illegible]

穆　禾也　玉篇廣韻和也　从禾㣎聲　莫卜切

私　禾也　从禾厶聲　息夷切廣韻止引禾也韻會引作北道謂禾主人曰私　北道名禾主人曰私主人

䆏　稻紫莖不黏也　齊民要術注引也作者　从禾糞聲　讀若靡　扶沸切玉篇扶畏扶非二切廣韻止收去聲

穄　𪗉也　𪗉當是䆡一切經音義卷十引作粢也粢當是秶䆡秶字同繫傳韻會作齊也並譌

五穀之長　从禾畟聲　子力切陳氏毛詩稽古編云近世李氏綱目其言近之李謂稷黍即今北方之黍子黏者爲黍不黏者爲稷粱秫與粟

即今北方之小米大而毛長者爲粱細而毛短者爲粟粟之黏者爲秫粟即粱也漢以後始分其粒細毛短者爲粟耳𥞒古文稷省繫傳作𥞒古文

𪗋稷也从禾齊聲即夷切穄𪗋或从次五音韻譜𪗋作𪗋是也繫傳作秶或从次作玉篇𪗋注云黍稷在器曰𪗋亦作粢粢廣韻粢注祭飯重文作𪗋[illegible]别無粢字說文粢爲餈之重文後人亂之也

秫稷之黏者玉篇引者作也蓋誤从禾术象形食聿切繫傳無象形二字鍇曰术者象其體言聲傳寫誤據此則术下本有聲字大徐刪改也

术秫或省禾繫傳作秫或不从禾作玉篇术收木部時聿切穀名又直律切藥名廣韻收術一爲秫重文一注藥名

穄 縻也 廣韻引同繫傳韻會作縻也一切經音義卷十六引作穄似黍而不粘者關西謂之縻是也卷十七引作縻也似黍而不粘者關西謂之縻縻音忙皮反按說文無粘即黏之俗體玉篇注關西縻似黍不黏[illegible] 從禾祭聲 子例切

稻 稌也從禾舀聲 徒皓切

宋說文

韻會引繫傳及玉篇注作稌稻也廣韻亦作稌稻 從禾余聲 周禮曰牛宜稌 徒古切

稬 沛國謂稻曰稬 繫傳韻會曰作爲釋草釋文引同稬爲作穤非 從禾耎聲 奴亂切玉篇乃喚切黏也又乃卧切秫名廣韻收換過二韻

稴 稻不黏者從禾兼聲讀若風廉之廉 力兼切繫傳無之廉二字按

廉當是溓䭑讀若風溓溓也玉篇胡
兼胡緘二切廣韻收平上二聲去聲作𥠖

秔稻屬

韻會引同繫傳作稻
也玉篇注秔稻也

从禾亢聲

古行切玉
篇古衡切

稉秔或从更聲

繫傳作俗稉疑有脫字釋草釋
文云稉與粳皆秔俗字也玉篇無

廣韻
有

秏稻屬从禾毛聲伊尹曰飯之美者玄山之禾南海之秏

呼到切錢宮詹曰今呂氏春秋作
飯之美者玄山之禾不周之粟
陽山之穄南海之秬高誘曰秬黑黍也樹玉謂藝
文志有伊尹五十一篇屬道家呂覽見許君當並本
之而本或不同也玉篇減也敗也
詩云秏斁下土又稻屬今詩作耗

穬芒粟也

玉篇引
同一切

經音義卷十一引作芒穀也廣韻注穀芒又曰稻不熟　从禾廣聲古猛切　秜稻今秊落來秊自生謂之秜繫傳秊作年韻會無謂之秜三字廣韻注稻死來年更生玉篇注小麥也蓋誤　从禾尼聲里之切玉篇力尸切廣韻收脂力脂切　稗禾別也从禾卑聲琅邪有稗縣旁卦切繫傳邪作琊縣作鄉並非　移禾相倚移也从禾多聲一曰禾名臣鉉等曰多與移聲不相近蓋古有此音弋支切按辵部迻从多多聲与移音同不足致疑繫傳作一曰移禾名故相倚則移也蓋雜徐説玉篇廣韻引無一曰句　穟禾采之皃从禾

遂聲詩曰禾穎穟穟 余頃切 穟下引詩同今詩生民作禾役穟穟毛傳役列也則役字不誤此引蓋三家詩

䅘齊謂麥䅘也 繫傳作齊謂麥爲䅘 玉篇有音無義廣韻注䅘麰之麥 从禾來聲 洛哀切 一麥二稃周受此瑞麥出埤蒼

采禾成秀也人所以收从爪禾 徐醉切 繫傳作禾成秀从禾爪聲鍇曰爪禾爲會意也則聲字衍韻會引同繫傳無聲字釋草釋文引作禾成秀人所收也廣韻引作人所收並無以字

穗采或从禾惠聲 繫傳作俗从禾惠聲釋草釋文采引說文下云穗俗字

𥝩禾危穗也 玉篇禾危穗亦懸物也廣韻禾穗垂皃 从禾勺

聲都了切繫傳次在穟下 穟禾采之皃廣韻引采作穗詩生民釋訓
釋文引作垂 从禾遂聲詩曰禾穎穟穟徐醉切繫傳蓫在穗
下穟又在蓫下作或从禾遂聲詩曰禾穎穟穟
也無音切並以爲采之重文據廣韻釋文則穟別
自爲義故大徐不從是也 䔹穟或从艸繫傳作䔹
玉篇敘類切穟苗
或从艸遂作次在穗下玉篇
收艸部徐類切禾秀與穟同 䅚禾垂皃从禾
耑聲讀若端丁果切玉篇丁九丁果二切廣韻收平聲去聲果
䅥禾舉出苗也从禾曷聲居謁切玉篇居薛居
遏二切長禾也廣韻收

曷薛二韻

秒　禾芒也从禾少聲亡沼切

穖　禾穖也从禾幾聲居狶切　五音韻譜狶作稀誤　玉篇居豈切廣韻止收上聲

秠　二稃二米　五音韻譜繫傳作一稃是也（氏謂）　从禾丕聲　詩曰誕降嘉穀惟秬惟秠　今詩生民穀作種毛傳天降嘉種鄭箋天應堯之顯后稷故爲之下嘉種　韻會引無誕降句（蓋疑而不錄）　天賜后稷之嘉穀也　敷悲切　韻會穀作種蓋因今詩改　玉篇作秠披鄙切廣韻收平上二聲

秨　禾搖皃　玉篇注同繫傳搖作繇　从禾乍聲讀

（作秠）　釋草釋文引字林一匹几匹九夫九二反

若昨在各切玉篇徐各徐故二切廣韻收去入二聲 穮 耕禾間也詩載芟及釋訓釋文引作穮鉏田也又引字林从禾麃耕禾間蓋誤以字林爲說文玉篇注耘也聲春秋傳曰是穮是衮甫嬌切繫傳韻會衮作蔉蓋本今左傳改文見昭元年艸部無蔉 䅁 禾也从禾安聲烏旰切 秄 壅禾本壅當作雝■土部無壅詩甫田或耘或耔毛傳耔雝本也■从禾子聲卽里切 穧 穫刈也一曰撮也从禾齊聲在詣切 穫 刈穀也一切經音義卷三卷五卷九卷十二引並作刈禾也玉篇注同从禾蒦聲胡郭切 䅩

玉篇注成熟廣
韻闕又纁衣也
當作影宋本集韻

説文孖異　三十

積禾也从禾資聲詩曰穦之秩秩　昌夷切今詩良耜作
積之栗栗毛傳栗栗衆多也正義引釋訓云栗栗衆也李巡曰栗栗積聚之衆則此作穦蓋三家詩　積
聚也从禾責聲　則歷切玉篇闕廣韻收去聲寘入聲昔　秩積
也从禾失聲詩曰穦之秩秩　直質切韻會穦作積蓋因今詩改
稛絭束也　玉篇注成熟廣韻闕又纁衣也　从禾囷聲　苦本切集韻影宋本引作稛字从囷當不誤　稞穀
之善者从禾果聲一曰無皮穀　胡瓦切繫傳無一曰句玉篇闕
廣韻收馬　秳舂㮚不潰也　繫傳■㮚作卤㮚五音韻
注淨穀　譜作舂㮚不潰也

玉篇注同廣韻舂穀不潰也鼎清字譌从禾昏聲戶括切

𥞊 秳也从禾气聲居气切玉篇下沒切廣韻收沒音同

稃 䅣也玉篇䅣也甲也廣韻穀皮从禾孚聲芳無切

䄨 稃或从米付聲繫傳作或从米附附字譌玉篇收米部

䅣 穅也从禾會聲苦會切繫傳聲下有讀若裹三字裹當是裹玉篇公卧切又公外切廣韻止收泰

穅 穀皮也繫傳作穅穀之皮也韻會亦有之字玉篇注米皮也廣韻穀皮从禾从米庚聲苦岡切繫傳無从米二字

康 穅或省五音韻譜作康穅或省繫傳作康或省作玉篇闕

䅵 禾皮也从禾

羔聲　臣鉉等曰羔聲不相近未詳之若切玉篇之弱
枯督二切禾皮也又齊地名廣韻收沃藥二韻

按羔聲之轉

稭　禾槀去其皮祭天以爲席　廣韻引下有也字一切經音
義卷十四引亦有席作藉玉篇注　从禾皆聲　古黠切五
稭槀也去其皮祭天以爲席也
音韻譜黠

稈　禾莖也从禾旱聲春秋傳曰或
作黠是也
投一秉稈　古旱切左傳昭二十七年作

秆　稈或从干
或取一秉秆焉國人投之
繫傳作或

稾　稈也　韻會引作禾稈也玉篇从禾
从干作　注同廣韻亦作禾稈
稾聲　古老切

秕　不成粟也　玉篇穀不成也　从禾比聲　卑履切

䅌麥莖也从禾肙聲古玄切𥝧黍穰也从禾列聲良薛切玉篇作栵穰黍𥝧已治者一切經音義卷四引作黍治竟者也卷十五引作黍栵也並脫从禾襄聲汝羊切玉篇如羊切又如掌切廣韻收平上二聲秧禾若秧穰也从禾央聲於良切玉篇於兩切禾苗秧穰也廣韻收平上二聲晉本說文則若刃諸字䅎䅎䅣穀名玉篇廣韻注䅎䅣从禾㫄聲薄庚切䅣䅎䅣也从禾皇聲戶光切秊穀孰也玉篇載也禾取一熟也廣韻穀熟曰年

从禾千聲春秋傳曰大有秊如顛切見宣十六年經穀續也百穀之總名一切經音義卷六引作百穀總名也从禾㱿聲古祿切五經文字作穀稔穀孰也玉篇年熟也从禾念聲春秋傳曰鮮不五稔而甚切見左傳昭元年文穀傳稔下有是字無鮮字蓋脫租田賦也从禾且聲則吾切稅租也从禾兌聲輸芮切穀傳韻會無聲字蓋脫䆃禾也从禾道聲司馬相如曰䆃禾一莖六穗徒到切史記司馬相如傳作道禾一莖六穗索隱引

[illegible]菜也[illegible]義不合

鄭康成云導擇也說文云嘉禾一名道禾字林云禾一莖六穗謂之道禾也漢書作導顏氏家訓曰道訓擇而說文云道禾是禾引封禪書爲證無妨自當有禾名道禾非相如所用也禾一莖六穗於庖豈成文乎蟿傳禇妄篇曰相如云導一莖六穗於庖猶言此禾也則有一莖六穗在庖此犧也則有雙觡共抵之獸雖今之作者對屬之當何以過此

𥟖　虛無食也从禾荒聲　呼光切　據秧字玉篇注則若當同苗段君

穌　把取禾若也　若當同苗段君云離騷蘇糞壤以充幃兮王逸曰蘇取也韓信傳曰樵蘇後爨漢書音義曰樵取薪也蘇取草也此皆假蘇爲穌也樂記蟄蟲昭蘇注云更息曰蘇玉篇云穌息也死而更生也然則希馮[illegible]

說文攷異　三十三

鼎下如絫衆〻中之誤

所據樂从禾魚聲素孤切 穌 出物有漸也从禾
記作穌
肖聲所教切 秌 禾穀孰也从禾龜省聲七由切五
音韻譜龜作龜是也繫傳同韻會作从 𪛁 籀
古文𪛁省非玉篇正作秋重文作秌
文不省五音韻譜作𪛁繫傳作𪛁籀文鍇曰不省也 秦 伯益之後所
封國繫傳韻會下有也字 地宜禾从禾舂省五音韻譜繫傳[illegible]作舂韻會不誤
秦 一曰秦禾名 匠鄰切韻會作从禾舂省聲一曰禾名[illegible]繫傳名下有也
字 𥢑 籀文秦从秝繫傳無秦字 稱 銓也从禾爯

聲春分而禾生日夏至晷景可度禾有秒繫傳韻會無日字度下有即字秋分而秒定律數十二秒而當一分十分而寸其以爲重十二粟爲一分十二分爲一銖故諸程品皆从禾處陵切韻會有稱程也增損不（賡）錄玉篇齒證切又齒陵切引說文銓也廣韻收平聲引説文收去聲

科从禾从斗繫傳韻會斗上無从字斗者量也苦禾切

程品藝文類聚韻會引同繫傳作程品也十髮爲程十程爲分韻會引同繫傳及集韻引十程作一程譌十分爲寸从禾呈聲直貞切

穖

韻會徐曰此即十筥稯也　周礼注四秉曰筥十筥曰稯十稯曰秅　稯猶束也

布之八十縷爲稯　繫傳無爲稯二字集韻引無之字韻會引作布八十縷玉篇注禾束也漢書王莽傳一月之祿十緵布二匹注孟康云緵八十縷也糸部無緵　从禾㚇聲子紅切　䅸籒文稯省　繫傳無稯省二字

秭五稯爲秭　繫傳韻會作五稯也　从禾𠂔聲一曰數億至萬曰秭　將几切玉篇注同繫傳韻會數億作億數誤億人部作億周頌豐年萬億及秭毛傳數萬至萬曰億數億至億曰秭廣韻千億也引風俗通云千生万万生億億生兆兆生京京生秭秭生垓垓生壤壤生溝溝生澗澗生正正生載載地不能載也

秅二秭爲秅　繫傳作秭也廣韻韻會引同當是二秭也傳寫脫　从禾乇聲　韻會下有

二秭爲秅四字盖黄氏因解字增　周禮曰二百四十斤爲秉四秉曰筥十筥曰稯十稯曰秅四百秉爲一秅　宅加切玉篇丁故切四百秉爲秅廣韻收平聲麻去聲暮聘禮釋文丁故反引字林疾加反繫傳作周書曰二百四十斤爲秉四秉爲筥十筥爲稯十稯曰秅四百秉爲一秅韻會作周禮二百四十斤爲秉四秉爲筥十筥曰稯十稯曰秅四百秉也顧千里曰各本皆非也周禮曰三字當作禮記二字禮記者聘禮之記也艸下引公食大夫禮之記曰禮記是也二百四十斤爲秉七字衍又斤乃斗之譌二百四十斗者秉又五籔之數非秉數也校說文者以四秉之秉不見其數乃檢取彼文加爲秉二字以足之

䄷　百二十斤也稻一䄷爲粟二十升

禾黍一秙爲粟十六升大半升五音韻譜大作太繫傳作百二十斤也一秙爲粟二十斤禾黍一秙者爲粟十六斤太半升也段君云斤升皆斗之譌米部粟重一秙爲十六斗太半斗稻重一秙爲粟二十斗是其證　从禾石聲常隻切

稘復其時也从禾其聲虞書曰稘三百有六旬居之切繫傳虞作唐韻會無虞字又無曰字今書堯典作朞

文八十七今八十八依繫傳改穟爲重文於數正合

重十三今十二依繫傳加穟乃合

秝稀疏適也玉篇稀䟽秝秝然　从二禾凡秝之屬皆从秝

讀若歷郎擊切

兼 并也从又持秝兼持二禾秉持一禾古甜切繫傳作兼持二禾秉持一禾韻會作并也从又手也秝二禾也兼持二禾也[illegible]玉篇引作兼持二禾秉持一禾與繫傳合廣韻引有并也二字餘同則从又持秝四字乃楚金說

文二

黍 禾屬而黏者也 繫傳及廣韻引無者字韻會無者也二字 以大暑而種故謂之暑〔黍〕 廣韻韻會無此九字段君云大衍字也種稙有定時古今所同九穀攷曰伏生尚書大傳淮南劉向說苑皆云大火中種黍菽而呂氏春秋則云日至樹麻與菽麻正𪏰之誤又夏小正五月初昏大火中種黍菽糜𪏰字因下文誤衍諸書皆言種黍以夏至說文獨言以大暑蓋言種暑之極時其正時

實夏至也樹玉謂大从禾雨省聲孔子曰黍可爲
字非衍暑者當是大歛蓋本夏至四字謂之黍疑後人增
酒禾入水也繫傳韻會可下有以字廣韻引作孔子曰黍可以爲酒故从禾入水也凡黍
之屬皆从黍舒呂切 䵏穄也从黍麻聲靡爲切 䵗
黍屬从黍卑聲并弭切玉篇平懈必介二切廣韻收上去二聲 黏相
箸也繫傳韻會箸作著玉篇注同从黍占聲女廉切 䵚黏也从
黍古聲戶吳切 粘䵚或从米繫傳作或从米作玉篇爲餬之重文廣韻
爲黏重文 䵒黏也从黍日聲春秋傳曰不義不䵒

尼質切左傳隱元年作暱釋文同

𪏰 䵒或从刃

黎 履黏也从黍𥝩省聲𥝩古文利 繫傳作𥝩古作履黏以爲利字

䵗 以黍米郎奚切

䵗 治黍禾豆下潰葉 繫傳作治粟禾(麥)豆下潰葉也恐非玉篇注黍豆也葢脱廣韻黍豆潰葉也 从黍畐聲 蒲北切

文八 繫傳八作九有䵑(在䵗下)从黍尼聲臣鍇(無義)按䵑有樹出之如漆可以黏蟬雀黍亦黏物也勑其反玉篇䵑奴禮切黏也廣韻無疑䵑之俗體(許書不應有)

重二

香 芳也从黍从甘春秋傳曰黍稷馨香左傳桓六

年有所謂馨香僖五年宮之奇引周書曰有黍稷　凡香之屬皆

非馨明德惟馨無黍稷馨香句所引或即此

从香許良切　馨　香之遠聞者繫傳韻會者作也華嚴經音義

卷七十五引玉篇注並同　从香殸聲殸籀文磬呼形切繫傳作臣鍇

曰殸籀文磬　文二

米　粟實也玉篇注同繫傳韻會作穬實也祛妄篇作粟穬實也　象禾實

之形繫傳韻會實作黍誤祛妄篇作實　凡米之屬皆从米莫禮

切　粱　米名也繫傳韻會無也字玉篇注同　从米梁省聲呂張

切五音韻譜繫傳梁作粱是也　穛早取穀也　韻會引玉篇注並同繫傳取作收[illegible]从米焦聲一曰小　側角切繫傳韻會小下有也字　廣韻為穛之重文　䆐稻重一秙為粟二十斗為米十斗曰毇為米六斗太半斗曰粲　韻會引同繫傳半斗作半升譌　从米奴聲　倉案切　糲粟重一秙為十六斗太半斗舂為米一斛曰糲　韻會同繫傳米作粟非糲作糲蓋從俗韻會亦作糲　从米萬聲　洛帶切玉篇作糲力曷切麤糲也廣韻亦作糲收去入二聲　精擇也　玉篇廣韻引同繫傳韻會

擇上有精字 从米青聲 子盈切 粺 毇也 玉篇精米也廣韻精米鄭箋詩大雅云米之率糲十粺九糳八侍御七 从米卑聲 旁卦切韻會聲下有一曰粟一石舂米一斗四升十一字蓋雜他說一手一字亦誤 粗 䟽也 从米且聲 徂古切玉篇在古采胡二切麤大也廣韻收上聲平聲作糙 粊 惡米也 从米北聲 粊玉篇粊鄙冀切惡米也適當粊字之次蓋本說文後有粊引說文則宋人增廣韻作粊惡米又魯東郊地名又引說文作粊亦後人增 周書有粊誓 兵媚切繫傳書下有曰字衍今書作費 糱 牙米也 从米辥聲 魚列切廣

韻引同玉篇作糵麴也芽生穀也

粒糂也玉篇米粒也从米立聲力入切

㕯古文粒繫傳作古文从食

釋漬米也繫傳同五音韻譜漬作漬是也廣韻韻會引玉篇注並作漬从米睪聲施隻切

糂以米和羹也一曰粒也从米甚聲桑感切繫傳韻會从米甚聲在一曰句上

糣籀文糂从朁繫傳在糝下無糂字玉篇亦在糝下

糝古文糂从參周頌潛有多魚毛傳潛糝也蓋假糝為糝或糝之譌

糪炊米者謂之糪釋器米者謂之糪郭注飯中有腥

从米辟聲　博戹切玉篇譜革妨亦二切飯䊧半生也廣韻止收麥飯半生皃

糜也从米麻聲　靡爲切韻會聲下有黃帝初教作糜六字蓋雜他書曰[illegible]初學記藝文類聚並引周書黃帝始亨穀爲粥不作糜玉篇闕廣韻注糜粥

䊤　糜和也从米覃聲讀若鄲　徒感切繫傳鄲作譚

粎　潰米也从米尼聲交阯有粎泠縣　武移切玉篇亡丁切注同又音彌亦作麋繫傳阯作趾非足部無趾地理志作交止麋泠應劭曰麋音彌廣韻粎收青莫經切注潰米[illegible]韻作麋

䊮　酒母也从米䕮省聲

馳六切五音韻譜馳作駈是也玉篇丘六切廣韻驅匊切繫傳韻會作鞠（駈即驅之俗體）

鞫 籟或从麥鞠省聲 五音韻譜籟作鞠是也繫傳無籟字玉篇無重文廣韻有

糟 酒滓也从米曹聲 作曹切

䵍 籀文从酉 繫傳作䵍韻會同一切經音義卷三卷八並云籀作醩玉篇收酉部同

糒 乾也 後漢書明帝紀注隗囂傳注一切經音義卷十五引並作乾飯也玉篇注同 从米葡聲 平祕切

糗 熬米麥也 孟子曰舜之飯糗茹草趙注糗飯乾糒也 从米臭聲 去九切 玉篇丘九尺沼二切糒也（廣韻止收有韻 釋名糗齲也飯而磨之使齲碎也）

⿱臼米 舂糗也 玉篇舂糗米也 从米臼 其九切

切繫傳韻會臼下有聲字 糈糧也从米胥聲私呂切 糧穀也玉篇注同繫傳韻會作穀食也从米量聲呂張切 粈雜飯也玉篇注同繫傳韻會飯作餅俗从米丑聲女九切玉篇女救切重文作糅廣韻收上聲去聲作𩚵注云亦作粈 䊮穀也从米翟聲他弔切玉篇徒的徒弔二切廣韻止收入聲錫 䊳麩也五音韻譜及韻會引同繫傳麩作麩非麥部無麩玉篇注麪也或作麩廣韻米和細屑从米蔑聲莫撥切五音韻譜蔑作蔑是也 粹不雜也从米卒聲雖遂切 氣饋客芻米也繫傳

韻會作饋客之芻米廣韻引無之字玉篇引同解字从米气聲春秋傳曰齊人來氣諸侯許既切左傳桓十年作齊人餼諸侯玉篇虛既切今豈既切氣息也廣韻兩收未

⿰既米氣或从既　餼氣或从食

⿰米工陳臭米从米工聲戶工切

粉傅面者也玉篇可飾面廣韻引博物志曰燒鉛成胡粉又曰紂作粉釋名粉分也研米使分散也胡粉胡餬也脂和以塗面也从米分聲方吻切

⿰米卷粉也从米卷聲去阮切玉篇廣韻注同繫傳無音下云⿰米卷或从卷作以爲粉之重文此誤

⿰米悉⿱殺米也从米悉聲私列切

⿰殺米⿰米悉⿱殺米散之也左傳定四年釋文廣

韻引同玉篇从米殺聲　桑割切五音韻譜䊳

注無之字（左傳昭元年蔡蔡叔釋文云蔡說文作𥻉從殺下米）作𥻉是也繫傳同

碎也从米靡聲　模臥切玉篇亡皮切䊳碎也

屑也廣韻收平聲支䊳

碎靡爲切則　竊盜自中出曰竊从穴从米

模臥切䊳非

繫傳韻會盜作盜作　卨廿皆聲廿古文疾卨古

盜米上無从字

文偰　千結切繫傳聲下有也字下作廿古文

疾字卨偰字也韻會聲下無也字辥

同按疾下古文作𤻈籀文作䅍廿蓋籀文

省卨讀與偰同亦非古文偰此注疑後人改

文三十六　繫傳六作五誤　重七　繫傳七作

以楼爲重文也　八誤

毇　米一斛舂爲八斗也　玉篇注同廣韻引無也字繫傳韻會有也又米上有糲字段君云八當作九糳下九當作八以毛詩鄭箋粺九糳八爲證米部粺毇也　从毇从殳韻會作从臼米从殳　凡毇之屬皆从毇　許委切非米部自有毇字

糳　糲米一斛舂爲九斗曰𣫌　繫傳从毇下有毇糲米三字蓋徐說米部無糙韻會作糙米也在从殳下　𣫌當作糳各本譌廣韻引無爲字一引經音義卷十八引爲作取玉篇引左氏傳云粢食不糳糳精也一斛舂爲九斗也段君云詩生民左傳桓二年音義皆引字林糳子沃反糲米一斛舂爲八斗也　从毇丵聲　則各

切繫傳韻會𦥑下有省字非

文二

臼舂也古者掘地爲臼其後穿木石象形中米也玉篇引同繫傳韻會米上有象字凡臼之屬皆从臼其九切

舂擣粟也繫傳韻會粟作米从廾持杵臨臼上午杵省繫傳作从廾持杵臨臼杵省韻會作从廾持杵以臨臼也無下文古者雝父初作舂書容切玉篇雍父作舂黃帝臣也廣韻引世本曰雍父作舂呂氏春秋曰赤冀作舂又曰下[illegible]引世本曰雍父作臼

𦥸齊謂舂曰𦥸繫傳無曰字玉

篇曰从臼平聲讀若膊匹各切繫傳作臿舂
作爲讀之若膊字非
韻會引同繫傳無也字
去麥皮也王篇舂麥也廣韻从臼干所以臿之楚
韻舂去皮也洽
切繫傳作从臼干聲鍇曰會意也韻會作从臼舀
干聲鍇曰會意一曰干所以臿之按聲字衍
抒臼也廣韻韻會引同繫傳从爪臼韻會引同
及王篇注抒作杼繫傳作
从爪臼聲
鍇曰會意也删聲字衍詩曰或簸或舀以沼切韻會簸作舂
蓋因今詩改詩生
民作或舂或揄或簸或蹂毛傳揄抒臼也釋文
云揄說文作舀弋紹反云舂說文作簸王篇翼珠弋
周二切又以沼切廣韻上聲抭舀或从手从宂繫
小引說文又收平聲虞尤傳

穴上無从字玉篇闕廣韻有

㿟臽或从臼穴　繫傳無臽字玉篇誤在臼下蓋傳寫誤廣韻不誤

臽小阱也从人在臼上　戶猎切繫傳韻會上下有舂地坎可臼人六字玉篇音陷坑也

文六　重二

凶惡也象地穿交陷其中也凡凶之屬皆从凶　許容切

（繫傳中下無也字韻會亦無又無惡也二字蓋脫）

兇擾恐也从人在凶下春秋傳曰曹人兇懼　許拱切見左傳僖二十八年

文二

說文解字攷異弟七上

說文解字攷異弟七下

𣏟 分枲莖皮也从中八象枲之皮莖也 繫傳作从中八象枲皮 凡𣏟之屬皆从𣏟 匹刃切 讀若髕 玉篇音同 廣韻收卦震二韻

枲 麻也 繫傳韻會作麻子也 玉篇麻也有子曰苴無子曰枲 廣韻麻有子曰枲無子曰苴也 按喪服傳曰苴麻之有蕡者也 从木台聲 胥里切 繫傳作从木台者从辞省聲 蓋雜徐說韻會因改作从木辞省聲

𦗽 籀文枲从𣏟从辞 繫傳作𦗽 籀文錯曰辞聲

文二 重一

𣏟　葩之總名也玉篇引同段君云葩當作葩艸部云葩枲實也𣏟之爲言微也微纖爲功象形凡𣏟之屬皆从𣏟匹卦切繫傳合於朩部叙目亦無𣏟蓋後人改其部叙云𣏟朩也故次之以𣏟則本有𣏟部也

檾　枲屬从𣏟熒省繫傳韻會下有聲字詩曰衣錦檾衣去穎切今詩作褧衣部褧亦引此詩蓋檾下所引或三家詩玉篇口潁口迥二切枲屬詩云衣錦檾衣廣韻收靜迥二韻

㪔　分離也从攴从𣏟𣏟分㪔之意也穌旰切繫傳作从攴从𣏟分散意也玉篇先旦切又先但切廣韻收上去二聲

文三

麻與林同（繫傳韻會作枲也與麻同玉篇注枲屬也）人所治在屋下从广从林（繫傳作从林从广）凡麻之屬皆从麻（莫遐切）

䵑未練治纑也从麻後聲（臣鉉等曰後非聲疑復字譌當从復省乃得聲空谷切段君云後之入聲如斛如大雅垢與谷韻是也〔疑稭之俗體〕是也艸部無藍韻會引亦作蒸〔圖〕按〔本之段〕菆訓麻蒸菆𪎊蓋古今字）

𪎊麻藍也（廣韻引藍作蒸）从麻取聲（側鳩切）

𪎉𪎊屬（廣韻引同玉篇注𪎊屬一曰麻一耑絜也重文作𪎉）从麻俞聲（度侯切）

文四

篇韻注同說文 御覽引作小豆也非

尗 豆也象尗豆生之形也 繫傳作象尗豆生形 韻會作从尗生形 凡尗之屬皆从尗 式竹切

䜵 配鹽幽尗也从尗支聲 是義切

豉 俗豉从豆 五音韻譜豉作𣪍是也繫傳作俗豉蓋上下有脫字

文二　重一

耑 物初生之題也上象生形下象其根也 繫傳上上有其字下無其字 韻會並無其字 凡耑之屬皆从耑 臣鉉等曰中一地也多官切按下乃而字非

中一而頼毛也[illegible]象根

文一

韭 菜名 繫傳下有也字韻會無 一種而久者故謂之韭 廣韻引玉篇注種作種繫傳韻會作一種而久生者也無故謂之韭四字釋草釋文引作一種而長久故曰韭 象形在一之上一地也 繫傳一地也在皆从韭下上有臣鍇曰三字韻會作徐曰一地也然釋草釋文引有一地也三字則非徐說 此與耑同意凡韭之屬皆从韭 舉友切

𩐙 齏也 繫傳作䪢也 䪢當是䪢 从韭隊聲 徒對切

䪢 𩐙也 从韭次朿皆聲 祖雞切 繫傳作䪢 玉篇作䪢 子兮切 薑蒜爲之 廣韻作䪢

齏 䪢或从齊 繫傳作齏 或从齊

菜也　釋草葝山䪥又䪥鴻薈郭注即䪥菜也　葉似韭　釋草釋文引葉作菜譌繫傳葉上有其字韻會無又無葉字玉篇韮菜也廣韻韮菜也葉似韭　从韭㲋聲　胡戒切

韱　山韭也　釋草雈山韭又有韱不足郭注未詳　从韭㦰聲　息廉切

䪤　小蒜也　玉篇廣韻並注百合蒜　从韭番聲　附袁切

文六　重一

瓜　㼌也　繫傳作蓏也玉篇廣韻韻會引並同　象形　凡瓜之屬皆从瓜　古華切

瓝　小瓜也　从瓜交聲　蒲角切　臣鉉等曰交非聲未詳　按交爻聲同駁从爻聲音北角切豈得謂非聲

玉篇有重文瓝
丨釋草作瓞瓝

瓞 瓝也从瓜失聲詩曰緜緜瓜瓞 徒結切

𤬪 瓞或从弗 繫傳作或从弗

𤬩 小瓜也 （从瓜也） 从瓜熒省聲 戶扃切 玉篇乎扃切

𤬝 瓜也从瓜䌛省聲 余昭切 䌛當作繇

瓣 瓜中實 玉篇注同初學記引作瓜實 从瓜辡聲 蒲莧切 廣韻同玉篇白莧力見二切

釋草欽𦿶瓣也 釋文瓣引字林云瓜中實也又莧反

㼌 本不勝末微弱也从二瓜讀若庾 以主切

文七　重一

瓠 匏也 韻會引玉篇廣韻注並同繫傳作瓠匏也非 从瓜夸聲 凡

瓠之屬皆从瓠　胡誤切

瓢　蠡也从瓠省票聲　符宵切繫傳作从票瓠省聲韻會作从瓢省聲並誤

文二

宀　交覆深屋也象形凡宀之屬皆从宀　武延切

家　居也从宀豭省聲　古牙切按當是从豕省聲古文不省何謂也蠡从豕聲廣韻亦收戈[illegible]

𡧹　古文家　五音韻譜作𡧹繫傳作𡧹當从豕豕與豕或通

宅　所託也　繫傳韻會託下有居字廣韻引作託也人所投託也御覽引作人所託也　从宀乇聲　場伯切

𡧚　古文宅　繫傳作𡧚古文

玉篇作㝅

庢亦古文室 繫傳作亦古文玉篇有㝅無庢廣韻有庢無㝅

室實也从宀从至至所止也 式質切繫傳韻會作从宀至聲室屋皆从至所止也 蓋聲兼意

宣天子宣室也从宀亘聲 須緣切廣韻音同玉篇思元切

向北出牖也从宀从口詩曰塞向墐戶 徐鍇曰牖所以通人气故从口許諒切按从口當是象形如高从冂口與倉舍同意

㐭从口中有戶牖玉篇許諒反窗也又舒尚反 陽亦廣韻兩收漾

宧養也室之東北隅食所居 釋宮東北隅謂之宧 从宀臣聲 與之切繫傳居下有也字無聲字

宎戶樞聲也室之東南隅 繫傳聲下蓋脫

無也隅下有也廣韻引聲下隅下並有也字 从宀旵聲 烏皎切玉篇於弔於鳥二切引爾雅東南隅謂之㝔本亦作窔又戶樞聲廣韻上聲收㝔去聲收窔

窔 窔也

釋宮釋文引作奧室也蓋誤 室之西南隅 从宀𡘋聲 臣鉉等曰𡘋非聲未詳 烏到切 繫傳鍇曰究深也故从宷古審字也人所居故从宀會意也按𡘋大聲蓋聲之轉楚金說誤或後人增 詩淇奧釋文云奧一音於六切一音烏報切玉篇於報切廣韻收去聲号

宛 屈草自覆也 玉篇注同廣韻類篇引草作艸是也 从宀夗聲 於阮切

惌 宛或从心 繫傳作[seal]或从怨

宸 屋宇也 从宀辰聲 植鄰切 繫傳脫聲字韻會引有

宇 屋邊也

繫傳韻會無也字一切音義引作屋邊檐也恐非廣韻引作屋邊也　从宀于聲易曰上棟下宇　王榘切　𡨋　籀文宇从禹　繫傳作𡨋無宇字　寷　大屋也从宀豐聲易曰寷其屋　敷戎切五音韻譜繫傳寷作豐非凡引證之文不當易字也易釋文云豐説文作寷　寏　周垣也从宀奐聲　胡官切　院　寏或从𨸏　又爰春切繫傳从𨸏下有完聲二字玉篇寏注云字又作院又收𨸏部注云胡官切堅也周垣也亦作寏又王春切廣韻平聲桓爲寏之重文又收去聲線按𨸏部有院堅也則寏下重文疑後人增大徐以𨸏部爲重出恐不然　宎　屋深響也　韻會引無響

字段君云集韻類篇引亦無玉篇廣韻注大也从宀厷聲戶萌切

宖屋響也从宀引聲戶萌切玉篇音同廣韻又烏宏切

寪屋皃从宀爲聲韋委切廣韻音同玉篇胡彼切

㝩屋㝩㝗也从宀康聲苦岡切

㝗㝩也从宀良聲音良又力康切玉篇力蕩切空虛也又魯堂切屋㝩㝗也廣韻收平上二聲

宬屋所容受也从宀成聲氏征切

寍安也从宀心在皿上人之飲食器所以安人奴丁切繫傳韻會作从宀心在皿上人之食飲器所以安人也廣韻引亦同

定安也从宀从正徒徑切繫傳韻

會正下有聲字　寔止也釋詁時寔是也毛傳詩小星寔是也从宀是聲常隻切

安靜也从女在宀下烏寒切繫傳韻會作止也从女在宀中按釋詁安訓止玉篇注安定也亦本釋詁則靜字乃後人改

宓安也玉篇靜也默也按宓靜釋詁文宓密同字玉篇靜也疑本說文从宀必聲美畢切

㝨靜也玉篇引蒼頡篇云安也廣韻安也靜也从宀契聲於計切

宴安也从宀妟聲於甸切

寂無人聲繫傳韻會下有也字玉篇注無聲也从宀尗聲前歷切

諔寂或从言繫傳作或从言作玉篇收言部疾歷切靜也不爲重文

察

說文攷異　七

覆也廣韻引玉篇注同繫傳韻會作覆審也从宀祭臣鉉等曰祭祀必天質明明察也故从祭初八切繫傳韻會作从宀祭聲是也寴至也从宀親聲初僅切玉篇且仁切又且僅切廣韻去聲引說文又收平聲爲古文親秦嶧山石刻有寴輒遠方之文完全也从宀元聲古文以爲寬字胡官切五音韻譜官作宮譌富備也一曰厚也从宀畐聲方副切韻會一曰厚也在从宀畐聲下繫傳無此四字蓋脫實富也从宀从貫貫貨貝也神質切繫傳韻會作从宀貫爲貨物宲藏也藏當作臧从宀𤓽聲𤓽古文保周書曰

陳宋赤刀 博褒切繫傳作从宀保省聲無采古文保四字書誤作易刀下有也字今書顧命作寶

容 盛也从宀谷 臣鉉等曰屋與谷皆所以盛受也余封切繫傳作从宀谷聲韻會作从宀从谷蓋依大徐說

㝐 古文容从公 繫傳同五音韻譜作容譌玉篇作㝐

宂 椒也从宀人在屋下無田事 繫傳作宂散也从宀人在屋下無田事也韻會同 周書曰宮中之宂食 而隴切繫傳宂下有人字食下有也字韻會作宮中之宂食人也並非書當作禮周禮槀人職曰槀共外內朝宂食者之食

⿱宀臱 ⿱宀臱⿱宀臱不見也一曰⿱宀臱⿱宀臱不見省人从宀臱聲 武延切繫

傳作𡪫𡪫不見也从宀𠑹聲一曰𡪫𡪫不看人
玉篇作𡪫𡪫注云𡪫𡪫不見一曰不省人也蓋疑本說文
寶珍也从宀从玉从貝缶聲 博皓切繫傳韻會作从宀玉貝缶聲
𡧯古文寶省貝 繫傳作𡧯玉篇作寚
宭羣居也从宀君聲 渠云切
宦仕也从宀从臣 胡慣切繫傳韻會臣上無从字
宰辠人在屋下執事者从宀从辛辛辠也 作亥切韻會引同繫傳辠辛也上有亦字執事者不必定是辠人
按宰注疑經後人改與上下文義不類么
羊穀梁傳宰訓官鄭注周禮宰訓主一切經音
義卷六引聲類宰治也廣雅宰制也玉篇注

治也制也並無辠人之説六書故云辛貫聲也梓亦从辛爲聲其説當然

守　守官也从宀从寸寺府之事者从寸寸法度也　書九切　五音韻譜官譌作宮繫傳同者作也度下無也字韻會引作守官也从宀官府也从寸法度也有刪改　玉篇舒售舒酉二切廣韻收上去二聲

寵　尊居也从宀龍聲　丑壟切

宥　寬也从宀有聲　于救切

宜　所安也从宀之下一之上多省聲　魚羈切　廣韻宜引作宐譌

宐　古文宜　㝖　亦古文宜　繫傳無——宜字五音韻譜作㝖廣韻無

寫　置物也　玉篇盡也除也置物也

从宀舃聲悉也切

宵夜也从宀宀下冥也肖聲相邀切

宿止也从宀佰聲佰古文夙息逐切玉篇思六切夜止也住也舍也又思宙切星宿也宿留也廣韻入聲引說文又收去聲

寑臥也从宀𡩟聲七荏切繫傳韻會𡩟作侵是也

𡪢籀文寑省五音韻譜作𡪢繫傳作寑玉篇作𡪢

㝠冥合也从宀丏聲讀若周書若藥不眄眩莫甸切繫傳作讀若書曰藥不瞑眩與今說命合孟子引書曰若藥不瞑眩趙注云書逸篇也

寬屋寬大也韻會引作屋大也玉篇注緩也

从宀莧聲苦官切寛當作寬莧當作莧𡪢寤也从宀吾聲五故切寁居之速也从宀疌聲子感切玉篇速也引詩云寁不故也（蓋誤）今詩作不寁故也寡少也从宀从頒頒分賦也故爲少吉瓦切繫傳作从宀頒頒分也从宀頒故爲少也韻會作从宀頒頒分也从分故爲少也客寄也从宀各聲苦格切寄託也廣韻引玉篇注同繫傳作寄記也韻會亦作記也並譌从宀奇聲居義切寓寄也从宀禺聲牛具切寓或从广繫傳作或从广作寠無禮居也

玉篇貧陋也空也从宀婁聲其榘切廣韻作窶詩北門爾雅釋言並作窶

穴部無窶

宊貧病也从宀久聲詩曰煢煢在宊居又切今詩周頌作嬛嬛在疚釋文云嬛崔本作煢疚本又作宊

寒凍也从人在宀下以茻薦覆之下有仌胡安切繫傳韻會作从人在宀下从茻上下爲覆下有仌也

害傷也从宀从口宀口言从家起也繫傳作从宀口言從家起也韻會口上有从丰聲胡蓋切

文从宀與索同

索入家搜也从宀索聲所責切玉篇引同繫傳作入家搜索之皃恐非

廣韻收陌韻文作索又譯攸索切玉篇式白切

竆 窮也从宀䈞聲䈞與䓖同 居六切繫傳無䈞與䓖同

𥨍 竆或从穴 五音韻譜繫傳𥨍作𥨍是也 四字

宄 姦也外爲盜內爲宄从宀九聲讀若軌 居洧切繫傳無讀若軌三字 𡧂 古文宄 繫傳作古文 㝁 亦古文宄 繫傳作㝁亦古文玉篇作宊

𡨄 塞也从宀𢾕聲讀若虞書曰𢾕三苗之𢾕 麤最切繫傳無曰字鍇曰今尚書作竄按讀若不應仍同本字孟子引書作殺殺當同𣀔散之也

宕 過也一曰洞屋从宀碭省聲汝南項有宕鄉

徒浪切繫傳項宋居也玉篇引作居从宀从木
有作有項誤也亦國名
讀若送臣鉉等曰木者所以成室以居人也蘇統
切繫傳作从宀木聲誤無讀若送三字
韻會作从宀𡪢屋傾下也从宀執聲都念切玉篇
木無聲字丁念丁甲二
切下也或作墊廣韻去宗尊祖廟也从宀从示作冬
聲引說文入聲作墊
切宔宗廟宔祏繫傳作宗廟主石也韻會同鍇
曰以石爲藏主之櫝也春秋傳曰
許公爲反祏主本作此假借主字按左傳哀十六年
■無主字莊十四年傳典司宗祏杜注宗祏宗廟中
藏主石室玉篇宔宗从宀主聲之庾
廟宔祏也今爲主又砫字切宙舟輿所

極覆也从宀由聲 直又切玉篇往古來今曰宙或爲伷

文七十一 繫傳作七十二非 重十六

宮 室也从宀躳省聲凡宮之屬皆从宮 居戎切

釋宮釋文引世本[illegible]云禹作宮室呂氏春秋云高元作宮室

營 市居也 廣韻引玉篇注同段君云類篇韻會引市作匝葉鈔宋本作帀則市乃帀之譌王廉使紹蘭云營从熒省聲熒从冂市亦从冂可證市居爲營之本義李注文選東京賦引說文營市居也是唐時說文作市不作帀矣 从宮熒省聲 余傾切

文二

呂 膂骨也 繫傳韻會作膂肉也玉篇引作膂骨廣韻呂引字林云脊骨也說文作呂又作膂則

非肉字象形昔太嶽爲禹心吕之臣故封吕矦凡吕之屬皆从吕力舉切

膂 篆文吕从肉从旅繫傳作篆文从肉旅聲

躳 身也从身从吕居戎切繫傳作从吕从身

躬 躳或从弓繫傳作俗或从弓身

文二　重二

穴 土室也从宀八聲凡穴之屬皆从穴胡決切

𥥛 北方謂地空因以爲土穴爲𥥛戶从穴皿聲讀若猛武永切繫傳作讀與猛同

窨 地室也从穴音聲於禁切

窯 燒

瓦竈也　玉篇注同繫傳瓦下有窯字韻會作燒瓦窯也蓋因廣韻改　从穴羔聲　余招切

𥨒　地室也从穴復聲詩曰陶𥨒陶穴　芳福切　繫傳詩上有錯曰二字𥨒作⿱雨復譌　按詩釋文云復說文作𥨒玉篇𥨒下亦引詩當本說文則引詩非出楚金

竈　炊竈也　韻會引玉篇注同繫傳炊作炮蓋誤　从穴鼀省聲　則到切繫傳韻會作从穴鼀省鼀黽也象竈之形蓋雜徐說

索隱據史記褚補武紀引說文云周禮以竈祠祝融今周禮無此文所引蓋鄭駁五經異義非說文

竈　竈或不省　竈當作竈繫傳作或不省作玉篇正作竈重文作竈

窐　甑空也　韻會亦引同繫傳無甑字蓋脫下有錯曰甑下孔也　从穴

玉篇甑孔也疑本說文廣韻甑下孔　窞

圭聲 烏瓜切玉篇胡圭古攜二切廣韻兩收齊 𥤢 深也一曰竈也从（集韻引作竈突也）

穴从火从求省 式鍼切繫傳作一曰竈突从穴火求省聲讀若礼三年導服之導

鍇曰古無禫字借導字為之按突夬並譌求導及

禫蓋聲之轉玉篇作窔式林切竈突也廣韻突也

（據此疑深也非許氏原文深从突聲不應轉以為訓）

穿 通也从牙在穴中 昌緣切（玉篇尺緣切廣韻收平去二聲） 竂 穿也从穴尞聲

論語有公伯竂 洛蕭切繫傳竂作寮蓋後人因今本論語改宀部無寮

𥨍 穿也从穴決省聲 於決切繫傳作从穴叏聲 𥨋 深抉

也 廣韻引同玉篇注穴皃也空也穿也 从穴从抉 於決切繫傳作从穴抉聲 竇

空也从穴瀆省聲 徒奏切繫傳作从穴賣聲韻會同 竇 空皃
繫傳作穴皃玉篇注深皃廣韻注穿皃疑本說文 从穴矞聲 呼決切 窠 空也
穴中曰窠樹上曰巢 玉篇引同巢當作巢 从穴果聲 苦禾切 繫
傳作空也从穴果聲一曰鳥巢也一曰在穴曰
窠在樹曰巢韻會引在穴上無一曰二字餘同 窻
通孔也 廣韻引爲作窗後人遂疑窗窻非說文所有 玉篇傳寫脫 从穴忽聲 楚江切 玉
篇作窻戶明也在
牆曰牖在屋曰窻 說文作在屋曰囪囪窗窻蓋古今字 窊 污衺下也 玉篇廣韻
引同繫傳
衺作邪韻會引作汙下也非史記滑稽傳 从穴
汙邪滿車注司馬彪云汙邪下地也

說文攷異

瓜聲（烏瓜切）竅 空也（玉篇穴也空也廣韻穴也）从穴敫聲（牽料切）

空 竅也从穴工聲（苦紅切玉篇口公切盡也大也亦竅也廣韻收平去二聲）

窒 空也从穴巠聲詩曰瓶之窒矣（去徑切今詩作罄毛傳罄盡也釋詁同則作窒者蓋三家詩）

穵 空大也（廣韻引同繫傳無大字當非脫玉篇深也空也）从穴乙聲（烏黠切）

窳 污窬也从穴㼌聲朔方有窳渾縣（以主切）

窞 坎中小坎也从穴从臽臽亦聲易曰入于坎窞一曰旁入也（徒感切）

切易釋文引作坎中更有坎又引字林云坎中
小坎一曰旁入蓋誤以說文爲字林坎中更有
坎者字林申 窌 窖也从宀卯聲 匹皃切玉篇普孝切又力
明說文也
救切廣韻效引 窖 地藏也从穴告聲 古孝切 窬
說文[illegible]收窅
穿木戶也 玉篇引同一切經音義卷九引作門旁穿木戶也恐非 从穴俞
聲一曰空中也 羊朱切 繫傳韻會作一曰空中之皃玉篇羊朱徒構二切廣韻收
平聲虞去聲候 窵 窵窅深也 玉篇廣韻注同繫傳作窵窅也蓋脫
从宀鳥聲 多嘯切 窺 小視也从穴規聲 去隓切

竀正視也从穴中正見也繫傳韻會見下無也字正亦聲敕貞切

窡穴中見也从穴叕聲丁滑切廣韻收黠引同玉篇竹刮切

窋物在穴中皃从穴中出丁滑切五音韻譜同繫傳作从穴出聲臣鍇曰穴出會意也玉篇知律切廣韻收術竹律切

窴塞也从穴眞聲待秊切

窒塞也从穴至聲陟栗切

突犬从穴中暫出也玉篇廣韻引同繫傳韻會从作從从犬在穴中一曰滑也徒骨切繫傳滑也下有匪突也三字[illegible]玉篇廣韻韻會並無

竄墜〔匿〕也　五音韻譜繫傳韻會並作匿也玉篇廣韻亦無墜也之訓則墜字誤　从鼠在穴中　七亂切　傳僖二十六年釋文引字林千外反

窣　从穴中卒出　韻會下有也字玉篇廣韻作勃窣穴中出　也从穴卒聲　蘇骨切

窘　迫也　韻會引同繫傳迫作追譌　从穴君聲　渠隕切

窱　深肆極也　玉篇窈窱也深極也　从穴兆聲讀若挑　徒了切　繫傳無讀若挑三字

穹　窮也　玉篇引作穹窮也　从穴弓聲　去弓切

究　窮也从穴九聲　居又切

窮　極也从穴躳聲　渠弓切

窅　冥也从穴皀聲　烏皎切

窔　窅窔深也

韻會引同繫傳作窅窔深篠皃非釋宮釋文引作■深皃玉篇注幽深也重文作穾楚辭招魂冬有穾厦王注穾複室也 从穴交聲 烏叫切

邃 深遠也 玉篇引同華嚴經音義卷二十三引作深也廣韻深遠也 从穴遂聲 雖遂切

窈 深遠也从穴幼聲 烏皎切

窱 杳窱也从穴條聲 徒弔切 玉篇他弔他了二切廣韻收上去二聲

竁 穿地也从穴毳聲一曰小鼠 繫傳及玉篇注下有聲字 周禮大喪甫竁 充芮切 繫傳禮下有曰字冢人職云大喪既有日請度甫竁小宗伯職卜葬兆甫竁後鄭注云鄭大夫讀竁皆爲穿杜子春讀竁爲毳皆謂穿壙也玉篇充芮充絹二切廣韻收祭線二韻

窆 葬下棺也从穴乏聲周禮曰及窆執斧 方驗切

窀 葬之厚夕 繫傳夕下有也字韻會作窀穸葬之厚夕也 从穴屯聲

春秋傳曰窀穸从先君於地下 陟輪切 繫傳从作從韻會同於作之誤玉篇作左氏傳曰唯是春秋窀穸之事杜預云窀厚也穸夜也厚夜猶長夜也與襄十二年傳合

穸 窀穸也 玉篇注同繫傳韻會作窀穸夜也李注文選祭古冢文引作葬下棺也蓋誤記窆字

从穴夕聲 詞亦切

⿱穴甲 入脈刺穴謂之⿱穴甲 五音韻譜同繫傳刺作剌玉篇注入脈刺穴謂之⿱穴甲廣韻注人神脈刺穴人神說衍刺是也 从穴甲聲

烏狎切 文五十一 重一

㝱 寐而有覺也 玉篇引同廣韻引無也字繫傳韻會作寐而覺者也 从宀从爿夢聲 繫傳作从爿从夢韻會作从宀从爿从夢並無聲字按 周禮以日月星辰占六㝱吉凶 繫傳禮下有曰字 一曰正㝱 二曰咢㝱 占夢咢作噩 夢杜子春云噩當爲驚愕之愕 按說文噩愕並無 三曰思㝱 繫傳思作覵占夢作覺注云覺時所思念之夢 四曰悟㝱 繫傳作寤與占夢合 五曰喜㝱 六曰懼㝱 凡㝱之屬皆从㝱 莫鳳切

洛誥汝乃是不蘉疑即此字釋文蘉徐莫剛反又武剛反馬云蘉勉也釋詁孟訓勉並與㝱聲近與侵聲遠豐侵當是㝱之別體

或後人本此改

寢 病臥也

玉篇注𥨊臥也引論語曰寢不言五經文字寢注
云卧也字林作㝲卧也以寑爲病按𥨊㝲蓋古
今字呂氏强生分别說文病字疑後人因此加
玉篇當本說文廣韻引作病臥者後人引也　从㝱
省𡪢省聲　七荏切五音韻譜𡪢作㝱是也繫傳作㑴　寐　臥也　韻會引同繫傳脫臥也二字　从㝱省未聲　蜜二切玉篇作寐　寤　寐覺而有
信曰寤　玉篇集韻類篇引同繫傳有作省韻會曰作有信作言按一切經音義卷三卷二十三引蒼頡篇覺而有
言曰寤則言字當不誤　从㝱省吾聲一曰晝見
而夜㝱也　五故切　𥨆　籒文寤　繫傳作𥨆　𡫯　楚人

謂寐曰𡪢从㝱省女聲　依倨切玉篇人渚乙庶二切廣韻收上去二聲

𥧌寐而未厭　繫傳作寐而厭也寐譌無未从㝱字（當非脫）是也厭俗作魘詳新附攷

省米聲　莫礼切玉篇作𥧌明彼莫禮二切寐而不覺曰𥧌廣韻收紙薺二韻並作𥧌

則篆當作𥨍

𥨍孰寐也从㝱省水聲讀若悸　求癸切繫傳孰作熟俗無讀若悸三字玉篇渠季切廣韻收去聲至

寎臥驚病也从㝱省丙聲　皮命切玉篇作㾓病補命況命二切注同廣韻收去聲映陂病切驚病又上聲梗有寎引爾雅云三月爲寎本亦作㾓兵永切又兄病孚命區永三切

寱瞑言

也从寱省臬聲牛例切寣臥驚也一曰小兒號寣

寣■玉篇注小兒啼寣寣則號當是唬一曰河內相評也繫傳無此句玉篇亦無

从寱省从言大滑切玉篇廣韻呼骨切文十繫傳作十一非重一

疒倚也人有疾病象倚箸之形玉篇引箸作著病下有也字繫傳作痾也人有疾痛象倚著之■形痾當作疴凡疒之屬皆从疒女戹切五音韻譜繫傳皆下脫从字玉篇女戹切又音牀廣韻收平聲陽入聲麥挨疒即爿字詳木部牀下箋家當作疒後人改爲疒从一於義無取

𤵸病也从疒矢聲

秦悉切 𤵸 古文疾 繫傳作𤵸古文玉篇作𤵸 𤺋 籀文疾 繫傳作𤺋在古文上玉篇廣韻並無按童竊下並以廿爲古文疾疑即此省又斷下有古文𢇍與此形相近

痛 病也从疒甬聲 他貢切 病 疾加也从疒丙聲 皮命切 瘣 病也从疒鬼聲詩曰譬彼瘣木 今詩小弁作壞毛傳壞瘣也據許說當是瘣壞也 一曰腫旁出也 胡罪切 釋木瘣木苻婁郭注謂木病尪傴癭腫無枝條 疴 病也从疒可聲五行傳曰時即有口痾 烏何切 漢書五行志即作則古即則通痾

王懷祖說瘵云方言瘼癁病也郭注勞復又引爾雅瘵病也江東呼病曰瘵東齊曰瘼

當作疴

痡病也从疒甫聲詩曰我僕痡矣普胡切

𤺊病也从疒堇聲巨斤切玉篇渠謹切廣韻收平上二聲

瘵病也玉篇廣韻注同蓋並本釋詁毛傳詩苑柳同繫傳作病劣也恐非从疒祭聲側介切

瘨病也玉篇瘨狂也蓋本廣雅廣韻同从疒真聲一曰腹張都季切繫傳張作脹非下有也字肉部無脹古通作張淮南繆稱訓亭歷愈張皇象本急就篇寒氣泄注腹臚張

瘼病也从疒莫聲慕各切

𤵸腹中急也繫傳急下有痛字恐非廣韻腹中急痛玉篇腹中急从疒丩聲古巧切玉篇居幽切廣韻收平聲尤上聲巧

痛病

也从疒員聲王問切玉篇尤問尤粉二切廣韻收上去二聲癇病也一切經音義卷十二引作風病也玉篇注小兒瘨病廣韻小兒瘨从疒閒聲戶間切⿸疒出病也玉篇病也又斷也从疒出聲五忽切疵病也从疒此聲疾咨切玉篇疾資切廣韻收支疾移切黑病癈固病也繫傳韻會作痼疾也玉篇注痼病也疒部無痼玉篇痼重文作⿸疒古⿸疒古久病也廣韻癈注固病當本說文从疒發聲方肺切瘏病也从疒者聲詩曰我馬瘏矣同都切瘲病也从疒從聲即容切玉篇作瘲子用切病也又瘛瘲小兒病廣韻止收去聲用則即容切非

㾕寒病也从疒辛聲　所臻切玉篇爲瘮之重文音山錦切廣韻收平聲臻上聲寑

㽽頭痛也　玉篇引也作皃　从疒或聲讀若溝洫之洫　呼逼切繫傳作讀若洫玉篇火麥火域二切廣韻收麥職二韻

㾓酸㾓頭痛从疒肖聲周禮曰春時有㾓首疾　相邀切玉篇廣韻注㾓渴病也

疕頭瘍也　玉篇注同繫傳韻會作酸㾓也蓋因上文而誤　从疒匕聲　卑履切玉篇補履切廣韻收旨紙二韻

瘍頭創也　玉篇韻會引同廣韻引創作瘡俗繫傳作頭痛也蓋誤　从疒昜聲　與章切

痒瘍也从疒

一切經音義卷二引通俗文頭創曰瘍

左傳襄十九年荀偃癉疽生瘍於頭許蓋本之[illegible]

周禮瘍醫掌腫瘍[illegible]鄭注腫瘍癰而上生創者[illegible]頭有創則沐

[illegible]鄭注[illegible]瘍曲禮[illegible]身有瘍則浴

此注頭瘍蓋本此說 說文有異

羊聲似陽切玉篇餘兩切痛痒也說文瘍也重文作癢廣韻收平上二聲

⿸疒馬目病一曰惡气著身也一曰蝕創玉篇引身下無也創下有也廣韻引同唯目作日謁繫傳作目病也一曰惡氣著身也从疒馬聲一曰蝕瘡瘡即創之俗體从疒馬聲莫駕切

廝散聲繫傳韻會下有也字方言廝披散也東齊聲散曰廝器破曰披秦晉聲變曰廝从疒斯聲先稽切玉篇闕廣韻爲⿸疒虒之重文

⿸疒爲口咼也从疒爲聲韋委切廣韻音同玉篇于彼切

疦⿸疒爲也从疒夬聲古穴切廣韻兩收屑一注瘡裏空也一引說文爲也⿸疒爲字謁玉篇闕

瘖不能言也玉篇注同繫傳韻會也作

病恐誤廣韻注瘖瘂引文子曰皐陶瘖　从疒音聲　於今切　癭　頸瘤也　莊子德充符釋文引無頸字御覽引廣韻注同玉篇頸腫也　从疒嬰聲　於郢切　瘻　頸腫也　繫傳韻會頸作頭蓋譌淮南說山訓雞頭已瘻高注瘻頸腫疾也雞頭水中芡也　从疒婁聲　力豆切玉篇力朐切瘡也廣韻同　⿸疒又　頵也　廣韻爲頄之重文頄引說文頵也玉篇頭搖也　从疒又聲　于救切　瘀　積血也　一切經音義卷三卷九引及玉篇注同繫傳韻會也作病非　从疒於聲　依倨切　疝　腹痛也　繫傳腹作腸譌　从疒山聲　所晏切玉篇所閒山諫二切病也廣韻收平去二聲　疛　小腹病　廣韻引病作痛　从疒肘省聲　陟柳切繫傳聲下有

藝文志有五藏六府疝十六病方四十卷師古曰疝心腹氣病音山諫反又音刪

說文[illegible]見　二下二

讀若紂三字玉篇除又切心腹疾也引呂氏春秋云
身盡疛腫又知有切廣韻上聲引說文又收去聲⿸疒㒼
滿也玉篇氣滿也廣韻同从疒㒼聲平祕切⿸疒付俛病也从疒
付聲方榘切玉篇附俱夫禹二切腫也俛病也廣韻止收上聲痀曲脊也从疒句
其俱切玉篇渠俱切廣韻舉朱切按莊子達生篇痀
僂者承蜩釋文痀郭於禹反李居具反又其禹反[illegible]
則痀宜兼收上聲瘚屰气也从疒从屰从欠居月切繫傳韻會作逆
气也从疒欮聲按欮即瘚省不應以爲聲欮瘚
當是从疒从欠从屰屰亦聲
或省疒繫傳無瘚字⿸疒季气不定也从疒季聲其季切玉

據本說文又

釋詁釋文引作痡悑反

悑氣不定也心動也亦作悖

痱風病也从疒非聲蒲罪切玉篇扶非步罪二切風病也引詩云百卉具痱廣韻收平去二聲按今詩四月作腓毛傳腓病也釋文引韓詩云變也李注文選戲馬臺詩云韓詩百卉具腓薛君曰腓變也毛萇曰痱病也然則毛詩作痱韓詩作腓今作腓者蓋後人以韓詩改

㽞腫也从疒留聲力求切

痤小腫也玉篇引同一切經音義卷二十引作腫也从疒坐聲一曰族絫臣鉉等曰今別作瘯蠡非是昨禾切繫傳韻會作一曰族累病左傳桓六年不疾瘯蠡釋文云瘯本又作蔟蠡說文作瘰云瘯瘰皮肥也說文並無瘯瘰蓋誤引他書

疽癰也繫傳韻會作久癰也

後漢書劉馬傳注一切經音義卷九卷十引並同从疒且聲七余切𤻮癰也从疒麗聲一曰瘦黑玉篇注同繫傳瘦黑作黑瘦蓋誤讀若隸郎計切玉篇力計力翅二切廣韻收寘霽二韻並注瘦黑癰腫也从疒雝聲於容切瘜寄肉也玉篇注同一切經音義卷二引作寄肉也廣韻惡肉也从疒息聲相即切𤺌乾瘍也玉篇注同廣韻𤺌疥从疒鮮聲息淺切釋名𤺌徙也浸淫移徙處日廣也故青徐謂𤺌爲徙也疥搔也繫傳韻會作瘙也李注文選好色賦引同禮記內則釋文引作瘙瘍也並非疒部無瘙从疒介聲古拜切痂疥也繫傳韻會作乾瘍也玉篇瘡也廣韻瘡痂从疒

蘇注云說文卷云𤻮之又者曰瘠

王補注急就引已譌作女

加聲古牙切 瘕 女病也〔玉篇久病也當本說文〕从疒叚聲乎加切玉篇公遐公詐二切久病也腹中病也引說文本音遐〔段女字譌〕廣韻收平去二聲 癘 惡疾也繫傳惡下有瘡字非玉篇力誓切疫氣也引說文本力大切惡病也病字蓋譌廣韻作〔郭注南山經云癘惡疾病也顏注急就篇云癘癩也〕癩注云疾也說文作癘惡疾也今爲疫癘字落蓋切 从疒蠆省聲洛帶切繫傳蠆作厲韻會同蓋大徐疑聲不近而改 瘧 熱寒休作繫傳作寒熱休作病韻會休作體蓋休譌爲体後人又改爲體也 从疒从虐虐亦聲魚約切 痁 有熱瘧从疒占聲春秋傳曰齊侯

疥遂痁　失廉切見左傳昭二十年杜注痁瘧疾　痎　二日一發瘧　左傳釋文引作兩日一發之瘧也兩字恐非玉篇廣韻注瘧疾二日一發　从疒亥聲　古諧切　痳　疝病　一切經音義卷二十引作小便病也又引聲類小便數也按一切經音義小便病當不誤釋名痳懍也小便難懍懍然也玉篇小便難也　从疒林聲　力尋切　痔　後病也玉篇注同　从疒寺聲　直里切　痿　痹也　五音韻譜同繫傳韻會作痺疾非釋名痿……食也……會之也　釋草釋文引字林痹也　从疒委聲　儒隹切玉篇於危切不能行也痺濕病也說文音蘶痺字■譌廣韻收支痹濕病也音於爲切　痹　溼病也　繫傳溼作濕玉

篇从疒畀聲必至切𤸷足气不至也玉篇足氣
同藝文志有五臟六府痹十二病方三十卷師古曰痹風溼之病音必二反即痹之譌不至轉筋
也从疒畢聲毗至切瘃中寒腫覈从疒豖聲
陟玉切五音韻譜作瘃繫傳同㾫半枯也从疒扁聲匹連切
𤺄脛气足腫繫傳韻會無足字玉篇足腫也从疒童聲
詩曰既微且𤺄時重切玉篇引詩同今詩作尰廣韻無𤺄𤺄籒文
从尣繫傳無从尣二字廣韻無𤺄㾮跛病也从疒盍聲讀
若脅又讀若掩烏盍切玉篇於盍切又口盍切廣韻收合盍二韻疻毆

傷也从疒只聲諸氏切玉篇之移之氏二切廣韻止收平聲痏疻痏也漢書薛宣傳蕭該引作病也李注文選稽康詩引作瘢也並誤玉篇注疻痏又瘡也从疒有聲榮美切𤺋創裂也一曰疾𤺋玉篇創裂也一曰疾也當本說文从疒巂聲以水切玉篇羊水切廣韻收紙羊捶切𤵸皮剥也从疒冄聲赤占切繫傳聲下有讀若柟又讀若襜七字玉篇齒占切廣韻兩收鹽一音處占切一音汝鹽切𤸇籀文从𠬝繫傳作𤸇無从𠬝二字按𠬝當是𠬝𠬝冄聲相近也癑痛也从疒農聲奴動切痍傷也从疒

夷聲以脂切　瘢痍也玉篇瘡痍也从疒般聲薄官切　痕胝瘢也从疒艮聲戶恩切韻會作瘢也蓋因廣韻改又作从疒銀省聲當亦黃氏意改玉篇注瘢痕也　痙彊急也繫傳彊作強玉篇廣韻注風強病也从疒巠聲其頸切五音譜作痙繫傳同　痋動病也玉篇注同廣韻作動病一切經音義卷七卷十四引作痛病也从疒蟲省聲徒冬切　瘦臞也廣韻引同玉篇引作癯也非疒部無癯从疒叜聲所又切　疢熱病也从疒从火丑刃切臣鉉等曰今俗別作疹非是繫傳韻會作从疒从火玉篇引左氏傳曰孟孫之愛我如

説文[illegible]異　二十六

郭注西山經云癉黄癉病也音旦

美疢也今左傳襄二十三年美疢作疾疢無如字（盧本作美疢，文云美疢則美字猶通，盡護高誘注）癉　勞病也从疒單聲
丁榦丁賀二切玉篇丁佐切㸬勞病也又徒丹切風在手（注呂氏春秋持君覽引傳曰季孫之愛我疾疢也）（今左傳作……攺疢蓋假借）
也又丁寒切火癉小兒病也廣韻收平聲寒上聲哿

去聲　疸　黃病也从疒旦聲　丁榦切玉篇多但切引
箇藝（文志有五藏六府癉十二病方四十卷師古曰癉黃病音丁韓反）　左氏傳云荀偃疸疽生
瘍於頭疸疸惡創也亦作癉又音旦　㾗　病息也从
按（四）重疸字並〔譌是疸蓋宋人誤增〕廣韻收上去二聲（左傳襄十九年釋文疸七餘反）（此引左傳蓋出宋人）
疒夾聲　苦叶切玉篇乞協切廣韻苦協切　㾜　痛也　玉篇腹內結病　从疒
否聲　符鄙切　繫傳聲下有讀若鄙三字玉篇　瘍
補被平几二切廣韻兩收旨又收有（有收去聲）　釋名作賠
脉瘍也　五音韻譜作脈瘍也玉篇脈病也又病相染也　从疒易聲　羊益切　𤸃

狂走也玉篇狂走皃廣韻狂病从疒术聲讀若欻食聿切玉篇虛沒切廣韻收沒呼骨切又音欻術韻收怴狂也見公羊傳

疲勞也繫傳韻會作勞力也玉篇乏也勞也廣韻勞也乏也从疒皮聲符羈切

⿸疒朿瑕也五音韻譜同繫傳作瘕病也玉篇注同从疒朿聲側史切繫傳無聲字蓋脫廣韻無⿸疒朿

疷病也玉篇廣韻注同繫傳韻會作病不翅恐非釋詁釋文引孫炎云滯之病也从疒氏聲渠支切玉篇渠支丁禮二切廣韻止收平聲引詩俾我疷兮詩無將大車釋文作疷丁禮反病也

⿸疒及病劣也从疒及聲呼合切玉篇呼合荊立二切廣韻收緝合二韻

⿸疒豦劇聲也繫傳作病也鍇曰今謂甚劇曰⿸疒豦則大徐因此改劇即勮之俗體詳新附攷玉篇注呻聲也廣韻平聲亦瘍也去聲病

説文攷異　二十七

聲从疒殹聲 於賣切玉篇於之於賣二切廣韻收平聲之去聲卦 癃 罷
病也 韻會作罷也非玉篇廣韻並注病也 从疒隆聲 力中切 𤸇 籀文
癃省 繫傳韻會作𤸇玉篇重文作𤸇無籀文廣韻癃注云亦作𤸇 疫 民皆
疾也 廣韻引同繫傳作民皆病曰疫韻會作民皆疾疫爲[illegible] 从疒役省聲 營隻
切 瘛 小兒瘛瘲病也 从疒恝聲 臣鉉等曰說文無恝字疑从疒
从心契省聲尺制切玉篇尺世
胡計二切廣韻收霽祭二韻
藝文志有金創瘲瘛方三十卷服虔曰音瘛引之瘛師古曰小兒病也瘛音充制反瘲音子用反
痑 馬病也 从疒多
聲 丁可切玉篇吐安切力極也引 詩曰痑痑駱馬 詩同亦爲嘽廣韻收寒哿歌

二韻按今詩四牡作嘽口部嘽引詩與毛傳合則作痑者蓋三家詩

㾩馬脛瘍也　玉篇廣韻瘍作傷　从疒兌聲一曰將傷　徒活切繫傳將作持下有也

[illegible]本說文字當不誤

⿸疒樂治也从疒樂聲　力照切繫傳聲下有讀若勞三字

療或从尞

⿸疒古久病也从疒古聲　古慕切李注文選劉公幹詩引作痼久也蓋誤玉篇作痼古護切久病也重文作⿸疒古又小兒口瘡廣韻痼久病⿸疒古小兒口瘡

瘌楚人謂藥毒曰痛瘌　繫傳無曰字　方言凡飲藥傅藥而毒南楚之外謂之瘌北燕朝鮮之閒謂之癆　从疒剌聲盧達切

癆朝鮮謂藥毒曰癆　繫傳及廣韻引藥上

有飲字从疒勞聲郎到切

瘥瘉也从疒差聲楚懈切又才他切玉篇楚懈切疾愈也又才何切病也廣韻收平聲歌去聲卦

⿸疒衰減也从疒衰聲一曰耗也楚追切玉篇廣韻引同繫傳耗上有衰字非耗當作耗

瘉病瘳也从疒俞聲臣鉉等曰今別作愈非是以主切按愈當即愉之別體後人讀異耳又悆引書有疾不悆則瘉愈悆愈竝通玉篇瘉弋乳切小輕也又音俞瘉也廣韻上聲引說文又收平聲

瘳疾瘉也繫傳韻會疾下有病字玉篇病愈也廣韻病愈从疒翏聲敕鳩切

癡不慧也从疒疑聲

毋之切　文一百二　重七

冖　覆也从一下垂也凡冖之屬皆从冖（廣韻引文字音義云以巾覆從一下垂）繫傳下有作字非臣

鉉等曰今俗作冪同莫狄切（玉篇注以巾覆物今爲冪）冠　絭也所以絭髮

弁冕之總名也从冖从元元亦聲冠有法制从寸

徐鍇曰取其在首故从元古丸切玉篇古完切又古亂切廣韻平聲引說文又收去聲　冣　積

也（廣韻〔雅〕訓同）从冖从取取亦聲　才句切玉篇廣韻並無後人多用最（㝡接隸）

釋載蔡湛碑作三載勳冣尚作冣字

公羊傳會猶冣也何注云冣聚也　託　奠爵

酒也繫傳韻會作奠酒爵也書 从冂託聲周
顧命釋文引作奠爵也
書曰王三宿三祭三託 當故切繫傳無王字託
下有是也二字韻會亦
無王字玉篇丁故丁嫁
二切廣韻收暮禡二韻 文四

冃重覆也从冂一凡冃之屬皆从冃 莫保切 讀若艸
莓莓 繫傳作讀若莓之莓蓋脫莓當作每隸
作每左傳原田每每玉篇亡保亡救二切廣韻
收上聲晧
去聲候

同合會也从冃从口 臣鉉等曰同爵名
也周書曰太保受
同嚌故从口史籀亦从口李陽冰云从口非
是徒紅切韻會引作合也玉篇共也石鼓文作同 青幬

帳之象从冃㞢其飾也苦江切玉篇口江切又口握切幬帳也廣韻止收入聲引說文

冡覆也从冃豕莫紅切五音韻譜作冡繫傳同　文四

冃小兒蠻夷頭衣也廣韻引玉篇注同繫傳韻會兒下有及字从冂二其飾也繫傳韻會重二字凡冃之屬皆从冃莫報切

冕大夫以上冠也邃延垂瑬紞纊繫傳邃作遂紞纊作纊紞並誤韻會亦作纊紞从冃免聲免當作免詳前古者黃帝初作冕亡辡切

絻冕或从糸繫傳作或从糸作

冑兜鍪

也从冃由聲直又切⿱由革司馬法冑从革段君云荀子𥂵鐵論皆作䩜

冐冡而前也繫傳冡作冢譌韻會作蒙恐亦非从冃从目莫報切繫傳作从冃目聲按當是从冃目冃亦聲玉篇亡到切覆也食巾也廣韻收去聲号入聲德

圕古文冐五音韻譜作圕繫傳同無冐字玉篇作圕

最犯而取也繫傳作犯取下有又曰會三字韻會作犯取也五經文字作犯而取玉篇注齊也冣聚也廣韻極也俗作㝡

从冃从取祖外切繫傳韻會作从冃取聲繫傳下有⿱冃見犯而見也从冃从見也鍇曰義同冒沒黑反玉篇亦有⿱冃見莫得切突前也按見部有⿱冃見突前也與此微異則⿱冃見蓋重出故大徐不收

文五 繫傳作五作六多一冟字也　重三

㒳 再也从冂闕 按从注云兩从此則㒳當云从屮从入說文無冂故云闕也 韻會作从冂从入無闕字

按中从从而有一丨故云闕也

補 易曰參天㒳地 今易作兩 凡㒳之屬皆从㒳 良獎切

兩 二十四銖爲一兩从一㒳平分亦聲 良獎切 五音韻譜亦上有㒳字繫傳作从一从㒳 兩平分亦聲

㒼 平也从廿五行之數二十分爲一辰 繫傳廿下有十字行 㒳㒼平也 繫傳無㒳字當排脫 讀若蠻 母官切

篇亡殄亡安二切平也欲明也當也廣韻止收平聲桓

文三

网　庖犧所結繩以漁　繫傳韻會下有也字廣韻引作庖犧所結以佃以漁也　此真唐當是古本

从冂下象网交文凡网之屬皆从网　今經典變隸作罔　文紡切

罔　网或从亡　繫傳从作加

䍏　网或从糸　繫傳無网字

𦉪　古文网　繫傳作古文网字从冂亡聲　玉篇籀文作𠔇

𦉰　籀文网　繫傳作籀文从冂玉篇作古文𠔇下不云古文

罨　罕也从网奄聲　於業切玉篇烏荅於檢二切　廣韻收上聲又收入聲合業

罕　网也从网干聲　呼旱切

羂　网也从网繯繯亦聲一曰綰也　古眩切

䍙　网也从网每聲　莫桮切玉篇亡乳切雉罔也廣韻收平聲灰上聲麌並注雉網

𦌾网也从网巽聲　思沇切五音韻譜作𦌾繫傳作𦌾　𨇾逸周書曰不卵不蹼以成鳥獸𦌾者𦊓獸足也故或从足　繫傳作𦌾或从足巽逸也周書曰不卵不𨇾以成鳥獸𦌾者𦌾獸足故从足按逸下也字後人妄加𦌾字亦非今（逸周書）文傳解作不麛不卵以成鳥獸之長（麛字當　蓋傳本不同）（非後人改）五音韻譜作𨇾繫傳作𨇾

罧周行也　繫傳韻會無行　从网米聲詩曰罧入其阻　武移切今詩商頌作冞（傳訓譌也　傳刻誤也）毛傳冞深鄭箋冞冒也釋文冞引說文冒也則周乃冒之譌鄭（蓋）本許（行字後人加）（也）玉篇亡支切罟也置也廣韻罟也

𦊔罧或从卣　繫傳作或从貞者恐非毛傳訓深疑當从㪺者

罩捕魚器也

从网卓聲都教切

罾魚网也从网曾聲作滕切

罪捕魚竹网繫傳無竹网二字蓋脫从网非秦以罪爲辠字徂賄切

罽魚网也从网㓹聲㓹籒文銳居例切繫傳無㓹籒文銳四字

罛魚罟也韻會引玉篇注同繫傳罟作罔非釋器魚罟謂之罛从网瓜聲詩曰施罛濊濊古胡切

罟网也从网古聲公戶切

罶曲梁寡婦之笱魚所留也从网留留亦聲力九切

䍡罶或从婁春秋國語曰溝罛䍡

繫傳溝作講是也罛䍡作

䍡罶誤魚𩵋語作講罛罶

罜 罜麗魚罟也繫傳

魚上有小字魚𩵋語禁罝罜麗韋注罜麗小網也 从网

文選西京賦設罜麗玉篇注罜麗魚罟 李引聲類注同

主聲之庾切玉篇徒木切廣韻無李注文選音獨

麗 罜麗也从网鹿聲盧谷切

罧 積柴水中以聚魚也 韻會引同繫傳柴下有本字蓋木之譌無也字玉篇注積柴於水中取魚

从网林聲 所今切玉篇力金切又所禁切廣韻止收去聲按釋器槮謂之涔郭注今之作槮者聚積柴木於水中魚得寒入其裏藏隱因以薄圍捕取之則槮罧同字舍人李巡並云以米投水中養魚曰涔米蓋木之譌詩周頌潛有多魚毛傳潛

樛也本或譌樛作𥎊後人遂信實有投米之事非也而不知古今並無此法也 罠釣也从网玉篇注罠御覽引作畋也非民聲武巾切 羅以絲罟鳥也 釋器鳥罟謂之羅 从网从維古者芒氏初作羅魯何切 罬捕鳥覆車也 繫傳鳥作魚誤韻會作鳥捕上有罬名二字亦非廣韻注捕鳥覆車罬玉篇連也幡車上覆罬 从网叕聲陟劣切 輟罬或从車 繫傳作或从車作玉篇廣韻並無輟車部有輟不應入[illegible]重出疑後人增 罿罬也 釋器罬謂之罿罿罬也 从网童聲尺容切 罦覆車也 釋器罬謂之罦罦覆車也 从网包聲 韻會引同繫傳車下

有网字玉篇爲罦之　詩曰雉離于罦　縛牟切繫
重文罦注覆車罔　傳離作罹
非罹即羅之別體詳附　罦　罦或从孚　繫傳作或
攷今詩作雉離于罦　从孚作
罻　捕鳥网也　繫傳作捕魚网誤韻會亦作魚
引徐按礼曰鷹祭鳥然後設罻
羅則（本非捕魚）作魚者乃後人改　王制　从网尉聲　於位　䍌
作鳩化爲鷹非鷹祭鳥　鄭注云罻小網也　切
兔罟也从网否聲　臣鉉等曰隸書作罘縛牟
切玉篇作䍌重文作罘
⿱罒互　罟也　玉篇罔也　从网互聲　胡誤　罝　兔网也
廣韻兔網　切
釋器兔罟　从网且聲　子邪　⿱罒組　罝或从糸　繫
謂之罝　切　傳

兔罝釋文引說文子余反

作或从糸作⿱罒虘籀文从虘繫傳在罝上玉篇同⿱罒舞牖中网也繫傳及玉篇注同韻會作罟屬非从网舞聲文甫切玉篇亡娛亡矩二切廣韻收平上二聲⿱罒者部署有所网屬繫傳作部署也各有所网屬也韻會引唯所下無也字餘同一切音義卷十五引作部署也[illegible]略从网者聲徐鍇曰署置之言羅絡之若罘网也常恕切⿱罒能遣有辠也从网能言有賢能而入网而貫遣之繫傳韻會而貫作即貫是也五音韻譜亦譌周禮曰議能之辟薄蟹切繫傳辟下有是也二字玉

篇皮解切休也又音疲極也廣韻收平聲支上聲紙解

置 赦也从网直 徐鍇曰直與罷同意陟吏切繫傳作从网直聲鍇曰亦會意

罯 覆也从网音聲烏感切

詈 罵也从网从言网辠人 力智切繫傳韻會言上無从字下無网辠人三字

罵 詈也从网馬聲 莫駕切

羈 馬絡頭也 韻會引同繫傳作罵馽絡頭者也非玉篇注羈旅也寄止也又馬絡頭 从网从馽 馽馬絆也 居宜切

𩍐 羈或从革 繫傳作罵馽或从革作

文三十四　重十二

三十五

襾 覆也从冂上下覆之凡襾之屬皆从襾 呼訝切 讀若晋 玉篇於嫁切又許下切廣韻上聲引說文又收去聲

覂 反覆也 廣韻引同繫傳無反字當非脫廣韻蓋出宋因玉篇引漢書大命將覂之謂覆也今食貨志作泛 从襾乏聲 方勇切

覈 實也考事襾笮邀遮其辤得實曰覈 韻會辤作辭繫傳同無實也考事襾五字蓋傳寫脫一切經音義卷七卷十二引作考實事也玉篇注老實事老即考譌邀彳部作徼 从襾敫聲 下革切

覈 覈或从雨 繫傳作或从雨作玉篇廣韻無一切經音義引有 覈

覂也一曰蓋也从襾復聲　敷救切繫傳韻會一曰句在从襾復聲下玉篇孚六切反覂覆又敷救切蓋也又扶富切伏兵也廣韻兩收去聲宥又收入聲屋

文四　重一

巾　佩巾也从冂丨象糸也　五音韻譜糸作系繫傳韻會同　凡巾之屬皆从巾　居銀切玉篇佩巾也本以拭物後人著之於頭

帤　楚謂大巾曰帤从巾分聲　撫文切

帥　佩巾也从巾𠂤　所律切繫傳韻會𠂤下有聲字　玉篇爲帨之重文注云令爲將帥字即山律山類二切即下當有此字廣韻收質佩巾所律切又收至將帥也所類切

帨　帥或从兌

又音稅繫傳作或从兌聲玉篇始鋭切巾也廣韻兩收祭⿱執巾禮巾也从巾从執輸芮切繫傳執下有聲字玉篇之利切廣韻收祭舒芮切引說文帗一幅巾也从巾犮聲讀若撥北末切玉篇布達切又方勿切廣韻收物末二韻㠗枕巾也从巾刃聲而振切玉篇廣韻作⿰巾忍幋覆衣大巾繫傳韻會下有也字从巾般聲或以爲首鞶薄官切繫傳鞶作幋尋也韻會同李注文選思玄賦引作首飾帤巾帤也从巾如聲一曰幣巾女余切繫傳幣巾下有是字韻會無段君云幣當爲敝如如衣爲敝衣絮爲敝絮幅布帛廣也玉篇布帛廣狹从巾畐聲

方六切

㡃設色之工治絲練者考工記設色之工㡃氏掌湅絲湅帛从巾巟聲一曰㡃隔讀若荒呼光切繫傳韻會隔下有也字無讀若荒三字玉篇火光莫郎二切幏也隔也廣韻呼光切蒙掩

帶紳也男子鞶帶婦人帶絲繫傳作男鞶革婦人鞶絲廣韻引男下有子字餘同段君云革部亦云男子帶鞶婦人帶絲象繫佩之形佩必有巾从巾當蓋切繫傳韻會作帶必有巾从重巾

幘髮有巾曰幘从巾責聲側革切

㡄領耑也从巾旬聲相倫切按玉篇帶下次帔字無㡄字廣韻亦無則㡄蓋乃帔之譌後不察又增帔於部末

[illegible]帕

說文引異　三十[illegible]

非是繫傳帕音切同解字則後人本解字增韻會無帕

帔　引農謂帬帔也从巾皮聲　披義切玉篇披僞切在肩背也又普皮切披也廣韻收平去二聲

常　下帬也从巾尚聲　市羊切

裳　常或从衣　繫傳作俗常从衣

帬　下裳也　廣韻引同又引釋名曰帬羣也連接羣幅也今釋名作裙下羣也連接裙幅也玉篇注裳也疑本說文　从巾君聲　渠云切

裠　帬或从衣　繫傳帬上有俗字玉篇收衣部

帴　帬也一曰帗也一曰婦人脅衣　繫傳衣作巾　从巾戔聲　下有也字　玉篇帬也帔也疑本說文則帴當是帔　讀若末殺之殺　所八切繫傳作讀若椒樧之樧椒當作茱不詳無椒玉篇所黠

切又思旦切廣韻去聲翰引說文帬也又收入聲黠（考工記釋文音踐或山箭反）

幝　惚也　方言禪陳楚江淮之間謂之⿰衤松　从巾軍聲　古渾切

褌　幝或从衣

幒　幝也从巾忽聲　職茸切玉篇正作⿰巾松且勇職茸二切裩也重文作惚廣韻上聲引說文平聲作⿰巾松

⿰巾松　惚或从松　繫傳作或从松作

⿰巾監　楚謂無緣衣也　方言楚謂無緣之衣曰襤玉篇無緣衣也亦作襤　从巾監聲　魯甘切廣韻作襤

幎　幔也从巾冥聲周禮有幎人　莫狄切今周禮作冪玉篇大巾也幔也簾也覆也重文作冪

幔　幕也　玉篇帳幔也廣韻帷幔　从巾曼聲　莫半切

幬

禪帳也从巾𠷎聲 直由切 㡘帷也从巾兼聲 力鹽切

切廣韻音同玉篇亦作帷 帷在旁曰帷从巾隹聲 洧彼

切帳也施之戶外也

切繫傳帷下有也字韻會無 匱古文帷繫傳作匱 帳張也从巾

長聲 知諒切 幕帷在上曰幕覆食案亦曰

幕 繫傳無覆食案亦曰幕六字韻會六字上有按爾雅三字則當是徐說然爾雅亦無此文玉篇覆上曰幕

从巾莫聲 慕各切 帆 𢄼裂衣也从巾

匕聲 卑履切急就篇帔幣囊橐不直錢顏注帔者𢄼殘之帛也 𢄼殘

帛也从巾祭聲先列切又所例切玉篇先例切又音雪廣韻止收入聲薛注憏縷桃花今製綾花㡏正耑裂也玉篇注正端列列字蓋譌廣韻注裂衣繒从巾俞聲山樞切帖帛書署也从巾占聲他叶切帙書衣也从巾失聲直質切袠帙或从衣𢄼幡幟也幟當作識詳新附攷下倣此从巾前聲則前切幑幟也宋本左傳昭二十一年釋文引作識也徐本幑譌作微以絳幑帛著於背从巾微省聲繫傳幑幑並作徽著作著韻會同春秋傳曰

禪帳也从巾𠷎聲直由切㡘帷也从巾兼聲力鹽切廣韻音同玉篇力沾切帳也施之戶外也帷在旁曰帷从巾隹聲洧彼切繫傳帷下有也字韻會無⿷匚美古文帷繫傳作匱帳張也从巾長聲知諒切幕帷在上曰幕覆食案亦曰幕繫傳無覆食案亦曰幕六字韻會六字上有按爾雅三字則當是徐說然爾雅亦無此文玉篇覆上曰幕从巾莫聲慕各切⿰巾匕㡜裂衣也从巾匕聲卑履切急就篇⿰巾匕幣囊橐不直錢顏注⿰巾匕者㡜殘之帛也㡜殘

帛也从巾祭聲先列切又所例切玉篇先例切又音雪廣韻止收入聲薛注幓縷桃花今製綾花㡏正耑裂也玉篇注正端列列字蓋譌廣韻注裂衣繒从巾俞聲山樞切帖帛書署也从巾占聲他叶切帙書衣也从巾失聲直質切袠帙或从衣𢄼幡幟也幟當作識詳新附攷下放此从巾前聲則前切幑幟也宋本左傳昭二十一年釋文引作識也徐本微譌作微以絳微帛著於背从巾微省聲繫傳微微並作𢼸著作著韻會同春秋傳曰

揚徽者公徒許歸切繫傳徒下有若今救火衣然也七字韻會作若今救火衣

幖幟也从巾票聲方招切帵幡也从巾夗聲於袁切

幡書兒拭觚布也廣韻韻會引無也字拭當作式詳前敝下下放此从巾番聲甫煩切⿰剌巾剌也从巾剌聲盧達切繫傳作⿱剌巾玉篇作⿱剌巾拂也廣韻拂著

幟拭也从巾韱聲精廉切

幝車弊兒詩杕杜釋文引作車敝也玉篇車敝兒說文無弊廣韻車蔽从巾單聲詩曰檀車幝幝昌善切毛傳幝幝敝貌

幏蓋

衣也从巾冡聲莫紅切幭蓋幭也从巾蔑聲一曰禪被莫結切五音韻譜繫傳禪作禪非幠覆也从巾無聲荒烏切飾㕞也从巾从人食聲讀若式繫傳韻會食上有从字一曰襐飾賞隻切玉篇尸食切廣韻收職賞職切幃囊也玉篇廣韻香囊也从巾韋聲許歸切帣囊也今鹽官三斛爲一帣从巾𢍏聲居倦切帚糞也从又持巾埽冂内古者少康初作箕帚秫酒少康杜康也葬長

說文……

垣支手切繫傳韻會內下有也字御覽引世本曰少
康作箕帚又引世本曰儀狄始作酒醪變五味
少康作席籍也御覽引作藉也廣韻薦席禮天子諸侯席有
秫酒又藉也所籍當是藉鄭注周禮司几筵云藉之曰席
黼繡純飾从巾庶省臣鉉等曰席以待賓客之禮、
賓客非一人故从庶祥易切
繫傳省下有聲字韻會作庶𠩺古文席从石省
聲■無省字非大徐去聲字故爲穿鑿之説
按亦取石聲也幐囊也从巾朕聲徒登切玉篇大
旦切又大登切廣
韻止收平聲幩以囊盛穀大滿而裂也五音韻譜繫傳
大作太玉篇注亦作太而作
坼廣韻盛穀囊滿而裂也从巾奮聲方吻切㡒載

米䶃也从巾盾聲讀若易屯卦之屯陟倫切㡛蒲席䶃也从巾及聲讀若蛤古沓切幩馬纏鑣扇汗也五音韻譜繫傳纒作纏是也从巾賁聲詩曰朱幩鑣鑣符分切繫傳鑣鑣下有是也二字㡘墀地以巾撋之撋當是閔㡘讀若閔是也蓋捪之假借从巾夒聲夒當是憂手部無撋玉篇廣韻亦無（篆當作㡘）籀文婚也莊子齊無鬼作郢釋文郢引漢書音義作㡘服虔云㡘古之善塗墍者音混韋昭乃回反讀若水溫䃧也一曰著也乃昆切繫傳著作著玉篇奴回奴昆二切廣韻止收灰

帑 金幣所藏也（說文[illegible] 廣韻引同）一切經音義卷七引藏下有之府二字後漢桓帝紀注引作金布所藏之府也玉篇注金布所藏之府則之府二字當有初學記引作金布所藏也則布字亦不誤藏當作臧 从巾奴聲 乃都切玉篇乃胡切又他朗切廣韻平聲模引說文又收上聲蕩

布 枲織也 韻會引玉篇注同繫傳作枲織曰布 从巾父聲 博故切

幏 南郡蠻夷賨布 繫傳作枲帬蠻夷賨布也帬字譌韻會引作枲屬蠻夷賨布後漢書七十六注引作南蠻夷布也則南字或當有郡字後人妄加也玉篇注蠻布也廣韻蠻夷賨布 从巾家聲 古訝切

⿰巾弦 布出東萊 繫傳下有也字玉篇注同 从巾弦聲 胡田切

𢅤髤布也一曰車上衡衣繫傳上衡作衡上玉篇注覆車衡衣也从巾敄聲讀若頊莫卜切繫傳無讀若頊三字玉篇亡遇切又莫乎切廣韻平聲模注車衡上衣去聲遇注髤皮巾入聲屋注轅上絲也

幦髤布也从巾辟聲周禮曰駹車大幦莫狄切段君云巾車作素車犬䄙駹車然䄙

𢂽領耑也廣韻引玉篇注領上从巾耴聲陟葉切玉篇丁兼丁頰二切廣韻入聲引說文平聲譌作帆注衣領有衣字

文六十二繫傳作六十四非　重八

市韠也上古衣蔽前而已市以象之天子朱市諸

侯赤市大夫葱衡繫傳大夫上有鄉字蓋鄉之譌鄭箋詩斯干云芾者天子純朱諸侯黃朱从巾象連帶之形繫傳韻會連上有其字凡市之屬皆从市分勿切韍篆文市从韋从犮臣鉉等曰今俗作紱非是

袷士無市有袷制如榼缺四角爵弁服其色韎韐不得與裳同司農曰裳纁色段君云許自賈侍中而外無舉官者此稱司農恐後人增竄千里云纁裳經有明文不得以爲司農所說若指鄭仲師則不應無鄭字从市合聲古洽切玉篇古洽古沓二切廣韻收合洽二韻韐帢或从

韋廣韻帢爲韐之重文　文二　重二

帛　繒也从巾白聲凡帛之屬皆从帛　旁陌切

錦　襄邑織文　繫傳下有也字韻會引亦有也邑作色譌　从帛金聲　居飲切

文二

白　西方色也　繫傳韻會無也字　陰用事物色白　繫傳下有皆入之三字葢傳寫誤韻會無　从入合二二陰數　繫傳韻會下有也字　凡白之屬皆从白　旁陌切

𦤎　古文白　繫傳作古文

皎　月之白

也玉篇無之字皢注亦然从白交聲詩曰月出皎兮古了切繫傳

皎在皢下玉篇同皢日之白也从白堯聲呼鳥切皛人

色白也廣韻人白色也玉篇白色也从白析聲先擊切皤老人

白也玉篇廣韻注同易賁卦釋文引作老人貌李注文選西都賦引同後漢書班固傳注引作

皤皤老人貌也則白字乃後人改从白番聲易曰賁如皤如薄波切玉篇布何步何二

切廣韻兩收戈𩑶皤或从頁繫傳作或从頁作皠鳥之白也

玉篇廣韻注無之字从白隺聲胡沃切皚霜雪之白也李注

文選北征賦引作皚皚霜雪白之貌又注劉公幹詩引作皚皚霜雪之貌初學記引作霜之白者也蓋脫誤玉篇注霜雪白皚皚也廣韻霜雪白皃 从白豈聲 五來切

皅 艸華之白也 玉篇注同繫傳作草華白也 从白巴聲 普巴切

皦 玉石之白也 玉篇廣韻並注珠玉白皃疑本說文 从白敫聲 古了切

𡭴 際見之白也 繫傳白作皃無也字蓋譌玉篇辟際見白也疑本說文按此部注解拘以文法恐經後人改 从白上下小見 起戟切繫傳見下有之字

皛 顯也 李注文選陶淵明詩引作通白曰皛玉篇明也顯也 从三

白讀若皎　烏皎切玉篇胡了切又胡灼切廣韻收上聲篠入聲陌上聲烏作帕

文十一　重二　繫傳二作三非

㡀敗衣也从巾象衣敗之形　廣韻作㡀引凡㡀衣敗作敗衣　凡㡀之屬皆从㡀　毗祭切

敝帗也一曰敗衣从攴从㡀㡀亦聲　毗祭切繫傳㡀上無从字

文二

黹箴縷所紩衣　釋言黹紩也　从㡀丵省　繫傳下有象刺文也四字韻會同　凡黹之屬皆从黹　臣鉉等曰丵眾多也言箴縷之工不一也陟几切繫

傳作黹
通部同
⿰黹虘合五采鮮色　集韻引同　繫傳色作皃韻會
同合作會蓋因廣韻
政廣韻引作會五　詩蜉蝣釋文及　从黹虘聲詩曰衣裳⿰黹虘⿰黹虘
綵鮮皃綵字俗
創舉切玉篇引詩　黼白與黑相次文从黹甫聲
同云今詩作楚
方榘　黻黑與青相次文从黹犮聲　分勿　⿰黹卒會
切　切
五采繒色　繫傳無色字廣韻引　从黹綷省
色作也采作綵俗
聲　子對切按綷當作　黺衮衣山龍華蟲黺
萃或粹糸部無綷
畫粉也　繫傳作衮衣山龍華蟲　从黹从粉省
黺米也畫粉也米當是絲

衛宏說方吻切繫傳作从黹粉省聲

文六

說文解字攷異弟七下

說文解字攷異弟八上

三十七部　六百一十一文　繫傳作六百九十文非今去借件二字實六百九文

重六十三　繫傳作六十一非　凡八千五百三十九字

人　天地之性最貴者也此籒文象臂脛之形　玉篇引無此籒文三字繫傳作此籒文象臂脛形也

篇韻引同一切經

凡人之屬皆从人　如鄰切

僮　未冠也从人童聲　徒紅切　玉篇注僮幼迷荒者引詩狂僮之狂也且廣雅僮癡也今爲童

[illegible]引一切經音義卷六卷二十二引作畜也[illegible]誤

从人童聲　徒紅切

保　養也从人从孚省孚古文孚

博袌切繫傳作从人𤓽省聲無𤓽古文𤓽四字　呆古文保　繫傳作呆古文在㑓下

㑓古文保不省　仁親也从人从二　臣鉉等曰仁者兼愛故从二　如鄰切繫傳作从人二聲韻會同按當是从二从人人亦聲

忎古文仁从千心　繫傳作古文从千心（仁下仁字衍）仁仁當是作　玉篇收心部而眞切親也仁愛也（仁注云古文作忎又）

𡰥古文仁或从尸　繫傳尸下有二字玉篇收尸部引說文曰（云古文夷字又）古文仁字

企舉踵也　玉篇引同繫傳踵作蹱譌韻會引作舉踵望也恐非踵當作歱　从人止聲　去智切

𨀕古文企从足　繫傳作𨀕古文从足

仞伸臂一尋八尺　一切經音義卷一引作謂申臂一尋也卷十二引無謂字並無八尺

二字是也玉篇引書爲山九仞孔安國曰八尺曰仞鄭康
成曰七尺曰仞孔氏乃晚出古文不足信方言秦晉梁
益之間凡物長謂之尋周官之法度廣而
爲尋則伸臂一尋猶伸臂一度耳　从人刀聲　震
切
仕　學也从人从士　鉏里切繫傳韻
會作从人士聲
佼　交也从人
从交　下巧切繫傳作从人交聲玉篇古
交切又音絞廣韻收平上二聲
僎　具也从人
巽聲　士勉切玉篇士卷切又將倫切廣韻平聲諄引
鄉飲禮僎者降席而遵法也或作遵又收上聲
獮
俅　冠飾皃从人求聲詩曰弁服俅俅　巨鳩切　繫傳
作載弁俅俅是也韻會載作戴
蓋因鄭箋改玉篇引詩作載
佩　大帶佩也从

人从凡从巾佩必有巾　繫傳作大帶也从人凡巾佩必有巾从巾　韻會从巾上有故字餘同初學記引作從人凡聲也　巾謂之飾　臣鉉等曰今俗別作珮非是蒲妹切

儒　柔也術士之稱　韻會引同繫傳下有者也二字者字衍　从人需聲　人朱切

俊　材千人也　五音韻譜同繫傳韻會材下有過字玉篇引作才過千人也高誘注呂氏春秋孟秋紀云才過萬人曰桀千人曰俊　集韻類篇引材作才　从人夋聲　子俊切　玉篇有重文儁

傑　傲也　五音韻譜同繫傳作埶也才過萬人也接玉篇注英傑引詩邦之傑兮傑特立也廣韻注英傑特立也則[illegible]訓傲者蓋後人改　从人桀聲　渠列切

㑆　人姓

淮南泰族訓知過萬人者謂之英千人者謂之俊百人者謂之豪十人者謂之傑

从人軍聲　吾昆切玉篇五昆切姓也廣韻兩收云嵬一音戶昆切女字一牛昆切女字又姓出纂文

伋　人名从人及聲　居立切玉篇注孔鯉子名伋字子思

伉　人名从人亢聲論語有陳伉　苦浪切繫傳有作曰今論語作陳亢釋文同古今人表亦作亢

伯　長也从人白聲　博陌切

仲　中也从人从中中亦聲　直衆切繫傳韻會中上無从字

伊　殷聖人阿衡　繫傳韻會下有也字　尹治天下者从人从尹　於脂切繫傳作从人尹鍇云俗本有聲字誤也

𠈌　古文伊从古文死　繫傳作𠈌古文伊从古文死死亦聲

偰　高辛氏之子堯司徒殷

之先繫傳韻會堯下有之字先下有也字玉篇注高辛氏之子爲堯司徒殷之先也葢本說文从人契聲私列切繫傳作偰

倩人字五音韻譜作美字繫傳人字也韻會人美字也从人青聲東齊壻謂之倩倉見切繫傳作東齊人謂壻爲倩也方言青齊之閒壻謂之倩玉篇此見切引詩巧笑倩兮倩好口輔也又七性切假倩也廣韻收霰勁二韻

伃婦官也玉篇武帝制倢伃婦官也亦作婕妤也从人予聲以諸切

伀志及衆也廣韻注同玉篇引方言曰瀾沐或謂之佂伀也从人公聲職茸切

儇慧也方言同从人

褱聲許緣切

倓安也从人炎聲讀若談徒甘切

㑌倓或从剡

侚疾也段君云五帝本紀黃帝幼而徇齊裴駰曰徇疾齊速也今本譌作徇从人旬聲辭閏切

傛不安也从人容聲一曰華余隴切華上當有傛字繫傳華下有曰勤也與落同義七字蓋曰上脫錯字玉篇與恭切引漢書傛華婦官又音勇不安也廣韻上聲引說文又收平聲

僷宋衛之閒謂華僷僷方言奕僷容也凡美容謂之奕或謂之僷宋衛曰僷陳楚汝潁之閒謂之奕玉篇引楚辭云衣攝僷以儲與兮攝僷不舒展皃今哀時命作葉从人葉聲与步切五

音韻譜作良涉切良字並誤廣韻作佅與涉切

佳　善也从人圭聲　古膎切廣韻同玉篇革崖切

侅　奇侅非常也从人亥聲　古哀切玉篇胡改姑來二切廣韻收平上二聲

傀　偉也从人鬼聲周禮曰大傀異　公回切繫傳韻會異下有災字大司樂職作大傀異裁玉篇作大傀裁

瓌　傀或从玉褱聲　玉篇重文作⿰亻褱注云聲類傀字又玉部有瓌引說文云與傀同大也

偉　奇也从人韋聲　于鬼切　[illegible]玉篇瑋禹鬼以貴二切引埤蒼曰瓌瑋珍琦或作偉

份　文質偕也　五音韻譜繫傳偕作備是也　从人分聲論語曰文質份份　府巾切今論語作彬

彬 古文份从彡林林者从焚省聲 臣鉉等曰今俗作斌非是繫

傳無林者二字按今火部作燓乃後人改 僚 好皃 詩月出皎人僚兮毛傳僚好皃 从人尞聲 力小切 玉篇旅條切引書百僚師師僚官也廣韻收平上二聲 佖 威儀也 韻會引作有威儀也蓋因廣韻改玉篇注佖威儀也疑本說文當連上讀然下疑有脫文詩賓之初筵威儀佖佖毛傳佖佖媟嫚也 从人必聲 詩曰威儀佖佖 釋文云佖說文作佖 毗必切 ⿰亻孨 具也 从人孨聲 讀若汝南⿰氵孨水 虞

⿰氵孨水 按水部無⿰氵孨字玉篇亦無地理郡國志水經注汝南亦無此水名 地理志汝南郡宣春本注云侯國莽曰宣孱或當是孱水

書曰旁救僝功 士戀切 繫傳旁救作方鳩 玉篇作僝引虞書曰共工方鳩僝功

僝見也又具也按逑下引書旁逑孱功則救字非

儠 長壯儠儠也 玉篇引同 廣韻引壯作狀譌 从人巤聲春秋傳曰長儠者相之 良涉切 韻會引同繫傳之下有是也二字左傳昭七年作使長鬣者相杜注鬣須也按韋注國語云鬣美鬚髯杜蓋本之

儦 行皃从人麃聲詩曰行人儦儦 甫嬌切 詩載驅毛傳云儦儦衆也 五音韻譜繫傳韻會人作有

儺 行人節也 玉篇詩竹竿釋文引■■同毛傳儺行有節度 从人難聲詩曰佩玉之儺 諾何切 玉篇奴何切又奴可切廣韻止收平聲

倭 順皃从人委聲詩曰周道倭遲於爲切五音韻譜及玉篇引同繫傳遲下有也字韻會無遲作遲玉篇於爲切又烏禾切國名廣韻收支戈二韻

僓 嫺也从人貴聲一曰長皃吐猥切又魚罪切繫傳也作皃無一曰長皃四字玉篇他罪切長好皃又嫺也又胡對切廣韻收上去二聲

僑 高也从人喬聲巨嬌切

俟 大也从人矣聲詩曰伾伾俟俟床史切玉篇引詩作儦儦俟俟獸趨行皃與今詩吉日合毛傳云趨則儦儦行則俟俟後漢書馬融傳注文選西京賦李注並引韓詩駓駓騃騃

侗 大皃从人同聲詩曰神罔時侗他紅切今詩思文作恫毛傳恫痛也與

誤低一格

說文侗訓合玉篇吐公敕動二切引論語曰侗而不愿侗謂未成器之人廣韻平聲引揚子法言倥侗顓蒙上聲注

佶正也从人吉聲詩曰旣佶且閑巨乙切

俁大也从人吳聲詩曰碩人俁俁魚禹切

仜大腹也从人工聲讀若紅戶工切玉篇胡東切注同廣韻戶公切身肥大也

僤疾也玉篇韻會引廣韻注並同繫傳疾作病譌周禮曰句兵欲無僤徒案切今考工記作彈注云故書彈或作但鄭司農云但讀爲彈丸之彈謂掉也

僆佹也从人建聲渠建切

倞彊

也从人京聲渠竟切繫傳彊作強玉篇渠向渠命二切強也廣韻止收映傲
倨也从人敖聲五到切玉篇引書云聱子丈頑母嚚象傲傲慢不友也廣韻注慢也倨也說文作敖餘傲此按說文有傲而爲此說疑出宋人仡勇壯也从人气聲周
書曰仡仡勇夫魚訖切韻會引同繫傳夫下有是也二字倨不遜也一切經音義卷二十三引同廣韻注倨傲玉篇闕从人居聲居御切儼昂頭也
廣韻引同昂當作卬詳附攷玉篇引詩云碩大且儼儼矜莊皃从人嚴聲一曰好皃魚儉切韻會引同繫傳曰作云[illegible]非傪好皃玉篇引同繫傳皃作也从人參聲

誤句

誤句

倉含切玉篇七感切又倉含切廣韻止收上聲平聲俚

有摻爲攕之重文按摻疑傪之俗體如儹或作攢也文爲摻之譌文

聊也　漢書季布傳注晉灼引楊雄方言俚聊也許氏說

文曰賴也則後人以方言改說文玉篇賴也引說

文云聊也　从人里聲良止切　伴　大皃从人半聲　薄滿切玉

篇蒲滿切侶也又蒲旦切詩曰無然伴換猶跋扈

也按毛詩皇矣作畔援則所引乃三家詩廣韻收上去二聲　俺　大

也从人奄聲　於業切玉篇於劒切引說文廣韻收去聲則於業切非　僩　武皃从人閒

聲　韻會引同繫傳　詩曰瑟兮僩兮　下簡切毛傳僩

無聲字蓋脫　玉篇下板切又音閑　寬大也釋訓

瑟兮僩兮恂慄也左傳昭十八年僩然授兵　伾　有力

登陴杜注僩勁忿皃當即僩之別體說文及篇韻並無僩

也从人丕聲詩曰以車伾伾敷悲切偲彊力也繫傳
韻會彊作強詩盧令釋文引作強也毛傳才也从人思聲詩曰其人美
且偲倉才切玉篇士才切引詩同廣韻收之引論語朋友切切偲偲息兹切倬著
大也繫傳韻會箸作著玉篇明也大也蓋本毛傳廣韻大也从人卓聲詩
曰倬彼雲漢竹角切侹長皃一曰箸地玉篇引同繫傳韻會箸
作著一曰代也从人廷聲他鼎切傰輔也从人朋聲
讀若陪位步崩切繫傳位下有之陪二字玉篇匹肯切不也說文步崩切輔也廣韻收等不

誤低一格當平寫

[illegible]

肯也普等切據此則玉篇脫肯字

傓　熾盛也从人扇聲詩曰豔妻傓方處　式戰切韻會引玉篇注同繫傳處作熾誤今詩作煽毛傳煽熾也火部無煽漢書谷永傳閻妻驕扇注師古曰閻嬖寵之族也扇熾也引魯詩小雅十月之交篇曰閻妻扇方處

儆　戒也从人敬聲春秋傳曰儆宮　居影切左傳襄九年司宮巷伯儆宮昭十八年商成公儆司宮桂注司宮巷伯■寺人之官

俶　善也从人叔聲詩曰令終有俶一曰始也　昌六切詩既醉毛傳俶始也

傭　均直也从人庸聲　余封切玉篇恥恭切均也直也又音庸賃也廣韻餘封切傭賃丑凶切均也

直也

僾　仿佛也从人愛聲詩曰僾而不見　烏代切　繫傳韻會無詩曰以下六字玉篇引詩云亦孔之僾僾唈也廣韻注隱也按今詩靜女作愛毛傳言志往而行止鄭箋志往謂踟躕行止謂愛之而不往見則作僾蓋三家詩

仿　相似也　廣韻引同繫傳韻會也作皃玉篇注仿佛相似也　从人方聲　妃罔切

俩　籒文仿从丙　繫傳作籒文从丙

佛　見不審也　繫傳審作諟類篇韻會引同李注文選靈光殿賦甘泉賦引亦作諟舞賦注引作審蓋後人改　从人弗聲　敷勿切　玉篇孚勿切仿佛也又符弗切又音弼廣韻收物符弗切

僁　聲也从人悉聲讀

若屑私列切玉篇桑截切小聲也廣韻收屑先結切　儀精謹也从人幾聲明堂月令數將儀終臣衣切繫傳令下有曰字五音韻譜數作歲誤玉篇精詳也月令云數將儀終也

佗負何也　韻會一引同一引作彼之稱也非

臣鉉等案史記匈奴奇畜有橐佗今俗譌誤謂之駱駝非是

从人它聲徒何切玉篇凡以驢馬載物謂之負佗又他注云本亦作佗廣韻兩收歌一注委委佗佗美也一注非我也

檽天釋文引作檐也爲

何儋也从人可聲　臣鉉等曰儋何即負何也借爲誰何之何今俗別作擔荷非是胡歌切繫傳韻會聲下有一曰誰也四字玉篇胡可切克負也又乎哥切辝也廣韻平聲引說文上聲爲荷之重文

儋何也从人詹聲都甘切

供

設也从人共聲一曰供給　俱容切玉篇居庸切奉也設也具也又居用切廣韻收平去二聲（玉篇偫注同又云亦與庤同儲也具也李善注文選曹子建贈丁翼詩下有一曰具也字恐非）

偫　待也从人从待　直里切繫傳韻會作从人待聲

儲　偫也从人諸聲　直魚切

備　慎也　華嚴經音義卷七十五引作具也蓋誤　从人葡聲　平祕切

𠈍　古文備　五音韻譜作𠈍繫傳作𠈍古文以葡爲備

位　列中庭之左右謂之位　玉篇引謂之作曰釋宮中庭之左右謂之位無列字　从人立　于備切繫傳立下空一字疑當是聲字古位立通周禮小宗伯掌神位鄭注故書位作立

儐　導也　玉篇廣韻引同繫傳韻會導作道　从人賓聲　必刃切

擯

儐或从手 繫傳作或从手作玉篇收手部 畀振切相排斥也廣韻注擯斥 偓佺也
五音韻譜同蓋連上讀繫傳作偓佺古仙人名也人
部無仙字玉篇注偓促拘之見廣韻注列仙傳有偓
佺从人屋聲 於角切 佺 偓佺仙人也 繫傳無仙人二字仙古通作僊
玉篇注偓佺仙人食松
子而眼方蓋本列仙傳 从人全聲 此緣切 㒋 心服也
从人聶聲 齒涉切 仢 約也从人勺聲 徒歷切玉篇 扶握切爾雅
曰奔星爲仢約 又引 說文音狄約
也廣韻止收藥注仢約流星 儕 等輩也从人齊
聲春秋傳曰吾儕小人 仕皆切 倫 輩也从人侖聲一

曰道也力屯切韻會引同繫傳無一曰道也四字蓋脫詩正月有倫有脊毛傳倫道脊理也

侔齊等也从人牟聲莫浮切

偕彊也繫傳韻會作強也詩北山釋文引从人皆聲繫傳作从人皆皆亦聲詩曰偕偕士子一曰俱也同古諧切毛傳偕偕強壯貌

俱偕也玉篇廣韻皆也當本說文白部皆俱詞也从人具聲舉朱切

儹最也玉篇注同繫傳缺最字廣韻聚也从人贊聲作管切

併並也玉篇引同一切經音義卷十二引作聚也蓋誤廣韻兼也並也皆也从人幷聲卑正切

傅相也从人尃聲方遇切

侙惕也从人式聲

春秋國語曰於其心侙然恥力切繫傳然下有是也二字吳語作於其心也戚然韋注戚猶惕也俌輔也从人甫聲讀若撫芳武切倚依也韻會引同繫傳作倚也蓋脫玉篇廣韻注依倚也當本說文从人奇聲於綺切依倚也从人衣聲於稀切仍因也从人乃聲如乘切佽便利也从人次聲詩曰決拾既佽一曰遞也七四切詩車攻釋文引作子利反佴佽也繫傳作次也廣韻同玉篇貳也佽也按作次是也漢書司馬遷傳佴之蠶室注如淳曰佴次也若人相次也釋言佴貳也郭注佴次為副貳从人耳聲仍吏切倢佽也繫傳韻會作次也廣韻斜出也又利也便也

从人疌聲 子葉切玉篇才獵切詩云征夫倢倢樂事也本亦作捷又音接倢伃也 侍 承也从人寺聲 時吏切繫傳無聲字韻會作从人从寺 傾 仄也从人从頃繫傳韻會頃上無从字 頃亦聲 去營切 側 旁也 玉篇傍也廣韻傍側 从人則聲 阻力切 侒 宴也从人安聲 烏寒切 侐 靜也从人血聲詩曰閟宮有侐 況逼切毛傳侐清淨也 付 与也从寸持物對人 臣鉉等曰寸手也方遇切繫傳作予也从寸持物以對曰付予也按曰上當有臣鍇二字韻會引作予也 俜 使也 玉篇注同繫傳作俠也類篇韻會引同按俠俜也則俠是也廣雅俜

亦訓俠 从人甹聲 普丁切玉篇作僔音同丨廣韻收平去二聲注伶俜

俠 俜也 从人夾聲 胡頰切

儃 儃何也 繫傳韻會作何也 从人亶聲 徒干切 玉篇疾也何也 玉篇達安達亶達案三切廣韻收寒仙二韻並注態也按玉篇訓疾有達案〇切蓋通僤字楚辭作儃佪字乃借儃爲邅

侁 行皃 一切經音義卷七引作侁侁往來行皃也玉篇注往來侁侁行聲王逸注招䰟云侁侁往來聲也 从人先聲 所臻切

仰 舉也 廣韻引同一切經音義卷八引作舉首也恐非 从人卬聲 魚兩切

侸 立也 从人豆聲 讀若樹 常句切 玉篇作侸注云說文作侸立也今作樹 按樹當是尌 廣韻作侸爲尌之重文

儡 垂皃 从人纍聲 一曰

嬾解 落猥切繫傳解作懈玉篇力罪切引作一曰嬾懈又力追切引家語云儽儽如喪家之狗言羸病皃重文作㒧廣韻收平聲脂注嬾懈皃亦作儽又力罪切上聲無

侳 安也从人坐聲 則臥切

淮南說山訓君子不入市為其侳廣注侳廣蓋擾攘字

偁 揚也从人爯聲 處陵切按當作偁五音韻譜繫傳並譌玉篇引左氏傳曰禹稱善人與稱同

伍 相參伍也从人从五 疑古切繫傳韻會作从人五聲

什 相什保也从人十 是執切

佰 相什伯也从人百 博陌切五音韻譜同繫傳作相什佰从人百聲玉篇引作相十佰也則佰字非

佸 會也从人昏聲詩曰曷其有佸一曰佸佸

力皃　古活切韻會引同繫傳無一曰句　玉篇引詩作佸與今詩同佸王風（說文口活反會也）佮　合也　玉篇合取

也廣韻　从人合聲　古沓切　𢾅　妙也　廣韻引同𡟮女部

併佮聚　無妙古通作眇詳

杪𣼃　从人从攴豈省聲　臣鉉等案豈字从𢼸省𢼸不應从豈省蓋寫之（按耑聲不近徐說非是）

下

誤疑从耑省耑物初生之題尚𢼸也　無非切　𠌬

鼓文作微　玉篇作微引書云虞舜側微微賤也（今書𢼸敚引唐本在耑部曰𢼸見其耑也恐非）

黠也　从人原聲　魚怨切　作　起也　从人从乍　則洛切　繫

傳韻會作　假　非眞也　从人叚聲　古疋切　一曰至也　虞

从人乍聲

書曰假于上下　古頟切今書堯典作格毛傳詩雲漢假至也　玉篇居馬切引書曰假手于我有命

假下儥上

侵漸進也从人又持
帚若埽之進又手
也七林切繫傳下有
會意二字無又手
二字韻人下多一
又字餘同繫傳

假借也又非眞也至也又音格廣韻收上去
二聲入聲陌有作洛注云至也亦作假
儥賣
也繫傳韻會作見也廣韻注同从人賣聲余六切玉
按儥當爲覿之正文詳新附攷
篇餘祝切引周禮司市以量度成賈而徵
儥儥買也廣韻徒谷切又爲賣之重文
侯伺望
也伺當作司从人侯聲胡遘切
詳新附攷
償還也从人賞
聲食章切玉篇市亮切引左氏傳西鄰責
言不可償也償報也廣韻收平上二聲
僅材能也玉篇引同繫傳韻會材作才一切經音義
卷十五引作財華嚴經音義卷十五引作纔
从人堇聲渠吝切
代更也从人弋聲臣鉉等曰弋非

聲說文忒字與此義訓同疑兼有忒音徒耐切按忒亦从弋聲徐說非是

儀度也从人義聲魚羈切繫傳韻會作从人義義亦聲

傍近也从人旁聲步光切

佀象也繫傳韻會作象肖也六書故云佀唐本說文作㠯象也用也从㠯从人按說文卷末篆文筆迹相承小異有㠯注云說文不从人直作㠯則㠯乃㠯之別體玉篇作侣似注云二同像也廣韻作似嗣也類也象也从人㠯聲詳里切

便安也人有不便更之从人更房連切繫傳韻會从人更上有故字按㪅从丙聲鄭注考工記便讀如餅則便當从更聲此注疑經後人改與李陽冰改字說同

玉篇㛹仙切引爾雅曰便便辯也書傳曰

便辟足恭也又毗緣切廣韻收平去二聲

任 符也

五音韻譜繫傳作保也玉篇韻會引同（脫符）葢傳刻誤 从人壬聲 如林切玉篇耳斟切引

說文保也又引爾雅曰佞也——又汝鴆切委任也廣韻平聲注堪也保也當也又收去聲

俔 譬諭也 韻會引同繫傳諭作論譌詩大明釋文引作譬諭也葢因聲而誤正義引作諭也（葢脫）廣韻磬也譬諭也

一曰間見 段君云間當是閒釋言曰閒俔也

从人从見 繫傳見下有聲字韻會作从人見聲在一曰句上 詩曰俔天之妹 苦甸切

優 饒也从人憂聲一曰倡也 於求切玉

篇韻會引同繫傳倡也下有又俳優者四字蓋徐說　僖樂也从人喜聲許其切　儃富也从人𡕢聲尺允切　俒完也逸周書曰朕實不明以俒伯父今大戒解有朕實不以明句無以俒伯父句人从完胡困切玉篇俒字蓋闕爲後人補故音義並同廣韻收平聲云鬼音戶昆切全也　儉約也从人僉聲巨險切　偭鄉也从人面聲少儀曰尊壺者偭其鼻彌箭切韻會引同繫傳及廣韻引少儀上有禮字今禮記偭作面　俗習也廣韻引同玉篇習安也从人谷聲似足切　俾

益也从人卑聲一曰俾門侍人 并弭切廣韻引同玉篇引書有能俾乂俾使也按釋詁俾從也釋言俾職也並有卑義卑賤也執事者與門侍人合，

倪 俾也从人兒聲 五雞切玉篇魚雞吾禮二切引莊子云和之以天倪倪自然之分也廣韻止收平聲

億 安也从人意聲 於力切玉篇作億注同廣韻亦作億注十万曰億又安也度也

使 伶也 五音韻譜同繫傳伶作令集韻類篇韻會引同玉篇廣韻注亦作令按玉篇伶使也詩東鄰寺人之令釋文云令韓詩作伶云使■伶則令伶古通 从人吏聲 踈士切玉篇所里切又踈事切廣韻收上去二聲

⿰亻癸 左右兩視 廣韻注無⿰亻癸字玉篇左右視也 从人癸聲 其季切

伶

弄也 玉篇使也引說文 从人令聲 益州有建伶縣
弄也廣韻樂人
郎丁切 繫傳無有字縣下有伶倫人名也 儷 棽儷
五字蓋係說 韻會亦無有字無伶倫句
也从人麗聲 呂支切玉篇呂詣切偶也 傳 遽也从人
廣韻收上聲霽注伉儷
專聲 直巒切五音韻譜巒作戀是也玉篇儲戀手
儲戀二切引周禮訓方氏誦四方之傳道傳
道世世傳說往古之事 倌 小臣也从人 从官 繫傳
也廣韻收平去二聲 韻會
作从人 古患切 玉篇古官古九二切引說文
官聲 詩曰命彼倌人 廣韻平聲引說文又收去聲 价
善也从人介聲詩曰价人惟藩 古拜切繫傳韻
會惟作維與今詩

合玉篇引伃克也廣韻注同韻會引作伃肩克
詩亦作維也盖因毛傳改玉篇引詩佛
時仔肩仔从人予聲切子之俟送也从人弃聲吕
肩克也
不韋曰有侁氏以伊尹俟女古文以爲訓字臣鉉等曰
弃不成字當从朕省案勝字从朕聲疑古者朕或音
俟以證切玉篇無古文以爲訓字餘同呂覽本味篇
作媵女部無媵
俆緩也从人余聲似魚切偋僻寠也楊倞注荀
子縈㞋篇引韻會引作寠也玉篇注僻从人
寠作寠
穴部無寠
也廣韻注偋隱僻也無人處引字統云廁也
屏聲防正切五音韻譜毗正切玉篇步定切廣韻防正切又蒲徑切
伸屈伸玉篇舒也

引易曰尺蠖之屈以求伸也廣韻舒也理也直也信也 从人申聲 失人切

伹 拙也 玉篇注同廣韻注拙人繫傳拙作袦譌 从人且聲 似魚切

⿰亻然 意膬也 玉篇引同下有一曰意而懼也一曰戁也廣韻兩收獮一引說文一注意肥也 从人然聲 臣鉉等曰膬耎易破也人善切

偄 弱也 从人从耎 （耎下當有聲字）奴亂切乃亂二切 玉篇而兖廣韻收上聲獮去聲換

倍 反也 从人咅聲 薄亥切

傿 引爲賈也 玉篇引爲價也價即賈之近字廣韻傿爲⿰貝匽之重文⿰貝匽引與爲價 从人焉聲 於建切

僭 假也 玉篇引作儗也（當不誤）廣韻擬也差也廣雅假訓僭僭訓擬 从人朁聲

子念切

儗僭也一曰相疑从人从疑魚己切繫傳作从人疑聲在一曰句上

偏頗也玉篇鄙也引書曰無偏無頗偏不正也廣韻不正也鄙也衺也从人扁聲芳連切玉篇匹研切

倀狂也从人長聲一曰仆什也褚羊切音韻譜什作仆是也繫傳仆下無也字韻會有

儚惛也五音韻譜同繫傳作惛也㥂惛及玉篇注玉篇作㥂蓋本說文从人夢聲呼肱切夢當作瞢

儔翳也从人壽聲直由切玉篇直流切侶也又大到切翳羽隱蔽也廣韻收平聲尤去聲号

侜有廱蔽也韻會引同繫傳廱作壅非土部無壅廣韻注壅蔽也从人舟聲詩曰誰

侜予美 張流切玉篇引詩又引爾雅曰侜張誑也

俴 淺也从人戔聲 慈衍切

佃 中也从人田聲春秋傳曰乘中佃一轅車 堂練切玉篇同年同見二切田也下引說文春秋作左氏餘同廣韻平聲引說文車下有古輕車也四字非許書又收去聲一切經音義卷十三引作乘中佃謂一轅車也當不誤左傳哀十七年作乘衷甸釋文曰甸說文作佃云中也春秋乘中佃一轅車也

⿰亻囟 小皃从人囟聲詩曰⿰亻囟⿰亻囟彼有屋 斯氏切玉篇引同云本亦作佌今詩作佌

侊 小皃从人光聲春秋國語曰侊飯■不及一食 古横切繫傳飯作餅俗食下有是侊侊然小也六字蓋

徐說集韻類篇引飯作飲倉作餐玉篇引國語云侊飯不及壺湌即湌之譌注云侊大也大飯謂盛饌廣韻注小皃引春秋國語曰侊飯不及壺湌今越語作觥飲不及壺飧按侊下當是侊大也侊飯不及壺湌蓋侊不應訓小此涉上文佁而誤也壺譌壹後人又改爲一耳餐湌字同飲字恐非玉篇公黃公橫二切廣韻收唐庚二韻庚引國語

佻　愉也从人兆聲詩曰視民不恌士彫切五音韻譜士作土是也

僻　避也繫傳韻會避作辟从人辟聲詩曰宛如左僻繫傳如作然今詩葛屨作宛然左辟一曰从旁牽也普繫切繫傳从作從玉篇引詩云民之多僻僻邪也廣韻注邪僻

佷很也廣韻引同繫傳很作佷从人弦省聲胡
非人部無很玉篇亦譌田
切伎與也玉篇韻會引同繫
傳與上有一字衍从人支聲詩曰䩯
人伎忒渠綺切繫傳䩯作鞫說文無鞫今詩作
鞫人忮忒玉篇之豉切說文云與也詩云鞫
人伎忒又渠紀切廣韻上聲注侶也侈掩脅也从人
去聲傷害也引詩鞫人伎忒亦作忮
多聲一曰奢也尺氏切繫傳作一曰奢佁癡皃
侈韻會作一曰奢泰也
从人台聲讀若騃夷在切玉篇丑利夷在
二切廣韻[illegible]上聲止引說文又
收海又收傜傜驕也繫傳[illegible]上空一字玉篇
去聲志廣韻並注驕也墨本說文

从人蚤聲穌遭切五音韻譜穌作穌是也僞詐也从人爲聲危睡切伿隋也五音韻譜繫傳隋作惰是也廣韻亦作惰玉篇引作憜非說文从人只聲以豉切佝務也五音韻譜同繫傳作覆也誤从人句聲苦候切玉篇公豆切引楚辭云直佝愁以自苦亦作怐今九辯作直怐愁而自苦廣韻呼漏切僂佝僄輕也从人票聲匹妙切倡樂也从人昌聲尺亮切玉篇齒羊切引說文樂也又音唱禮曰一倡而三歎廣韻收平聲樂也優也去聲止收唱注云亦作誯倡俳戲也从人非聲步皆切僐作姿也廣韻引玉

篇注並同繫傳姿　从人善聲　堂演切五音韻譜
下有態字恐非　堂作常是也繫傳
作儳
儳　儳互不齊也从人毚聲　士咸切玉篇
仕咸切引說
文同又仕鑒切廣　佚　佚民也　論語作　从人失聲
韻收平去二聲　逸民
夷質切
五音韻譜忽作忽是也繫傳弃作忽
一曰佚忽也　無也字玉篇引書無敎佚欲有邦佚
豫
也
俄　行頃也从人我聲詩曰仄弁之俄　五何切
韻會
引同繫傳仄作側
蓋後人因今詩改
僖　喜也　繫傳喜作善譌
廣韻僖使也役也
又喜也或作僖釋詁　从人喜聲自關以西物大小
𧪑喜也蓋同聲通假

不同謂之傜余招切方言自山而西凡物細大不純者謂之傜

[亻卻]傲倨受屈也玉篇傲作傲非人部無傲从人卻聲其虐切五音韻譜虛作虐是也

傞醉舞皃詩賓之初筵釋文引皃作也从人差聲詩曰屢舞傞傞素何切釋文云屢本作婁是也尸部無屢詳新附攷下放此

僛醉舞皃从人欺聲詩曰屢舞僛僛去其切

侮傷也一切經音義卷二十五引作傷也傷當是傷廣雅侮輕也又傷也玉篇廣韻注侮慢也亦與傷合韻會引已譌从人每聲文甫切

㑄古文从母繫傳作㑄

㑵妎也从人疾聲一曰毒也

秦悉切 嫖 僄或从女 繫傳作或从女作
傷 輕也 廣韻相輕慢也 从人易聲 一曰交傷 以豉切繫傳在侮下韻會無一曰交傷四字玉篇廣韻亦無易繫辭交易而退孟子古之爲市也以其所有易其所無者則交傷字古作易
俙 訟面相是 繫傳下有也字 从人希聲 喜皆切玉篇呼皆切解也訟也廣韻收皆作俙訟也又收微作俙香衣切依俙
僨 僵也 从人賁聲 匹問切
僵 僨也 繫傳韻會作偃也釋木釋文引同一切經音義卷十三引作却偃也却字誤廣韻注仆也 从人畺聲 居良切
仆 頓也 从人卜聲 芳遇切
偃 僵也 从人匽聲

於懛切

傷　創也从人𥏼省聲　少羊切五音韻譜作式羊切廣韻同繫傳𥏼作𥏼是也省者省歺爲亾也

倄　刺也从人肴聲一曰痛聲　胡茅切玉篇下交切注同繫傳痛聲作毒之蓋誤廣韻平聲肴注痛聲上聲駭注痛而叫也于罪切顏氏家訓曰蒼頡篇有倄字訓詁云痛而譁也羽罪反今北人痛則呼之聲類音于來反今南人痛或呼之倄此玉篇但音下交者也恐非顧氏原文

侉　憊詞　繫傳及類篇引憊作備譌　从人夸聲　苦瓜切玉篇苦瓜切奢也又安賀切痛呼也廣韻止收去聲過痛呼也

催　相儔也　五音韻譜繫傳儔作擣是也　从人崔聲　詩曰室人交徧催我　倉回切繫傳徧作偏譌今詩催作摧

㾐　痛也从

人甬聲他紅切又余隴切玉篇餘種切引禮記曰孔子謂爲俑者不仁俑偶人也說文又他紅切痛也廣韻收平上二聲

伏司也从人从犬臣鉉等曰司令人作伺房六切繫傳作伺也从人犬伺人也作丨伺非韻會同

促迫也从人足聲七玉切

例比也从人列聲力制切

係絜束也从人从系系亦聲胡計切繫傳韻會作从人系聲

伐擊也从人持戈一曰敗也房越切繫傳韻會敗也下有亦斫也三字

俘軍所獲也从人孚聲春秋傳曰以爲俘聝芳無切繫傳聝作馘下有是字韻會作馘無是玉篇引左氏傳作馘與成三年傳合

但裼

也从人旦聲 徒旱切繫傳聲下有一曰徒三字韻會徒下有也字玉篇闕廣韻收上去二聲上聲旱注語辭又空也徒也徒旱切去聲翰注辭也徒案切釋訓作襢裼詩鄭風同

𡰯 也韻會引同繫傳𡰯作厄譌玉篇引作𡰯允部作𡰯

僂 从人婁聲周公韤僂或言背僂 力主切五音韻譜韤作韈是也繫傳亦作韤僂下有也字有𥴧按白虎通周公背僂也玉篇引亦作韤背僂下有也字

㑦 癡行㑦㑦也从人翏聲讀若雡 繫傳一曰且也 力救切廣韻音同玉篇作鷚 力救居幼二切引說文㑦下無也字

仇 讎也从人九聲 巨鳩切

儡 相敗也从人畾聲 當作靁省 讀若雷 魯回

切雷當作靁李注文選西征賦引作壞敗之貌洛罪切又寡婦賦引作敗也玉篇力回切相敗也廣韻收平上二聲

咎　災也从人从各各者相違也　其久切玉篇引者作有[illegible]譌廣韻注作者韻會引各上無从字餘同繫傳作从人各聲人各者相違聲字下有[illegible]鍇曰會意

仳　別也从人比聲詩曰有女仳離　芳比切玉篇芳止切引說文同又防脂切廣韻收平上二聲

倃　毁也从人咎聲　其久切玉篇公勞渠久二切廣韻收上聲有引說文又收平聲豪

倠　仳倠醜面　廣韻注同繫傳及玉篇引下有也字从人隹聲　許惟切

值　措也　韻會引作持也蓋因毛傳改玉篇引洪補注楚辭劉向九歎引亦有

詩云值其鷺羽值持也廣 从人直聲 直吏切繫
韻持也措也捨也當也 傳聲下有
一曰逢遇四字韻 侂 寄也从人厇聲厇古文
會遇下有也字
宅 他各切繫傳作銛曰厇寄字古文宅字則四字非
許書玉篇引論語云可以侂六尺之孤今論語
作託 僔 聚也从人尊聲詩曰僔沓背僧 慈損切五
音韻譜僧作憎是也繫傳同沓作噂非 像 象
玉篇引作沓今詩作噂釋文云說文作僔
也繫傳及玉篇引同韻會作似也蓋因 从人从
廣韻改黄氏每從廣韻改也此其一也
象象亦聲讀若養 徐兩切繫傳作从人象
讀若養字之養韻會

作从人象聲無讀若句 倦 罷也从人卷聲 渠眷切 傮 終也 段君云大雅似先公酋矣釋詁毛傳皆曰酋終也正義作遒傮之古音與遒同亦訓終蓋遒傮遒 从人曹聲 作曹切廣韻音同玉篇子牢切又祀牢切 偶 桐人也 廣千里云漢書江充傳云掘地求偶人又云得桐木人淮南繆稱訓魯以偶人葬高誘注偶人桐人也 从人禺聲 五口切 弔 問終也古之葬者厚衣之以薪从人持弓會敺禽 多嘯切玉篇丁叫切弔生曰唁弔死曰弔又音的至也廣韻收去入二聲 佋 廟佋穆父爲佋南面子爲穆北面从人召聲 市招切

切玉篇時昭切引說文同廣韻平聲宵注云廟佋穆
也或作昭父昭子穆引孝經疏云昭明也穆敬也故昭
南向穆北向孫從父坐又收上聲小注佋介接佋次帀後
蓋尊以神道後人多習用昭孝經疏非古義

㑗神也廣韻引同玉篇注妊身也从人身聲失人切

僊長生僊去玉篇韻會引下有也字繫傳作長生者僊去也从人从䙴䙴亦聲相然切廣韻爲仙之重文玉篇仙引聲類云今僊字

僰揵爲蠻夷揵當作犍从人棘聲蒲北切繫傳韻會夷下有也字玉篇平勒切屏之遠方曰僰人僰之言偪也說文云揵爲蠻夷也詳新附攷

仚人在山上从人从山呼堅切繫傳此字次僊下作

人在山上皃从人山韻會作輕舉也从人在山上玉篇許延切輕舉皃説文人在山上也廣韻引同一切經音義卷十四引作人上山皃也

僥　南方有焦僥人長三尺短之極从人堯聲五聊切繫傳無有字極下有也字韻會引作僞也蓋以他書妄改玉篇引山海經云焦僥國在三首國東[郭璞曰焦僥氏長三尺人短之至也今]■海外南經郭[作焦]注引外傳云焦僥民長三尺短之至也魯語作僬僥人説文無僬

⿰亻對　帀也繫傳及集韻類篇引玉篇注並同五音韻譜帀作市廣韻注⿰亻對市蓋譌从人對聲都隊切

俇　遠行也从人狂聲居況切玉篇作俇渠往切引楚辭曰魂俇俇而南征兮俇俇遑遽皃廣韻上聲俇引楚詞注又收去聲作徍注云

往也又
遠行也

文二百四十五 今去借件二字
實二百四十三

重十四

匕 變也从到人凡匕之屬皆从匕 呼跨切

𠤕 未定也从匕吴聲吴古文矢字 語期切玉篇作𠤕魚其切未定也亦作疑嫌■也恐
擬也又古文矢字蓋本說文矢下無古文吴子部疑
从子止匕矢聲如有吴字當云吴聲矣此篆及解
並經後人改非玉篇則無從致知廣韻無𠤕
篆當作[illegible]未定也从匕矢聲又古文矢字

眞 僊人
變形而登天也从匕从目从乚音隱八所乘載也 側鄰
切繫傳作从匕目乚乚隱字也八所以乘載之是也
詩書不言音李注文選謝靈運詩引作仙人變形

也玉篇注不虛假也又仙人變形也則而登天三字乃後人加

𠑹古文眞 繫傳下有聲字行通論云古文ヒ一爲眞穴亦所乘也一不二也玉篇作𡗜

𠤎教行也从匕从人 繫傳韻會作从人从匕 匕亦聲 呼跨切

文四　重一

𠤎相與比叙也从反人匕亦所以用比取飯 韻會引用下無比字 一切經音義卷十四引作匕所以取飯也 一名柶凡匕之屬皆从匕 卑履切 玉篇匙也矢鏃也廣韻注匕匙引通俗文曰匕首劍屬其頭類匕短而便用故曰匕首

匙匕也从匕是聲 是支切方言匕謂之匙

𠤏相次也从匕从十鴇从此 博抱切 繫傳作

从匕十鴇字从此十母當有脫誤一曰𢀓頃也从匕支聲匕頭頃也繫傳無匕頭頃也四字類篇引亦無詩曰𢀓彼織女去智切今詩大東作跂毛傳跂隅貌玉篇丘婢丘翅二切廣韻止收去聲

頃頭不正也廣韻引同玉篇匕部闕頁部有頃注田百畝為頃當非顧氏原文从匕从頁臣鉉等曰匕者有所比附不正也去營切

匘頭𩪆也从匕匕相比著也繫傳韻會𩪆作髓非玉篇注頭也髓也巛象髮囟象匘形奴皓切

卬望欲有所庶及也韻會引玉篇注望下有也字繫傳亦有無庶字蓋脫按齊民要術卷十引陳詩云卬有旨苕詩義疏云苕饒也今詩作邛疑當是卬之誤从匕从卪繫傳韻會作从匕卪詩曰高山卬止伍岡切繫傳卬作仰

蓋後人因今詩改玉篇魚兩切今爲仰又五郎切廣韻收平上二聲

𠦝 高也早匕爲卓匕卪爲卬皆同意 竹角切 𣅀 古文卓 繫傳作卓玉篇正文作卓古文作𣅀

皀 很也 韻會引同繫傳很作狠廣韻引作限當~~是唐本~~不誤釋名~~亦作~~

艮限也（蓋本說文）易傳艮止也止限義相合 从匕目匕目猶目相匕不相下也易曰艮其限匕目爲皀匕目爲眞也 古恨切 繫傳爲眞上無匕目二字下無也字蓋脫

文九 重一

从 相聽也 廣韻引玉篇注同繫傳韻會聽下有許字恐非 从二人凡从之屬

皆从从疾容切

𨗽隨行也从辵从从亦聲慈用切玉篇作𢓊疾龍切本作從逐也行也重也廣韻作從兩收平聲鍾又收去聲

幷相從也从从幵聲一曰从持二爲幷府盈切韻會作从二人幵聲一曰从持二干爲幷

文三

比密也二人爲从反从爲比凡比之屬皆从比毗至切五音韻譜作毗二切玉篇必以切類也又脾至切近也又步之毗吉必至三切廣韻收平上去入四聲

𣬅古文比

毖慎也从比必聲周書曰無毖于卹兵媚玉篇作芘

切廣韻音同玉篇彼冀切
勞也愼也疏也又泉流皃

文二　重一

北　菲也从二人相背凡北之屬皆从北　博墨切

冀　北方州也　繫傳無州字鍇曰冀州北方之州也韻會亦無州字玉篇冀州也北方州故从北　文二

聖諱　土之高也非人所爲也从北从一一地也人居在丘南故从北　韻會引同繫傳高下無也字南下無故字　中邦之居在崐崘東南　崐崘當作昆侖見新附攷下放此　一曰四方高中央下爲丘象形凡丘之屬皆从丘　去鳩切今隸變作丘

㘳　古文从土　一切經音義卷二十二注同玉篇

廣韻無 虛 大丘也崐崘丘謂之崐崘虛古者九夫爲井四井爲邑四邑爲丘丘謂之虛从丘虍聲 臣鉉等曰今俗別作墟非是丘如切又朽居切玉篇丘居切大丘也又許魚切空也廣韻兩收魚一引說文

屔 反頂受水丘从丘泥省聲 奴低切韻會作从丘尼聲

文三　重一

乑 衆立也 玉篇衆也廣韻衆立皃 从三人凡乑之屬皆从乑讀若欽崟 魚音切繫傳無讀若句玉篇牛林切又丘林切

眾 多也从

㐺目衆意 之仲切繫傳作从㐺从目 衆意韻會衆上有亦字餘同 眔㐺會也从㐺取聲邑落曰聚 才句切繫傳韻會邑上有一曰二字玉篇才縷切會也又才屢切邑落名廣韻上聲引說文曰作云又收去聲

臮衆詞與也 繫傳韻會詞作辭玉篇注與也古文暨字廣韻注衆與詞也疑本說文 从㐺自聲虞書曰臮咎繇 其冀切今書作暨皋陶

臮古文臮 繫傳作古文玉篇廣韻並無按一切經音義引聲類云暨古文作臮不應更有古文

文四　重一

𡈼善也从人士士事也一曰象物出地挺生也　繫傳挺下有而字　凡𡈼之屬皆从𡈼　臣鉉等曰人在土上𡈼然而立也他鼎切

六書故引李陽冰曰人在土上𡈼然出

徵召也从微省𡈼爲徵行於微而文達者即徵之陟陵切　繫傳作从𡈼微省𡈼爲徵於微而文達者即徵也有脫字　韻會作从𡈼微省𡈼古徵字行於微而聞達者即徵也　聞字蓋黄氏改　玉篇陟陵切召也又陟里切宮徵也　廣韻收平上二聲

𢼸古文徵　繫傳作𢼸古文　玉篇收攴部

朢月滿與日相朢以朝君也　玉篇廣韻引同　繫傳作月滿也與日相望以朝君　韻會平聲望作朢君下有也字　一切經

集韻作月滿也與日相望如朝君也　如字非

音義卷三引作月滿與日相朢 从月从臣 一切經音義引同繫傳韻會作从臣从月 从𡈼

𡈼朝廷也 無放切玉篇音同廣韻去聲引說文又收平聲韻會去聲作从臣从月从𡈼𡈼朝廷也 𦣠古文朢

省 繫傳無朢省二字 𡈾近求也从爫𡈼𡈼徼幸也 余箴切繫傳作求也从爫从𡈼徼幸也

文四 重二

重厚也从𡈼東聲凡重之屬皆从重 徐鍇曰𡈼者人在土上故爲厚也柱用切玉篇直朧切不輕也厚也又直龍切又𡈼部有重字蓋後人增廣韻收平上去三聲

量稱輕重也从重省曏省聲 呂張切玉 韻會重下無省字 篇力姜切

尚二切廣韻收平去二聲　量　古文量　繫傳作古文　玉篇作量

文二　重一

臥　休也　廣韻引同韻會引作伏也盖因下文而意改玉篇眠也息也休息義同　从人臣取其伏也　凡臥之屬皆从臥　吾貨切　廣韻引釋名曰臥化也精氣變化不與覺時同也

監　臨下也　从臥䘓省聲　古銜切　玉篇公衫公陷二切視也廣韻平聲引說文又收去聲

𧭹　古文監从言　繫傳作𧭹

臨　監臨也　繫傳韻會無也字　从臥品聲　力尋切

麻沙本會稽刻本作臨

𦣞　楚謂小兒嬾𦣞　繫傳𦣞作飱　鍇曰不樂

於食令俗人謂嬾爲餥食玉篇楚人謂小嬾曰
餥蓋本說文則兒字乃後人加廣雅餥食嬾也　从臥食
尼見切五音韻譜見
作尼是也廣韻同　文四　文一

身　躳也象人之身从人厂聲　繫傳躳作躬韻會同
下作象人身从人申省
聲蓋黃
氏意改　凡身之屬皆从身　失人切

軀　體也从身區
聲　豈俱
切　文二

㐆　歸也从反身凡㐆之屬皆从㐆　徐鍇曰古人所謂反
身修道故曰歸也
於機
切

殷　作樂之盛稱殷从㐆从殳易曰殷薦之

上帝　於身切玉篇乙斤切無作字又乙山切引左氏傳曰左輪朱殷杜預曰今人謂赤黑爲殷色廣韻收欣引說文又收山[illegible]引左傳

文二

𧘇　依也上曰衣下曰裳象覆二人之形　繫傳疑義篇作𧘇　凡衣之屬皆从衣　於稀切玉篇於祈切又於氣切

裁　制以衣被人也廣韻收平去二聲　衣也从衣𢦏聲　昨哉切

淮南繆稱訓[illegible]注[illegible]

袞　天子享先王卷龍繡於[illegible]下幅　繫傳下有裳字韻會同又卷作袞葢黃氏改周禮司服曰王之吉服享先王則袞冕先鄭注云袞卷龍衣也　一龍蟠阿上鄉　韻會無阿字鄉作向並非　从衣公聲　古本切

切顧千里云釋言釋文引說文云從衣從台也　𧝓　丹
台羊栗反或云從公衣陸所見說盖一本作台一本作公
縠衣　詩君子偕老作展毛傳云　从衣𧘝聲　知扇切　褕
禮有展衣者以丹縠爲衣
鄭箋云后妃六服之次展衣宜白又云展衣字誤禮記作襢衣埤雅駁之衣部無襢
翟羽飾衣从衣俞聲一曰直裾謂之襜褕　羊朱切　玉篇余
招切畫雉雜於王后之服又弋朱切葉褕短
度絹也又襜褕直裾也廣韻收虞宵二韻　袗　玄服
廣韻引下有也字繫傳韻會作　从衣㐱聲　之忍切玉
袨服非衣部無袨詳新附攷　篇之忍之
刃二切玄服也緑也又單也廣韻上聲引說文　裖
又收去聲五經文字云論語作袗禮記作振　袗或
从辰　表　上衣也从衣从毛古者衣裘以毛爲表　陂嬌

切繫傳衣上有故字 ⿴衣麃 古文表从麃

裏 衣內也从衣里聲 良止切

襁 負兒衣从衣強聲 居兩切 玉篇注襁褓負兒衣也織縷爲之廣八寸長二尺以負兒於背上也廣韻 織縷以下引博物志負作約論語釋文引亦作約二尺作丈二是也

襋 衣領也从衣棘聲詩曰要之襋之 己力切

襮 黼領也 釋器黼領謂之襮 从衣暴聲詩曰素衣朱襮 ■ 蒲沃切 玉篇領也衣表也

衽 衣䘳也 韻會引同繫傳䘳作衿非玉篇裳際也衣䘳也 从衣壬聲 如甚切

褸 衽也从衣婁聲 力主切 玉篇力侯切衣䘳裳際也衣壞也廣韻

收平聲侯 上聲麌

𧝂 袵也 玉篇袵衣也 廣韻衣袵也 从衣尉聲 於胃切繫

傳無聲字 顧千里云繫傳𧝂字次𧜗雜之下 不在

褸裑之閒 玉篇亦以𧝂衣𧛼衣裨相次 蓋施袵於衣謂

之𧝂 故從衣尉會意也 大徐移於此加聲字謂𧝂

是袵一名 非是 左傳哀十一年寘之新篋 𧝂之以玄纁

𧜗 衽緣也 从衣𧜗聲 七入切 [illegible] 玉篇 [illegible] 緣也

楚金引之正

衿 交袵也 釋器衣眥謂之襟 郭注

非袵一名也 樹玉謂聲字蓋兼意 繫傳或傳寫脫 襟交領也 詩青青子衿

毛傳青衿青領也 按襟衿並衾之別體 交領與

交袵同 古衣必有緣 無緣者謂之襤褸 緣則由領

下至裳際 故或爲交袵 或爲交領也 釋器緣謂之純 从衣金聲 居音切

方言作衿謂之交 新注衣交領也 顏氏家訓云古者斜領下連於衿 故謂領爲衿

褘 蔽厀也 从衣韋聲 周禮曰王后之服褘衣 謂畫袍

六書故引下有一曰前襟四字

許歸切內司服王后之六服褘衣揄狄闕狄鞠衣展衣緣衣先鄭注褘衣畫衣

䘠 襲袂也 玉篇襲袴也廣韻衣前襟廣雅釋器䘠襓袾劒衣也蓋本少儀劒則啓櫝蓋襲之加夫襓與劒焉鄭注夫襓劒衣也夫或爲煩皆發聲

从衣夫聲 甫無切

襲 左衽袍 廣韻引玉篇注下有也字 从衣龖省聲 似入切李注文選廣絕交論引作因也恐非

龖衣 籀文襲不省 五音韻譜作龖衣

袍 襺也 从衣包聲 論語曰衣敝縕袍 薄襃切 類篇引敝作敝是也 說文無敝字 繫傳韻會作敝大亦非今論語作敝

襺 袍衣也 玉篇袍也 从衣繭聲 以絮曰襺以縕曰袍春秋傳

曰感夏重襽古典切左傳襄二十一年作方暑闕地下冰而牀焉重襺衣裘

褋南楚謂禪衣曰褋禪當作襌方言襌衣江淮南楚之間謂之褋玉篇褋爲褋之重文褋注襌衣謂廣韻引作褋注襌衣从衣枼聲徒叶切枼當作葉五音韻譜繫傳並譌

袤衣帶以上玉篇帶以上也長也从衣矛聲一曰南北曰袤東西曰廣莫候切玉篇莫候二切廣韻止收去聲莫侯

𧝓籀文袤从楙五音韻譜作楙

襘帶所結也左傳昭十一年釋文引及廣韻同玉篇注領會本杜注也从衣會聲春秋傳曰衣有襘古外切

[illegible]

也詩曰衣錦褧衣 衛鄭二風並有此詩鄭箋褧禪也按檾下已引此詩褧衣下又引者疑後人因今詩增或毛詩作褧衣三家詩作檾也 示反古 五音韻譜及爾雅翼引同繫傳無示字韻會作變又古非 義曰毄民反古復始 从衣耿聲 去穎切玉篇苦迴切

䘿 衣無重衣也下引詩衹裯短衣 廣韻注同玉篇衹裯襜褕也方言作襜襦 从衣氐聲 都兮切

裯 衣袂衹裯 類篇引作衣袂裯韻會引作衣袂 从並脫據玉篇則衣袂二字衍衣周聲 都牢切玉篇丁勞切衹裯又丈流切禪被也牀帳也廣韻豪引作衹裯短衣蓋誤

襤 裯謂之襤褸襤無緣也 韻會引緣下有衣字引衹又收尤

繫傳作裯謂之襤褸 从衣監聲 魯甘切 𧜝 無袂
無緣 方言裯謂之襤 無緣之衣謂之襤 按[illegible]襤同字
衣謂之𧜝方言 从衣惰省聲 徒臥切 繫傳从 上有故字衍 䙓 衣躬
縫 玉篇廣韻並注衣背縫也 从衣毒聲 讀若督 冬毒切 按當■从毒毋作䙓
五音韻譜繫傳並譌 袪 衣袂也 从衣去聲 一曰袪褱也 褱
者裦也 繫傳二褱字並作裹蓋譌 玉篇袂也衣褱也舉夅也 袪尺二寸 春秋
傳曰披斬其袪 去魚切 見左傳僖五年 褎 袂也 从衣采聲
似又切 玉篇作褏 似又切 袂也 又余久切 色美
皃也 進也 廣韻兩收去聲宥 一作袖 衣袂也 一作褏 服飾盛皃 袖 俗 似與褏混

襜在袥上

褎从由 𧘝 袖也从衣夬聲 彌弊切 褢 袖也 韻會引同繫傳袖作褢蓋褱之譌玉篇苞也胷 一曰藏也从衣袪藏物也抱也在衣曰褢在手曰握鬼聲 戶乖切 韻會一曰句在鬼聲下藏當作臧 褱 俠也从衣眔聲 一曰（廣韻注同段君云俠當作夾夾盜竊褱物也）橐 臣鉉等曰眔非聲未詳戶乖切 按眔从隶省聲（音徒耐切於褱聲合玉篇爲褱之重文 按罪鰥並从眔聲或古讀不同未可非聲也） 袌 褱也从衣包聲 薄保切 臣鉉等曰今俗作袍非是抱與捊同 五音韻譜袌作抱是也 玉篇爲袍之重文又步報切 衣前 袷 衣袊（襜 衣蔽前从衣詹聲 處占切 又襜褸 玉篇蔽膝也 襜搖動皃） 玉篇廣大也袊也 从衣石聲 他各切 廣韻開衣領也 袷也廣韻收平去二聲 𧛊 袥也从衣介聲 胡介切玉篇戶界古拜二切廣韻兩

收怪一襗絝也詩無衣正義引絝从衣睪聲徒
引說文　作袴俗韻會同　各
切玉篇余石切又除革切袴也引說
文大各切廣韻兩收鐸兩收昔袉裾也玉篇廣韻注
同繫傳裾
作裾从衣它聲論語曰朝服袉紳唐左切繫傳論語
譌　上有一曰二字●今
論語作拖手部有拕無拖玉篇大可切裾也又
大何切袉袉美也俗作袘廣韻收平上二聲裾衣
袍也韻會袍作褎玉篇　从衣居聲讀與居同九魚
被也袿也衣褎也　切
衧諸衧也段君云後漢書光武帝紀皆冠幘而服
婦人衣諸于繡裾注引前書音義曰諸
于大掖衣如　从衣于聲羽俱切繫傳作亐也玉篇作亐衣衣
婦人之袿衣　袍也重文作衧廣韻衧注亶衣衣

[illegible]褻當作褻

褰 絝也从衣寒省聲春秋傳曰徵褰與襦 去虔切

襱 絝踦也从衣龍聲 丈冢切五音韻譜冢作冢譌玉篇除龍力公二切袴襠也踦袴也廣韻收平上二聲 龍字[illegible] 當是襱 玉篇龍字恐譌

襩 襱或从賣 玉篇廣韻襩爲襱之重文襱下重文作祠方言袴齊魯之間謂之襹或謂之襱又無祠之袴謂之襣郭注云袴無踦者即今犢鼻褌也祠亦襱字異耳則襩疑犢之俗體蓋後人增

袑 絝上也 廣雅襹謂之絝其襣謂之袑 段君云漢朱博傳功曹官屬多褎衣大袑不中節度 [illegible] 从衣召聲 市沼切

襑 衣博大 从衣尋聲 他感切五音韻譜作襑是也玉篇似林他感二切廣韻收平聲侵上聲感

褎 衣

說文疑異　　三十五

博裾从衣𠸶省聲（廣韻引下有也字）繫傳作博裾从衣𠸶聲韻會裾下有也字餘同按𠸶
（說從上襮衣如晃有毛傳襮衣盛服也當即襃衣字釋文云本亦作襃是也而音則非）
古文保博毛切繫傳韻會無此四字𧞻緥也从
玉篇作褒衣揚美也衣博裾也
布刀切廣韻博毛切尚書洛誥釋文襃薄謀切反韻博毛反
衣宲聲詩曰載衣之褓臣鉉等曰緥即褓緥也今俗別作褓非是他
計切（玉篇作禘）今詩斯干作裼毛傳裼褓也蓋假借釋文云韓詩作禘褍衣正幅从衣耑
聲多官切玉篇丁九丁火二切正幅衣也廣韻收平聲桓上聲果䙐重衣皃廣韻注重
衣玉篇作䙐注裏也蓋譌爾雅曰䙐䙐襀襀臣鉉等曰說文無襀字爾雅亦
無此語疑後人所加羽非切繫傳有臣鍇按爾雅無此
言唯釋言云虹潰也疑古今文字或誤也錢宮詹

曰說文無䙡字當爲潰之譌潛夫論救邊篇洄洄潰潰當何終極即用此語今釋訓有云儚儚洄洄惛也儚儚即上文之夢夢不應重出必潰潰之譌也洄洄或作䙡䙡見陸氏釋文景純亦讀洄爲韋音

褈 重衣皃 五音韻譜作褈皃作也韻會引玉篇注同繫傳無也字廣韻同

从衣复聲一曰褚衣 方六切

褆 衣厚褆褆从衣是聲 杜兮切玉篇時爾切衣服端正皃廣韻收平上二聲 平聲齊兩收上聲紙

襛 衣厚皃从衣農聲詩曰何彼襛矣 汝容切

𧝓 新衣聲一曰背縫从衣叔聲 冬毒切韻會一曰句在从衣叔聲下玉篇先鵠切又都

桔切廣韻冬毒切又

先篤切並注新衣聲

袳衣張也繫傳韻會張作裾蓋

涉下文（裔）而誤玉篇注

長衣皃廣韻衣長

从衣多聲春秋傳曰公會

齊侯于袳

尺氏切左傳桓十五年經作公會宋公衛

侯陳侯于袲無齊侯蓋脫穀梁同

公羊經作公會齊侯

宋公衛侯陳侯于侈

裔衣裾也

廣韻引玉篇

注同段君云元

應書卷十四曰說文云裔衣裾也以子孫爲苗裔

者取其下垂義也樹玉謂裾蓋裾之譌裾亦下

垂不必定裾也釋名裾倨也倨倨然直亦

言在後常見踞也其云在後與苗裔合

从衣冏聲

臣鉉等曰冏非聲疑象衣裾之形

余制切

余制切按繫傳冏从内聲於裔合

𧘦古文裔

衯 長衣皃从衣分聲 撫文切

袁 長衣皃从衣叀省聲 羽元切繫傳祛妄篇作从衣叀省聲李陽冰云从衣屮口非叀省臣鍇以爲叀音丑善切豈得不爲袁之聲

樹玉謂从叀則與口不合亦非

𧝝 短衣也从衣鳥聲春秋傳曰有空𧝝 都僚切繫傳鍇曰今春秋傳無此言疑注誤也玉篇丁了切廣韻平聲引說文又收上聲

按集韻𧝝或作裯此當是讀若春秋傳公子裯見左傳襄三十一年

褺 重衣也从衣執聲巴郡有褺虹縣 徒叶切五音韻譜繫傳虹作江是也地理郡國二志並作墊江

裶 長衣皃从衣非聲 臣鉉案漢書裵回用此今俗作徘

佪非是薄回切

襡　短衣也从衣蜀聲讀若蜀　市玉切玉篇大口上局二切短衣也又衣袖廣韻收上入二聲段君云晉書夏統傳使妓女服袿襡

⿱斲衣　衣至地也从衣斲聲　竹角切玉篇多木切廣韻丁木切云說文音斲

襦　短衣也从衣需聲一曰㬺衣　人朱切

褊　衣小也从衣扁聲　方沔切五音韻譜沔作洒

袷　衣無絮从衣合聲　古洽切

襌　衣不重从衣單聲　都寒切

襄　漢令解衣耕謂之襄　韻會耕上有而字恐非　从衣𤕦聲　息良切

𡀔　古文襄　五音

韻譜作[illegible]繫傳作[illegible]玉篇作[illegible]

被　寑衣五音韻譜下有也字繫傳韻會作寢衣長一身有半从衣皮聲平義切玉篇皮彼切衾也幭也又皮僞切加也及也廣韻收上去二聲

衾　大被从衣今聲去音切

襐　飾也玉篇首飾也廣韻未笄冠者之首飾也从衣象聲徐兩切

衵　日日所常衣左傳宣九年釋文引作日日所常衣也字林同玉篇近身衣也日日所著衣廣韻女人近身衣从衣从日日亦聲人質切廣韻又女乙切廣收質韻人質切玉篇女秩切

褻　私服从衣埶聲詩曰是褻袢也臣鉉等曰从熱者乃得聲私列切按熱亦从埶聲徐說非是六書故云唐本說文从㓞从埶[illegible]不足信今詩君子偕老作紲蓋假借

衷

裏褻衣从衣中聲春秋傳曰皆衷其衵服陟弓切韻會無皆字非見左傳宣九年玉篇知沖切善也正也當也廣韻收平去二聲去為中之重文

袾好佳也玉篇佳好也从衣朱聲詩曰靜女其袾昌朱切按姝下引詩作姝釋文同則袾下所引蓋三家詩今詩作姝玉篇袾尺朱竹朱二切廣韻兩收虞一陟輸切引字統云朱衣曰袾一昌朱切美好

袓事好也从衣且聲才与切玉篇似與切好也又子邪切縣名廣韻上聲語引說文又收平聲麻

裨接益也玉篇接也益也一切經音義卷十引作增也厚也補也恐非許文廣韻裨補也增也與也附也助也从衣卑聲府移切玉篇補移切又婢移切副將也亦姓廣韻兩收支

袢無色也韻會引作衣無色玉

雜攷韻會

篇注 从衣半聲一曰詩曰是紲袢也 韻會作一曰紲袢同 徐曰詩蒙彼縐絺是當暑袢紲之服則詩 引詩非 不引詩一曰紲袢亦當作褻 讀若普 博慢切玉篇扶元切廣韻收平聲元詩釋文音符袁反則博慢切鍇非

襍 五彩相會 合 韻會引彩作采是也彡部無彩

詳新附攷 从衣集聲 徂合切玉篇收隹部

裕 衣物饒也从衣谷聲易曰有孚裕無咎 羊孺切今易晉卦有作罔無作无

襞 韏衣也从衣辟聲 臣鉉等曰韏革中辨也衣襞積如辨也必益切

衦 摩展衣从衣干聲 古案切玉篇公但切廣韻收上聲旱又音幹

䙼 繒餘也

从衣㓷聲良辥切玉篇力際切廣韻收入聲去聲作㓷　袽　敝衣玉篇注敝衣也廣韻注衣敝（說文無袽）从衣奴聲女加切　袒　衣縫解也从衣旦聲丈莧切玉篇大亶切綻衣也肉袒也或作襢又除鴈切縫解也廣韻收上去二聲

補　完衣也从衣甫聲博古切　[衤黹]　紩衣也釋言黹紩也从衣黹黹亦聲豬几切五音韻譜豬作諸　褫　奪衣也从衣虒聲讀若池直离切錢宮詹曰池當作拕易終朝三褫之鄭康成本作拕

[illegible]切二[illegible]卦釋文云徐敕紙反又直是反

臝　袒也从衣𣎆聲郎果切　裸　臝或从果左傳孟子作裸

裎　袒也从衣呈聲　丑郢切玉篇除貞切袒也衣裼也又敕領切襌衣也廣韻收平上二聲

裼　袒也　釋訓禮裼肉袒也　从衣易聲　先擊切　孟子作袒裼裸裎

衺　𧞣也　五音韻譜同繫傳韻會作紕也六書故引蜀本作紕也玉篇注圍也　从衣牙聲　似嗟切

襭　以衣衽扱物謂之襭　釋器扱衽謂之襭　从衣頡聲　胡結切

擷　襭或从手

袺　執衽謂之袺　釋器同文　从衣吉聲　格八切玉篇公曰古頡二切廣韻收黠屑二韻

褿　幧也从衣曹聲　昨牢切又七刀切廣雅褿祓䘰褅也玉篇作褿七刀才刀二切幧也袵

也廣韻昨勞切帬也

裝　裹也　韻會引玉篇注同繫傳裹作褁譌　从衣壯聲　側羊切玉篇俎良切廣韻收平去二聲

裹　纏也　五音韻譜纏作纒是也韻會同繫傳無也字　从衣果聲　古火切玉篇古火切苞也又古臥切廣韻收上去二聲

裛　書囊也　後漢書班固傳注李注文選西都賦琴賦引並作纏也按玉篇注書囊也纏也衣帊也其書囊也纏也疑本說文後人刪去纏也一訓又因廣韻加書字　邑从邑衣聲　於業切廣韻收業緝葉三韻

齌　緶也　韻會下有裳下緝三字玉篇作䙖裳下緝也疾也緶也重文作齌　从衣齊聲　即夷切

裋　豎使布長襦从衣豆聲常句切玉篇市主切豎所衣布長襦

褔　編枲衣从衣區聲一曰頭褔一曰次裹衣於武切又於侯切玉篇於侯於部二切頭衣也次衣也廣韻收平聲侯上聲厚則於武切誤

褐　編枲韈一曰粗衣　廣韻引作編枲韈也一曰短衣孟子正義亦作短衣李注文選籍田賦引作粗衣也趙注孟子云許子衣褐以毳織之若今馬衣者也或曰褐枲衣也一曰粗布衣也从衣曷聲胡葛切

褗　褔領也　方言衱謂之褗郭注即衣領也玉篇衱也褗褔也隱袚也

从衣

匽聲於幰切裺褗謂之裺方言裺謂之襦又懸裺謂之緣玉篇緣也被也从衣奄聲依檢切玉篇於劒於檢二切廣韻收上去二聲一注衣縫緣也一注衣寬也衰艸雨衣秦謂之萆从衣象形穌禾切玉篇先和切雨衣也今作蓑又史追切微也又初危切等衰也廣韻收支脂二韻歌韻作蓑衰古文衰玉篇廣韻並無卒隸人給事者衣爲卒五音韻譜繫傳同韻會無衣爲卒三字蓋黄氏刪也一切經音義卷十一及御覽引無衣字玉篇注隸人給事也卒衣有題識者臧沒切玉篇作沒切又千忽切急也又子律切終也廣韻兩收沒一引說文又收術褚卒

也从衣者聲一曰製衣丑呂切繫傳韻會製作制玉篇市宫也卒也裝衣也按廣韻五經文字並作裝衣則製衣當是裝

裚裁也玉篇引廣韻注同繫傳脱也字韻會作裁衣也非从衣从制征例切繫傳韻會作从衣制聲

袚蠻夷衣从衣犮聲一曰蔽厀北末切厀當作厀繫傳作膝誤玉篇蔽膝也又蠻衣也重文作襏

襚衣死人也繫傳韻會無也字左傳文九年襄二十九年釋文引並作衣死人衣玉篇注緩也死人衣也从衣遂聲春秋傳曰楚使公親襚徐醉切

𧘹棺中縑裏从衣弔繫傳下有聲字讀若雕都僚切玉篇作

褭鳥幺切褭衣又蠻裊衣也廣韻亦作褭注死人衣

裞贈終者衣被曰裞左傳文七年釋文引同玉篇注無曰裞二字公羊傳作衣被曰襚　从衣兑聲　輸芮切廣韻舒芮收祭切衣送死也文禮注云日月已過乃聞喪而服曰裞又他活切又他外切又收泰注同按禮注蓋喪服小記之注今喪服小記作稅与鄭注不同

褮鬼衣　釋器衹謂之褮　从衣熒省聲讀若詩曰葛藟縈之　繫傳縈作褮譌艸部作蘽縈今詩作縈　一曰若靜女其袾之袾　於營切　繫傳上袾作姝蓋後人因今詩改段君云之袾當作之靜是也玉篇胡坰於營二切廣韻止收平聲

䘰車溫也　玉篇車韞䘰又帑也廣韻帑䘰牛領上衣　从衣延聲　式連切

褑

以組帶馬也从衣从馬奴鳥切韻會引同繫傳作从衣馬聲誤玉篇闕廣韻注騕褭

文一百一十六繫傳六作四非　重十一繫傳無一字非

裘皮衣也从衣求聲一曰象形與衰同意韻會引同繫傳無意字蓋脫　凡裘之屬皆从裘巨鳩切　求古文省衣繫傳作古文求此與裘意同按求當作裘其下蓋徐說

𧝫裘裏也廣韻引同玉篇裘也裏也蓋本說文是二義廣韻乃後人引　从裘鬲聲讀若擊楷革切

文二　重一

老考也七十曰老从人毛匕玉篇引匕作化非言須髮變白也繫傳無也字韻會作从毛匕匕化也髮變白也葢刪改凡老之屬皆从老盧皓切

耋年八十曰耋五音韻譜耋作耊繫傳同毛傳詩車鄰耋老也八十曰耋藝文類聚引無年字从老省从至徒結切繫傳韻會作从老省至聲

𦒱年九十曰𦒱藝文類聚引無年字曲禮八十九十曰耄从老从蒿省莫報切繫傳韻會作从老蒿省聲玉篇有重文耄毛注云亦作耄廣韻同

耆老也从老省旨聲渠脂切玉篇渠伊切

耇老人面凍黎若垢繫傳老人作人老韻會同無黎字玉篇引作老人面凍棃若垢也按方言釋名儀禮注並作棃則棃字是也

从老省句聲古厚切𦒷老人面如點也繫傳也作處恐非玉篇老人面如墨點也从老省占聲讀若耿介之耿丁念切𦒸老人行才相逮玉篇老人行財相逮也从老省易省行象繫傳老下無省字讀若樹常句切繫傳樹作樹非據音當是尌壽久也从老省𠷎聲殖酉切按當作𠷎省聲考老也从老省丂聲苦浩切孝善事父母者釋訓善父母爲孝从老省从子子承老也呼教切韻會止一子字繫傳作从老省从子子承老老省亦聲蓋傳寫誤衍老字玉篇引

作從子承老省　文十

毛　眉髮之屬及獸毛也　廣韻引無之屬二字一切經音義卷十二引作眉髮之屬也當非脫玉篇注同　象形凡毛之屬皆从毛　莫袍切

毴　毛盛也从毛隼聲虞書曰鳥獸毴髦　而尹切又人勇切繫傳無也字髦毛作毛韻會作髦毛有也字隼作準非玉篇作毴而勇而允二切衆也聚也重文作氄廣韻收準作毴腫作氄今書堯典作鳥獸氄毛毛部無氄

𣯛　獸豪也　繫傳無也字玉篇長毛也獸毫毛也　从毛倝聲　侯幹切

毨　仲秋鳥獸毛盛可選

取以爲器用 書堯典釋文引用下有也字繫傳無用字韻會亦無仲秋上有選也二字則黄氏意增 从毛先聲讀若選 穌典切

𣯌 以毳爲罽 詩大車檻檻釋文譌爲璊引作以毳爲罽也玉篇注同 色如虋故謂之𣯌 虋禾之赤苗也 繫傳作色如虋禾之赤苗故謂之𣯌虋蓋傳寫譌 从毛㒼聲詩曰毳衣如𣯌 莫奔切今詩作璊毛傳璊赬也按引詩疑後人增𣯌爲毳衣不應云如也 埤雅十六云引詩毳衣如璊

氈 撚毛也从毛亶聲 諸延切

文六

漢書鄧都傳亞柯條
侯亞崇居也侯作㞐

毳　獸細毛也从三毛凡毳之屬皆从毳此芮切　𣯥

毛紛紛也从毳非聲甫微切　文二

尸　陳也象臥之形凡尸之屬皆从尸式脂切　𡱂　偫

也从尸㒸聲堂練切玉篇丁挺大練二切　重　居

也屒也廣韻收上聲迴去聲霰

蹲也从尸古者居从古　臣鉉等曰居从古者言法古

也九魚切廣韻音同啚也

處也安也玉篇舉魚切處也安也按从古者蓋取其

凥按廣雅凥字曹音古魚反云今居字乃箕居字

也古慮反然則篇　踞　俗居从足　學傳作㞐俗

韻並从今義非古也　居从足一本从居

又據孝經仲尼居釋文云居如字說文作凥音同則相承久矣

按一本从居四字乃徐說類篇足部有臣光按說文尸部居字云俗居从足當作凥今本誤作踞所據者大徐本（無足部有踞不應重出）未見繫傳也居踞蓋古今字足部應有踞尸部不應重出

屃臥息也从尸自臣鉉等曰自古者以爲鼻字故从自許介切繫傳自下有聲字一切音義卷十一引亦有

屑動作切切也从尸肖聲私列切玉篇作屑重文作屑引說文

展轉也从尸襄省聲知衍切

屆行不便也一曰極也釋言文从尸凷聲古拜切韻會一曰句在从尸凷聲下

尻脾也玉篇廣韻引同韻會引作脽也當不誤一切經音義卷十四引作脽也又云脽音雖从尸九聲苦刀切

切

𡱂髀也从尸下丌居几臣鉉等曰丌几皆所以尻止也徒魂切

脽𡱂或从肉隼繫傳作脽玉篇廣韻並無按廣雅臀謂之脽則脾乃脽之俗體故繫傳作脽然脽已見肉部不應重出故大徐改爲臀

臀𡱂或从骨殿聲

𡲬𡱂也从尸旨聲詰利切玉篇詰地口奚二切廣韻止收去聲至

尼从後近之从尸匕聲女夷切玉篇奴啓女飢二切安也止也和也息也廣韻止收平聲脂

𡳐從後相臿也从尸从臿楚洽切繫傳作从尸臿聲玉篇楚立所甲二切從後相躡也廣韻收緝洽狎三韻

𡰪𡳐𡰪也廣韻𡳐𡰪前後

相次从尸乏聲直立㞋柔皮也从申尸之後尸
也切
或从又臣鉉等曰注似闕脫未詳人善切繫傳作从
又申尸之後也或从又樹玉謂當是从尸㞋
者㞋尸之後或从又篆當作㞋廣韻作㞋注柔弱
赧報並从㞋可證也㞋引也玉篇作㞋儒兖切弱也或
爲屒伏皃从尸辰聲一曰屋宇珍忍切玉篇
耎引廣雅一㞋而兖反呂靜音碾時人切重辰目
也說文竹忍切伏皃一曰屋屖屖遟也玉篇注
宇也廣韻止收眞注重脣同廣韻
引作遟也一切經音从尸辛聲先稽屝履也
義卷十四引同切
方言屝屨麤也徐兖之郊謂之屝
繫傳韻會作履屬玉篇草屩也从尸非聲扶沸
廣韻草屩黃帝臣於則所造也釋切
說文攷異
名曰齊人謂草屨曰屝屝皮也以皮作之

屍　終主从尸从死　式脂切　玉篇弛祇切在牀曰屍廣韻引禮記曰在牀曰屍在棺曰柩　式之切　繫傳作从尸死聲韻會作从尸死

屠　刳也从尸者聲　同都切

屟　履中薦也　玉篇引同廣韻爲屧之重文注同一切經音義卷十四引中作之蓋誤　从尸枼聲　穌叶切

屋　居也从尸尸所主也一曰尸象屋形从至至所至止室屋皆从至　烏谷切　繫傳韻會止上無至字

𡱂　籀文屋从厂

𡲰　古文屋　廣韻作臺玉篇無集韻類篇亦作臺不云古文

屛　屛蔽也从尸幷聲　必郢切玉篇蒲冥必郢二切屛蔽也放去也又卑營切引廣雅

云屏營怔忪也廣韻收平聲清青又收上聲靜

層重屋也廣韻注同玉篇重也累也从尸曾聲昨稜切

文二十三　重五

說文解字攷異弟八上

說文解字攷異弟八

尺 十寸也人手卻十分動脈爲寸口十寸爲尺尺所以指尺規榘事也五音韻譜䂓作規是也繫傳亦作規榘作矩則省韻會同規上無尺字从尸从乙乙所識也周制寸尺咫尋常仞諸度量皆以人之體爲法可證仞與尋別非八尺也凡尺之屬皆从尺昌石切

咫 中婦人手長八寸謂之咫周尺也从尺只聲諸氏切玉篇之爾切中婦人手長八寸也

文二

當提高一字

尾 微也从到毛在尸後 繫傳韻會到作倒非 古人或飾

（史記五帝紀集解引作交接也恐非）

系尾西南夷亦然 繫傳尾作尾 凡尾之屬皆

（鳥獸魚蟲皆有之又末後稍也又星名 廣韻音尾也 亦作皆玉篇）

从尾 無非切 今隸變又作尾篇韻非作匪是也乃上聲

屬 連也从尾蜀聲 之欲切玉篇時欲之欲二切引說文廣韻兩收燭

屈 無尾也从尾出聲 九勿切玉篇巨律切短尾也廣韻衢物切短尾鳥

（韻會引同繫傳無也字）

尿 人小便也从尾从水 奴弔切繫傳無也字作从尾水韻會同有也字

（一切經音義卷十二引無人字）

文四

履 足所依也从尸从彳从夊舟象履形一曰尸聲凡

履之屬皆从履 良止切玉篇力几切皮曰履又踐也祿也詩云福履將之廣韻會引字書云草曰扉麻曰屨皮曰履黃帝臣於則所造

⿰頁足 古文履从頁从足

屨 履也 韻會引同繫傳無也字玉篇履屬麻作謂之屨也廣韻履屬引方言曰自關而西謂之屨 一曰鞮也 九遇切繫傳無也字韻會作又鞮也

𡳐 履下也 玉篇注同繫傳無也字廣韻同 从履省歷聲 郎擊切

𦨶 履屬 玉篇引同繫傳脫屬字 从日履省予聲 徐呂切玉篇余去徐呂二切廣韻收上去二聲

屩 屐也 繫傳韻會作履也玉篇廣韻草履也 从履省

喬聲居勺切

屐 屩也玉篇屩屐也廣韻同 从履省支聲奇逆切

文六　重一

舟 舩也五音韻譜舩作船是也繫傳同 古者共鼓貨狄刳木爲舟韻會引同繫傳鼓作皷俗玉篇引作鼓廣韻引墨子曰工倕作舟呂氏春秋曰虞姁作舟世本曰共鼓貨狄作舟二人並黃帝臣 剡木爲楫以濟不通易繫辭刳木爲舟剡木爲楫舟楫之利以濟不通 象形凡舟之屬皆从舟職流切

俞 空中木爲舟也廣韻引同玉篇注無中字 从亼从舟从巜巜水也羊朱切

船舟也从舟鉛省聲食川切玉篇市專切舟船廣韻引方言曰關西謂之船關東謂之舟

肜船行也繫傳無也字韻會作舟行也从舟彡聲丑林切玉篇作彤余躬切引爾雅云祭也又丑林切舟行也廣韻收東作彤祭名收侵作肜船行今書高宗肜日爾雅釋天並作彤

舳艫也繫傳韻會無也字廣韻注舳艫从舟由聲漢律名船方長爲舳艫一曰舟尾臣鉉等曰當从冑省乃得聲直六切按冑𦙍並从由聲徐說非是繫傳尾上無舟字韻會作船

艫舳艫也韻會引同繫傳無也字一曰船頭从舟盧聲洛乎切五音韻譜作艫繫傳同一曰句在

从舟盧聲下韻會作船頭曰𦨶船行不安也
艫無一曰二字蓋黄氏改
廣韻引同繫傳韻會 从舟从刖省 繫傳韻
無也字玉篇船不安 會作从舟
刖讀若兀五忽切 艐船著不行也 玉篇注同韻會無也字繫
省
傳作船著不从行蓋傳寫譌 从舟㚇聲讀若
廣韻引作船著沙不行也 韻會同恐非
宰 子紅切玉篇祖公切又音屆至也廣韻平聲
東引說文去聲怪引爾雅至也又收薣注同東
朕我也 見釋詁 闕 直禁切說文無 凡从𢍏者並當是从𦩍省
𢍏故云闕也玉篇直荏切天
子稱廣韻收上聲寑注我也秦始皇
二十六年始爲天子之稱直稔切 舫船師也

明堂月令曰舫人習水者从舟方聲甫妄切韻會無師字

明堂作禮記乃黃氏安改不足信也

般辟也象舟之旋从舟从殳殳所以旋也北潘切繫傳作殳令舟旋令盖令之譌韻會作殳命舟旋者也亦黃氏改玉篇步干切大船也又槃也又北潘切廣韻兩收桓

𣪠古文般从支玉篇廣韻並無按乃攴之古文非支也疑後人增

服用也一曰車右騑所以舟旋五音韻譜騑作騎誤繫傳及集韻類篇韻會引並作騑从舟𠬝聲房六切玉篇𠬝當作𠬝盖闕後人所補有音無義

舠

古文服从人　文十二　重二

方併船也玉篇廣韻引同李注文選王仲宣詩引作併舟也象兩舟省總頭形凡方之屬皆从方府良切　汸方或从水

斻方舟也从方亢聲五音韻譜作斻是也繫傳同無也字韻會有也禮天子造舟諸侯維舟大夫方舟士特舟臣鉉等曰今俗別作航非是胡郎切繫傳特作待譌韻會作特禮上有周字蓋黃氏加文見爾雅釋水及詩大明毛傳鄭箋云天子造舟周制也殷時未有等制

文二　重一

儿

儿 仁人也古文奇字人也象形孔子曰在人下故詰屈 繫傳無下也字玉篇仁人也孔子曰人在一下故詰屈說文曰古文奇字人也象形（據） 凡儿之屬皆从儿 如鄰切繫傳作𠓜廣韻無

此則後人以玉篇增

兀 高而上平也从一在人上 玉篇引同人當作儿 讀若夐茂陵有兀桑里 五忽切窗 當作窗文

兒 孺子也 玉篇引同繫傳韻會孺作孩 从儿象小兒頭囟未合 汝移切玉篇引同繫傳韻會囟作囪譌

允 信也从儿㕣聲 樂準切五音韻譜樂作余是也繫傳脫㕣字韻會作从儿㕣非

兌 說

也从儿㕣聲 臣鉉等曰㕣古文兖字非聲當从口从八象气之分散易曰兑爲巫爲口大外切 段君云㕣與沇古同字同音兑爲㕣者古合音也

充 長也高也 玉篇行也滿也釋詁崇充也釋言梡頌充也郭注皆充盛也 从儿育省聲 昌終切 文六

兄 長也从儿从口 韻會引作从儿口以制下蓋黄氏說 凡兄之屬皆从兄 許榮切 玉篇昆也引爾雅曰男子先生爲兄釋名兄荒也荒大也故青徐人謂兄爲荒也

兢 競也从二兄二兄競意从丰聲 韻會作从二兄競意丰聲蓋黄氏改 讀若矜 一曰競敬也 居陵切五音韻譜同繫傳兢作競競非無也字韻會亦作競有也 文二

先首笄也从人匕象簪形凡先之屬皆从先（廣韻引玉篇注同後漢皇后紀注引作笄也脫）側岑切五音韻譜岑作琴

簪俗先从竹从簪繫傳簪上無从字

兟簪簪銳意也玉篇簪簪作兟兟當本說文、从二先子林切廣韻無

文二　重一

皃頌儀也从人白玉篇容儀也引說文从白下儿也象人面形凡皃之屬皆从皃莫教切

貌皃或从頁豹省聲繫傳在籀文下無皃字

貌籀文皃从豹省繫傳作籀文皃从豸

覍冕

說文攷異　六

也周曰覍殷曰吁夏曰收　五音韻譜同繫傳吁作哻韻會作哻並非五經文字云字林作⿱冖紆經典相承隸省作冔按冂部無⿱冖紆冔士冠禮記作周弁殷冔夏收白虎通作詡曰謂之詡者十二月之時施氣受化詡張而後得牙故謂之詡　从皃象形　皮變切

㒼　籀文覍从廾上象形　韻會作㝨弁玉篇同廣韻無

弁　或覍字　玉篇作弁廣韻正作弁重文作覍

文二　重四

𠑹　廱蔽也从人象左右皆蔽形凡𠑹之屬皆从𠑹讀若瞽　公戶切

兜　兜鍪首鎧也从𠑹从皃省皃

象人頭也 當侯切五音韻譜見作皃是也繫傳韻會
作从兆从皃者象人頭形也玉篇引作从兜

皃象人
頭也

文二

先 前進也从儿从之 繫傳韻會之
上無从字
凡先之屬皆从

先 臣鉉等曰之人上
是先也穌前切

兟 進也从二先 贊从此
玉篇思賢切又思見切前也早也廣韻收平去二聲

闕 所臻切 按贊當从兟非从兟詳貝部則贊从此三字乃
後人加闕字亦不當有玉篇所巾切進也又兟兟衆
多

文二
皃廣韻進也所臻切

禿 無髮也从人上象禾粟之形 廣韻引同韻會
象上有禾字繫

傳粟作采玉篇作从儿上取其聲廣韻韻會象禾黍之形當本說文玉篇並無此三字凡禿之屬皆从禿王育說蒼頡出見禿人伏禾中因以制字未知其審他谷切廣韻引文字音義云蒼頡出見禿人伏於禾中因以制字不知文字音義本說文也繫傳祛妄篇禿引陽冰云从穆省聲臣鍇以爲禾有實稍垂如禿者髮種種然記伏禾中者博異聞爾从穆而省無乃臆說釋名禿也沐者髮下垂禿者無髮皆無上窮之稱也亦字當

穨 禿皃玉篇廣韻並注暴風也蓋本爾雅郭注从禿貴聲杜回切俗作頹

文二

見 視也从儿从目繫傳作从目儿韻會同凡見之屬皆从見古甸

切繫傳作視瞻也从見示　神至切繫傳韻會
見通部同玉篇視古文為切廣韻古文[illegible]示下有聲字玉篇視[illegible]也又胡甸切露也
時止切廣韻收眎古文視繫傳作眎眂亦古文
上去二聲　韻會同
視繫傳作眂廣韻引作眡　覶求也　廣韻注
譪玉篇眎眂並收目部　求視皃
疑本說文
本說文玉篇索視之皃李注文選吳都賦引倉
頡篇曰覶索視之皃也亦作矖
从見麗聲讀若池　郎計切池疑迆之譌玉篇
力計切又師蟻切廣韻
止收去聲　𧡝好視也从見委聲　於為切
上聲作矖
覞視也
䙺　覞視也　玉篇注同繫傳作內
視也鍇曰今為睨內

說文攷異

視自視也按目部睍𧝑視也睍覞字同𧝑从見視與𧝑視合似不當爲內視廣韻覞（內視者乃覞字）傍視兒聲五計切

覶好視也玉篇好視也又覶从見縷委曲也廣韻作覶𤔔聲洛戈切

⿰彔見笑視也玉篇共視也共字恐譌廣韻一注笑視一注眼曲从見彔聲王問切五音韻譜作力玉切是也（王問切是⿰員見字）玉篇來卜切廣韻收屋燭二韻

⿰爰見大視也从見爰聲況晚切玉篇胡管切又音烜廣韻收上聲平聲作暖

覝察視也从見㷩聲讀若鐮力鹽切玉篇

⿰員見外博衆多視也五音韻譜云今作廉

繫傳博作博是■从見員聲讀若
也心部無博玉篇同廣韻注衆視蓋畧
運王問切 觀諦視也从見雚聲古玩切玉篇古換切又古桓切
廣韻收平 ⿱雚囧古文觀从囧五音韻譜作⿱雚囧
去二聲 繫傳作⿱雚囧玉篇
作⿱雚囧 㝵取也从見从寸寸度之亦手也臣鉉等案彳部
作古文得字此重出多則切繫傳寸上無从字
按廣韻及一切經音義卷六引作取也則見部應
有㝵下古文蓋後人 增得注行有所得也 覽見觀也从見監監亦聲
盧敢切繫傳作 ⿰來見內視也从見來聲洛代切 ⿰日見
覽不重監字

顯也从見是聲杜兮切玉篇達兮達麗二切視也又顯也廣韻平聲引說文又收去聲按詩小宛題彼脊令毛傳題視也題無視義疑即覞字

䚈目有察省見也玉篇注同繫傳無見也二字徐本韻引目見作晛廣韻引字林云目有所察从見票聲方小切玉篇妨饒切又方小切廣韻收上聲平聲作瞟

𧠞𧠞覰闚觀也繫傳𧠞作𧠞覰作覷並譌从見朿聲七四切玉篇此沓切見也盜視皃也廣韻止收平聲脂則七四切非

覰拘覰未致密也从見䖒聲七句切玉篇此居士據二切注同廣韻止收平聲注同視也

覭小見也从見冥聲爾雅曰覭髳弗離莫經

切令爾雅弗作茀釋文同玉篇暮丁亡　䚓 內視也
狄二切廣韻平聲引爾雅又收入聲
从見甚聲 丁含切隸釋載張壽碑䚓䚓虎視云與眈同　覯 遇見也 玉篇
引詩曰我覯之子覯見也釋詁作遘　从見冓聲 古后
逢遇遌遻見也毛傳詩草蟲覯訓遇　切
𧢜 注目視也从見歸聲 渠追切玉篇巨韋渠
追二切目駐視也廣
韻收脂 玉篇注同繫傳作窺視 从見占
微二韻 覘 窺也 廣韻引作闚視也
聲春秋傳曰公使覘之信 救豔切五音韻譜救
作敕是也見左傳文
十七年廣韻引無信字玉篇注同音敕廉　覹 司
恥豔二切廣韻去聲引說文又收平聲

也从見微聲 無非切玉篇莫悲切廣韻收脂爲⿰目微之重文注伺視伺卽司之俗體微韻收⿰目微

覢暫見也 玉篇暫覢也（蓋譌）廣韻引蒼頡篇云覢覢視皃 从見炎聲春秋公羊傳曰覢然公子陽生 失冉切見哀六年今作闖何注闖出頭皃

⿰賓見暫見也从見賓聲 必刃切玉篇匹刃匹[illegible]二切廣韻收平去二聲

覾⿰賓見覾也从見樊聲讀若幡 附袁切繫傳作⿰棥見譌

⿰氏見病人視也 玉篇病人視廣韻作⿰氏見病人視皃⿰氏見蓋譌 从見氏聲讀若迷 莫兮切

⿰逌見下深視也 廣韻注同玉篇下目也 从見逌聲讀若攸

覙 私出頭視也从見彤聲讀若郴 丑林切 以周切 玉篇丑心丑蔭二切私出頭視廣韻收平去二聲平聲譌作䁢

⿱冃見 突前也从見冃 臣鉉等曰冃重覆也犯冃而見是突前也莫紅亡洪二切 繫傳冃下有聲字玉篇作冒見莫勒切突前也按一切經音義卷十二引作冒見玉篇冃部亦有冒見注同則作冒見非二切經音義誤廣韻冒見冒見並無

覬 𣄙幸也从見豈聲 几利切 李注文選王命論一切經音義卷二引並作幸也玉篇注見也覬覦也廣韻覬覦希望

覦 欲也从見俞聲 羊朱切 左傳桓二年釋文引字林羊住反玉篇廣韻俱切廣韻覦平去二聲

⿰舂見 視不明也一曰直視从見舂聲 丑尨切 繫傳一曰句在从見舂聲下玉篇作䚋丑江丑巷二切廣韻

收平去二聲亦作覻

覦 視誤也从見龠聲 弋笑切

覺 寤也从見學省聲一曰發也 古岳切詩小苑明發不寐有覺義

䚓 目赤也从見𥏼省聲 臣鉉等曰𥏼非聲未詳才的切繫傳無也字𥏼作智錢同人侗云𥏼當是𥏼籀文疾也

靚 召也 韻會引同繫傳無也字 从見青聲 疾正切玉篇才性切䙘飾也[引]說文召也廣韻䙘飾也古奉朝請亦作此字

親 至也 廣韻引玉篇注同韻會作寴至也非 从見亲聲 七人切玉篇且因切廣韻收平去二聲

覲 諸侯秋朝曰覲勞王事从見堇聲

渠吝切
覜諸侯三年大相聘曰覜覜視也一切經音義
卷七引作眺視也从見兆聲他弔切玉篇闕廣韻引周
禮大夫衆來曰覜寡來曰
聘見鄭注典同五經
文字云覜石經作頫
覒擇也繫傳脫擇也二字从見毛聲讀
若苗莫袍切玉篇莫到切引詩曰左右覒之頊
擇也本亦作芼按苗當是芼芼訓艸
覆蔓又今詩作左右芼之毛傳芼
擇也蓋假借覒注與毛傳合當是韓詩釋文失采
廣韻覒收去聲号注邪
視也莫報切莫袍切誤
覕蔽不相見也从見必
聲莫結切玉篇莫結補日二切覓也廣韻收屑
莫結切不相見皃蓋本說文又質韻有眘美

畢切不見皃蓋覛之俗體

[illegible]司人也从見它聲讀若馳式支切玉篇注規覘廣韻規覘面柔也本亦戚施釋訓釋文云戚施字書作規覘同見部無規

䚅目蔽垢也从見𠒛聲讀若兜當侯切五音韻譜兜作兠是也繫傳同無也字蓋脫玉篇有也字

文四十五　重三

覞並視也从二見凡覞之屬皆从覞弋笑切玉篇昌召弋召二切廣韻弋照切普視引說文並視也

𧢄很視也从覞肩聲齊景公之勇臣有成𧢄者苦閑切繫傳鍇曰成𧢄孟子所云也𧢄其名廣韻人名

出孟子齊景公勇臣成覵又引⿱雨覞見雨而比息

說文很視也今孟子作瞯見部無

五音韻譜比作上丕譌繫傳作止是也玉篇引同

平津館又雨部有⿱雨覞引說文云見雨而止息曰⿱雨覞廣韻

引同蓋玉篇本收雨从覞从雨讀若欷虛器切

部覞部者疑後人增繫傳無

讀若欷三字玉篇火利切雨部苦

顏許器二切廣韻收去聲至虛器切

文三

欠張口气悟也廣韻引同象气从人上出之形

會气作氣[illegible]玉篇同御覽引气悟作出氣恐非

凡欠之屬皆从欠去劒切繫傳

作欠通部同

欽欠皃玉篇敬也

引說文云欠皃[illegible]釋詁欽敬也本釋詁其字當作鈙攴

部鈙持也讀若琴今持有敬義又建類一首

傳注中字形相近後人多作欽　从欠金聲　去音切　𣤶　欠皃　玉篇欠皃
一曰不解理廣韻述　从欠䜌聲　洛官切　欯　喜也　玉篇
惑不解理一曰欠皃
注同廣韻　从欠吉聲　許吉切　吹　出气也从欠从口　臣鉉
韻笑也
等案口部已有吹噓此重出昌垂切　欨　吹也一
按玉篇欠部無吹　則欠部盡後人增　後人所增無疑　則口部當有吹
曰笑意从欠句聲　況于切玉篇況娛呼禹二切　歑
廣韻上聲引說文又收平聲虖
韻會引作吹也从欠句聲引老子或煦或吹一曰笑意鍇本全非　夏小正梓震呴疑即欨之別體
溫吹也　玉篇出氣息也出曰歑入曰
哈或呼字廣韻溫吹氣息也　从欠虖聲
虎烏切　㰲　吹气也从欠或聲　於六切玉篇火麥
切　於六二切廣韻止

收屋

歟　安气也　玉篇語末辭廣韻引說文安气也又語末之辭亦作與　从欠與聲　以諸切

歙　翕气也从欠翕聲　虛業切

歕　吹气也从欠賁聲　普魂切玉篇普門普悶二切廣韻收平去二聲去聲爲噴之重文

歇　息也一曰气越泄从欠曷聲　許謁切繫傳聲下有讀若香臭盡歇六字歇當是竭玉篇竭也臭味消息散也廣韻氣洩也休息也又竭也

歡　喜樂也从欠雚聲　呼官切

欣　笑喜也　韻會引作喜也玉篇廣韻注同　从欠斤聲　許斤切

弞　笑不壞顏

曰弞从欠引省聲 式忍切按玉篇有𣢟弞二字並注笑不壞顏也𣢟適當說文弞字之次音呼來切弞字在後式忍切又音引廣韻有弞無𣢟廣雅𣢟咍笑也𣢟音呵茖反咍注云同上則弞當是𣢟

款意有所欲也从欠窾省 臣鉉等曰窾塞也意有所欲而猶塞款款然也苦管切五音韻譜窾款並作窾款是也繫傳同省下有聲字韻會同蓋大徐疑聲不近故去聲字而爲此說也玉篇作款口緩切誠也叩也俗作欵後又有歀思萃切問也乃後人增

𣢼 款或从柰

玉篇廣韻同

𣢖 幸也从欠气聲一曰口不便言 居气切玉篇幸也口不便也亦作吃

欲 貪欲也从欠谷聲 余蜀切

歌

詠也玉篇詠聲也从欠哥聲古俄切謌歌或从言歂口气引也从欠耑聲讀若車輇市緣切玉篇視專視兖二切口氣引也廣韻平聲引字林同又收上聲歍心有所惡若吐也从欠烏聲一曰口相就哀都切𣤈歍𣤈也从欠鼀聲才六切玉篇子合才六二切嗚𣤈也亦作噈又組敢切菖蒲菹也廣韻止收屋引説文又上聲感作歜昌蒲菹徂感切與左傳合作歜噈俗𣤈从口从就𣢟惄然也惄疑𣢟譌玉篇廣韻並注𣢟悲皃从欠未聲孟子曰曾西𣢟然才六

説文攷異　十五

切今孟子作蹵趙
注蹵頞猶蹵踖也　欦含笑也从欠今聲　丘嚴切　玉篇■
作欽呼南切含笑也貪欲也■下即欽字呼
恬切義同上廣韻添收欽覃收欽　歋人相笑相
歋瘉　繫傳笑下無相字後漢書王霸傳注引作歋
瘉手相笑也手字蓋涉上文而衍玉篇人相笑
也相歋歈也　从欠虒聲　以支切玉篇以
欠部無歈　離切廣韻作歋　歊歊歊气
出皃　廣韻引气作氣玉篇注同繫傳不重歊字韻
出皃　會作象氣出皃李注文選東都賦引作氣上
出皃恐　从欠高高亦聲　許嬌切　欻有所吹起从
並非
欠炎聲讀若忽　許物切韻會引同繫傳忽下有
飛字蓋誤玉篇注忽也廣韻

注昦起李注文選赭白馬賦引作歘有所吹起也

則賦本作歘 今譌爲歘 說文本从火欻聲玉篇欻有呼昦切一音曰昊乃昦之譌廣韻欻

[illegible]文選注玉篇僅音無從[illegible] 按錫音呼昊切与忽音合

欪 欪欪戲笑皃 廣韻喜笑 玉篇戲笑皃 从欠之

聲 許其切 廣韻音同 玉篇許之切 歊 歊气出皃 玉篇廣韻氣出皃

从欠䍃聲 余招切 歗 吟也 玉篇蹙口而出聲 从欠肅聲 詩

曰其歗也謌 臣鉉等案口部此籀文嘯字此重出 穌弔切 按廣韻嘯引說文下有籀文

歗則欠部爲重出 後人增無疑

歎 吟也 从欠鶾省聲 池案切 五音韻譜作𣛑作

他是 歎、 籀文歎不省 玉篇不云籀文 廣韻無 也

歖 卒喜

也从欠从喜　許其切五音韻譜同繫傳作𣢟从欠
喜聲　按从喜當作从壴歖爲古文
喜不應重出玉篇歖欣疑切卒喜也後又有歖
虛紀切樂也在俗字中蓋後人增廣韻七之作歖
注卒喜壴　欸　訾也从欠矣聲　亾戒切又烏開
傳譌[illegible]文　切玉篇烏來
切歎也呰也一曰恚聲　𣢑　歐也从欠此聲　前智切玉
廣韻■收平聲咍歎也　又收去聲怪爲譮之重文譮怒聲許介切
篇子移子賜二切歐也嘎也
嗟歎也廣韻收平去二聲　歐　吐也从欠區聲　朽居切
烏后　歔　欨也从欠虛聲一曰出气也　歔欨也　玉篇注
切
又啼　欷　歔也从欠稀省聲　香衣切繫傳韻
兒廣韻注歔欷　會作从欠希聲

玉篇欣衣欣旣二切悲也注餘聲也廣韻收平去二聲

歜　盛气怒也　玉篇怒氣　廣韻怒氣

从欠蜀聲　尺玉切玉篇尺燭切廣韻收燭　又收上聲感

𣣋　言意也　从欠从卤卤亦聲讀若酉　与久切

𣤬　欲歠歠　按盜歠蓋譌　五音韻譜作欲歠也是也集韻類篇引同繫傳韻會作欲飲也玉篇注同

从欠渴聲　苦葛切廣韻爲渴之古文

𣢟　所謌也　从欠噭省聲讀若叫呼之叫　古弔切繫傳作讀若噭呼玉篇公的公弔二切所歌也廣韻作敫收去聲歌也入聲

𣤶　悲意也　从欠嗇聲　火力切五音韻譜火作所是也玉篇廣韻並作所

力切玉篇悲意廣韻小怖皃

⿰樵欠　盡酒也从欠樵聲　子肖切玉篇子妙切亦作釂

⿰緘欠　監持意口閉也从欠緘聲　古咸切玉篇呼兼公廉公臿三切堅持意口閉也廣韻兩收添又收咸並注堅持意則監譌

⿰辰欠　指而笑也篇韻注同从欠辰聲讀若蜃　時忍切段君云吳都賦東吳王孫𧮯然而咍劉注𧮯大笑皃引莊周齊桓公𧮯然而笑𧮯即⿰辰欠字之異者

⿰鰥欠　昆干不可知也从欠鰥聲　古渾切玉篇作⿰鰥欠注云⿰鰥欠干不可知也廣韻作⿰眔欠注同⿰眔欠干不可知也則昆字非

歃　歠也　玉篇注歃血也　从欠臿聲春秋傳曰歃而忘　山洽切左傳隱七年而作如廣韻收葉洽二韻並

注歃血欶吮也从欠束聲所角切歁食不滿也从欠
甚聲讀若坎苦感切欿欲得也从欠臽聲讀若
貪他含切玉篇口感口含二切貪惏曰欿廣韻止收上聲
感注欲得按歁欿字當通孟子附之以韓魏之家
如其自視欿然則過人遠矣趙注欿欱歠也玉篇注
然不足孫宣公音義引張欿音坎字林云同廣韻
大歠从欠合聲呼合切歉歉食不滿玉篇恨不出也
也食不飽也
从欠兼聲苦簟切玉篇口簟切廣韻收㱁咽中息
陷注歉嗛口陷切又口咸切
廣韻引同
一切經音義卷十一十五引息上
不利也有氣字玉篇咽中氣甚不利也从欠骨聲烏八切廣

咸當作減上聲
亦注食不飽
收平聲

韻音同玉篇於骨切

欭　嚘也　玉篇聲不平廣韻噎歇歎也按玉篇嚘引老子曰終日號而不嚘

嚘氣从欠因聲　乙冀切廣韻音逆也今本老子語作嚘同玉篇於利切

欬　屰气也　韻會屰作逆　玉篇上欶也廣韻注欬瘷按癞嗽並欶之俗體　从欠亥聲　苦蓋切玉篇曰戴切廣韻收代苦蓋切

㱁　且唾聲一曰小笑　玉篇引下有也字繫傳無聲字蓋脫　从欠毄聲　許璧切玉篇呼狄切廣韻無

歙　縮鼻也从欠翕聲丹陽有歙縣　許及切玉篇呼及尸葉二切廣韻收緝引說文又收葉丹陽地理郡國志作丹楊

𣤎　蹴鼻也从欠咎聲讀若爾雅曰麐貑短脰　於糾

切繫傳豭作猳非犬部無猳釋獸作麚釋文同
玉篇乎表於姤二切歐吐也引說文其久切廣韻止
收上聲小　㰶　愁皃从欠幼聲　臣鉉等案口部呦
注歐吐　字或作㰶此重出於
蚪切玉篇譌作㰶於糾切注同廣韻收平上二聲平
聲爲呦之重文上聲注愁皃[illegible]則欠部應有
㰶口部重文　欪　咄欪無慙　集韻引下　一曰無腸意
或後人增　有也字
从欠出聲讀若卉　丑律切五音韻譜作欪並譌繫
傳作欪無讀若卉三字玉篇
丑律切訶也廣韻收質術二韻一　欥　詮詞也　玉篇詮辭
音許吉切一音丑律切並注訶也
也廣韻　从欠从曰曰亦聲　繫傳韻會曰　詩曰
詞也　上無从字

欥求厥寧余律切今詩大雅作遹釋文同

次不前不精也按前下當有也字蓋是二義玉篇叙也近也廣韻次第也亦三宿曰次从欠二聲七四切

𣄚古文次玉篇廣韻並無汗簡有二𣄚一注出義雲章一注出朱育集古字

㰦飢虛也从欠康聲苦岡切

欺詐欺也韻會引作詐也廣韻改蓋以注同玉篇欺妄也从欠其聲去其切

歆神食气也从欠音聲許今切廣韻气作氣玉篇注歆羨也貪也

文六十五　重五繫傳五作四非

㱃歠也从欠酓聲凡㱃之屬皆从㱃於錦切玉篇■不立㱃部

㱃歠並收欠部

𣲚　古文㱃从今水　繫傳作淦玉篇收水部作淦廣韻（無古文）㱃引說文有重文飲（無古文）五經文字㱃飲注云上說文下經典相承隸省

𠊊　古文㱃从今食　玉篇收食部在飲下注云　㱃也　一切經音義卷十五引作飲也　古文亦作㱃廣韻無

歠　从㱃省叕聲　昌說切玉篇昌悅切又音悅切　大歠也廣韻大飲昌悅切

吷　歠或从口从夬　繫傳夬上無从字玉篇收口部許劣切引莊子云劒首一吷而已矣吷小聲也說文云與歠同

文二　重三

㳄　慕欲口液也从欠从水　繫傳韻會水上無从字　凡㳄之屬

皆从次　叙連切　㳄　次或从侃　繫傳作㳄　玉篇作㳄　㳄　籒文次　廣韻㳄　㳄並無　羨　貪欲也　一切經音義卷十二引作願欲也　蓋誤　玉篇饒也　貪欲也　道也　廣韻貪慕又餘也　詩皇矣無然歆羨毛傳無是貪羨　从次从羑省　羑呼之羑　文王所拘羑里　似面切　按羑久呼之羑　玉篇徐鍇切引說文廣韻兩收線一似面切一千線切　當是羑　文有譌脫　㳄　歠也　从次厂聲　讀若移　以支切　繫傳作㳄　盜　私利物也　从次　次欲皿者　繫傳韻會無也字　徒到切　韻會引作从次欲也　欲皿為盜會意　蓋黃氏改

文四　重二

旡歠食气屰不得息曰旡繫傳屰作逆玉篇廣韻歠食逆氣不得息也从反欠凡旡之屬皆从旡居未切今變隸作旡𣄞古文旡繫傳作𣄞玉篇作旡

旤屰惡驚詞也繫傳屰作逆無也字玉篇引作逆驚辭也蓋脫廣韻引作逆惡之驚辭从旡咼聲讀若楚人名多夥乎果切繫傳楚作是譌

⿰旡京事有不善言⿰旡京也爾雅⿰旡京薄也繫傳作[illegible]無也字按今爾雅無此文詩桑柔職涼善背毛傳涼薄也當借涼爲⿰旡京爾雅二字蓋後人加从旡京聲臣鉉等曰今俗隸書作亮力讓切玉篇力尚力章二切事有

不善言也又𧬈薄也悲𧬈醆楚也廣韻平聲作𧬈注薄也去聲作訧引字統云事有不善曰訧薄

文三　重一

說文解字攷異弟八下

說文解字攷異弟九上

四十六部　四百九十六文　重六十三繫傳三作四是也

凡七千二百四十七字

頁頭也玉篇引廣韻注同从百从儿繫傳作从頁从人非古文䭫首如此凡頁之屬皆从頁百者䭫首字也胡結切繫傳百者作頁者鍇曰古文以爲首字也按百者䭫首字也六字疑後人加否則古文句爲後人加不應重複也

頭首也从頁豆聲度侯切

顔眉目之間也玉篇引國語云

天威不違顏咫尺顏謂眉目之間也　从頁彥聲　五姦切

蓋本韋注左傳僖九年正義曰顏謂額也引方言云顏額謂額也

⿰𢒽頁　籀文　玉篇首部作⿰彥𩠐是也頁𩠐通𩠐不成字五音韻譜繫傳並譌

頌　皃也从頁公聲　余封切又似用切玉篇與恭切形容也又似用切歌其盛德禮爲人臣頌而無詔廣韻收平去二聲

⿰容頁　籀文　繫傳作⿰容頁玉篇作額

⿰乇頁　顱也从頁乇聲　徒谷切繫傳錯曰令併作髑字玉篇徒木切引說文曰⿰乇頁顱也又徒落切廣韻收鐸徒落切

顱　⿰乇頁顱首骨也从頁盧聲　洛乎切

⿰⿱罒夭頁　顛頂也　廣韻引同玉篇注顛也　从頁⿱罒夭聲　魚怨切

顛　頂也从頁

眞聲都季切玉篇都堅切頂也山頂爲之巔

頂　顛也从頁丁聲都挺切

𩕄　或从𩠐作繫傳同五音韻譜作或从𩠐丁玉篇廣韻並作𩕄是也

顁　籀文从鼎

顙　頟也从頁桑聲蘇朗切

題　頟也从頁是聲杜兮切

頟　顙也从頁各聲臣鉉等曰今俗作額五陌切

頞　鼻莖也从頁安聲烏割切玉篇惡葛切鼻莖也引孟子曰蹙頞相告亦作齃

齃　或从鼻曷

頯　權也韻會引作面顴也非頁部無顴从頁𡕥聲渠追切玉篇渠追丘軌二切引爾雅云蚆博

而頰注云頰中央廣兩頭銳廣韻收平上二聲並注小頭

頰 面旁也从頁夾聲 古叶切

⿰夾⿱巛頁 籀文頰 繫傳作籀文从⿱巛頁玉篇廣韻並作⿰夾⿱巛頁是也集韻並同

䫉 頰後也 玉篇引同繫傳無後字蓋脫廣韻兩收（收銑很二韻）一注頰後也一注頰後 从頁艮聲 古恨切玉篇公典公很二切廣韻收銑很二韻

頜 顄也 繫傳及玉篇引同五音韻譜顄作顄非廣韻韻會引同 从頁合聲 胡感切玉篇公荅切引公羊傳絕其頜口也方言頜頤頜也說文乎感切顄也廣韻上聲引說文又收入聲今公羊宣六年傳作頜何注頜口釋文頜戶感反

顄 頤也从頁圅聲 胡男切

頸頭莖也从頁巠聲　居郢切玉篇吉郢切引說文廣韻收平上二聲

領項也　廣韻引同玉篇引詩傳云領頸也　从頁令聲　良郢切

項頭後也　廣韻引同李注文選洛神賦引作頸也玉篇注頸後也　从頁工聲　胡講切

䪴項枕也　五音韻譜繫傳及集韻類篇引並同玉篇引作項䪴也又引蒼頡云垂頭之皃顧千里云玉篇恐是依毛本說文改汪啟淑刻繫傳亦改枕爲䪴古書日爲人所亂可勝一嘆　从頁冘聲　章衽切廣韻頭骨後

顀出頟也　玉篇注同五音韻譜繫傳頟作額非一切經音義卷五卷十五引作額出也　从頁隹聲　直追切

䫌曲頤也　从頁不聲　薄回切玉篇薄諧蒲回

二切引說文同廣韻收皆曲頤皃步皆切

顩 鬑皃 玉篇引同又引蒼頡[illegible]云狹面銳頤之皃則鬑當是顩 从頁僉聲 魚檢切

䫛 面目不正皃 玉篇面不平也廣韻面斜 从頁尹聲 余準切

頵 頭頵頵大也 玉篇廣韻引同繫傳韻會作頭頵也繫傳鍇曰頭大也韻會徐曰頭頵大也 从頁君聲 於倫切

䪼 面色顛䪼皃 五音韻譜及廣韻集韻類篇引並同繫傳作面色顛皃玉篇引作面色顛䪼也 毛本也作皃 从頁員聲讀若隕 于閔切玉篇有袞切廣韻收吻云粉切引說文又收混胡本切頭面形顉也

𩕢 頭頰長也 玉篇頭頰面長皃 从頁兼聲 五咸切玉篇音

同廣韻收平聲咸面長皃又收上聲檻長面皃丘檻切

碩 頭大也 玉篇廣韻大也 御覽引作大頭也 从頁石聲 常隻切

頒 大頭也 从頁分聲 一曰鬢也 詩曰有頒其首 布還切 玉篇扶云切又音班 廣韻收文刪二韻 詩魚藻釋文頒符云反大首皃 說文同

顒 廟諱 大頭也 繫傳及廣韻引同 玉篇韻會引作頭大也 按繫傳蓋闕 後人以解字補 故音切同廣韻 則宋人引也 从頁禺聲 詩曰其大有顒 魚容切

[illegible] 大頭也 玉篇引蒼頡云頭大也 从頁羔聲 口幺切 玉篇火幺口幺二切 廣韻收蕭

許幺切大顤又收宵去遥切顤大皃

顝大頭也从頁骨聲讀若魁　苦骨切玉篇口骨口回二切引蒼頡云相抵觸廣雅云顝醜也廣韻收入聲沒大頭皃又收平聲灰大頭

願八頑也　五音韻譜繫傳作大頭也月也廣韻韻會引同玉篇爲顯之重文又引爾雅云思也廣雅云欲也

顤高長頭从頁堯聲　五弔切玉篇牛姚切高長頭皃又五弔切廣韻收平去二聲

頎頭佳也　集韻類篇韻會六書故引也作皃　从頁斤聲讀又若鬢　臣鍇曰詩曰碩人其頎巨希反按此字本繫傳增據集韻類篇引則大徐本原有今本脫去也當作碩人其頎頎長皃玉篇渠衣切引詩云碩人頎頎傳具長皃具字誤廣韻渠希切長皃

[illegible]

䫜顤高也 五音韻譜作顤䫜是也繫傳顤作顟蓋譌 从頁敖聲 五到切 玉篇作𩕄五高切高大也廣韻平（同）聲高頭也去聲頭長（盖作𩕄）顎面前岳岳也 廣韻引同玉篇注面前 从頁岳聲 五角切 顯昧前也 玉篇引同頣頣（盖本說文）廣韻無按昧疑沫之譌沫洒面也（𥂝字） 从頁㬎聲 讀若昧 莫佩切繫傳無讀若昧三字

𩕄面瘦淺𩕄𩕄也 玉篇引同 廣韻瘦也 从頁霝聲 郎丁切

𩔙頭蔽𩔙也 玉篇注同五音韻譜蔽作敝字小異繫傳作蔽有錯按字書蔽作蔽廣韻引作頭蔽𩔙𩔙字（蓋）譌 从頁家

（按）說文無敝艸部蔽疑蔽之譌詳蔽下

聲五怪切

頑　梱頭也繫傳同韻會梱作㮯非从頁元聲五還切玉篇鈍也廣韻頑愚

䫏　小頭䫏䫏也从頁枝聲讀若規又巳恚切繫傳無讀若規三字玉篇作頍古惟切引說文重文作䫏廣韻收支作䫏引說文居隋切

顆　小頭也从頁果聲苦惰切

頢　短面也从頁𠯑聲五活切又下括切五音韻譜括作桰譌玉篇作頢古活戶活二切短面皃廣韻收末小頭皃又收鎋短面皃也

頲　狹頭頲也玉篇引無頲字韻會同狹當作陜犬部無狹从頁廷聲他挺切廣韻注直也本釋詁

頠　頭閑習也玉篇引同廣韻注頭

也一曰从頁危聲　語委切玉篇五罪牛毀二切廣韻閑習　收紙注閑習容止又收賄見上

頷　面黄也从頁含聲　胡感切玉篇戶感切引莊子曰千金之珠必在九重之淵而驪龍頷下又音含廣韻收平上二聲並引說文

⿰爰頁　面不正也从頁爰聲　于反切玉篇闕廣韻收上聲阮注同類篇于元切面不正曰顡又五表切又雨阮切又虞怨切

頍　舉頭也　詩頍弁釋文引也作貌韻會同玉篇廣韻並作舉頭皃　从頁支聲詩曰有頍者弁　丘弭切釋名簂恢也恢廓覆髮上也魯人曰頍頍傾也著之傾近前也

⿰⿱回又頁　内頭水中也从頁⿱回又⿱回又亦聲　烏沒切玉篇莫骨烏骨二切廣韻兩收沒注並同

顧　還視也

从頁雁聲吉慕切順理也玉篇廣韻從也从頁从巛

食閏切繫傳韻會作从頁川聲𩔈顏色𩔈䫇慎事也玉篇

引同廣韻上聲注亦同去聲引慎作順䫇从頁㐱聲之忍切玉篇音同廣韻收上去

二聲䫇𩔈䫇也从頁粦聲一曰頭少髮良刃切玉

篇來軫切髮下有皃字廣韻收上去二聲顓頭顓顓謹皃从頁

耑聲職緣切玉篇引世本昌意生高陽是為帝顓頊顓者專也頊者正也言能專正

天之道也頊頭頊頊謹皃風俗通引書曰大傳項者信也从頁玉聲許玉

切玉篇虛玉切䫱頊又頊顱廣韻兩收燭一魚欲切人頊煩一許玉切顓頊高陽氏也又謹敬皃

䫥低頭也玉篇引同一切經音義卷五卷十六引亦同卷十一引作搖其頭也蓋雜杜注低當作氐从頁金聲春秋傳曰迎于門䫥之而已五感切今左傳襄二十六年作逆於門者頷之而已玉篇牛感切引說文又引左氏傳云逆於門者䫥之而已杜預曰䫥搖其頭亦作頷又音欽曲頤也廣韻收上聲寑感又收平聲侵

頓下首也玉篇引同又云周禮九拜三曰頓首三當作二从頁屯聲都困切

頫低頭也低當作氐从頁逃省太史卜書頫仰字如此

繫傳省下有聲字韻會七虞引作兆聲廣韻上聲麌引卜作公匡謬正俗引作卜晉書音義引作太史卜書頫仰無字如此三字韻會同　楊雄曰人面頫　臣鉉等曰頫首者逃亡之皃故从逃省今俗作俯非是方矩切繫傳楊作揚○玉篇靡非卷切低頭也說文音俯廣韻止收上聲麌

俛　頫或从人免　繫傳作俗頫字从人免一切經音義卷八引作此俗頫字玉篇收人部無辯切引說文音俯低頭也亦作頫廣韻頫下重文作俯注云漢書又作俛今音免又上聲獮收俛按俛當从免聲作俛啚免非古也

頣　舉目視人皃　玉篇注同廣韻作舉眉視人　从頁臣聲　式忍切非

顗　倨視人也从頁善聲

旨善切

頡 直項也从頁吉聲 胡結切

頔 頭頡頔也从頁出聲讀又若骨 之出切玉篇之芇切漢高祖隆頔龍顏又之出切廣韻收屑注面秀骨職悅切

顥 白皃从頁从景 繫傳韻會景上無从字 楚詞曰天白顥顥 玉篇詞作辭韻會同天作大（大誤）見大招 南山四顥 韻會南上有又字廣韻引南作商 白首人也 臣鉉等曰景日月之光明白也胡老切

⿰樊頁 大醜皃 玉篇注同廣韻無 从頁樊聲 附袁切玉篇防園切

⿰爭頁 好皃从頁爭聲詩所謂⿰爭頁首 疾正切玉篇引同今詩碩人作螓首毛傳螓首顙

廣西方箋云蜯謂
蜻蜻也虫部無蜯

頨 頭妍也 玉篇廣韻引同
繫傳頭作頨蓋譌

从頁翩省聲讀若翩 臣鉉等曰从翩聲又讀若
翩則是古今異音也王矩切

玉篇嫥緣有矩二切廣韻收
上聲麌引說文又收平聲仙注頨妍美頭

顗 謹莊

皃 玉篇引同廣韻請也樂也
冊引說文釋詁靜也 从頁豈聲 魚豈切

顅 頭鬢少髮也 玉篇引
也作皃 从頁肩聲周禮數目顅脰

苦閑切玉篇苦閒居
研二切廣韻止收山

䫥 無髮也一曰耳門也从頁

困聲 苦昆切繫傳作顐困聲玉篇作顐苦昆苦鈍
二切頭無髮也廣韻收平去二聲並作顐

五音韻譜同
同五音韻譜作䫥困聲誤

頢　禿也从頁气聲　苦骨切玉篇口本口沒二切廣韻收上入二聲考工記作其鱗之而鄭注之而頰頷也釋文頷許慎口忽反禿也劉古本反

頼　頭不正也从頁从耒耒頭傾也　繫傳作从頁耒耒頭傾亦聲　讀又若春秋陳夏齧之齧　盧對切玉篇力罪切引說文廣韻無

頃　傾首也　玉篇注同一切經音義卷七八十十二引並作傾頭　从頁卑聲　匹米切

䫜　司人也一曰恐也廣韻注傾頭　也从頁契聲讀若禊　胡計切　五音韻譜禊作楔當不誤　繫傳作稧說文禊稧並無楔字恐譌古祓禊字通作絜　玉篇下計切伺人也一曰恐也又去結切廣韻收去入二聲

䫥頭不正也从頁鬼聲口猥切廣韻引音同玉篇五罪切 頗頭偏也从頁皮聲滂禾切玉篇普波切不平也偏也又匹跛切廣韻收平上二聲 ⿰尤頁顫也从頁尤聲于救切段君云元應書兩引說文皆作⿰又頁是其字从頁又聲又引說文云謂掉動不定也蓋漢說文語通俗文曰四支寒動謂之顫⿰尤頁樹玉謂疣或作疫恐後人因此改玉篇 ⿸疒頁⿰尤頁或从疒繫傳作或从疒作玉篇疒部作疫尤呪切頭搖也與⿰尤頁同廣韻⿰尤頁引說文重文作疫 顫頭不正也玉篇頭不正也又顫動也从頁亶聲之繕切 顑飯不飽面黃起行也从頁咸聲讀若戇下感下坎二切繫傳戇作贛玉篇口感呼笴二

切注同呼荷切疑誤廣韻收感若感切顑顲瘦也

顲 面顑顲皃 五音韻譜繫傳顑作顣是也玉篇引同又引聲類云面瘠皃 从頁㐭聲 盧感切

煩 熱頭痛也 廣韻引同當連上讀玉篇注憒悶煩亂也 从頁从火一曰焚省聲 附袁切繫傳焚上有从字

顡 癡不聰明也 廣韻去聲引癡下有顡字上聲引作顛蓋謁玉篇注亦有顡字 从頁豪聲 五怪切玉篇牛旣五壞二切廣韻收上聲賄去聲怪

頪 難曉也从頁米一曰鮮白皃从粉省 臣鉉等曰難曉亦不聰之義盧對切玉篇力外切引同廣韻收泰郎外切引無皃字六書故

云唐本說文从迷 顇 顚頓也 顚當作醮 从頁卒
省音闕 此未詳 詳新附攷
聲 秦醉切 䫒 繫頭殟也 廣韻頭多殟䫒 玉篇
切 引莊子云問焉則䫒
然䫒不曉也亦作惛 从頁昏聲 莫奔切 䫜 醜也
今知北遊作惛然若亡而存 所引當即此 釋文作惛音昏又音泯
从頁亥聲 戶來切 玉篇胡來切頤下又 䫜 醜
記在切 廣韻收平上二聲
也 廣韻引玉篇注同 繫傳韻會作頭 今逐疫
也當是醜頭也 脫醜字
有䫜頭 去其切 鄭注周禮方相氏云冒熊皮
者以驚敺疫癘之鬼如今魌頭也
䫆 呼也 从頁籥聲 讀與籥同 商書曰率

籲　衆戚　羊戍切　繫傳商作尚無讀與籥同　四字今書盤庚戚作慼　玉篇引書曰
率籲衆戚籲
和也蓋本孔傳戚慼古通

顯　頭明飾也从頁㬎聲　臣鉉等曰㬎古以爲顯字故从㬎聲　呼典切

䪿　選具也从二頁　士戀切　玉篇助轉切引同或爲僎古文作選　廣韻士免切具也見也

文九十三　五音韻譜繫傳同今去顛增頎賓頁九十二　重八

百　頭也象形　玉篇引頭上有人字　廣韻注人頭象形　凡百之屬皆从百　書九切

脜　面和也从百从肉讀若柔　耳由切　玉篇如由切

引同有野王案柔色以
蘊之是以今爲柔字　　　文二

面　顏前也从百象人面形凡面之屬皆从面　彌箭切

靦　面見也　詩何人斯正義引作面見人玉篇引詩
云有靦面目靦姡也又靦慙皃廣韻
面　从面見見亦聲詩曰有靦面目　他典切繫傳
慙按廣韻疑本說文正義引不可通　韻會不重見
字　𩈋　或从旦　玉篇注云

䩉　頰也　玉篇引同又引
埤蒼同上　廣韻無　左氏傳曰酺車
相依亦　从面甫聲　符遇切玉篇扶矩切廣韻收
作輔　上聲麌扶雨切頰骨則符遇
切誤

𩈟　面焦枯小也　玉篇引同又引楚辭云顏色
醮顇今漁父作憔悴

从面焦 即消切 繫傳焦下有聲字 文四 重一

丏不見也象壅蔽之形 壅當作雍或雝土部無壅 凡丏之屬皆从丏 彌兗切 文一

𦣻百同古文百也巛象髮謂之鬊鬊即巛也凡𦣻之屬皆从𦣻 書九切玉篇舒酉切引說文百同上有與字是也鬊譌爲鬊 又書授切自首䍐也廣韻收上去二聲

𩠐下首也 廣韻首至地也 从𦣻旨聲 康礼切玉篇引周禮太祝辨九拜一曰䭫首今作稽

𢧢截也从𦣻从斷 大九 旨沇

二切玉篇作𣃔百諸兗切引說文云截也廣雅云斷也或

剸同廣韻收平聲仙作斷首注云斷首斷首出玉篇

所見
蓋所見玉篇廣韻與今本不同

並出後人改

剸 或从刀專聲　玉篇收刀部徒官切截也又旨兗切

廣韻收上聲獮　注細割旨兗切

文三　重一

県 到首也賈侍中說此斷首到縣県字　縣傳到並作倒

玉篇引作倒首也賈侍中曰謂斷首　凡県之屬皆

倒縣也　倒即到之俗體鉉新附攷　倒字並從俗改

从県　古堯切　縣 繫也从系持県　臣鉉等曰此本是縣挂之縣借爲州

縣之縣今俗加心別作懸義無所取胡涓切玉篇音

同引說文繫也又胡絹切引周禮四甸爲縣

又曰五部爲縣廣韻平聲引說文又收去聲　文二

須 面毛也 五音韻譜繫傳及五經文字廣韻韻會引玉篇注並同集韻引面作而譌 从頁从彡凡須之屬皆从須 臣鉉等曰此本須鬢之須頁首也彡毛飾也借爲所須之須俗書从水非是相俞切

頿 口上須也从須此聲 臣鉉等曰今俗别作髭非是即移切

𩓜 頰須也从須从冄冄亦聲 臣鉉等曰今俗别作髯非是汝鹽切 韻會冄上無从字繫傳脫从須二字

顊 須髮半白也 玉篇注同又引聲類云髯皃 从須卑聲 府移切

䫊 短須髮皃从須否聲 敷悲切

音韻譜作頞繫傳同短上有頞字廣韻引無玉篇作頞方平步侯二切注同亦作頞廣韻兩收脂並作頞

文五

彡　毛飾畫文也象形凡彡之屬皆从彡　所銜切玉篇先廉切又所銜切廣韻收鹽銜二韻

形　象形也　玉篇引同韻會作象也廣韻容也常也　从彡幵聲　戶經切

㐱　稠髮也　左傳昭二十八年釋文及廣韻引玉篇注並同詩君子偕老釋文引作髮稠也誤　从彡从人　繫傳韻會作从彡人聲　詩曰㐱髮如雲　之忍切今詩作鬒

鬒　㐱或从髟眞聲　五音韻譜作鬒繫傳同無㐱字

修 飾也从彡攸聲 鳥流切 五音韻譜鳥作息是也

彰 文彰也 玉篇引同繫傳韻會作文章也廣韻明也 从彡从章章亦聲 諸良切 繫傳作从彡章聲

彫 琢文也 玉篇韻會引同 繫傳琢作瑑 从彡周聲 都僚切

㣣 清飾也 玉篇一切經音義卷十二引同 繫傳無清字蓋脫廣韻注清飾 从彡青聲 疾郢切

𢒉 細文也从彡京省聲 莫卜切

弱 橈也上象橈曲彡象毛氂 繫傳韻會氂作犛是也 橈弱也 繫傳韻會二橈字並作撓蓋譌 弱物并故从二弓 而勺切

說文攷異

十

文九　重一

彣　䵣也从彡从文　繫傳文上無从字　凡彣之屬皆从彣　無分切

彥　美士有文人所言也　釋訓美士爲彥　从彣厂聲　魚變切

文二

文　錯畫也　韻會引同繫傳無錯字蓋脱玉篇注文章也廣韻同　象交文凡文之屬皆从文　無分切

斐　分別文也从文非聲易曰君子豹變其文斐也　敷尾切今易革象傳作蔚釋文云説文作斐

辬

駮文也　玉篇引同繫傳韻會駮作駁廣韻斑注云駁也文也重文作辬注云上同見說文則斑注當本說文　从文辡聲　布還切

𢽾　微畫也从文𠩺聲　里之切五音韻譜繫傳𠩺作𠩺是也

文四

髟　長髮猋猋也　集韻引五經文字注同匡謬正俗引猋作猋譌李注文選秋興賦引作白黑髮雜而髟又云字林亦同蓋誤以字林爲說文玉篇注長髮髟髟也　从長从彡凡髟之屬皆从髟　必凋切又所銜切玉篇比聊所銜二切廣韻收宵幽銜三韻五經文字必由反

髮　根也　玉篇首上毛也廣韻頭毛也引說文根也　从髟犮聲　方伐切　𩑛

按博物志云地以草木爲毛土爲之肉故曰根也淮南子到生挫傷高注草木首地而生

故曰到生

髮或从首　繫傳作或从𩠐首作玉篇收首部注云古文髮廣韻重文注云說文同上　𩑛　古文　䫉非古文

玉篇收頁部

鬢　頮髮也从髟賓聲必刃切　𩮗　髮長也从髟㒼聲讀若蔓　母官切玉篇亡肝切髮長皃廣韻無

𩯁　髮長也　玉篇髮多也廣韻𩯁髮踈皃義相反　从髟監聲讀若春秋黑肱以濫來奔　魯甘切見昭三十一年經繫傳無奔字

𩯣　髮好也从髟差　千可切五音韻譜差下有聲字繫傳同玉篇千河切又昨何切（何字疑譌）廣韻收平上二聲

䰔　髮好也从髟卷聲詩曰

其人美且鬈 衢員切玉篇渠袁丘袁二切袁字恐一譌廣韻兩收仙一音巨員切一音丘圓切

髦 髮也 一切經音義卷四引作髮中豪者也 玉篇注髦毛俊也廣韻髦毛髦鬣也髦毛俊也 从髟从毛 莫袍切繫傳韻會■作从髟毛聲

鬕 髮皃 玉篇廣韻燒煙畫眉 从髟臱聲讀若宀 莫賢切繫傳無聲讀若宀四字蓋脫

鬝 髮多也从髟周聲 直由切

䰂 髮皃从髟爾聲讀若江南謂酢母爲䰂 奴礼切按䰂字恐譌讀若不應仍同本字也 或讀若衍 云

廣韻有䰂注酒母又作䬪 [illegible]

鬄 髮皃从髟咅聲 步矛切玉篇芳于芳武薄侯三切髮好也或作髻廣

衞宏閒話媒說二云今齊人名麴䴻曰媒

鄭注周禮媒氏云媒之言謀也 媒音某義 [illegible]

注李陵傳云媒酒教師古曰齊人

韻收平聲侯上 髳 髮至眉也从髟敄聲 聲廣韻並引說文

詩曰紞彼兩髳 亡牢切 今詩柏舟作髧彼兩髦（髟部無髦）釋文云髦毛說文作髳

不云髧作紞亦畧 玉篇莫高切 但引髮至眉也廣韻收尤譌作髳莫浮切

髳 髳或省

漢令有髳長 髳傳作或从敄省

鬋 女鬢垂皃从髟前聲 作踐切 髳傳作鬋 玉篇作鬋 子淺切 鬋截也 廣韻收上去二聲並作鬋

鬑 鬋也一曰長皃 廣韻注同玉篇髮長皃 从髟兼聲讀若慊 力鹽切

𩯭 束髮少也 廣韻兩引

並作束髮少小也 从髟截聲 子結切玉篇作結切 玉篇止注束髮 廣韻收屑薛二韻

鬄 髲也 繫傳作髲也蓋脫髲字傳寫譌 玉篇从髟 爲髢之重文髢也注髲髲也

易聲 先彳切又大計切玉篇髢達計切鬄又先 歷切廣韻鬄收入聲昔引說文髲也髢收去聲霽

髢 鬄或从也聲 繫傳从下有髲字

髲 鬄也 玉篇注同詩君偕老正義引作益髮也說文 非說文廣韻頭髲也 从髟皮聲 平義切

[髟次] 用梳比也 玉篇首飾爲髮 从髟次聲 七四切繫傳作[髟次]譌

[髟昏] 潔髮也 玉篇韻會引潔作挈是也 从髟昏聲 古活切玉 五音韻譜繫傳作潔亦非

結作髻非

篇作髻重文作鬠引儀禮鬠用組束髮

⿱髟般臥結也繫傳結作髻玉篇注同髟部無髻詳新附攷

从髟般聲讀若槃薄官切繫傳槃下有桓字韻會引徐曰古今注所謂槃桓髻玉篇薄桓切廣韻收桓注髟般頭曲髮爲之又臥髻也又收刪注髮半白布還切

⿱髟付結也繫傳結作髻非

从髟付聲方遇切廣韻音同注露髻玉篇方五切髻也

鬕帶結飾也繫傳結作髻非李注文選西京賦引作帶結頭飾也玉篇帶結飾廣韻婦人結帶

从髟莫聲莫駕切

⿱髟貴屈髮也玉篇注同廣韻髻屈髮也

仅髟貴聲丘媿切

⿱髟介簪結也繫傳結作髻非廣韻注簪結

从髟介

聲古拜切玉篇爲髻之重文又引說文同 鬣 髮鬣鬣也廣韻引同韻會

髮上有毛字蓋黃氏增玉篇注長須也蓋本杜注 从髟巤聲良涉切 ⿰毛巤 鬣或

从毛玉篇收毛部 ⿰豕巤 或从豕玉篇收豕部廣韻無 ⿱髟盧 鬣也从髟盧

聲洛乎切 髴 髴若似也韻會引無髴字 从髟弗聲敷勿切玉篇芳

勿芳味二切髣髴廣韻收去入二聲 髶 亂髮也从髟茸省聲而容切玉篇作

⿱髟耳廣韻作⿱髟耳 鬌 髮隋也从髟隋省直追切繫傳韻會二隋字並作匡謬正俗引隋作墮

墮省下有聲字玉篇都果徒果二切小兒翦

髮爲鬌又直垂切廣韻收上聲果平聲支 鬢 鬢

髮也五音韻譜繫傳鬢作鬜是也韻會引玉篇注並同从髟春聲舒閏
切鬝鬢禿也韻會引玉篇注同繫傳鬢作髮譌廣韻鬢禿皃从髟
閒聲苦閑切玉篇苦閑口瞎二切廣韻收平聲山入聲黠鬄鬀髮也从
髟从刀易聲他歷切五音韻譜同繫傳作从髟剔聲非刀部無剔髡鬄髮
也一切經音義卷十二引作剃也剃即鬀之俗體玉篇注鬀髮也从髟兀聲苦昆切
髨或从元玉篇廣韻並無鬀鬄髮也玉篇廣韻引同韻會鬄作
鬋非从髟弟聲大人曰髡小人曰鬀繫傳同五音韻譜小人作

小兒玉篇廣韻韻會並同盡■及身毛曰鬄臣鉉等曰今俗別作剃非是他計切韻會鬄剔作剔非

⿱髟竝⿱髟彔也从髟竝聲蒲浪切玉篇補蕩切⿱髟並攘髮亂廣韻收上聲蕩注⿱髟並氄亂毛

⿱髟彔⿱髟竝也忽見也从髟彔聲繫傳見下無也字彔作彔玉篇[illegible]忽見也彔籒文魅繫傳無彔字按此句疑後人增録下亦然彔古文魅非籒文也亦忽見意芳未切玉篇補牧切廣韻無

髽喪結韻會結作髺非下有也字禮女子髽衰弔則不髽玉篇引禮記曰男子免而婦人髽以麻約髺也魯臧武仲與齊戰于狐鮐魯人迎喪

者始髽　左傳襄四年邾人莒人伐鄫臧紇救鄫侵邾敗于狐駘國人逆喪者喪者皆髽魯于是乎始髽此云與齊戰蓋誤檀弓魯婦人之髽而弔也自敗於臺鮐始也鄭注臺當作壺字之誤也　从髟坐聲　莊華切

文三十八　重六　繫傳六作七是也

段至象人夾注可刪

后　繼體君也象人之形施令以告四故厂之　韻會作故从厂　从一口發號者君后也凡后之屬皆从后　胡口切　段君云當作象人形从口象人之形者謂尸也下文卮亦曰象人[illegible]說當可信　玉篇無后部因無后字說文五百四十部玉篇五百四十二部說文有玉篇無者哭延畫教眉白邑㱃后介弜凡十一部玉篇有說文無者父云枲宂

處兆嶨索書粖弋單丈凡十三部最不應闕者白后二部其文無部可附也

呞　厚怒聲从口后后亦聲　呼后切玉篇收口部呼垢呼溝二切厚怒聲又胡口切吐也廣韻收上去二聲

文二

司　臣司事於外者　玉篇引下有也字　从反后凡司之屬皆从司　息茲切

詞　意內而言外也　玉篇廣韻引同易繫辭釋文及一切音義卷二十五引意上有詞者二字韻會引作音內而言外在音之內言之外也蓋本通論改通論云詞者音內而言外在音之內在言之外也　从司从言　似茲切繫傳作从言司聲韻會同段君云郭忠

怒佩觿曰詞朗之字是謂隸行本作𧨅朖李仲文字鑒曰詞朗崩秋説文作𧨅朖崩烼是可證古本不作詞今各本篆作詞誤也

文二

卮圜器也一切經音義卷十四及韻會引同繫傳無也字集韻引圜字並脱一名觛所以節飲食象人卪在其下也易曰君子節飲食凡卮之屬皆从卮章移切玉篇之移切酒漿器也受四升

⿰卮專小卮有耳蓋者廣韻引玉篇注並作小卮有蓋也从卮專聲市沇切

⿰卮耑小卮也从卮耑聲讀若捶擊之捶旨沇切玉篇之臾切又之

令失音

絫切小卮也廣韻紙引說文又收獮

文三

卪 瑞信也守國者用玉卪守都鄙者用角卪使山邦者用虎卪土邦者用人卪澤邦者用龍卪門關者用符卪貨賄用璽卪道路用旌卪

守邦國者用玉節守都鄙者用角節

周禮掌節凡邦國之使節山國用虎節土國用人節澤國用龍節皆金也以英蕩輔之

門關用符節貨賄用璽節道路用旌節皆有期以反節

象相合之形 袪妄篇作象卪凡相合分之形

卪之屬皆从卪 子結切

令 發號也从亼卪 徐鍇曰號令者集而爲之卪制也玉篇力政切命也發號也廣韻收去聲勁又收平聲清青

𠨍 輔信也从卪比

𠨘

聲虞書曰𠨘成五服毗必切今書益稷作弼玉篇皮筆切今作弼⿰多卩有大
度也玉篇注同廣韻度作廋譌从卩多聲讀若侈充豉切繫傳侈作移
譌玉篇充豉式豉二切⿰必卩宰之也从卩必聲兵媚切玉篇無廣韻去聲至
有邲注好皃兵媚切當即邲字詩淇奧有匪君子釋文
云匪本又作斐韓詩作邲美皃也當亦是邲譌卩爲
阝耳邑部邲讀入聲邲去聲也卲高也从卩召聲寔照切玉篇市
招市照二切廣韻止收去聲厄科厄木節也从卩厂聲賈侍中說以爲
厄裹也一曰厄蓋也五果切繫傳厄蓋作卮蓋[illegible]譌
玉篇牛果牛戈二切科厄木節也

臣鍇等曰厂非聲未詳
按厄从厂聲古讀支戈多通

卮果也無肉骨也
廣韻收平上二聲

厀　脛頭卩也　韻會引玉篇注同繫傳無卩字廣韻引作脛節也蓋歪脫　从卩桼聲　臣鉉等曰今俗作膝非是息七切

𢍏　厀曲也　韻會厀作膝非　从卩龹聲　居轉切玉篇九免力媛二切收也或作𢍏又作惓又渠圓切曲也

膝曲也廣韻上聲獮引說文又收平聲仙上聲阮去聲線（左傳莊二十三年釋文云字林丘擄反又音照丘去反說文丘粉反）

卻　節欲也　玉篇節卻也蓋本說文　从卩谷聲　去約切玉篇去略切又居略切廣韻兩收藥一注節也居勺切一注退也去約切

卸　舍車解馬也　玉篇舍車也又馬解也　从卩止午　繫傳韻會午下有聲字　讀若汝南人寫書之寫　臣鉉等曰午馬也故从午司夜切

卯

二㔾也巽从此闕　士戀切玉篇仕轉切二㔾也巽字从此無闕字廣韻收去聲線注具也

㔾　㔾也闕　則候切玉篇作㔾子候切引說文云闕無㔾也二字廣韻無六書故引唐本曰反卪爲㔾林罕曰卪止㔾進也

文十三

印　執政所持信也　初學記一切經音義卷七引作王信也蓋誤恐非玉篇執政所持之也又信也印謂之璽也从爪从卪凡印之屬皆从印　於刃切

归　按也从反印　於棘切

抑　俗从手　繫傳下有作字廣韻注云按也說文作归从反印不別出归字

文二　重一

色　顏气也从人从卪凡色之屬皆从色　所力切玉篇師力切引書曰云施于五色此謂采色也禮記云色容顛顛色容厲肅此謂人面顏色也廣韻注顏色

[illegible]　古文　玉篇廣韻並無

艴　色艴如也从色弗聲論語曰色艴如也　蒲沒切玉篇引說文曰色艴如也字下引論語色字如也孟子曰曾西艴然不悅則[illegible]論語以下乃後人加今論語作勃釋文同趙注孟子云艴然愠怒色也

䒺　縹色也从色并聲　普丁切玉篇普經普冷二切廣韻止收平聲

文三　重一

卯　事之制也从卪卯凡卯之屬皆从卯闕　去京切玉篇子　韻會引作卯是也六書故引唐本作从卪卪下有反卪為卯四字

兮切事之制也說文音卿廣韻收上聲薺子禮切說文音卿按篇韻說文音卿四字蓋宋人增徐因御字音去京切卿卿从皀聲非从卯聲也

卿 章也六卿天官冢宰地官司徒春官宗伯夏官司馬秋官司寇冬官司空从卯皀聲 去京切

文二

辟 法也从卩从辛節制其辠也从口用法者也凡辟之屬皆从辟 父益切五音韻譜父作必是也玉篇婢亦切法也理也歷也又卑益切君也廣韻兩收昔一注便辟又法也五刑有大辟從卩辛所以制節其罪也從口用法也房益切一引爾雅皇王后辟君也亦除也必

繫傳辛上無从字韻會引有

益切

𨐨治也从辟从井周書曰我之不𨐨必益切今書金縢作我之弗辟釋文云辟説文作𨐨法也按𨐨字譌其字从井則法當不誤然玉篇廣韻並作治也疑吾經後人改耳五音韻譜作𨐨从辟从井繫傳同作从辟井

辟乂治也从辟乂聲虞書曰有能俾辟乂魚廢切今書堯典作乂繫傳作辟乂五音韻譜作辟乂韻會同

文三

勹裹也象人曲形有所包裹凡勹之屬皆从勹布交切玉篇裹也廣韻包也象曲身皃

[illegible]曲脊也从勹籒省聲

巨六切繫傳⿱竹匊作⿱竹鞠玉篇巨六丘六二切廣韻兩收屋

匍 手行也 韻會引同 繫傳作褢也手褢行也蓋傳寫誤一切經音義引作匍匐手行也玉篇注匍匐伏也手行盡力也 从勹甫聲 薄手切

匐 伏地也 玉篇伏也路也 从勹畐聲 蒲北切

匊 在手曰匊从勹米 臣鉉等曰今俗作掬非是居六切 玉篇兩手也滿手也四指也手中也物在手也亦作掬古文作臼

勻 少也 廣韻引同 一切經音義卷十五引作調勻也蓋誤玉篇少也齊也疑本說文 蓋是齊亦从二同會意字也 从勹二 羊倫切廣韻同玉篇弋旬居旬二切

勼 聚也 廣韻引同玉篇聚也解也今作鳩 从勹九聲讀

二挹之數也从保

若鳩切居求切

旬徧也十日爲旬从勹日繫傳韻會無也字蓋脫詳遵切玉篇似均切十日也徧也均也廣韻十日曰旬

𠣏古文繫傳作𠣏

𠣜覆也从勹覆人薄皓切玉篇亡粉切覆也廣韻收上聲吻又收去聲号引說文按收上聲吻者蓋唐人相傳收去聲号者則疑宋人增此字徐氏誤音與卯字同口部吻字當从勿聲字形相近而譌

匈聲也五音韻譜繫傳聲作䏹是也韻會引玉篇廣韻注並同从勹凶聲許容切

胷或从肉繫傳作或从肉作

𠣬帀偏也五音韻譜繫傳偏作徧是也从勹舟聲職流切

匌帀也从勹从合合亦聲侯閤切繫

説一上文 二十五

傳作从勹合聲五音韻譜閣作閤

匓　飽也从勹𣪘聲民祭祝曰厭匓已又切又乙庋切五音韻譜同集韻類篇引祝作祀繫傳作祀無聲民二字蓋脫鍇曰禮有陰厭陽厭厭厭匓也今禮作飫玉篇居又切又乙庶切飽也猒也謀也廣韻止收宥引說文飽也

𠣞　重也从勹復聲扶富切玉篇扶又扶福二切廣韻收德注復匐匹北切蓋後人增

𠣜　或省彳

冢　高墳也从勹豕聲知隴切玉篇大也神鬼舍也高墳也丘也陵也山頂也大社也

文十五繫傳五作六非　重三

包　象人裹妊巳在中象子未成形也繫傳裹作褢韻會譌

作裹玉篇褢也廣韻包裹元气起於子子人所生也繫傳無人字玉篇婦人懷妊元氣起於人子所生也男左行三十女右行二十俱立於巳爲夫婦褢妊於巳繫傳褢作裹巳爲子十月而生男起巳至寅女起巳至申故男秊始寅女秊始申也漢書律歷志云天施復於子地化自丑畢於辰人生自寅成於申故律數三統天以甲子地以甲辰人以甲申高誘注淮南氾論訓云男子自巳數左行十得寅故人十月而生於寅男子數從寅起女自巳數右行十得申亦十月而生於申故女子數從申起凡包之屬皆从包布交

切

胞兒生裹也从肉从包匹交切韻會作从肉包聲匏瓠也从包从夸聲繫傳韻會作从夸包聲按包當作从包从夸包亦聲取其可包藏物也薄交切繫傳韻會取上無包字藏當作臧玉篇瓠也取其團圜可包藏物也

文三

茍自急敕也廣韻引同玉篇急也自急敕也从羊省从包省从口口猶慎言也从羊羊與義善美同意凡茍之屬皆从茍己力切按大學之茍日新疑即此字

𦍌古文羊不省繫傳作𦍌無羊字

敬 肅也从攴苟 居慶切

文二　重一

鬼 人所歸爲鬼从人象鬼頭鬼陰气賊害从厶 繫傳同五音韻譜陰上無鬼字韻會(集韻類篇)象 凡鬼之屬皆从鬼 上有由字(韻會同)气作氣从厶上有故字 居偉切

⿰示鬼 古文从示 繫傳作⿰示鬼 玉篇作⿰禾鬼

䰠 神也 廣韻引同玉篇山神也中山經青要之山䰠武羅司之郭注䰠卽神字 从鬼申聲 食鄰切

魂 陽气也 玉篇陽游氣也人始生化曰魂亦作⿱云鬼 从鬼云聲 戶昆切 繫傳作⿱云鬼 廣韻作⿱云鬼 李氏字鑑云說文本下形上聲

魄 陰神也从鬼白聲 普百切 玉篇普格切人之

精爽也說文曰陰神也又普各𩲡厲鬼也玉篇魑
切亦作魄廣韻止收鐸彪之類
也厲从鬼失聲丑利切䰰耗鬼也玉篇注耗作
鬼也廣韻無秏是也各本
作从鬼虛聲朽居魃旱鬼也玉篇旱神也从鬼
耗䰰切蓋本毛傳
友聲周禮有赤魃氏除牆屋之物也繫傳無氏
字蓋脫今
周禮作友詩曰旱魃爲虐蒲撥鬽老精物也
釋文同切
左傳文十八年釋文引玉篇注同李注文選蕪城賦
天台賦一切經音義卷六卷二十五引作老物精也
从鬼彡彡鬼毛密祕魅或从未聲繫傳在籀
切文下無聲

字𩲡古文玉篇同廣韻無𣡃籀文从彖首从尾省聲玉篇作𩲃廣韻無按此注當在古文下古文从彖首也鬾鬼服也一曰小兒鬼从鬼支聲韓詩傳曰鄭交甫逢二女鬾服奇寄切五音韻譜久作女是也二譌爲士繫傳作二女玉篇渠猗渠寄二切小兒鬼又鬼服廣韻收平去二聲李注文選江賦引韓詩內傳曰鄭交甫遵彼漢臯臺下遇二女與言曰願請子之珮二女與交甫交甫受而懷之超然而去十步循探之即亡矣迴顧二女亦即亡矣又注嵇叔夜琴賦引韓詩曰漢有游女不可求思薛君曰游女漢神也言漢神時見不可求而得之䰧鬼皃从鬼虎聲虎烏切𩴂

鬼俗也从鬼幾聲淮南傳曰吴人鬼越人𩴾居衣切五音韻譜作渠希切淮南人間訓作荆人鬼越人禨示部二十禨

䰭鬼鬽聲䰭䰭不止也从鬼需聲奴豆切玉篇汝瑜切䰭䰭鬼聲廣韻平聲侯引說文又收虞韻則奴豆切誤

䰥鬼變也从鬼化聲呼駕切

𩴂見鬼驚詞玉篇驚毆疫癘之鬼也又見鬼驚也廣韻引纂文云人值鬼驚聲从鬼難省聲讀若詩受福不儺諾何切今詩桑扈作那

䰱鬼皃从鬼賓聲符眞切玉篇必人扶人二切廣韻兩收眞一匹賓切引說文一必鄰切

醜可惡

也从鬼囟聲 昌九切 文十七 今去魌字實十六 重四

甶 鬼頭也象形凡甶之屬皆从甶 敷勿切繫傳作甶叙目同玉篇作甶

畏 惡也从甶虎省鬼頭而虎爪可畏也 於胃切繫傳無鬼頭以下八字韻會鬼頭上有徐曰二字則非許說 古文 古文省 玉篇作[illegible]廣韻無

禺 母猴屬頭似鬼从甶从禸 牛具切玉篇音同獸似獮猴也目赤尾長又母猴屬也蓋本山海經郭注廣韻收平去二聲

文三 重一

厶 姦衺也 廣韻引同繫傳衺作邪玉篇注同 韓非曰蒼頡作字

自營爲厶凡厶之屬皆从厶　息夷切玉篇相咨切今爲私又亡后切厶甲也廣韻止收脂韻千里云隸書之厶與篆字之𠃌絶不相涉玉篇以爲一字妄增加之誤王伯厚曰某或作厶出穀梁注鄭厶地然則厶甲者某甲也非𠃌字又亡后切明矣

篡　屰而奪取曰篡　繫傳屰作逆玉篇注同韻會亦作逆取下有之字非　从厶算聲　初官切五音韻譜官作宦是也玉篇廣韻初患切

羑　相訹呼也　廣韻誘下引同一切經音義卷十六引說文誘道也引也教也蓋誤引他書廣韻此注同更有進也一訓玉篇注訹誘也　从多从羑　與久切五音韻譜多作厶是也繫傳作从厶羑

誘　或从言秀

嵬

繫傳脫此四字 䛻或如此 玉篇收言部 羑古文 臣鉉等案羊部有羑羑進善也此古文重出樹玉按玉篇𦎫注云或■爲羑誘不云古文廣韻誘下重文𦎫䛻注云並見說文無羑字一切經音義誘注云古文𦎫誦誘三形誦疑䛻之譌亦無羑字則羑古文爲後人增無疑

文三　重三

嵬高不平也 楊倞注荀子非十二子篇引同一切經音義卷十九引高下有而字■李注文選南都賦引作崔嵬高而不平也 从山鬼聲 韻會引同繫傳無聲字蓋脫 凡嵬之屬皆从嵬 五灰切玉篇牛回切崔嵬高也不平也或作嵬又五罪切廣韻收平上二聲

巍高也 玉篇高大

也廣韻高大皃

从嵬委聲牛威切臣鉉等曰今人省山从爲魏國之魏語韋切五音韻譜从作以是也玉篇牛威切廣韻語韋切

文二

說文解字攷異弟九上

說文解字攷異弟九下

山　宣也宣气散生萬物　廣韻引同莊子山木釋文引作山宣也謂能宣散氣生萬物也謂能二字蓋陸氏增玉篇高大有石曰山山宣也產也散氣以生萬物也產也二字本廣雅餘則當本說文也　有石而高象形凡山之屬皆从山　所閒切

嶽　東岱南靃西華北恒中泰室王者之所以巡狩所至　繫傳至上脫所字韻會作王者巡狩所至巡俗玉篇五嶽也王者巡守所至之山　从山獄聲　五角切　𡶳　古文象高

形玉篇注古文出說文

岱太山也玉篇太作泰廣韻亦作泰◎釋山泰山爲東嶽漢■石刻並作泰从山代聲徒耐切

島海中往往有山可依止曰島廣韻引作海中有山往往可依止也一切經音義卷一引作海中有山可依止曰島華嚴經音義卷七十八引作海中往往有山可依止曰島也當不誤从山鳥聲韻會引作島海中往往有山可依止曰島島到也人所奔到从山鳥省聲蓋以釋名妄改讀若詩曰蔦與女蘿都皓切繫傳讀若下有㠀字蓋後人妄增（詩選釋文引無地字）玉篇丁了多老二切海中山可居也廣韻都晧切又音鳥

峱山在齊地从山狃聲

詩曰遭我于峱之間兮奴刀切今詩于作乎嶧葛嶧山
在東海下邳从山睪聲夏書曰嶧陽孤桐羊益
切繫傳鍇曰即秦刻石處也在魯玉篇山在魯（釋山釋文引夏作尚）
國鄒縣廣韻山名在魯按秦刻石作繹魯頌保
有鳧繹是也地理志作嶧山蓋後人因山名而改又
地理志東海郡下邳本注云葛嶧山在西古文以爲
嶧陽郡國志同其非魯之繹山明矣希馮精於地理此注疑後人改嵎封嵎之山在吳
楚之間韻會作封嵎山名在吳楚間玉篇注山在吳越也廣韻山名在吳汪芒
之國繫傳無此四字韻會有从山禺聲噳俱切嶷九嶷山

舜所葬在零陵營道　韻會舜上有虞字非玉
篇注道下有縣也二字
从山疑聲　語其切玉篇魚其切又魚力切亦作嶷
廣韻平聲注九嶷山名入聲引詩克岐克嶷　⿱敃山
山在蜀湔氐西徼外从山敃聲　武巾切韻會作⿱敃山
敃聲作啟聲當
不誤攴部作敃　玉篇正作
岷重文作崏⿱敃山廣韻作岷　⿰山几
山也或曰弱水之所出
从几聲　居履切玉篇注女⿰山几山廣韻注女⿰山几山名弱水
所出中山經中次九經岷山之首曰女几之山
水經注亦作女几山屬
中次八經荊山條下　巀
巀嶭山在馮翊池陽　五
音
韻譜嶭作嶭是也繫傳作嶭韻會山下有名字非
地理志左馮翊池陽惠帝四年置巀嶭山在北

从山截聲 才葛切玉篇才結切山高陵也陵疑陵譌又才葛切廣韻收曷屑二韻 嶭

巀嶭山也 韻會也■作貌（蓋黄）（民跋）玉篇無山字 从山辥聲 五葛切五音韻譜

辥作嶭是也玉篇五結切廣韻收曷屑二韻 崋 山在引農華陰从山華

省聲 胡化切玉篇作崋戶瓜切西嶽又戶化切廣韻收平去二聲 崞 山在鴈門从山

𩫏聲 古博切玉篇作崞 崵 崵山在遼西 廣韻引同（史記伯夷傳正義漢書王貢傳注引及）玉篇注崵上有首字地理

志遼西郡令支有孤竹城郡國志同 从山昜聲一曰嵎鐵崵谷也 與章切五

音韻譜鐵作銕繫傳作鐵金部銕爲鐵之古文無

鐵字段君云土部引書宅嵎夷日部引書暘谷皆

謂古文尚書也此云嵎銕暘谷今文尚書也堯典釋文曰尚書考靈曜及史記作禺銕尚書正義曰夏侯等書宅嵎夷爲宅嵎鐵夏本紀索隱曰嵎夷今文尚書及帝命驗並作禺鐵凡緯書皆同今文尚書

岵　山有草木也　草當作屮下放此玉篇廣韻並注山多草木釋名作山有草木曰岵毛傳詩陟岵云山無草木曰岵正義引曰釋山云多草木岵無草木屺傳言與爾雅正反當是轉寫誤也　从山古聲詩曰陟彼岵兮　侯古切

屺　山無草木也从山己聲詩曰陟彼屺兮　墟里切釋山作峐山部無峐

嶨　山多大石也　釋山作多大石嶨　从山學省聲　胡角切

嶅　山多小石也　釋山作多小石磝石部無磝　从

山敖聲 五交切

岨 石戴土也 釋山作土戴石爲砠蓋傳寫誤毛傳石戴土曰砠釋名石戴土曰岨玉篇石山戴土也廣韻石山戴土重文作砠石部無砠 从山且聲 詩曰陟彼岨矣 七余切今

岡 山脊也 五音韻譜脊作膋膋是也繫傳作脊玉篇注同廣韻引爾雅曰山脊岡 从山网聲 古郎切

岑 山小而高 玉篇下有也字釋山山小而高岑 从山今聲 鉏箴切釋文引字林才心反

崟 山之岑崟也 玉篇高也子虛賦岑崟參差日月蔽虧 从山金聲

崒 崒危高也 釋山崒者厜㕒玉篇峯頭巉嵒也 从山卒聲 醉綏切玉篇才律切廣韻收術注山高慈卹切又沒韻有崪注崪屼山皃昨

没切則醉　釋山釋文岺子恤才戌二反引字林才没子出二反
緌切誤
巒　山小而銳　釋山巒山隓山郭注謂山形長狹者荊州謂之巒廣韻小山
李注文選徐敬業古意詩引銳作高御覽引作山狹而高
而銳蓋誤到　从山䜌聲　洛官切
𡺨　山如堂者　釋山山如堂者𡺨
玉篇山形如堂廣韻引作山脊也誤　从山宓聲　美畢切
岫　山穴也　李注文選張景陽雜詩引作山有穴曰岫廣韻注同　釋山山有穴爲岫玉篇注山有巖穴　从山由聲　似又切　釋山釋文引字林弋又反
㟗　籀文从穴　玉篇收穴部
𡽱　高也　从山陖聲　私閏切　玉篇爲峻
峻　山陖或省　繫傳作或从陖省之重文譌作山陵
隓　山之墮墮者　繫傳止一墮字蓋脫韻會作山之墮墮非周頌墮山喬嶽毛

傳嶞山山之嶞嶞小从山从憜省聲韻會作从讀
者也玉篇小山也山隓省聲
若相推落之憜徒果切繫傳嶘尤高也从山棧
憜作隓是也韻會高上有而字
聲士限切玉篇士眼切危㟪山短高也玉篇也作
高皃廣韻收上聲產皃廣韻
山短从山屈聲衢勿切五音韻譜作崛譌屈
而高作屈繫傳作㟪玉篇廣韻
作𡾊巍高也从山蠆聲讀若厲力制切玉
崛篇廣韻
作巁注巖岸也李注文選長笛賦引同華
巍也嚴經音義卷六十七引作峰
也非山部無峰錢宮詹云御从山嚴聲五緘切
覽引作崖也山邊謂之崖玉篇午

衫切積石皃也峯也

嵒山巖也从山品（繫傳下有聲字喦下亦同）讀若吟（臣鉉等曰从品象巖厓連屬之形五咸切）

⿱山絫⿱山辠也（繫傳作巖也盖傳寫誤）从山絫聲落猥切（玉篇力罪切⿱山絫嶵山形又力水切廣韻收賄注⿱山絫嶵山狀又收旨韻作⿱山纍）

⿱山辠山皃（玉篇注同廣韻作⿱山絫嶵山皃）从山辠聲徂賄切（玉篇廣韻作嶵）

⿱告山山皃一曰山名从山告聲古到切（玉篇口沃切山皃廣韻收入聲沃山皃並無山名）

⿰阝⿱左山山皃从山隓聲徒果切（臣鉉等案隓與墮同墮今亦音徒果切則是隓兼有此音）

⿰山⿱𠈌厓山皃（玉篇注嵯）

峨高从山差聲昨何切 峨嵯峨也 韻會作嵯峨皃 山高非玉篇注嵯 从山我聲五何切 崝嶸也 韻會作峨 切 崝嶸也 从山青聲

臣鉉等曰今俗別作崢非是七耕切

廣韻音同玉篇仕耕切崝嶸高峻皃 嶸 崝嶸也 ■繫傳也作皃韻會作崢嶸 从山榮聲 戶萌切 玉篇山峻皃 蓋本廣韻改 音同注崝嶸

廣韻收庚永兵切崢嶸 又 㟷谷也 从山巠聲戶經切 玉收耕戶萌切崢嶸山峻

篇口耕切石谷也廣韻收耕注云或作硎 崩 山壞也谷名在驪山昔秦密種瓜處口莖切

韻會引同繫傳作崩 廣韻 从山朋聲北縢切 𨺩 古引亦作崩 玉篇同壞也毀也厚也

文从𠂤 玉篇崩注云亦𨸏字又收阜■部𨸏步等切山並不云古文廣韻無

岪 山脅道也 廣韻引同 从山弗聲 符勿切 玉篇山皃

嵍 山名 从山敄聲 亡遇切 玉篇亡刀切丘也或作堥廣韻收去聲遇 丘也■ 按釋丘前高旄丘釋文云旄謝音毛字林作嵍又作堥亡付反 則玉篇乃古音詩作旄丘釋文云字林作堥又有嵍亦云嵍丘 蓋本說文則山名者是丘名

嶢 焦嶢山高皃 从山堯聲 吉僚切 玉篇午幺切高峻皃

⿱山戕 山陖也 集韻引作山峻也 从山戕聲 慈良切 玉篇廣韻並無⿱山戕 玉篇有嶈[illegible]音七良切無義 廣韻十陽有嶈注山高皃七羊切 疑即⿱山戕之別體 汗簡⿱山非注云見說文

嵏 九嵏山

在馮翊谷口 繫傳無口字蓋脫地理志左馮翊谷口九嵕山在西 从山㚇聲 子紅切玉篇爲嵕之重文次在嶭下當本說文

𡺲 陬隅高山之節 文選吳都賦劉注一切經音義卷七引作陬隅而高山之節也 从山从卪 子結切繫傳卪作𡺲上無从字下有讀若隅三字隅字誤玉篇子結才結二切高山皃廣韻兩收屑

崇 嵬高也从山宗聲 鉏弓切即嵩之正文詳新附攷

崔 大高也 李注文選南都賦引作高大也玉篇注崔嵬高皃 从山隹 胙回切胙當是昨玉篇才回切又音催廣韻兩收灰按繫傳⿱山⿸厂隹下有鍇曰⿱山⿸厂隹嵬高也今俗作崔省厂也又疑義篇崔下曰說文有漼摧等字而無此字此當是⿱山⿸厂隹字之省也則崔字乃大徐增然李注文選引說文則唐本有崔字

文五十三　繫傳三作五非今去峯字實五十二　重四

屾　二山也凡屾之屬皆从屾　所臻切繫傳从屾下有闕字玉篇引無音所因切廣韻引亦無闕字

嵞　會稽山一曰九江當嵞也　韻會引同繫傳嵞作塗非土部無塗詳新附攷　民以辛壬癸甲之日嫁娶从屾余聲虞書曰予娶嵞山　同都切今書作塗玉篇作書娶于嵞山今作塗

文二

屵　岸高也从山厂厂亦聲凡屵之屬皆从屵　五葛切玉篇牛桀切又牛割切廣韻止收曷

岸　水厓而高者　繫傳韻會厓作涯非水部無涯

詳新附攷玉篇注水涯而高者也

⿱山⿸厂岸从山厂干聲五旰切

崖高邊也从山厂圭聲五佳切廣韻音同玉篇牛佳切

⿱山⿸厂隹高也从山厂隹聲都回切玉篇徒罪切高也亦作陮廣韻收平聲灰

嶏崩也廣韻注同集韻引作陊也从山厂肥聲符鄙切玉篇無按肥當从已非从卪與配同⿱山⿸厂肥嶏疑實一字不應別加音義列子黃帝篇口所偏肥殷氏釋文云說文字林並作⿸厂肥當即嶏之譌

⿱山⿸厂配崩聲玉篇注同繫傳作山崩也廣韻注同从山厂配聲讀若費蒲沒切玉篇普昧切崩聲又皮鄙切毀也或作圮廣韻收去聲未滂佩切則蒲沒切誤

文六

广　因广爲屋玉篇引下有也字韻會引广作巖蓋本廣韻改象對剌刺高屋之形韻會同五音韻譜繫傳並剌作刺恐譌同韻會剌作刺■譌凡广之屬皆从广讀若儼然之儼魚儉切玉篇宜檢切廣韻收琰儼二韻一注因巖爲屋一注因巗巖爲屋

府　文書藏也廣韻引文上有府字行藏當作臧从广付聲臣鉉等曰今藏腑字俗書从肉非是方矩切

廱　天子饗飲辟廱玉篇注和也疑非原文廣韻注辟廱天子教宮从广雝聲於容切

庠　禮官養老夏曰校殷曰庠周曰序廣韻引殷作商漢書儒林傳作殷史記儒林傳作夏曰校殷曰序周曰庠與孟子合从广羊聲似陽切

廬寄也秋冬去春夏居御覽引作春夏居秋冬去之詩信南■山中田有廬鄭箋云中田田中也農人作廬焉以便其田事从广盧聲力居切

庭宮中也玉篇堂階前也引周禮閽人掌埽門庭从广廷聲特丁切

廇中庭也从广留聲力救切玉篇中庭也屋廇也亦作霤

庉樓牆也从广屯聲徒損切玉篇大本切樓牆也屯聚之處

序廡也玉篇廡也舍也从广牙聲周禮曰夏序馬五下切夏官圉師夏序馬鄭注云故書序爲訝鄭司農云當爲序

廡堂下周屋韻會引同後漢書梁鴻傳注引屋下有也字玉篇注同

繫傳作堂下周廡屋非从广無聲文甫切⿸广舞籀文从舞玉篇廣韻作籀文⿸广膚廡也玉篇府也庵也廣韻庵舍从广膚聲五音韻譜⿸虍男作⿸广男是足也讀若鹵郎古切庖廚也从广包聲薄交切五音韻譜簿作薄廚庖屋也廣韻引玉篇注同段君云御覽引屋作室（庚紀柳如徐引作廚屋）从广尌聲直株切庫兵車藏也初學記引藏上有所字从車在广下苦故切廏馬舍也从广𣪊聲周禮曰馬有二百十四匹爲廏⿸广𣪊古文廏有僕夫居又切韻會引徐曰按周禮凡

序

藁

二百一十六應乾之策此言十四傳寫誤也樹玉謂曰字蓋後人增此非經文也校人臧曰三乘為皁三皁為繫六繫為廄鄭注云自乘至廄其數二百一十六匹易乾為馬此應乾之策也玉篇注二百六十匹馬也六十字誤到𢈈古文从九玉篇有廣韻無

序東西牆也釋宮東西牆謂之序从广予聲徐呂切

廦牆也玉篇屋牆也垣也今作壁从广辟聲比激切

廣殿之大屋也从广黃聲古晃切玉篇古晃切大也又古曠切廣韻止收上聲

廥芻藁之藏韻會藁作高禾是也廣韻作芻藁藏也从木亦譌从广會聲古外切

庾

水槽倉也集韻類篇韻會引槽作漕是也漕水轉穀也从广臾聲

一曰倉無屋者■以主切五音韻譜作庾是也臾聲作曳聲繫傳同玉篇大曰倉

小曰庾庰蔽也从广并聲必郢切玉篇畀并切蔽也薄也或作帡屏廁

清也廣韻引作圂也非口部無圂急就篇云屏廁清溷糞土壤从广則聲初吏切玉

篇測吏切圂溷也雜也次也側也廛一畝半一家之居五音韻譜畝作畞是也

繫傳韻會作畝非廣韻引作一晦半也一家之居也

按周禮遂人職上地夫一廛田百晦鄭注廛城邑之

居孟子所云五晦之宅樹之以桑麻者也■趙注孟

子五畝之宅云廬井邑居各二畝半以爲宅冬入保

城二畝半故爲五畝也據此則一畝半當作二畝半　从广里八土　直連切繫傳鍇曰古者■百步爲畝三畝爲里一畝半半里也故从里八土八半分也按徐說穿鑿亦可見一畝半相傳已久漢書食貨志云在野曰廬在邑曰里非半里也

㡾　屋牝瓦下　玉篇注下有也廣韻注屋牡瓦名段君云作牡是屋瓦下載曰牝上覆者爲牡　一曰維綱也从广閱省聲　閱當作閔　讀若環　戶關切

[广悤]　屋階中會也从广忽聲　倉紅切玉篇子孔七公二切屋中會也廣韻收平上二聲

[广侈]　廣也　玉篇廣大也　从广侈聲春秋國語曰使溝而[广侈]我　尺氏切廣韻

注廣也引國語曰狹溝而㢋我作狹廉仄也从广兼非今吳語作夾韋注旁擊曰㢋

聲力兼切玉篇力霑切廣韻力鹽切廉㡉開張屋儉也引釋名曰廉斂也自檢斂也

也[illegible]从广秅聲濟陰有㡉縣宅加切地理志作秺孟

庱音炉玉篇收禾部作秅直家切張開屋廣韻收麻韻作秅開張屋也

龐高屋也从广龍聲薄江切玉篇步公步江二切高屋也又力容切縣名廣韻止收江詩車攻四牡龐龐毛傳龐龐充實也釋文龐鹿同反徐扶公反

底山居也一曰下也擊傳韻會居下無也字

从广氐聲都礼切

㡳礙止也韻會引止下有之字非玉篇山疑止之譌釋詁止也玉篇止也滯也下也廣韻下也止也並無山居義

礙也止也从广至聲陟栗切
廮安止也从广嬰聲鉅鹿有廮陶縣於郢切
废舍也　廣韻同詩甘棠釋文引作草舍也玉篇注同[illegible]
[illegible]从广友聲詩曰召伯所废蒲撥切蒲廣韻作蒲是也五音韻譜作蒲
亦譌今詩作茇
繫傳召作邵
庳中伏舍　廣韻引下有也字从广卑聲一曰
屋庳　廣韻同韻會庳作卑玉篇短也卑下屋也或讀若逋便俾切
庇蔭
也　韻會作蔭也蓋因廣韻改广部無蔭玉篇注覆蔭也从广比聲必至切
庶屋
下衆也从广炗炗古文光字　臣鉉等曰光亦衆盛也商署切按[illegible]从廿與庶

同意則庶非从芺石鼓作㾷蓋从辟肙夫之夾夾有大義此當是从广从廿从夫或从夫省作𡚦如狄是也

庤儲置屋下也玉篇儲也具也或作時峙廣韻引詩庤乃錢鎛庤具也从广寺聲直里切

廙行屋也从广異聲與職切玉篇余力切行屋下聲又謹敬也亦作翼廣韻收去聲志入聲職

廔屋麗廔也玉篇屋㲉蝕也脊也廣韻麗廔綺窻从广婁聲一曰種也洛侯切繫傳無一曰句盖脘

𢉀屋从上傾下也从广隹聲都回切玉篇厭也或作隤廣韻墜也

廢屋頓也繫傳韻會頓作傾玉篇大屋頓也从广發聲方肺切

庮久屋朽木从广

去

酉聲周禮曰牛夜鳴則庮臭如朽木與久切按臭如朽木四字乃鄭司農說韻會作謂如朽木臭也

廑少劣之居玉篇注同韻會居作名非从广堇聲巨斤切玉篇奇靳切或作覲廣韻收去聲震注小屋渠遴切

廟尊先祖皃也从广朝聲眉召切庿古文繫傳作庿

⿸广且人相依⿸广且也从广且聲子余切玉篇七賜切廣韻收去聲寘注並同[illegible]子余切非

⿸广曷屋迫也从广曷聲於歇切玉篇烏遏切廣韻收月曷二韻月引說文

⿸广屰卻屋也廣韻引作卻行也非一切經音義卷二十二引作卸屋也當不誤卸⿸广屰聲相近从广屰聲昌石

切玉篇齒亦切又充夜切廣韻入聲引說文去聲作斥引爾雅斥山文皮

廞　陳輿服於庭也从广欽聲讀若歆　許金切玉篇欣金切〔釋詁興也〕陳也興也廣韻收平上二聲平聲引爾雅興也亦陳車服也亦廞嶬山險皃上聲注大喪囊衣也周禮司裘大喪廞裘鄭注云故書廞作淫鄭司農云淫裘陳裘也玄謂廞興也若詩之興謂之象似而作之凡爲神之偶衣物必沽而小耳

廫　空虛也从广膠聲　臣鉉等曰今別作寥非是洛蕭切玉篇力幺切重文作廖注■云又姓也又力救切廣韻蕭止收寥字又收廖字別無廫字

文四十九　重三

厂　山石之厓巖人可居　玉篇引同繫傳厓作崖廣韻引同無人可居三字

象形凡厂之屬皆从厂　呼旱切　厈　籀文从干　繫傳作厈

厓　山邊也　玉篇水邊也疑本說文釋丘渼爲厓郭注謂水邊釋水滸水厓郭注水邊地廣韻注山邊　从■厂圭聲　五佳切

■■

厜　厜㕒山顛也　釋山崒者厜㕒　从厂垂聲　姊宜切　玉篇是規切又姊宜切　廣韻音同　■　釋山釋文郭音才規反字林同

㕒　厜㕒也　从厂義聲　魚爲切　廣韻音同　玉篇牛奇切　釋山釋文引字林音危

厰　崟也一曰地名　从厂敢聲　魚音切　玉篇五敢五今二切　廣韻收平聲侵上聲敢

厬　仄出泉也　釋水作水醮曰厬又氿泉穴出穴出仄出也　水部

氿引爾雅水醮曰氿與爾雅互異詩大東有冽氿泉毛傳側出曰氿泉與爾雅合玉篇厬注水盡也亦本釋水

从厂晷聲讀若軌居洧切

厎柔石也从厂氐聲職雉切

砥厎或从石繫傳作或从石

厥發石也从厂欮聲俱月切

厲旱石也从厂蠆省聲力制切繫傳無省字則蠆當是萬韻會有省

𠪚或不省按上文云从蠆省聲此云或不省疑並後人改萬蠆當从萬聲今篆文作蠆非辭虫部

厱厱諸治玉石也从厂僉聲讀若藍魯甘切五音韻譜藍作藍繫傳作監鍇曰弃見淮南子作監諸

石可以切玉也按今說林訓作礛玉篇來甘切厱玉或作礛有脫誤廣韻收咸嚴二韻

厤 治也从厂秝聲郎擊切

⿸厂異 石利也从厂異聲讀若枲胥里切廣韻音同引說文玉篇弋里切

⿸厂古 美石也从厂古聲侯古切玉篇胡古切廣韻兩收姥一音當古切一音侯古切

厗 唐厗石也繫傳厗作厗是也玉篇唐厗石又古銻字地理志上谷郡有厗奚孟康曰厗音題从厂屖省聲杜兮切

⿸厂立 石聲也从厂立聲盧荅切玉篇力合切石聲亦拉字廣韻盧合切

⿸厂兒 石地惡也玉篇石地也廣韻石地惡从厂兒聲五歷切

⿸厂金 石地也从厂金聲

讀若給巨今切

⿸厂甫 石閒見廣韻下有也字玉篇石文見也疑本說文从厂甫聲讀若敷芳無切五音韻譜敷作𢿌繫傳同

厝 厲石也从厂昔聲詩曰他山之石可以爲厝倉各切又七夕切五音韻譜夕作互是也倉作蒼玉篇千故切廣韻收去入二聲今詩作錯釋文云說文作厝按他古作它

厖 石大也从厂尨聲莫江切

⿱㞢厂 岸上見也从厂从之省繫傳下有聲字[illegible]衍讀若躍以灼切廣韻作屵注云岸上見也說文作⿱㞢厂蓋譌玉篇闕

⿸厂夾 辟也从厂夾聲胡甲切廣韻作⿸广夾譌

仄 側傾也玉篇陋也

傾側也廣韻仄陋也又引說文側傾也从人在厂下阻力切繫傳韻會■从下有厂字　仄籒

文从矢矢亦聲　繫傳作𠩂从下有厂字玉篇作古文廣韻為矢之籒文　𠪚

仄也从厂辟聲　普擊切玉篇匹亦切仄也陋也廣韻收昔之石切　厞隱也

从厂非聲　扶沸切廣韻作厞譌　玉篇厞扶沸切隱也陋也广部亦收厞　詩蕩釋文厞引沈云許君凡非反亦諸羞　厭笮也从厂猒聲一曰

合也　於輒切又一琰切李注文選王命論引作塞也誤　玉篇於冉於葉二切合也伏也又於豔切飫也廣

韻上聲注厭魅也去聲引論語食不厭精入聲注厭伏亦惡夢　产仰也从人在厂

上一曰屋梠也秦謂之桷齊謂之产　魚毀切繫傳脫一曰以下十三

字玉篇之嚴切仰也屋梠也又顏監魚軌二切
廣韻止收䲤引說文梠譌作招又云本魚毀切

文二十七　重四

丸 圜傾側而轉者　韻會圜下有也字玉篇作丸注圜也假而轉也　从反仄凡丸之屬皆从丸　胡官切

䯞 鷙鳥食已吐其皮毛如丸　廣韻引同繫傳已作也譌丸下有也字玉篇注鷙鳥食已吐其毛如丸也則皮字乃後人加　从丸咼聲讀若骫　於跪切　玉篇於詭切　廣韻兩收紙一引說文

䏡 丸之孰也　玉篇丸屬也䏡　从丸而聲　奴禾切　廣韻收梔丸屬又收戈　廣韻音同玉篇胡官切又

本說文

韻丸孰又收之丸之熟也　如之切　按嫋九从咼聲正合奴禾切

按而聲與如之切合餘音並非胡官切則當由作丸聲

耆从彡从係

⿰丸而从而聲正合如之切疑傳寫之誤然廣韻已然

[illegible]徐本當亦不異玉篇胡官切[illegible]當在䯅下䯅讀若骫骫从九聲■與胡官切合

奿　闕　芳萬切玉篇音同引說文云其義闕也廣韻收去聲顧引說文云其義闕繫傳闕下有从凡文聲四字蓋後人加

文四

危　在高而懼也从厃自卪止之　韻會作从厃人在厓上自卪止之也蓋有增改　凡危之屬皆从危　魚爲切

𢻍　𢻍嘔也　韻會嘔作險非　一切經音義卷十一引作𢻍嘔傾側不安也卷十六引作歊非　从危支聲　去其切玉篇丘知切傾低不正亦作攲廣韻收平去二聲

文二

石 山石也在厂之下口象形凡石之屬皆从石 常隻切

磺 銅鐵樸石也 韻會引同䪿傳樸作朴非李注文選江賦引作銅鐵璞也玉

篇注同玉部無璞 从石黃聲讀若穬 古猛切 卝

無石字當非脫

古文磺周禮有卝人 鄭注周禮卝人云卝之言礦

也金玉未成器曰礦

玉篇礦下重文作礦廣韻上聲梗有

卝注云金玉未成器也蓋即本鄭注又礦作礦注

云金璞也重文作鑛古文作鉚一切經音義卷二

礦引說文又云古文𥓐字並不以卝爲古文磺則

此字乃後人增故云古文礦也卝蓋卝之省五經

文字卝注云古患反見詩風字林不見又古猛反見

周禮說文以爲古卯字見詩風者當指總角丱（齊風）兮說文以爲古卯字者俗丱作卯非丱下有古文卝也九經字樣卝卯注云上說文下隸變所引說文當亦是丱

碭　文石也　从石昜聲　徒浪切　玉篇文石也又縣名地理志梁國碭縣山出文石

碝　石次玉者　韻會無者字玉篇注者作也　从石耎聲　而沇切　廣韻注碝石次玉

砮　石可以爲矢鏃　玉篇石中矢鏃也　从石奴聲　夏書曰梁州貢砮丹　禹貢梁州貢璆鐵銀鏤砮磬荊州貢厲砥砮丹　春秋國語曰肅愼氏貢楛矢石砮　乃都切　見魯語

礜　毒石也出漢中　从石

與聲羊茹切玉篇弋庶切石出陰山殺鼠蠶食則肥蓋本郭注西山經碣特立之石東海有碣石山廣韻引之石下有也又二字玉篇特立石也又碣石山名从山曷聲渠列切[illegible]古文繫傳作[illegible]玉篇作[illegible]磏厲石也一曰赤色韻會作厲石赤色玉篇廣韻注赤礪石从石兼聲讀若鎌力鹽切碬厲石也从石叚聲春秋傳曰鄭公孫碬字子石乎加切按當从段作碫詩公劉取厲取鍛釋文云鍛本又作碫說文云碫厲石字林大喚反左傳襄二十二年作公孫段九經字樣音碬為霞玉篇碫都亂切礪石也適當說文

碬字之次後又有碬下加切磍碬高下也則後出之字廣韻上聲換收碬平聲麻收碬其譌久矣

礫　小石也　釋山釋文一切經音義卷六引玉篇注並同爾雅序釋文引作小礓石誤石部無礓廣韻引釋名曰小石曰礫　从石樂聲　郎擊切

䂬　水邊石　从石巩聲　春秋傳曰闕䂬之甲　居竦切　繫傳䂬作鞏蓋後人因今本左傳改見昭十五年

磧　水陼有石者　韻會陼作渚當不誤一切經音義卷二十二引作水渚有石曰磧玉篇水渚石水淺石見　从石責聲　七迹切

碑　豎石也　繫傳韻會作竪石紀功德竪即豎之近體玉篇注銘石又臥石臥蓋豎之譌廣韻

引釋名曰本葬時所設臣子追述君父之功以書其上（韻會同）今釋名葬譌爲莽又加王字於上（更非）古書之所以復懷也　从石卑聲　府眉切玉篇彼皮切廣韻收支彼爲切

𥕢　陵也　五音韻譜陵作陊■是也韻會引同繫傳作憜蓋墯之譌玉篇注墮也　从石家聲　徒對切

磒　落也从石員聲春秋傳曰磒石于宋五　于敏切僖十六年經作隕穀梁傳同公羊傳作霣

𥓠　碎石隕聲从石炙聲　所責切玉篇所戟切石落聲廣韻收陌山戟切

硞　石聲从石告聲　苦角切玉篇音同石聲也廣韻收沃覺二韻段君云釋言硈鞏也邢昺曰硈苦學切當从告

說文別有硈苦八切 硠石聲 韻會作硠硠石聲
石堅也剖別甚精 玉篇廣韻注硠磕
石 从石良聲 魯當切玉篇力唐切又力蕩切廣
聲 韻止收平聲■曹音廣雅釋詁硠
有力當力蕩二反釋 礐石聲 廣韻引下有也字
訓同■ 玉篇石聲也山多
大石也亦作嶨一本 从石學省聲 胡角切玉篇口角
說文一本釋山也 切廣韻胡谷切
硈石堅也 廣韻引無石 从石吉聲 一曰突也 格八
字玉篇注同 切
磕石聲 从石盍聲 口太切又苦盍切 䃌傳盍下
有省字非韻會無玉篇苦
盍切硠磕也又苦闔
切廣韻收去入二聲 硻 餘堅者 廣韻集韻類
篇引者作也

玉篇堅也　从石堅者　口莖切繫傳省下有聲字

磿　石聲也　繫傳作石砳砢也蓋誤玉篇注磿磿小石聲廣韻石聲　从石厤聲　郎擊切

磛　礹石也从石斬聲　鉏銜切玉篇作嶃注嶃礹山皃廣韻同注嶃嵒山皃

礹　石山也从石嚴聲　五銜切玉篇磛礹也亦作嵒嚴廣韻爲嵒嚴之重文

礊　堅也从石毄聲　楷革切五音韻譜作礊是也

确　磬石　廣韻引同韻會作磬石也玉篇注磽确　从石角聲　臣鍇等曰今俗作確非是胡角切按確當爲隺（塙）之俗體隺引易夫乾隺然今易作確是也玉篇確堅固也亦作塙

㱿　确或从𣪊　繫傳作㱿

或从殼作磽磐石也玉篇堅硬也廣韻石地孟子地有肥磽趙注磽薄也釋山多小石磝釋文云磝字或作磽同字林口交反从石堯聲口交切

硪石巖也从石我聲五何切五音韻譜何作河玉篇作礒宜綺切山欽崟崎礒石巖當說文硪字之次後又有硪音我砐硪山高皃在俗字中廣韻硪收歌引說文又收上聲哿注同玉篇

嵒磛石嵒也韻會嵒作嵒从石品繫傳下有聲字韻會同周書曰畏于民嵒五音韻譜繫傳嵒作嵒非韻會作嵒石畏上有顧字蓋本今書召誥增臣鉉等曰从品與嵒同意讀與嵒同五銜切玉篇牛咸牛今二切僭差廣韻收侵咸二韻注同玉篇

磬樂石也从石殸象縣虍之形五音韻譜虍作虎是也繫傳殸下有聲

字下作縣虞形也韻會
有聲無象作縣虞之下■　及𣪍手之也古者毋句氏
風俗通引世本毋句作磬
作磬　苦定切玉篇別立部段君云明堂位注引世本曰無句作磬　殸　籀文省繫傳
作殸無硜　古文从巠　繫傳作𥓓韻會同玉篇硜口耕
者字玉篇又口耕切　切小人皃又口定切不爲古文廣韻
硜收耕注硜硜小人皃蓋並本論語　礙　止也从石疑聲　五溉切玉篇亦作閡　硩　上
擿巖空青珊瑚陊之　五音韻譜巖上有山字陊作隋繫傳作隨譌■韻會作
陊嵒有山字李注文選吳都賦引作擿空青珊瑚陊之蓋略　从石折聲周禮曰有
硩蔟氏　丑列切五音韻譜蔟作蔟是也曰字蓋衍繫傳作周禮有曰有硩蔟氏更非玉篇天磿

丑列二切石中火也廣韻止收

硟以石扞繒也从石延聲 薛注擿也周禮有硩蔟氏

尺戰切玉篇思煎切以石研繒也石部無研廣韻收線注展繒石昌戰切

碎䃺也从石卒聲 蘇對切玉篇先潰切散也破也

破石碎也从石皮聲 普過切

礱䃺也（礱俗作礲） 韻會作磨也（石部無磨）（即䃺之俗體）

从石龍聲天子之桷椓而礱之 盧紅切韻會椓作椽非穀梁莊二十四年傳曰禮天子之桷斲而礱之

研䃺也 玉篇摩也廣韻磨也 从石幵聲 五堅切（玉篇午田切廣韻收平去二聲）

䃺石磑也从石靡聲 摸卧切（莫卧切）玉篇磑也所以䃺麥（重文作磨）廣韻為磨之重文磨磑也摸臥切又莫禾切（平聲止收磨）

磑䃺

也从石豈聲古者公輸班作磑五對切玉篇午對居衣公哀三切堅石也磨也廣韻去聲隊引世本曰公輸般作之又收平聲灰

碓舂也玉篇所以舂也从石隹聲都隊切廣韻杵臼引廣雅曰碻碓也通俗文云水碓曰轓車杜預作連機碓孔融論曰水碓之巧勝於聖人之斷木掘地

䃂舂已復擣之曰䃂繫傳擣作搗俗廣韻注曰作爲从石沓聲徒合切玉篇徒荅徒感二切再舂也廣韻收入聲合

磻以石箸隿繳也繫傳韻會箸作著李注文選嵇叔夜詩引作以石著弋繳也从石番聲博禾切玉篇補左補何二切以石維繳也重文作碆廣韻桓收磻戈收碆

䃴

斫也木部櫡斫謂之櫡當从石箸聲張略切 硯石
與櫡同釋器作鐯金部無 李注文選江賦引作滑石也
滑也 玉篇石滑所以研墨廣韻引釋名云硯研也研墨使和濡也 从■石見聲
五甸切 砭以石刺病也 刺 廣韻韻會引刺作刺是也 从石乏聲
方影切又方驗切 影字譌 五音韻譜作悲廉切又陂驗切玉篇作砭甫廉切刺也以石刺病也重文作砭廣韻
去聲引說文音方驗切又收平聲府廉切 䃘石也惡也 五音韻譜石也作石地
是也繫傳同玉篇石也埆也廣韻石地 从石鬲聲 下革切 五音韻譜作䃘 砢
磊砢也 韻會磊上有眾石貌三字蓋因■下文增 玉篇磊砢眾小石皃廣韻磊砢石皃

从石可聲來可切

磊 衆石也从三石落猥切玉篇力罪切砢磊砢重文作磥廣韻爲磥之重文磥注衆石皃

文四十九　重五

長 久遠也从兀从匕兀者高遠意也久則變化亡聲（六書故引作匕）𠆢者倒亡也（倒當作到）（辨新附攷）凡長之屬皆从長

臣鉉等曰倒亡不亡也長久之義也直良切玉篇直良切永也久也常也又知兩切主也又除亮切多也廣韻收平上去三聲

𠑷 古文長 𨱗 亦古文長 玉篇上人兵人注云並古文廣韻無

肆 極陳也 廣韻陳也恣也極也放也說文从隶極陳也按

廣韻所引蓋出宋人疑 極下當有也字是二義
毛傳詩鄭注禮肆並訓陳論語肆諸市朝集
解引鄭曰陳其尸曰肆 从長隶聲 息利切玉 𨽸或
亦止訓陳不爭極 篇作肆
从髟 玉篇收髟部作⿱髟聿 镾久長也 玉篇長久也廣 从
韻亦注長久
長爾聲 武夷切五音譜作武移切與廣 镻蛇
韻合玉篇亡支切今作彌弥逸 周書謚法解彌久也
惡毒長也 釋魚釋文引作蛇毒長也玉篇蝁
也蛇毒長也當由本說文镻蝁釋魚
文五音韻譜 从長失聲 徒結切 文四　重三
蛇作虵非

勿

州里所建旗象其柄有三游 廣韻引旗下有也字游作斿

雜帛幅半異所以趣民故遽稱勿勿 顏氏家訓勉學篇引作所以趣民事故忽遽者稱勿勿 韻會一東引同

[illegible] 凡勿之屬皆从勿 文弗切

𣃘 勿或从㫃 繫傳作或从㫃作 玉篇收㫃部

昜 開也从日一勿一曰飛揚一曰長也一曰彊者衆皃 與章切繫傳彊作強韻會作彊

文二　重一

冄 毛冄冄也象形凡冄之屬皆从冄 而剡切玉篇又而瞻切廣韻平聲引說文又收上聲

文一

而　頰毛也　廣韻引同禮運正義引作須也蓋誤玉
篇語助也乃也能也又頰之毛曰而今作髵
周禮曰作其鱗之而凡而之屬皆从而　臣鉉等曰今俗別作
髵非是　如之切
耏　罪不至髡也　玉篇耐下引罪作辠　从而从彡　奴代
切　繫傳作从彡从而亦聲韻會作从彡而聲玉篇收彡
部如時切頰須也又獸多毛則當同而字廣韻收之
代二韻之注獸多毛代注頿也　耐　或从寸諸法度字　字
則亦與而同
从寸　一切經音義卷十一引蒼頡篇耐忍也字本
從彡杜林改從寸玉篇能也任也廣韻忍也

文二　重一

方言豬北燕朝鮮之間謂之豭關東謂之彘或謂之豕南楚謂之豨其子謂之豚或謂之豯

豕彘也竭其尾故謂之豕象毛足而後有尾讀與豨同桉今世字誤以豕爲彘以彘爲豕何以明之爲啄琢从豕蟸从彘皆取其聲以是明之臣鉉等曰此語未詳或後人所加繫傳作蟸从彘爲取其聲段君云當作按今世字誤以豕爲彖彖爲豕何以明之爲啄琢从豕蟸从彖皆取其聲以是明之此三十二字未必爲許語凡豕之屬皆从豕玉篇式爾切廣韻施是切式視切繫傳作豕通部同

𢑚古文繫傳作豕韻會同玉篇作𢑚

豬豕而三毛叢居者段君云謂一孔生三毛也从豕者聲陟魚切

豯小豚見蘇頌本艸圖經犀下

也　廣韻引同初學記引豚作肫非玉篇豵子也或作㲉蓋本釋獸　从豕㱿聲　步角切　豯　生三月豚腹豯豯皃也　初學記御覽引豚在生上（大腹）玉篇豕生三月曰豯廣韻豕生三月　从豕奚聲　胡雞切　豵　生六月豚　初學記引作肫生六月也釋獸豕生三豵玉篇廣韻注豕生三子蓋本鄭箋　从豕從聲一曰一歲豵尚叢聚也　子紅切繫傳叢作蔟俗　初學記引作或曰一歲曰豵　豝　牝豕也　釋獸豕牝曰豝玉篇作牡豕也譌　从豕巴聲一曰一歲能相把拏也　五音韻譜繫傳一歲作二歲是也先鄭注周禮大司馬云二歲為豝　詩曰一發五豝　伯加切今詩一作壹　豜　三歲豕肩相

反者五音韻譜同繫傳韻會反作及是也玉篇注豕一歲豵廣韻大豕也一曰豕三歲毛傳詩七月三（豕一歲曰豵）歲曰豣

从豕幵聲詩曰並驅从兩豜兮古賢切令詩从作從豣作肩釋文云說文作豣

豶羠豕也韻會引同繫傳羠作鞕譌玉篇犗也从豕賁聲符分切

豭牡豕也从豕叚聲古牙切

豝上谷名豬豭五音韻譜繫傳豭作豰是也集韻類篇引同初學記引作俗名豬曰豰玉篇䝪豕从豕役省聲營隻切

䝐豶也初學記引同繫傳作豬豬也譌豬豶釋獸文臣鉉等曰隋从隨省以水切玉篇羊捶切豕俗呼為豶豬也从豕隋聲廣韻收上聲紙又收平聲支為豶之重文

豤

齧也从豕艮聲康很切玉篇口殄口很二切豕齧地廣韻收很銑二韻豷豕息也从豕壹聲春秋傳曰生敖及豷許利切左傳襄四年敖作澆豧豕息也从豕甫聲芳無切玉篇芳于芳又二切■廣韻收平聲虞去■聲遇候豢以穀圈養豕也初學記引同後漢書蔡邕傳注引作養也蓋略玉篇養豕也廣韻豰養畜又牛馬曰芻犬豕曰豢从豕𢍏聲胡慣切豠豕屬从豕且聲疾余切豲逸也六書故引唐本說文豕屬也當不誤玉篇豕屬廣韻注同譌作獂韻會作豕之逸也更非此逸字

說文攷異　二十七

當在周　从豕原聲周書曰豲有爪而不敢以撅　繫傳同五音書上
韻譜同繫傳撅作撅今周　讀若桓胡官切
祝解作獂有蚤而不敢以撅
豨　豕走豨豨　韻會下有聲也二字非方言豬北燕朝鮮之間謂之豭關東西謂之彘或謂之豕南楚謂之豨　从豕希聲古有封豨脩蛇之害　虛豈切　淮南本經訓作封豨脩蛇　繫傳無古有以下八字　左傳作封豕長蛇並作蛇是也
玉篇火豈切豕也廣韻收平上二聲
豖　豕絆足行豕豕　廣韻引下有也字　从豕繫二足　丑六切廣韻丑玉切玉篇闕　按……字當既
豕之別體　𧰲　闕　相札不解也　闕當作闕繫傳作闕俗無也字　从豕

虍豕虍之鬭不解也　繫傳作豕虎之鬭不相捨　廣韻引作豕虍之鬭不相捨

讀若蘮蒘草之蘮　蘮蒘見釋草蘮當作芸蒢　蒘釋文女居反艸部無蒘疑當是挐左傳定十五年齊侯衞侯次於蘧挐或其地以草得名芸蒢蘧挐聲相近芸蒢挐亦疊韻

司馬相如說豦封豕之屬一曰虎兩足舉　強魚切玉篇竭於切封豦豕屬也又居御切廣韻平聲引說文又收去聲

𧱏豕怒毛竪也　玉篇注同廣韻引下有也字　一曰殘艾也从豕辛　臣鉉等曰从辛未詳魚既切按从辛者蓋金

豩二豕也豳从此闕　伯貧切又呼關切味辛玉篇作豪

切玉篇丈類切闕義廣韻不收豨類篇悲巾切又呼闕切集韻收眞刪二韻

文二十二　重一

㣇脩豪獸一曰河内名豕也从彑下象毛足凡㣇之屬皆从㣇讀若弟羊至切玉篇徒計余利二切貄子也廣韻收至霽二韻按釋獸貄子貄又貄脩毫豸部貄貄並無當即此字又㣇彖字形聲亦近

𢑱籒文繫傳作㣇彖在古文下玉篇廣韻並無

𢑚古文繫傳作𢑚玉篇作𢑚

𢑲豕屬从㣇胃聲呼胃切繫傳作𢑲玉篇作彙

𧰢㣇豕鬣

如筆管者出南郡从𢑚高聲乎刀切繫傳作豪南作兩並譌韻會同豪

籒文从豕臣鉉等曰今俗別作毫非是彙蟲似豪豬者韻會引無者

玉篇注者作也廣韻引作蟲也似豪豬而小从𢑚胃省聲于貴切釋獸彙毛刺郭注

今蝟狀似鼠蝟或从虫繫傳下有作字㣇𢑚屬玉篇豕聲也廣韻鼠名又

引說文曰𢑚屬蓋宋本引从二𢑚息利切㣇古文㣇虞書曰㣇類

于上帝繫傳作㣇今堯典作肆　文五　重五

彑豕之頭象其銳而上見也玉篇彙類也廣韻彙頭下引說文同

凡彑之屬皆从彑讀若罽 居例切 彘豕也後蹏發謂之彘 五音韻譜繫傳發作廢集韻類篇韻會釋獸釋文引並同繫傳蹏作蹄譌 从彑矢聲从二匕彘足與鹿足同 直例切五音韻譜作彘繫傳同

彖豕也从彑从豕讀若弛 式視切五音韻譜作彖是也繫傳同弛作弛俗喙彖蠡並當从此 玉篇闕廣韻收紙音尺氏切

𧰲豕也从彑下象其足讀若瑕 乎加切 音與豭同 玉篇廣韻並無

彖豕走也 玉篇才也彖走悅也 从彑从豕省 通貫切五音韻譜作彖是也繫傳同作从彑豕聲恐誤

文五

彖與訓備豪獸不殊

■

𧰨

豚 小豕也 玉篇豕子也方言豬其子謂之豚 从彖省象形又持肉以給祠祀凡豚之屬皆从豚 徒魂切 豚 篆文从肉豕 五音韻譜繫傳作豚釋獸釋文引作籒文玉篇同 廣韻正作豚無豕字

𧱏 豚屬 廣韻同玉篇注豕 从豚衛聲讀若罽 于歲切

文二　重一

豸 獸長脊行豸豸然欲有所司殺形 繫傳及廣韻韻會引司作伺俗釋獸釋文引亦作伺形作也 凡豸之屬皆从豸 池爾切司殺讀若伺候之伺玉篇無足屬又獸之長豸豸然也釋蟲有足謂之蟲無足謂之豸

豹 似虎圜文

从豸勺聲北教切貙貙貗似貍者釋獸貙獌似貍又貙似貍玉篇似貍又惷也从豸區聲敕俱切貚貙屬也从豸單聲徒干切貔豹屬出貉國从豸毘聲詩曰獻其貔皮周書曰如虎如貔貔猛獸房脂切玉篇猛獸也蓋本毛傳豼或从比繫傳下有作字豺狼屬狗聲釋獸豺狗足玉篇似狗也廣韻狼屬引禮記云仲秋之月豺祭獸从豸才聲士皆切貐猰貐■似貙虎爪食人迅走繫傳

貐作貐蓋本釋獸改釋獸似作類貐按 从豸俞聲
貐說文並無古通作窫詳新附攷
以主切 貘 似熊而黃黑色出蜀中 玉篇白豹也本
切 釋獸廣韻食
鐵獸似熊黃黑色一曰 从豸莫聲 莫白切 貓 猛獸
白豹也蓋衍本郭注
玉篇猛獸或作獼廣韻獸似牛 从豸庸聲 余
也 領有肉也蓋本郭注上林賦注又云即犎牛也 封
切 貜 𤞣貜也 廣韻引𤞣作豰 玉篇从[illegible]豸
豰貑子也或作𤞣
矍聲 王縛切玉篇九縛切 䝖獸名䝖蓋 貀 獸
狙之俗體說文無䝖玉篇亦無疑後人改
無前足 釋獸貀無前足郭注晉太康七年召陵
扶夷縣檻得一獸似狗豹文有角兩足即

此種類也或說貀似虎而黑前無兩足从豸出聲漢律能捕豺貀購百錢女滑切

貈似狐善睡獸从豸舟聲論語曰狐貈之厚以居臣鉉等曰舟非聲未詳下各切今論語作貉江鄭堂藩云詩豳風一之日于貉毛傳引狐貉之厚以居當本是貈貈从舟聲與裘爲韻正合也其音下各切者乃是貉樹玉謂舟聲而音下各切者或聲之轉洀之重文作瀊蓋亦取舟聲

豻胡地野狗从豸干聲五旰切玉篇午旦午諫二切廣韻收平去二聲

犴豻或从犬詩曰宜犴宜獄今詩小宛作岸毛傳岸訟也釋文云韓詩作犴音同云鄉亭之繫曰犴朝廷曰獄

貂鼠屬大而黃黑出胡丁

零國（藝文類聚御覽引無胡字）从豸召聲　都僚切玉篇鼠如犬廣韻鼠屬出東北夷　貈　北方豸種　詩韓奕禮記中庸釋文引並作北方人　从豸各也論語衛靈公釋文引亦同貈謂爲貌聲孔子曰貈之爲言惡也　莫白切玉篇蠻貈也亦與貊同　貆　貈之類　廣韻兩收桓一引同一注貈屬韻會無之字玉篇注貆子貆見爾雅　从豸亘聲　胡官切　貍　伏獸似貙　从豸里聲　里之切玉篇似貓也廣韻野貓　貒　獸也　韻會下有似豕而肥四字釋獸釋文引作獸似豕似豕而肥玉篇廣韻注似豕而肥　从豸耑聲讀若湍　他耑切玉篇他九切又他畔切廣韻收平去

二聲

貛　野豕也　玉篇野豚也廣韻貛注牡狼貛注野豚　从豸雚聲　方言貛關西謂之貒郭注豚也

呼官切

貁　鼠屬善旋　一切經音義卷二十一引作禺屬善遊禺當不誤玉篇貁猨屬廣韻爲貁之重文貁注獸名似猨猨即蝯之別體蝯禺屬也楚辭九歌猨啾啾兮狖夜鳴蓋以類並稱廣雅作狖蜼也狖曹音柚　从豸穴聲　余救切

文二十　重二

𤉡　如野牛而青　後漢書馬援傳注引■作似野牛而青色一切經音義卷十七引作如野牛青色廣韻作𤉡爲兕之重文兕引爾雅曰兕似牛郭璞曰一角青色重千斤　象形　與

禽离頭同凡禼之屬皆从禼 徐姊切玉篇作⿱山豕爲兕之重文（自作𧰼）

■

𠒋古文从儿 五音韻譜作𠒋繫傳同

文一　重一

易蜥易蝘蜓守宮也 釋魚及方言作蜴虫部無蜴 象形祕書說曰月爲易象陰陽也 繫傳韻會說下有曰字惠徵君曰周易參同契曰日月爲易剛柔相當虞翻注云易字從日下月 一曰从勿凡易之屬皆从易 羊益切玉篇余赤切又以豉切廣韻收去入二聲

文一

象長鼻牙南越大獸 初學記廣韻引同韻會作南越大獸長自鼻耳非

三秊一乳象耳牙四足之形凡象之屬皆从象徐兩切

豫象之大者賈侍中說不害於物从象予聲羊茹切玉篇弋庶切怠也安也敘也佚也早也逆備也或作預又獸名象屬𧰼古文五音韻譜作𧰼繫傳韻會作𧰼玉篇廣韻並無

文二　重一

說文解字攷異弟九下

説文解字攷異弟十上

四十部　八百一十文　重八十七　繫傳七作八是也

凡萬四字

馬　怒也武也象馬頭髦尾四足之形　廣韻引無馬字　凡馬之屬皆从馬　莫下切玉篇莫把切黃帝臣相乘馬馬武獸也怒也

影　古文玉篇在籀文下按籀文有髦則古文當作昜𩡧从日帀是也

影　籀文馬與影同有髦　𩣺當作𩡧玉篇作影韻會作影

騭　牡馬也　釋畜牡曰騭

說文引異

曰駼馬部無駼郭从馬陟聲讀若郅之日切繫傳注草馬名玉篇尸夜切無讀若郅三

字𩡧馬一歲也从馬一絆其足讀若弦一曰若

環戶關切繫傳弦作絃俗環上無若字玉篇作馵手關切又爲萌切廣韻亦作馵收平聲刪

上聲銑又平聲先有⿰馬玄注馬一歲玉篇同馬部無⿰馬玄蓋馵之別體

爾雅騥牝驪牡玄駒褭驂郭注玄駒

小馬別名褭驂耳釋

駒馬二歲曰駒三歲曰駣

文云玄字林作⿰馬玄音同

五音韻譜同繫傳駣作騑譌三歲曰駣

周禮廋人教駣攻駒注鄭司農云馬二歲曰駒三歲曰駣

馬部無駣集韻類篇韻會引亦無三歲曰駣句玉篇駣徒

从馬句聲舉朱切玉篇九于切馬二歲也

高丈小二切馬四歲也

楚辭九辯註駒跳而遠去

疑古作跳楚辭九
辯故騎跳而遠去洪
補注云騎跳一作騎駞

也 [illegible]疑古通作跳後人改从馬

駜 馬八歲也从馬从八 博拔切 䮁 馬一目白曰䮁二
目白曰魚 釋畜（作）一目白瞯二目白魚釋文作瞯注云本
又作瞷（引）蒼頡篇云目病也吳江湖之間曰瞯
說文云戴目也字林作䮁 从馬閒聲 戶閒切 騏 馬青
音同蓋未曾檢尋說文
驪文如博棊也 韻會作馬青驪色文如博棊李
注文選七發引作馬驪文如棊也
一切經音義卷二引作馬文如綦文卷四引作馬文如綦
曰騏卷七引作馬有青驪文似綦也所引雖不同然並
非博棊字玉 从馬其聲 渠之切 驪 馬深黑色 魯頌
篇馬文也
有驪有黃毛 从馬麗聲 呂支切 駽 青驪馬 釋畜
傳純黑曰驪

髦

青驪駽从馬昌聲詩曰駜彼乘駽火玄切玉篇胡涓二切廣韻見切又許衒火收平去二聲

𩣡馬淺黑色从馬鬼聲俱位切廣玉篇京媚切馬韻音同淺黑色又山名西山經有騩山

騮赤馬黑毛尾也从馬留聲力求切玉篇作駵赤馬黑鬣蓋本毛傳毛傳赤身黑鬣曰駵廣韻亦作駵赤馬黑髦尾也蓋本說文詩爾雅並作駵

騢馬赤白雜毛从馬叚聲謂色似鰕魚也乎加切釋畜彤白雜毛騢毛傳同詩駉釋文引作赤白雜毛文似鰕魚釋畜釋文引作馬赤白雜毛文似鰕魚也並無謂字亦不隔斷

騅馬蒼黑雜毛廣韻

黑作白玉篇馬蒼白雜毛色也蓋並本說文　从馬
釋畜蒼白雜毛騅毛傳魯頌同則黑乃後人改
隹聲　職追切　駱　馬白色黑鬣尾也　釋畜釋文引作白色
馬黑毛尾也（毛詩足髦）釋畜白馬黑鬣駱（釋文云鬣舍人同宗本並作髦）
廣韻白馬黑鬣曰駱蓋本毛傳　从馬各聲　盧各切
駰　馬陰白雜毛黑　黑字蓋衍　五音韻譜及集韻類篇韻會引並同（繫傳作馬陰黑喙非）釋
畜陰白雜毛駰毛傳同郭注陰淺黑今之泥驄　从
廣韻■兩收眞一注白馬黑陰一注馬陰淺黑色
馬因聲詩曰有駰有騢　於眞切玉篇一人於巾二切泥驄馬也廣韻兩收眞
驄　馬青白雜毛也　釋畜釋文引作青黑雜毛馬
■誤玉篇青白雜毛色廣韻

馬青白从馬悤聲倉紅驕驪馬白胯也繫
雜色切傳
胯作跨是也玉篇注同釋从馬喬聲詩曰有驕
畜驪馬白跨驕毛傳同
有騜食聿切韻會騜作皇是也馬部無騜魯頌作皇釋
畜黃白騜郭注引詩騜駁其馬今詩亦
作皇釋文騜引字林于亡
反然則騜字當出字林玉篇驈余橘切廣韻兩收術
並注黑駹馬面顙皆白也釋畜面顙皆白惟
馬白髀駹玉篇馬黑白面
也廣韻黑从馬尨聲莫江駶黃馬黑喙釋
馬白面切畜
黑喙騧郭注今之淺黃色者爲騧馬釋文騧古
花反毛詩傳說文字林皆云黃馬黑喙曰騧

从馬咼聲古華切𩣭籀文騧繫傳作騧玉篇作騧不云籀文廣韻無

驃黃馬發白色一曰白髦尾也从馬㶾聲毗召切玉篇毗召匹妙二切驍勇也漢有驃騎將軍廣韻驃騎官名又馬黃白色毗召切又卑笑匹召二切

駓黃馬白毛也六書故引唐本作黃馬白雜毛韻會引作黃馬白色釋畜黃白雜毛駓毛傳同玉篇黃白色今之桃華蓋本郭注華下當有馬字廣韻桃花馬色从馬丕聲敷悲切

驖馬赤黑色从馬戴聲詩曰四驖孔阜他結切今詩四作駟毛傳驖驪也

⿰馬岸馬頭有發赤色者繫傳韻會作馬頭有白發

色按當是白發色白傳寫誤耳玉从馬屵聲五旰
篇馬白額至脣廣韻額作額切
馰馬白額也繫傳韻會額作額[illegible]非从馬的省聲
釋畜馰顙白顛
的當一曰駿也易曰爲的顙都歷切五音韻譜繫
作的傳的作馰是也今易
作的釋文云駮馬色不純釋畜駵白駁詩東山皇
説文作馰駁其馬毛傳駵白曰駁
从馬爻聲臣鉉等曰爻非聲疑象駁文北角切按
爻交聲同㛤从交聲音蒲角[illegible]切徐
亦疑之並非玉篇馵馬後左足白也釋畜後右足
布角切今作駮白驤左白馵
郭注引易曰从馬二其足讀若注之戍切繫傳注下
震爲馵足有易曰爲馵足

指事七字韻會同作徐曰指事[illegible]大徐刪此句則馬白五字乃許書非是玉篇作馬𩣡馬縣足馬後左足白亦兼易訓 驔驪馬黃脊 玉篇廣韻同釋畜作驪馬黃脊騽釋文騽音習說文作驔音簟字林云又音譚令爾雅本亦有作驔者按魯頌有驔有魚毛傳豪骭曰驔與說文騽義合疑騽是驔之重文故玉篇次在驔下 从馬覃聲讀若簟 徒玷切玉篇徒點切 驠馬白州也 釋畜白州驠郭注州竅廣雅州豚臀也 从馬燕聲 於甸切 騽馬豪骭也 玉篇驪馬黃脊又馬豪骭廣韻馬豪骭又驪馬黃脊按此字當爲驔之重文疑後人改加音義詳驔下 从馬習聲 似入切 䮧馬毛長也从馬幹聲 侯旰切五音韻譜幹作倝是也玉篇

御覽及事類賦引
下有也字

乎旦切又音寒廣韻收平去二聲

騛 馬逸足也 韻會無足字非 玉篇騛兔古之駿馬也廣韻騛兔馬而兔走 从馬从飛 司馬法曰飛衛斯輿 甫微切 類篇引飛衛作騛衛是也

事類賦御覽及司下有也字

驁 駿馬以壬申日死乘馬忌之 从馬敖聲 五到切 玉篇作驁 午刀切 駿馬以壬申日死乘馬忌此日廣韻收平去二聲並作驁

驥 千里馬孫陽之所相者 从馬冀聲 天水有驥縣 几利切 地理志天水郡作冀

駿 馬之良材者 一切經音義卷二引作馬之才良者也卷二十一引無之字華嚴經音義卷二十六引作馬之良才也 从馬夋聲 子峻切

驍

良馬也从馬堯聲古堯切䮔馬小皃从馬垂聲讀若箠之壘切玉篇子垂之累二切馬小皃也重騎也廣韻收平上二聲𩦠籒文从𠂹繫傳作𩦠非玉篇作𩦠驕馬高六尺爲驕毛傳詩漢廣云六尺以上爲馬五尺以上爲駒株林乘我乘駒鄭箋馬六尺以下曰駒釋文駒作驕引沈重云或作駒从馬喬聲詩曰我馬唯驕繫傳同五音韻譜唯作維韻會同今詩作我馬維駒釋文云駒本亦作驕一曰野馬舉喬切玉篇壯皃又野馬也亦逸也騋馬七尺爲騋八尺爲龍韻會引同繫傳作馬八赤爲龍七

尺爲騋誤蓋後人改周禮庾人曰馬八尺以上爲龍七尺以上爲騋六尺以上爲馬　从馬來聲詩曰騋牝驪牡洛哀切詩字誤見爾雅釋畜段君云當作騋牝驪牝今爾雅牝譌作牡而音義不誤音義曰騋牝頻忍反下同下同者即謂驪牝也余始亦以爲然今再審之知下同者乃牝曰駱非驪牝也鄭注周禮讀雖異而牡驪字同劉向列女傳趙津女娟曰昔者湯伐夏左驂驪右驂牝亦可證驪之非牝矣詩鄘風騋牝三千毛傳馬七尺以上曰騋騋馬與牝馬也蓋兼高與牝言之非有二

說文作引詩騋牝三千騋牝驪牡

驩馬名从馬雚聲呼官切

驗馬名玉篇馬名又徵也證也　从馬僉聲魚窆切

䮲馬名从馬此聲雌氏切

也

切繫傳作⿰此馬非

⿰馬休 馬名从馬休聲 許尤切玉篇作⿰馬林馬名也駿也廣韻作傌

馼 馬赤鬣縞身目若黃金名曰媽吉皇之乘 周文王時犬戎獻之 注伯厚補注王會解引周書王會解皇作黃海內北經云 犬戎國有文馬縞身朱鬣目若黃金名曰吉量之乘注量一作良廣雅作吉量博物志作吉黃段君云文王當作成王許引成王時周靡國獻鸒鸒成王時蜀人獻大翰成王時揚州獻鰅皆逸周書王會篇也

从馬从文文亦聲 春秋傳曰媽百駟畫馬也 左傳宣二年作文 西伯獻紂以全其身 無分切繫傳作⿰馬休玉

篇同注馬不純蓋後人誤認駁字改廣韻作駁注云
馬赤鬣亂縞身目如黃金文王以獻紂段君云西
伯以下八字蓋或取尚書大傳事箋馶馬彊也从
記於此遂致誤入正文文理不貫又云要自春秋傳以下恐皆非許語
馬支聲章移切玉篇巨支切勁也又居企切彊馬也廣韻收平去二聲駜馬飽
也玉篇馬肥壯皃毛傳馬肥彊貌从馬必聲詩云有駜有駜
毗必切繫傳作詩云駜彼乘黃上有鍇曰二字駫
韻會引詩亦作駜彼乘黃則引詩乃後人增
馬盛肥也从馬光聲詩曰四牡駫駫吉熒切繫傳鍇曰駫今
作彭按作彭者當是騯非駫也駫下引詩當是駫駫牡
馬令詩作駉駉毛傳駉駉良馬腹幹肥張也與

駫義合釋文云駉說文作驍又作駫同驍與駉音
義不同蓋陸氏誤也玉篇駫馬肥壯盛皃重文作
駉則駫駉同字無疑今駉下引
詩在駉之野疑並出後人　騯馬盛也从馬
旁聲詩曰四牡騯騯　薄庚切玉篇百庚步庚
二切騯騯馬行皃今作彭
廣韻收唐注馬盛皃又兩收庚一注騯騯馬
行一注馬行盛皃今詩北山烝民並作四牡彭彭　䭹
䭹䭹馬怒皃从馬卬聲　吾浪切玉篇五唐切
又五浪五朗切馬搖
頭也廣韻收　驤馬之低仰也　韻會仰作昂
平上去三聲　玉篇駕也超
也低卬也按作卬是也低
當作氐並詳新附攷　从馬襄聲　息良切　驀

上馬也从馬莫聲莫白切 騎 跨馬也从馬奇聲渠羈切玉篇巨義切乘也又巨宜切廣韻平聲引說文又收去聲 駕 馬在軛中廣韻會引同繫傳脫馬在二字廣韻引作馬在軶中也軛卽軶之俗體 从馬加聲古訝切 𩣕 籀文駕繫傳作𩣕無駕字玉篇收牛部 騑 驂旁馬廣韻下有也字玉篇驂馬也李注文選北征賦引作驂傍馬也騑騑行不正也疾也正當作止本毛傳四牡

从馬非聲甫微切 駢 駕二馬也廣韻并駕二馬从馬并聲部田切玉篇闕 驂 駕三馬也从馬參聲倉含切 駟

一乘也从馬四聲息利切駙副馬也从馬付聲一曰近也一曰疾也符遇切䮎馬和也从馬皆聲戶皆切騀馬搖頭也玉篇騀在駊下注駊騀廣韻注駊騀馬搖頭皃从馬我聲五可切駊駊騀也玉篇駊在騀上注駊騀馬搖頭疑本說文从馬皮聲普火切䮒馬行皃从馬舀聲土刀切玉篇廣韻作⿰舀馬篤馬行頓遲廣韻引同韻會下有也字玉篇注同从馬竹聲冬毒切騤馬行威儀也玉篇馬強行廣韻強也盛也又

馬行皃按毛傳詩采薇云騤騤彊也柔桑云
騤騤不息也烝民云騤騤猶彭彭也並未有馬行
威儀之說玉篇馬　从馬癸聲詩曰四牡騤騤渠追
強行疑本說文
切

䮀馬行徐而疾也从馬學省聲於角切類篇作䮀
引說文馬行徐而疾羊諸切又羊茹切又引詩四牡䮀
䮀集韻九魚同玉篇䮀弋魚弋庶二切馬行徐而
疾適當說文䮀字之次後又有䮀於角切馬腹下
聲也在俗字中廣韻平聲魚有䮀注馬行皃去
聲御䮀注馬疾行皃入聲沃有䮀注馬腹下聲
然則說文本作䮀為後人改也馬部為後所改甚
多類篇引詩恐非說文具詩未詳何本其詩不可攷
亦不可攷玉篇廣韻不引詩

駸馬行疾也从馬

侵省聲詩曰載驟駸駸子林切 馺 馬行相及也从馬从及繫傳韻會作从馬及聲讀若爾雅小山馺大山峘蘇荅切繫傳若下有曰字無大山峘三字釋山作大山岌小山峘山部岌及峘並無岌疑是及後人加山峘疑是恆詳新附攷此當是讀若爾雅小山及（不當仍同本字） 馮 馬行疾也从馬冫聲臣鉉等曰本音皮冰切經典通用爲依馮之馮今別作凴非是房戎切五音韻譜繫傳冫作仌玉篇皮冰切乘也相視也陵也登也又扶風切姓也廣韻收東蒸二韻 䮚 馬步疾也廣韻同玉篇馬行也疾也从馬耴聲尼輒切五音韻譜繫傳作䮚 騃 馬行仡仡

也从馬矣聲五駭切玉篇午駭切馬行也又無知也廣韻收上聲止引西京賦羣獸駓騃牀史切又收駭癡也

驟馬疾步也廣韻注同韻會作馬行疾也非从馬聚聲鉏又切

𩣡馬疾走也玉篇馬走廣韻馬走疾也从馬匃聲古達切

颿馬疾步也从馬風聲臣鉉等曰舟船之颿本用此字今別作帆非是符嚴切玉篇扶泛扶嚴二切馬疾步也風吹船進也廣韻去聲引說文又收平聲

驅馬馳也从馬區聲豈俱切玉篇丘于切逐遣也隨後也驟馳也奔馳也古作敺又丘遇切廣韻收平去二聲

敺古文驅从攴五音韻譜攴作支譌繫傳作敺無驅字

馳大驅也从馬也聲 直离切韻會同繫傳作馳譌駝乃它佗之俗體 離騷借爲馳字疑後人改 騖亂馳也从馬敄聲 亡遇切繫傳韻會作从馬務者聲 𩣡次弟馳也 繫傳無也字弟作第俗 从馬剢聲 力制切玉篇廣韻作駉 騁直馳也从馬甹聲 丑郢切玉篇作騁丑領切直驅也走也 駾馬行疾來皃 玉篇馬行皃 从馬兌聲詩曰昆夷駾矣 他外切廣韻引詩同詩緜正義引說文昆作混今詩及孟子作混毛傳駾突也 䭾馬有疾足从馬失聲 大結切玉篇大吉弋

吉二切馬疾走也徵也廣韻收質馬足疾夷質切

駻馬突也从馬旱聲矦旴切玉篇有重文馯

駧馳馬洞去也類篇引作馳駧去也玉篇馬疾走廣韻馬急走也从馬同聲徒弄切

驚馬駭也从馬敬聲舉卿切

駭驚也玉篇驚起也从馬亥聲矦楷切

駫馬奔也从馬巟聲呼光切玉篇譌作[illegible]廣韻作[illegible]

騫馬腹縶也玉篇注同繫傳縶字作熱鍇曰腹病騫損韻會亦作熱譌廣韻注虧少一曰馬腹縶从馬寒省聲去虔切

駐馬立也玉篇馬立止也廣韻止馬从馬

圭聲中句切

馴　馬順也　一切經音義卷七引作謂養鳥獸使服習謂之馴[illegible]並非説文玉篇從也善也廣韻同多擾也二字

从馬川聲詳遵切

駗　馬載重難也　五音韻譜繫傳同集韻類篇引難下有行字玉篇注駗驙馬載重難行

从馬㐱聲　張人切玉篇章忍知鄰二切廣收平上二聲

驙　駗驙也

从馬亶聲易曰乘馬驙如　張連切易屯六二作屯如邅如乘馬班如釋文邅馬云難行不進之貌玉篇驙知連切白■馬黑脊也廣韻收寒仙二韻

騺　馬重皃　玉篇馬很也廣韻馬腳屈也

从馬執聲陟利切

說文引異　十二

䮶馬曲脊也从馬鞫聲巨六切五音韻譜繫傳鞫作鞠㨿篆文則當作鞫與篆合
玉篇作騸廣韻作䮶引說文
騬犗馬也从馬乘聲食陵切
䮰系馬尾也繫傳無系字蓋脫玉篇結馬尾廣韻騎馬馬尾結也从馬介聲古拜切
騷擾也擾當作擾一曰摩馬从馬蚤聲穌遭切
馽絆馬也韻會馬下有足字非玉篇作馽絆也廣韻作馽馬絆从馬口其足春秋傳曰韓厥執馽前韻會前上有馬字蓋本左傳增成二年傳作韓厥執縶馬前讀

若輒陟立切 縶 馬或从糸執聲 縶傳作或从執糸韻會作从糸執誤

駘 馬銜脫也 玉篇注同後漢書崔寔傳注引作馬鈍也鈍誤 从馬台聲 徒哀切玉篇大來切駑也馬銜脫也又大宰切駘蕩廣大意廣韻收平上二聲

駔 牡馬也 李注文選魏都賦引牡作壯是也類篇引作馬壯也蓋誤廣韻作壯馬則[illegible]已譌後漢書郭太傳注引作駔會也蓋誤引他書六書故云唐本說文作奘馬也與大部奘合亦與釋言合 从馬且聲 一曰馬蹲駔也 子朗切玉篇在古切駔猶麤也又子朗切駿馬也會兩家之買賣如今之度市也廣韻收姥蕩二韻

驙

御也从馬芻聲　側鳩切玉篇側留切騶虞義獸至德所感則見馬之屬又養馬人名

驛　置騎也　韻會引同繫傳騎作騶謁　从馬睪聲　羊益切

海內北經林氏國有珍獸大若虎五采畢具尾長于身名曰騶吾乘之日行千里（郭注云吾宜作虞）

馹　驛傳也　廣韻注同　从馬日聲　人質切　玉篇傳也

騰　傳也从馬朕聲一曰騰犗馬也　徒登切　廣韻引無騰字　韻會同

⿰馬寉　苑名一曰馬白頟　廣韻引苑作死謁繫傳頟作額非　玉篇同　从馬寉聲　下各切

駉　牧馬苑也从馬同聲詩曰在駉之野　古熒切　繫傳作駉玉篇爲駫之重文注云又牧馬苑

郭注釋畜引山海經作倨牙

牧即牧當作蓋本說文則引詩及餘並後人增魯
頌本作在坰之野毛傳坰遠野也林外曰坰說文
爲冂之重文義與毛 駫 馬衆多皃从馬先聲
傳合必非駉字
所臻切廣韻音同玉篇所 駮 獸如馬倨牙食
巾切馬衆皃又作牲[illegible]
虎豹 釋畜同毛傳詩晨風亦同海外北經作駮
狀如白馬鋸牙食虎豹玉篇注獸似馬
郭注釋畜引山海經作倨牙
身白尾黑一角有爪哮聲如鼓食虎豹 从馬交聲
出中曲山本西山經也今本微有不同
北角切 駃 駃騠馬父贏子也 繫傳贏作騾並非
俗初學記引作
驢當不誤贏與贏同無子者也崔豹
古今注云驢爲牡馬爲牝即生騾馬爲牡驢

爲牝生駏驉玉篇駏驉獸似騾騾即驘之俗體

从馬夬聲臣鉉等曰今俗與快同用古穴切五音韻譜快作[彳夬]譌說文玉篇並無此字繫傳作从馬決省聲

騠駃騠也从馬是聲杜兮切玉篇駃注云駃騠馬也生七日超其母

驘驢父馬母玉篇驢父馬母所生也从馬𣎆聲洛戈切繫傳韻會作从馬𣎆省聲廣韻爲騾之重文

騾或从𣎆繫傳作或不省

驢似馬長耳玉篇下有也字从馬盧聲力居切

[馬冡]驢子也从馬冡聲莫紅切廣韻作[馬蒙]

驒

驒騱野馬也　廣韻韻會引同繫傳也作　从馬單
屬玉篇驒騱駿馬屬
聲一曰青驪白鱗　繫傳鱗作驎馬部無驎釋畜
青驪驎驒釋文驎作䗲注云
本或作驎郭良忍反字林良振反　文如鼉魚　代何切
或音鄰孫■云似魚鱗也[則驎始字林]　玉篇大
何丁年二切廣韻歌　騱　驒騱馬也　韻會無馬字玉
引說文又收先韻　篇注同廣韻注
馬前足白又　从馬奚聲　胡雞
驒騱野馬名　切
騊　騊駼北野之良
馬　韻會引同繫傳下有也字廣韻引無也又引山
海經曰北海有獸狀如馬名騊駼今海外北經作
北海內有獸其狀如馬其名曰騊駼郭注釋畜引同
廣韻多色青二字玉篇騊駼獸如良馬北狄良馬

說文攷異　十五

也按釋畜騊駼馬野馬當屬一條郭注分爲二誤也从馬匋聲徒刀切駼騊駼也玉篇注無也字韻會下有獸名二字非从馬余聲同都切驫衆馬也从三馬甫虬切玉篇風幽香幽二切走皃二幽字疑有一譌廣韻收宵衆馬走皃甫遙切又收幽馬走皃甫休切

文一百一十五　重八

廌解廌獸也似山牛一角御覽引無山字古者決訟令觸不直玉篇解廌獸似牛而一角古者決訟令觸不直者見說文象形从豸省凡廌之屬皆从廌宅買切玉篇直倚宅買二切或作觲豸廣韻收紙蟹二韻

𧲜解廌屬从

廌孝聲闕古孝切玉篇作𪊴文孝呼教二切解廌之屬廣韻作𪊴呼教切又音教 𦽏

獸之所食艸从廌从艸古者神人以廌遺黃帝帝曰何食何處曰食薦夏處水澤冬處松栢作匈切廣韻引水作川栢作柏是也莊子麋鹿食薦釋文引三蒼注曰六畜所食曰薦 灋

刑也平之如水从水廌所以觸不直者去之从去方乏切韻會从去作从廌去餘同繫傳作刑也平之如水廌从水所以觸不直者去之蓋傳寫譌脫玉篇則也今作法廣韻爲法之重文則也數也常也 𠊧 今文省繫傳作今文灋字

企古文玉篇收人部

文四　重二

鹿　獸也韻會作山獸也蓋黄氏增象頭角四足之形韻會同繫傳脱頭字鳥鹿足相似从匕韻會作鳥鹿足相比从比非按鳥疑是㲋㲋足與鹿足同也凡鹿之屬皆从鹿盧谷切

麚　牡鹿釋獸鹿牡麚牝麀其子麛其跡速絶有力麉从鹿叚聲以夏至解角角古牙切繫傳角角作其角是也五音韻譜止一角字一切經音義卷九引同月令仲夏之月麋角解

麟　大牝鹿也五音韻譜及集韻類篇韻會引並同繫傳牝作牡是也玉篇大麚也麚牡鹿从鹿粦聲力珍切

切廣韻注仁獸引爾雅云麕身牛尾一角重文作麐

䴸 鹿麛也 廣韻引玉篇注同李注文選吳都賦引無鹿字蓋脫 从鹿耎聲讀若偄弱之偄 奴亂切

𪊑 鹿迹也 釋獸作速 釋文作𪊑注云本又作速字林云鹿迹 玉篇𪊑鹿之跡也廣韻麋鹿跡 从鹿速聲 桑谷切

麛 鹿子也 从鹿弭聲 莫兮切

麉 鹿之絕有力者 从鹿幵聲 古賢切 釋獸作麉玉篇吉田切鹿絕有力也又音罄重文作麉廣韻收平聲先去聲徑並作麉

麒 仁獸也 麇身牛尾一角 麇當作麕五音韻譜繫傳並譌一切經音

義卷二卷四引作䴥自牛尾一角角頭有肉卷二
十二引角頭作角端當不誤釋獸麐麠自牛尾
一角从鹿其聲渠之切玉篇廣韻並注麒麟麐牝麒也从鹿
吝聲力珍切玉篇廣韻爲麟之重文廣雅作麐釋獸釋文云麐字林力人反本又作麟牝
麒也一音力珍反五經文字云麐牝騏也經典皆
作麟唯爾雅作此麐字刪失於疏忽不知說文作麐也廣韻又
收去麋鹿屬从鹿米聲麋冬至解其
角聲按麟爲大牡鹿若與麐爲一字牝牡混矣武悲切一切經音義卷四引作鹿屬也冬至
解角者也卷九引無者字釋獸釋文引字
林云鹿屬也以冬至日解角麋牝麋也韻會引同繫傳牝作牡譌

廣韻牝麋玉篇牝鹿　从鹿辰聲　植鄰切玉篇
也（蓋誤）釋獸麋牡麔牝麎　市眞市軫
二切廣韻　麂大麋也狗足　麋當是麇玉
止收平聲　釋獸釋文引字林上刃反　篇廣韻並引爾
雅云麂大麇　从鹿旨聲　居履切　麂或从几　麇
旋毛狗足
麞也从鹿囷省聲　居筠切玉篇有重文一　麕
麏廣韻爲麏之重文
籀文不省　繫傳作麕　麞麋屬　玉篇廣　从鹿
韻鹿屬
章聲　諸良切　麔麋牡者　牝當作牡本釋獸麋
牡麔韻會引玉篇
廣韻注作　从鹿咎聲　其久切　麠大鹿也牛尾
牝麋並誤

一角鹿當作麃夲釋獸也玉篇注大麃　从鹿畺聲　舉卿切　麖　或从京　麖　麠屬　韻會作麠屬蓋因郭注改釋獸麠大麃牛尾一角郭注漢武帝郊雍得一角獸若麃然謂之麟者此是也麃即麠字釋文引字林云麃麠屬　从鹿𤐫省聲　薄交切　玉篇白交普表二切獸似鹿麠韻收平上二聲上聲引蒼頡篇鳥毛變色本作麃　麈　麋屬　六書故引唐本說文曰大力一角御覽引力作而誤玉篇獸似鹿麠韻麈屬引華國志曰郪縣宜君山出麈尾華下當有陽字　从鹿主聲　之庾切　麑　狻麑獸也　韻會引同繫傳麑作猊非釋獸狻麑如虦貓食虎豹郭注引穆天子傳曰狻猊日走五百里玉篇麑子或狻麑師子也廣

麝

韻爲猊之重文注狻猊師子

麙　山羊而大者細角屬一走五百里犬部無猊玉篇山羊也廣韻爲麙之重文麙注熊虎絕有力者釋獸熊虎醜其子狗絕有力麙郭注引律曰捕虎一購錢三千其狗半之律當用是漢律　从鹿咸聲　胡毚切

麢　大羊而細角　釋獸麢大羊郭注麢羊似羊而大角圓銳好在山崖間　从鹿霝聲　郎丁切

⿸鹿圭　鹿屬从鹿圭聲　古攜切五音韻譜攜作擕俗

麝　如小麋　韻會如上有獸字非　臍有香从鹿䠶聲　神夜切玉篇作麝市亦市夜二切廣韻收去入二聲

⿸鹿與　似鹿而大也从鹿與聲　羊茹切玉篇似與切似鹿而大

廣韻收去聲羊洳切大鹿

麗旅行也鹿之性見食急則必旅行从鹿丽聲禮麗皮納聘蓋鹿皮也郎計切

丽古文　繫傳作丽是也玉篇作丽注篆文蓋誤五經文字云丽古麗字从鹿省

䴡篆文麗字　五音韻譜同繫傳作篆文毛本篆作籀不知何本玉篇作古文廣韻無

麀牝鹿也从鹿从牝省　於虯切韻會引同繫傳作从鹿牝牝省聲

䴢或从幽聲　繫傳無聲字

文二十六　重六

麤行超遠也　廣韻引同又引字統云警防也鹿之性相背而食慮人獸之害也故从三鹿

公羊隱元年釋文引作大也蓋誤玉篇不精也大也疏也 从三鹿凡麤之屬皆从麤 倉胡切

𪋻 鹿行揚土也从麤从土 直珍切 [illegible] 籀文 繫傳作[illegible]韻會同玉篇作[illegible]

文二 重一

㲋 獸也似兔青色而大象形頭與兔同足與鹿同凡㲋之屬皆从㲋 丑略切五音韻譜作[illegible]通部同繫傳亦同下放此

[illegible] 篆文 玉篇重文作[illegible][illegible]廣韻㲋引說文止有重文[illegible]

㲜 狡兔也兔之駿者从㲋兔 士咸切韻會作从兔㲋聲玉篇作㲜駿兔也狡也廣韻作㲜狡兔

[illegible]

獸名从㲋吾聲讀若寫 司夜切繫傳無讀若寫蓋脫 ⿰㲋夬獸也似狌狌 犬部有狸無狌 从㲋夬聲 古穴切玉篇⿰㲋吾上有⿰㲋夬古穴切獸似貍⿰㲋吾下有⿰㲋史生臭切獸似貍疑竇一字石鼓文有⿰㲋史廣韻屑有⿰㲋夬獸名似貍無⿰㲋史字廣雅⿰㲋夬⿰豸夬也說文無⿰豸夬玉篇⿰豸夬引爾雅注云今江東呼貉爲⿰豸夬⿰豸夬又⿰豸史注云或作⿰㲋史

文四　重一

兔獸名象踞後其尾形兔頭與㲋頭同凡兔之屬皆从兔 湯故切 逸失也从辵兔兔謾訑

善逃也 夷質切韻會引同繫傳逃下有失字衍訑當作詑（沇州謂欺曰詑）

冤 屈也从兔从冂兔在冂下不得走益屈折也 於袁切韻會無在字繫傳作从冂兔兔不走益屈折盖傳寫脫

娩 兔子也娩疾也从女兔 芳萬切廣韻收遇願二韻遇注兔子曰娩願譌作娩引說文云兔子也娩疾也並譌 玉篇芳萬切兔子釋獸兔子嬔釋文作娩匹萬反又匹附反本或作嬔敷萬反則娩嬔字同當是从女兔聲娩疾也三字盖涉下文誤增

䨲 疾也 玉篇廣韻急疾也 从三兔闕 芳遇切繫傳無闕字 玉篇芳句切廣韻收去聲遇又收入聲陌疾也普伯切

文五

莧山羊細角者从兔足苜聲凡莧之屬皆从莧讀若丸寬字从此臣鉉等曰苜徒結切非聲疑象形胡官切段君云苜莧合音㝡近俗作羱

文一

犬狗之有縣蹏者也韻會縣作懸俗象形孔子曰視犬之字如畫狗也凡犬之屬皆从犬苦泫切

狗孔子曰狗叩也叩氣吠以守叩當作叩字从邑从犬句聲古厚切

獿南趙名犬獿獀五音韻譜繫傳趙作越是也繫傳越下有人字獿作獶俗从犬

叜聲所鳩切玉篇所留切犬名又秋獵也亦作蒐

尨犬之多毛者从犬从彡詩曰無使尨也吠莫江切繫傳吠下有或曰尨狗也五字毛傳釋畜並云尨狗也

狡少狗也从犬交聲匈奴地有狡犬巨口而黑身古巧切廣韻引無而字顏注急就篇云狡犬匈奴中大犬也鉅口赤身一曰狡少犬也謂狗之有懸蹏者也玉篇少狗也

獪狡獪也从犬會聲古外切玉篇古邁切又音澮廣韻收泰夬二韻

獿犬惡毛也从犬農聲奴刀切玉篇女江乃刀二切多毛犬也又女交切廣韻收冬肴豪三韻

猲短喙

犬也从犬曷聲詩曰載獫猲獢今詩作載獫歇驕釋文云歇本又作猲許謁反説文火遏反驕本又作獢爾雅曰短喙犬謂之猲獢許謁切見釋畜繫傳脱獢字玉篇作獥許謁切獥獢犬短喙也又許曷切相迫懼也亦作猲廣韻收月曷二韻

詩駟驖釋文引作火遏反

獢猲獢也从犬喬聲許嬌切五音韻譜嬌作驕

獫長喙犬釋獸長喙獫一曰黑犬黃頭初學記引頭作頣頣即頣之俗體从犬僉聲虛檢切詩駟驖釋文引作力劒反玉篇力贍切又力儉虛檢二切廣韻收上去二聲

𤝵黃犬黑頭从犬主

聲讀若注 之成切

猈 短脛狗 玉篇狗短脛廣韻犬短頸一曰案下狗也則脛字似誤 从犬卑聲 薄蟹切

猗 犗犬也从犬奇聲 於离切 玉篇於宜切歎辭也犗狗也又倚氏縣名倚當作猗廣韻收平上二聲

狊 犬視皃 廣韻引同一切經音義卷十三引皃作也玉篇注同 从犬目 古闃切 韻會引同繫傳目下有聲字非鍇曰會意

⿰犭音 竇中犬聲 从犬从音音亦聲 乙咸切 玉篇於陷於咸二切竇中犬聲也廣韻收平去二聲

默 犬暫逐人也 廣韻引同玉篇注無人字蓋脫六書故引唐本說文曰犬潛逐人也 从犬黑聲

讀若墨莫北切

猝犬从艸暴出逐人也繫傳韻會从作從六書故引屮下有中字玉篇注犬從草中暴出也从屮卒聲麤沒切

猩猩犬吠聲从犬星聲桑經切玉篇所庚切猩猩如狗面似人也又音星犬吠聲連文作狌廣韻青引說文又收庚按曲禮猩猩能言釋獸猩猩小而好啼郭注引山海經曰人面豕身能言語逸周書王會解作生生若黃狗人面能言博物志作猩義同後漢書哀牢傳注云猩猩形若狗音聲妙麗如婦人然則犬吠聲別是一義當有一曰二字猩猩下疑脫文

㺌犬吠不止也初學記引同繫傳韻會止作正譌廣韻犬吠不止玉篇犬吠不出也从犬兼聲

讀若檻一曰兩犬爭也　胡黯切玉篇胡斬切又胡忝切廣韻收忝豏二韻

玁　小犬吠　廣韻注同玉篇注小犬蓋脫　从犬敢聲南陽新亭有玁鄉　荒檻切地理志作有新野郡國志新野有東鄉故新都

猥　犬吠聲　玉篇犬聲又犬生三子也釋畜犬生三猣釋文猣子工反犬無猣玉篇有又有猣音即犬生三子當即猥之譌廣韻犬聲又鄙也　从犬畏聲　烏賄切

獿　獿⿰犭翏也　从犬夒聲　女交切玉篇爲猱之重文乃刀切又女交切廣韻收平上二聲

⿰犭翏　犬獿獿咳吠也　从犬翏聲　火包切玉篇呼交胡狡二切犬獿駭也猶也則咳當是駭

廣韻兩收上聲巧一注事露下巧切又好巧切說文音哮一注擾亂奴巧切

㺑犬容頭進也从犬參聲一曰賊疾也山檻切玉篇山監切又山林切犬容頭進也賊也則疾字乃後人加廣韻止收上聲檻注𤢖㺑犬聲

奬嗾犬厲之也从犬將省聲即兩切玉篇作獎廣韻同注云說文本作奬

㹽齧也玉篇齧齒也犬食也从犬戔聲初版切

狦惡健犬也从犬刪省聲所晏切玉篇所姦切廣韻收平去二聲並引說文

狠吠鬬聲五音韻譜同鬬當作鬭下放此傳作闘鬥俗玉篇从犬艮聲五還切玉篇五閒切犬鬬聲當本說文廣韻無很注云

俗作狠不別出狠字

獖犬鬭聲繫傳下有也字玉篇注同从犬番聲附袁切玉篇扶元皮眷二切廣韻收平聲元上聲線

狋犬怒皃从犬示聲一曰犬難得代郡有狋氏縣讀又若銀語其切繫傳無又字玉篇魚肌切犬怒也兩犬爭也又狋氏縣又音權廣韻收脂仙二韻按地理志狋氏縣注孟康曰狋音權氏音精又東方朔傳狋吽牙者兩犬爭也注應劭曰狋音銀然則當是讀若銀又讀若權

犷犬吠聲从犬斤聲語斤切玉篇牛佳語斤二切犬聲重文作狺廣韻止收眞又佳部有啀五佳切犬鬭

獡犬獡獡不附人也五音韻譜不作而誤玉篇驚也獡獡犬不附人而

驚皃 从犬舄聲南楚謂相驚曰獡讀若愬 式略切 五音韻譜同繫傳作讀若南楚相驚曰獡蓋傳寫誤方言 宋衛南楚凡相驚曰獡或曰透 玉篇式略切 廣韻書藥切犬驚

獷 犬獷獷不可附也 一切經音義卷二引作犬不可附也 玉篇注同李注文選劇秦美新引作犬不可親附也 从犬廣聲漁陽有獷平縣 古猛切玉篇鉤猛切 廣韻收養梗二韻

狀 犬形也 玉篇形也又書狀廣韻形狀 从犬爿聲 盈亮切五音韻譜盈作鉏是也玉篇仕亮切廣韻鋤亮切韻會作从犬壯省聲蓋黄氏改

𤞞 妄彊犬也 韻會引同繫傳彊作強 从犬从

錢氏云狧上聲猶注漢書
吳王濞傳狧糠及米古
舐字史記作舐

壯壯亦聲　徂朗切　繫傳韻會作从犬壯聲　玉篇
阻良阻亮二切強犬　廣韻平聲陽注
妄強犬也　在良切又徂朗切　上聲　上聲止有奘大也
廣韻有奘大也當是[illegible]
獒　犬如人心可
使者　左傳宣二年釋文釋畜釋文引如並从犬敖
作知　玉篇犬四尺也如人心可使者　如字恐後人改
聲　春秋傳曰公嗾夫獒　五牢切　韻會夫作乎獒
作獒並非　釋畜狗四尺
爲　獳　怒犬皃　玉篇犬怒也
獒　廣韻犬怒　从犬需聲讀
若檽　如豆切又乃矦切　玉篇乃
矦切　廣韻止收平聲侯　則如豆切非
狧　犬食也从犬从
舌　繫傳作从
犬舌聲　讀若比目魚鰈之鰈　他合切　鰈當
作鰨　詳新附

攷

狎　犬可習也从犬甲聲　胡甲切五音韻譜作狎繫傳同

狃　犬性驕也　繫傳韻會驕作忕非心部無忕　釋詁閑狎串貫習也郭注貫忕也釋文忕作忕引張揖雜字云忸忕過度亦作俗字　忕也盇切奢也廣韻收泰怯同盇　字从犬乃僻　俔之俗字　泰之別體　从犬丑聲　女久切

犯　侵也从犬已聲　防險切　五經文字云犯从戍己之己非

猜　恨賊也　韻會無恨字非玉篇疑也恨也懼也廣韻疑也　从犬青聲　倉才切

猛　健犬也从犬孟聲　莫杏切

犺　健犬也　玉篇健也猬也　从犬亢聲　苦浪切繫傳作犺

㹤　多畏也从犬去聲　去劫切廣韻爲怯之重文

怯　杜林說㹤从心　玉篇

收心部　獜　健也从犬粦聲詩曰盧獜獜　力珍切今詩作令令毛傳令令纓環聲玉篇獜力丁力仁二切獜獜聲也亦作獜廣韻收眞青二韻眞注獜獜犬健也出說文青引玉篇云獜獜犬聲然則今本說文玉篇並脫犬字

獧　疾跳也一曰急也从犬瞏聲　古縣切玉篇跳也急也重文作狷

倏　走也　韻會作犬走疾也蓋因廣韻改廣韻收屋韻作倏注云倏忽犬走疾也　从犬攸聲讀若叔　式竹切玉篇闕

狟　犬行也从犬亘聲周書曰尚狟狟　胡官切今書牧誓作桓玉篇注云狟武皃也威也今作桓

犻　過弗取也从犬市

聲讀若孛　蒲沒切玉篇作猌牛吉切犬怒皃
又步丿內切犬過廣韻去聲隊作㹀
注拂取據此疑說文當　繫傳張
是犬過也拂取也乃二義　猲犬張耳皃　上有開
字非玉篇犬張耳　从犬易聲　陟革　猌犬張齗
廣韻犬怒張耳　切
怒也从犬來聲讀又若銀　魚僅切玉篇牛僅切
犬張齗怒皃廣韻
同魚覲切按唐韻以眞次咍蓋以疑聲　犮走犬皃　玉篇
之轉故來聲而讀若銀也又字疑衍　風俗通曰淮者均也均其務也亦相類
如雲眞从眞聲讀若資亦其例
廣韻並作　从犬而丿之曳其足則剌犮也　蒲撥
犬走皃　切繫
傳韻會剌　戾曲也从犬出戶下戾者身曲戾
作剌譌

也郎計切

獨 犬相得而鬬也从犬蜀聲羊爲羣犬爲獨也一曰北嚻山有獨狢獸如虎白身豕鬣尾如馬徒谷切廣韻引作一曰獨狢獸名如虎白身豕鬣馬尾出北嚻山今北山經作北嚻之山有獸焉其狀如虎而白身犬首馬尾彘鬣名曰獨狢

狢 獨狢獸也从犬谷聲余蜀切玉篇古卜余玉二切廣韻收屋燭二韻

獮 秋田也釋天作秋獮爲獮从犬璽聲息淺切釋詁獮殺也釋文云獮說文或作獮釋天釋文云獮說文從繭或作獮左傳隱五年釋文云獮說文作獮云殺也引璽誤玉篇作獮注云秋曰獮殺

也亦作禰重文作獮廣韻獮下重文 ⿰礻豕 獮或从作獮⿰礻豕注云並上同見說文（獮不誤）

豕宗廟之田也故从豕示 蠡傳从豕示下有作字玉篇收示部 獵

放獵逐禽也 集韻引放作敎類篇作枚蠡傳作畋獵也韻會作效獵也（畋當不誤）（未詳孰）（是亦敓字則非）

从犬巤聲 良涉切玉篇犬取獸也廣韻取獸引白虎通曰四時之田揔名爲獵爲田除害也又引尸子曰虙羲氏之世天下多獸故敎人以獵也 獠 獵也从犬

尞聲 力昭切五音韻譜昭作照玉篇力弔切宵田也又力道切夷名廣韻收平聲蕭夜獵也又收上聲巧皓並爲獠之重文 狩 犬田也 集韻類篇引同韻會引犬作火是（當不誤）

疑當是冬

也釋天宵田爲燎火田爲狩玉篇　从犬守聲易曰

冬田也廣韻冬獵守並本釋天

明夷于南狩　書究切　臭　禽走而知其迹者犬也

从犬从自　臣鉉等曰自古鼻字犬走以鼻知臭故从自尺救切　獲　獵所獲也

玉篇廣韻得也　从犬蒦聲　胡伯切　獘　頓仆也廣韻

當是獵所得也

譌作獘引同玉篇注同一切經　从犬敝聲春秋傳

音義卷四引作仆也蹎也非

曰與犬犬獘　毗祭切　韻會同繫傳獘作　獘

　獘死與今左傳僖四年合

或从死　繫傳無　獻　宗廟犬名羹獻犬肥者

獘字

以獻之繫傳韻會無之字曲禮凡祭宗廟之禮犬曰羹獻从犬鬳聲許建切

猏獟犬也从犬幵聲一曰逐虎犬也五甸切玉篇午見午晏二切獟犬也逐虎之犬也廣韻收諫霰二韻一注逐獸犬一注逐虎犬也

獟猏犬也玉篇狾狗也狂狗也廣韻狂犬从犬堯聲五弔切

狾狂犬也从犬折聲春秋傳曰狾犬入華臣氏之門征例切左傳襄十七年作瘈狗入於華臣氏無之門二字釋文云瘈字林作狾九世反

狂狾犬也从犬㞷聲巨王切玉篇作狂

𢘓古文从心玉篇收心部

類種類相似唯犬

爲甚从犬類聲 力遂切繫傳韻會从犬上有故（廣韻引無聲字）字玉篇獸名種類也法也南山經亶爰之山有獸焉其狀如貍而有髦其名曰類自爲牝牡

狄 赤狄本犬種狄之爲言淫辟也从犬亦省聲 徒歷切玉篇北狄也廣韻北狄疑並本說文釋地九夷八狄七戎六蠻謂之四海郭注九夷在東八狄在北七戎在西六蠻在南白虎通禮樂篇云狄者易也辟易無别也

狻 狻麑如虦貓食虎豹者从犬夋聲見爾雅 素官切釋獸無者字韻會引麑作猊非犬部無猊貓當作苗詳新附攷見爾雅三字疑後人增說文無此例玉篇注狻猊師子一走五百里一下疑脫曰字

玃 母猴也 廣韻引母上有

釋言猷圖也猷若也

大字一切經音義卷四卷五卷八引並同 从犬矍聲

釋獸釋文引亦有大字

爾雅云玃父善顧 釋獸作貜釋文云字亦作玃引說文 攫持人

也 倶縛切 猶 玃屬从犬酋聲一曰隴西謂犬子爲

猷 以周切 韻會云猶說文本作猷徐曰今作猶又猷注

云說文本玃犬字則繫傳本作猷（當）今爲後人改

也 廣韻平聲猷引說文去聲猶引爾雅云猶如麂

善登木玉篇猶以周切猨屬也又以救切猷余周切

圖也弃與猶同釋獸釋文猶羊周羊救二反字林

弋又反說文云玃屬也一曰隴西人謂犬子也

豈所見本已作猶歟

狙 玃屬从犬且聲一曰狙犬也 暫齧 （李注文選[illegible]引無也字）

郝蘭皋箋疏山海經云經無此獸北嚻山又不在蜀

人者一曰犬不齧人也　親去切玉篇且余切玃屬也犬暫齧人也犬不齧也廣韻止收平聲魚注云猿也又七預切按玉篇犬不齧也蓋本說文或譌齧爲齧後又加人耳

猴　夒也从犬矦聲　乎溝切

穀　犬屬　繫傳作犬類初學記藝文類聚引作類犬廣韻引作犬屬　𦝤巳上黃以下黑食母猴　繫傳及初學記廣韻引同五音韻譜𦝤作腰按𦝤腰肉部並無古通作要　从犬殸聲讀若構或曰穀似牂羊出蜀北嚻山中犬首而馬尾　火屋切玉篇呼木切似犬惡也上黃下黑　按構疑是斠若構玉篇當有別音

狼　似犬銳頭白頰高前

廣後韻會引同繫傳睆廣字廣韻引白類上有而字从犬良聲魯當切

狛如狼善驅羊从犬白聲讀若蘗寗嚴讀之若淺泊匹各切蘗當作檗泊當作酒玉篇白駕切獸如狼廣韻收去聲禡作䟣注獸名似狼寗嚴無弦

獌狼屬从犬曼聲爾雅曰貙獌似貍舞販切

狐祅獸也五音韻譜祅作祅是也繫傳及廣韻韻會一切經音義卷八引作妖釋獸釋文引作祅並非鬼所乘之釋文廣韻一切經音義引無之字初學記引之作也有三德其色中和小前大後初學

記同繫傳廣韻大作豐死則丘首初學記廣韻引丘首作首丘是也一切經音義作死必首丘从犬瓜聲戶吳切

獺如小狗也水居食魚繫傳作小狗食魚韻會作獸名如小狗水居食魚獸名二字一切經音義卷十四十五引作形如小犬水居食魚者也从犬賴聲他達切玉篇音同如貓居水食魚者也廣韻收曷鎋二韻

猵獺屬五音韻譜獺作獺是也从犬扁聲布兹切五音韻譜兹作方廣韻音同玉篇普年布眠二切

獱或从賓玉篇婢賓切獺屬廣韻收眞並不作重文

㹜犬走皃从三犬甫遙切

文八十三　重五

㹜　兩犬相齧也从二犬凡㹜之屬皆从㹜　語斤切　玉篇作犾

獄　司空也　段君云空字衍　司者今之伺字　从㹜𦣞聲　復說獄司空

息茲切　段君云復上有𡡉字　周禮司救役諸司空注如漢法城旦舂鬼薪白粲之類　儒林傳安得司空城旦書乎　徐廣曰司空主刑徒之官也　如淳說都司空主罪人　玉篇息利息梨二切　辨獄官也　今作伺覗　廣韻止收平聲之注辯獄相察

獄　确也　毛傳詩行露云獄埆也　土部無埆古當作确　說文　从㹜从言二犬所以守也　魚欲切　廣韻引同　繫傳作

犾之也

復上當有既字續漢書百官志注引應劭漢官儀綏和元年罷御史大夫制置司空又以縣道官獄司空故復加大爲大司空

罷御史大夫

从犬从言聲行韻會作从言脫釋名獄确也實确人之情僞也又謂之牢言所在堅牢也又謂之圜土築其表牆其形圜也又謂之囹圄囹領也圄御也領錄囚徒禁御之也玉篇二王始有獄殷曰羑里周曰囹圄又謂之牢又謂之圜土也

文三

鼠 穴蟲之總名也象形凡鼠之屬皆从鼠 書呂切

⿰鼠番 鼠也 釋蟲蟠鼠負郭注甕器底蟲釋文云負本亦作婦亦作蟠音同引本草鼠負一名負蟠一名伊威一名委黍陶注云多在甕坎中鼠背負之今作婦字則似乖理一名鼠姑玉篇白鼠也一名甕底蟲 从鼠番聲讀若樊或曰鼠婦 附袁切

⿰鼠可 鼠出胡

地皮可作裘玉篇鼠出胡地皮可爲裘也从鼠各聲下各切

鼢地行鼠伯勞所作也釋獸釋文引地下有中字初學記引作鼢鼠伯勞之所化也廣韻引字林云地中行鼠百勞所化玉篇注地中行者一曰偃鼠玉篇下有也字从鼠分聲芳吻切五音韻譜芳作房莊子偃鼠飲河不過滿腹釋文引說文

蚡或从虫分繫傳作或作虫分

𪕒鼮令鼠廣韻引同初學記引作鼮鼠令鼠—者也誤玉篇注鼮鼮鼠說文無鼮从鼠平聲薄經切

鼶鼠也郭注釋獸引夏小正曰鼶鼬則穴今大戴禮記作鼶鼬則穴从鼠虒聲息移切

𪕬竹鼠也如犬从鼠留省聲力求切繫

傳作从鼠屰聲玉篇作䶉力久切似鼠而大　鼫五技
廣韻上聲同平聲作䶉注食竹根鼠
鼠也能飛不能過屋（藝文類聚引過作上）能緣不能窮木能游不能
渡谷能穴不能掩身能走不能先人从鼠石聲
常隻切釋獸鼫鼠釋文鼫音石孫云五技鼠也
字林同案蔡伯喈勸學篇云五技者能飛不能上
屋能緣不能窮木能泅不能渡瀆能走不能絶人
能藏不能覆身是也許氏說文亦云然或云即螻
蛄也郭云形大如鼠頭似兔尾有毛青黃色好在
田中食粟豆關西呼爲鼩鼠見廣雅鼩鼠即
雀鼠也按今本爾雅郭注鼩譌作𪕬郭注與古
注異者蓋因詩碩鼠然碩鼠非鼫也或云即螻蛄

者出雀豹古𪕺豹文鼠也　蓋本釋獸韻會文今注更非易晉郭釋文云鼮子夏傳作碩鼠蓋假借作皮非今釋獸作鼤鼠鼮鼠郭注云皆未詳下即豹文鼮鼠注云鼠文彩如豹者漢武帝時得此鼠孝廉郎終軍知之賜絹百匹　按玉篇鼮爲籀文鼮則鼮鼮疑一條後人譌爲二而郭注又以豹文屬鼮鼠遂致闕隔籀文鼮作𪕽隸作鼤因譌爲鼤[illegible]陸氏不能辨乃音問又音文　鼮字說文亦無　段君云文選注藝文類聚皆引竇氏家傳載此事系之光武時竇攸以豹文爲鼮鼠則同唯唐書盧若虛傳云時有獲異鼠者豹首虎臆大如拳職方辛怡諫謂之鼮鼠[illegible]賦之若虛曰非也此許慎所謂鼮鼠豹文而形小一坐盡驚

鼨　从鼠冬聲　職戎切

𪕽　竹籀文者　繫傳作竹籀文从夂作玉篇二十五作鼨集韻類篇同廣韻無鼨

無此卯段

接寫

鼠屬　繫傳作鼠之屬也[illegible]玉篇鼠名廣韻一作鼠屬一作鼠名　从鼠益聲　於革切玉篇音同廣韻收麥昔二韻　貖　或从豸　繫傳作或从豸作玉篇收豸部　鼷

小鼠也　玉篇小鼠也螫毒食人及鳥獸皆不痛今之甘口鼠也　从鼠奚聲　胡雞切　鼩　精鼩鼠也　玉篇小鼱鼩鼠也蓋本郭注釋獸鼠部無鼱　从鼠句聲　其俱切　鼸　鼸也　郭注以頰裹藏食玉篇田鼠也　从鼠兼聲　丘檢切玉篇胡簟切廣韻胡忝切　䶗　夏小正田鼠者嗛鼠也　鼠屬　从鼠今聲　讀若含　胡男切玉篇胡含切又公含切蜥易也重文作䶗廣韻兩收覃一注鼠屬一注

鼠名廣雅作䶊

鼬　如鼠赤黃而大食鼠者　爾雅釋獸釋文引大作文非　繫傳韻會作如䶊赤黃色尾大食鼠者蓋後人本郭注改鼠部無䶊玉篇注鼠名引郭璞云今鼬似䶊赤黃色大尾啖鼠江東呼爲鼪　从鼠由聲　余救切

鼩　胡地風鼠　玉篇鼠屬廣韻鼠似兔而小也　廣雅鼩鼠䶊鼠非　从鼠勺聲　之若切

●⿰鼠穴　鼠屬　从鼠穴聲　而隴切　繫傳作⿰鼠宂是也屬下有也字玉篇作⿰鼠冗如勇切⿰鼠冗鼠也廣雅　如勇反

⿱此鼠　鼠似雞鼠尾　从鼠此聲　即移切　玉篇似雞而鼠毛見即大旱　尾當是毛　蓋本山海經　東山經栒狀之山有鳥焉其狀如雞而鼠毛其名曰蚩鼠見則其邑大旱

鼲鼠出丁零胡皮可作裘五音韻譜裘作𧚍是也繫傳丁作先𧚍作袠並非段君云魏志注引魏略云丁零國出名鼠皮青昆子白昆子皮王氏引之云昆子即鼲子也从鼠軍聲乎昆切玉篇胡昆古魂二切鼠名可以爲裘也廣韻戶昆切鼠名

䶄斬䶄鼠黑身白要若帶手有長白毛似握版之狀類蝯蜼之屬从鼠胡聲戶吳切要當作要玉篇䶇䶄鼠也黑身白要手有長白毛善超坂絕巖也亦作䶄䶇當爲䶇之譌說白要廣韻作䶈注云䶇䶈似猨身白要手有長

文二十　　重三

文卄無䶈

能　熊屬足似鹿从肉㠯聲能獸堅中故稱賢能
而彊壯稱能傑也凡能之屬皆从能　臣鉉等曰㠯非聲疑
皆象形奴登切按台从㠯聲能或讀如台是合㠯聲
[illegible]玉篇奴登切多技藝也工也善也又奴臺切三足
鼈也廣韻收平聲咍登又收去聲代

文一

熊　獸似豕山居冬蟄　玉篇引同一切經音義卷二引無獸字卷二十四引亦無
似作如
从能炎省聲凡熊之屬皆从熊　羽弓切　五音韻
譜作熊繫傳同

羆　如熊黃白文　釋獸文也韻會
文作皮非玉篇似

羆

熊黃白色从熊罷省聲 彼爲切五音韻譜作羆繫傳同 𦏽 古文从皮 五音韻譜作𦏽繫傳作羆 文二 重一

火

火 燬也南方之行炎而上象形凡火之屬皆从火 呼果切玉篇焜也燧人造火於前黃帝爲食於後也火者化也隨也陽氣用事萬物變隨也

炟 上諱臣鉉等曰漢章帝名也唐韻曰火起也从火旦聲當割切玉篇丁達切爆也

焜 火也从火尾聲詩曰王室如焜 許偉切今詩作燬釋文云燬字書作焜說文同

燬 火也从火毀聲春秋傳

說文攷異　三十七

曰衞庚燬 許偉切玉篇爲娓 燹火也从火豩
之重文疑本說文
聲 穌典切五音韻譜作燹繫傳同玉篇先踐切
野火也廣韻收銑獮二韻一引字統云野火
也一引字林 焌然火也 韻會引玉篇注同 从火
云逆燒 繫傳無火字蓋脫
夋聲周禮曰遂籥其焌 韻會同繫傳籥
作炊非今華氏作
龡蓋籥者焌 焌火在前以焞焯龜 子寸切又倉
下有契字 聿切玉篇子
閏子寸倉聿三切廣韻 尞柴祭天也 五音韻
收去聲稕慁入聲術 譜繫
傳柴作祡是也廣韻引 从火从眘眘古文慎
同玉篇注祡尞祭天也

字祭天所以慎也力照切

然燒也从火肰聲臣鉉等曰今俗別作燃蓋後人增加如延切　[艹難]或从艸難臣鉉等案艸部有[艹難]注云艸也此重出按漢書有[艹難]顏注云古然字則[艹難]疑𤎅之譌

爇燒也从火蓺聲春秋傳曰爇僖負羈臣鉉等曰說文無蓺字當从火从艸熱省聲如劣切五音韻譜羈作羇繫傳同春秋上有臣鍇按三字則非許說木部槸下重文本當是蓺則說文自有蓺詳木部

燔爇也一切經音義卷十三引作燒也玉篇注同廣韻炙也从火番聲附袁切

燒爇也从火堯聲式昭切玉篇尸遥切爇也燔也廣韻收平去二聲

烈火猛

也从火刕聲良辥切炪火光也廣韻引同類篇引火下有不字恐非其次
玉篇火光从火出聲商書曰予亦炪謀今書盤讀
也鬱也王氏尚書後案云疑光下衍也字庚作拙
若巧拙之拙職悅切玉篇丑出許出二燁燁𤏲火
切廣韻薛引說文又收術
皃繫傳作燁怫火从火畢聲畢吉𤎨燁𤎨也
皃玉篇注同切
从火𤎨聲𤎨籀文悖字敷勿切繫傳籀作古非
悖當作誖玉篇爲或字
之重文引說文或字注火盛皃廣
韻作㷔注燁㷔鬼火說文作𤎨𤎨火气上行也
廣韻韻會引同繫从火丞聲煑仍切玉篇之承
傳脫上行二字切火氣上行也進也

冬祭也媱也又之孕切廣韻平聲引說文又收去聲

烰　烝也从火孚聲詩曰烝之烰烰　縛牟切今詩生民作浮釋文云爾雅說文並作烰

煦　烝也一曰赤皃一曰溫潤也从火昫聲　香句切玉篇吁句切烝也恩也赤色也溫也潤也熱也廣韻收上去二聲去聲爲昫之重文

熯　乾皃　初學記引作蒸火也蓋誤玉篇注火盛乾　从火漢省聲　繫傳作从火𦰩聲　詩曰我孔熯矣　人善切玉篇而善切廣韻收上去二聲　釋詁熯𢿒也釋文云熯郭音罕說文蒼頡篇皆同

炥　火皃从火弗聲　普活切玉篇扶勿切廣韻收物符弗切

熮　火皃从火翏聲逸周書曰味辛而不熮　洛蕭切九經字樣

說文攷異　三十九

引無逸字今逸周書無此文當在逸篇呂氏春秋本味篇有辛而不烈

焛　火皃从火門省聲五音韻譜門作𨳌繫傳作𨳌讀若粦良刃切玉篇廣韻並作閔注同可證𨳌字从上非从下

㷳　火色也从火雁聲五晏切廣韻收翰引同五旰切玉篇五旦切火也

熲　火光也玉篇注同廣韻光也蓋本釋詁毛傳从火頃聲古迥切廣韻音同玉篇古迥苦迥二切或作耿

爚　火飛也初學記李注文選景福殿賦琴賦一切經音義卷八卷九卷十一引並作火光也从火龠聲一曰爇也以灼切玉篇弋灼式灼二切光也電光也廣韻兩收藥

熛　火飛也从火票聲讀若摽

甫遥切繫傳標作瘭瘭非疒部無瘭

熇 火熱也从火高聲詩曰多將熇熇 臣鉉等曰高非聲當从嗃省火屋切按口部無嗃嗃即熇之別體詳新附攷高之入聲即火屋切〔徐說非是〕

烄 交木然也 廣韻交作烄非玉篇交木然之以燎祡天也 从火交聲古巧切

𤆍 小熱也从火干聲詩曰憂心𤆍𤆍 臣鉉等曰干非聲未詳直廉切按詩節南山作憂心如惔釋文云惔韓詩作炎字書作焱說文作𤆍字才廉反小熱也不云作𤆍𤆍則說文本作如𤆍也古音非後人韻書所能限不可謂非聲

𤒵 所以然持火也从火焦聲周禮

說文殘異

曰以明火爇燋也　即消切■華氏■（作凡卜以明火爇燋）韻會作周

禮共其燋契乃黃氏改玉篇子

藥子消二切炬火也所以然火也

廣韻平聲宵引說文又收入聲藥　炭　燒木餘也繫傳

作燒木木（當不誤）灰也韻會作燒木未灰也　从火岸省聲

作未見也玉篇燒木也炧也火也

他案切繫傳韻

會作从火屵聲（屵當是岸然聲不近）　⿱差火　束炭也从火差省聲讀

若齹　楚宜切玉篇作羐徂下切又才和切束炭也

廣韻無羐上聲馬有𥫗差側下切炭籠也又

音齹亦收平聲歌注

𥫗籠屬疑即羐之俗體　⿰⿱爻火攴　交灼木也从火教省聲

讀若狡　古巧切玉篇爲烄之　烄　火气也从火交

重文廣韻同譌作数

聲蒲撥切廣韻收末音義同玉篇步結切氣上也又步葛切

灰死火餘㶳也韻會無也字繫傳作死灰餘燼非廣則火下當有也字韻引作死火也玉篇注同乃眞廣韻也从火从又又手也繫傳又上無从字韻會作从火又手也非火既滅可以執持

炱灰炱煤也玉篇炱煤煙塵也廣韻注炱煤按火部無煤蓋古通作墨孔子家語在厄篇有埃墨墮飯中北齊道興造石像記治疾方有釜底墨从火台聲徒哀切

煨盆中火玉篇盆中火爊也廣韻煻煨火爊煻字火部並無从火畏聲烏灰切

熄畜火也从火息聲亦曰滅火相即切繫傳無亦曰滅火四字當

說文攷異

易革水火相息釋文引說文作熄馬云滅也

非脫廣韻注畜火玉篇畜火滅也 烓行竈也从火圭聲讀若冋口迥切玉篇口迥烏圭二切煁也迥乃迥譌廣韻平聲齊引說文又收上聲迥釋言釋文引字林口穎反顧口井烏攜二反

煁烓也釋言文从火甚聲氏任切廣韻音同玉篇市林切竈也

燀炊也从火單聲春秋傳曰燀之以薪充善切見左傳昭二十年

炊爨也从火吹省聲昌垂切

烘尞也从火共聲詩曰卬烘于煁呼東切毛傳烘燎也釋言同釋文引字林巨凶甘凶二反玉篇許公切燒燎也

𤐜炊餔疾也从火齊

聲在詣切玉篇子奚才悌二切炊釜廣韻收平去二聲

熹炙也从火喜聲許其切玉篇許疑切熱也烝也炙也熾也亦作熙嘻

煎熬也韻會引同繫傳熬作敖譌玉篇火乾也火去汁也从火前聲子仙切玉篇子連切廣韻收平去二聲

方言熬火乾也凡有汁而乾謂之熬

熬乾煎也玉篇廣韻煎也从火敖聲五牢切⿱敖麥熬或从麥五音韻譜熬作熬是也繫傳作或从麥作玉篇收麥部

炮毛炙肉也玉篇炙肉也重文作炰詩瓠葉炮之燔之毛傳毛曰炮加火曰燔閟宮毛炰胾羹傳毛炰豚也从火包聲薄交切

⿴衣火炮肉以微火溫肉也廣韻

說文攷異　四十二

引作炮炙也以微火溫肉　从火衣聲　烏痕切廣韻
玉篇注同肉下有也字　音同玉篇於
根切　⿱曾火　置魚筩中炙也　繫傳筩作筩炙作炙
並譌玉篇置魚筒中炙
廣韻作熷蜀人取
生肉於竹中炙　从火曾聲　作滕切　㷥　以火乾肉
繫傳韻會乾作焙非火部無焙
廣韻火乾肉也玉篇作煏火乾也　从火稫聲　臣鉉等案
說文無稫字當从稫省疑傳寫之誤符逼切五音
韻譜作㷥繫傳同按周禮籩人注鮑者於㷥室
中糗乾之則
當是稫聲　⿰稫火　籀文不省　繫傳韻會並無
廣韻亦無一切經音
義卷七以稫為古文煏不引說文則此字疑後人
因玉篇增如有不省之籀文則㷥下應云省而大徐

不當致疑矣

爆　灼也从火暴聲　蒲木切臣鉉等曰今俗音豹火裂也玉篇步角布角二切爆落也灼也熱也又北教切廣韻收去入二聲

煬　炙燥也　五音韻譜同爨傳韻會炙作炙（字）譌玉篇炙也對火也熱也廣韻炙也向也暴也　从火昜聲　余亮切

燿　灼也　玉篇廣韻同一切經音義卷五引燿作爗（燿非說文）玉篇並無燿　从火隺聲　胡沃切

爛　孰也　火熟又明也熟俗　玉篇[illegible]熟也廣韻（詩信南山生民疏並引作火熟也）　从火蘭聲　郎旰切

𤎺　或从閒　玉篇同廣韻正作爛重文作爤注云見說文無爛字

𤎺　爛也　爛當作爤玉篇爤熟也廣韻𤎺爛　从火靡聲　靡為切（[illegible]楚之詞[illegible]以為[illegible]王注𤎺爛也蓋假借）

尉　从上案

下也从𡰥又持火以尉申繒也　臣鉉等曰今俗別作熨非是於胃切繫傳韻
會作[illegible]上按下也从𡰥又持火所以尉繒也廣韻引按作案尉作申餘同　㷉灼龜不兆也
从火从龜　繫傳作从火龜聲　春秋傳曰龜㷉不兆　左傳定九年哀
二年作龜焦無不兆二字蓋因說文改釋龜焦　讀若焦　即消切
[illegible]九經字樣引傳同　有當本說文　灸
灼也从火久聲　舉友切玉篇居又居有二切廣韻收上去二聲　灼炙也
五音韻譜同繫傳韻會
作灸也　當爲灸也譌灸之誤　从火勺聲　之若切玉篇之藥切灼灼花盛
皃又熱也明也廣
韻燒也炙也熱也　煉鑠治金也　五音韻譜繫傳同李注文選

七命引作冶金也蓋譌玉篇冶金也

从火柬聲 郎電切廣韻有鍊無煉

燭 庭燎火燭也 韻會無火字按火疑大之譌 藝文類聚引火作大是也 毛傳庭燎大燭也鄭注周禮司烜氏云樹於門外曰大燭於門內曰庭燎又注士喪禮云火在地曰燎執之曰燭

从火蜀聲 之欲切

熜 然麻蒸也从火悤聲 作孔切玉篇青公子孔二切然麻烝也熜也廣韻上聲引說文又收平聲

灺 燭㶳也从火也聲 徐野切玉篇囚者切

㶳 火餘也 一切經音義卷二引作火之餘木卷九引木下有也字卷二十二引作火之餘木曰燼作燼非玉篇火餘木也蓋本說文

从火聿聲一曰薪也 臣鉉等曰聿非聲疑从聿省今俗別作燼非是 徐刃切五音

韻譜聿省作聿省是也

焠 堅刀刃也 玉篇堅刀刃也火入水也焠也 从火卒聲 七內切

煣 屈申木也 韻會申作伸玉篇注以火屈木曲 从火柔柔亦聲 人又切 五音韻譜又作久是也玉篇而九切廣韻爲煣之重文人九切楺當是揉考工記作揉 木部手部並無

燓 燒田也从火棥棥亦聲 附袁切 玉篇廣韻並作焚按一切經音義卷六卷二十二二十四引並作焚燒田也字从火燒林意也則作燓乃後人改人部古文彬从焚省聲 頁部煩一曰焚省聲 亦可證非燓隋石裹村造橋碑有燓其字蓋出六朝

熑 火煣車網絕也从火兼聲周禮曰煣牙外不熑 力鹽切 韻會同

繫傳二燎字並作轑非今考工記作凡揉牙外不廉手部無揉燎放火也从火尞聲力小切玉篇力弔切廣韻上聲引說文又收去聲爂火飛也从火𡿺與䙴同意方昭切繫傳與下有䙴字意下有闕字按䙴為𠢑之重文𠢑从舁囟聲升高也與爂義合故云同意从𡿺者𠢑者也䙴从舁囟聲與爂義不合不當有𤏩焦也从火曹聲作曹切廣韻音同火餘木也玉篇子刀切焦也燒也𤓮火所傷也从火雥聲即消切玉篇火燒黑也又炙也廣韻焦傷火也以𤓮為籀文焦或省烖天火曰烖从火𢦏聲

祖才切廣韻同玉篇爲灾之重文灾注天火也害也亦作巛

灾 或从宀火

𤆎 古文从才 繫傳在籀文災下玉篇廣韻同

災 籀文从巛

煙 火气也从火垔聲 烏前切玉篇於賢切

烟 或从因 玉篇又音因廣韻亦收真

𡬁 古文 五音韻譜作𡬁非玉篇收宀部

𡩋 籀文从宀 玉篇廣韻作籀文

焆 焆焆煙皃（藝文類聚引作焆焆然也）从火肙聲 因悅切玉篇於決切火光也廣韻收屑音義同

熅 鬱煙也从火𥁕聲 於云切玉篇烟熅也氣也煙也廣韻烟熅天地氣也易作絪緼

[illegible] 望火皃 玉篇

望見火廣韻望見火皃　从火皀聲讀若馰顙之馰都歷切五音韻譜作㷵旱聲譌

燂　火熱也从火覃聲火甘切又徐鹽切玉篇似廉似林二切灰爛也火熱也廣韻收覃鹽二韻

焞　明也从火𦎫聲春秋傳曰焞燿天地他昆切按春秋傳當作春秋國語今鄭語作以淳燿敦大天明地德玉篇徒門切焞焞無光曜也又他雷切焞焞盛皃廣韻止收諄明也常倫切又他昆切又䰟韻作燉按楚詞九歌暾將出兮東方當即此字之別體

炳　明也从火丙聲兵永切玉篇彼皿切明著也亦作昺

焯　明也从火卓聲周書曰焯見三

有後心之若切今書
立政作灼
照明也从火昭聲之少切繫傳
韻會作从昭从火玉
篇作照有重文炤
煒盛赤也一切經音義卷
十三十八引並作
盛明皃也玉篇明也亦盛皃廣韻光煒
按赤字疑後人因毛傳改毛傳煒赤貌
从火韋
聲詩曰彤管有煒于鬼切
炨盛火也韻會作
火盛玉
篇廣韻
盛也
从火从多昌氏切繫傳韻
會作从火多聲
熠盛
光也从火習聲詩曰熠熠宵行羊入切王伯
厚詩攷同
五音韻譜[illegible]熠熠作燿（熠）繫傳韻會亦
作熠燿無宵行二字並與今詩合玉篇以立切

廣韻兩收緝並注熠燿螢火熠 熠也 从火昱聲 余六切

五音韻譜繫傳作燿也集韻類篇韻會引同此與上文並傳刻譌 玉篇音同火焰也又盛皃廣韻收屋緝二

燿 照也 从火翟聲 弋笑切

廣韻引同玉篇光也與曜同韻

煇 光也 从火軍聲 況韋切

廣韻注同玉篇燿光也

煌 煌煇也 从火皇聲 胡光切

煇也葢連上讀繫傳煇作煌譌韻會作煌煌煇也亦非

焜 煌也 从火昆聲 胡本切

炯 光也 从火同聲 古迥切

玉篇公迥戶頂二切炯炯明察也光也廣韻兩收迥

廟諱盛也从火曅聲詩曰爗爗震電 筠輒切 爓
火門也 李注文選蜀都賦引作火焰也玉篇注同
焰即爓之省文六書故云唐本說文火爓
爓从火閻聲 余廉切廣韻 炫 燿燿也 五音
也 爲䥫之重文 韻譜
繫傳作爓燿也集韻類篇引作爓燿也 从火玄
譌一切經音義卷三引作燿也當非脫
聲 胡畎切玉篇胡絢切燿光也廣韻收 光 明也
去聲霰明也火光也 則胡畎切誤
从火在人上光明意也 古皇切 炗古文 繫傳作𤆃
玉篇收 炗古文 繫傳 熱 溫也从火埶聲
炗部 作𤆃

如列切
熾盛也从火戠聲昌志切𤈦古文熾五音
韻譜作戴繫傳燠熱在中也从火奧聲烏到
作𤈦玉篇作戴
切玉篇於六切煖也熱也煖溫也从火爰聲況袁切玉
廣韻收去聲号入聲屋
篇弁爲煗煗溫也从火耎聲乃管切炅見也
之重文廣韻收平上二聲平聲爲暄之重文
从火日古迥切繫傳日下有聲字乃後人加鍇曰古又借
爲桂會意玉篇爲炔之重文又古迥切炔古惠
切煙出皃說文無炔廣韻炅收上聲迥玉篇乾極
光也又收去聲霽在桂字下姓也炕乾也也炙也
从火亢聲苦浪切繫㷉乾也易曰㷉萬从火喿
傳作炕玉物者莫熯乎火
篇口盎切廣韻收平去二聲

說文攷異　十八

聲穌到切玉篇先道切乾■燥也廣韻收上聲晧烕滅也从火戌詩正月釋
文引下有聲字火死於戌陽氣至戌而盡繫傳氣作气是也詩
曰赫赫宗周褎似滅之許劣切五音韻譜作㜸如滅之繫傳韻作褎
如威之按作㜸似是也㜸即褎之別體如焅旱
字蓋後人以今詩改女部無如滅字誤
气也从火告聲苦沃切燾溥覆照也从火壽
聲徒到切玉篇音同覆照也廣韻收平去二聲一注覆燾也一注覆也並無溥字爟取火
於日官名舉火曰爟周禮曰司爟掌行火之政

令从火雚聲　古玩切廣韻引同繫傳从火官聲在官名下韻會同又舉火曰爟在政令下則黄氏改

烜　或从亘　繫傳熙上有烜注云或與爟同臣鍇按說文烜字在爟字下注云或从亘今此特出而注云或與爟同又別無音切疑傳之誤樹玉謂熙上之烜當是許氏原文而脫其音義或與爟同四字乃後人增其爟下重文疑非許氏原有周禮司爟屬司馬掌行火之政令司烜屬司寇掌以夫遂取明火於日以鑒取明水於月二職不同玉篇爟古亂切舉火也烜況遠切火盛也廣韻爟收去聲換引說文烜收上聲阮注光明並不作重文鄭注司烜氏云烜火也讀如衛侯燬之燬故書烜爲垣鄭司農云當爲烜

燧　燧候表也邊有警則舉火　韻會作候

表也非玉篇注𤎼火燧候表邊有警急則舉之廣韻注𤎼火夜曰𤎼晝曰燧按燧當作𤐫之省廣韻燧爲𤐫之重文　从火逢聲敷容切

爝　苣火祓也从火爵聲呂不韋曰湯得伊尹爝以爟火釁以犧豭子肖切五音韻譜釁作釁是也繫傳同今呂覽孝行覽豭作猳犬部無猳

𤏙　暴乾火也韻會引同繫傳無火字當非脫玉篇曝乾也廣韻曬乾漢書賈誼傳日中必彗注臣瓚曰太公曰日中不彗是謂失時此即六韜文顏氏家訓書證篇引此文作彗是也　从火彗聲于歲切

熙　燥也玉篇光也廣也燥也兼本釋詁毛傳　从火巸聲許其切

文一百一十二 繫傳㷊下有炙炙二字炙字別立部不應重出炙注云炙也从火夕聲旨石切玉篇廣韻並無當即炙之俗體並後人增 重十五

炎 火光上也从重火凡炎之屬皆从炎 于廉切

燄 火行微燄燄也 一切經音義卷七引燄燄下有然字 玉篇火行皃廣韻燄燄火初著也 从炎臽聲 以冉切

⿰炎舌 火光也从炎舌聲 臣鉉等曰舌非聲當从甛省 以冉切 樹玉按舌从干聲於以冉切合徐說非是如炎以冉切亦讀呼昊切並聲之轉也 玉篇廣韻並無玉篇有⿰炎甘胡甘切火行皃當說文⿰炎舌字之次 形聲俱相近廣韻無 恐⿰炎舌之別體⿰炎甘並與⿰炎舌相近

古音舌聲与今音不同 ⿰炎舌以冉切只入聲似 近耳

⿱炎亩 侵火也 繫傳作侵也蓋脫 玉篇火皃廣韻火舒 从炎亩聲讀

說文攷異　五十

若桑葚之葚力荏切繫傳作讀若桑椹字非　炶火行也■■

从炎占聲舒贍切玉篇胡甘切又天念切火光也廣韻收平聲談火上行皃又■收去聲豔㮇一注大行皃一注火光

燅於湯中爚肉韻會爚作瀹廣韻引作湯中爚肉也一切經義卷四引作熱湯中瀹肉也熱字恐非玉篇湯中瀹肉也蓋本說文从炎从熱省

徐鹽切繫傳作从炎熱省聲蓋誤韻會作从坴炎聲則黃氏改　⿰炙坴或从炙

繫傳下有作字玉篇燅注云亦作⿰炙坴按炙部有

燅似廉切湯爚肉廣韻燅下重文作燅注云

說文燮大孰也从又持炎辛辛者物熟

同上蓋古今字

味也　蘇俠切玉篇無廣韻燮引說文燮引文字指歸从辛又炎按燮下當有籀文燮詳炎部之燮疑後人增故玉篇無廣韻引文字指歸也說文凡孰熟皆作孰此獨作熟亦可證非古

粦　兵死及牛馬之血爲粦粦鬼火也　玉篇引作鬼火也兵死及牛馬血爲粦　韻會血上有之字餘同廣韻平聲引作兵死及牛馬之血爲粦去聲引作鬼火也兵死及牛馬血爲之　从炎舛　良刃切徐鍇曰案博物志戰鬬死亡之處有人馬血積中爲粦著地入艸木如霜露不可見有觸者著人體後有光拂拭即散無數又有吒聲如鬻豆舛者人足也言光行著人繫傳舛下有聲字非韻會作从炎粦舛者聲更非玉篇力仁切又力振切廣韻

收平去二聲　文八　重一

黑　火所熏之色也从炎上出㓁㓁古窻字凡黑之屬皆从黑　呼北切繫傳㓁古窻字分注在从黑下上有鍇曰二字玉篇引韓康伯云北方陰色又引說文

黸　齊謂黑爲黸　玉篇齊人謂黑曰黸也　从黑盧聲　洛乎切

䵳　沃黑色　玉篇淺黑也廣韻淺黑色則沃乃淺之譌說文水部沃作渓（下文言深文義相貫）　从黑會聲　惡外切

黯　深黑也　廣韻引玉篇注同韻會作深慘色非　从黑音聲　乙減切（玉篇烏減切廣韻上聲引說文又收平聲）

黶　中黑也　一切經音義卷一卷九卷十一卷二十二引

並作面中黑子也當不誤玉篇黑子也廣韻面有黑子　从黑厭聲　於刻切　黳　小黑子　从黑殹聲　烏雞切　䵘　白而有黑也　玉篇白而黑也　从黑旦聲　五原有莫䵘縣　當割切　黬　雖皙而黑也　鑿傳皙作晳是也■五音韻譜作析非　从黑箴聲　古人名黬字皙　古咸切玉篇之林切引說文曰雖皙而黑也古人名黬字子皙又音緘廣韻止收咸引無子字史記仲尼弟子列傳有曾■蔵字皙說文無蔵論語作點　⿰黑昜　赤黑也　从黑昜聲　讀若煬　餘亮切玉篇式羊切赤黑色廣韻收平聲陽式

羊切引說文云赤黑色 黲 淺青黑也 廣韻引同
又餘諒切去聲無收 繫傳韻會
也作色玉篇注 从黑參聲 七感切 黭 青黑也 从
淺青黑色也
黑奄聲 於檻切玉篇烏敢烏檻二切青黑色
也廣韻收感檻二韻並注青黑色 黝
微青黑色 玉篇黝微黑也 从黑幼聲 爾雅曰地謂之黝
青色也 釋器黑謂之黝郭注黝黑貌引周禮陰祀用黝牲
於糾切玉篇音同廣韻上聲注黑也又 黗 黃濁
收平聲脂注縣名屬蜀歙州重文作黟
黑从黑屯聲 他衮切玉篇他孫切黃濁色廣韻
收平上二聲一注黃黑色也一注黑狀
點 小黑也 从黑占聲 多忝切 黚 淺黃黑也从黑

甘聲讀若染繒中束緅黚 巨淹切六書故引黑下有色字玉篇巨炎切淺黃色又黑也又巨今切廣韻侵鹽二韻一注黃黑色一注淺黃黑色按束字疑譌緅古通作纔詳新附攷黚當是紺讀若不應仍同本字

黅 黃黑也从黑金聲 古咸切玉篇記林切黃黑如金也廣韻收侵居吟切淺黃色引說文云黃黑也又古咸切然不收咸〔則宋人〕

〔引也〕黦 黑有文也从黑冤聲讀若飴盌字 於月切玉篇作黦〔譌〕於勿於月二切有重文黦廣韻收月作黦云說文作黦物韻收黦

䵳 黃黑而白也从黑算聲一曰短黑 玉篇黃黑而白也一曰短皃當本說文 讀若

以荼爲黷〔當作黷繫傳作𪏁蓋𪏁之譌〕名曰荼荃也〔初刮切〕

䵤　黑皴也〔皮部無皴疑皸之俗體詳新附攷繫傳作皺更非〕从黑幵聲〔古典切〕[illegible]黫〔當同通作〕繭戰國策墨子百舍重繭往見公輸般

黠　堅黑也〔玉篇堅也黑也廣韻黠慧也又堅黑也〕从黑吉聲〔胡八切〕

黔　黎也〔廣韻引同繫傳韻會黎作𪐯非黑部無𪐯〕从黑今聲秦謂民爲黔首謂黑色也周謂之黎民易曰爲黔喙〔巨淹切玉篇巨炎切黑色也廣韻收鹽引說文又收侵巨金切黑而黃亦姓齊有黔敖〕

黕　滓垢也从黑冘聲〔都感切玉篇丁感丁甚二切黕〕

飢

點垢濁廣韻止收
感滓垢也黑也楚詞九辯或黕點而汙之

黨　不鮮也从黑尚聲　多朗切玉篇引周禮
五族爲黨廣韻引釋名五
百家爲黨黨並部之假借

黷　握持垢也　玉篇數也垢也蒙也黑也
廣韻垢也
蒙也黑也　从黑賣聲易曰再三黷　徙谷切五音韻譜徙作徒是也
今易作瀆
釋文同

黵　大污也　玉篇注同廣韻大污垢黑　从黑詹聲　當敢切

黴　中久雨青黑　繫傳同韻會中上有物字蓋黃氏增　从黑微省聲　武悲切玉篇明飢切面垢也文黴敗也又莫佩切廣韻收平去二聲

黜　貶下也　廣韻注同玉篇退也貶也下也去也放也絶也　从黑出聲　丑律切

[般黑]　姍下哂　五音韻譜哂作色是

也。毄傳下作一譌。玉篇注䰉。从黑，般聲。薄官切。廣韻音
媻。下色皃。廣韻注：下色。

同玉篇。黱，畫眉也。韻會眉下有墨字。玉篇：畫眉黑也，深青也。从黑，
步安切
朕聲。徒耐切。玉篇有重文黛，廣韻爲黛之重文。儵，青黑繒縫白色
也。五音韻譜毄傳縫作發，是也。韻會亦作發，無也字。从黑，攸聲。式竹切。玉
篇他狄切，又大的、尸育二切。儵黛，禍毒也；青黑
繒也。蓋本鄭詩 廣韻止收屋。青黑繒[illegible]。釋訓：儵儵、嘒嘒，罹
禍毒也。釋文云：儵，郭徒的反，顧舒育反，樊本作攸。
引詩「攸攸我思」。按：[illegible]當爲里之譌，見十月之交毛傳。
里，病也，與罹禍毒義合。若據郭音，當[illegible]跾跾周道
之跾。足部：跾，行平易也。引此詩，與毛傳合，非罹

禍毒

黬羔文之縫五音韻譜繫傳文作裘是也韻會同縫下有也字釋訓作緎毛詩羔羊同糸部無緎从黑或聲于逼切

䵎䵎謂之垽釋器作澱垽滓也从黑殿省聲堂練切

黮桑葚之黑也一切經音義卷六卷十三引黑下有色字从黑甚聲他感切玉篇敕感都甚二切黭黮不明淨也廣韻兩收感一注黭黮雲黑一注黭黮黑也

黭果實黭黯黑也黯下當有也字楊倞注荀子彊國篇引作黑⿰黑色玉篇果實黭黯也深黑色也从黑弇聲烏感切玉篇於甘於敢二切廣韻止收上聲感

黥墨刑在面也廣韻

注黑刑在面黑（當是墨） 从黑京聲 渠京切 ⿰黑刂 黥或从刀
剠 玉篇墨刑也
繫傳作或从刀作易睽釋文剠注云說文或作黥字玉篇作⿰黑刂廣韻作⿰黑刂剠
黬 黬者忘而息也 从黑敢聲 於檻切 玉篇於敢切黬然忘也廣韻收去聲鑑注云叫呼仿佛黬然自得音黯去聲
黟 黑木也 从黑多聲丹陽有黟縣 烏雞切 玉篇郁洛切廣韻收齊引說文又收脂爲黟之重文

文三十七 重一

說文解字攷異弟十上

說文解字攷異弟十下

囪在牆曰牖在屋曰囪象形凡囪之屬皆从囪楚江切玉篇楚江切引說文同又千公切通孔也窻竈突也廣韻收江引說文又收東注窻竈突

窗或从穴

囧古文玉篇同繫傳在窗上

悤多遽悤悤也从心囪囪亦聲倉紅切玉篇作怱注怱怱多遽也以悤爲古文廣韻亦作怱速也

文二　重二

焱火華也从三火凡焱之屬皆从焱以冄切玉篇弋贍呼昊二切

引說文廣韻■收去聲𧮰按欠部欿从炎聲（昊乃㚖之譌 又收入聲錫音呼昊切）熒屋

讀若忽據文選注引本是欿（呼昊切之入聲與忽合）讀若忽合

下鐙燭之光 五音韻譜𣪠傳从焱冂 戶扃切冂下

韻會鐙作燈俗 當有聲字

（六書故引作从冂从焱一說冂聲）

玉篇胡坰切燈之光也熒熒 燊盛皃 玉篇炎盛和皃

猶灼灼也弃熒陽縣

廣韻■从火焱木在上讀若詩■莘莘征夫 五音

熾也

韻譜詩下有曰字𣪠傳■無曰夫下有莘古文伸一曰

嶷七字蓋傳寫譌誤 按艸部無莘今詩皇

皇者華作駪晉語引作莘蓋 所臻切

三家詩玉篇甡注云或作莘 一曰役也 五音韻

譜役作役𣪠 文三

傳同無也字

（墨子所染篇云夏桀染于干辛推哆古今人表作干莘推侈則甯 𥿡乃祐字 古通作辛）

（古今人表于莘■吕氏春秋慎大覽作羊辛 本草圖經引詩云椅之華栗說文作𣘻）

炙炮肉从肉在火上凡炙之屬皆从炙之石切玉篇之亦切熱也又之夜切廣韻入聲引說文又收去聲引周書曰黃帝始燔肉爲炙 𤎅籀文玉篇作𤎅

𦢊宗廟火孰肉繫傳孰作熟俗韻會作宗廟祭祀肉非玉篇熟肉或作膰廣韻作膰祭餘熟肉 从炙番聲春秋傳曰天子有事𦢊焉以饋同姓諸侯附袁切左傳僖二十四年作宋先代之後天子有事膰焉有喪拜焉

𤓮炙也玉篇注同一切經音義卷十三引作火炙之也恐非 从炙尞聲讀若龜灬燎力照切廣韻作膫

文三　重一

赤南方色也玉篇南方色也朱色也从大从火韻會同繫傳凡脫从大二字

赤之屬皆从赤昌石切烾古文从炎土玉篇無廣韻有赨

赤色也从赤蟲省聲徒冬切玉篇徒冬與弓二切赤色廣韻止收冬注赤蟲

䞘日出之赤从赤穀省聲火沃切玉篇呼木切日出赤廣韻收屋音同

日出赤皃赧面慙赤也玉篇注同韻會赤上有而字蓋因廣韻增廣韻注慙而面赤

从赤𠬝聲周失天下於赧王女版切繫傳作赧是也韻會同玉篇

作赧按𠬝字本當是𠬝詳𠬝下䞓赤色也从赤巠聲詩曰魴

[illegible]

魚赬尾 敕貞切今詩作赬釋文云說文作䞓又作赬並同

赬 䞓或从貞 繫傳作或从貞玉篇作赬非疑後人改廣韻作赬注赤色俗作頳釋器一染謂之縓再染謂之赬三染謂之纁郭注赬染赤

䞒 或从丁 玉篇作浾廣韻無

浾 䞓棠棗之汁或从水 棗當是木 玉篇收水部側加切浾滓也又棠木汁廣韻收麻注棠汁並無棗字亦不作重文齊民要術云棠可以染緋不聞棗也浾字疑衍此皆䞓之重文玉篇收水部恥京切赤也亦作䞓廣韻無

洆 浾或从正

赭 赤土也从赤者聲 之也切

𧹞 赤色也 玉篇廣韻注同繫傳無色字蓋脫 从赤倝聲讀若浣 胡玩切玉篇古旦切廣韻收翰古案切

赫 火赤皃从二赤

呼格切玉篇赤皃盛也旱也
廣韻赤也發也明也亦盛皃

文八　重五

大 天大地大人亦大故大象人形　繫傳故大二字作
爲譌韻會作焉

淮南道應訓玉篇引
老子曰道大天大
地大王亦大按說文當本老子而老子人作王蓋後人改下文云人法地承上文也
古文大■　他達切也　繫傳作古文人也
鍇按老子天大地
大王亦大也古文亦以爲人字也蓋大徐改人作大非如[illegible]
从大大人也夷从大大人也央从大在冂之内大人也並
之證
大同人　凡大之屬皆从大　徒蓋切

奎 兩髀之間　廣雅胯奎
也　从大圭聲　苦圭切玉篇闚　廣韻注星名

夾 持也从大俠二人　古狎
切玉篇古洽切近両廂也又古
協切廣韻收洽持也古洽切

奄 覆也大有餘也又欠

也从大从申申展也 依檢切繫傳韻會申上無从字 夸奢也从大于聲 苦瓜切 奆奢奆也从大亘聲 胡官切玉篇禹安禹晚二切奢奆也

大口也 廣韻無 奅奅大也从大瓜聲 廣韻麻有奆大口皃才邪切疑即奆譌別無奆字 烏瓜切玉篇公胡切大也廣韻止收摸古胡切大皃 奯空大也 玉篇空也大目也廣韻大開目也 从大歲聲讀若

詩施罟濊濊 呼括切繫傳同五音韻譜濊濊作濊濊按濊當是濊詳水部濊字並非罟五音韻譜作罟繫傳同 ⿱大𢦏大也从大𢦏聲讀若詩𢦏𢦏

大猷 直質切按詩巧言作秩秩毛傳秩秩進知也釋訓條條秩秩智也與詩合則當作讀

若詩秩秩大猷又讀
若不應仍同本字
奅大也从大卯聲　匹貌切廣韻
音同玉篇　夽大也从大云聲　魚吻切繫傳聲
普敎切　下有讀若齾三
字說文玉篇並　奃大也从大氐聲讀若氐
無齾疑當是齳
都兮切玉篇丁計丁奚　⿱大介大也从大介聲讀
二切廣韻收平去二聲
若蓋　古拜切玉篇飢薤切　⿱大此瞋大也从大此聲
廣韻無經傳通作介
火戒切玉篇作⿱此大猜紫切直大也（引）說文火介切瞋大
聲也廣韻收上聲紙去聲怪亦作⿱此大並引說
文瞋大　⿱大弗大也从大弗聲讀若予違汝弼　房密
聲也則聲字當有

切按讀若下當有書字玉篇作㚘分勿切又扶勿切大也重文作𠦜廣韻收物作𠦜分勿切大也古通作佛周頌佛時仔肩毛傳佛大也蓋假佛爲㚘

𡘋大也从大屯聲讀若鶉 常倫切廣韻音同玉篇視均切引說文大也鶉鷻 隹部 作雜廣韻鶉鷻鶉也字林作雜

契大約也从大从㓞 繫傳韻會作从大㓞聲 易曰後代聖人易之以書契 苦計切玉篇口計切券也大約也又口結切廣韻收去入二聲 代字蓋唐人避諱改今易作世

夷平也从大从弓 廣韻引上無从字 東方之人也 以脂切 韻會作東方之人也从大从弓蓋黃氏刪改

文十八

亦人之臂亦也从大象兩亦之形凡亦之屬皆从亦

臣鉉等曰今別作腋非是羊益切玉篇以石切臂也胳也今作掖此亦兩臂也又書云亦行有九德

夾盜竊褱物也繫傳褱作懷从亦有所持俗謂蔽人俾夾是也引農陝字从此失冉切玉篇胡頰切引說文曰盜竊懷物亦持也又音閃廣韻止收上聲失冉切盜竊懷物按胡頰切似與大部夾持字混然此音當出希馮非後人所作地名多從方音故又音閃後人不察但讀失冉切矣

文二

夨傾頭也从大象形凡夨之屬皆从夨阻力切繫傳作介通

部同玉篇注今並作側

𡗢頭傾也玉篇引同又引蒼頡云佹佹也从夨吉聲讀若子古屑切

奊頭衺骫奊態也玉篇引同繫傳韻會衺作斜（衺）誤廣韻注頭邪从夨圭聲胡結切

吳姓也亦郡也一曰吳大言也繫傳無一曰二字韻會止引大言也玉篇引作姓也誤也亦郡也又大言也按誤當爲譁之譌周頌絲衣不吳不敖毛傳吳譁也釋文云吳說文作吴吴大言蓋承何承天說非是从夨口五乎切徐鍇曰大言故夨口以出聲詩曰不吳不揚今寫詩者改吳作吴又音乎化切其謬甚矣按揚誤當作敖

𡗿古文如此繫傳

作
昦

文四　繫傳四作五古文昊下有昦日西也从矢
日聲臣鍇按易曰日昊之離作此字
今音齋食反韻會引作日西也从日大矢亦聲
昃也　按此字大徐以爲俗而刪然音義同而字
異者甚多矣

前偏旁

重一　繫傳一
作二譌

當不誤夭當从天省聲

夭　屈也从大象形　韻會大下有丿字一切經音義卷
二十一引形下有不申二字恐非

凡夭之屬皆从夭　於兆切玉篇倚苗切少長也舒
和也說文於矯切屈也又折也
廣韻收平
上二聲

喬　高而曲也从夭从高省詩曰南有
喬木　巨嬌切繫傳省下作鍇曰按爾雅木上句
曰喬上曲也故詩曰南有喬木不可休息

則引詩𠀤非許說毛傳喬上竦也

㚔 吉而免凶也从屰从夭夭死之事故死謂之不㚔 胡耿切韻會無故字非

奔 走也 釋宮中庭謂之走大路謂之奔 从夭賁省聲 韻會引同繫傳作从夭卉 與走同意俱从夭 博昆切繫傳無與字韻會無此七字按七字蓋後人加走从夭非从夭詳走下

文四

交 交脛也从大象交形凡交之屬皆从交 古爻切

𩏑 衺也 玉篇引廣韻注同 繫傳衺作衺譌 从交韋聲 羽非切

絞 縊也从交从糸 古巧切韻會糸上無从字繫傳作从交糸聲誤玉篇古卯切約絞繩索也切也縊也又手交切殺也絢當是約廣韻止收上聲 文三 繫傳三作二譌

尢 𡯁曲脛也 繫傳韻會𡯁作跛玉篇注同廣韻注曲脛 从大象偏曲之形凡尣之屬皆从尣 烏光切玉篇又僂也短小也

尪 古文从㞷 韻會作或作尪玉篇廣韻作尪並不云古文

尳 厀病也 繫傳作膝病廣韻同玉篇膝疾也膝即厀之俗體 从尣从骨骨亦聲 戶骨切繫傳骨上無从字

𡯁 蹇也从尣皮聲 布火切玉篇注今爲跛

𡯎 𡯎𡯎行不

正五音韻譜下有也字玉篇注行不正廣韻行不正也从允左聲則箇切

𡰝行不正也从允𥃩艮聲讀若燿弋笑切繫傳燿作曜日部無曜玉篇余昭弋照二切廣韻無

繫傳作𡰜𡰜行不正

五音韻譜作𡰝皀聲是也

同　作𡰝

尲不正也玉篇■注尲𡰜行不正廣韻有也字从允兼聲古咸切廣韻同玉篇佳咸公走二切

尬尲尬也从允介聲公八切又古拜切玉篇公拜公鎋二切廣韻正收去聲怪

尥行脛相交也从允勺聲牛行脚相交爲尥力弔切繫傳無牛行以下七字玉篇平交力弔二切牛行後脛相交廣韻收平去二聲一注牛脛相交也疑本說文一注牛脛交

𡰨𡰜不能行爲人所

引曰𡰝𡰞从尢从爪是聲都兮切繫傳爪上無从字

𡰞 𡰝𡰞也玉篇不能行爲人所𡰝𡰞从尢从爪嶲聲戶圭切

尪 股尪也玉篇注同廣韻盤旋从尢于聲乙于切

𡰪 厀中病也繫傳作膝中疾也膝俗玉篇膝疾也廣韻膝病从尢从羸郎果切玉篇力臥力爲二切廣韻收平聲支去聲過〔羸下當有聲字〕

文十二 重一

壺 昆吾圜器也一切經音義卷十四十七引作圓器也玉篇盛飲器也圓器也瓦鼓也廣韻酒器也引禮記投壺篇云壺徑脩七寸腹脩五寸口徑三寸半容斗五升象形从大象其

蓋也 韻會作器象形从大象其蓋 凡壺之屬皆从壺 戶吳切繫傳鍇曰昆吾紂臣作瓦器大掩之也

壹 壹壺也从凶从壺不得泄凶也易曰天地壹壺 於云切繫傳鍇曰今易作絪緼 文二

壹 專壹也从壺吉聲凡壹之屬皆从壹 於悉切

懿 專久而美也从壹从恣省聲 乙冀切五音韻譜作懿繫傳作懿韻會同按一切經音義卷二十引作懿玉篇廣韻亦作懿並不省 文二

㚔 所以驚人也从大从羊一曰大 五經文字云說文从大从羊羊音干

聲也凡㚔之屬皆从㚔一曰讀若瓠一曰俗語以盜
不止爲㚔㚔讀若籋　尼輒切㲋傳爲下止一㚔字籋作籋譌玉篇女涉
切盜不止也引説文曰所以驚人也一曰大聲也廣韻收葉
引說文同田當作則以下文思後人增說文無瓠字上下疑
有脫睪司目視也㲋傳目作同是从橫目从㚔令
字或執字之譌也韻會司作伺非
吏將目捕罪人也　羊益切廣韻收昔葉二韻一引作司視也从目从㚔令吏將目捕皋
人也羊益切一引令■吏將目捕罪人尼輒切玉
篇余石切廣韻引罪作皋同人也捕罪也睪睪生也樂也好也　𡙇　捕
罪人也从丮从㚔　㲋傳韻會㚔上無从字　㚔亦聲　之入切

圉　囹圄所以拘罪人　五音韻譜同繫傳圄作圉集韻類篇韻會引同按集韻類篇並本大徐則大徐本當亦作圉後人以圄音義同而改　从㚔从口　繫傳韻會作从口从㚔　一曰圉垂也一曰圉人掌馬者　魚舉切繫傳無一曰以下十二字蓋脱韻會引有玉篇養馬者又垂也退也禁也使也廣韻養馬

據篇韻則圉注疑後人改

盩　引擊也　韻會引玉篇廣韻注同繫傳擊手作繫譌　从㚔攴見血也扶風有盩厔縣　張流切玉篇廣韻作盩

報　當罪人也　韻會引同繫傳無人字蓋脱　从㚔从𠬝𠬝服罪也　博号切𠬝當作𠬝

𥷚　窮理罪人也　廣韻

引作竆治辠人也玉篇亦作治則唐人避諱改从夲从人从言竹聲居六切繫傳韻會作从夲人言竹聲　𥳝或省言　文七　重一

奢張也从大者聲凡奢之屬皆从奢式車切廣韻收麻音同玉篇式那切　奓籀文臣鉉等曰今俗作陟加切以爲奓厚之奓非是玉篇奓注云亦作奓又大部有奓竹加切下大也又舒邪切廣韻張也陟加切並不爲籀文　奲富奲奲皃繫傳富作富譪从奢單聲丁可切玉篇丁可充者二切大寬也廣韻收馬寬大也昌者切又哿韻有䊹垂下皃丁可切當即奲之俗體　文二　重一

亢人頸也繫傳同韻會無人字非从大省象頸脈形繫傳脈作脉韻會同無从大省三字非凡亢之屬皆从亢古郎切玉篇戸唐古郎二切人頸也又苦浪切高也廣韻平聲引說文又收去聲

頏亢或从頁繫傳無亢字玉篇收頁部

𡕥直項莽𡕥皃五音韻譜𡕥作𡕥是也玉篇作䟘引說文云直頸莽䟘廣韻亦作䟘注直項之皃从亢从夋夋倨也亢亦聲岡朗切又胡朗切繫傳作䟘玉篇下朗切廣韻胡朗切

文二　重一

本進趣也从大从十大十猶兼十人也玉篇引同繫傳十上無从字

廣韻引作从大十大十者猶兼十人也韻會作从大十十猶十人也乃黃氏改凡夲之屬皆从夲讀若滔土刀切

㚏疾也从夲卉聲拜从此呼骨切玉篇呼物呼貴二切廣韻止收入聲物

㬥疾有所趣也从日出夲廾之薄報切韻會同繫傳作从夲日出廾之蓋誤

𡘹進也从夲从屮允聲易曰𡘹升大吉余準切今易作允

奏奏進也韻會作進也蓋因廣韻改廣韻奏注云進也說文作奏玉篇注進奏也書也从夲从廾从屮屮上進之義則候切

[illegible]古文[illegible]亦古文繫傳作[illegible]玉篇

廣韻並無此二古文

皋　气皋白之進也　韻會無气皋二字玉篇注澤也廣韻高也局也澤也引詩云鶴鳴九皋言九折澤也　从夲从白　繫傳韻會作从白从夲　禮祝曰皋登謌曰奏故皋奏皆从夲　繫傳皆作同　周禮曰詔來鼓皋舞皋告之也　古勞切今樂師鼓作鼜鄭司農云鼜當作鼓許本先鄭也大祝曰來鼜令皋舞鄭注皋讀爲卒嘷呼之嘷來嘷者皆謂呼之入按言部無詔古蓋通作召詳新附攷

文六　重二

夰　放也从大而八分凡夰之屬皆从夰　古老切

臩　舉

目驚⿱䀠夰然也从夰从䀠䀠亦聲 九遇切繫傳作 从䀠从夰蓋脫

奡 嫚也从百从夰夰亦聲虞書曰若丹朱奡

讀若傲 論語曰奡湯舟 五到

絑下云虞書丹絑如此 今書作無若丹朱傲

釋文云傲又作奡

切 集韻類篇引同五音韻譜繫傳湯作盪與今論

論語合韻會亦作盪舟下有陸地行舟之人六字蓋

因廣韻奡增又删虞書以下 昦 春爲昦天 釋天

十字玉篇慢也亦作傲

作春爲蒼天夏爲昊天段君云許君五經異義鄭

君駁異義所據爾雅皆作春昊夏蒼鄭君云春

氣博施故以 元气昦昦从日夰夰亦聲 胡老切玉篇昦天 午到切

廣大言之

元氣廣大也　臩驚走也一曰往來也　五音韻譜繫傳下也字
重文作昊　作皃廣韻引
玉篇注　从夰臦周書曰伯臩　書序曰穆王命伯冏爲太
並同　僕正作冏命史記周本
紀作　古文臦古文囧字　臣鉉等臦居況切臦猶乖也臦亦
臩　聲言古囧字未詳具往切五音
韻譜等下有曰字乖作乘　按上臦古文
二字疑衍玉篇俱永切廣韻收養俱往切
文五

亣籒文大改古文亦象人形凡大之屬皆从大　他達切
繫傳
作亣通部同玉篇無此部从亣者　敘篇云亣古文大也　奕大也从大亦
並收大部廣韻亦無■
聲詩曰奕奕梁山　羊益切　奘駔大也　釋言奘駔也　从大

从壯壯亦聲 徂朗切 繫傳作从大壯聲 玉篇作奘 昨朗切 大也 盛也 廣韻去聲引說文 又收上聲 大也

⿱白大 大白澤也 从大从白 繫傳白上無从字 古文以爲澤 當是夫白也 澤[illegible]二義 字 古老切 五音韻譜作昦 譌 玉篇作⿱白大 公老切 又昌石切 大白澤也 古文以爲澤字 廣韻收上入二聲 並作⿱白大

奚 大腹也 从大𦫵省聲 𦫵 籒文系字 胡雞切 繫傳籒作古非 玉篇作奚

耎 稍前大也 从大而聲 讀若畏偄 而沇切 繫傳作讀若畏偄之偄 玉篇作耎 注云又作仄 柔木也 仄當是反 廣韻亦作耎 引說文

⿱㗊大 大皃 从大㗊聲 或曰拳勇字 一曰讀若傿 乙獻切 五音韻譜作⿱㗊大 是也 繫傳同

無一曰二字玉篇廣韻而兖切

奰　壯大也从三大三目二目爲㗊三目爲奰益大也一曰迫也（韻會引同繫傳迫作逼譌）讀若易虙羲氏詩曰不醉而怒謂之奰（平祕切　韻會詩曰下有內奰於中國五字乃黃氏增一切經音義卷七引作壯也詩云不醉而怒曰奰作奰譌按不醉而怒曰奰乃毛傳非詩則詩曰二字乃後人加玉篇作奰不醉而怒也壯也迫也）

文八

夫　丈夫也从大一以象簪也（玉篇引作丈夫从一从大一以象簪）周制以八寸爲尺（玉篇韻會無以字）十尺爲丈人長八尺故曰丈夫凡

夫之屬皆从夫　甫無切玉篇甫俱切又音扶語助也廣韻兩收虞

規　有法度也从夫从見　居隨切韻會引同𣪠傳作有也从夫見聲盖傳寫脫誤玉篇癸支切引世本倕作規矩準繩也規正圜之器也廣韻居隋切圓也引字統云丈夫識用必合規矩故規從夫也

㚘　並行也从二夫　廣韻引二作兩　輦字从此讀若伴侶之伴　薄旱切侶當作呂詳新附攷

文三

立　住也　玉篇引同又引易曰立天之道曰陰與陽廣韻注行立又住也成也按人部無住古通作駐詳辵部遷下　从大立一之上　臣鉉等曰大人也一地也會意　凡立之屬

皆从立 力入切 ⿰立隶 臨也从立从隶 力至切 繫傳韻會作从立隶聲玉篇
力季力至二切臨也從也蹴也从立
也廣韻兩收至並注臨也 ⿰立𦎫 磊⿰立𦎫重聚也从立
𦎫聲 丁罪切 端 直也 玉篇緒也直也 从立耑聲 多官切
竱 等也 玉篇等齊也 从立專聲春秋國語曰竱
本肁末 旨兖切 五音韻譜肁作肇與 今齊語合然肁字非古詳攴部 竦 敬也从立从束束自申
束也 息拱切 繫傳作从立束束自申束也亦聲 竫 亭安也从立爭聲
疾郢切 靖 立竫也从立青聲一曰細皃 疾郢切 玉篇謀也

蓋本釋詁及毛傳詩小明

竢　待也从立矣聲　林史切玉篇亦作俟　䇞　或从已　廣韻無

竘　健也一曰匠也从立句聲讀若齲逸周書有竘匠　丘羽切今文酌篇有九柯十[illegible]匠疑柯即竘玉篇丘垢丘甫二切健也廣韻收麌厚二韻方言竘貌治也吳越飾貌為竘或謂之巧

竵　不正也从立𠵸聲　火鼃切　玉篇作竵譌廣韻收佳作竵竵物不正火媧切

竭　負舉也　玉篇敗也盡力也廣韻盡也舉也　从立曷聲　渠列切

䇓　待也　釋詁文玉篇廣韻注同韻會作立而待也又引左傳寡君須矣皆楚金說[illegible][illegible]

⿰立芻　或从芻聲　五音韻譜同繫傳無聲字

⿰立㒸　痿也

玉篇注同廣韻瘺病也　从立羸聲　力臥切

⿰立夋　偓竣也　玉篇止也退伏也廣韻止也偓也一曰改也按玉篇止也疑本說文退伏也即本韋注國語偓竣蓋後人改　从立夋聲國語曰有司已事而竣　七倫切今齊語已下有於字

⿰立彔　見鬼鬽皃从立从彔　繫傳作从立彔聲　彔籀文鬽　按古文鬽作⿱彑⿰𠂉氺籀當作古或此四字爲後人增　讀若虙羲氏之虙　房六切五音韻譜作⿰立彔繫傳同玉篇摩筆扶福二切見鬼皃廣韻兩收角一注見鬼一注見鬼皃

䇓　驚皃　玉篇踈也驚也踈當是是速廣韻驚也　从立昔聲　七雀切

⿰立卑　短人立碑

竱　皃。从立，畀聲。僻下切。玉篇普支切，行不正也。說文傍下切，短人立竱竱皃。竱字譌。此蓋宋人所引。廣韻止收上聲馬，短人立也。

竲　北地高樓無屋者。从立，曾聲。七耕切。玉篇子登、仕耕二切。廣韻收蒸、登二韻。

文十九　重二

當提上一字

竝　併也。从二立。繫傳、韻會二作兩。凡竝之屬皆从竝。蒲迥切。玉篇毗茗切，竝坐也，又縣名。廣韻比也。

暜　廢，一偏下也。廣韻引同。疑廢下當有也字。六書故引及玉篇廢也，釋言同。从竝，白聲。他計切。韻會作暜，白聲，非。

㬱　或从曰。

朁　或从兟从曰。臣鉉等曰：今俗作替，非是。繫傳、韻會無从曰二字。

文二　重二

囟 頭會匘蓋也 廣韻引匘作腦玉篇引作象人頭會腦蓋也腦卽匘之俗體韻會作𦞦說文無

象形凡囟之屬皆从囟 息進切 九經字樣引作囟 玉篇部目作㐫後作囟

𦞦 或从肉宰 玉篇收肉部先恣先進二切肉膟腦蓋也廣韻收去聲至囟下重文作顖 囟注云或作顖膟又

𠀑 古文 繫傳在膟上

巤 毛巤也象髮在囟上及毛髮巤巤之形 繫傳無也字象下有形字行玉篇引作毛巤也象髮在囟上及毛巤之形也亦作鬣巤 此與籀文子字同 良涉切 繫傳子作㒵蓋巤之譌 同下當有意字

𣬉 人臍也 从囟囟取气通也从比聲 房脂切 繫傳从比上有囟字行韻會無亦無从字玉

篇引作从囟从比取其氣所通也

文二　重二　繫傳二作三是也

恖　容也　玉篇繫傳韻會同顧也念也深謀遠慮曰思錢宮詹云洪範思曰睿睿作聖伏生五行傳作容鄭康成以爲字之誤未必鄭是而伏非春秋繁露述五行五事亦曰思曰容說文解字曰思容也亦用伏生義也若睿哲之義已於聰明中該之矣　从心囟聲　韻會作从心从囟非　凡思之屬皆从思　息茲切玉篇同廣韻[illegible]收平去二聲

慮　謀思也　玉篇謀也思也廣韻思也　从思虍聲　良據切

文二

心　人心土藏在身之中象形博士說以爲火藏　玉篇止引火藏也廣韻注同　凡心之屬皆从心　息林切

息　喘也　廣韻引同玉篇喘息

慮當低一字

也从心从自繫傳韻會作从心自自亦聲相即切情人之陰气有欲者玉篇引同廣韻引作人之陰气有所欲也从心青聲疾盈切性人之陽气性善者也从心生聲息正切意志也心部無志鄭注周禮保章氏云志古文識按趙氏金石録跋孔廟百石卒史碑云趙戒字志伯而此碑作意伯疑其避桓帝諱改說文當亦然从心察言而知意也繫傳韻會無从心从心二字音於記切繫傳作从心音聲■韻會作从心音聲（黄氏刪聲字音當从一聲於意正合）恉意也从心旨聲職雉切廣韻音同玉篇之以切悳外得於人內得於己也繫傳無也字玉

說文攷異　　七

篇引 从直从心 多則切 廣韻 悳 古文 繫傳作悳
亦無 爲德之古文 恐非玉篇
作 應 當也 釋詁 从心𤸰聲 於陵切 玉篇作應於（韻會聲上有省字非）
悳 文 陵切說文作應當也又
於證切 按當作說文作應 廣韻 慎 謹也 玉篇謹也思
去聲引說文作應 又收平聲 也
一廣韻誠也謹 从心眞聲 時刃切 昚 古文 繫傳
也（蓋本詩毛傳） 作昚
忠 敬也 玉篇敬 从心中聲 陟弓切 愨 謹也 从
也直也 切
心㱿聲 苦角 㦤 美也 从心貌聲 莫角切 繫
切 傳鍇曰爾
雅借用藐字 蓋指釋詁重文 玉 快 喜也 玉篇
篇闕 廣韻收覺作貌悳引說文 可也

喜也从心夬聲苦夬切

愷樂也从心豈聲臣鉉等曰豈部已有此重出苦亥切按心部愷應有豈部疑後人增詳豈部

𢙽快心五音韻譜作快也是也繫傳从心匧聲苦叶切玉篇爲愜之重文服也又快也廣韻同心伏也又快也伍韻會同

字非念常思也方言同玉篇廣韻思也从心今聲奴店切

㤔思也玉篇恱也僖也樂也廣韻思也恱也从心付聲甫無切

憲敏也从心从目害省聲許建切繫傳韻會目上無从字釋訓憲憲洩洩制灋則也

憕平也从心登聲直陵切玉篇直陵切心平也又直庚切失志也廣韻收耕蒸二韻

說文孫異

戁　敬也从心難聲　女版切　玉篇女板切忌也敬也廣韻收潸獮二韻一注悚懼一注懼也　釋詁熯敬也郭注引詩我孔熯矣蓋假借熯為戁

忻　闓也从心斤聲　許斤切　韻會作忻者善民司馬法曰善者忻民之善閉民之惡之善閉民之惡之[illegible]恐黃氏改　玉篇悆也喜也廣韻爲欣之重文

⿰忄重　遲也　繫傳及玉篇引廣韻注同五音韻譜作遲也　从心重聲　直隴切

惲　重厚也　玉篇謀也議也廣韻謀也議也亦厚重也　从心軍聲　於粉切

惇　厚也从心享聲　都昆切　五音韻譜繫傳享作𦎫　玉篇丁昆切樸也信也大也厚也廣韻收諄章倫切

心寳貝也又收亀 忼慨也从心亢聲一曰易忼龍
都昆切厚也
有悔 臣鉉等曰今俗別作慷非是苦浪切又口朗
切今易作亢玉篇苦莽切忼慨壯士不得
志也廣韻收上聲 慨忼慨壯士不得志也李注文選屢引下有於心二字一切經音義五卷四引亦有 太息 玉篇
蕩爲慷之重文
也从心旣聲 古溉切 悃愊也从心困聲 苦本切五音韻譜
作悃困聲譌繫傳同蓋後人改韻會作悃困聲
玉篇作悃志純一也廣韻亦作悃收混注至誠
愊誠志也 後漢章帝紀注引作悃愊至誠也當
不誤廣韻玉篇注同注悃愊至誠[illegible]蓋涉本說文
从心畐聲 芳逼切 愿謹也从心原聲 魚怨切 慧

儇也从心彗聲 胡桂切廣韻解也玉篇闕（無慧）（𢡖憓字四歲切 謹惜也 音義別 音義別）憭

慧也 方言愈或謂之慧或謂之憭郭注慧憭皆意精明 从心尞聲 力小切玉篇力繞力彫二切惠也意精明也廣韻收平上二聲

恔 憭也从心交聲 下交切又古了切五音韻譜作古了切又下交切玉篇吉了切憭也又胡巧切黠也廣韻收上聲篠注恔憭慧也平聲（肴）有恔注快也去聲（效）有恔注快——也出孟子今孟子作於人心獨無恔乎趙注恔快也（方言恔快也東齊海岱之間曰恔）

瘱 靜也 李注文選神女賦引說文嫕靜也當即此字 从心瘱聲 臣鉉等曰瘱非聲未詳 於計切 按瘱聲乃聲之轉

悊 敬也从心折聲 陟列切 玉篇智

也與哲同接口部悊爲哲之重文廣韻
同則心部不應重出剖敬亦非古義疑後人增
悰樂也玉篇樂也一曰慮也廣韻慮也一曰樂也
从心宗聲藏宗切
恬安也从心宗省聲徒兼切五音韻譜宗作甛是也此涉上文而譌繫傳作甜韻會同玉篇安也靜也廣韻靖也
恢大也从心灰聲苦回切
𢞋肅也洪範恭作肅从心共聲俱容切
憼敬也从心从敬敬亦聲居影切
恕仁也从心如聲商署切廣韻注仁恕玉篇闕
𢖻古文省繫傳作𢖻無省字廣韻無玉篇有怒奴古切恚也𧗳怒之省與此別
怡和也玉篇悅也樂也

廣韻和也悅也从心台聲與之切

慈愛也从心茲聲疾之切

怟愛也玉篇敬也亦愛也廣韻兩收支一引爾雅怟怟惕惕愛也巨支切一注愛也是支切郭注釋訓云怟怟未詳从心氏聲巨支切玉篇渠支是支二切

⿰忄虒怟⿰忄虒不憂事也从心虒聲讀若移移尔切玉篇余氏余支二切不憂事又徒低切怍也廣韻收平上二聲

恮謹也从心全聲此緣切玉篇且緣切又子春切謹也廣韻收平聲謹皃

恩惠也从心因聲烏痕切韻會因下有亦字

⿱帶心高也一曰極也一曰困劣也从心帶聲特計切繫傳劣下無也字从心帶聲

左哀十六年傳不憖遺一老杜注憖且也

在高也下玉篇■■無慸有懘懘徒結切不
安也當即慸之別體廣韻慸收去聲霽祭一注
極一注困劣入聲屑有**憖**問也謹敬也从心猌聲
懘注懘懘不自安也
一曰說也一曰甘也　韻會謹作慎一曰甘也作皆也中並
則非玉篇作憖譌引說文閒也一
曰說也一曰且也當不誤廣韻且也一曰傷也又閑也左
傳文十二年兩軍之士皆未憖釋文引字林云憖閒也則
問乃閒之譌甘乃且之譌也詩小雅不憖遺一老釋文憖所引
引爾雅云願也強也且也正義引說文云憖肯從心也蓋
並誤　**春秋傳曰昊天不憖**　玉篇作左氏傳曰昊天不
漢書五行志應劭云憖且也方言憖傷也　憖左傳哀十六年作昊天
不弔不憖遺一　**又曰兩君之士皆未憖**　魚覲切廣雅
老昊天當作旻　作憖憂也

㤮 闊也一曰廣也大也一曰寬也从心廣廣亦聲
苦謗切繫傳一曰寬也在聲下玉篇口朗苦謗二切大
也寬也廣韻苦朗切大也又丘廣切引說文口謗切

悈 飾也从心戒聲司馬法曰有虞氏悈於中國 古拜
釋言悈褊急也方言悈革老也 廣韻引同
切廣韻注同玉篇 㥯 謹也 一切經音義卷九引作
疾也老也飾也 有所據也蓋誤以㥯
爲急玉篇 慶 行賀人也从心从夊吉禮以鹿皮
憂也謹也 玉篇引同
爲贄 繫傳韻會贄作摯 故从鹿省 丘竟切繫
是也貝部無贄 傳脫此四字
玉篇韻
會有 愃 寬嫺心腹皃从心宣聲詩曰赫兮

愃兮　況晚切今詩作咺釋訓同蓋假借毛傳咺威儀容止宣著也玉篇愃許遠切寬心也又息緣切語快也廣韻平聲仙引說文又收上聲阮

愻　順也从心孫聲唐書曰五品不愻　穌困切虞傳錯曰今文尚書作遜按經典通用孫玉篇無愻廣韻收去聲慁注順也一切經音義卷十五愻引字林順也謙也

㥶　實也从心塞省聲虞書剛而㥶　先則切今書皐陶謨作塞廣韻引無虞字韻會同玉篇止引實也

恂　信心也　玉篇信也均也慄也溫恭皃也廣韻信也按篇韻信也疑本說文則心字乃後人加詩作洵蓋假借釋詁詢信也言部無詢當即此字詳新附攷　从心旬聲　相倫切

忱誠也从心冘聲詩曰天命匪忱 氏任切今詩作天生烝民其命匪諶諶忱音義同廣韻忱爲諶之重文

惟凡思也 韻會引同繫傳無凡字方言惟思也又惟凡思也玉篇思也有也辭也爲也謀也伊也廣韻謀也思也 从心隹聲 以追切

懷念思也 釋詁至也又思也方言思也玉篇歸也思也安也至也廣韻抱也和也來也思也 从心褱聲 戶乖切

惀欲知之皃 玉篇思也注蓋本廣雅廣韻欲曉知也 一注心思求曉事 从心侖聲 盧昆切玉篇力迍切又力尹切廣韻收平上二聲

想冀思也 玉篇思也廣韻思想也 从心相聲 息兩切

㥶深也 玉篇

作慫意思深也重文作㦒注云 从𢆶聲 徐醉切 慉
見說文廣韻作慫注同玉篇 切
起也从心畜聲詩曰能不我慉 許六切韻會 作徐引詩不
我能慉 畜本毛傳不誤 按谷風 詩釋文慉引說文起也
畜釋字義未必引詩也 玉篇丑六切恨也又許六
不云作能不唯讀詩記引董氏曰徐鍇王肅本作能不我慉
切興也廣韻起也引詩云不 意 滿也从心啻聲
我能慉 許竹切 則能不誤
一曰十萬曰意 於力切五音韻譜作意 毛傳 是也玉篇
引同廣韻作億詩楚茨我庚維
億毛傳萬萬曰億 意 籀文省 玉篇廣韻並
鄭箋十萬曰億 無玉篇有意
奴店切無義 悹 憂也从心官聲 古玩切玉篇古
乃別一字 桓切又公玩切公

緩二切悹悹𢝊憂無告也廣韻收平上去三聲平去二聲注憂也上聲注悹悹𢝊憂無告也引詩傳云悹悹無所依按詩板靡聖管管毛傳管管無所依也據廣韻則當是悹釋訓懽懽愮愮𢝊憂無告也據篇韻亦當是悹說文懽引——爾雅詩文作老夫灌灌毛傳亦不訓𢝊憂蓋誤則悹懽字同管灌乃假借蓋連上讀繫傳憀作摎謬

憀 憀然也从心翏聲洛蕭切玉篇力周力彫二切賴也且也廣韻收蕭尤二韻蕭注無憀賴則玉篇疑脫字

愙 敬也从心客聲春秋傳曰以陳備三愙臣鉉等曰今俗作恪苦各切按左傳襄二十五年作以備三恪稱陳者據上文

愯 懼也从心雙省聲春秋傳

曰駟氏愯息拱切左傳昭十九年作聳蓋假借懼恐也从心瞿聲其遇切愳古文繫傳同五音韻譜作愳怙恃也玉篇注同引詩曰無父何怙从心古聲侯古切恃賴也玉篇注同引詩曰無母何恃从心寺聲時止切慒慮也釋言文从心曹聲藏宗切玉篇作慒昨遭切亂也又殂冬切謀也又慮也又音囚廣韻收冬尤二韻悟覺也玉篇覺悟也心解也从心吾聲五故切忢古文悟五音韻譜同繫傳作⿱五吾蓋誤玉篇作⿱吾心廣韻無憮愛也韓鄭曰憮並方言文一曰不動韻會下有

說文攷異　二十五

舝

也字廣韻引作愛　从心無聲　文甫切玉篇無斧切
也一曰不動也　憮然失意皃又不
動皃又荒烏切廣韻上聲引
說文又收平聲注空也武夫切　㤅　㤅也　釋詁　[illegible]憐
惠愛　从心旡聲　烏代切玉篇作㤅　[illegible]　古文　繫
也　引說文云今作愛　傳
作[illegible]　[illegible]　知也　玉篇才智　从心胥聲　私呂切廣韻
之稱也　爲諝之重文
詩緜迺慰迺止毛傳慰安
慰　安也　方言慰居也玉篇　从心尉聲一曰恚怒
安也居也悶也
也於胃切詩車舝　[illegible]　謹也从心[illegible]聲讀若毛毳
覯爾新昏以慰我
心毛傳慰安也釋文作慰怨也注云王申爲怨恨之意韓詩作以慍我心慍恚也本
或作慰安也是馬融義
此芮切　[illegible]　[illegible]著也从心[illegible]聲　直由切廣韻
[illegible]从心[illegible]者聲
廣韻無　引[illegible]　作[illegible]

著也玉篇注同怞朗也廣韻注同玉篇朗也憂恐也朗肉部作朖从心由聲詩曰憂心
且怞直又切今詩作妯毛傳妯動也鄭箋妯之言悼也玉篇丈又切廣韻收平聲直由切㥌㥌撫
也玉篇廣韻引作撫也當非脫釋詁㥌憐惠愛也方言㥌憐也从心某聲讀若
侮亡甫切釋忞彊也繫傳作強也韻會作自勉彊也玉篇廣韻注自勉強也
詁釋文亡[illegible]反文音無玉篇亡斧切廣韻平聲引爾雅上聲引說文
从心文聲周書曰在受德忞繫傳脫周書以下七字韻會無周字
今書立政作其在受德暋讀若旻武市切繫傳無此三字慔勉也玉篇
引爾雅曰懋懋慔慔勉也从心莫聲莫故切愐勉也玉篇想也

又勉也廣从心面聲弥殄愢習也玉篇習也明也
韻思也切廣韻明也一曰
習从心曳聲余制切一切音義卷十三怢注云又作愢引
也字林愢習也倉頡篇愢明也詩四月廢
爲殘賊毛傳廢怢也正義引說文怢習也蕩内奰于中
國毛傳不醉而怒曰奰鄭箋此言時人怢於惡雖不醉
猶好怒釋文引說
文怢習也蓋並誤怢之譌怢詳前狃下說文無怢懋勉也从心楙聲虞書曰時惟
懋哉莫候切玉篇引書同繫傳韻會𢡟或省
時惟作惟時與今書堯典合
廣韻慕習也玉篇思也習也从心莫聲莫故
無廣韻思慕切
悛止也方言悛改也自山而東或曰悛或曰改玉从心
篇改也又敬皃亦止也廣韻改也止也

夋聲 此緣切廣韻音同玉篇且泉切 𢗊肆也从心隶聲 他骨
切廣雅緩也忘也玉篇他對他沒二切肆
也忘也忽也廣韻入聲引說文又收去聲 𢡺
趣步惥惥也从心與聲 余呂切玉篇音同引說文同又以諸切謹
敬皃廣韻上聲引說文又收平聲 慆說也 韻會說作悅非心部無悅玉篇喜 引左傳以樂慆憂亦非許引 一曰慢也
也又慢也廣韻悅樂 从心舀聲 土刀切 𢡱安也 釋訓𢡱𢡱媞媞安也
釋文引作安靜也■玉篇安也靜也廣韻安
■也古通作厭毛傳詩小戎厭厭安靜也湛露
厭厭安也 从心厭聲詩曰懕懕夜飲 於鹽切繫傳鍇曰今

說文攷異　二十七

詩作憺安也从心詹聲徒敢切玉篇徒敢徒
厭　監二切安也靜也廣
韻收上怕無爲也从心白聲匹白切又葩亞切
去二聲　玉篇普罵切恐
怕也引說文匹白切無爲也廣韻
收去入二聲老子我獨怕兮其未兆恤憂也收也玉篇
憂也救也左傳襄二十七年引詩何以恤我我其收之杜注何以句以爲从心血聲辛聿切忓極也从心干聲古寒
說文按周頌假以溢我疑即此之異文假何溢恤聲相近
切玉篇古安切擾也又胡旦切——懽喜歀
抵也善也廣韻收平去二聲平聲引說文
也五音韻譜歀作歀是也繫傳作歀俗从心雚聲爾雅曰懽懽
愮愮憂無告也古玩切繫傳脘無告二字玉篇呼官切悅也又公玩切引爾雅同

廣韻收平去二聲平聲爲歡之重文[illegible]心部無
愮釋訓釋文云愮又作摇是也詩黍離中心摇摇
毛傳摇摇 㥥 懽也琅邪朱虛有㥥亭从心禺
憂無所愬
聲 噳俱切玉篇廣韻並無
孟子作驩虞(通作娛)
惄 飢餓也一曰憂
也 玉篇飢意也憂也蓋本說文 从心叔聲 奴
毛傳詩汝墳云惄飢意也 歷
切繫傳从心叔聲在 詩曰惄如朝飢 奴歷切五音
一曰句上韻會同 韻譜朝作
(繫傳韻會同)
輖今詩作調毛傳調朝也釋文云調又作輖(與韻)
譜合則作朝者蓋後人以毛傳改蜀石經(毛詩)殘本
作輖集韻類篇引
作調則以今詩改 㤩 勞也从心卻聲 其虐切
玉篇引

說文其略切
廣韻奇逆切

憸　憸詖也■玉篇引憸利於上佞人作詖也廣韻注利

也書立政曰國則罔有立政用憸人釋文引馬云憸利佞人也从心僉聲息廉切廣韻作詖

愒　息也从心曷聲臣鉉等曰今別作憩非是去例切今詩民勞作愒甘棠作憩

釋詁同說文無憩

[毳心]　精戇也从心毳聲千短切廣雅訓覺曹憲忽玉篇呼骨

切寢熟也廣韻入聲沒音義同

[冊心]　疾利口也廣韻注同

按戇愚也晉語曰甚精而愚其訓精戇義或本此徐鍇曰冊言衆也

玉篇利口也

从心从冊詩曰相時[冊心]民息廉切韻會詩

作書集韻引作商書是也今盤庚作

急　褊也釋言

憸釋文引馬云小小見事之人也

褊急从心及聲居立切玉篇作急迫切也盡也引說文作忣褊也𢚔憂也

也从心䇹聲一曰急也方沔切㥄疾也玉篇廣韻引同韻會引作急性

也蓋因从心亟聲一曰謹重皃已力切

毛晃說

懁急也从心瞏聲讀若絹古縣切玉篇火還切慢也輕也又古縣切心急也廣韻收去聲

悻恨也从心巠聲胡頂切

㤉急也从心从弦弦亦聲繫傳作从心弦聲河南密縣有㤉亭胡田切

慓疾也从心票聲敷沼切玉篇匹姚蒲小二切疾也急也廣韻收平上二聲

懦駑

弱者也 馬部無駑古通作奴擾 [玉]篇韻則此句乃後人改 篇韻訓弱也疑本說文 从心需聲 人朱切玉篇作愞乃亂

乃過二切弱也廣韻懦收平聲虞弱也人朱 恁 下

切又乃亂切去聲㥅作愞爲偄之重文左傳 僖二年釋文云懦乃亂反[illegible]又乃臥反弱也字林愞音乃亂反

齎也从心任聲 如甚切後漢書班固傳注引作念也李

注文選典引引作思也蓋並誤齎當

同齎齎材也下齎猶下材與懦義相類廣雅恁訓思又訓弱

玉篇如針切信也又如甚切念也廣韻收平上二聲

忒 失常也从心代聲 他得切玉篇差也引

說文失常也廣韻無 經典[illegible]通用忒 怚 驕

也从心且聲 子去切玉篇秦呂切又子

御切廣韻收上去二聲 悒 不安也 玉篇

憂也廣韻憂悒 从心邑聲 於汲切 念 忘也嘾也 玉篇豫也

悅也廣韻悅也　从心余聲周書曰有疾不悆悆喜也　羊茹切㝅
傳喜作憙今金縢作有疾弗豫釋文云忐更也
馬本作有疾不豫豫本又作忬
玉篇疑也引說文更也廣韻差也毛傳詩鳲鳩云忒疑也瞻仰云忒變也　从心弋聲　他得切

憪　愉也　玉篇戾也廣韻心靜並引說文愉也　从心閒聲　戶閒切

愉　薄也从心俞聲論語曰私覿愉愉如也　羊朱切玉篇弋朱切
悅也顏色樂也又羊豎切廣韻止收平聲悅也和
也樂也論語集解引鄭■曰覿見也旣享乃以
私禮見愉愉顏色和按見部無覿古通作儥詳
新附攷愉與媮通俗或作偷玉篇媮巧黠也

又媮薄也　偷盜也引爾雅曰佻偷也
懱　輕易也从心蔑
聲商書曰以相陵懱　莫結切一切經音義卷六卷
二十一二十四引並作相輕傷也
玉篇輕也易也侮也接今　愚　戇也　廣韻引玉
書無以相陵懱之文或當在逸篇　君奭篇有文王蔑德降于國人疏引鄭曰蔑小也　篇注戇愚
作贛是也一切經音義卷四卷十二　从心从禺禺猴
二十三二十五引並作癡也蓋誤
屬獸之愚者　麌俱切繫傳韻會愚上無　戇
从字廣韻同猴上有母字
愚也从心贛聲　陟降切廣韻同　㥒　姦也　玉篇
玉篇作戇愚譌　恨也
急也廣　从心采聲　倉宰　惷　愚也从心舂聲
韻恨也　切

丑江切玉篇丑江尸容二切懝騃也繫傳作駭也譌从心从疑疑亦聲一曰惶也五溉切玉篇牛力切有所識也又五溉切廣韻收去入二聲一注騃一注有所識也

廣韻收平聲鍾江去聲用禮記哀公問釋文引字林丑凶反又丑絳反

忮很也廣韻引同繫傳很作狠韻會作佷一切經音義卷九引同蓋譌毛傳詩雄雉瞻卬並作害也玉篇懻忮害心又不媚勁很从心支聲之義切

悍勇也从心旱聲侯旰切

態意也玉篇意美也嬌態也廣韻意態从心从能徐鍇曰心能其事然後有態度也他代切繫傳作从心能姿之餘也按能下當有聲字廣韻去聲代部收能

㑷或从人五音韻譜作㑷

怪異也从心圣聲古壞切

像

放也从心象聲 徒朗切 慢 惰也从心曼聲一曰慢不畏也 謀晏切玉篇輕侮也不畏也 怠 慢也从心台聲 徒亥切

懈 怠也从心解聲 古隘切 憜 不敬也从心墮省聲 繫傳韻會作从心隋聲 春秋傳曰執玉憜 徒果切 左傳僖十一年天王使召武公內史過賜晉侯命受玉憜所引當即此國語作晉侯執玉卑

惰 憜或省𠂤 廣韻有惰 媠 古文 玉篇收女部爲媠之重文

慫 驚也从心從聲讀若悚 息拱切 悚當是竦心部無悚玉篇作慫悚也動也敬也惡也怨也廣韻驚也

怫 鬱

也从心弗聲符弗切忦忽也从心介聲孟子曰孝子之心不若是念呼介切廣韻引無之字蓋脫玉篇止引忽也今孟子作孝子之心爲不若是恝趙注恝無愁之貌心部無恝忽忘也从心勿聲呼骨切忘不識也从心从亡亡亦聲武方切繫傳作从心亡聲玉篇無方切不憶也說文曰不識也又無放切廣韻止收去聲注遺忘又音亡慲忘也慲兜也玉篇廣韻止注忘也从心㒼聲母官切廣韻母官（毋譌）切玉篇莫蘭切恣縱也从心次聲資四切惕放也从心昜聲一曰平也（一切經音義卷三引作放恣也）徒朗切憧意不定

（集韻云秦刻石文作[illegible]說[illegible]文異）

三十二

也一切經音義卷二十引作憧憧意不定也易咸九四憧憧往來釋文引馬云行貌王肅云往來不絕貌从心童聲尺容切玉篇昌容切行意往來不定皃又直巷切愚也廣韻收平聲鍾去聲絳（易釋文昌容反徐又音童又音鍾京作憧字林云憧遲也丈冢反）

悝啁也繫傳啁作謿俗■从心里聲春秋傳有孔悝一曰病也苦回切（釋詁作瘇病也疒部無瘇）玉篇力止切憂也悲也疾也又口回切廣韻收平聲灰又收上聲止引詩悠悠我悝今詩作里毛傳里病也

憰權詐也从心矞聲古穴切此與言部譎音義同

㤮誤也从心狂聲居況切玉篇作㤮九放切誤也詐也又巨望切廣韻兩收漾一注㤮惑也一注誤人

怳狂之皃玉篇引同一切經音義卷八引作狂皃也从心況省聲許往切

恑變也一切經音

義卷三引作變詐也謂變異詐妄也則詐字當有玉篇異也廣韻變也悔也从心危聲過委切

⿰忄巂有二心也玉篇變也異也廣韻離心也从心巂聲戶圭切

悸心動也玉篇廣韻注同一切經音義卷一卷四引作氣不定也蓋誤以悸為悸从心季聲其季切

憿幸也玉篇行險也廣韻憿幸从心敫聲古堯切

懖善自用之意也玉篇廣韻引同書盤庚釋文引善上有拒字[illegible]手部無拒古通作岠距从心銛聲商書曰今汝懖懖古活切五音韻譜及廣韻引同繫傳作从心錉聲商書曰今女懖

錉古

懖錉曰今尚書作聒聒按今書女作汝

文从耳繫傳作聵 忨貪也从心元聲春秋傳曰忨
歲而激日五換切玉篇貪也愛也廣韻忨貪按習部翫下引春秋傳翫歲而愒日與
左傳昭元年合釋文翫引說文習猒也又作忨云
貪也疑說文一本左傳一本國語然今晉語作忨
日而激歲蓋國語誤 惏河內之北謂貪曰惏繫傳韻會無內字蓋脫
方言晉魏河內之北謂惏 从心林聲盧含切廣韻爲婪之重文
曰殘楚謂之貪
懜不明也从心夢聲武亘切玉篇莫公切懜也不明也又武亘切廣韻收
平聲東注懜去聲懵注不明
愆過也玉篇過也失也 从心衍聲

去虔切 𡫊 或从寒省者廣韻無 𠍒 籀文 五音韻譜作𠍒繫傳作𠍒

慊 疑也从心兼聲 戶兼切玉篇口玷切切齒恨也廣韻收上聲忝注慊恨

惑 亂也从心或聲 胡國切 惛 怓也 繫傳脕怓字下有鍇曰亂也

■ 从心民聲 呼昆切玉篇莫昆切悶也不明也廣韻收真魂二韻一注亂也一注恨恨不明又亂也按詩民勞以謹惛怓釋文云惛說文作㥵云怓也疑㥵當是惛恨字譌 怓 亂也

从心奴聲 詩曰以謹惛怓 女交切玉篇注同韻會惛作惛當是恨

詳上文 惷 亂也从心舂聲春秋傳曰王室曰惷

說文引經考　三十

惷焉 左傳昭二十四年作今王室實蠢蠢焉 一曰厚也 尺允切玉篇作惷擾動也亂也

憭 不憭也 一切經音義卷二十一引作不了也[illegible]蓋從俗 从心尞聲 呼昆切 玉篇作惛亂也癡也廣韻作惛注不明

忥 癡皃 廣韻■曰靜也蓋本釋詁又引說文癡皃 从心气聲 玉篇癡也 許既切

■

𢡔 寱言不慧也从心衛聲 于歲切玉篇寱言也廣韻寱言左傳哀二十四年作躗言釋文云躗字林作𢡔云夢言意不慧也

憒 亂也 玉篇注同廣韻心亂也 从心貴聲 胡對切

忌 憎惡也 韻會引廣韻注同繫傳憎作增譌玉篇畏也惡也 从心己聲 渠記切

忿 悁也从心

蘧伯玉交乎閒於蘧伯玉曰敢聞人有大惡乎對曰大惡知自之惡而不改也今道藏本及各本並從忌作忌惟羣書治要所引不誤

分聲敷粉切玉篇孚粉切恨也怒也廣韻收上去二聲並注怒也悁忿也从心肙聲一曰憂也於緣切玉篇引同一切經音義卷五引作恚也廣韻注悁憂悒也㤪籀文繫傳作㤪廣韻無

𢡟恨也从心黎聲一曰急也郎尸切廣韻力脂切引同玉篇力之切注同[illegible]釋文引[illegible]怒[illegible]

恚恨也玉篇恨怒也廣韻怒恨也从心圭聲於避切

怨恚也从心夗聲於願切𢘄古文繫傳作𢘄集韻類篇同玉篇作命

怒恚也从心奴聲乃故切玉篇奴古切引說文廣韻收上去二聲

憝怨也

从心敦聲周書曰凡民罔不憝 徒對切今書康誥不作弗孟子引作不憝作譈說文無譈玉篇譈怨也惡也又作憝

慍 怒也 一切經音義卷五卷七卷十三引同卷十引作怨也詩緜正義引同論語人不知而不慍集解慍怒也釋文引鄭云怨也詩柏舟慍于羣小[據正義]毛傳本訓怨今作怒者後人改 从心昷聲 於問切玉篇於吻於問二切恚也怒也恨也廣韻收去聲

惡 過也从心亞聲 烏各切玉篇於各切不善也又烏路切憎惡也廣韻入聲引說文又收去聲

憎 惡也 玉篇注同廣韻憎疾 从心曾聲 作滕切

㤽 恨怒也从心巿聲 詩曰視我㤽㤽

蒲昧切玉篇孚吠普大二切怒也廣韻收泰廢二韻一注恨怒一注怒也詩白華作視我邁邁釋文云韓詩及說文並作怖怖韓詩云意不說好也許云很怒也很字蓋譌（廣韻恨怒當本說文）

忍　怒也从心刀聲讀若顡　李陽冰曰刀非聲當从刈省魚既切　按从心刀聲當同忉字詩檜風有勞心忉忉（釋訓忉忉憂也）玉篇忉都勞切憂心皃說文無此字讀若顡者當是（在下）忍（本部有忍）集韻（引作）忍怒也一曰从刀心害意則會意非諧聲然唐本自有聲字蓋傳譌已久疑不能明

[篆]　怨恨也从心彖聲讀若膎　臣鉉等曰彖非聲未詳戶佳切　按彖當是彖（傳寫譌也）（讀若弛詳五部）玉篇胡皆切恚也恨也怨也廣韻收佳心不平又恨也　（繫傳顡作頪譌）

恨　怨也从心艮聲　胡艮切

懟　怨也

从心對聲丈淚切五音韻譜淚作淚是也玉篇直類切說文怨也又徒對切愚也廣韻收至怨也直類切

悔悔恨也玉篇改也恨也廣韻改悔从心每聲荒內切

𢜤小怒也廣韻引同玉篇闕从心壴聲充世切

怏不服懟也一切經音義卷二卷二十三引作心不服也玉篇注懟也不服也从心央聲於亮切玉篇於兩於亮二切廣韻收上去二聲

懣煩也从心从滿莫困切繫傳作从心滿聲玉篇莫本亡困亡旱三切廣韻收上聲混緩去聲慁

憤懣也从心賁聲房吻切

悶懣也繫傳及廣韻引玉篇注竝同韻會作煩也非从心門聲莫困切

惆失意也一切經音

義卷一卷三引作惆悵失志也玉篇惆悵悲愁也　从心周聲　敕鳩切

悵　望恨也　玉篇惆悵失志也廣韻失志　从心長聲　丑亮切

愾　大息也　詩下泉釋文引廣韻注同五音韻譜繫傳大作太玉篇注同　从心从氣氣亦聲　詩曰愾我寤歎　許既切今詩歎作嘆玉篇口代許氣二切廣韻收未代二韻

懆　愁不安也　詩白華釋文引安作申韻會作懆懆愁也非　从心喿聲　詩曰念子懆懆　七早切玉篇七刀七老二切憂愁也不樂也廣韻止收上聲

五經文字云懆千到反見詩風當指月出勞心慘兮今詩譌作慘音七感反非

愴　傷也　从心倉聲　初亮切

怛　憯也　詩匪風中心怛兮毛傳怛傷也　从心旦聲　得案切又當割切玉篇丁割切悲也廣韻

說文攷異

收入聲曷悲慘也

悬或从心在旦下繫傳作从心旦蓋脘或字詩曰信誓悬悬今詩作旦旦釋文云說文作悬悬玉篇得漢切爽也忒也廣韻收去聲翰傷也並不作重文

憯痛也从心朁聲七感切釋言憯曾也詩民勞憯不畏明毛傳憯曾也說文朁曾也引此詩則詩與釋言並朁之假借

慘毒也玉篇廣韻引同一切經音義卷二十二引作直憂皃也蓋誤从心參聲七感切玉篇七感切痛也愁也恨也說文曰毒也又初錦切廣韻止收感

悽痛也韻會作痛心非玉篇悽愴也傷也廣韻悲也痛也从心妻聲七稽切

恫痛也毛傳詩思齊同一曰呻吟也从心同聲他紅切繫傳韻會从心同

聲在一曰句上玉篇他東切呻吟也痛也又徒弄切廣韻收平去二聲悲痛也从心非聲府眉切惻痛也玉篇悲也痛也从心則聲初力切憯痛也廣韻引同玉篇朁也貪也从心朁聲思積切愍痛也玉篇悲也引說文曰痛也廣韻悲也憐也从心敃聲眉殞切慇痛也釋訓慇慇憂也玉篇慇懃悲憐皃又引說文从心殷聲於巾切㥯痛聲也从心依聲孝經曰哭不㥯於豈切今孝經作偯釋文云說文作㥯譌閒傳釋文引作㥯是也人部無偯𢡟𢡟存也从

心簡者聲讀若簡　古限切玉篇引音同■說文云或作存也

蕄又音萌廣韻無按釋

訓存存萌萌在也郭注萌萌未見所出釋文云

萌郭武耕反施云朋反字或作蕄則誤以爲悶聲

之字■改作萌也■並不檢說文之

■論語簡在帝心當即蕄之假借　慅動也从心蚤

聲一曰起也　穌遭切此字見詩月出傳箋並不釋

玉篇蘇勞切憂心也愁也又音草

廣韻收平聲注恐懼　感動人心也　玉篇傷也　从

上聲爲慄之重文　廣韻動也

心咸聲　古禫切　忧不動也　玉篇心動也疑本从心尤

說文廣韻動也

左宣十二年二憾往矣

■篇字彙感引漢書張安世傳何感而上書歸閣及春秋左氏傳二憾爲感音憾

左傳宣二年私感十二年二感襄十六年釋感釋文並音去聲云本又作憾石經作感

聲讀若祐　于救切　㤀怨仇也　玉篇怨咎也疑本

說文廣韻上聲並注怨

⿱咎心从心咎聲其从切五音韻愪憂皃繫傳作
譜从作久是也玉篇渠久切憂皃也
又收平聲注怨仇也則本今說文
玉篇从心貟聲王分切玉篇同又于敏怮憂皃廣
憂也切廣韻收平上二聲韻
引同玉篇从心幼聲於虯切㤤憂也从心介聲五
憂懣也切介
切玉篇古黠切恨也又公大切懼也恙憂也玉篇
釋詁文
又五拜切廣韻止收入聲黠恨也憂也
病也又噬蠱从心羊聲余亮切惴憂懼也釋訓惴惴
善食人心切懼也
毛傳从心耑聲詩曰惴惴其慄之瑞切心部無慄
同古通作栗徐巡
說木至西⿱鈞心憂也从心鈞聲常倫切玉篇巨
方戰栗營切廣韻收清

渠營切重文作
怮諄韻收怮孟子經界不正井地不鈞穀祿不平則玉篇乃古音也
怲 憂也 釋訓怲怲憂也 从心丙聲詩曰憂
心怲怲 兵永切
惔 憂也从心炎聲詩曰憂心如惔 徒甘
切釋文云惔說文作𤈦小熱也火部𤈦引此詩如𤈦 按節南山
譌作𤈦𤈦 陸氏所見本不譌也 惔下引詩蓋後人因今
詩增又雲漢釋文引說
文惔炎燎也當非說文
惙 憂也 釋訓惙惙憂也毛傳同
从心叕聲詩曰憂心惙惙一曰意不定也 陟劣切 玉篇㾐
也又憂也
惕 憂也 玉篇憂也痛也念也 从心殤省聲 式亮
廣韻同
切
愁 憂也从心秋聲 士尤切玉篇作愁
玉篇式諄切廣韻收平去二聲
愵 憂皃从心弱

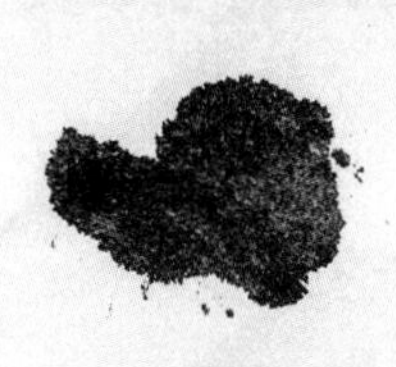

聲讀與惄同 奴歷切詩汝墳惄如調飢釋文云惄韓詩作愵方言愵憂也自關而西秦晉之間或曰惄

㥏憂困也从心臽聲 苦感切 悠憂也 玉篇思悠悠皃詩悠悠我里毛傳悠悠憂也釋訓悠悠洋洋思也 从心攸聲 以周切 悴憂也从心卒聲讀與易萃卦同 秦醉切玉篇存季切說文曰憂也又七没切心急也廣韻止收去聲

慁憂也从心圂聲一曰擾也 胡困切廣韻引同又引禮云儒有不慁君王慁猶辱也玉篇患也憂也

慹楚穎之間謂憂曰慹 玉篇引無之字按此文蓋本方言方言云悼惄悴慭傷也自關而東汝穎陳楚之閒通語也疑慭爲慹之譌然廣雅慭訓憂又訓傷

則由來久矣　从心𢗖聲　力至切玉篇力之切愁憂皃又力置切引說文廣韻收平聲之去聲志

忓　憂也　釋詁忓憂也盱釋文云盱本或作忓　从心于聲讀若吁　況于切詩卷耳云何吁矣毛傳吁憂也

忡　憂也　釋訓忡忡憂也　从心中聲詩曰憂心忡忡　敕中切

悄　憂也　釋訓悄悄憂也毛傳憂皃　从心肖聲詩曰憂心悄悄　親小切

慽　憂也　詩小明自詒伊慼毛傳慼憂也蓋假借　从心戚聲　倉歷切又有慼憂也玉篇親也痛也廣韻作慼憂也懼也

𢝊　愁也　玉篇引作憂愁也　从心从頁　徐鍇曰𢝊心形於顏面故从頁於求切繫傳作从心頁聲無此說韻會同按頁古文𩑋首字於聲正合

患　憂也　从心上貫吅

吅亦聲　胡卝切韻會吅作串非說文無串蓋毌之俗體　[illegible]古文从闗省[illegible]亦古文患　繫傳作[illegible]亦古文从臼心廣韻無　恇怯也从心匡匡亦聲　去王切玉篇作[illegible]思皃　玉篇廣韻引同一切經音義卷十二引作恇怯也怖也　恐息也當不誤與恇懾義相類也廣雅欶訓息疑悉之俗體　懾失气也从心聶聲一曰服也　之涉切一切經音義卷十二二十引作懼也廣韻怖也心伏也失常也失氣也亦作慴　心服也蓋誤以慴爲懾玉篇怯也　（从心疌聲）　憚忌難也从心單聲一曰難也　徒案切玉篇難也畏憚也　悼懼也陳楚謂懼曰悼

方言悽憡矜悼憐哀也齊魯之間曰矜陳楚之間曰悼　从心卓聲　臣鉉等曰卓非聲當从罩省徒到切按罩亦从卓聲徐說非是繫傳韻會从心卓聲在陳楚句上

恐　懼也从心巩聲　丘隴切玉篇去拱切又丘用切廣韻收上去二聲　𢖶　古文

慴　懼也从心習聲讀若疊　之涉切

怵　恐也从心朮聲　丑律切玉篇悚懼也悽愴也

惕　敬也　李注文選射雉賦一切經音義卷五引並作驚也當不誤玉篇憂也疾也懼也廣韻怵惕憂也又愛也　从心易聲　他歷切

悐　或从狄　繫傳下有作字　玉篇重文作悐又愁注云勞也說文與惕同

供　戰慄也　慄當

作栗詳前惴下 从心共聲 戶工切又工恐切玉篇記奉切恐也廣韻止收上聲腫居悚切戰慄也又戶工切

㤥 苦也 玉篇恨苦也廣韻恚苦廣雅痛也 从心亥聲 胡槩切

惶 恐也 从心皇聲 胡光切

悑 惶也 从心甫聲 普故切

怖 或从布聲 繫傳無聲字

慹 悑也 繫傳悑作怖也捕譌莊子田子方釋文引作怖也 从心執聲 之入切廣韻音同怖也玉篇之涉切引司馬彪莊子注云慹不動皃又之入切怖也

⿱毄心 憊也 玉篇備也極也怖也廣韻劇也又怖也 从心毄聲 苦計切

憊 ⿱毄心也 玉篇極也廣韻病也引說文⿱毄心也 从

心葡聲蒲拜切𤺊或从疒繫傳下有作字玉篇收疒部惎毒
也从心其聲周書曰來就惎惎渠記切繫傳作惎玉篇廣韻止
引毒也江徵君聲云秦誓未就予忌當即此文未形近來因譌爲來此當作未就予惎恥
辱也玉篇恥辱也廣韻慙也从心耳聲敕里切㥏青徐謂
慙曰㥏方言㥏恧慙也荊揚青徐之間曰㥏从心典聲他典切廣韻引同玉篇慙皃
忝辱也从心天聲他點切慙媿也从心斬聲
昨甘切玉篇慙媿也廣韻愧也恧慙也廣韻注同玉篇慙皃从心而聲女六

切方言山之東西自愧曰恧（繫傳作恧）

怍 慙也从心作省聲 在各切繫傳韻會作从心乍聲

憐 哀也 玉篇矜之也撫也廣韻愛也又哀矜也 从心粦聲 落賢切

慩 泣下也 玉篇泣血也 从心連聲易曰泣涕慩如 力延切今易作泣血漣如釋文漣引說文泣下也作漣謌詩雨無正鼠思泣血毛傳無聲曰泣血

忍 能也 玉篇含忍也仁也強也廣韻強也有所含忍 从心刃聲 而軫切

㥝 厲也一曰止也从心弭聲讀若沔 弥兖切五音韻譜沔作洒弥作彌繫傳亦作洒是也玉篇亡善亡婢二切厲也止也廣韻止收紙止也

[乂心] 懲也从心乂聲

魚聽切五音韻譜聽作肺是也玉篇同困患也又懲也

懲　忎也从心徵聲　直陵切玉篇戒也止也畏也

憬　覺寤也从心景聲詩曰憬彼淮夷　俱永切玉篇遠行皃蓋本毛傳廣韻遠也據釋文則說文引詩乃懬彼淮夷作憬者當是韓詩詳瞿部矍下

文二百六十三　今去志字實二百六十二　重二十三

惢　心疑也从三心凡惢之屬皆从惢讀若易旅瑣瑣　又才規才累二切繫傳易下有云字玉篇才累桑果切又才規二切廣韻平聲支引說文又收上聲紙果

繠　垂也从惢糸聲　如壘切按聲字疑衍或當是从糸惢惢亦聲玉篇如纍切聚也垂也引左

傳曰佩玉繠兮注
云繠然服飾備也

文二

說文解字攷異弟十下

書

《蘇州全書》編纂出版委員會 編

·說文解字攷異

蘇州全書

甲編

古吳軒出版社
蘇州大學出版社

說文解字攷異弟十一上

二十一部、 六百八十五文 繫傳五作二亦非實六百八十三

重六十二 繫傳二作四亦非實六十三 凡九千七百六十九字

水 準也北方之行象衆水竝流中有微陽之气也 廣韻引下有也字 繫傳韻會气作氣釋水釋文引作象衆泉竝流著微陽之氣也 凡水之屬皆从水 式軌切

汃 西極之水也从水八聲爾雅曰西至汃國謂四極 府巾切 繫傳水下無也字至下有於字謂下有之字鍇按今尔雅作邠玉篇西方極遠之國名爾雅云西至於汃國

河 水出焞

煌塞外昆侖山發原注海繫傳焞作敦與地理志合原作源俗韻會焞作燉原作源並非从水可聲乎哥切繫傳河在汃上玉篇在汃下

泑澤在昆侖下御覽引侖下有虛字西山經不周之山東望泑澤河水所潛也其源渾渾泡泡又長沙之山泚水出焉北流注于泑水注鳥交反又音黝水色黑也从水幼聲讀與㓜同於糾切玉篇伊糾切又音幽山名廣韻收平上二聲西山經有泑山

涷水出發鳩山入於河廣韻引同韻會於作于繫傳無於字北山經發鳩之山漳水出焉注今在上黨郡長子縣西水經注濁漳下■云涷水西出發鳩山又引許慎曰水出發鳩山入關從水東聲也入關二字恐非从水東聲德紅切玉篇都籠切霤路皃又水名又都弄切廣韻平聲

引說文又收去聲

涪水出廣漢剛邑道徼外南入漢地理志作廣漢郡剛氐道郡國志同韻會作水出廣漢巴徼外南至墊江入漢多雜他說玉篇水出徼外南入漢从水咅聲縛牟切

潼水出廣漢梓潼北界南入墊江玉篇水上有潼字梓潼作梓橦漢志作潼从水童聲徒紅切

江水出蜀湔氐徼外崏山入海韻會同繫傳崏作崏玉篇引山海經云水出崏山今中山經作岷山部作[illegible]或作[illegible]从水工聲古雙切

沱江別流也玉篇注同韻會江上有沼也二字非初學記引作池者陂也華嚴經音義卷十四引作穿地通水曰池蓋並誤引他書出崏

山東別爲沱 繫傳無出字五音韻譜嶓作嶓釋水江爲沱郭注引書曰岷山導江東別爲沱

从水它聲 臣鉉等曰沱沼之沱通用此字今別作池非是徒何切

浙 江水東至會稽山陰爲浙江 晉書音義引無山陰二字 从水折聲 旨熱切玉篇之列切

發源東陽至錢塘入海地理志水經注並作漸江

涐 水出蜀汶江徼外東南入江从水我聲 五何切玉篇作渽子來切渽水出蜀郡蓋以渽當涐後又有涐注水名在俗字中廣韻渽收咍注水名出蜀 涐收歌注水名在汶江地理志作渽似涐爲渽之譌然水經注江水條下引呂忱曰渽水出蜀許慎以爲涐水也則渽字非譌矣

湔 水出蜀郡緜

虒玉壘山東南入江从水前聲一曰手瀚之　子仙切　集韻引之作也六書故韻會引亦作也瀚作澣俗玉篇子田切水名又浣也（又子賤切水湔也廣韻收平去二聲）水經注江水條下引呂忱云湔水一曰半浣水也用譌爲半（又加水字尤謬非）

沬　水出蜀西徼外　繫傳韻會西下有南字　東南入江从水末聲　莫割切玉篇亡活莫蓋二切水名又水浮沫也廣韻收去入二聲去聲泰譌作沫

溫　水出犍爲涪南入黔水　犍當作楗五音韻譜繫傳作犍非（詳新附攷）錢宮詹云漢志温水入黚水樹玉謂水經注延水條下引詩云温水南入黚則作黔者蓋後人改　从水昷聲　烏魂切玉篇水名又顏色和也漸熱也善也

灊　水出

巴郡宕渠西南入江从水鬵聲昨鹽切玉篇似林切水出巴郡宕渠又昨鹽切廣韻收侵鹽二韻水經注作潛

沮水出漢中房陵東入江韻會作水名在楚非从水且聲子余切玉篇七餘切水名出房陵又才與子預二切廣韻收平上去三聲

滇益州池名韻會同繫傳無名字池當作沱下放此从水眞聲都年切玉篇丁田切滇池又徒年他見二切廣韻收平去二聲

涂水出益州牧靡南山西北入澠韻會水下有名字非水部無澠地理志作繩是也水經注若水下亦作繩从水余聲同都切玉篇涂水出益州又涂涂露厚皃

沅水出牂牁韻會牁作

柯是也繫傳故且蘭東北入江从水元聲愚袁
作牱並非　切

淹水出越巂徼外東入若水繫傳韻會——
巂作嶲非玉篇
東下有南字从水奄聲英廉
又久也漬也　切

溺水自張掖刪
丹西至酒泉合黎餘波入于流沙从水弱聲桑
欽所說而灼切繫傳無于字韻會作於玉篇闗廣
韻收藥錫二韻一注水名出龍道山其水
不勝鴻毛而灼切一注溺水古作休奴歷切禹貢作道
弱水至于合黎餘波入于流沙地理志刪丹下本
注云桑欽以爲道弱水自此洮水出隴西臨洮東
西至酒泉合黎並無水旁

北入河从水兆聲 土刀切廣韻收豪音同注云水名出西羌又清汰也又收宵注云五湖名餘昭切玉篇闕地理志臨洮下本注云洮水出西羌中北至枹罕東入西枹罕屬金城郡東入西水經注作東入河是也

涇水出安定涇陽幵頭山東南入渭雝州之川也从水巠聲 古靈切繫傳从水巠聲在雝州上無之字玉篇闕廣韻引淮南子云涇水出薄洛之山

渭水出隴西首陽渭首亭南谷東入河 水經注作渭水出隴西首陽縣首陽山渭首亭南谷 从水胃聲杜林說夏書以爲出鳥山在鳥鼠山西北鼠山雝州浸也 云貴切繫傳浸皆作濅禹貢道渭自鳥鼠同穴入于河職方氏正西曰雍州其

川涇汭其浸渭洛 漾 水出隴西相道東至武都爲漢 繫傳相作
栢五音韻譜韻會作柏蓋桓之譌桓音同豲水經注漾水下云
許慎呂忱並言漾水出隴西豲道東至武都爲漢水漢
翼奉傳地震隴西敗豲道縣師古曰豲音桓
地理志豲屬天水郡應劭曰豲戎邑也音完 从水羕聲
余亮切廣韻水名 瀁 古文从養 繫傳作古文漾从養
在隴西玉篇闕 聲玉篇余掌切瀁瀁
無涯際也又古文漾廣韻收上去二聲 漢 漾也 釋水漢爲潛 東爲滄浪水 禹貢文
从水難省聲 臣鉉等曰从難省當作𦰩而前作相承去
土从大疑兼从古文省 呼旰切 段君云鷬
難暵字从𦰩聲則 灘 古文 繫傳作灘古文漢如
漢亦當是𦰩聲 此玉篇作灘廣韻無

浪 滄浪水也南入江从水良聲 來宕切玉篇力唐切 滄浪水也又力宕切 波浪也廣韻收平去二聲

沔 水出武都沮縣東狼谷東南入江 韻會引無東南二字非 玉篇注無東狼谷三字 或曰入夏水从水丏聲 彌兗切 繫傳从水丏聲在或曰句上

湟 水出金城臨羌塞外東入河从水皇聲 乎光切五音韻譜羌作羗非 韻會羌下有縣字外下有至允吾三字蓋黃氏增

汧 水出扶風汧縣 韻會引玉篇注同繫傳扶上有右字廣韻注■水出扶風 釋地釋文引字林水出隴右扶風也 从水开聲 苦堅切

澇 水出扶風鄠北入渭 韻會引同繫傳扶上有右字 从水勞聲

魯刀切玉篇力高切水名引廣雅云滂洗也廣韻收平去二聲

潏 水出右扶風杜陵岐山東入渭 玉篇引同韻會岐作歧非地理志杜陵屬京兆尹杜陽屬右扶風郡國志同 水經注引杜陵作杜陽當不誤 一曰入洛 玉篇韻會無此四字繫傳洛下有一曰漆城池五字水經注引池下有也字 从水桼聲 親吉切水經注引此四字在一曰漆城池也上

滻 水出京兆藍田谷入霸 五音韻譜同繫傳霸作灞非水部無灞 从水產聲 所簡切玉篇水出京兆又出涕皃與潸通

洛 水出左馮翊歸德北夷界中東南入渭 繫傳無界字地理志左馮翊褱德本注云洛水東南入 从水 渭北地郡歸德本注云洛水出北蠻夷中入河

作

各聲盧谷切繫傳聲下有雝州濅三字淯水出弘農盧氏
山東南入海五音韻譜繫傳海作沔是也集韻類篇引同从水育聲或
曰出酈山西繫傳或曰作或以爲地理志作育汝水出弘農盧
氏還歸山東入淮从水女聲人渚切玉篇引山海經汝水出天恩山廣
韻引恩作息與海內東經合水經
曰汝水出河南梁縣勉鄉天息山潩水出河南
密縣大隗山南入潁地理志水經注隗並作騩从水異聲与職切玉
篇夷記切水出河南至密縣廣韻收去聲志入聲職
一注水名在河南密縣出文字音義一注水名出密縣

大隗山

汾水出太原晉陽山西南入河从水分聲或曰出汾陽北山冀州浸　符分切海內東經汾水出上窳北而西南注河入皮氏南郭注今汾水出太原晉陽故汾陽縣

澮水出霍山西南入汾　繫傳水出下有河西二字地理志河東郡彘本注云霍大山在東冀州山則當是河東　从水會聲　古外切玉篇澮水出平陽絳縣西引爾雅云水注溝曰澮

沁水出上黨羊頭山東南入河　韻會同繫傳上黨下有穀遠二字　从水心聲　七鴆切玉篇先林七鴆二切引漢書沁水出上黨穀遠縣廣韻收去聲爲部首不收平聲

沾水出壺關東入淇（繫傳出下有上黨二字韻會亦有上）一曰沾益也

从水占聲　臣鉉等曰今别作添非是他兼切玉篇知廉切益也說文他兼切廣韻收鹽添二韻

潞　冀州浸也上黨有潞縣从水路聲　洛故切職方氏冀州其浸汾潞

漳　濁漳出上黨長子鹿谷山東入清漳清漳出沾山大要谷北入河南漳出南郡臨沮从水章聲　諸良切御覽韻會引要作黽蓋因地理志改然水經■作要與說文合从水章聲在濁漳上上有水名二字長子下有縣字並[illegible]潘氏增改文

淇　水出河内共北山東入河　廣韻引同韻會東下有至黎陽三字蓋因地理志增　或曰出隆慮西山

玉篇作淇水出林慮山蓋漢人避殤帝諱从水其聲渠之切

蕩水出河内蕩陰東入黃澤从水蕩聲徒朗切玉篇達朗切又音湯或作潒又廣皃廣韻收平上二聲平聲譌作簜

沇水出河東東垣王屋山段君云東垣當作垣東水經云垣縣東王屋山是也周禮職方氏注山海經注皆云東垣衍字耳東爲泲从水允聲以轉切

㳂古文沇臣鉉等曰口部已有此重出繫傳作㳂古文沇如此次立云又本部下文沿字注云緣水而下按次立說是也口部作㕣並無水旁此正重出本部耳玉篇廣韻沇下並無古文

泲沇也東入于海从水𠂔聲子礼切玉

篇水名今作濟廣韻止洈水出南郡高城洈山東
收濟注云或作泲風俗从水危聲過委切玉篇牛爲切引漢
通四瀆云濟者齊齊其度量也則漢時已然書洈水出高城縣廣韻收平上
入繇繫傳城作成與地理志合溠水在漢南从二聲
水經注作城繇糸部作繇
水差聲荊州浸也職方氏豫州其浸波溠鄭注
云溠宜屬荊州又荊州其浸
潁湛注云潁出陽城宜屬豫州湛未聞說文潁注云豫
州浸湛注云豫則許君所見職方與鄭不同也水經
注云湛水出犨縣北魚齒山西北又云湛水又東于汝水
九曲北東入汝引周禮荊州其浸潁湛亦同鄭本
春秋傳曰脩涂梁溠側駕切左傳莊四年涂作
除玉篇側架千何二切水
名又溠浙也浙當是浙廣韻收去聲禡引職方氏又引
春秋傳曰楚子除道梁溠平聲歌注水名在義陽

洭水出桂陽縣盧聚山洭浦關爲桂水 左傳莊四年釋文云高貴鄉公音側嫁反水名字林壯加反 ■韻會同繫傳無縣字 从水匡聲 去王切

潓水出廬江入淮 玉篇引同 五音韻譜繫傳廬作盧非 地理志作廬江 从水惠聲 胡計切 篇韻胡桂切

灌水出廬江雩婁北入淮 五音韻譜韻會同繫傳廬作盧 玉篇灌水出廬江 廣韻水名在廬江 又聚也澆也漬也 从水雚聲 古玩切

漸水出丹陽黟南蠻中東入海 地理志丹陽郡黟本注云漸江水出南蠻夷中東入海 水經漸江水出三天子都北過餘杭東入於海 海内東經作浙江出三天子都 从水斬聲 慈冉切 玉篇慈斂切入也進也 又子廉切 廣韻收平上二聲

泠水出

丹陽宛陵西北入江从水令聲 郎丁切地理志宛陵本注云清水西北至蕪湖入江蓋即泠水玉篇清也

⿰氵箄 水在丹陽从水箄聲 匹卦切廣韻收卦引同玉篇作⿰氵⿱艹并譜計匹賣二切引說文當不誤

溧 水出丹陽溧陽縣从水栗聲 篆當作⿰氵⿱覀木 力質切

湘 水出零陵陽海山北入江从水相聲 息良切

汨 長沙汨羅淵屈原所沈之水从水冥省聲 莫狄切繫傳韻會作長沙汨羅淵也从水冥省聲屈平所沈水玉篇引作長沙汨羅淵也屈平所沈之水

溱 水出桂陽臨武入匯 詩溱洧釋文引作水出桂陽玉篇注同段君云匯當是洭前志臨武

下云秦水東南　从水秦聲　側詵切廣韻溱水名在河
至湞陽入滙　南盖因今詩鄭風作溱
清深水出桂陽南平西入營道　韻會無西字非水
也　經深水出桂陽
盧聚西北過零陵營道縣營浦
縣泉陵縣至燕室邪入於湘　从水罙聲　式針切　玉篇音
同水名又邃也遠也又式鴆切廣韻收平去　潭水出武
二聲一注遠也又水名出桂陽一注不淺也
陵鐔成玉山　王　鐔五音韻譜同　韻會同五音韻譜　王作玉是也　東入鬱林从水
玉作王譌地理志作玉
覃聲　徒含切　油水出武陵孱陵西東南入江　段君云南
當作北水經曰油水出武陵孱陵縣西畍東過其縣　从水
北又東北入於江注云逕公安縣西北流注於大江

由聲 以周切玉篇水名又麻子汁也廣韻水名出武陵又油脂 ⿰氵買水出豫章艾縣西入湘 繫傳西下有北字 从水買聲 莫蟹切玉篇莫解切引漢書云⿰氵買水出豫章廣韻收去入二聲爲汨之重文

湞水出南海龍川西入溱从水貞聲陟盈切

溜水出鬱林郡 繫傳韻會無郡字玉篇注同 从水留聲 力救切

瀷水出河南密縣東入潁从水翼聲 與職切錢宮詹曰漢志有潩無瀷樹玉謂潩瀷二字音義並同疑潩字後人因漢志增又移其次第六書故曰潩說文作瀷玉篇余力昌力二切水出河南密縣次在油下潕上[illegible]玉篇水部次第多顛亂闕佚殊當非希馮原本殊別部也廣韻注水聚未詳何本

潕水出南陽舞陽 五音韻譜繫傳舞陽作舞

陰是也地理郡國二志並東入潁繫傳潁作汝从水
作舞陰水經作潕陰中山經朝歌之山潕水出焉郭注潕水今在南陽舞陽縣蓋因上文誤與水經合
無聲文甫切滶水出南陽魯陽入城父繫傳脫城父二字錢宮詹云依水
經注當作父城樹玉謂地从水敖聲五勞切瀙水出
理郡國二志並作父城
南陽舞陽山入潁下陽字當作陰玉篇水出南陽
舞陰地理志南陽郡舞陰本
注云中陰山瀙水所出東至蔡入汝水經瀙水出潕陰
縣亦云入汝注云山海經謂之視水郭注視當爲瀙出
葴山許愼云出中陽从水親聲七吝切淮水出南陽
山皆山之殊目也
郡國志淮水出南陽平氏縣胎簪山東北過桐北大復山東南入海自有脫誤
平氏桐柏大復山東南入海段君云淮自平氏至入
海大致東北行東多

北方許云東南南字誤　从水佳聲戶乖切風俗通云淮者均均其務也則古讀淮近準

滍水出南陽魯陽堯山東北入汝从水蚩聲直几切

澧水出南陽雉衡山東入汝　繫傳同韻會無南陽雉三字蓋因廣韻删廣韻水名在武陵又水名出衡山玉篇水出衡山　从水豊聲盧啓切水經作醴非

溳水出南陽蔡陽東入夏水从水員聲王分切玉篇于墳切

淠水出汝南弋陽垂山東入淮　繫傳同韻會無東字非　从水畀聲匹備切又匹制切玉篇匹備切水聲又匹計切廣韻收至又收霽作渒譌

澺水出汝南上蔡黑閭澗入汝从水

意聲　於力切段君云集韻類篇皆云説文作澺隸作澺樹玉謂五音韻譜繫傳及玉篇廣韻並作澺則集韻類篇不足信

⿰氵囟　水出汝南新郪入潁从水囟聲　穌計切廣韻注同水經注潁水下作細又引地理志細水出細陽縣東南入潁

灈　水出汝南吳房入瀙　水經作入於汝注作流入瀙水入於汝　从水瞿聲　其俱切

潁　水出潁川陽城乾山東入淮　繫傳同韻會乾作耿非地理志陽城下本注云陽乾山潁水所出東至下蔡入淮又云荊州浸　从水頃聲豫州浸　余頃切玉篇餘頃切廣韻收上聲音同

洧　水出潁川陽城山東南入潁从水有

聲榮美切廣韻音同玉篇爲軌切 濦水出潁川陽城少室山東入潁从水㥯聲於謹切晉書音義卷二引作濦地理志水經玉篇廣韻並作濦

渦水受淮陽扶溝浪湯渠東入淮繫傳浪作狼韻會湯作蕩晉書音義卷三引作渦水出淮陽浮溝浪蕩渠東入淮出■浮二字並非地理志淮陽國扶溝本注云渦水受狼湯渠東至向沛郡入淮亦有作渦云者則本作過矣玉篇過水出扶溝縣釋水過爲洵从水過聲古禾切

泄水受九江博安洵波北入氐地理志九江郡有博鄉本注云有陂官湖也水經泄水出博安縣北過芍陂西與泄水合西北入於淮注

云博安縣地理志之博鄉縣也　从水世聲　余制切玉篇弋逝切水名在九江又思列切漏也廣韻收去入二聲

汳　水受陳留浚儀陰溝至蒙爲雝水東入于泗　韻會受作出[illegible]繫傳無于字蒙作濛非水經汳水出陰溝於浚儀縣北又東至梁郡蒙縣爲獲水餘波南入睢陽城中獲水出汳水於梁郡蒙縣北又東過蕭縣南睢水北水注之又東至彭城縣北東入於泗則雝水當即獲水地理志亦作獲水釋水曰灉反入又曰水自河出爲灉　从水反聲　臣鉉等曰今作汴非是皮變切玉篇芳萬切水出浚儀縣北說文音卞廣韻收願作汳收線作汴地理志作卞郡國志作汴

潧　水出鄭國　从水曾聲　詩曰潧與洧方渙渙兮

說文攷異　十三

側詵切今詩作溱釋文云說文作潧又溱溱注云韓詩作洹洹說文作汎汎音父弓反蓋誤（引他書）（假而誤引）玉篇汎爲洹之重文則他書亦當是汎不應音父弓反此誤而又誤也水部無汎詳新附攷

淩　水在臨淮从水夌聲　力膺切

玉篇廣韻在並作出蓋本說文地理志泗水國淩注應劭曰淩水所出入淮南

濮　水出東郡濮陽南入鉅野从水僕聲　博木切

濼　齊魯間水也从水樂聲春秋傳曰公會齊侯于濼　盧谷切　（見穀梁傳七年曰字）

見（經）傳桓十八年釋文引說文匹沃反玉篇力谷力各二切水在濟南又音粕陂濼也廣韻收鐸（紐收屋兩）

漷　水在魯从水郭聲　苦郭切玉篇枯鑊切水出合鄉縣蓋本水經注廣韻收鐸陌

二
韻 左傳襄十九年釋文引字林口郭口獲二反
瀞 魯北城門池也从水爭聲 士耕切又才性切玉篇注同仕耕切又
求性切求當爲才之譌廣韻收耕作埩注云魯城北門
池也說文作淨則北城誤倒又收去聲勁注無垢也瀞字作淨

㶟 水出東郡東武陽入海从水㬎聲桑欽云出
平原高唐 他合切玉篇作漯通合切水在東郡東武陽說 地理志高唐本注云桑欽言漯水所出
文亦作濕廣韻爲漯之重文孟子地理志
水經注並作漯瞿木夫中溶云漢人
隸書㬎字多省去一糸又變日爲田

泡 水出山陽平樂
東北入泗从水包聲 匹交切玉篇普交薄交二切水出
山陽又流皃廣韻兩收肴一注水
上浮漚又引說文
同一注水名

菏 菏澤水在山陽胡陵禹貢

浮于淮泗達于菏　繫傳陵下有南字禹貢作河釋文引說文作菏云水出山陽湖陵南無澤字然玉篇注菏澤水在山陽湖陵南當本說文菏字蓋譌廣韻注澤水在山陽湖陵縣並有澤字地理志山陽湖陵本注云禹貢菏水在南濟陰郡注云禹貢菏澤在定陶東水經曰菏水在山陽湖陸縣南菏澤在濟陰定陶縣東是菏水與菏澤有別㊃　从水苛聲　古俄切

泗　受泲水東入淮　廣韻引泲作沸譌　从水四聲　息利切玉篇水名又涕泗也毛傳詩澤陂云自目曰涕自鼻曰泗

洹　水在齊魯閒　繫傳魯下有之字六書故引同水經洹水出上黨泫氏縣注云許慎說文呂忱字林並云洹水出晉魯閒則齊乃晉之譌玉篇水出汲郡隆慮

齊晉字古易傳易齊
卦釋文家建出云孟作齊之子
西夏羊成同

縣蓋本杜从水亘聲羽元切玉篇胡端切重文
注左傳作沇廣韻收元桓二韻灉河
灉水在宋水經注瓠子河下引作雝者河雝水也脫水旁从水雝聲於容切玉篇紆
用切引爾雅水自河出爲灉又音雝廣韻平聲澶
引爾雅去聲注水決出還入爲灉本釋水郭注
澶淵水在宋从水亶聲市連切玉篇視然切澶淵在頓丘縣南廣韻以然切
引杜預云澶淵地名
在頓丘縣南又音纏洙水出泰山蓋臨樂山北入
泗地理志蓋下本注云臨樂于山洙水所出西北至蓋
入池水水經洙水出泰山蓋縣臨樂山西南至卞
縣入於泗與漢
志說文㘜不合从水朱聲市朱切沭水出青州浸

説文攷異　十二

水出下當有脫文水經沭水出琅邪東莞縣西北大弁山地理志琅邪郡東莞本注云術水南至下邳入泗過郡三行七百一十里青州寖 師古曰術水即沭水也音同 从水术聲 食聿切

沂 水出東海費東西入泗 水經注引同又云呂忱字林亦言是矣斯水東南所注者沂水在西不言東趣也（按東字蓋衍）地理志沂水南至下邳入泗 从水斤聲 一曰沂水出泰山蓋 青州浸 魚衣切 職方氏青州其山鎮曰沂山其浸沂沭鄭注沂山沂水所出也在蓋地理志泰山郡蓋本注云沂水出

洋 水出齊臨朐高山東北入鉅定 繫傳高作膏上有石字地理志齊郡臨朐本注云石膏山洋水所出水經注亦作石膏山郡國志

引地道記 从水羊聲 似羊切 玉篇以涼切水出崑崙
作石高山 山北又音祥蓋本山海經廣韻
兩收 濁水出齊郡厲嬀山東北入鉅定 玉篇水出
陽 齊郡廣縣
瞿木夫云地理郡國二志並作廣 从水蜀聲 直角
則厲乃廣之譌嬀地理志作爲 切廣
韻不 溉水出東海桑瀆覆甑山東北入海 瞿
清也 木
夫云東海當作北海地理志北海郡桑犢本注云覆甑
山溉水所出東北至都昌入海樹玉謂玉篇廣韻並
作東海桑瀆 一曰灌注也从水既聲 古代切繫傳
則其譌已久 韻會从水既
聲在一曰句上李注文選洞簫 濰水出琅邪箕屋
賦引作溉猶灌也 [illegible]

㥏下心部有㥏念也按心部㥏下齎也

山東入海徐州浸　徐當作沇職方氏河東曰兖州其浸盧維水經注引濰水出箕屋山地理志琅邪郡箕本注云禹貢維水北至都昌入海過郡三行五百二十里兖州寖也　夏書曰濰淄其道从水維聲　以追切繫傳从水維聲在徐州浸上濰作維道作導並非水部無淄禹貢作惟甾其道地理志作維甾其道　玉篇濰在俗字中止注水名蓋後人補廣韻注水在琅邪

浯水出琅邪靈門壺山東北入濰　地理志琅邪郡靈門本注云壺山浯水所出東北入淮淮蓋維之譌　从水吾聲　五乎切

汶水出琅邪朱虛東泰山東入濰　地理志琅邪郡朱虛本注云東泰山汶水所出東至

安丘入維从水文聲桑欽說汶水出泰山萊蕪西南入泲亡運切地理志泰山郡萊蕪本注云禹貢汶水出西南入泲汶水桑欽所言

治水出東萊曲城陽丘山南入海地理郡國二志城並作成从水台聲直之切玉篇除之除冀二切水出曲城縣陽曲山下曲字陽誤廣韻收平去二聲

濅水出魏郡武安東北入呼沱水韻會同繫傳呼作虖與地理志合从水㝲聲㝲籀文寑子鴆切五音韻譜寑作侵譌字繫傳無此五字則非許說

渚水出趙國襄國之西山東北入濅繫傳濅作濅是也無之字地理志作渠玉篇水出襄國縣今作虖

山東入海徐州浸徐當作沇職方氏河東曰兗州其浸盧維水經注止引濰水出

箕屋山地理志琅邪郡箕本注云禹貢維水北至都昌入海過郡三行五百二十里兗州寖也　夏書

曰濰淄其道从水維聲以追切繫傳从水維聲在徐州浸上濰作維道作導並

非水部無淄禹貢作惟留其道地理志作維留其道[illegible]

[illegible]玉篇濰在俗字中止注水名蓋後人補廣韻注

水在琅邪

浯水出琅邪靈門壺山東北入濰地理志琅邪郡靈

門本注云壺山浯水所出東北入淮淮蓋維之譌

从水吾聲五乎切

汶水出琅

邪朱虛東泰山東入濰地理志琅邪郡朱虛本注云東泰山汶水所出東至

安丘 从水文聲桑欽說汶水出泰山萊蕪西南入泲
入維
亡運切地理志泰泰山郡萊蕪本注云 治 水出東萊曲
禹貢汶水出西南入泲汶水桑欽所言
城陽丘山南入海 地理志郡國二 从水台聲 直之切玉篇
志城並作成 除之除冀二
切水出曲城縣陽曲山下曲字 濅 水出魏郡武安東北
陽誤廣韻收平去二聲
入呼沱水 韻會同繫傳呼作 从水𡩟聲 𡩟籀文寑
虖與地理志合
字 子鴆切五音韻譜寑作侵譌 湡 水出趙國襄國
繫傳無此五字則非許說
之西山東北入濅 繫傳濅作濅是也無之字地理志
作渠 玉篇水出襄國縣今作虞

从水禺聲　噳俱切廣韻齊藪名亦作隅引爾雅曰湡水出齊有海湡又水名在襄國

趙國襄國東入湡　繫傳襄國下有中字韻會作襄中非　从水虒聲　息移切

渚水在常山中丘逢山　韻會在作出玉篇水出中丘縣逢山　東入湡

瞿木夫云地理志渚作諸湡作濁　爾雅曰小洲曰渚　章与切五音韻譜洲作州是也水部無洲繫傳作

一曰小洲曰渚蓋後人因釋水改

洨水出常山石邑井陘東南入于泜　五音韻譜洨作泜譌繫傳亦作泜無于字陘譌爲陵下有山字地理志常山郡石邑本注云井陘山在西洨水所出東南至陶廮入泜

从水交聲　沛國有洨縣　下交切

濟

水出常山房子贊皇山東入泜从水齊聲子礼切玉篇子計子禮二切水出常山又渡也廣韻收上去二聲

泜水出常山从水氐聲直尼切玉篇丈脂切水中丘又小渚廣韻兩收脂一譌作泜旨夷切水名一注■水名在常山陳餘死處也直尼切北山經敦與之山泜水出于其陰而東流注于彭水郭注泜音柢肆也今泜水出中丘縣西窮泉谷東注于堂陽縣入于漳

濡水出涿郡故安東入漆涑水地理志涿郡故安本注云閣鄉易水所出來至范陽入濡也并州寖水亦至范陽入涞則漆涑二字乃涞之譌又衍一也漆水出右扶風涑水在河東與濡匪不相涉从水需聲人朱切廣韻音同玉篇音儒水出琢郡又濡潤

也左傳昭七年釋文引説文女
于反一音兩顏注地理志作乃官反 㶟水出右北平浚靡
東南入庚 繫傳作南東入庚水地理志作右北平俊
靡本注云㶟水南至無終東入庚郡國志
亦作俊靡則浚譌玉篇注水出 从水壘聲 力軌切 沽
俊靡縣南俊亦俊譌廣韻無
水出漁陽塞外東入海从水古聲 古胡切玉篇公
奴切又音顧廣
韻平聲注水名在高密去聲
爲酤之重文高密當是密雲 沛水出遼東番
汗塞外西南入海 繫傳韻會汗作汙譌地理郡
國志並作番汗繫傳有鍇引
漢書汗 从水巿聲 普蓋切玉篇博蓋普 浿水
音寒 賴二切廣韻兩收泰

出樂浪鏤方東入海　地理志樂浪郡浿水本注云浿水西至增地入海水經浿水出樂
浪鏤方東南過臨浿縣東入於海　从水貝聲　一曰出浿
注云按漢志是說文及水經非也
水縣　普拜切玉篇博蓋普賴二切廣韻收泰怪二韻　瀤　北方水也　玉篇引山海經
曰獄法山瀤■澤之水出焉今北山經[illegible]山上有之字　从水褱聲　戶乖切　灅
水出鴈門陰館累頭山東入海　五音韻譜同繫傳館作錧譌集
韻引作管非地理郡國志並作館累即灅省　或曰治水也　集韻類篇引或作一　从
水灅聲　力追切繫傳从水句在或曰上水經注作濕譌　沮　水出北地直

說文攷異　九

路西東入洛从水虘聲 側加切玉篇且於切水出直路縣廣韻無地理志水經並作沮 則側加切非

㴉水起鴈門葰人戍夫山東北入海 繫傳起作出玉篇水出鴈門廣韻水在鴈門瞿木夫云葰人地理志屬太原郡國志無

滱水起北地靈丘東入河 瞿木夫云地理志靈丘屬代郡郡國志無 从水寇聲 北山經高是之山滱水出焉東流注于河 郭注過博陵縣南又東北入於易水

■滱水即漚夷水 韻會漚作匽謳地理志作嘔與職方氏合 并州川也 苦候切繫傳韻會無也字

淶水起北地廣昌東入河

玉篇水出代郡東南入河瞿木夫云地理志廣昌屬代郡郡國志無 从水來聲并州浸洛哀切 職方氏并州其浸涞易

泥 水出北地郁郅北蠻中 繫傳蠻下有夷字與地理志合晉書音義北蠻中引作蠻夷中 从水尼聲 奴低切玉篇奴雞切水出郁郅縣又奴禮切濃露皃廣韻平聲作泥上聲作淣注云亦作泥

湳 西河美稷保東北水 集韻類篇引同繫傳無北字水下有也字五音韻譜作西河水名非李注文選潘岳詩引作湳水出西河美稷縣與水經注合 从水南聲 乃感切

漹 水出西河北沙南入河 段君云北沙水經注引作之西 从水焉聲 乙乾切

涶 河

津也在西河西从水垂聲土禾切玉篇吐過切與唾同又土禾切水在西河廣韻平聲注水在河西去聲爲唾之重文⿰氵旟水也繫傳水名也下汾滇溹浯水下並有名字廣韻水名玉篇闕从水旟聲以諸切五音韻譜繫傳作⿰氵旟是也洵過水中也玉篇注同集韻韻會引過作渦非水部無渦釋水過爲洵釋文云過又作渦或作過廣韻水名在晉陽从水旬聲相倫切涻水出北囂山入邙澤繫傳囂作囂北山經作北囂之山涻水出焉而東流注于邛澤从水舍聲始夜切⿰氵刃水也从水刃聲乃見切廣韻引同玉篇水名段君云集韻類篇引有出上黨三字

樹玉謂恐非許書

淔水也玉篇廣韻水名集韻類篇云出潁川从水直聲恥力切

淁水也从水妾聲七接切廣韻音同玉篇七葉子妾二切並注水名

涺水也玉篇廣韻並注水名下放此从水居聲九魚切

湶水也从水泉聲其冀切

沋水也廣韻水名在高密从水尤聲羽求切

洇水也从水因（集韻引作水名）聲於眞切五音韻譜及集韻類篇引並同繫傳作涃困聲苦悶反按玉篇涃適當說文洇字之次苦頓切水名蓋本說文後又有洇在俗字中廣韻洇涃並收

淉水也从水果聲古火切玉篇廣韻並闕

湞水也从水貞聲讀若瑣穌果切

淃水也从水

尨聲莫江切[illegible]水也从水乳聲乃后切廣韻引說文汷水也从水夊聲夊古文終職戎切繫傳終下有字字玉篇作泈廣韻同注水名在襄陽洦淺水也从水百聲匹白切顏氏家訓勉學篇引作古魄字淺水貌魄字蓋譌廣韻水淺皃玉篇闕後有洦泊二字洦莫百切水流皃泊步各切止舟也並在俗字中或泊即洦汘水也从水千聲倉先切洍水也从水匠聲詩曰江有洍詳里切繫傳作水也一曰詩曰江有洍从水匠聲廣韻引詩上亦有一曰二字玉篇水名又汜字按汜下引詩與毛詩合此蓋三家詩澥郣澥海之別也集韻類篇引郣作勃韻會作勃澥海別名玉篇注勃澥海之別名按邑

部郭注郭海 从水解聲 一説澥即澥谷也 胡買切 集韻類篇作則作郭是也 一曰澥谷也 律歷志作解谷 廣韻嶰注云山澗閒又嶰谷名案漢書志作解谷據律歷志也

漠 北方流沙也一曰清也 釋言漠察清也 从水莫聲 慕各切

海 天池也以納百川者 廣韻引同繫傳者下有也字韻會亦有池下無也 从水每聲 呼改切

溥 大也 釋詁文毛傳同 从水尃聲 滂古切

⿰氵闇 水大至也从水闇聲 乙感切 玉篇烏感於錦二切大水至廣韻收寑感二韻

洪 洚水也 韻會同玉篇引無水字繫傳作洚水也又洪下有洚大水也从水夅聲胡翁反玉篇廣韻並無蓋後人增 从水共聲 戶工切

洚 水

不遵道一曰下也　廣韻引同繫傳作水不遵其道也一
曰洚下玉篇水不遵其道又洚潰也
蓋本説文孟子引書曰洚水警予洚水者　从水夅聲
洪水也又曰水逆行謂之洚水今書作洪
戶工切又下江切繫傳从水夅聲在一曰句上　衍水朝
玉篇胡公胡江二切廣韻收東冬江三韻
宗于海也从水从行　以淺切繫傳海下有皃字韻
會無又行上無从字玉篇闕
廣韻上聲達也亦姓引字統云　淖水朝宗于海　韻會
水朝宗於海故從水行又收去聲衍水也溢也散也　同繫
傳及玉篇引　从水朝省　臣鉉等曰隸書不省直遥
海下有也字　切繫傳韻會省下有聲
字廣韻
作潮
濥水脈行地中濥濥也
五音韻譜繫
傳及廣韻上

聲引同去聲引也 从水寅聲 弋刃切玉篇餘刃切 滔
作然玉篇引同 廣韻收上去二聲
水漫漫大皃 韻會引同繫傳作水漫漫大皃蓋後人改玉篇引書曰洪水滔滔今堯典作浩浩滔天段君云漫漫當作曼曼又許書無漫字 从水舀聲 土刀切

涓 小流也从水肙聲爾雅曰汝爲涓 古玄切今釋水作濆郭注引詩遵彼汝濆蓋字形相近而譌（釋文云濆字林作涓爾雅本亦作涓）又今詩作汝墳

混 豐流也 華嚴經音義引作混謂混沌陰陽未分共同一氣之皃並非說文玉篇大也又混濁廣韻混流一曰混沌陰陽未分 从水昆聲 胡本切

潒 水潒瀁也从水象聲讀若蕩 徒朗切玉篇水潒瀁也今

作
蕩
[illegible]順流也一曰水名从水敄聲侯留切廣韻
音同玉篇力
釋言[illegible]盪也
之仕緇二切水
名又涎沫也
汭水相入也玉篇廣韻引从水从内内
也作皃
亦聲而銳切繫傳
作从水内聲
潚深清也廣韻注同玉篇
水深清也水經
注湘水下曰二妃出入瀟湘之浦瀟者
水清深也瀟即潚之别體詳新附攷
从水肅聲子叔
切
演長流也一曰水名玉篇長流也又水从水寅聲
門也疑本說文
以淺切李注文選海賦引作長流也又注
江賦引作水脉行地中蓋誤以濱為演
渙流散也
从水奐聲
呼貫切玉篇呼換切水盛皃廣韻收換
注水散又收泰注水名在譙呼會切

泌 俠（陜）流也　李注文選魏都賦引陜作駃■　誤玉篇狹流也狹即陜之近體　从水必聲

兵媚切　玉篇步必切又音祕廣韻收去入二聲

活 水流聲　廣韻注同繫傳韻會作流聲也

詩碩人北流活活　毛傳活活流也　从水𠯑聲　古活切玉篇作活戶括古末二切廣韻兩收末

㶇 活或从聒　玉篇作㶇

湝 水流湝湝也从水皆聲　一曰湝湝寒也　繫傳作一曰湝寒也　韻會作一曰寒也　詩曰風雨湝湝

古諧切玉篇戶皆古諧二切引詩同按今詩作■風雨淒淒　淒雞鳴喈喈　淒與喈不甚叶蓋後人改　廣韻兩收皆

㳒 湝流也　繫傳韻會作㳒湝流水按湝字蓋涉（當）上文而誤■　繫傳更誤玉篇㳒流也（蓋）

本說文从水夫聲上黨有法氏縣　胡畎切玉篇胡犬胡涓二切廣韻止收上聲

淲　水流皃从水彪省聲詩曰淲池北流　皮彪切　五音韻譜淲作池繫傳作滮池並後人因今詩改

淢　疾[illegible]繫傳从水彪省聲在北流下玉篇皮留切廣韻收幽皮彪切

流也　玉篇也作皃　从水或聲　于逼切

瀏　流清皃　詩溱洧釋文引皃作也　从水劉聲　說文無劉詳鐂下　詩曰瀏其清矣　力久切玉篇作瀏力周切深皃也廣韻收平上二聲

濊　礙流也从水薉聲詩云施罟濊濊　呼括切按此當作濊歲聲詩曰施罟濊濊其部末濊篆[illegible]爲後人增今詩碩人作濊

釋文引說文云凝流也凝即㵕之譌〇不云說文作濊〇罛下引詩施罛濊濊■眓讀若詩施罛濊濊　玉篇濊呼活切水聲又於衞於外二切■多水皃適當說文濊字之次別無瀐字廣韻濊收去聲秦引說文水多皃蓋出宋人又收入聲末有重文濊

滂沛也从水旁聲　臣鉉等曰今俗別作霶霈非是普郎切

汪深廣也　玉篇水深廣也廣韻水深廣　从水㞷聲一曰汪池也　烏光切玉篇廣韻作汪池汪池當作沱

漻清深也　李注文選南都賦引韓詩■外傳漻清貌也　蓋漻消劉其清矣之異文（劉其清矣之異文）外當作內或衍字　从水翏聲　洛蕭切繫傳聲下有讀若牢三字玉篇胡巧力彫二切浩漻水清廣韻收平聲蕭水清也又收上聲篠

作漻　泚　清也廣韻水清也　从水此聲　千礼切　況　寒水也　从水兄聲　許訪切玉篇吁放切廣韻匹擬也善也矧也引說文曰寒水也亦脩況琴名　沖　涌搖也　韻會引同繫傳搖作繇恐非　从水中　五音韻譜同繫傳中下有聲字　讀若動　直弓切玉篇除隆切沖虛也廣韻和也深也直弓切（動當是[illegible]撞）　汎　浮皃　玉篇爲渢之重文又引說文浮皃今爲汎渢字渢音扶弓切水聲一切經音義卷二引作浮也廣雅汎汎氾氾浮也　从水凡聲　孚梵切廣韻浮皃重文作泛　沄　轉流也（廣韻引同　釋言沄流也　釋文引下有　二沄字　蓋本釋言）　从水云聲　讀若混　王分切繫傳混下有曰字衍韻會引無玉篇有軍切　浩　澆也（澆字恐譌）　玉篇浩浩水盛也大也廣韻浩

汙大水皃　从水告聲虞書曰洪水浩浩　胡老切堯典作湯湯洪水方割蕩蕩懷山襄陵浩浩滔天此隱栝其文

沆　莽沆大水也从水亢聲一曰大澤皃　胡朗切繫傳無也字皃字

泬　水从孔穴疾出也从水从穴穴亦聲　呼穴切繫傳作从[從]水穴蓋脫聲字[韻會引从作從]玉篇古穴呼決二切泬寥天氣清廣韻呼決切泬寥空皃

濞　水暴至聲从水鼻聲　匹備切

灂　水小聲　繫傳下有也字韻會作瀺灂水小聲也水部無瀺李注文選上林賦引字林瀺灂小水聲也　从水爵聲　士角切

潝　水疾聲　繫傳韻會下有也字玉篇注無　从水翕聲　許及切廣韻音同水

說文攷異　二十六

流皃玉篇虛及於虔二切

𣶢水超涌也繫傳同韻會涌作踊非从水朕聲徒登切玉篇引詩曰百川沸滕水上涌也蓋韓詩毛詩作騰傳云騰乘也

潏涌出也（李注文選上林賦海賦引涌上有水字）一曰水中坻人所爲爲潏釋水文一曰潏水名在京兆杜陵顏注漢書司馬相如傳云地理志鄠縣有潏水北過上林苑入渭而今之鄠縣則無此水許慎云潏水在京兆杜陵此即今所謂沈水從皇子陂北流經昆明池入渭者也蓋爲字或从水旁穴與沈字相似俗人因名沈水乎李注文選上林賦云潏水出杜陵今名沈水自南山黃子陂西北流經至昆明池入渭从水矞聲古穴切繫傳韻會从水矞聲在涌出也下玉篇古穴切水流皃又潏水在京兆又音聿廣韻收術

屑二韻

洸　水涌光也　韻會光作皃　玉篇水皃　从水从光光亦聲　詩曰有洸有潰　古黃切　玉篇古皇切廣韻兩收唐古黃宕烏光二切水名　毛傳洸洸武也潰潰怒也釋訓洸洸赳赳武也

波　水涌流也　韻會涌作通非　从水皮聲　博禾切　玉篇水起大波爲瀾小波爲淪本釋水四　廣韻同並

澐　江水大波謂之薄　五音韻譜繫傳薄作澐是也玉篇引同　从水雲聲　王分切

瀾　大波爲瀾　本釋水曰　玉篇爲作曰　从水闌聲　洛干切　玉篇力安切廣韻收平去二聲

漣　瀾或从連　臣鉉等曰今俗音力延切　繫傳作小波从連　韻會作小波並誤　玉篇重文作瀾其漣字力纏切引詩泣涕漣漣淚下皃　廣韻瀾收寒漣收先並不作重文　詩伐檀河

水清且漣猗釋水作河水淪小波爲淪从水侖聲

清且瀾漪則瀾漣古通

詩曰河水清且淪漪水部無漪詩伐檀一作猗是也一曰沒也力迍切

言淪率也毛傳詩雨無正同篇韻沒也

漂浮也从水票聲匹消切又匹妙切王篇芳妙切

切廣韻收平去二聲

浮氾也李注文選海賦引作汎也廣韻注同當不誤汎浮皃

从水孚聲縛牟切

濫氾也从水監聲一曰濡上及下

也詩曰觱沸濫泉五音韻譜觱作屬集韻類篇引作屬繫傳作滭■

蓋滭之譌

水部無滭沸下作畢沸濫泉■則後人加水旁

今詩采菽作觱沸檻泉毛傳觱沸泉出貌檻

觱

泉正出也釋水作濫　一曰清也　盧瞰切玉篇闞廣韻收闞音同叩濫氾濫
泉正出正出涌出也

氾濫也从水巳聲　孚梵切玉篇扶嚴切廣韻收平去二聲　泓下

李注文選吳都賦一切經音義卷十七引作下深大也

深皃　玉篇水深也　从水引聲　烏宏切玉篇於紘切廣韻耕無泓有浤注浤浤汩汩水波之勢戶萌切　湋回也　繫傳下有一曰水名四字韻會作又水名玉篇廣韻並注水名　从水韋聲　羽非切　測深所至也　玉篇測度也廣深曰測廣當是度　从水則聲　初側切　湍疾瀨也从水耑聲　他耑切玉篇他端切急瀨也廣韻收桓仙二韻一注急瀨也一注水名在鄧州　淙水聲

也从水宗聲藏宗切玉篇在宗切引同廣韻收冬江二韻激水礙衺

疾波也玉篇引同繫傳韻會作水礙也疾波也一切經音義卷四引作水急疾曰激也卷十一

引作水文凝耶急疾曰激並譌脫从水敫聲一曰半遮也古歷切廣韻音同

五音韻譜古作言譌毛本作吉亦非玉篇公的切洞疾流也从水同聲徒弄

切玉篇達貢徒董二切疾流皃又深遠也廣韻止收去聲瀿大波也从水旛

聲孚袁切洶涌也玉篇注同廣韻洶溶水皃从水匈聲許拱

切涌滕也从水甬聲一曰涌水在楚國余隴切廣韻韻

會引同繫傳無國字左傳莊十八年閻敖游涌而逸杜注涌水在南郡華容縣水經江水又東南當華容縣南涌水入焉注云水自夏水南通於江謂之涌口

湁 湁湒鬻也玉篇引上林賦云湁潗鼎沸鼎沸謂水微轉細涌也廣韻注湁潗沸皃 从水拾聲丑入切

涳 直流也从水空聲苦江切又哭工切五音韻譜作哭工切又苦江切玉篇口江口東二切直流也又女江切姓也廣韻收東江二韻

汋 激水聲也廣韻引同玉篇

闕 从水勺聲井一有水一無水謂之灟汋市若切繫傳及廣韻引作一曰井一有水一無水爲灟

灟 井一

汋與釋水合韻會弁同唯爲作曰井

按汋集字當作灟[illegible]

有水一無水謂之瀱汋　繫傳謂之二字作曰玉篇井水也廣韻泉出皃

从水罽聲　居例切釋名作井一有水一無水曰罽汋——罽竭也汋有水聲汋汋也與說文玉篇廣韻並不合

渾　混流聲也　一切經音義卷一卷九引並作水流聲■也當不誤玉篇水濆涌之聲也

从水軍聲一曰洿下皃　戶昆切玉篇後昆後袞二切廣韻收平上二聲

洌　水清也从水列聲易曰井洌寒泉食　良辥切五音韻譜無食字韻會引玉篇注同易本是井洌寒泉爲句故王注云井洌寒泉然後乃食也

淑　清湛也　玉篇引同廣韻善也蓋本釋詁

當檢楚辭

从水叔聲 殊六切 溶 水盛也从水容聲 余隴切又音容玉篇俞種切水皃引楚辭須溶溢而滔蕩又音容廣韻收平上二聲 澂 清也从水徵省聲 臣鉉等曰今俗作澄非是直陵切 繫傳韻會作从水數聲非說文無數 清 朖也 繫傳韻會朖作朗非澂水之皃从水青聲 七情切 湜 水清見底也 詩谷風釋文引作水清見底玉篇 从水是聲 詩曰湜湜其止 常職切 繫傳同玉篇廣韻水清也引詩亦同韻會止作沚蓋因今詩改

按毛詩當作止鄭箋小渚曰沚

潣 水流浼浼皃从水閔聲 眉殞切玉篇莫殞切引說文同亦音浼廣韻收賄軫二韻賄韻爲浼之重文 浼 下漉

也玉篇注滲漉也廣韻滲漉史記司馬相如封禪傳滋液滲漉　从水參聲　所禁切玉篇色蔭切

潿　不流濁也玉篇濁不流也廣韻水不流濁皃　从水圍聲　羽非切

溷　亂也一曰水濁皃　从水圂聲　胡困切玉篇濁也引楚辭云世溷濁而不分今溷亂也

淈　濁也从水屈聲一曰滒泥一曰水出皃　古忽切玉篇作淈古沒切引同廣韻兩收沒一引說文

㳬　回泉也　玉篇注同一切經音義卷十八作漩引作回淵也　从水旋省聲　似沿切玉篇似沿切廣韻收平去二聲

漼　深也　玉篇深皃毛傳同　从水崔聲詩曰有漼者淵　七罪切

淵　回水

淵

也从水象形左右岸也中象水皃 烏玄切五音韻譜及集韻引同繫

傳韻會从水下有𣶒字衍皃作也 𣶒 淵或省水 玉篇廣韻並無九經字樣云𣶒古文

淵集韻云古𣶒作𣶒並非 𡇼 古文从口水 繫傳作古𡇼■滿文淵从口

也从水爾聲 奴禮切詩新臺河水瀰瀰釋文瀰

引說文云水滿也不云說文作瀰則詩

當本作瀰後人改作瀰釋文亦同五經文字云瀰見（當指齊風垂轡瀰瀰毛傳瀰瀰衆也）

詩風是其證玉篇瀰（恐亦後人改）當說文瀰字之次莫爾

奴禮二切深也盛也後又有瀰莫比切水流皃在谷

字中亦恐非顧氏原文廣韻紙作瀰水流皃薺作（攷）

瀰水

澹 水搖也 李注文選東京賦引作澹澹水搖皃也高唐賦引作澹澹水搖也

流也

从水詹聲 徒濫切玉篇達濫餘贍二切 潯 旁深也

水動皃廣韻收上去二聲

（李注文選江文通詩引[illegible]作水[illegible]潯也誤）

玉篇注同廣韻 从水尋聲 徐林切 泙 廣韻

傍深又水涯也 當作潯 谷也 水名

引說文谷也 从水平聲 符兵切 泏 水皃从水出聲讀

玉篇谷名

若窋 竹律切又口兀切玉篇知律切水出皃廣 瀳 水

韻收術沒二韻一注水出皃一注漚池

至也从水薦聲讀若尊 又在甸切玉篇才寸在見

二切水至也廣韻止收霰

[illegible] 土得水沮也 玉篇廣韻

注無沮字 从水[illegible]聲讀若麩

竹隻切玉篇作潪直赤直謫二切重文

作[illegible]注云見說文廣韻收陌昔二韻 滿 盈溢

也玉篇實也盈也溢
也廣韻盈也充也从水㒼聲莫旱切滑利也从
水骨聲戶八切玉篇音同滑利也又古
忽切滑稽也廣韻收黠沒二韻濇不滑也从水
嗇聲色立切玉篇所力
切廣韻收職音同澤光潤也玉篇水停曰澤
又光潤也廣韻
潤澤又恩也求陂澤引釋名下有水从水睪聲丈伯
曰澤今釋名作下而有水曰澤切
淫侵淫隨理也从水㸒聲一曰久雨爲淫余箴切
繫傳爲作曰玉篇浸淫潤也
又久雨曰淫廣韻亦作曰瀸漬也从水韱聲
爾雅曰泉一見一否爲瀸子廉切釋水文洔水所
繫傳爲作曰

蕩泆也繫傳及玉篇引同韻會泆作佚非从水失聲夷質切

潰漏也从水貴聲胡對切繫傳聲下有亦決也三字韻會無玉篇亂也蓋本毛傳

沴水不利也■廣韻引同玉篇相傷爲之沴又水不利也洪範五行傳云氣相傷謂之沴从水㐱聲五行傳曰若其沴作郎計切■洪範五行傳作若六沴作見孔光傳引傳曰六沴之作

淺不深也从水戔聲七衍切玉篇七演切水淺也又則前切水流也廣韻收平上二聲

洔水暫益且止未減也从水寺聲直里切玉篇廣韻爲沚之重文又並引說文曰

渻少減也一曰水門又水出丘前謂之渻丘廣韻引同繫傳一曰水門也一曰水出丘前爲

渻釋丘作水出其前渻丘 从水省聲 息并切

淖 泥也 左傳成十六年有淖於前杜注淖泥也 从水卓聲 奴教切玉篇女敎切泥也又溺也

濢 小溼也 玉篇下溼也蓋本說文 从水翠聲 遵誄切玉篇且遂切下溼也又遵累切汁漬也廣韻上聲汁漬也去聲下濕

溽 溼暑也从水辱聲 而蜀切月令季夏土潤溽暑

涅 黑土在水中也 韻會同繫傳中作者誤 从水从土日聲 奴結切玉篇染也又水中黑土廣韻作涅水名出東郡又水中黑土

滋 益也从水兹聲一曰滋水出牛飲山白陘谷東入呼沱 子之切韻會同繫傳呼作虖地理志常山郡南行唐

本注云牛飲山白陸谷滋水所出東至新市入虖池水

淴 青黑色 繫傳色作皃廣韻引同

从水曶聲 呼骨切玉篇作淴呼滑切青黑皃又大清也今作淴廣韻收去聲隊亦作淴引說文又云今作淴荒內切則篆當作淴

浥 溼也 玉篇溼潤也引詩曰厭浥行露路廣韻濕潤毛傳厭浥濕意也

从水邑聲 於及切

沙 水散石也 玉篇廣韻引同詩鳧鷖正義引作水中散石也

从水从少水少沙見 繫傳作从水少聲水少沙見也韻會無聲字餘同正義引作水少則沙見故字从水少

楚東有沙水 所加切水經注渠水下云渠水又東南流逕開封縣睢渙二水出焉右則新溝注之即沙水也音蔡許慎正作沙音

𣲡 譚長

說沙或从心 心子結切玉篇作沁廣韻無 瀨 水流沙上也从水賴聲 洛帶切

濆 水厓也 韻會同繫傳厓作崖[illegible]汻氿漘下並同 从水賁聲詩曰敦彼淮濆 符分切五音韻譜繫傳同韻會敦彼作鋪敦盖因今詩常武攺釋文云鋪徐音孚陳也韓詩作敷云大也玉篇濆扶文扶刎二切湧泉也廣韻收平聲水際也又水名

涘 水厓也 韻會同繫傳厓作涯非水部無涯詳新附攷釋已涘爲厓 从水矣聲周書曰王出涘 牀史切詩思文正義引尚書太誓云太子發上祭于畢下至于孟津之上太子發升舟中流白魚入於王舟王跪取出涘以燎之

汻 水厓也 釋水滸水厓 从水午聲 臣鉉等曰今俗作滸

說文攷異　三十四

非是呼古切廣韻作滸

氿水厓枯土也从水九聲爾雅曰水醮曰氿居洧切釋水作厬玉篇仄出曰氿泉與釋水合廣韻水涯枯土引爾雅曰氿泉穴出穴出仄出也

漘水厓也毛傳漘厓也玉篇河涯也廣韻水際从水脣聲詩曰寘河之漘常倫切集韻類篇引河上有諸字韻會作寘之河之漘兮蓋因今詩改宀部無寘疑古通作寘詳新附攷

浦瀕也廣韻引作濵也按瀕本作顭濵乃別體韻會作水濵也詩常武釋文引亦有水字玉篇水源枝注江海邊曰浦从水甫聲滂古切

沚小渚曰沚釋水文从水止聲詩曰于沼于沚諸市切玉篇小渚也亦作洔

誤高一格

沸 潭沸濫泉 五音韻譜潭作畢[illegible]水部無潭
繫傳作潭沸檻泉也 韻會作潭（藍潭之譌）
沸也詩潭沸檻泉[illegible]（蓋）黃氏改詩采菽觱沸檻泉毛傳觱
沸泉出貌檻泉正出也瞻仰傳云檻泉正出涌出也釋水作
濫說文濫下引詩畢沸 从水弗聲 分勿切又方未切玉篇
濫泉則作檻乃假借字 方味切泉涌出皃廣
韻止收去聲引 潨 小水入大水曰潨 玉篇引作小水入大
詩觱沸濫泉 水也詩鳧鷖釋
文一切經音義 从水从眾 繫傳作从 詩曰鳧鷖在潨 徂紅
卷七引並同 水眾聲
切玉篇在公在宗二切 派 別水也 李注文選頭陀寺碑
廣韻兩收東又收冬 引作水別流也玉篇
別水名廣 从水从𠂢𠂢亦聲 匹賣切 𣶒 水別復入水
韻分流也

也廣韻引同繫傳韻會無下水字目一曰氾窮
西釋水決復入爲氾毛傳同
瀆也釋丘窮从水巳聲詩曰江有氾詳里切臣鉉
瀆氾等案前泒
字音義同蓋或體也湀湀辟深水處也廣
樹玉謂義不盡同泒下所引蓋三家詩韻
引同繫傳深作流是从水癸聲求癸切玉篇口
也釋水湀闢流川決口攜二切湀
閒流泉閒疑闢之譌廣韻平聲齊注泉濘
水通川上聲脂引說文入聲屑引爾雅釋水釋文引字林並音圭
濴濘也李注文選七命引作絕小水从水寧聲乃
也奴冷切蓋誤以濴爲濘定
切玉篇奴定切泥也濴絕小水也从水熒省聲户
廣韻收上去二聲扃

切玉篇胡坰烏迴二切
廣韻收平聲上聲作漥 洼 深池也从水圭聲 一佳切又
於瓜切玉篇爲漥之重文又烏
佳切汙也廣韻收佳麻二韻 漥 清水也 廣韻引同一切經
音義卷七引作小水也當
不誤玉篇牛蹄跡水也 一曰窊也从水窐聲 一穎切又
屋瓜切玉篇烏華切亦
窊字同廣韻止收麻 潢 積水池 繫傳下有也字玉篇廣韻引同
韻會作積水也一切經音義卷十五引作久積水大曰
潢小曰池卷十七引作久積水池也恐並非
从水黃聲 乎光切玉篇後光切潢汙也說文積水池
也又胡曠切染潢也廣韻平聲引說
文去聲引釋名曰染書 沼 池水 繫傳韻會作池
也今釋名無 也華嚴經音義

卷十四引同一切經音義卷二十引作
小池也玉篇池沼也廣韻池沼池當作沱按池並當作沱
从水召聲之少切

湖大陂也从水胡聲揚州浸有五湖五音韻譜繫傳韻
會揚作楊非一切經音義卷四引作揚州有五湖蓋
脫職方氏揚州其澤藪曰具區其浸五湖
浸川澤所仰以灌溉也戶吳切

汥水都也毛傳詩江有汜
云水岐成渚岐汥从水支聲章移切玉篇巨知之移
渚都當通二切廣韻兩收支一引
說文

洫十里爲成成閒廣八尺深八尺謂之洫考工
記文繫傳韻會二尺字並作赤从水血聲論語
尺赤或可通許書未必作此字

曰盡力于溝洫 況逼切繫傳及類篇引同五音韻譜于作乎集韻會引同盡因今本論語改

溝 水瀆廣四尺深四尺 繫傳尺作赤玉篇廣四四尺深四尺曰溝考工記井間廣四尺深四尺謂之溝 从水冓聲 古侯切廣韻引爾雅云水注谷曰溝又引釋名曰田間之水曰溝溝構也縱橫相交構也

瀆 溝也从水賣聲一曰邑中溝 徒谷切玉篇引爾雅云水注澮曰瀆又江河淮濟爲四瀆

渠 水所居 風俗通渠者水所居也 从水榘省聲 彊魚切繫傳居下有也字作从水⿱巨木聲鍇曰⿱巨木即柜字見木部韻會同

瀶 谷也从水臨聲讀若林一曰寒也 力尋切

湄 水

艸交爲湄 韻會同繫傳爲作曰玉篇引爾雅曰水草交曰湄廣韻引爾雅曰作爲與今釋水合

从水眉聲 武悲切 𣴎 溝水行也 繫傳作溝行水也 玉篇廣韻溝水也 从水从行 戶庚切

澗 山夾水也 釋山山夾水澗 从水閒聲一曰澗水出弘農新安東南入洛 古莧切洛當作雒韻會作海無東南二字雒誤

四 地理志弘農郡新安本注云禹貢澗水在東南入雒

澳 隈厓也 繫傳韻會厓作崖 其內曰澳其外曰隈 釋丘隩隈厓內爲隩外爲隈 从水奧聲

卅 於六切 ▆ 玉篇於六切隈也又於報切廣韻收去聲号入聲屋按澳隩字同鄭箋詩公劉云水之

內曰澳外曰鞫則

澩夏有水冬無水曰澩从水學省聲讀若學

不同亦與毛傳異邵氏爾雅正義云唐石經及宋本俱作厓内為隩外為鞫與陸氏釋文同

胡角切玉篇胡角呼篤二切引爾雅云夏有水冬無水曰澩今本釋山無曰字廣韻收覺胡覺切涸泉

澩澩或不省廣韻無

𤅩水濡而乾也从水鷬聲詩曰𤅩其乾矣

呼旰切又它干切今詩中谷有蓷作暵毛傳暵菸貌釋文云說文作𤅩他安反玉篇他丹切水𤅩也又呼旦切廣韻去聲作𤅩平聲作灘

灘俗𤅩从隹

汕魚游水皃从水山聲詩曰蒸然汕汕

所晏切韻會蒸作烝蓋因今詩改毛傳汕汕樔也箋云樔者今之撩罟也玉篇汕所諫切引說文魚游水皃不引詩廣韻收上去二聲一注魚浮水上一注魚

乘水 灥行流也　一切經音義卷二引作下流也　从水从夬
上接汕下鮮下引詩並與毛異義蓋三家詩　恐非廣韻流行也■當本說文
繫傳韻會作　盧江有決水出於大別山　古穴切　繫傳盧作廬　韻會同
从水夬聲　無於字蓋
因廣韻刪一切經音義引作胡玦切地理志廬江郡雩婁
本注云決水北至蓼入淮玉篇公穴切判也又呼抉切廣韻
兩收屑一呼決切引莊子決起而搶榆枋決〻
飛皃一古穴切流行也廬江有決水出大別山　灓漏流
也　廣韻引同又水沃也漬也玉　从水䜌聲　洛官切　滴水
篇沃也清也清蓋漬之譌
注也　玉篇廣韻从水啻聲　都歷切　注灌也从水主聲
水滴也
之戍切廣韻音同灌注也又注記　𣴎溉灌也从水芺
也玉篇之裕徵孺二切灌也寫也

此行當移下分注

聲烏鵠切玉篇澆灌也柔木也潰也重𣸣所以攤
文作沃廣韻作沃注云說文作渼
水也繫傳作新以攤水也新當是𣸣所譌攤疑灘譌漢
書溝洫志云負薪寘決可玉篇注所以壅水廣
韻注壅水　从水昔聲漢律曰及其門首洒𣸣所責切繫
土部無壅
傳無門首二字蓋脫廣雅𣸣隁也曹音𣸣倉故反玉
篇七故切廣韻收去聲暮倉故切則所責切誤
澨埤增水邊土人所止者从水筮聲　當作从水𦼹省聲
夏書曰過三澨　時制切禹貢文水經三澨地在南郡邔縣
北沱注云地說曰沔水東行過三澨合流觸大別山阪故
馬融鄭玄王肅孔安國等咸以
爲三澨水名也惟許慎說異玉篇水名又水邊地也涯也

津　水渡也　廣韻引同玉篇潤也梁也又水渡也　从水𦘔聲　將鄰切

𦨣　古文津从舟从淮　按淮當是準傳寫譌　繫傳作𦨣

淜　無舟渡河也　从水朋聲　成冰切　廣韻引同玉篇徒涉曰淜今馮字

㶇　小津也　从水橫聲　一曰以船渡也　戶孟切　玉篇胡觥切方舟謂之㶇航也又引說文同廣韻收平聲庚又收去聲映引說文

泭　編水以渡也　五音韻譜同繫傳水作木是也　渡下有水字　泭韻會無廣韻兩引並作編木以渡也玉篇注同釋水天子造舟諸侯維舟大夫方舟士特舟庶人乘泭　从水付聲　芳無切　玉篇音同又防無切水上泭漚廣韻兩收虞

渡　濟也　从水度聲　徒故切

沿　緣水而下也从水㕣聲春秋傳曰王沿夏　与專切　見左傳昭十三年五音韻譜王作五繫傳作三並譌

㴂　逆流而上曰㴂洄　釋水文　㴂向也水欲下違之而上也从水㡿聲　桑故切　玉篇逆流而上也或作遡詩蒹葭作遡

遡　㴂或从朔　五音韻譜繫傳朔上有辵字

洄　㴂洄也从水从回　戶灰切　繫傳韻會作从水回聲

泳　潛行水中也　釋水潛行爲泳玉篇同　从水永聲　爲命切

潛　涉水也一曰藏也一曰漢水爲潛　韻會同繫傳藏下無也漢下無水字與釋水合　从水

呂覽没人

朁聲 昨鹽切五音韻譜作潛譌 淦 水入船中也一曰泥也从水金聲 古暗切玉篇古南切說文曰水入船中又泥也淺也古暗切新淦縣名廣韻收平去二聲 泠 淦或从金 玉篇無廣韻平聲淦注云或作泠 泛 浮也 玉篇流皃 从水乏聲 孚梵切廣韻爲汜之重文 汓 浮行水上也从水从子 繫傳下有聲字行鍇曰會意 古或以汓爲没 似由切繫傳没下有字字韻會無玉篇似流余周二切人（從也）浮水上也廣韻爲泅之古文泅注人浮水上似由切 泅 汓或从囚聲 繫傳無聲字

砅 履石渡水也从水从石詩曰深則砅 力制切今詩作厲毛傳

以衣涉水爲厲謂由帶以上也釋水同釋文濿砅或从
云說文作砅玉篇水至心曰砅本韓詩也
厲毛詩爾雅作厲湊水上人所會也玉篇聚也競進也廣韻水會也聚也从水
奏聲倉奏切湛沒也从水甚聲一曰湛水豫章浸
宅減切■集韻韻會引章作州是也玉篇直斬切
水皃又沒也又直林切廣韻收平上二聲㴴古文湮
沒也玉篇沒也落也廣韻落也沈也从水垔聲於真切𣲡沒也从水
从人奴歷切繫傳作沒水也从人从水讀與溺同韻會
作沒也从人从水玉篇奴的切孔子曰君子休於日不
五音韻譜黃作莫是也
人休於水㲻沈也廣韻注同从水从回叉黃勃切繫
今作溺玉篇溺也傳韻會回叉

日當作口見緇衣

說文攷異

四一

下有渨沒也从水畏聲烏恢切當作渨五音韻譜
聲字　繫傳並譌玉篇水澳曲也
沒也或滃雲气起也从水翁聲烏孔切玉篇滃鬱（五音韻譜作雲气起山）
作隈　川谷吐氣皃廣韻
大水泱滃也从水央聲於良切玉篇於黨於良二
皃　切水深廣皃又引大聲廣
韻收平上二聲詩瞻彼洛矣維
水泱泱毛傳泱泱深廣貌　淒雲雨起也　段君云初學記御
覽（引）作雨雲起也　从水妻聲詩曰有渰淒淒七稽切韻會同　繫傳引詩在
渰下夸詩作萋玉篇　渰雲雨皃　段君云初學記
廣韻引詩亦在渰下（廣韻有又手弟切一音蓋譌並去聲並不收）　御覽引作雨雲
皃　从水弇聲衣檢切繫傳聲下有詩曰有（渰）淒淒六字
韻會同玉篇廣韻並作雲雨皃詩云

有渰淒淒

溓小雨溟溟也从水冥聲　莫經切玉篇溟濛小雨引莊子云溟者天也當是南溟者天池也

洓小雨零皃（繫傳韻會皃作也）从水朿聲　所責切玉篇作潻所革切細雨落廣韻亦作潻小雨

瀑疾雨也一曰沫也一曰瀑資也　五音韻譜沫作洙譌資作霣是也繫傳亦作霣

从水暴聲詩曰終風且瀑　平到切今詩作暴毛傳暴疾

也繫傳作疾雨也从水暴聲詩曰終風且瀑一曰沫也且曰

瀑霣也韻會同唯無且曰且字且當作一沫當作沫玉篇

疾風也沫也

澍時雨澍生萬物　玉篇注同韻會無澍字非後漢書明帝

鍇本說文

廣韻瀑雨

紀注引作時雨所以澍生萬物李注文選魏都賦引亦

有所以二字物下有者也二字一切經音義卷六引同

文選注四時雨上有上古二字恐非　从水尌聲　常句切玉篇之樹切廣韻雨收遇　湒　雨下
也从水咠聲一曰沸涌皃　姊入切繫傳皃作也沸作灪韻會作沸涌也玉篇雨下也
沸　澬　久雨涔資也　五音韻譜繫傳資作澬是也韻會久雨也涔澬也　从水資
聲　水私切又即夷切五音韻譜水私切作才私切是也玉篇字私子私二切又雨又水名又雨當是久雨廣韻雨收脂一注
水名在邵陵即夷切一注水名在常山郡又涔澬久雨疾資切　潦　雨水大皃　李注文選陸士衡贈
顧彥先詩一切經音義卷一引並作雨水也廣韻注雨水　从水尞聲　盧皓切玉篇郎道切雨水
盛也亦作澇又盧皓切廣韻收上去二聲去聲爲潦之重文　濩　雨流霤下　五音韻譜

雷譌需繫傳譌爲雷下下並有皃　从水蒦聲　胡郭
字廣韻集韻類篇韻會引■亦有皃　切玉
篇者蒦也釋訓是刈是濩　渌　流下滴也从水彔聲上谷
濩蒦之也蓋假借鑊字
有涿縣　竹角切玉篇涿鹿縣名按地　𣅀　奇字涿从
理志涿鹿屬上谷郡■當有鹿字
日乙　玉篇涿注云亦作𣅀　瀧　雨瀧瀧皃　繫傳皃作也
不云奇字廣韻無　廣韻引同
从水龍聲　力公切玉篇音同引方言瀧涿謂之沾漬■
又音雙又廣韻收東引說文又收江注水名在郴
州　㴾　沛之也　五音韻譜及廣韻引同繫傳作㴾沛也是也
界　玉篇㴾沛水波皃又水聲　則沛之非
从水柰聲　奴帶　滈　久雨也从水高聲　乎老切玉篇
切　爲瀥之重

說文攷異　四十三

文瀶水潎聲廣■漊雨漊漊也从水婁聲一曰
韻水名在京兆
汝南謂飲酒習之不醉爲漊力主切廣韻引飲作歙南下有人字韻會爲作
曰溦小雨也从水微省聲無非切玉篇亡非切小雨也又亡悲切廣韻作溦收脂
微二韻一引爾雅谷者溦一注浽溦小雨釋丘作谷者溦濛微雨也繫傳微作溦譌韻會作
雨
微从水蒙聲莫紅切玉篇莫公莫孔二切微雨皃廣韻收平上二聲沈陵上
滈水也五音韻譜及廣韻集韻類篇引同繫傳韻會滈作滴蓋譌从水冘聲一曰
濁黕也臣鉉等曰今俗別作沉冗不成字非是直深切又尸甚切玉篇直林切沒也濁也止也又式枕切姓

也廣韻平聲引說
文又收上去二聲　涄　雷震涄涄也从水再聲　作代切玉
篇子罪切雷聲靁震廣韻收上聲賄子罪切
引說文云雷震涄涄本作代切然不收代蓋宋人引
淊　泥水
淊淊也一曰繅絲湯也从水臽聲　胡感切繫傳淊淊
作滔滔譌从水臽聲
在一曰句上廣韻
水和泥或作涵　涵　水澤多也从水圅聲詩曰僭
始既涵　胡男切玉篇重文作涵今
詩巧言作涵毛傳涵容也　洳　漸溼也　玉篇
注同
廣韻引溼　从水挐聲　人庶切玉篇重文作洳詩彼
作濕非
汾沮洳毛傳沮洳其漸洳者
瀀　澤多也从水憂聲詩曰既瀀既渥　於求切
今詩信

南山作僾釋文云說文作瀀玉篇渥也寬也漬也今作僾

涔 漬也一曰涔陽渚在郢中从水岑聲 五音韻譜漬作漬是 鉏鍼切繫傳作漬也从水岑聲涔陽渚在郢中韻會涔陽上有一曰二字餘同玉篇字廉切魚寒入水又仕林切涔陽地名廣韻收侵注云涔陽地名又管涔山名又涔不容尺鯉蹄牛馬跡管涔山見北山經郭注今在太原郡故汾陽縣北涔音岑楚辭九歌望涔陽兮極浦王注涔陽江碕名附近郢

漬 漚也从水責聲 前智切 玉篇疾賜切浸也廣韻浸潤又漚也疾智切

漚 久漬也从水區聲 烏候切 玉篇於候切漚麻也久漬也又音謳廣韻收平去二聲

浞 濡也 韻會同繫傳作小濡皃玉篇注

浞漬也廣韻水濕从水足聲士角切

渥霑也詩簡兮赫如渥赭毛傳渥厚漬也从水屋聲於角切玉篇厚也沾濡皃廣韻霑濡

潅灌也从水雈聲口角切又公沃切玉篇口角公渥二切霑也漬也廣韻無

洽霑也从水合聲侯夾切玉篇合也霑也廣韻和也合也詩板民之洽矣毛傳洽合

濃露多也从水農聲詩曰零露濃濃女容切玉篇乃東女容二切露多也亦作霳廣韻收鍾作濃收冬作霳

瀌雨雪瀌瀌韻會作瀌瀌雨雪皃乃黄氏因廣韻改从水麃聲甫嬌切玉篇扶彪切雨雪也又音鑣廣韻收宵幽二韻一注雪皃引詩云雨雪

滮滮一注

濂　薄水也　五音韻譜及廣韻六書故韻會引並同繫傳水作氷李注文選寡婦賦引作溓溓薄氷也　一曰中絶小水　韻會[illegible]然據玉篇則冰氷並行　同繫傳　从水兼聲　力鹽切玉篇里兼里忝二切薄也一作或　大水中絶小水出也又含鑒切重文作濂廣韻收平聲添注大水中絶小水出也下引說文重文作濂注薄也又收上聲注薄冰也

泐　水石之理也从水从阞　繫傳韻會作仌水阞聲理下無也字　周禮曰石有時而泐　徐鍇曰言石因其脈理而解裂也盧則切今考工記而作以

滯　凝也　从水帶聲　直例切　[illegible]玉篇凝也淹也亦作摕

泜　著止也

从水氏聲 直尼切玉篇之是切注同廣韻收平上二聲一注水名一注著止著卽箸之省文詳新

附續 攷 㶁 水裂去也 玉篇水裂也廣韻水裂 从水虢聲 古伯切

澌 水索也 从水斯聲 息移切方言澌索也郭注盡也玉篇息咨切水名又音賜水盡廣韻收去聲寘盡也平聲支止有澌注凌澌

汽 水涸也 或曰泣下 从水气聲 詩曰汽可小康 許訖切毛傳汽危也繫傳泣下有也字从水气聲在或曰上

涸 渴也 玉篇水竭也盡也廣韻水竭也 从水固聲 讀若狐貈之貈 下各切繫傳二貈字並作貉是也

[illegible] 涸亦从水鹵舟 廣韻無

消 盡也 从

水肖聲相幺切五音韻譜幺作幺玉篇消息也盡也

潐盡也廣韻注同玉篇水盡也釋水水醮曰厬郭注謂水醮盡从水焦聲子肖切

渴盡也从水曷聲苦葛切玉篇頻飲也說文曰盡也亦作潵

漮水虛也廣韻引玉篇注同釋詁釋文引作水之空也蓋誤从水康聲苦岡切

溼幽溼也从水一所以覆也覆而有土故溼也㬎省聲失入切五音韻譜同繫傳作从水从一覆也覆土而有水故溼也从㬎省聲韻會作从一覆土而有水故溼也从㬎省聲玉篇作溼水流就溼也重文作濕

湆幽溼也韻會溼作濕非从水音聲去急切玉篇注煮肉汁廣韻羹汁

儀禮士昏禮釋文引字林云湇羹汁也五經文字云湇
從泣下月大羹也湇從泣下日幽深也今禮經大羹相承
多作下字或傳寫久譌不敢改正按
說文無湇而湇亦非泣下日其說非是　洿　濁水不流也
李注文選班孟堅荅賓戲引同廣韻引也作者韻會
作也無濁字非一切經音義卷十八引作濁水不流池也
又引字林濁水不　韻會窳作
流曰洿　一曰窳下也　窊無也字　从水夸聲
哀都切玉篇於徒　當从
切漢洿行潦也重文作汙　浼　汙也从水免聲　免聲
作浼　詩曰河水浼浼孟子曰汝安能浼我　武皋切韻
詳前　會無汝字
今孟子作爾焉能浼我哉玉篇亡旦切汙也又亡罪切水
流皃廣韻止收上聲賄水流平皃詩新臺河水浼浼毛傳云[illegible]

浼　浼平地也恐有誤　汙　薉也　廣韻引薉作穢　一曰小池爲汙

非禾部無穢

一曰涂也从水于聲　烏故切繫傳从水于聲　湫　隘下

在薉也下涂作塗俗

也一曰有湫水在周地春秋傳曰晏子之宅湫隘　見左

傳昭三年　安定朝那有湫泉　瞿木夫云地理郡國志泉並作淵作泉者唐人避諱

改　从水秋聲　子了切又即由切繫傳从水秋聲隘下

下無也字又無一曰二字蓋脫韻會刪

改不録玉篇子由切水名在周地又子小切

湫隘也又疾久切廣韻收平聲尤上聲有篠　潤　水曰

潤下　繫傳無曰字下下缺一字玉　从水閏聲　如順切

玉篇水潤下也蓋本說文

準 平也从水隼聲 之允切玉篇之尹切準平也俗作准廣韻上聲爲部首又收入聲薛引應劭云準頰權準也李斐云準鼻也

汀 平也 玉篇廣韻水際平沙也 从水丁聲 他丁切

𣲷 汀或从平 玉篇收丁部廣韻無

沑 水吏也 宋本五音韻譜繫傳及廣韻集韻引同明本五音韻譜吏作利類篇引作和則利蓋和之譌 又溫也 廣韻引同繫傳又作亦類篇作一曰溫也 从水丑聲 人九切玉篇仁久切水吏也又女六女九切泥也廣韻收上聲有引說文入聲屋注蹃沑水文聚

瀵 水浸也从水糞聲 方問切繫傳糞聲下■作讀若粉臣鍇按爾雅曰瀵

爾雅曰瀵大出尾下

瀎

大出尾下則非許引玉篇甫問切汾陰有水口如車
輪濆沸涌出其深無限名瀵本瀵郭注[illegible]也廣韻
雨收問一注水浸也當本說文集韻引浸作漫譌 滜 新也 玉篇注同廣韻新水狀也 从水
皐聲 七皐切 瀞 無垢薉也 韻會同繫傳作無垢也玉篇注同 从水
靜聲 疾正切廣韻作淨無垢也有古文瀞 瀎 拭滅皃 拭當作式詳敘下繫傳作滅瀎
拭滅皃 國 按滅瀎當是瀎滅傳寫誤 从水蔑聲 莫達切玉篇莫結切滅也又莫割切廣韻收末屑二韻一注塗拭一注
疑是拭滅當是拭誤倒
瀎滅滅當作滅 泧 瀎泧也从水戉聲讀若椒樧之樧 又火活切
椒當作茱木部無椒玉篇桑結切泧瀎也
又呼括許月二切廣韻收月末二韻 洎 灌釜也

从自聲　其冀切玉篇巨記居器二切　湯　熱水也　孟子
灌釜也肉汁也廣韻兩收至　公都
子曰冬日則飲　从水昜聲　土郎切玉篇他郎切熱水也又
湯夏日則飲水　始陽切湯湯水盛廣韻收陽
唐二　渜　湯也从水耎聲　乃管切玉篇奴管奴館
韻　二切廣韻收上去二聲　洝
洝水也从水安聲　烏旰切　洏　洝也一曰煑孰也　五音韻譜
繫傳孰　从水而聲　如之切玉篇音而不熟而煑　涗
作熟俗　又洟流皃廣韻連洏洟流皃
財溫水也　玉篇無財字廣　从水兌聲周禮曰以涗漚
韻[illegible]注溫水
其絲　輸芮切考工記涗下有水字注云故
書涗作湄鄭司農云湄水溫水也　涫　灊也从

說文攷異　四九

水官聲酒泉有樂涫縣古玩切玉篇古亂胡亂二切沸也廣韻平聲注樂涫縣在酒泉去聲注沸也

涾　涫溢也玉篇沸溢也廣韻沸溢今河朔方言謂沸溢爲涾从水沓聲徒合切

汏　淅澗也五音韻譜繫傳及廣韻引澗作瀾是也韻會淅作淅譌一切經音義卷十五引作洗也與玉篇合从水大聲代何切又徒蓋切五音韻譜作徒蓋切又代何切玉篇徒蓋切洗也又敕達切過也廣韻去聲泰引說文又收入聲曷則代何切誤左傳昭四年皆所以示諸侯汏也釋文汏音泰

㵎　淅也五音韻譜繫傳淅作淅是也玉篇注簡淅也从水簡聲古限切

淅　汏米也韻會汏作汰非詩生民釋文引作汏也玉篇注洗也从水

析聲先擊切

滰　浚乾漬米也　玉篇乾漬米也溞也　从水竟聲　孟子曰夫子去齊滰淅而行　其兩切今孟子作孔子之去齊接淅而行

溲　浸沃也　繫傳韻會沃作沃非　从水叜聲　疏有切玉篇疏有切浚麪也又所留切

小便也廣韻收平上二聲注同

浚　杼也　繫傳韻會杼作抒　从水夋聲　私閏切

[illegible]也當不誤　玉篇深也　蒙亨本毛傳小弁　廣韻水名在衛亦浚儀縣名

瀝　浚也　从水歷聲　一曰水下滴瀝　郎擊切　繫傳韻會無一曰水下滴瀝六字　廣韻滴瀝　玉篇為瀝之重文　瀝注漉也　滴瀝水下

漉　浚也　廣韻引同　韻會作滲也　蓋因黃氏封禪文改　玉篇竭也　涸也　滲漉也　从水鹿聲　盧谷切　繫傳下有一曰水下皃　韻會同

𣻭　漉

或从彔玉篇又音綠水名 潘 淅米汁也一曰水名在河南滎陽

滎當作熒水經注濟水下引晉書地道志濟自大伾入河與河水鬭南泆爲熒澤尚書熒波旣瀦孔安國曰熒澤波水已成遏瀦闞駰曰澤名也故呂忱曰播水在熒陽謂是水也 从水番聲 普官切繫傳水名上有潘字韻會無从水番聲在一曰句上韻會同玉篇 灡 孚袁切淅米汁又普寒切廣韻收桓又收元作潘

潘也从水蘭聲 洛干切玉篇在瀾下注云力旦切潘也亦同上廣韻無 泔 周謂潘曰泔从水甘聲 古三切 滫 久泔也从水脩聲 息流切又思酒切玉篇思酒切米泔

也廣韻止收上聲引說文荀子勸學篇曰蘭槐之根是爲芷其漸之滫君子不近庶人不服其質非不美也所漸者然也

繫傳 韻會要注

澱 滓滋也 五音韻譜繫傳韻會並作滓垽也玉篇垽也釋器澱謂之垽 从水殿聲 堂練切

淤 澱滓濁泥从水於聲 繫傳下有也字韻會無濁泥二字 依據切玉篇於去切水中泥草又濁也廣韻收平去二聲

淰 濁也从水念聲 乃忝切玉篇奴感切濁也水無波也又式稔切廣韻收寑引禮運曰龍以爲畜故魚鮪不淰淰之言閃也又收忝洼水流皃

瀹 漬也从水龠聲 以灼切玉篇弋灼余召二切煑也內菜湯中而出也廣韻收入聲藥爲鬻之重文 又漬也

㵐 釃酒也一曰浚也从网从水焦聲 讀若夏書天用勦絕 臣鉉等曰以縑帛漉酒故从网子小切按刀部剿引書天用剿絕則作勦者後人改繫傳作㵐 玉篇作灑醨酒也廣韻同灑酒

⿰殸水例出泉也　五音韻譜繫傳例作側玉篇出酒也疑本說文上文㲄𨣧酒下文湑莤酒義相類也　从水殸聲殸籀文磬字　去挺切繫傳無殸籀文磬字句廣韻無

湑莤酒也一曰浚也一曰露皃从水胥聲詩曰有酒湑我又曰零露湑兮　私呂切玉篇清也美皃也溢也又零露皃

湎沈於酒也从水面聲周書曰罔敢湎于酒　彌兗切酒誥文韻會同繫傳罔作网

⿰爿水酢漿也从水將省聲　即良切韻會作漿酢也从水將聲恐非玉篇作漿飲也

⿰爿水古文漿省　繫傳作⿰爿水無省字玉篇作漿廣韻無

涼薄也从水京聲

呂張切玉篇力匠切薄也又力將切薄寒皃廣韻收平去二聲詩桑柔職涼善背毛傳涼薄也

淡 薄味也从水炎聲 徒敢切玉篇音義同廣韻收上去二聲

涒 食已而復吐之从水君聲 繫傳無而字 爾雅曰太歲在申曰涒灘 他昆切

澆 𣵽也 五音韻譜同繫傳韻會𣵽作沃非一切音義卷三引作灌漬也蓋誤 从水堯聲 古堯切玉篇公堯切薄也沃也又五弔切寒浞子也廣韻收平去二聲

液 盡也 五音韻譜作盡也譌繫傳韻會作津也李注文選洞簫賦引玉篇注同一切經音義卷二卷二十五引作津潤也廣韻注津液 从水夜聲 羊益切

汁 液也从水十聲 之入切廣

漢書東方朔傳不勝
洒埽之職注古文爲灑
埽字

韻音同玉篇之　滒多汁也从水哥聲讀若哥古俄
入切又時入切
切繫傳作讀若柯玉篇公娥　灝豆汁也从水顥聲
工雅二切廣韻止收平聲歌
乎老切玉篇公道公禫二切煮豆汁　溢器滿也華
廣韻止收上聲晧注灝溔水勢遠也　嚴
經音義卷十二引作器滿餘　从水益聲夷質　洒
也玉篇盈也器滿也餘也　切
滌也从水西聲古文爲灑埽字　先礼切繫傳作古文
以爲洒埽字非玉篇
先礼先殄二切濯也深也滌也今
爲洗又所賣切廣韻收上聲薺爲洗之重文又收去聲卦
滌洒也　華嚴經音義卷三引作洗也玉篇　从水條聲
注同廣韻洗也除也淨也

徒歷切

濈 和也 玉篇和也汗出也詩無羊爾羊來思其角濈濈毛傳聚其角而息濈濈然 从水戢聲 阻立切

瀋 汁也从水審聲春秋傳曰猶拾瀋 昌枕切左傳哀三年文

渳 飲也 玉篇注同廣韻引作歠也繫傳作飲歃也韻會同 也 从水弭聲 緜婢切

⿰氵算 飲歃也一曰吮也从水算聲 衫洽切又先活切五音韻譜同毛本衫洽切作巽傿切不知何出 按衫洽切乃歃音先活巽傿二切並不近 玉篇作⿰氵算息面須芮二切歠也歃也又吮也蓋本説文廣韻收祭線二韻並作⿰氵算注飲也繫傳从水算聲在一曰句上 此芮息絹二切

漱 盪口也 華嚴經音義卷二十四引盪作蕩 从水欶聲 所右切玉篇所又思候二切盪也亦作涑廣韻收宥

説文攷異

候二韻

洞　滄也玉篇遠也亦與迥字同廣韻引詩云洞酌从水同聲戶褧切繫傳作洞

滄　寒也玉篇寒也又滄海也逸周書周祝解天地之間有滄熱从水倉聲七岡切

瀙　冷寒也玉篇寒冷也从水靚聲七定切廣韻為淨之古文

淬　滅火器也玉篇淬也（深也）寒也廣韻淬也犯也寒也从水卒聲七內切

沐　濯髮也廣韻韻會引玉篇注同繫傳作灌也譌脫从水木聲莫卜切

沬　洒面也漢書律歷志引顧命曰王乃洮沬水注師古曰沬洗面也又淮南覽冥作沬風雨注同从水未聲荒內切玉篇為頮之重文又莫貝切水名頮火內切洒面也廣韻收未泰二韻並注水名

湏　古文沬从頁書顧命釋文引作頮非

浴　洒身也从水谷聲余蜀切　澡　洒手也玉篇澡手也浴也禮記儒行曰澡身而浴德則京兼洒身从水喿聲子皓切　洗　洒足也繫傳韻會同五音韻譜洒作灑从水先聲穌典切玉篇先禮切今以爲洒字又先典切廣韻收薺注洗浴收銑注姑洗律名　汲　引水於井也一切經音義卷十引作引水也玉篇注同廣韻汲引也从水从及及亦聲居立切繫傳作从水及聲　淳　渌也从水享聲常倫切廣韻音同玉篇之純是倫二切沃也清也滰淑也　淋　以水渼也繫傳韻會渼作沃非从水林聲一曰淋淋山下水皃力尋切繫傳韻會作淋淋山水下也　渫　除去也从水

枼聲私列切玉篇息列切又仕洽切廣韻收薛洽二韻澣濯衣垢也玉篇廣韻濯也
詩葛覃薄澣我衣
鄭箋澣謂濯之耳从水榦聲胡玩切玉篇作澣手管切重文作瀚注云說文浣
廣韻收上聲緩作澣浣瀚或从完瀚从完繫傳作今濯瀚也从水
翟聲直角切涑瀚也从水束聲河東有涑水速侯切繫傳
河東上有一曰二字韻會同玉篇先侯切濯生練也又先
候切與漱同又先卜切廣韻收平侯瀚也入聲燭水名在
河東水經涑水出河東聞喜縣東山黍葭谷潎於水中擊絮也从水敝聲匹蔽
切玉篇孚妙切波浪皃今作漂又匹袂普結二切漂潎也
廣韻止收去聲絮魚游水也匹蔽切莊子作洴澼絖釋

文澼普歷反李云洴澼絖者漂絮於水上絖絮也玉篇無澼廣韻澼收錫引莊子

浝涂也从水从土尨聲讀若隴又亡江切玉篇無廣韻上聲腫有𡏁涂土也按土部有𡏁涂也从土浝聲徐氏謂水部已有此重出據玉篇土部𡏁引說文木貢切則土部當有水部不當有水部有浝不應从水从土尨聲

灑汛也从水麗聲山豉切玉篇所買切汛也埽也又所綺切廣韻收上聲紙蟹則山豉切非

汛灑也从水卂聲息晉切玉篇思見所賣二切洒埽也廣韻收震卦二韻並引說文又收霰

染以繒染爲色从水杂聲徐鍇曰說文無杂字裴光遠云从木木者所以染枕茜五音韻譜枕作桅疑梔之譌之屬也从九九者染之數也未知其審而灼切繫傳無此說按裴說近是然於聲缺竊疑杂當是朶朶與杒

說文攷異　五十五

同朳讀若仍聲亦近染又朳與㶣次相近㶣一曰染也
玉篇染如剡切染色又如豔切廣韻收上去二聲 泰
滑也从廾从水　繫傳韻會水　大聲　他蓋切臣鉉等曰本
上無从字　音他達切今左氏傳
後勾
作汏輈非是五音韻譜汏輈作汏輈是也玉篇　夳　古文
託賴切侈也驕也又滑也廣韻大也通也他蓋切
泰　繫傳作夳古文泰如此玉篇大部作太他太
切甚也不云古文廣韻泰注云古作太　𤃬
海岱之間謂相汙曰𤃬　方言氾浼𤃬洼洿也自關而
東或曰洼或曰氾東齊海岱
之間或曰　从水閻聲　余廉　灒　汙灑也　一切經音義
浼或曰𤃬　切　卷十四十五引
同卷三引作相汙灑也　一曰水中人　繫傳韻會　从水贊
玉篇注同廣韻水濺　下有也字

聲則旰切

㶆腹中有水气也从水从愁愁亦聲士尤切繫傳作从水愁聲

湩乳汁也玉篇江南人呼乳爲湩从水重聲多貢切

洟鼻液也从水夷聲他計切玉篇弋之他計二切廣韻收平去二聲

潸涕流皃从水散省聲詩曰潸焉出涕所姦切韻會焉作然非毛傳大東云潸涕下貌篆當作潸玉篇作潸所班所板二切出涕皃廣韻上聲爲部首又收平聲

汗人液也从水干聲侯旰切玉篇何旦一切小液也又古寒切餘汗縣名廣韻收平去二聲

泣無聲出涕曰泣繫傳韻會曰作者[illegible]誤玉篇無聲

出涕也廣韻無也字从水立聲去急切

涕泣也玉篇目汁出曰涕廣韻目汁毛傳詩澤陂云自目曰涕自鼻曰泗从水弟聲他礼切易萃釋文引鄭云自目曰涕自鼻曰洟

湅瀾也从水柬聲郎甸切玉篇煑絲絹熟也廣韻熟絲也引周禮曰㡆氏湅絲

瀐議辠也从水獻繫傳韻會下有聲字辠作罪與法同意魚列切玉篇議也與讞同廣韻讞下引譌作獻（禮記文王世子作讞釋文引徐音同

渝變汙也玉篇變也汙也廣韻變也从水俞聲一曰渝水在遼西臨俞東出塞羊朱切繫傳在作出韻會作在俞作渝韻會同地理志遼西郡臨渝本注云渝水首受白狼東出塞外

減損也从水咸聲古斬切玉篇佳斬切少也輕也

廣韻兩收䠞

滅　盡也从水烕聲　亡列切

漕　水轉轂也　韻會轂作穀 當不誤 是也　索隱注史記平準書李注文選蕪城賦引並作穀　一曰人之所乘及船也　从水曹聲　在到切 玉篇才到切水轉運也 又才刀切 廣韻收平去二聲

泮　諸侯鄉射之宮　繫傳下有也字 韻會作諸侯饗射之宮也 恐非　西南為水東北為牆　从水从半　繫傳韻會牆作墻　半亦聲　普半切 玉篇散也破也亦泮宮 俗半上無从字　廣韻泮宮引禮記作頖

漏　以銅受水刻節晝夜百刻　廣韻引同 韻會百刻作百節 非 李注文選劉越石詩引作以銅盆受水分時晝夜百刻也　从水屚

秋官萍氏掌國之水禁

聲盧后切

澒　丹沙所化爲水銀也从水項聲呼孔切玉篇胡動切水銀謂之澒蓋本廣雅

萍　苹也水艸也从水苹苹亦聲薄經切韻會無苹也二字玉篇水部無艸部有蓱音部丁切萍草無根水上浮重文作蓱廣韻同按說文艸部苹蓱也無根浮水而生則萍即苹之別體或同蓱字不應更出萍字蓋後人增釋草萍蓱釋文本作苹萍注云萍本或作蓱與說文合五經文字蓱注云釋文作萍周禮秋官萍氏注引爾雅萍蓱釋文云上音平本亦作苹

濊　水多皃从水歲聲呼會切按前濊字本當是濊此疑後人增詳濊下據李注文選長笛賦濊引說文水多皃則已有此字

泊　治水也

四條查全改

从水曰聲　于筆切玉篇古沒切汩沒又爲筆切水流也廣韻收質爲曰川之重文又收沒注汩沒方言廣雅訓疾釋水釋文引字林云水聲急也並無治水義唯楚辭天問不任汩鴻王注汩治也鴻大水也釋詁淈治也郭注云淈書序作汩音同耳洪範汩陳其五行熹平石經作曰見隸釋

李注文選補亡詩引字林汩深水也

然則汩字疑亦後人增

然則汩注疑後人改次在部末恐亦非

文四百六十八　繫傳作四百六十五　並非實四百六十四

重二十二　繫傳作二十　三非實二十四

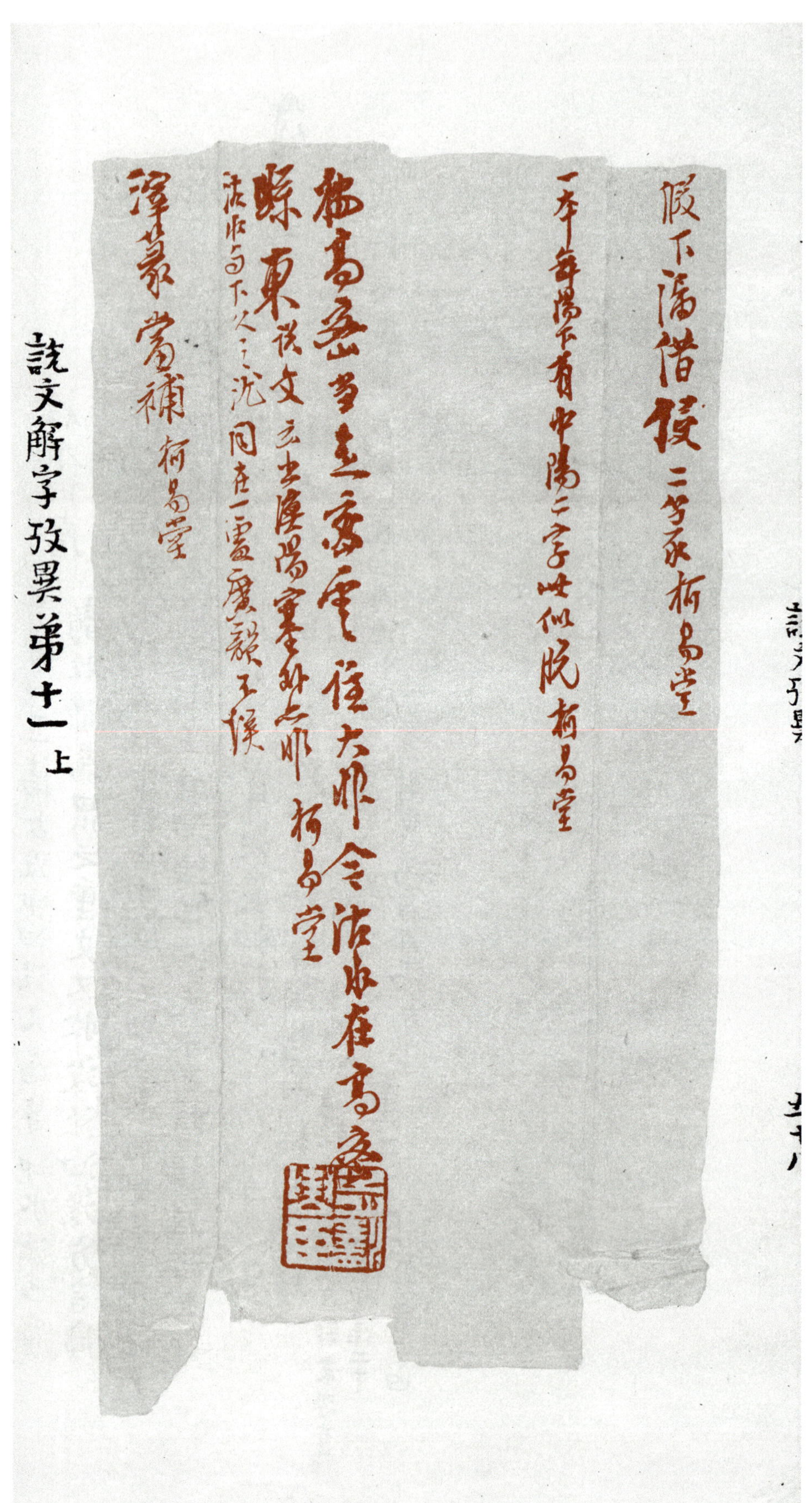

說文解字攷異第十一上

說文解字攷異弟十一下

𣶒 二水也闕凡林之屬皆从林 之壘切玉篇之水切 二水也廣韻無

𣶒 水行也从林㐬㐬突忽也 力求切廣韻流下引 水行也無𣶒字 流 篆文从水 繫傳文下有 流字當作𣶒

𣷡 徒行厲水也 釋水繇膝以上爲 涉繇帶以上爲 厲从林从步 時攝切繫傳韻 會作从步林 涉 篆文从水 繫傳文下 有涉字當 作𣷡

文三　重二

頻 水厓人所賓附頻蹙不前而止 廣韻引同繫傳厓下 有也玉篇引厓下止下

[illegible]水名[illegible]形聲 [illegible] 今謂水名[illegible]

並有也字蹙當作戚詳新附攷下放此从頁从涉凡頻之屬皆从頻臣鉉等曰今俗別作水濵非是符眞切廣韻音同玉篇毗賓切

顰涉水顰蹙繫傳韻會下有也字从頻卑聲符眞切玉篇毗賓切顰蹙憂愁不樂之狀也按此當作重文易本作頻曰頻復厲无咎注謂頻蹙之貌

文二

𡿨水小流也廣韻注同詩節南山正義引無水字蓋脫玉篇水小流皃周禮匠人為溝洫梠廣五寸二梠為耦一耦之伐廣尺深尺謂之𡿨繫傳梠作耜尺作赤並非倍𡿨謂之遂倍遂曰溝倍溝曰洫倍洫曰巜凡𡿨

之屬皆从𡿨姑泫切考工記作甽　甽古文𡿨从田从川繫傳作古文𡿨从田巛甽之川也段君云當是田之川也　畎篆文𡿨从田犬聲六畎爲一畒繫傳爲上有而

字　文一　重二

巜水流澮澮也方百里爲巜廣二尋深二仞廣韻引爲作有

考工記方百里爲同同間廣二尋深二仞謂之澮　凡巜之屬皆从巜古外切繫傳从巜下有讀

若澮三字澮當是澮玉篇水流皃廣二尋深二仞亦作澮　𡿺水生厓石間𡿺

𡿺也从水粦聲力珍切玉篇力因力刃二切獸名又𡿺𡿺清澈也水在石間也廣韻收平聲

注云水在石閒亦作磷去聲作磷

文二

巜貫穿通流水也虞書曰濬く巜距川言深く巜之水會爲川也濬當作㕡㕡下引此文今書益稷篇作濬畎澮距川凡川之屬皆从川昌緣切玉篇注瀆曰川也流也貫穿也通也古爲坤字

巠水脈也从川在一下繫傳作从巜在一之下一地也壬省聲一曰水冥巠也古靈切廣韻音同直波爲巠引說文曰水脈也釋水作直波爲徑玉篇古庭後鼎二切注同說文

𡿧古文巠不省玉篇廣韻並無按壬部有巠注近求與此同則此古文疑後人增

巟水廣也从川亡聲

易曰包巟用馮河　呼光切繫傳馮作憑俗今易作荒釋文云本亦作巟引說文水廣也　𡿧

水流也从水或聲　于逼切　淢

水流也从川曰聲　于筆切繫傳鍇曰汩即此字　⿱巛曰　水流巜夕巜夕从川

列省聲　臣鉉等曰列字从巜夕此疑誤當从歺省　良薛切繫傳巜夕作夕省聲　鍇按歺不从巛徐說非　當是歺　邕　四

方有水自邕城池者　王篇注同繫傳者下有是也二字廣韻引亦有城作成韻會作四方

有水自邕成池　从川从邑　於容切繫傳邑下有讀若雝三字　⿱巛吕　籀文邕　蓋因廣韻改

繫傳下有如此二字　𡿦　害也从一雝川春秋傳曰川雝爲澤

凶　祖才切左傳宣十二年作川壅爲澤無凶字　侃　剛直也从㐰㐰古文信

淮南

从川取其不舍晝夜論語曰子路侃侃如也　空旱切　繫傳路作貢今論語作子路行行如也冉有子貢侃侃如也則子路誤繫傳雖作貢有錯曰子路有聞云云恐亦是路字後人轉改耳鄉黨篇朝與下大夫言侃侃如也與上大夫言誾誾如也何晏集解引孔曰侃侃和樂之貌誾誾中正之貌與說文不合段朱文公集注本說文■侃與衎通後漢書袁安傳誾誾衎衎得禮之容注云誾誾忠正皃衎衎和樂皃廣雅誾誾訓敬衎衎訓和蓋並本孔玉篇侃可旦切和樂皃古文作偘又苦旱切廣韻收上去二聲

州　水中可居曰州　繫傳居下有者字韻會同無曰字非釋水作水中可居者曰洲毛傳關雎同並後人加水旁　周遶其旁从重川　韻會遶作繞是也辵部無

遠 昔堯遭洪水民居水中高土或曰九州五音韻譜或作故是也繫傳韻會同詩曰在河之州今詩作洲一曰州疇也各疇其土而生之臣鉉等曰今別作洲非是職流切繫傳韻會之作也𡿧古文州繫傳作古文如此

文十　重三

𤽚水原也玉篇山水之原也象水流成川形繫傳韻會下有也字凡泉之屬皆从泉疾緣切

𣽣泉水也从泉緐聲讀若飯符萬切李注文選江賦引淮南子曰莫鑒於流瀿而鑒於澄水許慎白楚人謂水暴溢爲瀿玉篇水部有瀿扶元切水暴溢

說文攷異　四

从川取其不舍晝夜論語曰子路侃侃如也空旱切繫傳路
作貢今論語作子路行行如也冉有子貢侃侃如也則子
路誤繫傳雖作貢有鍇曰子路有聞云云恐亦是路
字後人轉改耳鄉黨篇朝與下大夫言侃侃如也與上
大夫言誾誾如也何晏集解引孔曰侃侃和樂之貌
誾誾中正之貌與說文不合段朱文公集注本說文[illegible]侃與
衎通後漢書袁安傳誾誾衎衎得禮之容注云
誾誾忠正皃衎衎和樂皃廣雅誾誾訓敬衎衎訓和
蓋並本孔玉篇侃可旦切和樂皃古文作偘又苦旱切
廣韻收上去二聲　巛水中可居曰州繫傳居下有者字韻會同無曰字非釋水作水中
可居者曰洲毛傳關雎同並後人加水旁　周遶其旁从重川韻會遶作繞是也辵部無

遶昔堯遭洪水民居水中高土或曰九州五音韻譜或作故是也繫傳韻會同詩曰在河之州今詩作洲一曰州疇也各疇其土而生之臣鉉等曰今別作洲非是職流切繫傳韻會之作也𡿧古文州繫傳作古文如此

文十　重三

泉水原也玉篇山水之原也象水流成川形繫傳韻會下有也字凡泉之屬皆从泉疾緣切

𩖨泉水也从泉緐聲讀若飯符萬切李注文選江賦引淮南子曰莫鑒於流瀿而鑒於澄水許慎曰楚人謂水暴溢爲瀿玉篇水部有瀿扶元切水暴溢

也波也

文二

灥 三泉也闕凡灥之屬皆从灥 詳遵切玉篇似均切三泉也廣韻無

𠩵 水泉本也 玉篇水原本也 从灥出厂下 愚袁切

原 篆文从泉 臣鉉等曰今别作源非是繫傳作篆文

厵省

文二　重一

永 長也 繫傳韻會作水長也 象水巠理之長 繫傳下有水也二字韻會水作永 詩曰江之永矣 是也 毛傳永長也釋詁同也 凡永之屬皆从永 于憬

切玉篇長也遠也引也廣韻同

羕水長也釋詁長也玉篇同从水羕聲詩曰江之羕矣余亮切李注文選登樓賦引韓詩云江之漾矣薛君曰漾長也則韓詩作羕俗加水

文二宋本脫

𠂢水之衺流別也从反永凡[illegible]𠂢之屬皆从𠂢讀若稗縣徐鍇曰永長流也反即分𠂢也匹卦切繫傳稗上有蜀字恐非地理志蜀下作郫音捭

說禾部稗注琅邪有稗縣是也[illegible]音旁卦切與𠂢音合

𥁕血理分衺行體者繫傳韻會作血理之分衺行體中者廣韻引作血理之分衺行體者衺即衺之譌从𠂢从血莫獲切

𦢊

衇或从肉　廣韻云經典亦作脈引周禮曰以鹹養脈釋名曰脈幕也幕絡一體也　𧖷　籀文繫傳作籀文衇

覛　衺視也（繫傳韻會作邪）　廣韻引同繫傳衺作邪玉篇韻會引同　从𠂢从見　莫狄切玉篇亡革切引說文莫狄切廣韻收麥錫二韻錫韻爲覓之重文並引說文六書故云覛唐本覓尋也徐本从𠂢其說不足信玉篇見部有覓莫狄切索也蓋覛之俗體

文三　重三

谷　泉出通川爲谷　廣韻引同一切經音義卷六引作泉之通川曰谷卷九引川下有者字　从水半見出於口凡谷之屬皆从谷　古祿切玉篇古木切水注谿也又余玉切廣韻兩收屋又收燭注引爾雅曰水注谿曰谷又引說文

谿　山瀆无所通者　繫傳

韻會无作無釋山作山續無所通谿从谷奚聲苦兮切

豁通谷也从谷害聲呼括切玉篇廣韻爲谿之重文

𧮫空谷也从谷翏聲洛蕭切

豅大長谷也从谷龍聲讀若聾盧紅切

谹谷中響也从谷厷聲戶萌切廣韻谷中響一曰谷名也玉篇作硡谷空也

㕡深通川也从谷从𣦵𣦵殘地阬坎意也繫傳作从𣦵𣦵殘也地坑坎意也蓋脫誤韻會作从𣦵谷𣦵殘也谷坑坎意也土部無坑虞書曰㕡畎澮距川私閏切接川下引書畎澮作く巜此作畎澮者蓋後人因今書改

濬㕡或从水玉篇收水部爲浚之重文

濬古文

峪 玉篇爲浚之重文 䜬 望山谷䜬䜬青也 玉篇注同繫傳望作朢廣韻引作望山谷之䜬青也李注文選高唐賦引作望山谷千千青也蓋並誤 从谷千聲 倉絢切 玉篇且見且田二切或作阡廣韻收平聲引說文去聲作芊

文八　重二

仌 凍也 玉篇冬寒水結也廣韻作冫水凍也引說文本作仌 象水凝之形凡仌之屬皆从仌 筆陵切 冰 水堅也 韻會引玉篇注同繫傳水作氷■譌 从仌从水 魚陵切臣鉉等曰今作筆陵切以爲冰凍之凍玉篇畢膺切今筆凌切廣韻爲冫之重文注云說文魚陵切 凝 俗冰从疑 五音韻譜繫傳水作冰是也

玉篇魚膺切成也堅也廣韻收平去二聲並不作重文

凜寒也玉篇渶凜、凜寒也从仌廩聲力稔切

凊寒也从仌青聲七正切曲禮凡爲人子之禮冬溫而夏清

凍仌也从仌東聲多貢切玉篇都洞切孟冬地始凍又音東廣韻收平去二聲

𣶓仌出也从仌朕聲詩曰納于滕陰力膺切詩作凌釋文云說文作滕玉篇爲凌之重文凌力丞切冰室也又力證切廣韻收平聲爲凌之重文

凌𣶓或从夌

凘流仌也从仌斯聲息移切玉篇先兮切解冰也又息移切廣韻止收支

凋半傷也玉篇力盡皃廣韻凋落从仌周聲都僚切

冬四時盡也从仌从夊夊古文終字都宗切繫傳作从仌夊夊古文終玉篇冬終也廣韻四時之末引尸子曰冬爲信北方爲冬冬終也

𠔬古文冬从日廣韻作㚇玉篇冬注云亦作𠔬不云古文

冶銷也廣韻注同引尸子曰蚩尤造九冶又妖冶韻會引銷作消一切經音義卷二引作燒也並誤从仌台聲羊者切

凔寒也玉篇注同廣韻作滄譌从仌倉聲初亮切

冷寒也从仌令聲魯打切玉篇力頂切又力丁切廣韻收平上二聲

⿰冫圅寒也廣韻寒皃从仌圅聲胡男切玉篇闕

⿰冫畢風寒也玉篇寒也廣韻寒風从仌畢聲卑吉切

冹 一之日滭冹 詩七月作一之日觱發釋文云觱說文作畢蓋傳刻譌發音如字亦非 从仌犮聲 分勿切玉篇廣韻寒冰皃 凓 寒也 繫傳寒皃也韻會寒皃玉篇凓冽寒皃廣韻凓冽寒風 从仌栗聲 力質切 瀨 寒也从仌賴聲 洛帶切玉篇廣韻並無段君云大東正義李善注文選高唐賦嘯賦皆引說文字林冽字是今本冽譌爲瀨顯然也樹玉謂冽當出字林又瀨冽聲相近字林或从賴也 案老子厲鄉音賴

文十七　重三 繫傳韻會从作從

雨 水从雲下也一象天冂象雲水霝其閒也凡雨之屬皆从雨 王矩切玉篇于矩切雲雨也廣韻上聲引說文又收去聲引詩雨雪其雱 𠕲 古文 繫傳

說文引異

作𠕧古文雨玉篇作䨓注云出說文

靁陰陽薄動靁雨生物者也廣韻引玉篇注並同韻會無靁雨二字[illegible]非删也从雨畾象回轉形魯回切韻會作从雨畾聲非凡象形者或無其字從畾之字並是靁省𩃬古文靁繫傳作𩆮在籒文下玉篇作靁𩇓古文靁五音韻譜同繫傳古文上有亦字玉篇在靁上𩆯籒文靁間有回回靁聲也按古文亦有回

霣雨也齊人謂靁爲霣廣韻引同韻會無雨也二字[illegible]非删玉篇雷起出雨也齊人謂雷曰霣疑本說文从雨員聲一曰雲轉起也于敏切繫傳起也下有讀若昆三字𩃹古文霣繫傳作𩃹

古文䨓如此　玉篇作靁　霆雷餘聲也鈴鈴所以挺出萬物
繫傳雷作靁韻會無也是也當非脫初學記御覽引亦無
釋天釋文引聲下無也物下有也字埤雅引同六書故引無也又無
出字从雨廷聲特丁切玉篇大冷大丁二切雷也霹
非　霳也蓋本郭注釋天疾雷為霆霓
廣韻收平　上二聲　霅霅霅震電皃一曰衆言也从雨譶
省聲丈甲切繫傳韻會衆上有霅字从雨句在一曰
上玉篇丈洽切又胡甲切衆上無霅字廣韻兩收
狎　電陰陽激燿也从雨从申堂練切繫傳申下有
聲字錢宮詹云御
覽引作从　雨申聲　𩃬古文電　繫傳作𩃬古文電
如此玉篇作𩃬　震劈

歷振物者从雨辰聲春秋傳曰震夷伯之廟　臣鉉等曰

今俗別作霹靂非是章刃切　䨲籀文震　玉篇同

見僖十五年經傳玉篇動也　廣韻無

雪凝雨說物者　繫傳韻會下有也字　从雨彗聲　相絕切玉篇凝雨也

廣韻凝雨也引元命包曰陰凝爲雪釋名曰雪綏

也水下遇寒氣而凝綏綏然下也又拭也除也　霄

雨霓爲霄　釋天雨霓爲霄雪　从雨肖聲齊語也　相邀切玉篇雲氣

也廣韻近　霰稷雪也　廣韻引稷作積蓋譌玉篇　从雨散

天氣也　注暴雪■本毛傳

聲　穌甸切五音韻譜作霰旬作甸是也　霓霰或从見　廣韻霰注云雨雪雜又作霓霹引

釋名曰霰星也冰雪相摶如星而散

雹雨冰也玉篇廣韻韻會引同繫傳冰作仌从雨包聲蒲角切𩂣古文雹繫傳下有如此二字霝雨零也廣韻引作雨零也玉篇落也从雨㗊象零形繫傳零作霝蓋譌詩曰霝雨其濛郎丁切令詩作零

零雨零也繫傳韻會作雨下零也廣韻引作雨零也玉篇注同从雨各聲盧各切

零餘雨也廣韻御覽引作徐雨也玉篇注同从雨令聲郎丁切

𩅦小雨財零也繫傳財作裁韻會同零作霽非初學記引作小雨纔落曰𩅦从雨鮮聲讀若斯息移切玉篇小雨皃亦與霰同

霢

說文攷異　十

霢霂小雨也 毛傳信南山同釋天小雨謂之霢霂 从雨脈聲 莫獲切 霂霢霂也从雨沐聲 莫卜切 䨘小雨也从雨酸聲 素官切 䨟微雨也从雨𢦔聲又讀若芟 子廉切繫傳無又字玉篇所咸切微雨也又清也又子廉切廣韻收咸引說文又收鹽 霥小雨也从雨衆聲 明堂月令曰霥雨 職戎切禮記月令作淫雨鄭注云今月令曰衆雨按霥小雨與淫雨不合竊疑明堂月令當是霥雨霥淫聲相近其訓霖雨亦與淫義合或譌爲霥後人因移其注於霥下然由來已久故今月令省作衆也 霃久陰也从雨沈聲 直深切玉篇陰也廣

韻久陰月令作季春行秋令則天多沈陰

⿱雨兼 久雨也从雨兼聲 力鹽切

⿱雨圅 久雨也 玉篇多雨也 廣韻久雨 从水圅聲 胡男切

霖 雨三日已往 繫傳作凡雨三日已上為霖 韻會上作往 餘同 从雨林聲 力尋切

⿱雨乑 霖雨也南陽謂霖⿱雨乑 五音韻譜同繫傳 作南陽名霖雨⿱雨乑 从雨乑聲 銀箴切 繫傳从雨乑聲在南陽上 玉篇牛皆牛林二切 廣韻收皆侵二韻

⿱雨眞 雨聲从雨眞聲讀若資 即夷切 玉篇為⿰雨資之重文 ⿰雨資子夷切 雨聲 或作澬 又才私切 廣韻亦為⿰雨資之重文 即夷切

⿱雨禹 雨皃方語也 韻會同繫傳作雨皃

可又廣韵云柳次

也方語玉篇 从雨禹聲讀若禹 王矩切廣韻雨皃 繫傳作讀若瑀

玉篇尤句切廣韻收平上二聲 ⿱雨僉 小雨也从雨僉聲 子廉切玉篇子廉力鹽二切廣韻收平去二聲

霑 雨⿱雨染也 玉篇濡也漬也廣韻霑濕也又濡也漬也 从雨沾聲 張廉切

⿱雨染 濡也 玉篇廣韻注同繫傳霑也 从雨染聲 而剡切

霤 屋水流也 李注文選魏都賦寡婦賦引同一切經音義卷十五十六引作屋水流下也 玉篇雨屋水流下也 从雨留聲 力救切釋名中央曰中霤古者寢穴後室之霤當今之棟下直室之中古者霤下之處也

屚 屋穿水下也 廣韻引同繫傳下作入玉篇韻會

引同从雨在尸下尸者屋也　盧后切繫傳無尸者二字韻會無者字玉篇注與漏同釋宮西北隅謂屋漏

䨣雨濡革也从雨从革　繫傳作从雨革聲　讀若膊　匹各切玉篇柯䨣匹各二切雨也廣韻收䨣古核切雨也

霽雨止也从雨齊聲　子計切洪範作濟釋天濟謂之霽

霋霽謂之霋　玉篇雲行皃又霽謂之霋　从雨妻聲　七稽切

霩雨止雲罷皃　玉篇皃作也廣韻雲消皃　从雨郭聲　臣鉉等曰今別作廓非是苦郭切按廓當為霩之俗

露潤澤也　玉篇天之津液下所潤萬物也又露見也廣韻引說文又引五經通義曰和氣津凝爲露也又引蔡邕月令章句曰露者陰之液也　从雨路聲

洛故切

霜喪也成物者釋名霜喪也其氣慘毒物皆喪也玉篇露凝也廣韻凝露也从雨相聲所莊切

霚地气發天不應繫傳韻會下有也字釋天作天氣下地不應曰霚玉篇天氣下地不應也與釋天合从雨敄聲臣鉉等曰今俗从務亡遇切玉篇武公武賦二切廣韻收平聲東爲霚之重文霚注天氣下地不應曰霚本釋天也又收去聲遇爲霧之重文

雺籀文省繫傳文下有霚字

霾風雨土也釋天風而雨土爲霾毛傳詩終風霾雨土也从雨貍聲詩曰終風且霾莫皆切玉篇眉乖美拜二切風而雨止也止蓋土之譌廣韻止收平聲釋天釋文引字林亡戒反

霿天气下地不應釋天作地氣發天不應曰霧釋文云霧本亦

作霿

霿晦也从雨瞀聲 莫弄切玉篇武賦切地氣發天不應也本釋天廣韻收送天氣下地不應曰霿蓋本說文

霓屈虹青赤或白色陰气也 韻會無色字非釋天釋文引作屈虹青赤也一曰白色陰氣也 从雨兒聲 五雞切玉篇五奚五結二切雲色似龍也廣韻收平入二聲釋天作蜺爲挈貳郭注蜺雌虹也見離騷挈貳其別名見尸子釋文作霓五令反今字恐譌又五結反郭五擊反本或作蜺漢書同釋名霓齧也其體斷絕見於非時此灾氣也傷害於物如有所食齧也

霚寒也从雨執聲或曰早霜讀若春秋傳墊阨 都念切霚傳霜下有也字傳下有曰字玉篇丁頰丁念二切寒也早霜也廣韻止收去聲

按左傳成六年襄九年二十五年並作墊隘土部墊下亦引春秋傳墊隘此亦當是隘阨即阸之俗體

雩

夏祭樂于赤帝以祈甘雨也从雨于聲羽俱切月令仲夏之月大雩用盛樂乃命百縣雩祀百辟卿士有益於民者以祈穀實注云雩吁嗟求雨之祭也𦐧或从羽雩羽舞也繫傳作舞羽也故或从羽韻會無故字廣韻引作雩羽舞也或从羽周禮樂師有羽舞皇舞注鄭司農云羽舞者析羽皇舞者以羽冒覆頭上衣飾翡翠之羽

需頿也遇雨不進止頿也繫傳止上有而字从雨而聲易曰雲上於天需臣鉉等案李陽冰據易雲上於天云當从天然諸本及前作所書皆从而無有从天者相俞切

䨱水音也从雨羽聲王矩切

文四十七五音韻譜繫傳七作六是也　重十一

雲山川气也从雨云繫傳韻會下有聲字象雲回轉形凡雲之屬皆从雲王分切云古文省雨繫傳作古文雲[illegible]亦古文雲玉篇廣韻並無碧落碑有

霒雲覆日也从雲今聲於今切玉篇作黔注云今作陰廣韻譌作霒侌古文或省繫傳作古文霒或省[illegible]亦古文霒繫傳作侌[illegible]無亦字玉篇作侌𠳲注云並古文則非从今之字廣韻並無二古文

文二　重四

魚水蟲也象形魚尾與燕尾相似凡魚之屬皆从

魚語居切徐鉉部末篆文筆迹小異（有徐氏附）鰖魚子已生
作魚注云止史籀筆迹小異非別體
者繫傳韻會从魚憜省聲徒果切玉篇大果弋
下有也字　水二切魚子已生廣
韻收旨隨籀文　繫傳作隨鮞魚子也　魯語
果二韻　籀文鰖省　魚禁
鯤鮞韋注鯤魚　一曰魚之美者東海之鮞　呂覽本
子鮞未成魚也　味篇作
伊尹从魚而聲讀若而如之魼魚也从魚去聲
曰　切
去魚切玉篇丘於切魚也亦作鰈又他臘切廣
韻平聲魚注比目魚又收入聲盍爲鰈之重文按
魼鰈乃二字二音玉篇誤合爲一要非顧氏原文廣韻
承之亦當出後人史記司馬相如賦作鱋魶漢書作

魼鰨鱋即虛之俗體鮴或
同鰨俗又作鰈詳新附攷

魶魚似鼈無甲有尾
無足口在腹下从魚納聲　奴荅切　玉篇音同魚似鼈無
甲廣韻鰨收合作魶魚名
似鼈無甲有尾口在腹下　玉篇魶奴臘切鯨也　按玉篇鰨下有魶—
說文鰨下有鰨並當是重文今別作音義疑並後人改

鰨
虛鰨也从魚昜聲　土盍切　虛即魼之假借玉篇作
鰈他臘切比目魚重文作鰨即
鰨之譌廣韻鰨在鰈下中間一魼字—
注云魚名似鮎四足

鱒赤
目魚　玉篇作鱒注同廣韻亦作鱒引說文曰
赤目魚也釋魚鮅鱒郭注似鯶子赤眼　从魚尊聲
慈損
切

⿱欶魚魚也　廣韻
魚名　从魚欶聲　力珍切　玉篇譌
作數魚魚名

鰫魚也 玉篇魚名 从魚容聲 余封切廣韻無鄭注內則云今東海鰫魚有骨名乙在目旁狀如篆乙食之鯁人不可出

䱬魚也 玉篇廣韻魚名 从魚胥聲 相居切

鮪鮥也 詩碩人鱣鮪發發毛傳鮪鮥也釋魚鮥鮛鮪郭注鮪鱣屬也大者名王鮪小者名鮛鮪今宜都郡自京門以上江中通出鱏鱣之魚有一魚狀似鱣而小建平人呼鮥子即此魚也

周禮春獻王鮪 文月令季春之月薦鮪於寢廟 䱷人 从魚有聲 榮美切

䱍鯍也 周禮謂之䱍 禮字誤段君云李奇注上林曰周洛曰鮪蜀曰䱍鱛洛當作雒 从魚恒聲 古恒切玉篇作䱍公登公贈二切䱍鱛鮪也廣韻收去聲作䱍

鯍䱍鯍也从魚

㐬聲 武登切玉篇作鱛武登武亘二切䱼鱛重文作鯍注云說文鱛廣韻收去聲鐙作鱛

鮥 叔鮪也 釋魚叔作鮛魚部無鮛 从魚各聲 盧各切玉篇音洛大魚在俗字中蓋後人補廣韻收鐸注魚名又五格切陌部作鮥注海魚似鰒肥美按釋魚釋文云鮥字林作鮥巨救反又鮥當䱯云鮥字林作鮥音格云當䱯也與釋魚說文互易

鯀 魚也从魚系聲 臣鉉等曰系非聲疑从孫省古本切（稽丞）按六書故作鯀引說文魚亦作鰥五經文字云鯀或作鮌說文亜引書鮌亜洪水漢延光二年開母廟（漢隸字原今人表亦作鮌）石篆文作鮌則作鯀者乃後人改

鰥 魚也从魚眔聲 李陽冰曰當从罤省古頑切詩敝笱在梁其魚魴鰥毛傳鰥大魚鄭箋鰥魚子釋魚作鯤魚子魚部無鯤

鯉 鱣也 見釋魚郭

說文攷異　十二

注今赤鯉魚玉篇今赤鱓魚

从魚里聲良止切

鱣 鯉也从魚亶聲張連切玉篇鯉也大魚也頷下無鱗蓋本郭注頷上當有口在二字

鱣 籀文鱣繫傳下有如此二字

鱄 魚也从魚專聲旨兗切玉篇魚名廣韻魚名美也出洞庭湖呂覽本味篇作魚之美者■洞庭之鱄[鱄]譌南山經鱄魚其狀如鮒而彘毛其音如豚見則天下大旱

鮦 魚名从魚同聲一曰鱶也讀若絝襱直隴切玉篇直壟切鱧魚也又直久切蓋本郭注廣韻收腫有二韻一注魚名一注鮦陽縣在汝南釋魚鱧大鮦小者鮵

鱶 鮦也从魚蠡聲盧啓切玉篇注同重文作鱧廣韻鱶鱧並引說文不作重文

鰱 魚名一名鯉也一曰鯉繫傳作魚

一名鰊从魚婁聲洛侯切玉篇大青魚

鰜魚名繫傳韻會作鰱也从魚兼聲古甜切廣韻音同注比目魚誤玉篇公嫌胡兼二切鰱也

鯈魚名从魚攸聲直由切玉篇徒堯切白鯈魚也似雞赤尾六足四目又直流切廣韻收尤爲鮋之重文鮋注鯝鮋小魚又收蕭作鰷注白鰷魚名詩潛作鰷鄭箋鰷白鰷也釋魚鯝黑鰦郭注即白鯈魚江東呼爲鯝玉篇鯈蓋鯈譌似雞以下本北山經不應連上莊子秋水篇釋文引作直留反鯈作鰷

⿰魚豆魚名从魚豆聲天口切廣韻無

鯾魚名从魚便聲房連切玉篇魴魚也蓋本郭注海內北經

鯿鯾又从扁釋魚魴魾郭注江東呼魴魚爲鯿一名魾

魴赤尾魚玉篇注同韻會尾作色非从魚

方聲符方切詩汝墳魴魚赬尾毛傳赬赤也魚勞則尾赤鰟魴或从旁繫傳作籒文魴从旁玉篇亦云籒文廣韻無鱮魚名从魚與聲徐呂切詩敝笱其魚魴鱮毛傳魴鱮大魚鄭箋鱮似魴而鱗弱廣雅鱮鰱也鰱魚名从魚連聲力延切鮍魚名从魚皮聲敷羈切玉篇鰨魚也鰨呼蓋切魚名說文無⿰魚幼魚名从魚幼聲讀若幽於糾切玉篇於堯切鱮魚也廣韻收蕭魚名廣雅⿰魚幼鱮也曹音於堯反鮒魚名从魚付聲符遇切玉篇鰿魚易井谷射鮒釋文鮒音附魚名也子夏傳謂蝦蟇⿰魚巠魚名从魚巠聲仇成切鰿魚名

从魚脊聲資昔切玉篇鰿也重文作鰿鯽廣韻魚名重文作鯽鱺魚名从魚麗聲郎兮切玉篇魚似蛇無鱗甲其氣辟蠹蟲也廣韻■爲鱺重文鰻魚名■五音韻譜繫傳韻會並作魚也玉篇注同从魚曼聲母官切廣韻注鰻鯠魚也鱯魚名从魚蒦聲胡化切繫傳聲下有讀若瓠三字玉篇乎花切似鮎而大廣韻收去聲禡魚名似鮎白大■並本郭注釋魚釋文鱯引字林下號反魾大鱯也其小者名鮡繫傳韻會無其字釋魚魾大鱯小者鮡从魚丕聲敷悲切玉篇步悲切又敷■悲切廣韻兩收脂鱧鱯也郭注釋魚鱧鮦也蓋本毛傳魚麗从魚豊聲盧啓切玉篇爲鱺之重文廣韻引說

文重文作鱺釋魚釋文鱧音禮字或作鱺又作蠡同
引廣雅云鱺鯣鮦也本草作蠡云一名鮦魚陶注云今
皆作鱧字舊言是公蠣蛇所變又今亦有相生者
⿰魚果 鱧也 玉篇注同廣韻魚似鮎也蓋本廣雅
从魚果聲 胡瓦切
鱨 揚也 韻會同五音韻譜繫傳揚作楊譌毛傳魚麗鱨揚也
从魚嘗聲 市羊切玉篇黃鱨魚
鱏 魚名 从魚覃聲
傳曰伯牙鼓琴鱏魚出聽 余箴切玉篇徐林弋林二切鮪也廣韻兩收侵一注魚
名口在腹下（釋魚釋文引字林長鼻魚也重千斤）荀子勸學篇（大戴禮同）瓠巴鼓瑟而沈魚出聽伯牙
鼓琴而六馬仰秣淮南說山訓作瓠巴鼓瑟而淫魚出
聽高誘注云淫魚長頭身相半長丈餘鼻（鼻正白）正黑口在頷下
似鬲獄魚而[illegible]無鱗出江中也沈淫鱏聲[illegible]相近

鯢剌魚也 五音韻譜同繫傳缺剌字韻會作刺蓋譌 从魚兒聲 五雞切玉篇大魚似鮎四足聲如人鮎當作鮎廣韻注鯢鯨釋魚鯢大者謂之鰕郭注今鯢魚似鮎四脚前似獮猴後似狗聲如小兒啼大者八九尺別名鰕

鰼鰌也 釋魚文 从魚酋聲 似入切玉篇泥鰌也廣韻引爾雅云鰼鰌今泥鰌也並本郭注又引山海經云鰼魚狀如鵲而有十翼鱗在翼端聲如鵲今北山經作鰼鰼之魚其狀如鵲而十翼鱗皆在羽端其音如鵲可以禦火食之不癉

鰌鰼也从魚酋聲 七由切玉篇狀似鱧而小廣韻魚名二月有之 釋魚釋文引字林云似鱓短小也

鯇魚名从魚完聲 戶版切玉篇戶本切魚似鱒而大廣韻收潸魚名又胡本切釋魚鱧鯇郭注今鯶魚似鱒而大 釋文鯇華板反郭胡本反字林下短反

魠　哆口魚也从魚乇聲　他各切玉篇名黃頰　蓋本郭注上林賦廣韻
鮆　飲
[illegible]云魠鱴也一名鮆類鱴魚見東山經郭注同
而不食刀魚也九江有之从魚此聲　徂礼切玉篇刀魚　也短也廣韻無
南山經具區其中多鮆魚郭注鮆魚狹薄而長
■釋魚鮤鱴刀郭注今之鮆魚也亦呼爲鱽魚　鮀　鮎
釋文引字林云刀魚也才戟反
釋魚鯊鮀毛傳　徒何　繫傳
也　魚麗鯊鮀也　从魚它聲　切　鮎　鰋也　韻會
鰋作　从魚占聲　奴兼切玉篇鰋也詩魚麗鰋鯉■
鰋■　毛傳鰋鮎也釋魚■鰋鮎郭注鮎別
名鯷江東通　鰋　鮀也从魚晏聲　於幰切玉篇作
呼鮎爲鰋　鰋爲鰋之重文
廣韻止　鰋　鰋或从匽　經典通　鮷　大鮎也从魚弟
收鰋　作鰋

聲杜兮切釋魚郭注作鮧釋文鮧大兮反引說文云大鮎也玉篇作鮷廣韻鮷大鱧鮧鮎也並杜奚切

鱺魚名从魚賴聲（玉篇同繫傳作魚也以下魚名並作魚也）洛帶切玉篇力大切又他達切廣韻收去入二聲

⿰魚朁魚名从魚朁聲鉏箴切五音韻譜繫傳作⿰魚替譌玉篇子林切廣韻子禁切

⿰魚翁魚名从魚翁聲烏紅切

⿰魚臽魚名从魚臽聲尸賺切五音韻譜尸作戶是也玉篇公念切魚也又音陷見山海經北山經作⿰魚臽父之魚其狀如鮒魚魚首而彘身食之已嘔⿰魚臽音陷廣韻古念切魚名

鱖魚名从魚厥聲居衛切玉篇居月切魚大口細鱗班彩廣韻去聲注魚名大口細鱗有班文一曰婢魚也又收入聲釋魚鱊鮬鱖鯞郭注小魚也似鮒子而黑俗呼為魚婢江東呼為妾魚

鯫

白魚也从魚取聲士垢切玉篇作鯫徐垢切白魚也廣韻收平聲尤注云魚名又小人之皃也又收上聲

鱓魚名皮可爲鼓繫傳作魚也皮可以爲鼓从魚單聲常演切玉篇爲鮔之重文鮔市演切魚似蛇廣韻鱓魚名引異苑云死人髮化也常演切按鱓當與鼉通詩鼉鼓逢逢釋文鼉徒何反沈又音檀毛云魚屬草木疏云形似蜥蜴四足長丈餘甲如鎧皮堅厚宜冒鼓則非篇韻所稱之鱓[illegible]當音徒何切

鮸魚名出薉邪頭國从魚免聲亡辨切地理志樂浪郡有邪頭昧

魵魚名出薉邪頭國繫傳韻會無名字釋魚魵鰕郭注出穢邪頭國見呂氏字林不知字林本說文也从魚分聲符分切玉篇逢粉切

廣韻收平上二聲釋魚釋文引郭云小鰕別名

鰟 魚名出樂浪潘國从魚旁聲 郎古切段君云樂浪潘國真番也番音潘

鰸 魚名狀似蝦 繫傳作魚也狀似鰕玉篇魚名 無足長寸大如叉股出遼東从魚區聲 豈俱切廣韻魚名出遼東似蝦無足

鯜 魚名出樂浪潘國 繫傳名作也潘作番下䱂⿰魚匊魦鯜注中並同作魚也 从魚妾聲 七接切

䱂 魚名出樂浪潘國从魚市聲 博蓋切廣韻魚名食之殺人蓋本北山經北山經敦水東流注于鴈門之水其中多䱂䱂之魚食之殺人

⿰魚匊 魚名出樂浪潘國从魚匊聲

一曰鮈魚出江東有兩乳 居六切鱀傳作一曰鮈出九江有兩乳一曰溥浮晉書
音義引作鮈出樂浪番國一名江豚多膏少肉一曰出
江有兩乳一名江豚恐非蓋雜他說詳攷釋魚鱀是鱁郭注鱀
鰿屬也體似鱏尾如鮈魚釋文鮈引字林
云魚有兩乳出樂浪一曰出江說文同

鯋 魚名出樂浪潘國从魚沙省聲 所加切玉篇音同鮫今訓魚廣韻收麻爲鯊之重文鯊
魚名今之吹鯊小魚是也又收戈㛗
詩魚麗于罶鱨鯊毛傳鯊鮀也恐不類

鱳 魚名出樂浪潘國从魚樂聲 盧谷切五音韻譜谷作各是也玉篇力各切魚也廣韻無

鮮 魚名出貉國从魚羴省聲 相然切玉篇思連切生也善也好也又思淺切

少也廣韻收平上二聲釋鰅魚名皮有文出樂浪東
詁鮮善也鄭箋新臺同
暆繫傳韻會樂浪下神爵四年初捕收輸考工韻會
有番國二字繫衍脫四
字繫傳周成王時揚州獻鰅逸周書王會解作揚
收作取州禺禺魚名解喻冠
从魚禺聲魚容切繫傳从魚禺聲在考工下玉篇鱅
娛容切廣韻收鍾引說文又收虞
魚名从魚庸聲蜀容切玉篇與恭市恭二切魚似鰱
蓋本郭注上林賦廣韻兩收鍾一注魚
名一注魚名似牛音如豕蓋本東山經東山經鰂烏鰂
食水其中多鱅鱅之魚其狀如犂牛其音如彘鳴
魚名集韻類篇引同五音韻譜烏作鰞非魚部無从魚
鰞繫傳韻會作烏鰂也無魚名二字

則聲　昨則切　鰂　鰂或从即　玉篇鰂下重文作鱡文鯽
爲鰿之重文廣韻鯽爲
鰿之重文收昔鱡注烏鱡魚引崔豹古今注云一名　鮐
河伯度事小史重文作鰂收德　又職韻有鯽注魚名
海魚名　李注文選七命引作海魚也玉篇廣韻魚也　从魚
劉注吳都賦云䲕鮐狀如科斗大者尺餘腹下白背上
青黑有黃文性有毒豫章人珍之
台聲　徒哀切　鮊　海魚名从魚白聲　旁陌切擊傳聲
下有讀若書白
不黑六字或當是書墨之墨傳寫譌也玉篇手
亞切海魚也廣韻收入聲陌注魚名去聲禡有鮁注
海魚　鰒　海魚名从魚复聲　蒲角切玉篇步角
名　切海魚也又音伏廣
韻收屋覺二　鮫　海魚皮可飾刀从魚交聲　古肴
韻當作鰒

切繫傳韻會魚下有也字玉篇鰭屬皮有文廣韻
魚名皮有文可飾刀郭注中山經云鮫䱿魚類也皮有
珠文而堅皮　鱷海大魚也从魚畺聲春秋傳曰
可飾刀劒
取其鱷鯢　渠京切左傳宣十二年作取其鯨鯢而封之廣韻大魚雄曰鱷雌曰鯢　鯨鱷或从京　玉篇
■正作鯨注魚之王重文作鱷　鯁魚骨也从魚更聲　古杏切廣韻刺在喉又骨鯁謇
諤之　鱗魚甲也从魚粦聲　力珍切　鮏魚臭也从魚
臣
生聲　臣鉉等曰今俗作鯹桑經切玉篇廣韻有重文鯹　鱢鮏臭也从魚喿
聲周禮曰膳膏鱢　穌遭切周禮作臊釋文同段君云當作讀若周禮曰膳膏臊　鮨

魚脂䲈也出蜀中从魚旨聲一曰鮪魚名旨夷切玉篇巨梨切魚名
又鮓屬重文作鰭廣韻䱔渠脂切釋器魚謂之鮨郭
注鮨鮓屬也見公食大夫禮釋文鮨字林止尸反公食
大夫禮牛鮨鄭注
引內則鮨爲膾
鮺藏魚也南方謂之魿北方謂
之鮺从魚差省聲側下切繫傳从魚差省聲句在南方上玉篇作鮺有重文鮓籀文
䰽廣韻上聲馬作鮓引釋名曰鮓葅也
以鹽米釀魚以爲葅令釋名作釀之如葅
魿鮺也
一曰大魚爲鮺小魚爲魿从魚今聲徂慘切繫傳从魚今
聲在一曰上玉篇爲鯵之重文鯵才枕才葴二切大
魚爲鮓小魚爲鯵廣韻收平聲侵亦爲鯵之重

文注多一曰北方曰鮮南方曰鮗十字又收上聲寑作鯰注大魚則徂慘切非

鮑 饐魚也 六書故引唐本曰瘞魚也玉篇漬魚也今謂裛魚 从魚包聲 薄巧切釋名鮑魚鮑腐也埋藏奄使腐臭也

鯪 蟲連行紆行者 鄭注考工記云連行魚屬紆行蛇屬 从魚令聲 郎丁切玉篇力巾力丁二切魚連行也廣韻收真青二韻

鰕 魵也 釋魚魵鰕玉篇魵也長須蟲也廣韻注大鯢并本釋魚 从魚叚聲 乎加切

鰝 大鰕也 釋魚鰝大鰕郭注鰕大者出海中長二三丈鬚長數尺今青州呼鰕魚爲鰝 从魚高聲 胡到切

鮂 當互也 从魚咎聲 其久切釋魚鯦當魱郭注海魚也似鯿而大鱗肥美多鯁今江東呼其最

說文攷異　二十四

大長三尺者爲當魱釋文云鮥字林作鮥音格云當魱也顧作鮥同按玉篇無鮥有鮥適當說文鮥字之次更白切海魚也蓋以鮥當鮥廣韻入聲陌有鮥注海魚似鯾肥美即本郭注亦不收鮥據此疑鮥爲鮥之譌字林音格亦當是鮥

魧大貝也釋魚貝大者魧郭注引書大傳曰大貝如車渠車渠謂車輞即魧屬一曰魚膏从魚亢聲讀若岡古郎切五音韻譜作魧繫傳同从魚亢聲在一曰句上玉篇乎郎切魚名又音剛廣韻兩收唐

鮩蚌也从魚丙聲兵永切玉篇步梗切廣韻收耿蒲幸切蛤鮩

鮚蚌也从魚吉聲漢律會稽郡獻鮚醬巨乙切繫傳醬下有三斗二字廣韻引作會稽獻鮚醬二升升即斗之譌藾下云會稽獻藾一斗

地理志會稽郡鄞有鮚埼亭注師古曰鮚蚌也長一寸廣二分有一小蟹在其腹中埼曲岸也其中多鮚故以名亭郭景純江賦作瑣蛣腹蟹

鮅 魚名从魚必聲 毗必切玉篇畀吉切魚廣韻音同引爾雅曰鱓鱒郭璞云似鱓子赤眼按今釋魚作鮅鱒釋文鮅音必引字林云魴也字無音恐本作必常見之字故不音也說文鮅字疑亦後人增鱓字更甚玉篇自鮅至鮑十字疑皆後人補說無次序可檢尋也

鱹 魚名从魚瞿聲 九遇切玉篇廣韻並無疑鱯之譌字爲後人增

鯸 魚名从魚侯聲 乎鉤切玉篇鯸鮔䱧也食其肝殺人廣韻鯸鮔魚名鮔即鮔譌北山經河源其中多赤鮭郭注今名鯸鮐魚吳都賦王鮪鯸鮐 鮔通作鮐魚部無鮔

鯛 骨耑脃也 脃當作肥繫傳作魚骨耑脆脆字更俗 从魚周

聲 都僚切玉篇丁幺切廣韻都聊切並注魚名 ⿰魚卓烝然⿰魚卓⿰魚卓从魚卓聲
都教切玉篇廣韻並無按詩南有嘉魚作烝然罩罩
毛傳罩罩篧也釋器作篧謂之罩郭注捕魚籠也
网部罩注捕魚器與毛傳釋器 鮁鱣鮪鮁鮁 楊倞注荀
子勸學篇引同詩碩人作鱣鮪發發毛傳發發盛
此蓋三家詩如汕引詩之義與毛異
合不應更作⿰魚卓疑後人增
貌釋文云發韓詩作鱍玉篇作鱍市活普活二切尾
長皃廣韻兩收末並作鱍與韓詩合 从魚犮聲 北末切 ⿰魚夫
唐石經作撥淮南說山訓引詩作潑水部無潑
鯕魚 玉篇注⿰魚夫鯕魚也 出東萊从魚夫聲 甫無切 鯕
廣韻⿰魚夫鯕魚名
魚名 玉篇⿰魚夫鯕 从魚其聲 渠之切 鮡魚名从魚兆聲
廣韻編魚

治小切釋魚鮡大鱯小者鮡釋文鮡音兆又音姚玉篇治橋切大鱯也廣韻治小切魚名似鮎而大[illegible]按此字當次在前（與釋魚不合）

魮魚名廣韻同玉篇魚也从魚匕聲呼跨切

鱻新魚精也从三魚不變魚徐鍇曰三衆也衆而不變是鱻也相然切玉篇思連切鳥獸新殺曰鱻亦作鮮廣韻引說文

文一百三　重七

𩺰二魚也玉篇廣韻引同繫傳下有闕字凡𩺰之屬皆从𩺰語居切

瀺捕魚也从𩺰从水語居切繫傳作从水𩺰廣韻爲漁之重文漁引說文云捕魚也又引尸子曰燧人之世天下多水故教民以漁也

漁篆文瀺从魚

文二　重一

燕　玄鳥也廣韻引下有作巢避戊己五字蓋即[illegible]焉注籋口布翄繫傳韻會翄作翅翼下同枝尾象形凡燕之屬皆从燕於甸切玉篇於見切乙也白脰鳥也又於先切國名廣韻收平去二聲

文一

龍　鱗蟲之長能幽能明能細能巨能短能長春分而登天秋分而潛淵从肉飛之形童省聲臣鉉等曰象宛轉飛動之皃繫傳無聲字韻會引有又从肉下有巳肉二字即徐說繫傳鍇曰巳肉飛也凡龍之屬皆从龍力鍾切六書故作龍引說文唐本从肉从飛又童省其說不足信

龗　龍也从龍霝聲郎丁

切玉篇又作靈神也善也或作⿰霝鬼

龕 龍皃从龍合聲 口含切繫傳皃下有也字韻會無玉篇作龕龍皃也受也聲也盛也廣韻作龕塔也亦曰龍皃又云塔下室九經字樣作龕龍皃也六書故作龕引唐本今聲

⿱幵龍 龍耆脊上⿱幵龍⿱幵龍从龍幵聲 古賢切耆當作者五音韻譜作从龍幵聲是也繫傳亦有从字耆作鬐非髟部無鬐詳新附攷玉篇古田丁篋二切龍鬐耆廣韻收平聲引說文作鬐耆非

龖 飛龍也 玉篇也作皃廣韻龍飛之狀 从二龍讀若沓 徒合切

文五

飛 鳥翥也象形凡飛之屬皆从飛 甫微切廣韻古通用⿰飛異

翄也从飛異聲 与職切 繫傳聲下有籒文𦐊翼三字玉篇注籒文翼字

篆文𩙺从羽 玉篇收羽部

文二 重一

非 違也 韻會作遺也譌華嚴經音義卷二十一引作猶違也猶字衍玉篇不是也下也隱也責也 从飛下翄取其相背 廣韻不是也責也違也、夢英作非按說从肉取之形則非近之 凡非之屬皆从非 甫微切

𩇨 別也 从非己聲 非尾切 玉篇孚匪孚利二切別也廣韻收上去二聲上聲引說文

靡 披靡也 廣韻引同玉篇無也好也罪累也靡靡布帛之細好也又侈靡也奢侈也 从非麻聲 文彼切

靠 相違也 从非告聲 苦到切 玉

篇口告巨蔫二切靠理相違也廣韻止收去聲相違也

陛　牢也　韻會作陛牢謂之獄陛非許書所以拘非也　一切經音義卷十三引也上有者字廣韻引非作罪玉篇注陛牢也所以拘罪人也當本說文　从非陛省聲　邊兮切

文五

卂　疾飛也从飛而羽不見凡卂之屬皆从卂　息晉切　玉篇亦作迅

煢　回疾也　繫傳韻會回下有飛字廣韻獨也一曰迴飛也　从卂營省聲　渠營切

文二

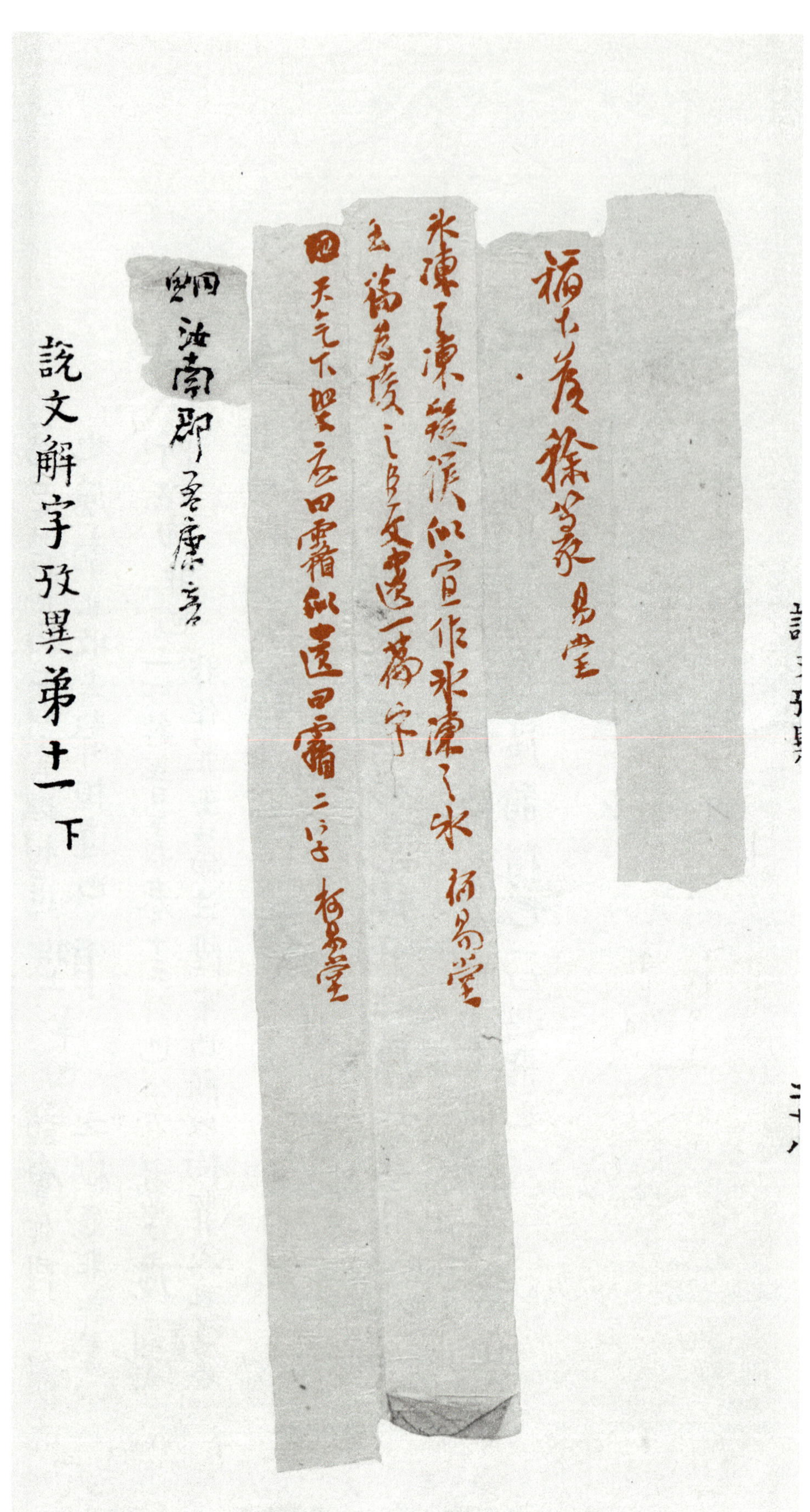

說文解字攷異弟十一下

說文解字攷異弟十二上

三十六部　七百七十九文　繫傳作七百八十二[illegible]實七百七十八

重八十四　繫傳作八十實七十九　凡九千二百三字

乙　玄鳥也　玉篇注同繫傳韻會作燕燕玄鳥也廣韻引作燕乙玄鳥也　齊魯謂之乙　釋鳥[illegible]燕燕鳦郭注引詩云燕燕于飛一名玄鳥齊人呼鳦　取其鳴自呼　繫傳呼作嘑韻會作謼　象形凡乙之屬皆从乙　徐鍇曰此與甲乙之乙相類其形舉首下曲與甲乙字少異烏轄切玉篇於秩切廣韻收質作鳦於筆切引說文作乙烏轄切若益

宋人引鳦乙或从鳥玉篇又收鳥部孔通也从乙从子乙請子之候鳥也乙至而得子嘉美之也繫傳子上無从字韻會通也下有嘉美之也四字非古人名嘉字子孔康董切五音韻譜董作董乳人及鳥生子曰乳獸曰產从孚从乙乙者玄鳥也明堂月令玄鳥至之日祠于高禖以請子故乳从乙請子必以乙至之日者乙春分來秋分去開生之候鳥繫傳候下有亥字衍帝少昊司分之官也而主切昊當作昦玉篇以養子也生也字也鳥之生子曰乳廣

韻柔也

文二　重一

不鳥飛上翔不下來也从一一猶天也廣韻引無猶字象形凡不之屬皆从不方久切玉篇甫負府牛二切廣韻上聲引說文又收平聲

否不也从口从不不亦聲徐鍇曰不可之意見於言故从口方久切玉篇方久切可否也又彼偽苻彼二切廣韻收上聲旨有二韻有引說文按口部有否此重出

文二

至鳥飛从高下至地也从一一猶地也象形廣韻引無从一以下六字不上去而至下來也凡至之屬皆从至脂利切

𦤳古

文至玉篇作坔到至也从至刀聲都悼切臻至也釋詁到臻至也
从至秦聲側詵切𦤶忿戾也从至至而復遜遜遁也
繫傳遜並作孫周書曰有夏氏之民叨𦤶多方作有夏之民叨懫釋文懫
引說文之二反誤[illegible]心部無懫𦤶讀若摯丑利切繫傳摯下有同字臺觀四方而高
者繫傳韻會下有也字釋宮四方而高曰臺从至从之从高省與室屋同意
徒哀切繫傳作从至高省與
室屋同意之聲釋名臺持也築土堅高能自勝持也方言臺支也臸到也从二至人質切玉篇而力而
吉二切廣韻收
質人質切
文六重一

西 鳥在巢上 繫傳及廣韻引下有也字韻會亦有鳥上有宿也二字非 象形日在西方而鳥棲故因以爲東西之西 繫傳下有也字棲作西韻會作栖非無也字廣韻引作西亦無也字 凡西之屬皆从西 先稽切

棲 西或从木妻 繫傳在籀文下作俗西从木妻

卤 古文西 玉篇同廣韻在籀文下譌作卤

卥 籀文西

䳏 姓也从西圭聲 戶圭切 廣韻引說文同玉篇無繫傳下有鍇按張說梁四公記有䳏闖廣韻作蜀姓也梁四公子蜀闖之後

文二　重三

鹵 西方鹹地也 一切經音義卷二卷九引同左傳襄二十五年釋文引脫地字 从西省象鹽

說文攷異

狄

形繫傳者下有囱字一切經音義引作從西省下象鹽形也■安定有鹵縣地理志同左傳昭元年晉荀吳帥師敗狄于大鹵公羊傳作大原東方謂之㡿西方謂之鹵凡鹵之屬皆从鹵郎古切

鹺鹹也从鹵差省聲河內謂之鹺沛人言若虘昨何切繫傳虘作虛譌玉篇作鹺廣韻作鹺引禮云鹽曰鹹鹺

鹹銜也北方味也从鹵咸聲胡毚切■

■■玉篇苦也引爾雅注苦即大鹹見釋言郭注

文三

鹽鹹也从鹵監聲古者宿沙初作煑海鹽繫傳韻會宿作

係夙廣韻引海下有爲字玉篇注宿沙煑海爲鹽（一切經音義卷二卷九引有天生曰鹵人生曰鹽八字）凡鹽之屬皆从鹽余廉切

鹽　河東鹽池袤五十一里廣七里周百十六里繫傳韻會河上有古字百下有一字後漢書章帝紀注引百下亦有一字無古字　从鹽省古聲公戶切

鹼　鹵也从鹽省僉聲魚欠切玉篇公漸切收鹵部廣韻收平上三聲

文三

戶　護也半門曰戶繫傳曰作爲廣韻韻會引同玉篇所以出入也一扉曰戶兩扉曰門　象形凡戶之屬皆从戶矦古切

戾　古文戶从木

繫傳無戶字

扉　戶扇也玉篇引爾雅曰闔謂之扉又引說文　从戶非聲甫微切

扇　扉也廣韻引玉篇注同韻會作戶扉也非　从戶从翄聲式戰切五音韻譜聲作省是也繫傳作从戶翅省六書故云扇說文唐本从羽徐本从翅省聲

房　室在旁也从戶方聲符方切

戾　輜車旁推戶也玉篇引無戶字　从戶大聲讀與釱同　徒蓋切釱當是軑玉篇徒泰他厲二切亦作軑廣韻止收𩆷注輜車

戹　隘也　从戶乙聲於革切玉篇困也災也亦作厄

肁　始開也从戶从聿　臣鉉等曰聿者始也治矯切五音韻譜矯作小與廣韻合繫傳聿下有聲字衍　鍇曰肇字从此與若反　玉篇治矯切始

也謀也按經典通作肇

扆 戶牖之間謂之扆 釋宮作牖戶之間謂之扆 从戶衣聲 於豈切

⿸戶去 閉也从戶劫省聲 口盍切玉篇羌據公荅二切閉戶聲廣韻收去入二聲 當是从戶去聲

扃 外閉之關也从戶冋聲 古熒切

文十　重一

門 聞也从二戶象形 玉篇人所出入也在堂房曰戶在區域曰門又引說文同 凡門之屬皆从門 莫奔切

閶 天門也 玉篇閶闔天門也 从門昌聲楚人名門曰閶 尺量切玉篇引同繫傳無曰字

闈 宮中之門

也釋宮宮中之門謂之闈从門韋聲羽非切⿵門詹⿵門詹謂之樀
釋宮作檐樀廟門也从門詹聲余廉切閎巷門也繫傳
韻會巷作巷玉篇巷頭門也廣韻引爾从門厷聲
雅曰衖門謂之閎郭璞云閎衖頭門
戶萌切閨特立之戶繫傳韻會下有也字一切經音義
卷十九引作特立之門也玉篇注同
上圜下方玉篇注同繫傳圜作員韻會作圓並非有似圭从門圭聲古攜
切五音韻譜攜作擕是也繫
傳韻會作从門圭圭亦聲閤門旁戶也玉篇小閨謂之閤門
旁戶也上本釋宮下本說文吉沓切从門合聲闒樓上戶也从門

㒳聲 徒盍切廣韻音同門樓上屋又引說文同玉篇徒臘切樓上戶也又敕臘切定意也下意也段君云齊風傳曰闥門內也許書無闥闒即今闥字西京賦上飛闥而仰眺西都賦排飛闥而上出此二闥皆樓上戶在高處故名之曰飛

閈 門也 玉篇廣韻集韻左傳襄三十一年釋文釋宮釋文後漢書馬援傳注引並作閭也 从門干聲汝南平輿里門曰閈 侯旰切玉篇引同繫傳及釋宮釋文引輿作與

閭 里門也从門呂聲周禮五家爲比五比爲閭閭侶二十五家相群侶也 力居切韻會引群作羣玉篇注同侶當作呂詳新附攷

閻 里中門也 玉篇巷也又引說文同 从門臽聲 余廉切

壔闉或从土（廣韻引同玉篇收土部注巷也）闤市（外）門也（玉篇注同一切經音義卷二十二引作闤闠市門也非門部無闤）从門貴聲（胡對切）闉城内重門也（玉篇注同李注文選謝宣遠顏延年詩引並作城曲重門也詩出其東門正義引作闉闍城曲重門廣韻闉闍城上重門）从門垔聲詩曰出其闉闍（於眞切）闍闉闍也（集韻引作因闍城門臺也因字誤——毛傳闉曲城也闍城臺也釋宮闍謂之臺）从門者聲（當孤切玉篇市遮當胡二切城門臺也廣韻收模麻二韻）闕門觀也（釋宮觀謂之闕）从門欮聲（去月切擊傳韻會作从門厥省聲玉篇祛月切象魏闕也又失也少也又

仇月切左氏傳曰若闕地及泉廣韻門觀也引廣雅曰象魏闕也又引釋名曰闕在門兩旁中央闕然爲道也去月切

閞 門槫櫨也 繫傳韻會槫作欂 玉篇廣韻注同 从門幵聲 皮變切玉篇音同廣韻收願線二韻釋宮閞謂之槉郭注柱上欂也亦名枅

𨳌 門扇也 玉篇廣韻注同 繫傳作門扉也 从門介聲 胡介切

闔 門扇也 玉篇廣韻引同繫傳韻會作門扉也釋宮闔謂之扉 一曰閉也 一切經音義卷十二引作合也恐非說文 从門盍聲 胡臘切

闑 門梱也 釋宮橛謂之闑郭注門閫玉篇門橜也亦門梱賈疏聘禮云古者門有二闑二闑之閒謂之中門惟君行中門臣由闑外 从門臬聲 魚列切

說文引經

切

閾　門榍也　釋宮柣謂之閾　柣即榍之別體　木部無柣　从門或聲論語曰

行不履閾　于逼切玉篇門限也蓋本孔注　閪　古文閾从洫　閬　門

高也　李注文選甘泉賦引作門高大之皃也蓋有增字玉篇高門■　从門良聲巴

郡有閬中縣　來宕切　闢　開也从門辟聲　房益切　闓

虞書曰闢四門　引書在闢下　闢當作闢　蓋後人改　从門从𠬞　玉篇注古文廣韻無

闟　闢門也　玉篇闟闢也　从門爲聲國語曰闟門而與

之言　韋委切廣韻引無而字韻會同　闡　開也　玉篇

與今魯語合列女傳有而字

大也開也明也从門單聲易曰闡幽昌善切開張也从門从
幵苦哀切繫傳韻會作从門幵聲閞古文繫傳廣韻無玉篇有闓開
也从門豈聲苦亥切玉篇音同又音開廣韻收上聲注云亦音開閜大開
也从門可聲大杯亦爲閜火下切杯當桮（作）繫傳及玉篇引作桮亦非
方言閜杯也其大者謂之閜廣韻大裂衣閘開閉門也玉篇引同廣韻引無
也从門甲聲烏甲切廣韻收狎音同引說文字又收盍注閉門玉篇乙甲切閟
閉門也从門必聲春秋傳曰閟門而與之言

説文攷異

兵媚切按內外傳並無此文唯左傳莊三十二年曰初
公築臺臨黨氏見孟任從之閟而以夫人言許之
或所引即此而傳寫譌 閣所以止扉也 玉篇引同繫傳韻會也作者釋言所
以止扉謂之閣釋文云閣本亦作閣音
各郭注本無此字閣謂郭止作閣 从門各聲
古洛切 閒隙也 韻會一切經音義卷二十三引隙作隙是也𨸏部無隙 从門从
月 徐鍇曰夫門夜閉閉而見月光是有閒隙也古閑切繫傳隙作隙玉篇居閑切隙也又居莧切迭也又音閑廣韻收平去二聲
閞古文閒 按什當是外繫傳閒下有如此二字
閜門傾也 玉篇引同又引上林賦云坑衡閜砢今賦作阬衡閜砢廣韻注閜砢欲傾皃

从門阿聲烏可切 閼遮攔也 玉篇引同繫傳韻會攔作壅非土部無壅 从門於聲 烏割切玉篇於達切又於虔切引漢書云閼氏單于妻廣韻收入聲曷止也塞也又收平聲先釋天太歲在甲曰閼逢釋文閼烏割反又於歇反又於虔反 ⿵門䜌開閉門利也 繫傳門下有戶字玉篇開閉戶利也廣韻開閉門利 从門䜌聲 䜌系部作䜌 一曰繫傳一縷 作或 十紘也 臣鉉等曰䜌非聲未詳旨沇切 按閼从於聲或收先韻 聲字疑衍繇與由通論語誰能出不由戶則䜌未必非聲 紘爲冠卷非數名疑綹之譌 緯十縷爲綹也玉篇之羨止兗二切廣韻旨兗切 ⿵門曷門聲也 玉篇注同廣韻門扇聲 从門曷聲 乙鎋切 闀門響也

玉篇門頭也引說文門響也廣韻同从門鄉聲許亮切闌門遮也玉篇遮也牢也又酒闌从門柬聲洛干切閑闌也从門中有木戶閒切閉闔門也廣韻引同玉篇闔門也塞也从門才所以歫門也博計切繫傳歫作距韻會同重一才字左傳桓五年釋文引字林方結反廣韻殺入聲屑閡外閉也从門亥聲五漑切玉篇止也与礙同闇閉門也从門音聲烏紺切玉篇閉門也幽也与暗同關以木橫持門戶也廣韻引同又引聲類曰關所以閉也从門𢇇聲古還切闟關下牡也从門龠聲以灼切玉篇固關令不可開或作籥

廣韻作鑰

闐　盛皃　玉篇引詩云振旅闐、闐、闐闐、盛皃或作窴　从門眞聲　待季切

闛　闛闛盛皃　論語曾子曰堂堂乎張也難與並爲仁矣集解引鄭曰言子張容儀盛而於仁道薄也　从門堂聲　徒郎切玉篇音同引說文又他郎切引上林賦云闛鞈鼓聲也廣韻兩收唐一引說文

闇　豎也宮中奄閽閉門者　五音韻譜宮作宮是也繫傳韻會同豎作豎俗奄作閹一切經音義卷一引作宮中閹昏閉門者也卷十卷二十引作閹豎宮中閹昏閉門者也　从門奄聲　英廉切

閽　常以昏閉門隸也从門从昏昏亦聲　呼昆切繫傳韻會作从門从昏聲玉篇引周禮注云閽人司晨昏以啓閉者也形人墨者使守門囿御苑也

闚閃也从門規聲 去隓切玉篇相視也与窺同廣韻小視重文作窺 䦨妄入宮掖也 廣韻妄入宮門 从門䜌聲讀若闌 洛干切玉篇妄也無符傳出入爲䦨令作闌 𨳝登也从二二古文下字 繫傳登作聲譌玉篇登也廣韻作𨳝六書故云𨳝徐本从下唐本从上 讀若軍敶之敶 臣鉉等曰下言自下而登上也商書曰若升高必自下直刃切 閃闚頭門中也 廣韻引玉篇注同一切經音義卷十七引作窺頭皃也蓋脫 从人在門中 失冉切 閱具數於門中也从門說省聲 弋雪切繫傳韻會作具數於門中从門兌聲玉篇簡軍實也引史記云人臣功有五明其等

繫傳無讀若闌三字

[illegible]

曰伐積伐曰閱　闋事已閉門也　一切經音義卷七引作事已曰闋　从門癸聲
傾雪切玉篇苦穴切止也訖也息也終也廣韻音同終也則傾雪切非　闞望也从門敢聲
苦濫切玉篇口濫切視也望也臨也又呼減切引詩闞如虓虎廣韻收上去二聲　闊疏也　玉篇遠也
疏也　从門活聲　苦括切　閔弔者在門也从門文聲　臣鉉等曰
今別作憫非是眉殞切玉篇病也傷痛爲閔　𢻷古文閔　[illegible]作𢻷　繫傳作𢻷古文閔从思韻會
同玉篇思部有𢥞注云傷也古文慜　闖馬出門皃从馬在門中讀若
郴　丑禁切廣韻音同玉篇敕蔭切馬出門皃引公羊傳曰開之則闖然何休云闖出頭皃或作覘

文五十七　重六

耳　主聽也象形　玉篇引同又引易曰坎爲耳白虎通曰耳者腎之候也論語云汝得人焉耳乎孔安國曰耳辭也　凡耳之屬皆从耳　而止切

耴　耳垂也从耳下垂象形春秋傳曰秦公子輒者其耳下垂故以爲名　陟葉切　繫傳作秦公子耴耴者其耳垂也故以爲名玉篇引作秦公子名耴者其耳下垂因以爲名〔當不誤〕按左傳僖十五年有公子縶杜注秦大夫所引當即此縶爲馬馽之重文馽讀若輒也〔玉篇引最古〕

⿰耳占　小垂耳也　玉篇引說文云小耳垂〔[illegible]皆〕〔曰宋同〕廣韻亦注小耳垂　从耳占聲　丁兼切

耽　耳大垂也　廣韻引玉篇注同一切經音義卷十三十五引無垂字蓋脫　从耳冘聲　詩曰士之耽兮　丁含切玉篇集韻引詩同繫傳士作女

聃　耳曼也　玉篇引同廣韻注耳漫無輪（漫字俗 水部無漫）　从耳冄聲　他甘切

⿰耳甘　聃或从甘　廣韻無

聸　垂耳也　玉篇廣韻引同一切經音義卷十五引作耳垂也　从耳詹聲　南方聸耳之國　都甘切玉篇廣韻作南方有聸耳之國繫傳作南方有聸耳國

耿　耳著頰也　从耳烓省聲　集韻類篇引同五音韻譜著作著繫傳韻會亦作著烓作烱非火部無烱　杜林說耿光也　从光聖省　繫傳同韻會作杜林說畐也

从火聖省聲謁凡字皆左形右聲杜說非也徐鍇曰凡字多右形左聲此說或後人所加或傳寫之誤古杳切聲傳省下有聲字作凡字皆左形右聲耿光說非是鍇曰今接鳥部多右形左聲不知此言後人加之邪將傳寫失之邪玉篇耳部無耿盍聧火部熲注云或作耿盍耳部聧

聯連也从耳耳連於頰也从絲絲連不絕也力延切玉篇作聯連也引周禮八灋治官府三曰官聯以會官治鄭曰國有大事一官不能獨共則六官共舉之聯爲連事通職相佐助也

聊耳鳴也玉篇引同又引詩云聊與之謀聊願也又且略之辭从耳卯聲洛蕭切

聖通也从耳呈聲式正切玉篇引書曰睿作聖又引風俗通云

聖者聲也聞聲知情故曰聖也

聰察也从耳悤聲　倉紅切玉篇聰明也察也

引書云聰作諜

聽聆也从耳悳壬聲　繫傳作从悳从耳从壬聲韻會壬上無从字餘同　他定切玉篇他丁他定二切廣韻收平去二聲

聆聽也从耳令聲　郎丁切玉篇引蒼頡篇耳聽曰聆

職記微也　玉篇引同又引爾雅曰主也業也業當是常非爾雅

从耳戠聲　之弋切廣韻引爾雅云職主也常也博雅云業也字林云記微也

聒讙語也从耳昏聲　古活切玉篇作聒引說文

聥張耳有所聞也　玉篇引無也字又引蒼頡篇聥驚也廣韻注亦無也

从耳禹聲　王矩切

聲音也　玉篇引同又引書曰聲依永律和聲

从耳殸聲　殸籒文磬

書盈切繫傳無殸籒文磬四字聞知聞也繫傳作知聲也玉篇廣韻韻會一切經音義卷十四十八引並同从耳門聲無分切玉篇武云切又音問廣韻平聲引說文又收去聲引詩令聞令望䎽古文从昏繫傳作䎽古文聞从昏玉篇作䎽聘訪也玉篇引同又引禮記云諸侯使大夫問於諸侯曰聘从耳甹聲匹正切聾無聞也从耳龍聲盧紅切玉篇引左氏傳云耳不聽五聲之和謂之聾聾不聞也聳生而聾曰聳从耳從省聲息拱切廣韻作聳引說文韻會作聳引作生而耳聾曰聳从耳從聲玉篇亦作聳並不省方言聳聾也生而聾陳楚江淮之閒謂之聳荊揚之閒及山之東西雙聾

者謂之聳

聹　益梁之州謂聾爲聹秦晉聽而不聞聞而不達謂之聹　繫傳不聞作不聽韻會同無梁益以下八字玉篇引方言云半聾也梁益之間謂之聹秦晉之間聽而不聰聞而不達謂之聹（今方言無半字）則州當作間　从耳宰聲　作亥切

聵　聾也　玉篇引廣韻注同繫傳作从生聾也鍇謂從生即聾耳也　从耳貴聲　五怪切

𦖣　聵或从欳　臣鉉等曰當从蔽省義見蔽字注　廣韻引同　繫傳下有𦗭或从豪作　玉篇廣韻並無（𦗭字）蓋後人增　繫傳本作𦗭字

聉　無知意也从耳出聲讀若𦴧　五滑切　玉篇牛乙五滑二切引說文廣韻收質黠二韻

𦗻　吳楚之外

凡無耳者謂之聵言若斷耳爲盟从耳闋聲五滑
切繫傳从耳闋聲在言若句上按方言聾之甚者
秦晉之間謂之聵吴楚之外郊凡無有耳者亦謂之聵其言聵者若秦晉中土謂墮耳聉也則盟
當是聉或譌爲明後人因聅軍法以矢貫耳也
改作盟也聉聵聲相近斷當作隓
从耳从矢繫傳韻會作从矢从耳司馬法曰小罪聅中罪刖大
罪剄聅列切玉篇恥列徒安二切引同繫傳韻會作小罪聅之中罪刖之大罪剄之廣韻收平聲寒
入聲薛聝軍戰斷耳也玉篇引作戰而斷耳也春秋傳曰以
爲俘聝左傳成三年作馘从耳或聲古獲切馘聝或从首廣韻

正作䤵重文作聝 ⿰耳月 埥耳也 繫傳埥作墮玉篇廣韻引同 从耳月聲 魚厥切

⿸麻耳 乘輿金馬耳也 五音韻譜及玉篇引同繫傳韻會馬上有飾字 从耳麻聲

讀若渳水一曰若月令靡草之靡 亡彼切玉篇美爲亡彼二切廣韻收（草字作艸）

平上二聲並注乘輿金耳 耹 國語曰回祿信於耹遂 闕 巨今切周語遂作隧

韋注耹隧地名玉篇其林其廉二切引國語同又地名廣韻收侵巨金切音也未詳何本 聑 安也 从

二耳 丁帖切文選長笛賦⿰谷瓜巴聑桂李注聑引說文丁篋切玉篇丁篋切引說文又引埤蒼云耳垂 聶

附耳私小語也 玉篇引無私字當非脫 从三耳 尼輒切玉篇如獵女涉二切廣韻姓也

說文攷異　十五

楚大夫食采於聶因以爲氏尼輒切　文三十二　重四

𦣝　顉也玉篇廣韻引同繫傳韻會作頷也　象形凡𦣝之屬皆从𦣝與之切

頤　篆文𦣝繫傳下有从頁二字　𩠐　籀文从首繫傳無[illegible]蓋脫頤下有籀曰籀

𦣞　廣𦣝也从𦣝已聲與之切玉篇廣𦣝也長也引字書云美也　𢀜　古文巸从戶五音韻譜巸作𦣞是也繫傳作𦣝譌臣鉉等曰今俗作牀史切以爲階巸之巸玉篇收戶部牀已切𠨷也引爾雅落時謂之巸廣韻收上聲止爲戺之重文九經字樣云說文作戺經典作巸非是　文二　重三

手　拳也玉篇引同又引易曰艮爲手　象形凡手之屬皆从手書九切　𠦬　古

易解而拇釋文
拇茂后母反陸云足大指
王肅云手大指荀作母

文手　繫傳作坐

掌　手中也　玉篇引論語曰指其掌　掌手中也　从手尚聲　諸兩切

拇　將指也　玉篇手指拇　廣韻大拇指　易咸其拇釋文　釋訓履帝武敏敏拇也　郭注拇迹大指處　拇釋文引馬鄭薛云足大指也子夏作𢭴荀作母云陰位之尊　从手母聲　莫厚切

指　手指也　玉篇注同　又引春秋傳曰食指動　謂第二指也　从手旨聲　職雉切

拳　手也　玉篇廣韻屈手也　蓋本說文　从手𢍏聲　巨員切

掔　手掔也　楊雄曰掔握也　从手臤聲　烏貫切　韻會从手臤聲在楊雄上　楊作揚　玉篇引儀禮曰鉤中指結于掔　掔掌後節中也　士喪禮作設決麗于掔　注掔手後節中也

攕　好手皃　詩曰攕攕女手　玉篇引同　廣韻女手皃　今

說文攷異　十六

詩作摻釋文云說文作攕　从手韱聲　所咸切繫傳韻會从手韱聲詩曰上

揱　人臂皃从手削聲周禮曰輻欲其揱　徐鍇曰人臂稍長纖好也　所角切繫傳揱手下有尔字考工記作望其輻欲其揱爾而纖也玉篇色角切又相邀切長也又長臂皃廣韻收平入二聲

摳　繑也（繑紐也）一曰摳衣升堂　韻會無升堂二字　从手區聲　口侯切（繫傳區作摳譌）玉篇摳衣引曲禮曰兩手摳衣去齊尺

攐　摳衣也　玉篇引同廣韻縮也　从手褰聲　去虔切

撎　舉手下手也　李注文選西京賦引作拜舉手下也玉篇注拜舉手下（揖拜字當有）手　壹聲於計切　廣韻拜舉手引左傳注云若今之揖周禮大祝九曰肅拜注鄭司農云肅拜但俯下手今時撎是也

手

左傳成十六年釋文引字林云擊首下手也恐非

从手壹聲於計切玉篇姻利切廣韻收至乙冀切揖攘也五音韻譜及玉篇廣韻集

韻類篇論語述而釋文引並同繫傳韻會作讓也蓋後人改从手咠聲一曰手著匈曰揖

伊入切繫傳著作著玉篇釋文同韻會作手著匈也非攘推也从手襄聲汝羊

切玉篇仁尚切揖攘也又汝羊切攘竊也廣韻收平去二聲義同拱斂手也韻會同繫傳斂

作歛俗廣韻手抱也又斂手也从手共聲居竦切玉篇引書曰克拱明刑拱執也撿拱

也从手僉聲良冉切拜首至地也从手𠦪𠦪音忽徐鍇曰

𠦪進趣之疾也故拜从之博怪切韻會同繫傳作

从手𠦪聲誤玉篇闕廣韻引周禮曰大祝辯九拜

一曰稽首二曰頓首三曰空首四曰振動五曰吉拜六
曰凶拜七曰奇拜八曰褒拜九曰肅拜今周禮辯作辨 𢷎揚
雄說拜从兩手下 繫傳作𢷎在古文下 玉篇闕廣韻作拜 𢳮 古文拜 繫傳
作古文拜从二手 捾 搯捾也从手官聲一曰援也 烏
玉篇闕廣韻無 括
切玉篇搯捾也拱 搯 捾也 繫傳作搯捾也玉篇 从手
也廣韻捾取也 注同廣韻亦注搯捾
舀聲周書曰師乃搯 廣韻下有搯字衍江徵君聲云
師乃搯是太誓文尚書大傳作
師乃 搯者拔兵刃以習擊刺 詩清人釋文引作 詩曰
慆 抽刃以習擊刺也
左旋右搯 土刀切今詩作左旋右
抽釋文云抽說文作搯 𢱭 攡也从手巩聲 居竦

切臣鉉等案𠬞部有𢪿與巩同此重出按廣韻引玉篇注並與手部合則手部應有𠬞部疑後增

推　排也从手隹聲　他回切玉篇出唯他雷二切排也引易曰剛柔相推廣韻收脂灰二韻

㨃　推也从手㚇聲春秋傳曰㨃衛侯之手　子寸切見左傳定八年玉篇子寸切又子對切引左傳同㨃擠也[illegible]本杜注廣韻收慁隊二韻

排　擠也　一切經音義卷六引作湯盪也蓋誤玉篇推排也廣韻同　从手非聲　步皆切

擠　排也从手齊聲　子計切玉篇子詣子稽二切廣韻收平去二聲

㧜　擠也　玉篇擠也引說文擠也　从手氐聲　丁礼切

摧　擠也从手崔聲一曰挏也一曰折也　昨回切玉篇折也引詩

曰室人交徧摧我摧沮也釋詁至也 拉 摧也 一切經音義卷七引作敗也玉篇折也廣韻折也敗也

摧也 从手立聲 盧合切 挫 摧也 一切經音義婁引同玉篇廣韻注亦同李注

文選文賦引作折也蓋誤 从手坐聲 則臥切 扶 左也 五音韻譜及集韻類篇引

並同繫傳韻會左作佐非人部無佐 从手夫聲 防無切玉篇音同扶持也又府俞切引公羊傳

曰扶寸而合側手曰扶廣韻兩收虞 㧌 古文扶 繫傳作𢻰古文扶从攴 𢪏 扶也

从手爿聲 七良切玉篇注同云今作將重文作摪廣韻引說文又云字林又作摪 持 握也

从手寺聲 直之切 挈 縣持也 玉篇提挈也廣韻提挈又持也 从手㓞

聲苦結切　拑　脅持也从手甘聲巨淹切　㩸　閑持也从手柬聲令折切五音韻譜令作食是也玉篇丈甲切又時列切數著也廣韻收薛帖二韻　摯　握持也从手从執脂利切繫傳執下有聲字韻會無玉篇持也引周禮以禽作六摯手摯之言至也　操　把持也从手喿聲七刀切玉篇音義同又倉到切廣韻收平去二聲　𢹿　爪持也从手瞿聲臣鉉等曰今俗別作掬非是居玉切玉篇廣韻並無𢹿一切經音義卷一卷三卷九並引說文攫爪持也華嚴經義卷十二引亦同則𢹿當爲攫之譌後人不察又增攫字又據一切經音義卷三引說文攫爪持也攫扟也或𢹿下更有此訓後人删去　捦　急持衣

十七

⿰衤金也 一切經音義卷一卷十五引⿰衤金作襟非玉篇急持衣衿行也 从手金聲 巨今切廣韻爲襟之重文更有重文擒

⿰扌禁 捦或从禁 玉篇同

搏 索持也一曰至也 从手尃聲 補各切繫傳韻會从手尃聲在一曰上玉篇手擊也廣韻（補洛切）擊手也收去入二聲

據 杖持也 玉篇依也又持也廣韻依也持也引也案也 从手豦聲 居御切

攝 引持也 玉篇注同廣韻兼也錄也 从手聶聲 書涉切

⿰扌冄 并持也 从手冄聲 他含切玉篇人詹乃含二切併持也廣韻同那含切又他含切

抪 捫持也 一切經音義卷十六引作布也恐誤玉篇相持也廣韻展舒也又布也 从手布聲

增

普胡切

挾　俾持也　一切經音義卷十四十六引並作持也玉篇懷也持也廣韻懷也持也藏也護也則俾字後人增　从手夾聲　胡頰切

捫　撫持也从手門聲詩曰莫捫朕舌　莫奔切玉篇引詩捫持也本毛傳

擥　撮持也从手監聲　盧敢切玉篇作擥力甘力敢二切持也廣韻平聲作擥上聲作臨手

擸　理持也　廣韻引同玉篇擇也持也　从手巤聲　良涉切

握　搤持也　玉篇注同廣韻持也　从手屋聲　於角切

𡍮　古文握　繫傳作𡍮古文握如此玉篇廣韻並無按屋下有古文𡍮與此字形相近淮南詮言訓𡍮無臨金謂之狂生高注𡍮持也蓋假𡍮爲握疑手部爲後人增

撣　提持也从手單聲讀若行遲驒驒　徒旱切玉

[illegible]

篇徒安切觸也引太玄經云遭逢並合揮繫其名揮觸也廣韻收平去二聲並注觸也

把 握也从手巴聲搏下切

搹 把也一切經音義卷二十二引作把持也从手鬲聲於革切繫傳聲下有讀若戹三字玉篇於責切引儀禮喪服傳曰苴絰大搹鄭氏云盈手曰搹又音隔廣韻古核切

扼 搹或从戹玉篇同引史記曰天下之士莫不扼捥而言之廣韻為搤之重文

拏 牽引也李注文選長笛賦引作索持也盧是拏字从手奴聲女加切繫傳聲下有一曰巳也四字韻會巳作巴疑當是同把玉篇手拏也廣韻牽也[illegible]拏也郭注音諸拏也又女加反

攜 提也从手巂聲戶圭切玉篇貳也又持也廣韻提也離也

提 挈也从手是聲杜兮切

𢪛 拈也从手耴聲丁愜切玉篇竹涉切廣韻收葉怗二韻

拈 掫也从手占

聲奴兼切玉篇指取也廣韻指取物也攡舒也从手离聲丑知切捨釋也廣韻注同玉篇施也去也从手舍聲書冶切擪一指按也莊子外物篇釋文引字林同玉篇廣韻指按也从手厭聲於協切按下也从手安聲烏旰切玉篇引詩曰以按徂旅按止也廣韻抑也止也控引也从手空聲詩曰控于大邦匈奴名引弓控弦苦貢切李注文選西都賦引作匈奴名引弓曰控各字譌（一切經音義卷二十三引弓下有曰字）揗摩也从手盾聲食尹切玉篇食尹詳遵二切廣韻收平上二聲掾緣也从手彖聲以絹切玉篇公府掾史也又曰太尉屬

拍拊也从手百聲　普百切玉篇作拍普格切拊也正
當說文拍字之次後又有拍莫格
切擊手也在俗字中蓋以柏當拍　拊揗也　廣韻引同
廣韻拍擊手也莫白切拍打也普伯切　一切經音
義卷十引說文■拊手曰拤拊擊手拍也玉篇拍也釋名釋樂
器云搏拊也以韋盛糠形如鼓以手拊拍之也劉揗當曰是拍
从手付聲　附說
捂把也　六書故引唐　今鹽官入水取鹽為捂从手吾
本曰捂也
聲　父溝切擊傳作捂把也从手吾聲令鹽官入水取鹽
曰捂韻會曰作為餘同玉篇把也引易曰君子以捂
多益寡捂猶減也本亦作裒廣　捋取易也　玉篇引詩
韻引詩曰曾是捂克謂聚斂也　曰薄言捋
之捋取也廣韻手捋　从手孚聲　郎括　撩理也　玉篇
也取也摩也或作孚　切擊　手取
傳聲下有一曰方也四字韻會本

物又撩理也廣从手尞聲洛蕭措置也玉篇頓也置
韻取物又理也切也廣韻舉也
投也引說从手昔聲倉故𢷆刺肉也五音韻譜同繫
文置也切傳韻會作刺内
也玉篇廣韻作刺（韻會不誤）从手从臿楚洽切繫傳作从手掄
入也~~舊本說文~~臿韻會作从手臿聲
擇也从手侖聲盧昆切繫傳聲下有一曰從手貫也廣
韻引作擇也一曰貫也則從手二字衍玉
篇力昆力均二切擇也廣韻收䡅引說文
又收諄引周禮曰凡邦工入山林掄材而不禁今本而字在掄上
擇柬選也繫傳柬作簡玉篇注同从手睪聲丈伯
韻會作揀非手部無揀切
捉搤也从手足聲一曰握也側角切搤捉也玉篇握也

說文攷異 二十二

廣韻持也从手益聲於革切握也挻也 挻 長也从手从延延亦聲 式連切玉篇丑連式連二切長也廣韻式連切柔也擊也和也取也長也或作埏老子挻埴以爲器釋文挻引聲類云柔也字林云長也君連反

揃 搣也从手前聲 即淺切繫専聲下有（蓋因廣韻改）

一曰竊也四字韻會無 搣 批也 繫傳韻會批作批爲手部無批批與⿱此手蓋通⿱此手搣頰旁也玉篇摩也引莊子云揃搣拔除也莊子外物篇作揃搣釋文云背亦作揃⿰女咸本作搣廣韻手拔又摩也批也捽也从手咸聲 亡劉切

批 捽也 玉篇引同一切經音義卷三卷十八引作⿰扌戠也蓋誤引他書手部無⿰扌戠 从手此聲 側氏切廣韻音同拳加人也又音紫

揤 捽也从手

卽聲魏郡有𨚲裴侯國 子力切（漢書）王子侯表同地理志作郞玉篇子堲徂栗二切拭也廣韻收質職二韻

捽 持頭髮也 玉篇擊也廣韻手捽也 从手卒聲 昨沒切

撮 四圭也一曰兩指撮也从手最聲 蒼括切 繫傳作四圭也从手最聲亦二指撮也按二當是三後人不察變改爲兩律歷志量多少者不失圭撮注應劭曰四圭曰撮三指撮之也玉篇子活士活二切三指取也廣韻兩收末

𢱭 撮也从手𥷹省聲 居六切 廣韻引同繫傳作𢷾从手𥷹省聲韻會亦作𢷾並非玉篇正作掬

重文作𢱭𥷹

摕 撮取也 玉篇注同李注文選別賦引作揥取也恐非揥即摘之俗

體

从手帶聲讀若詩曰螮蝀在東　都計切繫傳作从手帶讀若詩螮蝀之螮無聲字蓋脫蝀字譌今詩作蝃蝀釋文云爾雅作螮蝀

𢫍　摕或从折从示　繫傳作或从折示

兩手急持人也　繫傳及廣韻注同玉篇手作指誤繫傳下有徙古文摕从止辵蓋後人增有次立曰今說文幷李舟竊韻不載徙字如此

捊　引取也　廣韻一切經音義卷十五十九引同卷四引無引字蓋脫詩緜正義引亦同釋文引作引取土蓋譌玉篇引作引聚也爲最前本

从手孚聲　步矦切繫傳聲下有詩曰原隰捊矣六字玉篇亦有又云捊聚也本亦作裒

抱　捊或从包　臣鉉等曰今作薄報切以爲褱裒字非是廣

韻捊收平聲抱收上聲並引說文

揜 自關以東謂取曰揜 玉篇廣韻引同 方言作掩𢹎取也自關而東曰掩自關而西曰𢹎 一曰覆也从手弇聲 衣檢切繫傳从手弇聲在一曰句上

授 予也从手从受受亦聲 殖酉切繫傳韻會作从手受聲玉篇時霤切付也廣韻收去聲注同則殖酉切非

承 奉也受也 玉篇廣韻次也奉也受也 从手从卪从収 臣鉉等曰謹節其事承奉之義也故从卪 署陵切繫傳作从手卪取韻會取作収是也六書故云唐本說文从手从丞張參曰从手从丞丞恐並非

挋 給也从手臣聲一曰約也 章刃切廣韻引同又引爾雅曰挋拭刷清

也玉篇抑也

㨷　拭也　玉篇廣韻引同拭當作式詳[illegible]　从手堇聲　居㶣切

擋　朋群也　繫傳群作羣　从手黨聲　多朗切玉篇胡廣切搗打也廣韻兩收湯胡廣切又吐朗切

接　交也　从手妾聲　子葉切

抪　撞也　玉篇引作推也當不誤廣韻注推抪　从手市聲　普活切

挏　攡引也　漢有挏馬官作馬酒　从手同聲　徒總切繫傳韻會从手同聲在引也下玉篇達孔切引呂氏春秋云百官挏擾挏動也廣韻上聲注推引也漢有挏馬作酒又收平聲韻會一引同繫傳一引同廣韻

招　手呼也　玉篇招要也廣韻招呼也來也　从手召聲　止遙切五音韻譜召下有聲字繫傳聲下更有也字

衍

撫　安也从手無聲一曰循也　芳武切玉篇引同繫傳一曰循也上更有一曰撫也

四字■■恐非　𢓜　古文从辵亡　繫傳作𢓜古文撫从辵亡玉篇收■辵部作𨑒孚武切安也循也追也

㨉　撫也从手昏聲一曰摹也　武巾切玉篇廣韻作㨉

揣　量也从手耑聲度高曰揣一曰捶之　徐鍇曰此字與耑聲不相近如喘遄之類皆當从瑞省初委切　按瑞亦从耑聲詳瑞下楚金說非是繫傳韻會作度高下曰揣一曰捶之也玉篇初委丁果二切度高下曰揣又試也廣韻收紙果二韻

抧　開也从手只聲讀若抵掌之抵　諸氏切廣韻音義同玉篇側買切　按抵掌之抵當作抵

摜　習也　玉篇習也又帶也廣韻注摜帶

从手貫聲春秋傳曰擐瀆鬼神古患切左傳昭二十六年作貫

投擿也玉篇引同又引詩曰投我以木桃从手从殳度矦切繫傳作从手殳聲

擿搔也从手適聲一曰投也直隻切玉篇投也引莊子曰擿玉毀珠重文作擲

搔括也韻會同繫傳作栝也譌一切經音義卷十二引作刮也卷十六引作括也玉篇刮也廣韻爬刮从手蚤聲穌遭切

扴刮也玉篇注同繫傳韻會作括也从手介聲古黠切

摽擊也从手票聲一曰挈門壯也符少切五音韻譜門作鬭類篇引同壯作牡是也繫傳作鑰非韻會作一曰挈鑰牡也非玉篇■匹叫孚堯怖交三切摽擊也又符少切落也廣韻

挑叅抉

收平上去三聲

挑 撓也一切經音義卷二卷十七引作抉也當不誤抉挑也（當不誤據叅抉）从手兆聲一曰摷也繫傳韻會作一曰摷爭也國語曰郤至挑天土凋切周語作郤至佻天之功韋注佻偷也玉篇他堯切撥也引詩曰蠶月挑桑枝落之采其葉本亦作條又徒了切挑戰也廣韻收平上二聲

抉 挑也从手夬聲於說切

撓 擾也當作擾也从手堯聲一曰抶也奴巧切一切經音義卷二十二引作又曰撓亂也玉篇乃飽乃教二切撓亂也又音蒿廣韻收平上二聲

擾 煩也从手夒聲而沼切玉篇作擾（廣韻引同）引書曰傲擾天紀擾亂也（廣韻引說文作擾煩也）

挶 戟持也玉篇注同詩鴟鴞釋文引

作持也廣韻注同从手局聲居玉切据戟挶也玉篇注同繫傳韻會作戟拘也蔿誤廣韻注手病引詩云予手拮据毛萇曰拮据撠挶也从手居聲九魚切何注公羊傳借爲據字擖刮也从手葛聲一曰撻也口八切玉篇公八口八二切注同廣韻恪八切引説文又收鎋古鎋切摘拓果樹實也从手啻聲一曰指近之也臣鉉等曰當从適省乃得聲他歷切又竹戹切按適亦从啻聲徐説非是玉篇作摘多革切注同廣韻收錫引説文又收麥搳擖也从手害聲胡秸切玉篇枯瞎切引説文廣韻無摲暫也从手斬聲昨甘切繫傳作摲蹔也非足部無蹔玉篇作摲山湛切斬取也又才甘切引説

文云暫也廣韻平聲引說文上聲注斬取

拹　摺也从手劦聲一曰拉也　虛業切廣韻韻會引同繫傳拉作擸非玉篇爲搚之重文搚呂闔虛業二切摺也廣韻收業引說文又收盍作搚

摺　敗也从手習聲　之涉切玉篇力合之涉二切敗也折也廣韻收合葉二韻

揫　束也从手秋聲詩曰百祿是揫　即由切今詩長發作遒毛傳遒聚也玉篇作揫引爾雅聚也說文束也廣韻亦作揫束也聚也

摟　曳聚也　繫傳作曳也聚也韻會作曳也又聚也　从手婁聲　洛侯切玉篇力珠切引詩曰弗曳弗摟摟亦曳也本亦作婁又落侯切廣韻收虞侯二韻

抎　有所失也春秋傳曰抎子辱矣

左傳成二年作隕从手云聲于敏切繫傳从手云聲在春秋傳上

⿰扌肙从㫄持曰披韻會無从字从手皮聲敷羈切玉篇音同開也又彼寄切引禮大喪士執披持棺者也又匹美切廣韻收平上二聲

⿰扌瘈引縱曰⿸疒掣玉篇引同釋訓釋文引作引而縱之李注文選海賦引作引而縱也从手瘛省聲尺制切繫傳瘛作瘈鷙玉篇有重文摯制手廣韻為瘈之重文

⿱此手積也詩曰助我舉⿱此手玉篇引詩同今詩車攻作柴毛傳柴積也釋文云說文作⿱此手士賣反

搣頰旁也从手此聲前智切繫傳从手此聲在詩曰上搣上有一曰二字廣韻引同

掉搖也从手卓聲春秋傳曰尾

刀部之羽　多一朝字　柯易堂

大不掉徒弔切見左傳昭十一年　搖動也从手䍃聲余招切　搈
動搈也从手容聲余隴切玉篇與種切注同廣韻收平聲鍾注不安　𢱭當
也从手貣聲直異切玉篇音同亦作値廣韻收至當也對也直利切　揂聚也
从手酋聲即由切　掔固也釋詁文从手臤聲讀若詩
赤舄掔掔臣鉉等曰今別作慳非是苦閑切繫傳詩下有曰字按讀若不應仍同本
字巹下引詩赤舄己己此亦當同　捀奉也从手夆聲敷容切玉篇扶容切
灼龜觀兆也又扶用切引說文云奉也廣韻收平去二聲並引說文　擧對擧也从手

與聲以諸切玉篇無擧有擧丘言切舉也適當說文擧字之次蓋以擧當擧乃會意非諧聲則聲字衍音切亦非廣韻擧收元音義同玉篇亦無擧字

揚飛舉也玉篇廣韻舉也从手昜聲與章切

敭古文繫傳作敭古文揚从攴

舉對舉也从手與聲居許切繫傳韻會聲下有一曰輿也四字玉篇居與切引說文廣韻收上聲又收平聲爲昇之重文

掀擧出也从手欣聲春秋傳曰掀公出於淖虛言切見左傳成十六年釋文引字林擧出也[illegible]反又丘近反玉篇許言切舉也廣韻無

揭高舉也从手曷聲去例切又基竭切玉篇起計起竭渠列三切引詩曰淺則揭謂揭衣

也廣韻三收入聲　抍　上舉也　一切經音義卷二卷九
薛一收去聲祭　引同易明夷六二用拯
馬壯吉釋文拯引說文舉也子夏作抍字林　从手
云抍上舉不知字林本說文也　蓋未檢尋說文也
升聲易曰抍馬壯吉　蒸上聲　玉篇音蒸又上聲
救助也重文作撜拯廣韻平
聲注上舉易曰抍馬壯吉說文音蒸　撜　抍或从登
上聲　上聲　拯下有重文抍撜注云見說文
臣鉉等曰今俗別作拯非是　振　舉救也　顏氏匡謬正俗引同韻會
救下有之字非李注文選
過秦論演連珠一切經音義卷四卷七卷十卷十一卷二十
二華嚴音義卷二十五引並作舉也　則救字乃後人增　玉篇動也廣韻
奮也裂也舉也
从手辰聲一曰奮也　章刃切玉篇
整也救也　之仁切又之刃

切廣韻收平去　扛　橫關對舉也　廣韻引玉篇注同
二聲平聲無義　後漢書費長房
傳注引作兩人對　从手工聲　古雙　扮　握也　玉篇握
舉爲扛音工非　切　也動也
从手分聲讀若粉　房吻切繫傳粉作蚡玉　撟　舉
篇伏粉切廣韻兩收吻
手也从手喬聲一曰橋擅也　居少切玉篇紀消几小二切
引說文廣韻上聲引說文
又收　捎　自關已西凡取物之上者爲撟捎　繫傳
平聲　已作㠯
韻會作以（則已誤）方言自關而西秦晉　从手肖聲　所交切玉
之間凡取物之上謂之撟捎　篇音同引
周禮輪人以其圍之阞捎其　於
藪捎除也廣韻收宵肴二韻　擁　抱也从手雝聲　隴

切廣韻引同玉篇作擁引儀禮云擁簠粱擁抱也作擁同

擩染也从手需聲周禮六曰擩祭而主切玉篇而專而誰而主三切引說文云染也周禮九祭六曰擩祭鄭司農云擩祭以肝肺菹擩鹽醢中以祭也廣韻收平聲脂上聲麌

揄引也从手俞聲羊朱切玉篇與珠切揄揚也又抒臼也又音由廣韻收虞引說文又收尤爲抌之重文抌當是抗抗舀之重文也

搫搫擭不正也从手般聲薄官切玉篇步波步丹二切手不正也廣韻收桓戈二韻

擭搫擭也一曰布擭也一曰握也从手蒦聲一號切繫傳握也下更有一曰搤也四字从手蒦聲在搫擭也下韻會同玉篇黃路切搫擭也一曰布擭也又乙獲切廣韻收去聲暮入聲陌

[illegible]

𢳆 拊手也 玉篇引同一切經音義卷七引作拍手曰拚誤卷十引作拊手曰拚 从手弁聲 皮變切玉篇重文作抃

擅 專也 从手亶聲 時戰切

揆 葵也 六書故引唐本說文度也（按釋言）葵揆也 揆度也（并釋言文）玉篇引詩云揆之以日揆度也 从手癸聲 求癸切

擬 度也 玉篇引同又引易曰擬諸形容 从手疑聲 魚巳切

損 減也 玉篇減少也廣韻減也傷也 从手員聲 蘇本切

失 縱也 玉篇引作縱逸也廣韻錯也縱也 从手乙聲 式質切

挩 解挩也 玉篇引作解也 从手兌聲 他括切 玉篇徒括兔奪二切廣韻兩收末一注解挩一注除也誤也遺也又解挩或作脫

撥　治也从手發聲　北末切

挹　抒也从手邑聲　於汲切　玉篇引詩曰不可以挹酒漿挹斞也

抒　挹也　玉篇引同又大圭抒上終葵首　从手予聲　神與切

柤　挹也从手且聲讀若樝棃之樝　側加切　詩生民釋文引蒼頡篇云取出也　玉篇壯加才野三切　子野　取也廣韻平聲引說文又收上聲

攫　扟也从手矍聲　居縛切　按前攫字本當是攫則此蓋後人增

扟　从上挹也　繫傳从作從一切經音義卷十五引作從上挹取也玉篇注從上挹廣韻從上擇取物也　从手卂聲讀若莘　所臻切　艸部無莘詩魚藻有莘其尾毛傳莘長貌玉篇甡或作莘

拓　拾也陳宋語　繫傳韻會下有也字　言

三十一

摭取也陳宋之閒曰摭从手石聲从石切五音韻譜作之石切是也玉篇爲摭之重文又他各切廣韻收昔同又收鐸

摭拓或从庶

攈拾也从手麇聲居運切廣韻引同重文作捃

拾掇也玉篇注同引詩曰決拾既佽拾所以引弦也从手合聲是執切

掇拾取也从手叕聲都括切玉篇豬劣都活二切引詩曰薄言掇之掇拾也廣韻收末昔二韻

擐貫也从手睘聲春秋傳曰擐甲執兵胡慣切見左傳成二十九年玉篇胡慢公患二切引左傳同廣韻止音胡慣切

揯引急也从手恒聲古恒切玉篇公鄧切注同廣韻平聲引淮南子大弦揯則小弦

摍

絶也又收去聲 摍 蹴引也从手宿聲 所六切五音韻譜繫傳作摍是也 ⿰扌虔
相援也 玉篇注同繫傳援作授譌 从手虔聲 巨言切玉篇九山丘山二切廣韻無
援 引也从手爰聲 雨元切玉篇禹璠切又音瑗廣韻收平去二聲 ⿰扌留 引
也从手留聲 敕鳩切玉篇作⿰扌留廣韻同爲抽之重文 抽 ⿰扌留或从由 ⿰扌秀
⿰扌留或从秀 五音韻譜繫傳⿰扌秀作⿰扌留是也 擢 引也 玉篇去也徹也說文云引
也廣韻拔也 从手翟聲 直角切 拔 擢也从手犮聲
抽也出也釋木釋文引蒼頡篇云抽也
蒲八切玉篇音同又蒲末切未 揠 拔也从手匽聲
當是末廣韻蒲撥切又蒲八切

說文引異 三十三

烏黠切廣韻音同玉篇烏拔切引孟子云宋人有閔
其苗之不長而揠之者揠拔也今呼拔草心爲揠也
方言揠擢拂戒拔也自關而西 擣 手推也 五音韻譜
或曰拔東齊海岱之間曰揠 繫傳推
作椎是也 一曰築也从手𠷎聲 都皓切繫傳作擣
玉篇引同 手椎也从手壽聲
一曰築也韻會 攣 係也从手䜌聲 呂員切玉篇
同玉篇作擣 注攣綴也引
易曰有 挺 拔也 玉篇廣韻引同李注文 从手廷聲
孚攣如 選雪賦引拔作援譌
徒鼎 攓 拔取也南楚語 繫傳無南楚語三字
切 蓋脫韻會有方言作
攓取也南 从手寒聲楚詞曰朝搴阰之木蘭
楚曰攓

九華切韻會作攓褰聲楚詞曰朝攓阰之木蘭兮全
非說文批蓋攓之省文今離騷作朝搴阰之木蘭王注搴取也阰山名說文無
阰山名亦無可考玉篇正作搴居華切 探遠取之也
取也重文作攓注云出說文廣韻同有之字蓋後人引
一切經音義卷引無之字廣韻取也又引說文同玉篇 从手罙聲他含切五音
引書曰探天之威探取也 韻譜合作
舍是 撢探也六書故引唐本說文从手覃聲他
也■篇他含切廣韻揬也非手部無揬 紺
切玉篇他甘他紺二切引周禮有撢人掌誦王志王
探序主意以語天下今周禮作撢人掌序王意以語
天下廣韻收去聲釋文撢他南反
捼推也 玉篇廣韻韻會引並作推也
一切經音義卷十二十五 从手委聲一曰兩手相切摩
十六二十二引亦同

班馬字類摵引史記天官書大白闞可摵𨓦蘇林音函漢書天文志亦音函可案一𨓦也

臣鉉等曰今俗作挼非是奴禾切玉篇儒隹奴禾二切廣韻收脂戈二韻戈引說文　撆别也一曰擊也从手敝聲　芳滅切繫傳从手敝聲在别也下韻會作擊也

从手敝聲一曰拂也兩引並同玉篇擊也廣韻小擊又略也引也

撼搖也从手咸聲　臣鉉等曰今俗别作撼非是胡感切韻會引作撼搖也从手感聲按李注文選長門賦一切經音義卷四引說文並作撼玉篇廣韻亦同則說豈並文本作撼徐氏所見乃誤本後人從俗改手唯廣雅釋言作摵

搦按也从手弱聲　尼革切玉篇女卓女革二切正也持也廣韻收覺陌二韻

掎偏引也从手奇聲　居綺切　繫傳下有一曰踦也四字非也廣韻韻會引玉篇注並無

𢶀

奮也从手軍聲 許歸切玉篇引易曰發揮於剛柔
而生爻揮動也廣韻注揮霍亦
奮也灑也 摩研也从手麻聲 莫婆切廣韻音
振也動也 同五音韻譜婆
作 㨽反手擊也从手毘聲 匹齊切玉篇蒲結
鄱 普雞二切反手擊
也引左氏傳曰㨽而殺之今左傳作宋萬遇仇牧
于門批而殺之廣韻收齊作批收屑譌作㨽 攪
亂也从手覺聲詩曰祇攪我心 古巧切韻會同繫
傳祇作秪玉篇
引詩作祇是也秪乃俗字[illegible] 搑推擣也 玉篇推 从手茸
[illegible]開成石經作祇廣韻祇適也本[illegible] 而擣也
毛傳[illegible]祇爲緹之重文[illegible]
聲 而隴切玉篇如容切又而 揰卂擣也 韻會無
勇切廣韻收平上二聲 卂字一切

經音義卷五引作戟擣也則凡當是丮丮讀若戟也
从手童聲 宅江切玉篇擊也
廣韻引學記曰善待問者如撞鐘撞擊也
捆 就也从手因聲 於眞切
扔 因也 玉篇引同廣韻引也蓋誤
从手乃聲 如乘切釋詁作㑦仍因也
括 絜也 六書故引蜀本說文曰絜也結也
从手昏聲 古活切玉篇作括引易曰括囊無咎括結否閉也
抲 (抲) 撝也 玉篇撝也
从手可聲周書曰盡執抲 虎何切繫傳抲作柯譌下有獻字非今書酒誥有盡執拘以歸于周或即此
擘 撝也 玉篇注擘裂也廣韻分擘西京賦擘肌分理
从手辟聲 博戹切
㩧 裂也从手爲

颯[illegible]注引也

聲一曰手指也　許歸切五音韻譜及玉篇集韻類篇引並同繫傳作一曰手指撝韻會無此五字玉篇呼皮切廣韻收支許爲切引說文曰裂也又引易曰撝謙注謂指撝皆謙也

捇　裂也（易釋文撝毀皮反指撝也）从手赤聲　呼麥切廣韻音同玉篇呼號切

扐　易筮再扐而後卦　玉篇引易曰歸奇於扐凡數之餘謂之扐廣韻筮者著蓍指間　从手力聲　盧則切

技　巧也从手支聲　渠綺切玉篇引禮記曰毋作奇技淫巧技藝也

摹　規也从手莫聲　莫胡切（繫傳脫聲字韻會有）玉篇莫奴切規摹也亦作摸廣韻作摸收平入二聲

拙　不巧也从手出聲　職說切

𢶜　縫指揩也一曰韜也从手沓聲讀若眔

徒合切繫傳縫指揩从手沓聲讀若眔一曰韋韜韜字非糸部無韜一切經音義卷十四十七引並作指揩也一曰韋揩下揩字誤玉篇韋韜也廣韻指揩蓋並本說文

摶圜也廣韻引同一切經音義卷十四引亦同卷九引作團也譌韻會作以手圜之也非玉篇引周禮矢人凡相笴欲生而摶摶謂圜也从手專聲度官切

㨠手推之也从手圂聲戶骨切廣韻音同手推也玉篇侯本切手推也

捄盛土於梩中也繫傳無土字韻會無於字蓋並脫詩緜正義引作盛土於器也一曰擾也詩曰捄之陾陾廣韻注盛土引詩同玉篇作詩曰捄之陑陑捄虆也𠂤部無陑蓋陾之省書序湯誓伊尹■相湯伐桀升自陑从手求聲舉朱切繫傳韻會从手求聲

在一曰上

拮　手口共有所作也从手吉聲詩曰予手拮据　古屑切玉篇居鐵切廣韻收屑注同又收質注拮据手病引詩傳云拮据撠挶也

搰　掘也从手骨聲　戶骨切玉篇掘也引左氏傳曰搰褚師定子之墓焚之本亦作掘

掘　搰也从手屈聲　衢勿切玉篇作掘渠勿其月二切引易云掘地爲臼廣韻收物月二韻

掩　斂也小上曰掩从手奄聲　衣檢切

摡　滌也从手既聲詩曰摡之釜鬵　古代切鬵當作鬵今詩匪風作溉之釜鬵釋文云溉亦作摡玉篇許氣切引詩云傾筐摡之本亦作墍又古代切滌也廣韻收未代二韻

揟　取水沮也

玉篇廣韻注取水从手胥聲武威有揟次縣相居切
具■蓋本說文地理郡
國志播種也繫傳韻會作種也廣韻引作掩也誤
同玉篇揚也種也引周書曰乃眘播天命
播棄一曰布也从手番聲補過切繫傳韻會从㪨
也手番聲在一曰句上
古文播繫傳作㪨古挃穫禾聲也玉篇引無
文播从攴也字釋訓
挃挃穫也毛傳从手至聲詩曰穫之挃挃陟栗㧡
挃挃穫聲也切
刺也五音韻譜繫傳刺作刺是从手致聲一曰刺之
也下同廣韻注同玉篇挃也
財至也陟利切方言到扤動也从手兀聲五忽切玉
也廣雅至也篇虞厥

午骨二切引詩曰天之抗我抗動也廣韻收月沒二韻

抈 折也从手月聲 魚厥切

摎 縛殺也 一切經音義卷二十引殺下有之字 从手翏聲 居求切玉篇力周居由二切絞也廣韻力求切絞縛殺也

撻 鄉飲酒罰不敬撻其背 繫傳韻會無罰字 从手達聲 他達切五音韻譜作撻是也 𨔶 古文撻周書曰達以記之 玉篇笞也引書曰撻以記之周字衍今書皐陶謨作撻

掕 止馬也 廣雅三止也 从手夌聲 里甑切玉篇闕廣韻收蒸止也力膺切又力證切然證韻不收

抨 揮也 玉篇注同繫傳韻會作彈也一切經音義卷九引廣韻注並同 从手平聲 普耕切

切

捲气勢也　廣韻引同玉篇韻會引气作氣　从手蓋從俗勢當作埶詳新附攷卷聲國語曰有捲勇　玉篇廣韻韻會曰下有予字　繫傳作春秋國語曰予有捲勇按齊語作於子之鄉有拳勇股肱之力秀出於衆者則予當是子或尚有脫字　一曰捲收也　臣鉉等曰今俗作居轉切以爲捲舒之捲　巨員切玉篇渠負切廣韻平聲引說文又收上聲

扱收也从手及聲　楚洽切玉篇婦拜扱地手至地也廣韻取也獲也擧也引也說文收也

摷拘擊也　一切經音義卷一引作相擊也　从手巢聲　子小切玉篇側交切擊也廣韻收平聲肴注同則子小切非

挨擊背也从手矣聲　於駭切玉篇推也廣韻打

也

撲　挨也从手菐聲蒲角切玉篇普鹿切引書曰其猶可撲滅又音雹廣韻收屋注拂著又收覺作擈注相撲亦作擈

撽　旁擊也从手敫聲苦弔切玉篇引同繫傳作撽廣韻作擊注云亦作撽

扚　疾擊也从手勺聲都了切玉篇丁激切引也廣韻上聲注扚擊入聲引也

抶　笞擊也玉篇擊也廣韻打也从手失聲丑栗切

抵　側擊也後漢書隗囂傳注引玉篇注並同廣韻引作側手擊也韻會同从手氏聲諸氏切玉篇引戰國策抵掌而言

抰　以車鞅擊也从手央聲於兩切玉篇於掌切注同廣韻無

㨐　衣上擊也

廣韻注同玉篇擊也　从手保聲方苟切　捭兩手擊也从手畀聲北買切玉篇注同廣韻爲擺之重文注鬼谷子有捭闔篇　捶以杖擊也玉篇注同一切經音義卷六引作以杖擊之也華嚴經音義卷六十九引作杖擊也蓋脫　从手垂聲之壘切繫傳聲下有或曰摘也四字韻會無　搉敲擊也五音韻譜繫傳敲作敲是也玉篇同　从手隺聲苦角切玉篇音同廣韻兩收覺一注揚搉大舉一注擊也　摬中擊也　从手竟聲一敬切玉篇乙慶切傷擊也廣韻無　拂過擊也从手弗聲徐鍇曰擊而過之也敷物切按過下當有也字■玉篇去也擊也廣韻去也拭也除也擊也　掔

擣頭也玉篇廣韻揰也从手堅聲讀若鏗尔舍瑟而作口莖切繫
傳作讀若論語鏗尔舍瑟而作按論語釋文云鏗苦
耕反投琴聲本今作瑟聲下作舍瑟則陸氏不作舍瑟
釋文箇鏗疑鋻之别體如鼓或作鼜
抌深擊也从手冘聲讀若告言不正曰抌竹甚切按讀若不
孫觀察云疑抌當是沈監二廣汝昌帶案聯而晉數以浮言恐沈于衆
應仍同本字疑抌字誤或讀若二字衍玉篇丁感切
擊也廣韻收上聲感又收平聲尤注云抒臼出周禮乃
譌
抭之
擊傷擊也玉篇擊壞也廣韻手毀手傷也从手从毀毀亦
聲許委切繫傳作从手毀聲
擊支也从手毄聲吉歷切玉篇打也引書曰
[illegible]
擊石韻會同繫傳作伎也一切經音義
拊石扞忮也卷一引作上也一本引作止也止當

不誤玉篇衞也廣韻以手扞又衞也从手干聲侯旰切抗扞也玉篇擧也扞也从手亢聲苦浪切玉篇音同廣韻收平去二聲■杭或从木臣鉉等曰今俗作胡郎切玉篇收木部胡剛切

州名廣韻收平聲注同捅取也玉篇逐也廣韻捉也从手甬聲薄故切[扌簎]刺也五音韻譜繫傳刺作刺是也从手籍省聲周禮曰簎魚鼈士革切繫傳周禮作春秋國語廣韻刺也引國語曰簎魚鼈也蓋本説文今魯語作矠或大徐以其不合故改爲周禮玉篇初格疾弃二切引周禮簎鼈人掌以■時簎魚鼈龜蜃鄭司農云簎謂以杈刺泥中搏取之廣韻收陌昔■二韻陌引國語[扌熱]埶也从手𤋮聲一曰蹂也

乃殄切玉篇躁也廣韻以指撚物

挂畫也六書故云唐本作縣也玉篇懸也廣韻懸挂又剛挂弩矢鏃名引潘岳射雉賦云出剛挂以潛擬从手圭聲古賣切

拕曳也从手它聲託何切玉篇音同拕曳也廣韻收平上二聲

揄臥引也从手余聲同都切廣韻音同玉篇他胡同都二切

抴捈也一切經音義卷五引作引也从手世聲余制切玉篇余世切數也又羊列切廣韻收去入二聲一注數也一注拕也

揙撫也五音韻譜作搏也集韻類篇引同則撫字誤繫傳作搏譌玉篇搏也擊手也从手扁聲婢沔切玉篇甫善甫延二切廣韻止收平聲仙注揙擊

撅从手有所把也玉篇引無从字从手厥

雖爲字類拏引漢書霍去病傳與匈奴相紛拏女居反

聲居月切玉篇居越切廣韻兩收月一注撅撥物也一注採撅亦檴蒲三采名

攎拏持也繫傳拏作拏玉篇張也廣韻攎斂从手盧聲洛乎切

拏持也从手如聲女加切繫傳聲下有一曰誣也四字韻會無玉篇女豬切引說文云持也廣韻收魚麻二韻一注牽引一注絲絮相牽蓋與拏混

搵没也玉篇注同廣韻有音無義从手昷聲烏困切

搒掩也从手旁聲北孟切玉篇博忙切搒略也引說文北孟切掩也廣韻收平聲庚注笞打亦引說文蓋並出宋人又收去聲宕注棹船一歇據此則北孟切非

挌擊也从手各聲古覈切玉篇柯額切舉也擊也止也廣韻收鐸陌二韻一注打也一注擊也鬭也止也

正也與古覈切並不合

拲　兩手同械也从手从共共亦聲　繫傳韻會作兩手共同械也从手共聲廣韻注兩手共械　周禮上辠梏拲而桎　居竦切　繫傳禮下有曰字辠作罪韻會亦作罪與拲因合廣韻上聲注同繫傳■又收入聲玉篇居勇切恭也

𣐊　拲或从木　玉篇收木部居奉居辱二切兩手同恭廣韻無

掫　夜戒守有所擊　繫傳下有也字廣韻引亦有擊譌作繫左傳襄二十五年釋文引作夜戒有所擊　从手取聲　春秋傳曰賓將掫　子侯切玉篇側九子侯二切行夜設火以備也廣韻平聲引說文又收上聲

捐　棄也从手肙聲　與專切

掤所以覆矢也毛傳同从手朋聲詩曰抑釋掤忌
筆陵切扜指麾也集韻引麾作⿸靡手是也玉篇廣韻引作摩譌从手于
聲億俱切玉篇於娛口孤二切持也又引說文廣韻兩收虞⿸靡手旌旗所以指
麾也廣韻類篇引麾作⿸靡手是也玉篇指⿸靡手也韻會無旌旗二字从手靡聲許爲切五音韻
譜作⿸靡手是也繫傳同捷獵也軍獲得也从手疌聲春
秋傳曰齊人來獻戎捷疾葉切廣韻引同見莊三十一年經人作倢三傳並同
玉篇剋也勝也扣牽馬也从手口聲苦后切繫傳韻會作从手口

口亦聲玉篇枯後切擊也又音冠廣韻上聲注扣擊也亦作叩去聲注扣擊叩當作叩

掍同也从手昆聲古本切方言掍同也宋衛之間或曰掍

㨷眾意也本毛傳一曰求也从手𡨄聲詩曰束矢其㨷所鳩切

換易也从手奐聲胡玩切

掖以手持人臂投地也左傳僖二十五年釋文引作以手持人臂曰掖玉篇注从手持人臂也蓋本說文从即以之譌則投地二字後人加也从手夜聲一曰臂下也羊益切繫傳臂上有人字韻會無

文二百六十五繫傳五作六摩下有摩研也从手研聲集韻類篇引亦有（唐韻譜及）韻會無

按摩研也敤研治也則古通作研易繫辭夫易聖人之所以極深而研幾也釋文引蜀才作揅廣雅有揅當本蜀才集韻類篇葢本繫傳玉篇廣韻雖有揅並不引說文　重十九　繫傳作二十撐下有從手也

𠦬背呂也象脅肋也　五音韻譜作象脅肋形繫傳形下有也字　凡𠦬之屬皆从𠦬　古懷切　六書故引唐本作𡘋大不足信　繫傳𠦬下有讀若乖三字　玉篇注今作乖按乖即𠦬之隸體

𦟝背呂也　廣韻引同玉篇　从𠦬从肉　資昔切繫傳作从肉从𠦬六書故云𠦬唐本作背𦟝也今作脊

𡘋从大𦟝背呂也从𠦬从肉𠦬𦟝實一字其說謬

文二

說文解字攷異弟十二上

說文解字攷異弟十二下

女婦人也象形王育說凡女之屬皆从女 居呂切繫傳王育說在从女下玉篇尼與切說文云婦人也象形又尼慮切以女妻人曰女廣韻收上去二聲

姓人所生也古之神聖母感天而生子故稱天子 繫傳同韻會有更改 从女从生生亦聲春秋傳曰天子因生以賜姓 息正切見左傳隱八年 繫傳作因生以爲姓从女生生亦聲蓋傳寫脫誤

姜神農居姜水以爲姓 繫傳以上有因字玉篇作炎帝居姜水以爲姓 从女羊聲 居良切

姬黃

帝居姬水以爲姓 玉篇注同繫傳韻會作
黃帝居姬水因水爲姓 从女𦣞
聲 居之切 姞 黃帝之後百鯈姓后稷妃家也 繫傳
有也家下無也韻會作黃帝之後百鯈姓后稷之元 姓下
妃蓋因廣韻改廣韻引史記云姞氏爲后稷元妃本
左傳也見 从女吉聲 巨乙切 嬴 少昊氏之姓 繫傳
宣三年 作帝
少皞氏之姓也韻會作帝少 从女𣎆省聲 以成切
皞之姓皞當作暤昊當作昦 五
音韻譜繫傳亯脁作亯朧是也
是也 韻會作亯脁 蓋黃氏改
姚 虞舜居姚虛因以
爲姓从女兆聲或爲姚嬈也 繫傳或下有以字韻
會作一曰姚嬈也揚

倞注荀子非相篇引作姚美好貌廣韻注姚悅美好皃史篇以爲姚易也余招切

嬀虞舜居嬀汭因以爲氏韻會同繫傳氏作姓誤从女爲聲居爲切玉篇水名引書云■釐降二女于嬀汭亦姓

妘祝融之後姓也从女云聲王分切⿰鼎云籒文妘从員繫傳作⿰女鼏籒文妘从鼏玉篇作⿰鼎攵廣韻無

姺殷諸侯爲亂疑姓也从女先聲春秋傳曰商有姺邳所臻切見左傳昭元年玉篇色臻切引邳作㚴非女部無㚴廣韻收平聲臻注女字上聲銑注古國名

⿰女然人姓也玉篇引同廣韻姓也从女然聲奴見切

⿰耳女人

姓也从女丑聲商書曰無有作妞呼到切五音韻譜同繫傳妞作政玉篇作妞姓也亦作政廣韻作政姓也或作㚢

娸人姓也从女其聲杜林曰說娸醜也去其切繫傳醜也下有或曰讀若近五字近疑迡之譌玉篇姓也一曰醜也廣韻醜也集韻一曰詆娸引漢書娸蘖其短今漢書[illegible]傳作媒蘖

姓一曰奼少女也从女乇聲坼下切玉篇恥下竹亞二切美女也又丁音姤重文作姹廣韻收上聲馬去聲禡暮

媒謀也謀合二姓玉篇廣韻韻會引下有也字从女某聲莫桮切

妁酌也斟酌二姓也廣韻引同玉篇引姓下無也字韻會作媒妁从女勺聲斟酌二姓者也非从女勺聲

市勺切玉篇之若切又音杓廣韻兩收孽

嫁　女適人也　玉篇引作女適人曰嫁　从女家聲　古訝切

娶　取婦也从女从取取亦聲　七句切繫傳作从女取聲

婚　婦家也禮娶婦以昏時婦人陰也故曰婚　玉篇引同繫傳作婦家也从女昏禮娶婦以昏時婦人陰故曰婚　从女从昏昏亦聲　呼昆切繫傳無此七字

𡟧　籀文婚　繫傳下有如此二字玉篇作𡟧

姻　壻家也女之所因故曰姻从女从因因亦聲　於眞切繫傳作从女因聲

𡛀　籀文姻从𣶒　繫傳作𡛀

妻　婦與夫齊

者也繫傳夫作己玉篇韻會引同从女从中从又又持事妻職
也臣鍇等曰中者進也齊之義也故从中七稽切繫傳韻會妻職也下有中聲二字玉篇千兮切廣
韻收平聲注齊也去聲注以女妻人㛴古文妻从肖女肖古文貴
字玉篇作㛰廣韻無接貴下無此古敀尚婦服也从女持帚灑掃
也房九切玉篇廣韻引作洒埽五音韻譜繫傳掃作埽妃匹也从女己聲
芳非切玉篇芳菲切引說文匹也又音配廣韻平聲引說文又收去聲媲妃也玉篇引爾
雅曰媲妃也按今釋詁作妃媲也从女𣬈聲匹計切廣韻配也妊孕也从

女从壬壬亦聲如甚切玉篇身懷孕也廣韻妊身懷孕娠女妊身動也从女辰聲春秋傳曰后緡方娠繫傳緡作緍左傳哀元年宋本徐本釋文引作緍影宋鈔本作緍糸部作緍一曰官婢女隸謂之娠失人切繫傳謂之作曰韻會平聲作謂之去聲作曰玉篇失人之刃二切妊娠也廣韻收平去二聲方言燕齊之閒養馬者謂之娠官婢女廝謂之娠㛀婦人妊身也玉篇注同廣韻引妊作娠非从女芻聲周書曰至于㛀婦側鳩切今書梓材作屬玉篇仕于反鳩二切廣韻止收虞注云本側鳩切嬔生子齊均也从女从生免聲芳萬切繫傳作嬔从女从䰀聲讀若幡韻會無讀若

㛍餘同按㝃字非説文無㝃當是从女从生免聲玉篇作嬔爲娩之重文又引説文生子齊均也廣韻作嬔亦引説文釋獸兔子嬔釋文作娩注云本或作嬔則从兔明矣李注文選思玄賦云舊注引説文生子二人俱出爲娩與生子齊均義相近然非説文也

嫛 婗也 釋名人始生曰嬰兒胸前曰嬰抱之嬰前乳養之也或曰嫛婗嫛是也言是人也婗其啼聲也故因以名之也玉篇人始生曰嫛婗从女殹聲烏雞切

婗 嫛婗也从女兒聲一曰婦人惡皃五雞切繫傳無人字

母 牧也 廣雅同玉篇闕集韻引作扎也（𧦝）譌从女象襄子形繫傳韻會襄作懷非一曰象乳子也 莫后切繫傳

作一曰象乳韻會作一曰象乳形漢開母銘吴國山
碑並作毋廣韻引蒼頡篇云中有兩點象人乳形

嫗 母也樂記煦嫗覆育萬物鄭注以氣曰煦以體曰嫗 从母區聲 衣遇切

媪 女老偁也 繫傳女作母■韻會引玉篇廣韻注並作女老稱漢書樂志媪神蕃釐后土富媪注張晏曰媪老母稱 从女𥁕聲 讀若奥 烏皓切繫傳奥下有武威有媪闈縣六字地理志闈作圍玉篇烏老切又烏骨切媪妠小肥也廣韻收上聲入聲作膃注膃肭肥

姁 嫗也 廣韻引同玉篇闕 从女句聲 況羽切

姐 蜀謂母曰姐 繫傳韻會蜀下有人字玉篇引作蜀人呼母曰姐 淮南謂之社 玉篇引無此句 从女且聲

茲也切㜸傳聲下有讀若左三字玉篇茲也切又祥預切姐嬻也廣韻止妝馬洼羌人呼母一曰慢也

姑 夫母也 玉篇引同又引爾雅曰父之姊妹為姑釋親姑上有王字 从女古聲 古胡切廣韻音同玉篇古胡切 又且也切

威 姑也 玉篇威儀又引說文姑也 从女从戌 㜸傳韻會作从女戌聲 漢律曰婦告威姑 徐鍇曰土盛於戌土陰之主也故从戌於非切

妣 歿母也 曲禮生曰父曰母曰妻死曰考曰妣曰嬪廣韻引爾雅曰父曰考母曰妣與釋親合玉篇引爾雅曰母為妣 从女比聲 卑履切

𡚡 籀文妣省 玉篇作籀文

姊 女兄也 玉篇廣韻引爾雅曰男子謂女子先生為姊 釋名姊積也猶日始出積時多而明也 从女𠂔聲 將几切

妹 女弟也 韻會同㜸傳作夫之女弟也●玉篇引爾雅曰女子後

生爲　从女未聲　莫佩切繫傳鍇曰曹大家　娣　女弟
妹　女誡所謂嫂妹也
也　玉篇廣韻注娣姒釋親女子同出謂先生爲姒後
生爲娣郭注同出謂俱嫁事一夫引公羊傳曰諸
侯娶一國二國往媵之　从女从弟弟亦聲　徒礼切繫
以姪娣從娣者何弟也釋名長婦謂少婦曰娣娣弟也己後來也　傳作从女
弟　媦　楚人謂女弟曰媦　釋親釋文引曰作爲玉
聲　篇廣韻注楚人呼妹
从女胃聲　公羊傳曰楚王之妻媦　云貴切見桓二年
繫傳公羊上有
春秋二字韻會　嫂　兄妻也　玉篇兄　从女叜聲　穌
無廣韻注亦無　之妻也　老
切　姪　兄之女也　玉篇引爾雅曰女子　从女至聲　徒結
謂晜弟之子爲姪　切玉

篇音同又音帙廣韻收質脣二韻一

姨 妻之女弟同

出爲姨 注兄弟之子引公羊傳云兄之子 左傳隱元年釋文引字林夫一反兄女也

韻會女弟作姊妹蓋因釋親改玉篇引爾雅曰妻之姊妹同出爲姨廣韻注母之姊妹又引爾雅同

从女夷聲 以脂切

妿 女師也从女加聲 杜林說加教於女也 繫傳說下有曰字 讀若阿 烏何切玉篇古何切女師也又於何切廣韻兩收歌

娒 女師也从女每聲讀若母 莫后切 繫傳母下有同字玉篇爲娒之重文娒音茂引說文又莫后切廣韻收去聲候作娒說文作梅

詩采蘩釋文姆引字林亡甫反一云女師也

媾 重婚也从女冓聲易曰匪寇婚媾 古候切韻會寇作冦繫傳作寇

是也■婚作婚玉篇引同廣韻注重婚　玉篇是

姼美女也从女多聲尺氏切　姼母也又引說文曰美女也又音侈廣韻收平上二聲上聲引方言云南楚人謂婦妣曰母姼也　郭注方言音多恐誤

㛅姼或从氏　廣韻引也作皃繫傳無

妭婦人美也　漢書敘傳注孟康曰姼姼惿惿愛也釋訓作恀恀心女二部多通　廣韻引也作美婦也玉篇引同　从女犮聲蒲撥切

㜎女隸也　玉篇引同廣韻女奴　从女奚聲胡雞切　周禮作奚

婢女之卑者也　繫傳無也字玉篇韻會引同　从女从卑　繫傳韻會作从女卑　卑亦聲便俾切

奴奴婢皆古之辠人也　玉篇引辠作罪無也字繫傳作奴婢皆古辠人下有从女又聲四字非韻會無餘同

周禮曰其奴男子入于辠隸女子入于舂槀司厲槀作稾是也玉篇引作槀亦非繫傳作周禮曰其奴男人于辠隸女人于舂槀譌韻會無曰字二人字並作入初學記引作男入罪曰奴女入罪曰婢非从女从又臣鉉等曰又手也持事者也乃都切韻會作从女又

伮古文奴从人繫傳作伮

㚤婦官也玉篇引同廣韻注婦宮也漢有鉤㚤夫人居鉤㚤宮漢書亦作弋按上宮字譌从女弋聲與職切

媊甘氏星經曰太白上公妻曰女媊女媊居南斗食厲天下祭之曰明星廣韻引無重女媊二字繫傳亦無上公上有號字曰明星作謂之明星

玉篇引甘氏星經曰太白上公妻号女媊居南斗無下文 从女前聲 昨先切玉篇子移昨千二切廣韻止收支即移切又音前

媧古之神聖女化萬物者也 韻會同繫傳之作文譌 从女咼聲 古蛙切 𡝩籒文媧从𤔔 繫傳作𡝩

娀帝高辛之妃偰母號也 繫傳韻會偰作卨按内部禼讀若偰則當作禼 从女戎聲詩曰有娀方將 息弓切玉篇注有娀氏女簡狄爲帝嚳次妃吞乙卵而生契

娥帝堯之女舜妻娥皇字也 玉篇韻會引同繫傳脫字字 秦晉謂好曰娙娥 方言秦晉之間凡好而輕者謂之娥 从女我聲

五何切繫傳韻會从女我聲在秦晉上

嫄　台國之女韻會同繫傳國作侯台當作周棄母字也从女原聲愚袁切玉篇廣韻部注姜嫄帝嚳元妃

嬿　女字也从女燕聲於甸切玉篇於典於見二切引說文女字也又引詩嬿婉之求本或作燕廣韻收上去二聲

婀　女字也从女可聲讀若阿烏何切

嬃　女字也楚詞曰女嬃之蟬媛五音韻譜及韻會引同繫傳蟬作嬋非女部無嬋詳新附攷賈侍中說楚人謂姊爲嬃繫傳韻會無人字从女須聲相俞切繫傳从女須聲在楚詞上

婕　女字也从女疌聲子葉切

繫傳婕下有讀若接三字

切玉篇婕妤婦官也廣韻婕妤亦作倢伃

嬩女字也从女與聲讀若余以諸切繫傳余作予

孁女字也从女霝聲郎丁切

嫽女字也玉篇引同又引方言云青齊之間謂好爲嫽从女尞聲洛蕭切玉篇力弔切廣韻收平去二聲

㛄女字也从女衣聲讀若衣於稀切繫傳作讀若依

婤女字也从女周聲職流切玉篇音同引左氏傳衛襄公有嬖人婤姶廣韻兩收尤一注好皃

姶女字也从女合聲春秋傳曰嬖人婤姶見左傳昭七年一曰無聲烏合切廣韻美好皃

妀女字也玉篇注妃改又引說文

从女己聲居擬切妵女字也廣韻人名左傳有華妵又引說文女字也華妵見昭二十一年从女主聲天口切㚼女字也从女久聲舉友切玉篇亦作奺㚷女號也玉篇廣韻女字从女耳聲仍吏切始女之初也釋詁初始也从女台聲詩止切媚說也玉篇嫵媚也从女眉聲美祕切嫵媚也玉篇引作嫵媚也从女無聲文甫切媄色好也从女从美美亦聲無鄙切繫傳作从女美聲玉篇闕廣韻引字樣云顏色姝好也㜅媚也从女畜聲丑六切玉篇許六切廣韻許竹切嫷

[illegible][illegible]作[illegible]

南楚之外謂好曰嫷 玉篇引同廣韻引作南楚人謂好曰嫷方言作嬙美也南楚之外曰嬙从女隋聲 臣鉉等曰今俗省作媠唐韻作妥非是徒果切繫傳作从女隋省聲隋當是隨

姝好也 玉篇引同華嚴經音義卷十八引作色美也廣韻注美好 从女朱聲 昌朱切

好美也从女子 徐鍇曰子者男子之美偁會意呼皓切 玉篇呼道切說文云美也又呼導切愛好也廣韻收上去二聲

嬹說也 玉篇悅也廣韻悅也喜也 从女興聲 許應切

嬮好也从女厭聲 於鹽切玉篇於協切引廣雅云好也又一鹽切廣韻收平入二聲

㚴好也从女殳聲 詩曰靜女其㚴 昌朱切今詩作姝釋文云說文作㚴

玉篇爲姝之重文廣韻無

姣　好也从女交聲　胡茅切玉篇戶交切婬也又音狡媚也廣韻收平上二聲

嬽　好也从女䎡聲讀若蜀郡布名　委員切玉篇於緣切美女也廣韻收仙兩一譌作嬛音同洼娥眉引說文好也又於權切不譌　按姣好本方言

娧　好也　玉篇廣韻好皃　从女兊聲　杜外切

媌　目裏好也从女苗聲　莫交切玉篇引同又引方言云自關而東河濟之間謂好爲描今方言作謂之媌

嫿　靜好也　玉篇引同廣韻分明好皃　从女畫聲　呼麥切

婠　體德好也　玉篇引同韻會德作態　从女官聲讀若楚郤宛　一完切玉篇一九切廣韻收平去二聲

蓋黄氏改

一注德好皃　娙　長好也从女巠聲　五莖切玉篇胡丁一注好皃五耕二切貞長好皃廣韻收耕青二韻

⿰女贊　白好也从女贊聲　■則旰切■繫傳聲下有或曰不謹也五字玉篇作⿰女贊好容皃廣韻注女從

㜻　順也从女𤔔聲詩曰婉兮㜻兮　力沇切今詩僕人作孌毛傳孌好貌玉篇但引順也不引詩廣韻注從也

孌　籀文㜻　繫傳下有如此二字五音韻譜孌下注云說文舊（蓋後人增）於㜻下重出此字按本部有孌訓慕不應重出玉篇㜻下有孌注慕也亦同上則■非籀文廣韻孌注美好

妴　婉也从女夗聲　於阮切玉篇爲婉之重文廣韻無

婉　順也从女宛

聲春秋傳曰太子痤婉 於阮切按左傳襄二十六年曰（繫傳無曰字）佐惡而婉太子痤美而狠此引太子痤婉蓋誤玉篇止引順也廣韻注順也美也

姛 直項皃 繫傳項直皃也 从女同聲 他孔切玉篇廣韻作姛注項直皃

嫣 長皃（繫傳下有也字）从女焉聲 於建切玉篇許乾切又於建切長美皃廣韻收平上二聲

姌 弱長皃从女冄聲 而剡切玉篇如斂切長皃廣韻收剡忝二韻一注長好皃也一注孅細

嫋 姌也从女从弱 奴鳥切繫傳韻會作从女弱聲玉篇奴了如酌二切姌嫋長也廣韻止收上聲注長弱皃

孅 兌細也 繫傳韻會作銳細也玉篇注細也廣韻銳也細也 从女韱聲 息廉切

嫇　嫇也从女冥聲一曰嫇嫇小人皃　莫經切玉篇亡丁切引說文同又亡鼎切嫇奵自持也廣韻收平上二聲

媱　曲肩行皃从女䍃聲　余招切玉篇闕廣雅訓媱廣韻注美好

嬛　材緊也从女睘聲春秋傳曰嬛嬛在疚　許緣切左傳哀十六年作煢煢余在疚鄭注周禮大祝引煢作嬛與說文合疚當作㝌广部無疚玉篇巨營切引詩嬛嬛在疚廣韻收仙清■一注身輕便皃一注便嬛輕麗皃一注好也皆非古義

姽　閑體行姽姽也　玉篇廣韻引同李注文選神女賦引作靖好貌恐非　从女危聲　過委切

委　委隨也从女从禾　臣鉉等曰

委曲也取其禾穀垂穗委曲之皃故从禾於詭切
繫傳作从女禾聲是也玉篇於詭切委屬也棄也曲也廣
韻收平上二聲
㛂 婐㛂也玉篇婐㛂也廣韻婐㛂身弱好皃一曰女侍曰婐
讀若騧或若委从女果聲繫傳作㛂也从女果聲一曰果敢也一曰女侍曰婐
讀若騧一曰若委韻會多刪孟軻曰舜爲天子二女婐烏果切今孟子盡心篇作果
㛂 婐㛂也一曰弱也从女厄聲五果切玉篇乃果五果二切委皃也廣韻兩收果
㚲 小弱也一曰女輕薄善走也一曰多技藝也从女占聲或讀若占齒懾切繫傳作小弱也从女占聲一曰女輕薄善

走讀若占一曰多技藝⿱沾女姈也玉篇注⿱沾女姈也
藝當作埶詳新附攷　玉篇尺涉切輕薄一曰多技藝也廣韻叱涉切　廣韻⿱沾女姈喜皃
从女沾聲丑廉切姈⿱沾女姈也一曰善笑皃从女令聲
火占切繫傳从女今聲在一曰句上玉篇
許兼切⿱沾女姈美笑皃也廣韻收鹽添二韻⿰女⿳竹艮皿竦身也从
女⿳竹艮皿聲讀若詩糾糾葛屨居夭切廣韻音同玉篇
居夭居黝二切竦身皃
婧竦立也从女青聲一曰有才也讀若韭菁七正切玉
篇財姓
疾井子盈三切竦立皃廣韻收
平上去三聲上聲爲姘之重文姘靜也从女井聲
疾正切姂婦人皃玉篇引同廣韻好皃从女乏聲房法切嫙好

也玉篇好皃（繫傳好女也）从女旋聲　似沿切■廣韻爲䁢之重文詩齊風子之還兮釋文云還韓詩作嫙嫙好貌

嬱材也从女齊聲　徂雞切玉篇阻皆切有嬱季女引說文子奚切材也廣韻止收齊徂奚切好皃又子兮側皆二切詩采蘋作有齊季女毛傳齊敬釋文云齊本亦作嬱此蓋三家詩異作嬱（則作齌）

姡面醜也　詩何人斯釋文引同正義引醜作䩄恐非　从女𠯑聲　古活切玉篇作姡胡■括戶刮二切多詐也引爾雅曰䩄姡也廣韻收末鎋二韻一注姡䩄也一注面醜

嬥直好皃一曰嬈也从女翟聲　徒了切繫傳韻會从女翟聲在一曰上玉篇徒了徒聊二切嬥嬥往來也廣韻平聲引聲類云細腰也上聲注嬥嬥往來皃引——韓詩云嬥歌巴人歌也所引韓詩當在嬥嬥上蓋即佻佻

公子之異文

嫢　媞也从女規聲秦晉■謂細爲嫢　居隨切五音韻譜細下有腰字繫傳作嫢腰作要玉篇引作要首爲作曰說文腰要首並無要字亦幷方言嫢笙揫摻皆細也自關而西秦晉之間謂細而有容曰嫢

媞　諦也一曰妍黠也　韻會同繫傳妍作研譌　一曰江淮之間謂母曰媞从女是聲　承旨切繫傳韻會从女是聲在諦也下玉篇徒奚切詳安也引說文承旨切無一曰妍黠也句餘同廣韻平聲齊注美好皃引爾雅云媞媞安也說文時尒切諦也一曰妍黠又收上聲紙注江淮呼母也

婺　不繇也　繇糸部作繇玉篇婦人皃廣韻注婺女星名　从女敄聲　亡遇切

嫺　雅也

婦■方言南楚謂婦妣曰母姼疑媞姼通

玉篇注嫺雅也廣韻同从女閒聲戶閒切

媐說樂也廣韻引說作悅俗玉篇善也从女巸聲許其切

婜美也玉篇引同廣韻無从女臤聲苦閑切

娛樂也从女吳聲虞俱切

娭戲也从女矣聲一曰卑賤名也遏在切玉篇虛基切戲也又婦人賤稱廣韻收之許其切婦人賤稱出蒼頡篇

■媅樂也从女甚聲丁含切玉篇重文作妉

娓順也从女尾聲讀若媚無匪切玉篇亡利眉鄙二切美■也又音尾廣韻收上聲尾引說文又音美又收去聲至注從也[illegible]嫷也玉篇

屬也又正也从女啻聲都歷切孎謹也从女屬聲讀若人不孫爲孎之欲切五音韻譜同繫傳孎上有不字按讀若不應仍同本字疑有譌玉篇知玉切女謹皃廣韻收燭覺二韻（小爾雅云妾婦之賤者謂之屬婦屬逮也逮婦之名言其微也）⿰女冤宴⿰女冤也从女冤聲於願切玉篇作⿰女冤音鴛⿰女冤⿰女冤美也廣韻收平聲元於袁切注同則於願切非媕女有心媕媕也从女弇聲衣檢切玉篇烏斂切注同廣韻收平上二聲⿰女桼諟也廣韻作⿰女𣏟注同玉篇作⿰女𣏟注媞也重文作⿰女𣏟注云見說文則諟當作媞从女桼聲而刻切嫥壹也玉篇嫥一也可愛之皃廣韻可愛之皃从女專聲一曰嫥嫥職緣切五音韻譜同繫

傳一曰下有女字如从隨也繫傳韻會从作從玉从
集韻類篇引同篇而也往也若也
女从口徐鍇曰女子从父之敎从夫嫧齊也从女責聲
之命故从口會意人諸切
側革切玉篇嫧婧鮮好皃娕謹也从女束聲讀
葢本方言今方言皃作也
若謹敕數數測角切廣韻音同玉篇楚角切嬐
謹也又音賴好皃賴字恐譌
敏疾也一曰莊敬皃从女僉聲息廉切繫傳無
敬字从女僉聲
在一曰句上玉篇桑廉牛檢二嬪服也从女賓聲
切敏疾也廣韻止收上聲
符眞切玉𡠟至也从女執聲周書曰大命不摯
篇妃嬪也

讀若摯同　繫傳摯作執譌周當作啇或周字後人加今書西伯戡黎作摯釋文云摯本

又作　一曰虞書雉𡜊　脂利切繫傳書下有曰字按今書無雉𡜊當是堯典五玉三

帛二生一死贄之傳說玉篇之利之立二切引說文至也廣韻收去入二聲　㜸　㜸伏也　㜸當作㜸

从女沓聲一曰伏意　他合切繫傳意下有也字廣韻引作一曰意伏也[illegible]　晏

安也从女日詩曰以晏父母　烏諫切繫傳作从女晏省聲非晏从晏聲也詩

下有經字亦非按詩但有歸寧父母吉日有悉率左右以燕天子毛傳驅禽之左右以安待天子[illegible]無以晏父母

此之譌　嬗　緩也从女亶聲一曰傳也　時戰切　嫴　保任

也廣韻引同玉篇苟且
也又引說文保任也从女辜聲古胡切媻奢也
从女般聲臣鉉等曰今俗作婆非是薄波切繫傳
聲下有一曰小妻也五字韻會作一曰老女
稱蓋黃氏改玉篇■（薄寒切）媻媻往來皃引說文薄波—
切奢也廣韻收桓注奢也一曰小妻又媻媻來往皃又收戈引
說文曰娑舞也从女沙聲詩曰市也媻娑素何
奢也
切繫傳韻會媻作婆蓋後人以今詩改
詩釋文云婆說文作媻玉篇婆娑舞者之容姷耦也玉篇
廣韻从女有聲讀若祐于救切繫傳祐作侑姷
偶也佑非人部無佑
或从人玉篇收
人部姰鈞適也男女併也从女旬聲居匀

陸士衡五等論

切繫傳男上有謂字聲下有讀若匈三字玉篇息匀
切狂也又音縣廣韻收平聲諄去聲霰並注狂也　姕
婦人小物也从女此聲詩曰屢舞姕姕　即移切玉篇且
貲子兒二切引
同廣韻兩收支按姕當爲傞之異文傞下
已引詩與毛傳合此蓋三家詩也屢當作婁　妓　婦人小
物也　玉篇注同　从女支聲讀若跂行　渠綺切廣韻跂
廣韻女樂　淮南原道訓跂行喙息　引山海經云有
跂踵國人行腳跟不著地如　李注文選
人之跂足也跂踵國見海外北經　嬰　頸飾也　婁引說文
嬰繞也當不誤恐非賏亦訓頸飾者乃賏字　玉篇
引蒼頡篇云男曰兒女曰嬰又引說文頸飾也蓋出宋以　从女賏
賏其連也　於盈切韻會
其作貝是也　㛤　三女爲㛤㛤美也　周語
人三

爲衆女三爲粲　从女奻省聲　倉案切繫傳韻會作从女占聲▇玉篇爲㛑之重文廣韻止收㛑引詩傳云三女爲㛑又美好皃詩本亦作粲說文又作㚴

媛　美女也　釋訓美女爲媛毛傳同　人所援也　繫傳韻會作人所欲援也毛傳援者引也謂人所欲引爲己助也　从女从爰爰引於也　繫傳韻會作从女爰聲無爰引也三字　詩曰邦之媛兮　玉眷切五音韻譜玉作王是也廣韻王眷切今詩兮作也

娉　問也　玉篇要廣韻也　从女甹聲　匹正切

娽　隨從也　玉篇引同廣韻屋引埤蒼云娽頊妻名又引說文同又引史記毛遂入楚謂十九人曰公等娽娽可謂因人成事耳案史記亦作錄又收燭

从女录聲力六切玉篇力谷切妝飾也玉篇廣韻女从女牀省聲
字又飾也
側羊孌慕也毛傳詩泉水云从女䜌聲力沇切玉
切當作从女爿聲孌好貌候人同篇力轉
切慕也廣韻廣韻引玉篇注同廣雅亦同
收上去二聲媟嬻也一切經音義卷十四引作黷
也蓋从女枼聲私列切嬻媟嬻也玉篇易也媟也
誤廣韻媟慢
从女賣聲徒谷切㜸短面也从女竅聲丁滑切玉
篇引同
廣韻無方言嬖便嬖愛也繫傳韻會作便辟
作■㜸短也也玉篇引作便僻也
又引春秋傳曰賤而獲幸曰博計嫳難
嬖女廣韻愛也卑也妾也从女辟聲切

也从女毄聲 苦賣切玉篇口賣切廣
韻收霽卦二韻注並同
妎 妒也从女介聲
胡蓋切（釋言釋文引作妬也）玉篇胡計切引說文又（妒也）音害廣韻
收霽引說文妬也又收泰引字林云嫉妎妬也妬俗
妒 婦妒
夫也从女戶聲 當故切玉篇爭色也廣
韻妬忌並有重文妬
媢 夫妒婦
也 玉篇廣韻引
妒作妬俗 从女冒聲 繫傳下有
讀若胞三字 一曰相視也
莫報切繫傳作一曰梅目相視也梅
字蓋譌韻會作不相視也恐非
𡛟 巧也一曰女子
笑皃詩曰桃之𡛟𡛟 繫傳作𡛟巧也詩曰桃之𡛟
𡛟女子笑皃韻會（有一曰）不引
詩玉篇爲妖之重文廣韻作妖注云說文作𡛟巧也
並不引詩毛詩稽古編云說文枖𡛟二字並引詩當以

枖爲正枖說文以爲木少盛皃毛亦以夭 从女芺聲 於喬切 夭爲桃之少壯義本合故釋文獨引焉

佞 巧讇高材也 一切經音義卷三引作口材也卷十七引作巧諂高材曰佞卷二十四引作巧媚高材曰佞媚字非玉篇曰材 从女信省 臣鉉等曰女子之信近於佞也乃定切 繫傳韻會作从女仁聲是也一切經音義卷一佞注云字從女仁卷三引說文佞字從女從仁按晉語佞之見佞果喪其田則吉亦讀平聲

嫈 小心態也从女熒省聲 烏莖切 玉篇烏莖一郎二切引說文同廣韻收平聲耕清二韻去聲諍

嫪 婟也从女翏聲 郎到切 玉篇力高力報二切難也引說文云婟也廣韻收平去二聲

婟 嫪也 玉篇嫪也戀也廣韻

婟嫪戀惜也出聲類从女固聲胡誤切姿態也玉篇姿態也廣韻姿態从女次聲即夷切𡞞嬌也繫傳韻會作驕也是也女部無嬌詳新附攷玉篇嬌皃廣韻無从女虘聲將預切妨害也从女方聲敷方切繫傳朊聲字韻會有玉篇孚方孚放二切廣韻收平去二聲妄亂也玉篇婭也婭字譌廣韻虛妄又亂也誣也从女亡聲巫放切媮巧黠也玉篇巧黠也又媮薄也从女俞聲託侯切按俗作偷㛅㛅卤貪也玉篇卤作擿說非手部擿直無廣韻貪也从女污聲胡古切娋小小侵他五音韻譜繫傳他作也是也

玉篇廣韻作小婧侵也蓋本說文从女青聲息約切玉篇所效切廣韻收去聲效音所教切則息約切非

婐量也玉篇量也揣也从女朶聲丁果切廣韻無婐有挅[illegible]稱量丁果切蓋即婐之譌

妯動也从女由聲徐鍇曰當从冑省徒歷切繫傳無此說玉篇直六切妯娌也又敕流切擾也廣韻收平聲尤引詩憂心且妯妯動也悼也又收入聲屋注妯娌[illegible]方言妯擾也人不靜曰妯郭音迪徒歷切非

嫌不平於心也一曰疑也玉篇廣韻引心下無也字从女兼聲戶兼切繫傳韻會从女兼聲在一曰句上

媘減也从女省聲所景切

婼不順也从女若聲春秋傳曰叔孫婼丑略切繫傳曰作有

玉篇丑略切不從也又音兒婼羌廣韻平聲 婞

支引前漢西域傳有婼羌入聲藥引說文
左傳昭七年釋文勑略反又音釋

韻會引玉篇廣韻注並同繫傳 从女幸聲

很也 很作狠[illegible]下有一曰見親四字

楚詞曰鮌婞直 胡頂切孟子悻悻
然當即婞之別體心女二部多通 嫳易使怒

也从女敝聲讀若擊撆 匹滅切繫傳作讀若
撆擊玉篇匹蔑切

引說文廣韻收屑 ⿰女善 好枝格人語也一曰靳也从女
普蔑切輕薄之皃

善聲 旨善切玉篇伎
也廣韻偏伎 娺 疾悍也从女叕聲讀

若唾 丁滑切廣韻音同婠娺
好皃玉篇陟滑切怒也 ⿰女酓 含怒也一曰難知

也从女酓聲詩曰碩大且𡝐五感切詩澤陂作儼毛傳儼矜莊貌御覽三百六十八引韓詩作𡝐𡝐重頤也廣雅𡝐美也玉篇烏廉五感二切含怒也又魚檢切廣韻收上聲感含怒皃平聲鹽作𡝐含怒也

娿 陰娿也五音韻譜同繫傳陰作婀非玉篇注同韻會作陰阿也廣韻注婀娿不決 从女阿聲烏何切

姸 技也一曰不省錄事一曰難侵也一曰惠也一曰安也从女开聲讀若研五堅切繫傳作技也一曰不省錄事也从女幵聲一曰難侵讀若研一曰慧也一曰安也韻會侵下有也字無讀若研餘同李注文選文賦引亦作慧玉篇好也廣韻淨也美也好也

娃 圜深目皃或曰吴

楚之間謂好曰娃 方言娃美也吳楚衡淮之間曰娃故吳有館娃之宮 从女圭聲 於佳切繫傳韻會从女圭聲在或曰上

㛳 不媚前却㛳㛳也 玉篇媚下有也字却作卻是也 从女陝聲 失冉切

娎 鼻目間皃 玉篇戞姡也廣韻娟也 讀若煙火炔炔 火部無炔蓋因篆文而譌當是焆字焆焆煙皃因悅切 从女決省聲 於說切繫傳作从女夬聲在讀若句上

孈 愚戇多態也 从女巂聲 讀若隓 式吹切玉篇右尒尤卦二切戇作贛非廣韻收上聲紙去聲卦賊

吹切 非

⿰女恚 不說也 廣韻引同繫傳說下有皃字玉篇不悅也 从女恚聲 於避

切

嫼　怒皃从女黑聲【呼北切玉篇莫勒切奴也奴字蓋譌廣韻收黙烏黙切嫉怒又德韻有嫼姓也】

𡛷　輕也从女戉聲【王伐切玉篇于厥切注同廣韻無】

嫖　輕也从女票聲【匹招切玉篇匹招匹妙二切輕嫖也廣韻收平去二聲】

⿰女坐　訬疾也从女坐聲【昨禾切玉篇作姓（子戈切）王也廣韻（兩收戈一注訬疾丁）注女字引穆天子傳云盛姬喪天子三女叔⿰女坐爲主也】

姎　女人自偁我也【玉篇引偁作稱繫傳作女人稱姎我也釋詁釋文引作女人稱我曰姎廣韻注女人自稱姎我】从女央聲【烏浪切玉篇烏浪一郎二切廣韻收平上二聲上聲注見前】

媁　不說皃【繫傳下有恚也二字玉篇自恚也美也廣韻美也】从女韋聲【羽非切】

婎　姿婎姿也

繫傳作如婎姿　从女隹聲一曰醜也　許惟切玉篇醜也廣韻爲惟
也恐並有譌
之重
妶　有守也从女弦聲　胡田切繫傳作妶玉篇作⿱弦女所望也引說文同
文
廣韻作⿱弦女
媥　輕皃　玉篇輕也廣韻身輕便皃　从女扁聲　芳連
婦人守志
切
嫚　侮易也从女曼聲　謀患切五音韻譜作嫚繫傳同玉篇作
嫚莫晏切引說文
廣韻收諫謨晏切
㛼　疾言失次也从女臿聲讀若
懾　丑聶切玉篇初洽切引同廣韻收洽注同
嬬　弱也一曰下妻也从女
需聲　相俞切
娝　不肖也从女否聲讀若竹皮箁

匹才切五音韻譜同繫傳作嬉是也玉篇嬉適當說文婍字之次妨走蒲回二切婦人皃後又有婍布美切引纂文人姓也又引說文葢宋人引廣韻嬉收平聲灰又兩收上聲厚並注婦人皃婍收上聲旨注姓出何承天纂文

嬯遲鈍也玉篇鈍劣也廣韻同从女臺聲闒嬯亦如之徒哀切繫傳之作此

㜗下志貪頑也从女覃聲讀若深乃忝切玉篇式衽切貪頑也廣韻收寑忝二韻一注志下一注弱也

嫪婪也从女參聲七感切玉篇倉含切婪嫪也又七感切廣韻上聲引說文平聲引玉篇

婪貪也从女林聲杜林說卜者黨相詐驗爲婪讀

若潭　盧含切　繫傳潭作譚非

嬾　懶也怠也　繫傳韻會作懶怠也玉篇注懶惰也　一曰臥也　繫傳作一曰臥食韻會食下有也字按臥食二字疑是餐字餐有孄義誤分爲二字　从女賴聲　洛旱切　繫傳韻會从女四字在一曰句上

婁　空也从毋中女空之意也　繫傳女下有婁字韻會作从毋从中从女婁空之意　一曰婁務也　洛侯切　繫傳韻會務下有愚字玉篇引無

婁　古文　繫傳作婁古文婁如此上更有婁籀文婁从人中女臼聲五音韻譜無玉篇婁引說文止有古文婁則說文本無籀文

娎　娎婡也从女折聲　許列切玉篇作娎喜也廣韻喜皃

婡　得志婡

婡　一曰婡息也一曰少气也从女夾聲　呼帖切　繫傳作得志婡婡也从女夾聲一曰婡息一曰少气也玉篇丘協切得志也又呼協切少氣也廣韻兩收怗一注得志婡婡一注少氣皃

嬈　苛也一曰擾戲弄也一曰嬥也从女堯聲　奴鳥切　繫傳从女堯聲在一曰嬥也上玉篇奴了切苛也又擾戲弄也廣韻收篠小二韻

㜸　惡也一曰人皃　玉篇廣韻引同繫傳作㜸皃下有也字　从女毀聲　許委切

姍　誹也一曰翼便也从女刪省聲　所晏切　繫傳誹也下有一曰　韻會引同　省删作姍譌玉篇先干切誹也廣韻止收平聲寒注訴也詐字蓋譌所晏切非

媨　醜也一

曰老嫗也从女酋聲讀若蹴 七宿切繫傳作媨玉篇同羊久切醜也廣韻收去聲宥

嫫 嫫母都醜也 玉篇引都作鄙當不誤繫傳作嫫母古帝妃都醜也韻會作嫫母都醜也古帝妃廣韻作嫫注嫫母黃帝妻皃甚醜亦作嫫 从女莫聲 莫胡切

婓 往來婓婓也一曰醜皃从女非聲 芳非切繫傳醜上有大字从女非聲在一曰句上玉篇往來婓婓皃又大醜也廣韻婓婓往來皃一曰醜

孃 煩擾也 一切經音義卷十三引同繫傳作煩役也非 一曰肥大也从女襄聲 女良切玉篇女良切母也又如常切廣韻兩收陽一汝陽切亂也一母稱女良切

嬒 女黑色也从

女會聲詩曰嬒兮蔚兮 古外切繫傳作詩曰蔚兮薈兮譌或當是讀若詩曰薈兮蔚兮傳寫脫譌艸部薈下引詩與毛詩合不應又作嬒玉篇止引女黑色也廣韻注婦人名也並不引詩

媆 好皃从女耎聲 而沇切臣鉉等案切韻又音奴困切今俗作嫩非是玉篇如臠切引說文好皃又奴困切與嫩同廣韻收去聲慁爲嫩之重文

㛪 誣挐也 五音韻譜同繫傳挐作拏廣韻注誣拏方言㘓哰謰謱拏揚州會稽之語也或謂之惹或謂之𧨟言部無𧨟玉篇㛪注婢也 从女奄聲 依劒切

𡣍 過差也从女監聲論語曰小人窮斯𡣍矣 盧瞰切今論語作濫

嫯 侮易也从女敖聲 五到切繫傳作⿰女敖玉篇作嫯五高

五到二切侮慢也廣韻收平去二聲

婬　私逸也玉篇喜也引說文私逸也从女垩聲余箴切

姘　除也漢律齊人予妻婢姦曰姘从女并聲普耕切玉篇普耕普經二切引同繫傳予作與从女幷聲在漢律上廣韻收耕青二韻一注齊與女交罰金四兩曰姘齊下女上下當有脫字又引蒼頡篇曰男女私合曰姘一注男女會合

奸　犯婬也从女从干繫傳韻會婬作媱非干上無从字干亦聲古寒切廣韻[illegible]以婬犯也玉篇亂也

姅　婦人汚也繫傳汚下有見字衍玉篇婦人汚又傷孕也从女半聲漢律曰見姅變不得侍祠博幔切玉篇匹半博慢二切廣韻兩收換

娗　女出病也从女廷聲

徒鼎切玉篇徒鼎達丁二切引說文同廣韻收平上二聲

婥　女病也从女卓聲　奴教切玉篇齒約切女疾也又婥約好皃廣韻收入聲藥則奴教切非

娷　諉也　玉篇廣韻並注飢聲則諉當是餧訓諉者乃諈字　从女垂聲　竹恚切

㛴　有所恨也　繫傳恨上有痛字玉篇廣韻韻會一切經音義卷十三引並同　从女甾聲今汝南人有所恨曰㛴　臣鉉等曰甾古囟字非聲當从㽵省奴皓切繫傳作从女㽵省聲今汝南人有所恨言大㛴按口部無㽵㽵亦非古囟字

媿　慙也从女鬼聲　俱位切

愧　媿或从恥省

奻　訟也从二女　女還切廣韻音同玉篇女間切

姦　私

也玉篇姦邪也廣韻私也詐也从三女古顏切[illegible]古文姦从心旱聲玉篇收心部廣韻無

文二百三十八繫傳三作五譌　重十三繫傳三作四▇多擂▇文婁也

毐止之也从女有奸之者詩谷風正義引作從女象有奸之者禁令勿奸禮記曲禮釋文引作止之詞其字從女內有一畫象有姦之形禁止之勿令姦並有增改凡毋之屬皆从毋武扶切玉篇莫也今作無

毐人無行也从士从毋賈侍中説秦始皇母與嫪毐淫坐誅故世罵淫曰嫪毐

讀若娭 遏在切五音韻譜淫作婬非繫傳作从毋从士朊世字玉篇於改切人無行也古娭字秦始皇母與嫪毐淫坐誅故世罵淫曰嫪毐廣韻平聲引說文人無行也又收上聲

文二

民 衆萌也 五音韻譜及廣韻集韻韻會引並同繫傳及玉篇引萌作氓 从古文之象 繫傳下有形字 凡民之屬皆从民 彌鄰切

[illegible] 古文民 繫傳作[illegible] 玉篇廣韻並無隸續載三體石經作[illegible]

氓 民也从民亡聲讀若盲 武庚切玉篇莫耕切引說文云民也又引詩云氓之蚩蚩廣韻收耕音同

文二　重一

丿 右戾也象左引之形凡丿之屬皆从丿 徐鍇曰其為文舉首而申體也房密切五音韻譜下有又匹蔑切四字繫傳依㕛反玉篇普蔑切廣韻收屑普蔑切屑密切毛本作於小切 更非宋本知何本蓋因少从丿聲而擬此音不足據也

乂 芟艸也从丿从乀相交 魚廢切繫傳韻會作从丿乀相交

刈 乂或从刀 廣韻刈刈穫乂才也不作重文

弗 撟也从丿从乀从韋省 分勿切臣鉉等曰韋所以束枉戾也繫傳韻會作从韋省从丿乀

乀 左戾也从反丿讀與弗同 分勿切

文四　重一

𠂆 抴也明也象抴引之形凡𠂆之屬皆从𠂆虒字从

此徐鍇曰象丿而不舉首余制切玉篇抴身皃虒身字並从此廣韻施明也又身皃施字疑譌

弋橜也釋宫檝謂之杙郭注橜也象折木衺銳著形繫傳衺銳作銳衺韻會同从厂象物挂之也韻會折作析與職切玉篇夷力切橜也所以挂物也今作杙又繳射也亦作隿

文二

乁流也从反厂讀若移凡乁之屬皆从乁弋支切繫傳讀若移在从乁下玉篇流也万也移也徙也廣韻無

也女陰也象形羊者切繫傳韻會形下有乁聲二字玉篇余爾切又余者切亂也斯也所以窮上成文也廣韻止收馬

𠤀秦刻石

也字　繫傳韻會作秦刻石文玉篇作艺　文二　重一
譌引作秦嶧刻石也字如此

氏巴蜀山名岸脅之旁著欲落墮者曰氏氏崩聞數百里　五音韻譜及集韻類篇引同繫傳山名作名山旁上有堆字崩下有聲字御覽六書故引并有聲字玉篇巴蜀謂山岸欲墮者曰氏崩聲也　象形乀聲凡氏之屬皆从氏　繫傳作氏凡从氏並同　楊雄賦響若氏隤　承旨切今解嘲作坻繫傳賦下有曰字鍇曰響若氏隤解嘲之文古皆通謂之賦玉篇承紙切廣韻收平聲支注月氏國名■又收清注狋氏縣名又收上聲紙注氏族

氒木本从氏大於末　繫傳

作木本也从氏而大於末也六書故引蜀唐本末作本　讀若厥　居月切玉篇作身木本也今作厥廣韻作𠂤爲厥之古文

文二

氐至也　廣韻引同繫傳下有本也二字玉篇注同韻會作本也至也恐誤　从氏下箸一一地也凡氐之屬皆从氐　丁礼切玉篇丁兮切至也本也又丁禮切廣韻止收平聲齊

〓臥也从氐垔聲　於進切玉篇音同又竹四切仆也廣韻收至震二韻

〓觸也从氐失聲　徒結切玉篇知栗大結二切觸也廣韻收質屑栗切手拔物也

〓闕　臣鉉等案今篇韻音皓又音效注云誤也繫傳作家本無注鍇曰按一本云許氏無此字此云家本無注疑許慎子許沖所言

也廣雅訓誤玉篇乎孝切引聲類云誤也廣韻收去聲效誤也　文四

戈 平頭戟也　韻會引同廣韻引戟作戟繫傳作較誤玉篇平頭戟長六尺六寸　言戟楚謂之孑凡戟而無刃吳揚之閒謂之戈　从弋一橫之象形　繫傳韻會下有也字　凡戈之屬皆从戈　古禾切

肈 上諱　臣鉉等曰後漢和帝名也案李舟切韻云擊也　从戈肁聲直小切　繫傳上諱下有擊也二字錯曰當言始也玉篇池矯切長也始也廣韻始也正也敏也長也治小切後漢書和帝紀注引伏侯古今注曰肇之字曰始肁音兆臣賢按許慎說文音火可反伏侯許慎並漢時人而帝諱不同樹玉謂肁即肇之俗體詳攴部許君本無音切其音火可反者後人誤也

戎 兵也从戈从甲　如融切　繫傳作从戈𠁩𠁩古文甲字

按卬古文甲乃後人說

戣 周禮侍臣執戣立于東垂兵也 五音韻譜同繫傳禮作制韻會作兵也从戈癸聲周制侍臣執戣立于東垂[illegible]書顧命孔傳戣瞿皆戟屬疏引鄭康成云戣瞿蓋今三鋒矛王肅云皆兵器之名也 从戈癸聲 渠追切

𢧀 盾也从戈旱聲 侯旰切玉篇古寒切𢧀盾也廣韻收平聲寒注同則侯旰切非

戟 有枝兵也从戈倝 繫傳韻會下有聲字 周禮戟長丈六尺 蓋考工記傳說 讀若棘 臣鉉等曰倝非聲義當从幹省幹枝也紀逆切 按幹亦从倝聲徐說非是繫傳無讀若棘三字當非脫蓋後人涉下文戛字字誤加

戛 戟也 廣韻引作戟也玉篇戟也常也 从戈从首 五音韻譜首作

百是也繫傳韻會作从戈百讀若棘古黠切

賊敗也玉篇引同廣韻引敗作則譌左傳文十八年太史克引周公作誓命曰毀則爲賊掩賊爲藏竊賄爲盜盜器爲姦从戈則聲昨則切

戍守邊也从人持戈傷遇切玉篇守也遏也廣韻遏也舍也從人荷戈也

戰鬭也五音韻譜作鬪也繫傳俗韻會作鬭是也从戈單聲之扇切

戲三軍之偏也一曰兵也从戈𧆨聲香義切玉篇忻義切兵也又戲笑又虛奇切廣韻去聲引說文又收平聲

戜利也一曰剔也剔當作鬄鬄詳新附攷从戈呈聲徒結切繫傳作戜玉篇作戜利也常也國名也在三苗東廣韻剔也又國名在三苗國

東出山海經 接海外南經三苗國一曰三毛國𢧵國在其東其爲人黄能操弓射蛇一曰𢧵國在三毛東

或 邦也从口从戈以守一 繫傳韻會戈上無从字 一地也 于逼切臣鉉等曰今俗作胡國切以爲疑或不定之意玉篇胡國切有疑也廣韻音同不定也疑也

𡋯 或又从土 臣鉉等曰今無復或音玉篇收土部爲逼切居也封也廣韻居也邦也雨逼切

𢧵 斷也 玉篇齊也治也斷也亦作截廣韻引廣雅云盛也斷也 从戈雀聲 昨結切

𢦔 殺也 五音韻譜繫傳同殺作殺是也韻會作刺也蓋因廣韻改廣韻殺也刺也 从戈今聲 商書曰西伯既𢦔黎 口含切韻會作商書既𢦔黎

妄删也今書作戕釋文引說文作戕搶也 五音韻
戕云殺也黎當作稽巴稽邑下引此文 譜搶作
■槍是也繫傳 他國臣來弑君曰戕 他當作它弑
同手部無搶 通作殺此句
疑後人增 左傳宣十八年云凡自虐其君曰弑
玉篇戕殘也殺也廣韻殺也又他國臣來殺君也 从戈爿
聲 在良切 𢧢 殺也 玉篇辱也殺也廣韻引 从戈翏
說文殺也引爾雅病也
李注文選李少卿書引作勝也非
聲 力六切 𢧵 刺也从戈甚聲 竹甚口含二切玉篇竹
甚小斫也又苦耽切
廣韻收平聲覃勝也 戭 長搶也 五音韻譜繫傳
克也上聲寢小斫也 搶作槍是也
从戈寅聲春秋傳有擣戭 弋刃以淺二切左傳文十八
年作檮戭漢書古今

人表作檮歠說文無歠玉篇余忍余
淺二切長槍也廣韻收軫獮二韻 𢦏傷也从戈
才聲 祖才切五音韻譜作𢦏繫傳同 戩滅也 玉篇福也亦滅也盡本釋詁 从戈
晉聲詩曰實始戩商 即淺切今詩閟宮作翦毛傳翦齊也鄭箋翦斷也
𢧵絕也一曰田器从从持戈古文讀若咸讀若詩
云攕攕女手 臣鉉等曰𢧵銳意也故从从子廉切繫傳作絕也从持戈一曰田器古文讀若
咸一曰讀若詩云攕攕女手摻[illegible]
再𢧵女鑯鐵器一曰鑴也 讀若咸齊有譎 玉篇田器又盡也廣韻
刺也銳意也又 𢦦楚莊王曰夫武定功戢兵故
持戈說文盡也則今脫盡也二字古文句疑有譌

止戈爲武　文甫切左傳宣十二年莊王曰於文止戈爲武

玉篇健也跡也力也廣韻止戈爲武又迹

也引曲禮曰堂上接武　戢藏兵也　藏當作臧一切經音義卷四

卷十七卷二十引並作藏兵器

也卷八卷十一引　从戈咠聲詩曰載戢干戈　阻立切廣

韻音同

作臧也蓋略

止也斂也玉篇側立

楚立二切聚也斂也　戠闕从戈从音　之弋切繫傳

作闕職从此

古職字古之職役皆執干戈　鍇曰闕者不知所以音也

按闕者蓋闕其義戠當从音聲水部湆从音聲音

去急切與戠相近[illegible]易豫九四朋盍簪釋文云簪虞

作戠戠叢合也玉篇𦖿音之力切廣韻收職引説

文云闕職　戔賊也从二戈周書曰戔戔巧言　徐鍇曰兵

識字从此

多則殘也故从二戈昨干切按言下當有也字葢即秦誓截截善諞言之異文公羊傳文十二年作惟諓諓善竫言釋文諓引賈逵注外傳云巧言也外傳當指越語安知是諓諓玉篇傷也賊也廣韻傷也又戔戔束帛皃引易曰束帛戔戔

文二十六　重一

戉

斧也　繫傳作大斧也廣韻韻會一切經音義引並同書顧命釋文引亦有大字而誤作鉞

从戈𠄌聲司馬法曰夏執玄戉殷執白戚周左杖黃戉右秉白髦　廣韻引無右秉白髦四字餘同繫傳秉作記譌韻會作把、恐黃氏改髦繫傳韻會並作旄是也牧誓作秉白旄

凡戉之屬皆从戉　臣鉉等曰今俗別作鉞非是王伐切玉篇

禹月切黃戉以黃金飾斧也又作鉞

戚 戉也从戉尗聲 倉歷切廣韻作鏚注干鏚斧鉞本亦作戚

文二

我 施身自謂也或說我頃頓也从戈从手手或說古垂字一曰古殺字 繫傳作从手手古文垂也一曰古文殺字按垂下殺下並無此古文古文垂作𠂹與古文𢦐合蓋从物者 凡我之屬皆从我 徐鍇曰从戈者取戈自持也五可切玉篇引說文施身自謂也又引易曰我有好爵

𢦐 古文我 玉篇作㦱

義 己之威儀也从我羊 臣鉉等曰此與善同意故从羊宜寄切按當有我亦聲三字玉篇魚奇切

已之威儀也又宜寄切仁義羛墨翟書義从弗
也廣韻止收去聲平聲作儀
玉篇注義下魏郡有羛陽鄉郡國志鄉作聚讀若錡今
有字字
屬鄦本內黃北二十里繫傳下有鄉也二字段君云今屬鄦以下乃後人語

文二　重二

亅鉤逆者謂之亅象形凡亅之屬皆从亅讀若
橜衢月切廣韻引譌作乚玉篇注鉤逆者謂之亅也　乚鉤識也从反亅廣韻
引下有象形二字五音韻譜亅作乚譌　讀若捕鳥罬居月切繫傳無捕鳥二字玉

篇知衞切鉤識也引說文居月切廣韻收入聲

文二

𤫊禁也神農所作洞越練朱五弦周加二弦象形玉篇注說文及新論云神農造也琴之言禁也君子守以自禁也引風俗通曰琴七弦法七星也琴操云長三尺六寸象三百六十六日廣六寸象六合也廣韻樂器神農作之本五弦周加文武二弦引白虎通曰琴禁也以禁止淫邪正人心也海內經云帝俊生晏龍晏龍是為琴瑟郭注引世本云伏羲作琴神農作瑟釋樂釋文引字林云神農作琴

凡珡之屬皆从珡巨今切

鑋古文珡从金玉篇作鑋鑋注云並古文集韻作鑋韻會同

瑟庖犧所作弦樂也玉篇庖犧造也弦多至五十黃帝使素女鼓瑟哀不自勝破為二十五弦也廣韻引世本曰庖犧作瑟从珡必聲所櫛切

𤦪 古文瑟 玉篇廣韻並無蓋琴之別體疑後人增 文二 重二

乚 匿也象迟曲隱蔽形凡乚之屬皆从乚讀若隱 於謹切玉篇云今作隱

直 正見也从乚从十从目 徐鍇曰乚隱也今十目所見是直也除力切繫傳韻會作从十目乚玉篇不曲也準當也侍也廣韻正也

𣡽 古文直 繫傳作㯰古文直或从木如此玉篇收木部作㯰按當作㯰 文二 重一

亾 逃也从入从乚 繫傳乚上無从字 凡亡之屬皆从亡 武方切玉篇死也去也逃也無也

乍 止也一曰亡也 玉篇暫也止也 从亡从一 徐鍇曰出亡得一則止

廣韻有音無義

三十五

暫止也鉏駕切繫傳韻會
作从亾一有所礙也

望 出亡在外望其還也
从亡望省聲 巫放切五音韻譜繫傳下望字作朢
玉篇無放切遠視也覩也又無方切廣韻
去聲引說文
又收平聲

𣞤 亡也从亡無聲 武扶切玉篇作無
不有也古文作橆

无 奇字无通於元者 五音韻譜及集韻類篇引同
繫傳作奇字無通於无者虛
無道也韻會作虛於元者虛无道也易釋文引作
通於无者虛无道也蓋並譌六書故引作通於元者
虛无
道也 王育說天屈西北爲无 易釋文育作述說
文爲秃女下並引王

匃 气也逯安說亡人爲匃 古代切繫傳韻
會作气也从亡人爲

刪逯六字非

匄逯安説玉篇收勹部古曷古害二切行請也取也廣韻收去聲泰入聲曷

文五　重一

匸衺徯有所俠藏也玉篇注俠作挾从乚上有一覆之凡匸之屬皆从匸讀與徯同胡礼切繫傳匸並作匸與作若按徯當作傒人部無徯

區踦區藏匿也繫傳匿作隱韻會同無踦區二字蓋黄氏刪从品在匸中品衆也豈俱切玉篇去娛切域也又烏侯切受一斗六升也廣韻收虞侯二韻

匿亡也从匸若聲讀若羊騶箠女力切按埶金注羊箠與匿聲相近當是

讀若羊箠鏊玉篇女直切陰姦也亡隱也　𠥱側逃也从亡丙聲一曰箕屬臣鉉等曰丙非聲義當从内會意疑傳寫之誤盧候切按内聲丙聲亦相近蓋聲兼意漢隸陋或作陃則爲内之譌可證玉篇𠥱側陋也又箕屬疑本說文廣韻無𠥱

匽匿也从匸妟聲於蹇切玉篇於見切廣韻無　医盛弓弩矢器也玉篇注同繫傳無也字韻會作盛矢器廣韻注藏弓弩矢器从匸从矢國語曰兵不解医於計切繫傳韻會作从匸矢矢亦聲春秋國語曰兵不解医今齊語作翳韋注翳所以蔽兵也

匹四丈也从八匸八揲一匹廣韻引同繫傳韻會作从匸八八牒一匹

八亦聲普吉切　文七

匚受物之器象形凡匚之屬皆从匚讀若方府良切玉篇器下有也字廣韻受物之器又一斗曰匚也

𠥫籒文匚玉篇注籒文

匠木工也从匚从斤斤所以作器也疾亮切繫傳韻會作从匚斤斤所作器也

匧藏也廣韻注同繫傳韻會作㔸藏也玉篇注緘也从匚夾聲苦叶切

篋匧或从竹李注文選任彥升詩引作篋笥也蓋誤

匡飲器筥也五音韻譜同繫傳韻會作飯器也筥也玉篇注同从匚㞷聲去王切

筐　匡或从竹　廣韻不作重文⿱竹匜字亦然

匜　似羹魁柄中有道可以注水　左傳僖二十三年釋文引無以字繫傳水下有酒字衍韻會上聲引有平聲引無　从匚也聲　移尔切玉篇弋支切沃盥器廣韻收平上二聲

匴　淥米籔也　玉篇⿰氵盝米籔廣韻器也冠箱也本鄭注士冠禮　从匚算聲　穌管切五音韻譜箕作算是也

𠥊　小桮也从方贛聲　古送切玉篇公揀切注同廣韻收送感二韻

⿰木贛　𠥊或从木　玉篇收木部木下當有省字

匪　器似竹筐　五音韻譜筐作⿱竹匜廣韻引作器如竹⿱竹匜繫傳韻會作如竹⿱竹匜⿱羊皿脫玉篇竹器方曰匪　从匚非聲

⿱竹匜

逸周書曰實玄黄于匪　非尾切　按逸周書以下疑後人增此文見孟子滕文公章句下趙注云有攸以下自攸不爲臣至惟臣附于大邑周皆尚書逸篇之文君子實玄黄于匪○朱文公集注云孟子又釋其意則非書矣如引書■當引匪厥玄黄

⿷匚倉　古器也　廣韻引玉篇注同　从匚倉■聲　七岡切

⿷匚攸　田器也从匚攸聲　徒聊切　廣韻音同玉篇徒弔切

⿷匚異　田器也　玉篇大鼎也又田器　廣韻收職作⿷匚異注大鼎　按釋器附耳外謂之釴郭注鼎耳在表　金部無釴蓋即⿷匚異字　从匚異聲　與職切

⿷匚曶　古器也从匚曶聲　呼骨切　繫傳作⿷匚旦　玉篇廣韻作⿷匚曶

匬　甌器也　繫傳作甌

匬器从匚俞聲度矦切玉篇余主切器受十六斗
也則當與𣪊庾字同廣韻無
匱匣也玉篇注同廣韻竭也从匚貴聲求位切匵
乏也引說文曰匣也
匱也从匚賣聲徒谷切匣匱也从匚甲聲胡甲切
匯器也从匚淮聲胡罪切玉篇胡罪口乖二切回
也器廣韻收平聲皆注澤
名上聲駭柩棺也廣韻尸柩引禮注曰从匚从木
注回也在牀曰尸在棺曰柩
繫傳韻會久聲巨救切玉篇作匛棺也匶籀
作从匚木亦作柩疑本說文
文柩繫傳下有如此二匰宗廟盛主器也周禮
字玉篇作籀文

曰祭祀共匰主司巫祭祀則共匰主从匚單聲都寒切繫傳無曰字从匚單聲

在周禮上　文十九　重五

曲　象器曲受物之形初學記引作受物之形也蓋脫（廣韻引同）或說曲蠶薄也繫傳薄作箔非竹部無箔薄玉篇作薄凡曲之屬皆从曲丘玉切繫傳凡曲句在或說上

ㄥ　古文曲玉篇作ㄥ繫傳韻會無廣韻亦無

𠚕　骫曲也从曲玉聲丘玉切玉篇無𠚕蓋以曲當𠚕曲注枉也章也不直也

𠚖　古器也从曲甾聲土刀切玉篇廣韻同繫傳作𠚖非　文三　重一繫傳無

甾東楚名缶曰甾象形凡甾之屬皆从甾側詞切繫傳韻會形下有也字玉篇作甶缶也此古文今作甾——有重文甾注云今文廣韻作甾爲𦬁之重文又引說文曰東楚名缶曰甾則甾即甶之隸無疑

古文繫傳下有甾字

疀𣂁也繫傳作𣂁也是也釋器作𠛓謂之疀𠛓字从刀說文無古田器也繫傳無也字从甾疌聲楚洽切玉篇楚洽千廉二切古文𤰞廣韻收入聲洽爲𤰞之重文

𤱸𤱸屬蒲器也所以盛種繫傳作蒲器也𤱸屬所以盛種韻會器下無也字餘同詩卷耳釋文畚引何休云草器也說文同正義亦引作草器玉篇盛糧器也廣韻草器从甾弁聲布忖切

⿰甾幷㼐也从甾幷聲杜林以爲竹筥楊雄以爲蒲器

讀若軿 薄經切 繫傳筥作器軿下有車字 玉篇竹器廣韻謌作𤯉注織蒲爲器 ⿸虍甾 ⿸虍甾

𦉥也 繫傳韻會作甀也廣韻引作甀也並非許瓦部文 無甀甀莊子大宗師云皆在鑪錘之間釋文

作盧捶引崔云盧謂之甀捶當作甀 从甾虍聲讀

盧甀之間言小處也玉篇飲器也

若盧同 洛乎切 ⿸虍甾 篆文盧 繫傳在籀文下作罏 篆文玉篇作籀文廣韻無

籀文盧 五音韻譜盧作𠙹是也繫傳作籀文𠙹 如此廣韻作籀文玉篇收缶部注罍也

文五　重三

瓦 土器已燒之總名象形凡瓦之屬皆从瓦 五寡切 玉篇土
器也廣韻引古史考曰
夏時昆吾氏作瓦也
瓬 周家摶埴之工也 五音韻譜
及集韻類篇引同繫傳摶作㩣韻會同無周家
二字考工記作摶埴之工（句）鄭注摶之言拍也釋文
作摶注云李音團劉音博開成石經（誤）作 从瓦方聲
㩣按鄭注摶之言拍其非㩣字明矣
讀若⿰扌瓦破之瓬 臣鉉等曰瓬音瓦非聲未詳 分兩切 五音韻譜瓬作⿰扌瓦繫傳作讀若
廣雅八□□謂之瓬曹音瓦然說文篇韻亦無瓬考工記注
扺破之扺按瓬扺手部並無蓋傳寫譌先鄭
瓬讀爲甫始之甫後鄭讀如放於此乎之放 甄 匋
也从瓦垔聲 居延切玉篇音同陶人作瓦器謂之甄
土也又至神切廣韻收眞仙二韻

甍　屋棟也　釋名屋脊曰甍甍蒙也在上覆蒙屋也廣雅甍謂之霤　从瓦夢省聲　徐鍇曰所以承瓦故从瓦　莫耕切

甑　甗也从瓦曾聲　子孕切考工記陶人爲甑實二鬴厚半寸脣寸七穿　廣韻引古史考曰黃帝始作甑　籀文甑从䰝　繫傳作籀——文甑　从䰝　玉篇收䰝部

甗　甑也一曰穿也从瓦鬳聲　五音韻譜無反字繫傳　讀若言　魚蹇切　廣韻器也引周禮曰陶人爲甗　釋山釋文引字林牛建反　从瓦鬳聲在一曰句上

甗無底甑也　按考工記五分其轂之長去一以爲賢注先鄭云賢大穿也賢甗聲相近古讀亦近言也

釋名小山別大山曰甗甗甑也甑一孔者甗

瓵　甌瓿謂之

瓵釋器文 从瓦台聲 與之切玉篇小甖也蓋本郭注 瓽 大盆也从
瓦尚聲 丁浪切廣韻音同大甕一曰井甃引說文云大盆也玉篇丁盎切盆也 甌 小盆
也玉篇椀小者 从瓦區聲 烏侯切 瓮 罌也 廣韻引同繫傳
韻會作甖也非瓦部無甖玉篇大甖也 从瓦公聲 烏貢切 瓨 似罌
長頸受十升讀若洪从瓦工聲 古雙切繫傳作从瓦工讀若
翁玉篇戶江切長頸瓶廣韻作缸玉篇缸與瓨同 㼝 小盂也从瓦夗聲
臣鉉等曰今俗別作椀非是烏管切玉篇器也亦作盌廣韻作椀 瓴 瓮似瓶

也五音韻譜兊作瓮是也繫傳韻會作甕非瓦部無甕文繫傳似作以譌 从瓦令聲 郎丁切玉篇注瓴甋甓也蓋本釋宮廣韻注瓴甋一曰似瓶有耳

㼰 罌謂之㼰 方言作甇謂之㼰廣雅㼰訓瓶則當作甇廣韻注瓦器玉篇闕 从瓦卑聲 部迷切

㼪 似小瓿大口而卑用食 繫傳無用食二字當非脫玉篇小盆大口而卑下廣韻小盆 从瓦扁聲 芳連切

瓿 甂也从瓦音聲 蒲口切五音韻譜作瓿繫傳同玉篇注瓿甊小罌也

㼦 器也 廣雅瓶也玉篇从瓦容聲 廣韻罌也 以封切

甓 瓴甓也 繫傳韻作瓴甋也釋宮瓴甋謂之甓瓦部無甋 土部墼瓴適也 詩陳風中唐有甓毛傳甓瓴甋也宋本作令適釋文同云字書

說文攷異　四十二

作瓴甗則甗當作適 从瓦辟聲詩曰中唐有甓 扶歷切繫傳甓瓦下有讀若檗三字

甓 井壁也 易井卦釋文引字林同韻會壁作甓瓦非 莊子秋水釋文引李云如闌以塼為之著井底闌也 从瓦秋聲 側救切玉篇作甃井甃也

甈 康瓠破罌 繫傳下有也字 从瓦臬聲 魚列切玉篇丘滯切瓠壺也破罌瓦也廣韻收去聲祭引爾雅康瓠謂之甈郭璞云瓠壺也賈誼曰寶康瓠是也

𤭛 甈或从埶

甐 瑳垢瓦石 五音韻譜及集韻類篇引同繫傳瑳作磋石下有也字韻會亦作磋石部無磋 从瓦爽聲 初兩切玉篇作甄半瓦也廣韻同

[illegible] 蹈瓦聲 繫傳作蹈瓦甄也一切經音

義卷十一引作蹈瓦聲躢躢也足部無躢玉篇甄甄蹋瓦聲廣韻蹈瓦聲 从瓦耎聲 零帖切玉篇力頰切廣韻收葉帖二韻 𤭛治橐榦也 繫傳榦作輪當爲輪之譌段君云治當作冶冶者以韋橐鼓火老子之所謂橐也 从瓦今聲 胡男切玉篇胡耽切似瓶有耳廣韻平聲覃作𤭛去聲釅作𤭛並注似瓶有耳 㼓破也 玉篇廣韻引同繫傳作碎也非 从瓦卒聲 穌對切 瓪敗也 五音韻譜及集韻類篇引同繫傳作敗瓦也 从瓦反聲 布綰切玉篇伯限切牝瓦也廣韻收緩潸二韻一注牡瓦也一注瓪瓦牡蓋牝之譌

文二十五　重二

弓以近窮遠象形古者揮作弓周禮六弓王弓弧
弓以射甲革甚質夾弓庾弓以射干矦鳥獸唐
弓大弓以授學射者
繫傳遠下有也字射並作
䠶令司弓矢甚作椹木部
無椹干作豻質下獸下有者字玉篇黃帝臣揮作
弓廣韻引世本曰黃帝臣揮作弓墨子曰羿作弓
孫子曰凡弓之屬皆从弓居戎切弴畫弓也从
倕作弓呂氏春秋勿躬篇作羿作弓海內經云少皞生般般是始為弓矢
弓享聲都昆切玉篇作弴丁幺丁昆二切天子弓
也重文作弤注云畫弓也又丁禮切舜
弓名廣韻收蕭魂二韻蕭引說文弭弓無緣
上聲霽收弤引埤蒼云舜弓名

夷羿作弓

可以解轡紛者　釋器弓有緣者謂之弓無緣者謂之弭詩采薇象弭魚服毛傳象弭弓反末也所以解紟也箋云弭弓反末彆者以象骨爲之以助御者解轡紟宜骨也弓部無彆　从弓耳聲　緜婢切　玉篇息也忘也止也安也

弭　弭或从兒

弲　角弓也洛陽名弩曰弲　繫傳洛作雒是也　从弓肙聲　烏玄切　廣韻弓勢　詩騂騂角弓釋文云說文作弲音火全反

弧　木弓也从弓瓜聲一曰往體寡來體多曰弧　戶吳切　弓人往體寡來體多謂之王弓之屬利射革與質

弨　弓反也　玉篇廣韻弓弛皃本毛傳　从弓召聲詩曰彤弓弨兮　尺招切

彏　弓曲也从弓

藿聲九院切玉篇渠負切注同廣韻[收仙韻九院切非]釋草菼薍

也其萌虇釋文云虇或作[𢐦]非[𢐦]音權引說

■文云弓曲也按彄弓弩耑弦所居也繫傳韻會

艸部無虇作[𢐦]是也陸說非是　耑作端玉

篇注同从弓區聲恪侯切[𢐆]弓便利也从弓䌛聲讀

若燒弋招切玉篇廣韻作[𢐆]張弓施弦也从弓長聲陟良切玉

篇音注同廣韻收平去二聲彏弓急張也从弓矍聲許縛切玉

篇九縛切張弓急廣韻

兩收藥並注弓弦急皃弸弓彊皃从弓朋聲父耕切玉

篇悲矜切弓強皃又普耕切

廣韻收耕注弓弱皃[illegible]誤彊弓有力也从弓畺聲

巨良切玉篇巨章切堅也引說文弓有力也又其兩切重文作強廣韻收平上二聲並引說文

彎 持弓關矢也廣韻引同玉篇彎引也从弓䜌聲烏關切

引 開弓也从弓丨臣鉉等曰象引弓之形余忍切繫傳韻會丨下有聲字玉篇余忍以振二切引說文同廣韻上聲引說文又收去聲

弙 滿弓有所鄉也从弓于聲哀都切玉篇於孤口孤二切弓滿也持也指麾也引也張也廣韻兩收模一注滿挽弓有所向

廟諱弓聲也玉篇廣韻大也蓋本釋詁从弓厶聲厶古文肱字胡肱切繫傳作臣鍇曰厶

彌 弛弓也从弓璽聲斯氏切繫傳此字蓋肱字也則非許說

闕爲後人補音切悉同解字韻會引作彌弛弓也从弓爾聲玉篇正作彌亡支切大也偏也重文作彌廣韻彌注玉名收平聲支从施氏蓋因从彌聲亦音施氏切經典通作彌

弛弓解也从弓从也施氏切繫傳也下有聲字玉篇去離也弓解也廣韻釋也又引說文同

𢐅弛或从虒

弢弓衣也从弓从发繫傳韻发发垂飾與鼓同意土刀切上無从字按鼓从壴支象其手擊之非从发也弢與鼓不類此七字疑後人增當是从弓从发皮亦聲

弩弓有臂者周禮四弩夾弩庾弩唐弩大弩司弓矢職云凡弩夾庾利攻守唐大利車戰野戰从弓奴聲

奴古切

彀張弩也詩行葦釋文引作張弓曰彀正義引作張弓也蓋脱李注文選射雉賦一切經音義卷十六引並作張弓弩也玉篇注同从弓殸聲古候切

彉弩滿也廣韻兩引並同繫傳作滿弩也玉篇韻會引同从弓黃聲讀若郭苦郭切玉篇古鑊切廣韻兩收鐸

彃䠶也从弓畢聲楚詞曰芎焉彃日卑吉切今天問芎作羿繫傳作楚辭曰夫芎焉彃日也韻會作夫芎焉彃並非

彈行丸也从弓單聲徒案切玉篇達旦切行丸也又達丹切廣韻收平去二聲

[弓丸]彈或从弓持丸繫傳作或說彈从弓打丸如此打蓋

持之譌手部無打

玉篇重文作玐弙

[發弓] 䠶發也从弓發聲 方伐切

[弙] 帝嚳䠶官夏少康滅之从弓开聲論語

曰羿善䠶 五計切今論語作羿善射玉篇乎計午悌二切引論語曰羿善射又作羿廣韻收去

聲霻䶒引說文不引論語

文二十七　重三

[弜] 彊也从二弓凡弜之屬皆从弜 其兩切玉篇渠良切彊也又巨兩切廣韻

收平聲支強也渠羈切又收上聲養弓有力也

[弼] 輔也重也从弜㐁聲

徐鍇㐁舌也非聲舌柔而弜剛以柔从剛輔弼之意

房密切按隸釋載三體石經作弻楊淮碑亦作弻則

从百非从西也又重文作𢐡說文但有䏍無𢐡亦當是从䏍百聲䏍聲與弻並相近五經文字𢐀𢐀注云上說文下經典相承明唐時已然然說文作弻不作𢐀玉篇弻下有𢐀注云今文

𢐡 𢐀或如此繫傳作古文弻如此玉篇注云同上不云古文

𢐀 並古文𢐀繫傳𢐀作

𢐀亦古文弻𢐂注云𢐀或如此玉篇無𢐂廣韻有𢐂無弻

文二　重三

弦

弓弦也从弓象絲軫之形絲當作絲凡弦之屬皆从弦臣鉉等曰今別作絃非是胡田切玉篇收弓部不立弦部

盭 弻戾也五音韻譜韻弻作弻玉篇收幺部引同廣韻譌作盭从弦省从盩繫傳作盭譌下有盭引戾之也

五字讀若戾臣鉉等曰盭者擊辠人見血也弼戾之意郎計切
玅急戾也从弦省少聲於霄切玉篇收幺部乙肖切急戾也紗尪小兒也廣韻收去聲笑爲妙
𢐀不成遂急戾也从弦省曷聲讀若瘞葬之重文非於罽切玉篇收幺部引同廣韻作緆急也一曰不成也
文四

系繫也从糸丿聲（作丿籒）凡系之屬皆从系胡計切
𦃇系或从毄處繫傳在籒文下玉篇系引說文繫也籒文作𦅈並無此字廣韻亦無疑後人增
𦀇籒文系从爪絲玉篇廣韻同
孫子之子

曰孫 廣韻引爾雅釋親曰凡子之 从子从系 繫傳
子爲孫今爾雅無凡字 韻會
作子之子 系續也 思魂切 春秋經 縣 聯微也 聯 廣韻聯作
也从子系 借作遜玉篇闕 當聯足也
作聮 从系从帛 武延切 繫傳韻 䌛 隨從也 繫傳
會帛上無从字 作從
隨也蓋誤 韻會作隨 从言多言聲 臣鉉等曰今俗从系缶
從也改作䌛非 余招切玉篇與招切
用也隨也過也又以周切 重文 文四 重二
作䌛廣韻收宵尤二韻並作䌛

説文解字攷異弟十二下

説文解字攷異弟十三上

二十三部　文六百九十九 實七百　重一百二十二 實一百二十二

凡八千三百九十八字　舊鈔繫傳此卷上方題云楚金原落却此卷今照説文原本鈔補耳非鍇傳釋本也反切亦徐鉉韻譜本按今鈔本繫傳自糸部至卵部凡十一部音切盡同解字所闕不止一卷

糸　細絲也象束絲之形凡糸之屬皆从糸讀若覛　徐鍇曰一蠶所吐爲忽十忽爲絲糸五忽也莫狄切

𢆯　古文糸　繫傳作𢆯　王篇同

繭　蠶衣也　玉篇蠶繭也廣韻同　从糸从虫芇省　古典切繫傳作䌹韻會同省下有聲

字集韻引作从糸节聲是也六書故云唐本説文从节
一切經音義卷十七引蒼頡解詁云繭未繰也字從
虫從糸节聲节音眠五經文字 䌳 古文繭从糸見
繭注云從虫從芇芇音綿
繫傳作絸玉篇 繅 繹繭爲絲也韻會作繅繭
廣韻韻會作絸 爲絲非禮記
祭義釋文引作抽繭 从糸巢聲 穌遭切玉篇先
出絲也抽字[illegible]非 刀切繹繭出絲也
蓋本説文又子老切雜文也廣韻收平
上二聲一注繹繭爲絲一注雜五綵文 繹 抽絲也
廣韻引同玉篇陳也抽 从糸睪聲 羊益切 緒 絲耑
絲也理也終也大也方言繹理也絲曰繹之
也 廣韻引同韻會耑 从糸者聲 徐呂切 緬 微絲也
作端玉篇注同

从糸面聲 弭沇切玉篇彌善切微絲也思皃也重文作緬又亡結切細也廣韻上聲引說文入聲作緬注細也出蒼頡篇 純 絲也从糸屯聲論語曰今也純儉 常倫切玉篇帀均切絲也美也大也又之閏之允二切緣也又徒損切廣韻收平上二聲 綃 生絲也 後漢書向栩傳注引同玉篇注同韻會作生絲繒蓋因廣韻改 从糸肖聲 相幺切 䋾 大絲也从糸皆聲 口皆切 絖 絲曼延也从糸巟聲 呼光切 紇 絲下也从糸气聲春秋傳有臧孫紇 下沒切玉篇戶結下沒二切注同廣韻收沒屑二韻 紙 絲滓也从

糸氏聲都兮切絓繭滓絓頭也一曰以囊絮練也五音韻譜繫傳口作曰是也御覽引作一曰幸縟若蓋列自別書從糸圭聲胡卦切■廣韻音同綠結玉篇胡卧切止也有行礙也懸也持也纅綠色也從糸樂聲以灼切纗著絲於箏車也五音韻譜繫傳著作箸廣韻引作著無也字玉篇注同從絲崔聲穌對切經織也御覽引作織從絲也從糸巠聲九丁切玉篇古丁切常也經緯以成繒帛也法也義也廣韻收平去二聲織作布帛之總名也廣韻引無之字玉篇注有之無也從糸戠聲之弋切玉篇之力切又之異切織文錦綺之屬

廣韻入聲引說文又收去聲

𥿮 樂浪挈令織从糸从式 臣鉉等曰挈令蓋律令之書也按漢書張湯傳著讞法廷尉挈令注韋昭曰在板挈也師古曰挈獄訟之要也書於讞法挈令爲後式也玉篇注古文廣韻引方言云趙魏閒呼經而未緯者曰機𥿮按今方言未見

紝 機縷也 韻會作絡縷也非 从糸壬聲 如甚切 玉篇作絍如— [illegible] 林切又女林切機之縷也廣韻收平聲作絍去聲作絍

絍 紝或从任 玉篇作[illegible]

綜 機縷也 玉篇持絲交 廣韻織縷 从糸宗聲 子宋切

綹 緯十縷爲綹 玉篇緯十縷曰綹 廣韻十絲爲綹 从糸咎聲讀若柳

力九切

緯　織橫絲也　玉篇橫織絲　从糸韋聲　云貴切

緷　緯也从糸軍聲　玉問切　玉篇古本切大束也廣韻去聲引說文上聲　周禮大卜釋文引說文音運云緯也又引字林云大束也　引爾雅云百羽也　釋器百羽謂之緷釋文緷引埤蒼大束也　[illegible]

繢　織餘也　玉篇紐繢也　廣韻畫也　韻會下有一曰畫也四字蓋因廣韻增　急就篇承塵戶幭條繢總顏注繢赤條組之屬也似纂而色赤　从糸貴聲　胡對切

統　紀也从糸充聲　他綜切廣韻音同玉篇他綜切又音桶總也

紀　絲別也　玉篇絲別名也　从糸己聲　居擬切

繈　觕類也　觕當作[illegible]詳角部韻會作捔說文無觕捔　从糸強聲　居兩切玉篇作繈錢

貫也廣韻絲有纇引孟康纇絲節也玉篇絲
曰繈錢貫也俗作鏹節不調
也廣韻从糸頪聲盧對紿絲勞即紿从糸台
麤絲也切
聲徒亥切玉篇疑也欺也廣納絲溼納納也从
韻欺言詐見又絲勞也
糸内聲奴荅切玉篇紡網絲也六書故引網作
廣韻内也网又引蜀本作
拗絲非手部無拗玉篇从糸方聲妃兩絕斷絲也
紡絲也廣韻紡績切
玉篇斷也滅也从糸从刀从卪情雪𢇍古文絕
最也廣韻斷也切
象不連體絕二絲玉篇繼續也从糸㡭一
作𢇍

曰反㡭爲繼　古詣切韻會作从糸㡭聲或作㡭反㡭爲㡭蓋有增改反㡭爲㡭當不誤

續　連也从糸賣聲　似足切玉篇似録切繼也連也又似屢切廣韻止收入聲

賡　古文續从庚貝　臣鉉等曰今俗作古行切按書稷益釋詁釋文並引爲古文續晉書音義引亦同玉篇闕廣韻注續也蓋本釋詁詩大東西有長庚毛傳庚續也疑釋詁本當是庚後人改爲賡或古讀賡續相近如論語申棖釋文引鄭云蓋孔子弟子申續史記云申棠字周家語云申續字周也棖棠聲並近庚也

纘　繼也从糸贊聲　作管切玉篇廣韻作纘

紹　繼也　釋詁文　从糸

召聲一曰紹緊糾也市沼切繫傳糾作絲譌玉篇注繼也急糾也 綤古文紹从邵繫傳作綤玉篇廣韻作綤 𦅽偏緩也从糸羨聲昌善切玉篇徐翦切又昌善切注同廣韻兩收獮詩杕杜檀車幝幝釋文云幝幝韓詩作綫綫 𦃃緩也玉篇注同廣韻縕屬引說文緩也从糸盈聲讀[illegible]與聽同他丁切 綎𦃃或从呈 縱緩也一曰舍也从糸從聲足用切玉篇子容切縱橫也又子用切恣也放也緩也置也廣韻去聲引說文引收平聲 紓緩也玉篇緩也解也或作舒从糸予聲傷魚切 繎絲勞也廣韻

緜勞皃玉篇緜縈也 从糸然聲 如延切 紆 詘也 一切經音義卷二十一引作屈也

恐非玉篇曲也詘也廣韻縈也曲也詘也勞也 从糸于聲一曰縈也 億俱切

緈 直也 从糸幸聲 讀若陘 胡頂切五音韻譜幸作㚔廣韻注絓緈

纖 細也 玉篇細小也廣韻細也微也 从糸韱聲 息廉切 細 微也

玉篇微也小也廣韻小也 从糸囟聲 蘇計切 緢 旄絲也 从糸苗

聲周書曰惟緢有稽 武儦切玉篇莫交切旄絲也廣韻平聲引說文曰旄絲也

不引周書又收去聲注旄雜絲也今呂刑作惟貌有稽所引盖即此 縒 參縒也 从糸

差聲楚宜切玉篇且各切注同亦作錯廣韻收平聲支入聲鐸

繙冕也集韻引冕作冤玉篇注同（當不誤）莊子天地篇（曰）孔子繙十二經以說老聃釋文繙引司馬煩冤也从糸番聲附袁切

縮亂也从糸宿聲一曰蹴也所六切玉篇作縮退也止也蹙也亂也

紊亂也从糸文聲商書曰有條而不紊亡運切見盤庚

級絲次第也五音韻譜繫傳韻會弟作第廣韻引作序並非玉篇階級也又次第也从糸及聲居立切

總聚束也从糸忽聲臣鉉等曰今俗作捴非是作孔切五音韻譜捴作揔玉篇作緫合也聚束也皆也結也

衆也

[illegible] 約也廣韻引同玉篇纏也連也 从糸具聲 居玉切

約 纏束也从糸勺聲 於略切玉篇音同少也儉也薄也束也纏也又於妙切廣韻收去入二聲

繚 纏也 李注■文選琴賦華嚴經音義卷八卷三十三引同一切經音義卷六引作繚繞也

纏从糸尞聲 盧鳥切玉篇繚廣韻收平聲蕭也非注繚綾經絲出字林又收上聲篠注繚繞

纏 繞也 廣韻注同玉篇約也 从糸廛聲 直連切 纏也廣雅四纏也

繞 纏也 玉篇纏繞也廣韻纏繞 从糸堯聲 而沼切

紾 轉也 从糸㐱聲 之忍切玉篇徒展切紾轉也又音軫廣韻收軫獮二韻考工記釋文紾引

許尚展反　繯　落也　玉篇後漢書馬融傳注引同韻會作絡也非　从糸瞏聲　胡畎切玉篇于善切又于串切廣韻收上去二聲

辮　交也　廣韻引玉篇注同後漢書張衡傳注引作文織也文蓋交之譌一切經音義卷十八引作交織之也　从糸辡聲　頻犬切

結　締也　廣韻注同玉篇要也　从糸吉聲　古屑切

縎　結也　玉篇結不解廣韻注縎結　从糸骨聲　古忽切

締　結不解也　从糸帝聲　特計切

縛　束也　玉篇束縛也廣韻繫也　从糸尃聲　符钁切

繃　束也　从糸崩聲　墨子曰禹葬會稽桐棺三寸葛以繃之　補盲切

切廣韻束兒衣引墨子云禹葬會稽桐棺三寸葛以繃束也今墨子節葬篇作葛以緘之　絿急也从糸求聲詩曰不競不絿巨鳩切韻會詩上有徐引二字玉篇廣韻並不引詩　絅急引也玉篇廣韻作引急也从糸同聲古熒切　[糸𠂢]散絲也从糸𠂢聲匹卦切廣韻音同未緝麻也說文曰散絲也玉篇普賣切　[糸羸]不均也玉篇相足也不紃也不均也廣韻不細也又不均也从糸羸聲力臥切　給相足也玉篇供也備也足也廣韻供給从糸合聲居立切　綝止也玉篇善也止也釋詁善也郭注云未詳其義廣韻繕也从糸林聲讀若郴丑林切

縪止也从糸畢聲畀吉切玉篇布一布結二切止也冠縫也廣韻收質引說文

紈素也玉篇罣也結也廣韻注紈素从糸丸聲胡官切

終絿絲也玉篇極也窮也死也廣韻極也窮也竟也从糸冬聲職戎切

㚒古文終

䌖合也从糸从集讀若捷姊入切五音韻譜捷作捷姊作姊是也繫傳同玉篇似接子立二切蠻夷貨也廣韻收緝葉二韻

繒帛也从糸曾聲疾陵切廣韻音同玉篇似陵似登二切注同廣韻疾陵切

縡籒文繒从宰省楊雄以爲漢律祠宗廟丹書告玉篇作縡不省子代切

事也載也廣韻收去聲代注 緭 繒也 玉篇注繒
云事也出字林並不作重文 緒也廣韻
緭繒 从糸胃聲 云貴切 絩 綺絲之數也 玉篇注
也 同廣韻
無之 漢律曰綺絲數謂之絩布謂之總綬組謂
字
之首 从糸兆聲 治小切玉篇他叫切廣韻收去聲嘯 綺 文繒也 人
御覽引作細繒也 [illegible]
糸奇聲 祛彼切 縠 細縛也 韻會作細縛也 玉篇細纏也紗縠也
儀禮聘禮釋文引同
廣韻羅縠 从糸殻聲 胡谷切 縳 白鮮色也 周禮內司服
如縞止訓鮮色也
釋文引無白
字當非脫鮮有白義詩瓠葉有兎斯首鄭箋云斯
白也今俗語斯白之字作鮮齊魯之間聲近斯

从糸專聲　持沇切　玉篇爲繐之重文引爾雅十羽謂之縳廣韻摶引周禮百羽爲摶十摶爲縳重文作繐　注云亦作縳（聘記釋文引作居掾反）

縑　并絲繒也　廣韻引同玉篇注無并字蓋脫釋名縑兼也其絲細緻數兼於布絹也　从糸兼聲　古甜切

綈　厚繒也从糸弟聲　杜兮切

練　湅繒也　韻會湅作練非玉篇煮漚也　从糸柬聲　郎甸切

縞　鮮色也从糸高聲　古老切　玉篇吉到古倒二切練也白色也廣韻收上去二聲

⿰糸璽　粗緒也从糸璽聲　臣鉉等曰今俗別作絁非是　式支切　五音韻譜璽作璽是也（小爾雅云絮之細者曰纊繒之精者曰縞縞之麤者曰素）廣韻兩收支一注繒似布引說文粗緒也式支切一注粗緒叱支切玉篇

說文攷異

釋器（一羽謂之箴）釋文案周禮羽人職云十羽爲審百羽爲摶十摶爲縳鄭注云審摶縳羽數束名也爾雅曰一羽謂之箴十羽謂之縳百羽謂之緷其名音相近也一羽則有名蓋失之矣孫同鄭意云蓋誤郭云凡物數無不從一爲始以爾雅不失周官未爲得也

作纏始移切又思移切粗細經緯不同者紬大絲繒也从糸由聲直由切廣韻音同又音抽玉篇除留切大絲作綮㨖繒也韻會㨖作緻非糸部無緻玉篇緻繒也戟衣也廣韻戟支一曰戟衣一曰微幟信也有齒从糸攺聲康礼切韻會微作徽攺聲作■啓省聲是也說文無攺幟當作識織詳新附攷綾東齊謂布帛之細曰綾韻會布作皮誤細下有者字方言東齊言布帛之細者曰綾从糸夌聲力膺切玉篇文繒也縵繒無文也廣韻引同一切經音義卷六引作繒帛無文者也玉篇大文也恐誤从糸曼聲漢律

曰賜衣者縵表白裏莫半切**繡**五采備也考工記五采備謂之繡廣韻五色備也引尚書大■傳曰未命爲士不得衣繡从糸肅聲息救切**絢**詩云素以爲絢兮从糸旬聲臣鉉等案論語注絢文貌許掾切論語子夏問曰巧笑倩兮美目盼兮素以爲絢兮集解引馬曰絢文貌此二句在衞風碩人之二章其下一句逸也玉篇遠也又文皃廣韻文彩皃**繪**會五采繡也玉篇五彩畫也廣韻繪五采也虞書曰山龍華蟲作繪論語曰繪事後素黃外切**緀**白文皃韻會平上二聲並引作帛文皃蓋因廣韻改玉篇文皃詩曰緀兮斐兮

成是貝錦今詩萋伯作萋毛傳萋斐文章相錯也从糸妻聲七稽切玉篇且兮切廣韻收平上二聲一注縷斐文章相錯皃一注帛文皃

綵繡文如聚細米也廣韻引作繡文如聚米玉篇注畫文如聚米並無細字从糸从米米亦聲莫礼切

絹繒如麥稍玉篇生繒也廣韻縑也引廣雅曰緐總鮮支縠絹也从糸肙聲吉掾切

綠帛青黃色也詩綠衣兮綠衣黃裏毛傳綠間色黃正色从糸彔聲力玉切

縹帛青白色也从糸票聲敷沼切廣韻音同青黃色也黃字誤玉篇匹妙切青白色釋名縹猶漂漂淺青

色也有碧縹有天縹有骨縹一
縹各以其色所象言之也 䋜 帛青經縹緯
一曰育陽染也 玉篇青經白緯也廣韻青經白緯
綪陽所織綪字譌地理志育陽縣
屬南
郡 从糸育聲 余六切 絑 純赤也虞書丹朱如此
玉篇純赤也廣韻纁
純赤色無虞書句 从糸朱聲 章俱切 纁 淺絳
也 玉篇注同廣韻三染也釋器一染謂之
縹再染謂之赬三染謂之纁郭注纁絳也 从糸
熏聲 許云切 絀 絳也 韻會作縫也蓋因廣韻
改又引史記趙世家秫絀徐
廣曰縫絀亦縫紩之別名以爲證然未
必是玉篇絳也紩也是絀兼有紩義 从糸出聲

丑律切 綪大赤也 玉篇赤色也廣韻赤色 从糸夆聲 古巷切 綰

惡也絳也从糸官聲一曰綃也 五音韻譜作一曰綃也是也繫傳

同玉篇買也罽緆也廣韻繫也罽緆蓋罽褱之别體罽褱网也一曰綰也 讀若雞卵 烏版切 繫傳雞作鷄卵作夘譌

縉帛赤色也 後漢書蔡邕傳注引作赤白色也當不誤玉篇帛赤白廣韻淺絳

也 春秋傳縉雲氏 見左傳文十八年五音韻譜傳下有曰字繫傳同 禮

有縉緣 六書故云禮止有縓緣縓縉聲相近豈即一字與接縓緣見喪服傳鄭注縓淺絳也

从糸晉聲 即刃切 綪赤繒也以茜染故謂之綪 玉篇

染草名廣韻青赤色左傳定四年分康 从糸青聲
叔以綪茷杜注綪大赤取染草名也
倉絇
切
緹帛丹黃色 後漢書張酺竇憲傳注引同
一切經音義卷三卷八引作帛
赤黃色玉篇 从糸是聲 他禮切玉篇音同又音氐
帛赤色也 提廣韻收平上二聲 衹
緹或从氏 繫傳韻會作紙非糸本部有紙不應重出玉篇收
衣部之移切適也又音岐五經文字衣部
音義同蓋並本毛傳廣韻兩收 縓帛赤黃色 釋器
支一注適也一注衹衼尼法衣
釋文引作帛黃赤色 一染謂之縓再染謂之赬三
玉篇紅也赤黃也
染謂之纁 釋器赬 从糸原聲 七絹切玉篇音同
作䞓 廣韻收平去二聲

紫帛青赤色 廣韻間色也 从糸此聲 將此切 紅帛赤白色 釋名紅絳也白色之似絳者也 从糸工聲 戶公切 繱帛■青色 玉篇青白色也 釋器青謂之蔥 从糸蔥聲 倉紅切 紺帛深青揚赤色 李注文選鸚鵡賦引色作也 七命引作深青而赤色也 籍田賦引作染青而揚赤色也 一切經音義卷六引同 卷十四引作帛深青而揚赤色也 卷三引字林帛染青而揚赤色 然則作染者乃字林 从糸甘聲 古暗切 綥帛蒼艾色 从糸畀聲 詩曰縞衣綥巾未嫁女所服 今詩作綦 毛傳綦巾蒼艾色女服也

一曰不借綥渠之切借當作藉詳新附攷玉篇作綨巨其切又巨記切雜文也重文作綦廣韻收平聲之作綦重文作綨

繰帛如紺色或曰深繒从糸喿聲讀若喿親小切玉篇爲繰之重文又子老切帛如紺色也廣韻收晧紺色曰繰子晧切

（深疑染之譌繒不當言深）

緇帛黑色也玉篇黑色也廣韻黑色繒也从糸甾聲側持切

纔帛雀頭色一曰微黑色如紺纔淺也讀若讒从糸毚聲士咸切玉篇初銜仕緘二切雀頭色也微黑色也又疾來切廣韻收平聲咍銜又收去聲代

𦆁帛騅色也从糸剡聲詩曰毳按論語緅字當即此詳新附攷

衣如𦄲　臣鉉等曰今俗別作毯非是土敢切廣韻引同玉篇騅色今作菼毯按今詩大車作菼毛傳菼騅也蘆之初生者也此蓋三家詩（爾雅十六云引詩毳衣如菼）

綟　帛戾艸染色　繫傳戾作文譌韻會作艾玉篇綟也或作莀草名　从糸戾聲　郎計切

紑　白鮮衣皃从糸不聲詩曰素衣其紑　匹丘切　（白字疑衍）素當作絲玉篇孚負孚浮二切鮮絜皃廣韻平聲引說文又收去聲周頌絲衣其紑毛傳絲衣祭服也紑絜鮮貌

緂　白鮮衣皃从糸炎聲謂衣采色鮮也　充三切　（白字疑衍）五音韻譜三作彡非玉篇他甘切衣綵色鮮也又衣皃廣韻收平聲談鹽又收上聲引說文充三切白鮮衣皃則謂以下乃後人增

繻　繒采色

从系需聲讀若易繻有衣 臣鉉等曰漢書傳符帛也相俞切 五音韻譜傳作傳是也（見終軍傳） 按繻引易需有衣繻此亦當同蓋讀若繻也玉篇汝俱切細密之羅也綵也又思俱切帛邊也古者過關以符書帛裂而分之若今[illegible]券也廣韻兩收虞

縟 繁采色也 李注文選西京賦月賦引色作飾當不誤文賦引作色疑後人改後漢書延篤傳注引作飾玉篇飾也 从系辱聲 而蜀切

纚 冠織也 玉篇冠織也又颯纚長袖皃 廣韻韜髮者又颯纚長紳皃 从系麗聲 所綺切

紘 冠卷也 玉篇冠卷維也（廣韻注同） 韋注魯語云冠冕曰紘紘纓之無笄者也從下而上不結綖冕上覆之者也 从系厷聲 戶萌切

紭 紘或从弘

紞 冕冠塞耳者从系冘聲 臣鉉等曰今俗別作髧非是 都感切 玉篇丁敢切冠垂也

說文攷異

廣韻收𢿱冕前垂也又引説文同詩著充耳以素乎而箋云我視君子則以素爲充耳謂所以縣瑱者或名爲紞人君五色臣則三色而已

纓　冠系也　玉篇注同後漢書楊彪傳引作冠索也非李注文選七啓引同　从糸嬰聲　於盈切

紻　纓卷也　玉篇纓也廣韻冠纓　从糸央聲　於兩切

緌　系冠纓也　玉篇繼冠纓也廣韻冠纓　从糸委聲　儒佳切　釋水汎汎楊舟紼縭維之紼繂也縭緌也郭注緌繫

緄　織帶　玉篇織成章也李注文選七啓引作織成帶也繩也廣韻帶也　从糸昆聲　古本切　戰國策三十二束組三百緄高注十首爲一緄也

紳　大帶也　从糸申聲　失人切

繟　帶緩也　玉篇注繟帶也寬綬也綬當是緩廣韻寬綽　从糸單聲　昌善切

綬　韍

維也从糸受聲 殖酉切玉篇時帚切綸也紱也又音售廣韻收上去二聲 組綬屬其小者■以爲冕纓 李注文選七啓引作綬組屬也小者以爲冠纓蓋誤執爲冠字當不誤玉篇其小者可以爲冠疑脫纓字 从糸且聲 則古切 緺綬紫青也从糸咼聲 古蛙切 玉篇古華古蛙二切綬紫青色也廣韻收佳麻二韻 後漢南匈奴傳注引青下有色字 縌綬維也 玉篇紱綬也綬綠也綠字恐譌廣韻引漢書古佩縌也縌當是璲 从糸逆聲 宜戟切 纂似組而赤 玉篇組類也釋詁繼也 从糸算聲 作管切 紐系也一曰結而可解 玉篇結也束也廣韻結也 从糸丑聲

女久切

綸 青絲綬也从糸侖聲 古還切玉篇力旬切又公頑切綬也緩也又寬也廣韻收諄山二韻一注絲綸一[illegible]引爾雅釋草曰綸似綸東海有之又引說文同

綎 系綬也 玉篇絲綎綬也廣韻絲綬帶綎 从糸廷聲 他丁切

絙 緩也 廣韻注同玉篇絙綬也 从糸亘聲 胡官切

繐 細疏布也 玉篇細布 思惠切 也重文作繕廣韻收霽韻注繐帳又收祭爲繕之重文繕布縷細也釋名繐齊人謂涼謂惠言服之輕細涼惠也 从糸惠聲 私銳切

㬥 頸連也 玉篇領連也亦作襮廣韻止收襮 从糸㬥省聲 補各切

紟 衣系也从糸今聲 居音切玉篇巨今巨禁二切單

被也結衣也亦作衿廣韻收 䋡 籀文从金 五音韻譜
去聲沁注紟帶或作襟又音今 作䋡繫
方言佩紟謂之裎郭注所以係玉佩帶也 音禁
傳韻會同玉篇作絵蓋傳刻譌古文四
聲韻（[illegible]同當承其譌）廣韻 [illegible] 無 縁 衣純也
釋器縁謂之純 从糸彖聲 以絹切玉篇余泉切緍
郭注衣縁飾也 也因也又余絹切邊縁
也緍字蓋譌玉篇廣韻 纀 裳削幅謂之纀 釋器
並無廣韻縁收平去二聲 文
从糸僕聲 博木切玉篇作纀裳削幅也 絝 脛衣也
廣韻作纀引爾雅
廣韻引同玉篇脛 从糸夸聲 苦故切 繑 絝紐也从
衣也又絆絡也
糸喬聲 牽搖切 緥 小兒衣也 廣韻引無也 从糸
字玉篇注同

說文攷異　十六

保聲臣鉉等曰今俗作褓非是博抱切繜薉貉中女子無絝以帛爲脛空用絮補核名曰繜衣狀如襜褕从糸尊聲子昆切玉篇作繜布衣名紴絛屬从糸皮聲讀若被或讀若水波之波急就篇禪衣蔽膝布毋繜博禾切玉篇布何切又怖靡切水紴錦文也廣韻平聲戈注錦類又絛屬也上聲紙注水波錦文絛扁緒也玉篇纓飾也廣韻編絲繩也段君云廣雅作編緒漢書及賈生新書作偏諸賈誼傳曰今民賣僮者爲之繡衣絲履偏諸緣服虔曰偏諸如牙條以作履緣从糸攸聲土刀切[illegible]采彰也一曰車馬飾从

糸戉聲　王伐切廣韻音同引說文玉篇于月切綵總也急就篇履舄鞜裒絾緞紃顏注絾織綵爲之一名車馬飾即今之織成也

縱　絾屬从糸从從省聲　足容切玉篇廣韻並無蓋通用縱也急就篇承塵戶幭條繢總顏注總以絲縷爲之所以束髮也一曰絾屬也所以緣飾衣裳也字或作縱

紃　圜采也　玉篇條紃也廣韻兩收諄並注環綵條禮記內則織紝組紃鄭注紃條也顏注急就篇紃緣履之圜條也　从糸川聲　詳遵切

緟　增益也　廣韻引同玉篇增也疊也益也複也或作褈今作重　从糸重聲　直容切

纕　援臂也从糸襄聲　汝羊切玉篇思羊切帶也後臂也收衣袖絭廣韻馬腹帶引國語云懷挾纓纕息良切

纗　維綱中繩李注文選思玄賦引綱作網从糸巂聲讀若

縜字玉篇于貧切（毛本爲爲贇切廣韻同）
廣韻爲爲贇切繩紐

畫或讀若維　戶圭切玉篇允恚胡卦二切維紘中
繩也廣韻收寘卦二韻一注弦中絕
一注絓
中絕　綱維紘繩也（毛詩棫樸疏引作綱紘也恐非）玉篇大繩也一　从糸岡聲古郎切　柗
古文綱　玉篇無廣韻綱引說文亦無古文古文四聲韻作柗　縜持綱紐也　玉篇
維持繩
紐細者　从糸員聲　周禮曰縜寸　臣鉉等曰縜長寸也韻會作周
禮考工記梓人
爲侯縜寸（並非說文按）　綅絳綫也　廣韻引同詩閟宮釋文引作綫也（玉篇注）
曰（當曰非脱）詩貝胄朱綅毛傳貝胄
貝飾也朱綅以朱綫綴之　从糸侵省聲　詩曰貝胄
朱綅　子林切玉篇思廉切綫也縫綫也
黑經白緯也廣韻侵引說文又收鹽　縷綫也从

糸婁聲　力主切玉篇貧無衣醜敝也廣韻絲縷

綫　縷也　玉篇可以縫衣也廣韻細絲出文字指歸說文同[illegible]　从糸戔聲　私箭切

线　古文綫　繫傳作綫玉篇作線不云古文廣韻線注線縷也引周禮縫人掌王宮縫線之事以役女御縫王及后衣服

⿰糸穴　縷一枚也　廣韻引同玉篇縷一枚也裳也亦作袕按釋器袕謂之裳郭注衣開孔也衣部無袕當[illegible]紋　从糸穴聲　乎決切

縫　以鍼紩衣也从糸逢聲　符容切玉篇扶恭切以針紩衣也又符用切廣韻收平去二聲

緁　緶衣也　廣韻引同玉篇縫也亦作緝　一切經音義卷[illegible]引　从糸疌聲　七接切

⿰糸習　緁或从習

紩　縫也　玉篇縫衣也　廣韻縫紩　从糸失聲

直質切

緛衣戚也玉篇衣蹙也縮也減維衣也廣韻衣縫也从糸耎聲而沇切

䋎補縫也一切經音義卷十九引同廣韻補縫玉篇闕从糸旦聲丈莧切

繕補也玉篇補也持也善也从糸善聲時戰切

絬論語曰絬衣長短右袂今論語絬衣作褻褻集解引孔安國曰私家褻長主温也玉篇堅也廣韻堅絬从糸舌聲私列切

纍綴得理也一曰大索也从糸畾聲力追切玉篇力佳切纍也綸也得理也黑索也又力僞切延及也又力捶切十黍也亦作絫廣韻收平去二聲按當作畾省聲論語公冶長作縲廣韻纍引論語注云黑索也亦作縲

繶以絲

介履也　釋訓縭緌也毛傳詩東山縭婦人之褘也玉篇緌也介也帶也廣韻婦人香纓　从糸离聲　力知切　緱

刀劒緱也　廣韻刀劒頭纏絲爲緱　从糸侯聲　古侯切　玉篇闕　繄　戟

衣也从糸殹聲一曰赤黑色繒　烏雞切玉篇青黑繒廣韻是也辞也

又赤黑繒赤戟衣也　縿　旌旗之游也　玉篇注同廣韻引無之字釋天纁帛縿郭

注縿衆旒所著　从糸參聲　所銜切　徽　衺幅也一曰三糾繩

也从糸微省聲　許歸切玉篇美也善也琴張弦也大索也廣韻美也又三糾繩也

釋詁徽善也詩鄭箋思齊箋徽美也　𥿮　扁緒也一曰弩要鉤帶

胥當从糸折聲 幷列切 繫傳作⿱折糸 玉篇有⿱敝糸作要 方結切 編繩也 紉帶也 在繆下徽上 蓋以⿱敝糸當⿱折糸 部末又有⿱折糸 普蔑切 結蓋當是後人增 廣韻屑收⿱敝糸 繩編紉帶 方結切 又兩收⿱折糸 一注鞔方結切 一引韻畧云駁右迴 普蔑切

紉 繟繩也 从糸刃聲 女鄰切 玉篇女巾切 又女鎮切 繩縷也 展而續之 廣韻止收平聲 注單繩 蓋本說文（[illegible]緝之紉）段君云 御覽引通俗文曰合繩曰糾 單繩曰紉 織繩曰辮 大繩曰絙 釋元應引字林 單繩曰紉

繩 索也 从糸 蠅省聲 食陵切 玉篇索也 直也 度也

繘 紆未縈繩 士喪禮釋文 一切經音義卷十五引並作縈繩也 當非脫 玉篇結縈也 廣韻縈也 繫傳及集韻 韻會引作紆朱縈繩 [illegible] 六書故引蜀

本曰紟木箏一曰急弦之聲（六書故韻會引字之字）从糸爭聲讀若旌側莖切

索也恐並非

縈收韏也韻會韏作卷玉篇旋也收卷也从糸熒省聲於營切

絇纑繩絇也从糸句聲讀若鳩其俱切玉篇俱遇切絲絇

也又音衢屨頭飾也廣韻收平去二聲（按詩豳風宵爾索綯釋言綯絞也糸部無綯竊疑綯即絇如海內北山經蜪犬即蚼犬）

縋以繩有所縣也春秋傳曰夜縋納師見左傳襄十九年从糸追聲持偽切

絭攘臂繩也（臂繩上刊去一字蓋宋人避諱）从糸𢍏聲居願切玉篇袪緩切廣韻收去聲願線一注束腰繩也一注連弩三十桊共一臂

緘束篋也玉篇束篋也索也从糸咸聲古咸切縢緘也玉篇繩也約也廣韻行縢从糸朕聲徒登切俗藤字蓋即本此編次簡也从糸扁聲布玄切玉篇畀緜切又必典切編織也繩編以次物也連也廣韻收平上二聲維車蓋維也廣韻引同玉篇紘也繫也隔也从糸佳聲以追切絥車絥也从糸伏聲平祕切玉篇扶福切注同亦作𩋾𨊻廣韻上聲至引說文又收入聲屋爲𩋾之重文茯絥或从艸玉篇收艸部注茯苓藥又車茯兔𩊝絥或从革葡聲玉篇收革部爲𩋾之重文𦁄乘輿馬飾也玉篇注同廣韻無也字韻會馬下有

頭字
蓋从糸正聲諸盈切黃氏增 紘絓紘也廣韻引同玉篇綖也从糸
夾聲胡頰切五音韻譜作紘繫傳同 䋣馬髦飾也从糸每聲
春秋傳曰可以稱旌䋣乎附袁切左傳哀二十三年作其可以稱旌繁乎 緐
繁或从弁弁籒文弁玉篇作緐按繁當作緐 繮馬紲也韻會無馬
字非玉篇馬緤也紲緤字同廣韻馬組也
从糸畺聲居良切 紛馬尾韜也
玉篇亂也緩也馬尾韜也从糸分聲撫文切 紂馬緧也玉篇注同廣
韻引方言云
自關而東謂緧曰紂今方言作車紂自關而東周洛韓
鄭汝潁而東謂之緧或謂之曲綯或謂之曲綸自關而西謂

之紂从糸肘省聲除柳切　緧馬紂也廣韻引同玉篇牛馬紂也从糸酋聲七由切　絆馬縶也韻會同繫傳馬作虫誤玉篇羈馬絆也从糸半聲博幔切　⿰糸須絆前兩足也从糸須聲漢令蠻夷卒有⿰糸頁相主切玉篇作⿰糸頁相俞切注同廣韻收上聲麌　紖牛系也一切經音義卷十五引作牛索也从糸引聲讀若矤直引切廣韻音同玉篇直忍[illegible]索也重文作絼絁　縼以長繩繫牛也玉篇以長繩繫牛馬放之廣韻無以之二字从糸旋聲辭戀切　縻牛轡也玉篇牛縻也从糸麻聲靡爲切　䋷縻

或从多　玉篇紾在縻上音余至切重也廣韻縻收平聲注繫也又縻爵易作靡紾收去聲注重多

紲　系也从糸世聲春秋傳曰臣負羈紲（左傳僖二十四年釋文引作繫也）　私列切玉篇馬韁也凡繫縲牛馬皆曰紲廣韻繫也引左傳同又引杜預云紲馬韁也

緤　紲或从枼

纆　索也从糸黑聲　莫北切廣韻■作纆玉篇爲纆之重文

絙　大索也一曰急也从糸恒聲　古恒切繫傳作縆是也玉篇公曾切急也馳疾也廣韻收平去二聲

繘　綆也从糸矞聲　余聿切玉篇居律切綆也用以汲水也索也廣韻兩收術

䌛　古文从絲（繫傳ㄗ作ㄖ下文同）　玉篇收絲部不云古文

䌛

籒文繘　玉篇收絲部不云籒文　繘　汲井綆也　一切經音義卷二引作汲井繩

也玉篇當不誤汲繩也繘　从糸更聲　古杏切　綆　彈彊也从糸

也廣韻井索

有聲　弋宰切又古亥切玉篇弋宰切彈彊也弦也又解繩也廣韻古亥切解繩又引說文同　繫

生絲縷也从糸毄聲　之若切繫傳作繳韻會同玉篇繫䌰夫䏩也生絲縷

也繳也纆也重文作繳廣韻繳注云說文作繫　繴　繴謂之罿罿謂之

罬罬謂之罦捕鳥覆車也　釋器繴謂之罿罿罬也罬謂之

罦罦覆　从糸辟聲　博厄切　緍　釣魚繁也从糸

車也

班馬字類絮引漢書石顯
顯傳如絮聲女居反又人餘
反姓也　按當是絮

昏聲吳人解衣相被謂之緍　武巾切方言吳越之間脫衣相被謂之緍緜玉篇緜緒釣繳也施也廣韻作緍錢貫亦絲緒釣魚綸也　絮　敝緜也从糸如聲　息據切玉篇思據切敝緜也又丑慮切調和食也廣韻三收御引說文息據切又抽據尼恕二切

絡　絮也一曰麻未漚也从糸各聲　盧各切玉篇繞也縛也所以轉籆絡車也廣韻絡絲　纊　絮也从糸廣聲春秋傳曰皆如挾纊　苦謗切見左傳宣十二年玉篇細緜也絮也廣韻注同又引禹貢豫州厥貢厥篚纖纊

絖　纊或从光　見莊子逍遙遊釋文引小爾雅云絮細者謂之絖玉篇又八十縷也　紙

絮一苫也从糸氏聲　諸氏切廣韻引釋名曰紙砥也平滑如砥石也後漢蔡倫以魚網木皮爲紙

䋬治敝絮也从糸音聲　芳武切廣韻音同結緜玉篇芳圭切治絮也

絮挈縕也　易既濟公羊傳昭二十年釋文引並作絮縕也蓋譌玉篇注亦無挈字一曰敝絮从糸奴聲易曰需有衣絮　女余切繫傳二絮字並作絮譌韻會亦譌易既濟作繻有衣袽五經文字袽注云說文作絮蓋承釋文之譌絮絮二字形本相近音義亦通故易相混也玉篇女於切縕也塞也或作袽又女下切縿絮相著皃廣韻上聲馬韻縿注縿絮相著皃絮同上音奴下切無義

繫繫褫也一曰惡絮从糸毄聲

古詣切玉篇古詣口奚二切約束留滯也惡絜也又胡計切廣韻兩收去聲霽一古詣切縛繫又口奚胡計二切■不收平聲

褫 繫褫也一曰維也 玉篇繫褫也一曰絓褫也則繫當是絓 从糸虒聲 郎兮切廣韻齊兩收褫一注褫帷一注幱褫赤紙出埤蒼無褫字

緝 績也 玉篇績也續也亦緟也 从糸咠聲 ■七入切

緀 績所緝也 玉篇績也所以緝也廣韻績所未緝者 从糸次聲 七四切

績 緝也 玉篇注同廣韻緝也功業也繼也事也成也蓋本釋詁 从糸責聲 則歷切

纑 布縷也 从糸盧聲 洛乎切

紨 布也一曰粗紬 繫傳紬作緘譌

韻會作麤紬玉篇粗紬也廣韻布也又細紬也細字非从糸付聲防無切繐蜀細布也一切經音義卷八引蜀下有白字非廣韻布縷細也从糸彗聲祥歲切玉篇爲繐之重文廣韻重文作總絺細葛也从糸希聲丑脂切綌粗葛也从糸谷聲綺戟切𢄼綌或从巾玉篇廣韻並無縐絺之細也詩曰蒙彼縐絺毛傳絺之靡者爲縐玉篇縐布也纖也廣韻衣不申又絺之細者一曰蹴也从糸芻聲側救切絟細布也从糸全聲此緣切玉篇七全切又千劣切細布也葛也廣韻收平聲仙入聲薛

紵 檾屬 李注文選南都賦引作麻屬玉篇注同廣韻麻紵 細者爲絟粗者爲紵 一切經音義卷七十四引作白而細者曰紵譌 从糸宁聲 直呂切 緒 紵或从緒省 玉篇作古文 緦 十五升布也 喪服傳緦者十五升抽其半有事其縷無事其布曰緦 一曰兩麻一絲布也从糸思聲 息茲切 𢇁 古文緦从糸省 玉篇廣韻並無 緆 細布也从糸易聲 先擊切 周禮司服作錫注鄭司農云錫麻之滑易者玉篇治麻也亦作裼廣韻細布 𦇓 緆或从麻 廣韻引同玉篇收麻部 緰 緰貲布也 急就篇服瑣緰⿱此巾與繒連巾部無⿱此巾當作貲舊鈔繫傳同近刊本改作紫非 从糸

俞聲度侯切 縗 服衣長六寸博四寸直心玉篇喪服也廣韻喪衣長六寸傅四寸傅字譌據此則服上當有喪字 从糸衰聲倉回切 絰 喪首帶戴也玉篇麻帶也喪服絰首絰注云麻在首在腰皆曰絰 从糸至聲徒結切 緶 交枲也一曰緁衣也玉篇交枲縫衣也廣韻縫也 从糸便聲房連切

⿸戶糸 履也方言絲作者謂之履麻作者謂之不借或謂之䩱角或謂之䠣䡈或謂之屩或謂之⿸戶糸履其通語也 一曰青絲頭履也讀若阡陌之陌𠂤部無阡陌通作千百詳[音書] 新附 从糸戶聲亡百切郭注方言下瓦反玉篇乎瓦切

孜 扉屨也廣雅作⿸戶糸廣韻同收焉

⿰糸封 枲履也从糸封聲 博蠓切玉篇方孔切枲履也小兒履也廣韻收董講二韻並注小兒皮履

緉 履兩枚也一曰絞也 方言緉綊絞也關之東西或謂之綊絞通語也 从糸从兩兩亦聲 力讓切玉篇力掌切綊也履緉頭也廣韻收上去二聲一注雙履一注履屐雙也詩齊風作兩

絜 麻一耑也 廣韻引同玉篇結束也清也 从糸㓞聲 古屑切

繆 枲之十絜也 繫傳十作一譌廣韻引作枲十絜也 一曰綢繆 从糸翏聲 武彪切玉篇眉鳩切綢繆也又眉救切亦謬字廣韻平聲引說文又收去聲

綢 繆也 韻會作綢繆也玉篇注同廣韻綢繆猶纏綿也本毛傳

[illegible]漢書揚雄傳
絣之以[illegible]絣也[illegible]

从糸周聲　直由切玉篇他刀切廣韻收尤（直留切綢繆也纏綿也又）緼　緋也从糸昷聲　於云切玉篇於忿切枲惡也舊絮也緜也亂也廣韻收平上去三聲　紼　亂枲也　一切經音義卷十二引說文緼紼亂麻也蓋即紼之誤引爲緼（以緼爲紼）玉篇引棺索也車索也亂麻也　从糸弗聲　分切廣韻爲綍之重文　絣　氐人殊縷布也从糸并聲　北萌切玉篇方莖方幸二切無文綺也廣韻收耕振繩墨也　紕　氐人𦄼也讀若禹貢玭珠　玉部蠙引夏書（今禹貢作蠙）（今禹貢作蠙）　从糸比聲　卑履切玉篇必二扶規二切冠緣邊飾也又匹毗切纇也廣韻收平聲支脂上聲止　𦄼　西胡毳布也从糸罽聲　居例切廣韻引同玉

篇[illegible]毛布 縊經也 玉篇自經也縊本說 从糸
也或作甈罽 文廣韻自經死也
益聲春秋傳曰夷姜縊 於賜切見左 綏車中把
傳桓十六年
也 後漢書明帝紀注引同玉篇廣韻 从糸从妥 徐鍇
韻會引把並作靶廣雅靶謂之綏 曰礼
升車必正立執綏所以安也當从爪从安省說文無妥字
息遺切五音韻譜礼作禮按妥字見釋詁一訓止一訓
坐也郭注引禮記曰妥而后傳言鄭注士相見禮云古文
妥為綏孟康注漢書燕王旦傳云妥古綏字則妥字
漢時已有[illegible]疑為委之隸體如餒即餧挼即捼也
鄭注士冠禮云委猶安也亦其證由此推之疑綏字
亦非說文所有詩韓奕淑旂綏章鄭箋綏所以登
車釋文云綏本亦作緌淮南繆稱訓作登上車授綏

是古通作綏其作綏者蓋亦隸體

彝宗廟常器也从糸糸綦也廾持米器中寶也五音韻譜寶作寶是也繫傳韻會同彑聲此與爵相似韻會作从彑象形與爵相似彑聲恐有譌改非原文周禮六彝雞彝鳥彝黃彝虎彝蟲彝斝彝以待祼將之禮以脂切五音韻譜繫傳蟲作蜼是也文見春官司尊彝玉篇收素部作彝弋之切尊也又常也今作彝

彝　䋪　皆古文彝玉篇一收素部作彝一收絲部作䋪

文二百四十八繫傳同八當作九今去緻實二百四十八　重三十一今去綦實三十

素 白緻繒也 廣韻引同六書故引唐本說文緻作致是也糸部無緻詳新附攷 从糸𠂹取其澤也凡素之屬皆从素 桑故切

𦃃 素屬从素収聲 居玉切廣韻音同玉篇几足切

約 白約縞也 五音韻譜繫傳約作約是也廣韻作約 玉篇縞也又練也 从素勺聲 以灼切

繂 素屬从素率聲 素當是率 所律切玉篇力出切綍也索也廣韻作繂呂卹切 或作𦆑繂 繩船上用亦作𦆑 釋水汎汎楊舟紼縭維之 紼𦆑也郭注𦆑索

繛 𦂶也 玉篇緩也今作綽釋訓綽綽爰爰緩也 从素卓聲 昌約切

綽 繛或省 廣韻作綽寬也以繛爲古文

𦂶 繛也从素爰

聲胡玩切玉篇乎管切綽也今作緩廣韻緩收上聲爲部首舒也胡管切則胡玩切非

𦃃 緩

或省五音韻譜繫傳緩作𦆑是也

文六　重二

絲

蠶所吐也廣韻引同又蠶爲忽十忽爲絲引淮南子曰蠶餌絲則商弦絕从二糸凡絲之屬皆从絲息茲切

轡

馬轡也玉篇注同从絲从叀與連同意詩曰六轡如絲兵媚切一切經音義卷九轡引字書馬縻也从絲叀聲玉篇作轡廣韻轡馬轡引說文作䌁按當作轡傳刻誤也

𢇇

織絹以絲貫杼也玉篇織絹从絲貫杼也當本說文从[illegible]字[illegible]譌从絲省丱聲古還切臣鉉等曰丱古磺字

字按卄當爲𠦝之省詳磺下 文三
玉篇作絣廣韻作絣

𠦒捕鳥畢也廣韻引畢作𢍁玉篇引
作罼並非网部無罼 象絲罔上下其
竿柄也凡𠦒之屬皆从𠦒 所律切廣韻音同又收去
聲至所類切玉篇山律
切又力
出切 文一 ○

虫一名蝮博三寸首大如擘指 釋魚釋文引無指字是當非脫
玉篇注同 釋魚作蝮虺
博三寸首
大如擘 象其臥形 釋魚釋文引
無臥字蓋脫 物之微細或行或
毛或臝或介或鱗或虫爲象 釋蟲釋文引或行下有
或飛二字臝作蠃非

說文
無蠃
凡虫之屬皆从虫
許偉切玉篇盱鬼切一名蝮博三
■寸首大如擘象其臥形也物
之微細或飛行或毛甲皆
以象之此古文虫字
蝮虫也从虫复聲
芳目切繫傳
作蝮是也
玉篇毒蛇也
蝮螫手則斷
螣神蛇也
釋魚螣螣蛇郭注龍類也能
興雲霧而遊其中引淮南云
蟒
蛇
从虫朕聲
徒登切玉篇徒曾直錦
二切神蛇也廣韻■收平聲登入聲德
蚺大蛇
可食
玉篇大蛇也
肉可以食
从虫冄聲
人占
切
螼螾也
釋蟲螼蚓
堅蚕郭注
即蛩蟺也江東呼寒蚓玉
篇螼螾仄行即寒蚓也
从虫堇聲
弃忍
切玉篇
丘忍切廣韻收平去二聲
螾側
行者
釋蟲螼螾衙入
耳郭注蚰蜒
从虫寅聲
余忍切玉篇弋忍切螼螾
也廣韻收上聲軫注螾

衍蚰蜒余忍切又餘刃

蚓　引　釋蟲釋文引同廣

切虫部無衙作衍是也　韻會引作螾寅聲非

螾或从引　韻收上聲軫注蚯

蚓余忍切又余刃切玉篇闕

螉　蟲在牛馬皮者　釋蟲蜤螽蜙蝑郭注蜙蟌也俗呼

蝽蟍釋文蜙作蚣注云本亦作螉引字林蟲在牛皮者玉

篇小蜂也又螉蟌牛馬皮中蟲也廣韻蠮螉蟲名細

腰蠭　从虫翁聲　烏紅切

蟌　螉蟌也　釋蟲釋文引

也　字林云螉蟌似

蜂　从虫從聲　子紅切　玉篇子公切廣韻收鍾七恭切

蠁　知聲蟲也　玉篇禹蟲也又引說文同廣韻

亦引說文　釋蟲國貉蟲蠁郭注今呼

蛹蟲為蠁引廣雅云土蛹蠁蟲　从虫鄉聲　許兩切

𧌒　司馬相如蠁从向　釋蟲釋文引譌作幽

蛁　蟲也　玉篇蟪蛄

也即蛁蟧蟲也廣韻蛁蟟茆中小蟲从虫召聲都僚切蝃蟲也从虫叕

聲祖外切玉篇子外所芮二切廣韻收祭泰二韻祭韻譌作䘀蛹繭蟲也玉篇老蠶

也廣韻蠶蛹化爲之从虫甬聲余隴切螝蛹也釋蟲螝蛹郭注蠶蛹

从虫鬼聲讀若潰胡罪切玉篇胡對切廣韻收去聲隊釋蟲釋文云郭音龜

字林音潰施音愧蛕腹中長蟲也玉篇腹上有人字从虫有聲

戶恢切廣韻爲蚘之重文蚘注人腹中長蟲蟯腹中短蟲也从虫堯

聲如招切玉篇如消去消二切腹中蟲也廣韻兩收宵一注人腹中蟲一注腹中蟲並無短字雖

似蜥蜴而大 蜴當作易虫部無蜴 从虫唯聲 息遺切廣韻音同玉篇息葵切

似蜥蜴又詞兩設也又推也李陽冰篆白馬驛記作𧌒 虒 虒以注鳴 玉篇戶虒今以注鳴

者亦爲蝮蝨也 詩曰胡爲虺蜥 今詩正月作蜴毛傳蜴螈也 从虫兀聲

臣鉉等曰兀非聲未詳許偉切按徐說非是 蜥 蜥易也 釋魚蠑螈蜥蜴蜥蜴蝘蜓蝘蜓守宮

也郭注轉相解博異語別四名也釋文蠑本或作榮螈字林作蚖 从虫析聲 先擊切 蝘 在壁曰蝘

蜓在艸曰蜥易 从虫匽聲 於殄切 𧑖 蝘或从䖵

玉篇收䖵部 蜓 蝘蜓也 从虫廷聲 一曰螾蜓 徒典切玉篇大

乙丑十一月五日鐙下[illegible]元夕文累 蝘[illegible]之興傳問其不言生而稱矣何也不知其生之時疑即此

典切蝘蜓又音廷蝭蛄別名也廣韻收上聲銑平聲青

蚖　榮蚖蛇醫以注鳴者从虫元聲　愚袁切玉篇重文作螈廣韻引字林云在壁曰蝘蜓在洲曰蜥蜴

蠸　蟲也一曰大螫也　釋蟲蠸輿父守瓜郭注今瓜中黃甲小蟲喜食瓜葉故曰守瓜讀若蜀都布名从虫雚聲　巨員切廣韻收仙音同玉篇巨袁切食瓜蟲

按許書蠉作讀若蜀郡布名此亦當作郡

螟　蟲食穀葉吏冥冥犯法即生螟　釋蟲釋文引同廣韻止引蟲食穀葉者按藝文類聚引作蟲食穀心當不誤玉篇注食苗心蟲也○釋蟲食苗心螟食葉蟘食節賊食根蟊毛傳詩大田云食心螟則玉篇當本說文　从虫从冥冥亦聲　莫經

蟣

切

蟘　蟲食苗葉者吏乞貣則生蟘从虫从貣貣亦聲詩曰去其螟蟘　臣鉉等曰今俗作蚮非是徒得切　玉篇食苗葉蟲也重文作蚮蟘廣韻作蚮食禾葉蟲重文作蟘詩大田作螣釋文云字亦作蚮說文作蟘釋蟲釋文蚮字又作蟘又作𧊁同徒得反蟲食葉者引說文云蟲食草葉者吏乞貣即生蚮草字譌其引作蟘當不誤五經文字亦作蟘隸釋載唐公房碑作去其螟蟘

蟣　蝨子也一曰齊謂蛭曰蟣从虫幾聲　居狶切玉篇居豈切蝨蟣也廣韻平聲引爾雅云蛭蟣上聲注蟣蝨

蛭　蟣也从虫至聲　之日切玉篇之吉丁結二切水蛭廣韻收質屑二韻

蝚　蛭蝚至掌

也　釋蟲蛭蝚至掌　郭注云未詳　段君〈邵氏正義云本草云水蛭一名至掌是蛭蝚　爾釋魚蛭蟣郭注蛭蟣也蛭之類有草蛭石蛭泥蛭引論衡〔云本艸經水蛭味鹹一名至掌〕　商蟲篇云下地之澤其蟲曰蛭蛭食人足〉　从虫柔聲　耳由

切玉篇蚔螻也亦本釋蟲　蛣　蛣蚍蝎也　玉篇引爾雅曰蝎蛣蝠木中蠹蟲　从虫吉聲　去吉切

蚍　蛣蚍也　从虫出聲　區勿切　釋蟲作蝠　玉篇廣韻同

蟫　白魚也　釋蟲文　从虫覃聲　余箴切　玉篇大含弋針二切　白魚蟲也　廣韻收侵余針切

蛵　丁蛵負勞也　釋蟲丁作虰　虫部無虰　从虫巠聲　戶經切

蜭　毛蠹也　釋蟲文　繫傳蠹作囊譌　从虫臽聲　乎感切

蟜　蟲也　廣韻引同　玉篇毒蟲也　从虫喬聲　居夭切　玉篇居兆切　廣韻上聲引說文又收平聲注

蠪蟜蝆也蠪音龍

䖸　毛蟲也　釋蟲蛅毛蠹郭注即䖸　釋文䖸引說文毛蟲也讀若　从虫𢦏聲　千志切　笥則今脫三字

𧓍　蠆也从虫圭聲　烏蝸切玉篇口圭反廣韻收齊苦圭切注並同則烏蝸切非

蚳　蠆也　玉篇土蝕也亦作𧒀廣韻蟲也　从虫氏聲　巨支切

蠆　毒蟲也象形　丑芥切　繫傳作蠆字韻會同按辵部邁厂部厲山部𡾊並从蠆玉篇廣韻亦作蠆則篆文及注疑後人改當是从虫萬聲

蠆　蠆或从䖵　玉篇作𧓉左傳僖二十二年釋文蠆引字林作𧓉並不省　丑介反又他割反　詩都人士釋文引通俗文云長尾為蠆短尾為蠍　隸釋載李翊夫人碑作𧓉　蓋隸省

蝤　蝤蠐也　釋蟲蝤蠐蝎毛傳詩碩人蝤蠐蝎蟲也玉篇蝤蠐蝎木中蟲也蠹本郭注　从虫酋聲　字秋切

蠐　蠐蠤

也
釋蟲蟦蠐螬郭注在糞土中
从虫齊聲
徂兮切玉篇才兮在梨二切齍螬蟲亦作蠐廣韻收
脂作齍收齊作蠐
蠀
蝤蠐也廣韻引爾雅曰蝤蠐蝎又曰蝎桑蟲蟲當作蠹玉篇桑中蠹蟲也
从虫曷聲
胡葛切
強
蚚也
釋蟲強蚚郭注即強醜捋玉篇米中蠹小蟲
从虫引聲
徐鍇曰引與強聲不相近秦刻石文从口疑从籀文省巨良切按引強聲相近徐說非是
𧑖籀
文強从䖵从彊
釋蟲釋文引同玉篇廣韻無
蚚
強也
玉篇強蚚蟲
从虫斤
聲
巨衣切
蜀
葵中蠶也
廣韻引蠶作蟲釋蟲釋文引作蠋桑中蟲也當
蓋因詩改
用誤但誤作蠋玉篇桑蟲也蜀本毛傳
从虫上目象蜀頭形中象

其身蛸蛸詩曰蛸蛸者蜀市玉切今詩作蠋虫部無蠋玉篇蜀亦作蠋 三四蠲

馬蠲也廣韻引也作蠲从虫目益聲了象形繫傳了作ㄣ是也韻會作从虫益聲罒象形

明堂月令曰腐艸爲蠲古玄切廣韻收先引同玉篇古玄古

迷二切蠲也明也除也又疾也禮記月令作腐草爲螢鄭注螢飛蟲螢火也虫部無螢釋文作熒是也呂覽作腐草化爲蚈淮南子同釋蟲蛝馬蝬郭注馬蠲蚐俗呼馬蝬蚈蛝蝬三字虫部並無

螕齧牛蟲也玉篇牛蝨也廣韻同从虫毘聲邊兮切

蠖尺蠖屈申蟲五音韻譜繫傳下有也字韻會亦有申作伸一切經音義卷九卷三十五引並作屈伸蟲也玉篇注屈伸蟲

从虫蒦聲烏郭切 蠓 復陶也劉歆說蠓蚍蜉子董仲舒說蝗子也 釋蟲作蝝蝮蜪郭注蝗子未有翅者引外傳曰蟲舍蚳蝝虫部無蜪釋文引字林他年反 从虫彖聲 與專切廣韻音同玉篇惟船切釋文引字林尹絹反 蟓 螻蛄也从虫婁聲 左傳宣十五年及釋蟲 一曰螜天螻 洛侯切釋蟲作螜天螻郭注引夏小正曰螜則鳴釋文螜胡木反按虫部螜螜並無未詳古用何字 蛄 螻蛄也 玉篇亦蟪蛄也 从虫古聲 古乎切 蠪 丁螘也 據方言 釋蟲作蠪朾螘郭注赤駮蚍蜉玉篇注蠪虰蟲 亦獸名廣韻蠪蛭如狐九尾虎爪音如小兒食人一名螭蠪又引爾雅及郭注駮作駁東山經作[illegible]

之山有獸焉其狀如狐而九尾九首虎爪名曰蠪姪从虫
其音如嬰兒是食人郭注龍蛭二音（蠪今本不同）
龍聲盧紅切　蛾　羅也从虫我聲　臣鉉等案爾雅
蛾羅蠶蛾也蚰
部已有䖸或作䖸此重出五何切　按釋蟲䖸羅釋文
云䖸本又作蛾說文同則虫部非重出玉篇（蛾）五何切蠶
蛾也廣韻收平聲歌又收上聲　螘　蚍蜉也　釋蟲蚍
紙爲螘蟻之重文注云見禮　蜉大螘
小者　从虫豈聲　魚綺切　玉篇宜倚切重文　蚳　螘子
螘夏小正十二月玄駒賁玄駒也者螘也　作蟻廣韻收紙尾二韻
也　玉篇蟻卵　从虫氏聲周禮有蚳醢讀若祁　直尼切
也廣韻同　（繫傳作⿱氏蚰）　切繫
傳祁作　⿱氏蚰　籀文蚳从蚰　玉篇廣　⿸辰虫　古文蚳从辰
祈恐譌　韻並無

土玉篇廣韻並無䗉人有蜃蛈䗉然與蛈別按周禮恐後人誤認而增蠜自蠜也釋蟲阜螽蠜郭注引詩曰趯

趯阜螽今詩作阜毛傳阜螽蠜也虫部無螽从虫樊聲附袁切玉篇阜螽也即蚣蝑又負蠜

蜚也蟀悉蟹也从虫帥聲臣鉉等曰今俗作蟀非是所律切玉篇所蜜

切蟋蟀蟲重文作蟀廣韻收質爲蟀之重文釋蟲作蟋蟀蛬蝒馬蜩也玉篇引爾雅曰

蝒馬蜩蜩中最大者郭注也从虫面聲武延切釋文引字林云亡千反蟷蟷蠰

不過也釋蟲不過蟷蠰郭注蟷蠰螗蜋別名从虫當聲都郎切蠰

蟷蠰也从虫襄聲汝羊切玉篇乃郎思亮詩尚三切䖵齒桑蟲廣韻收平上去

三

蜋　堂蜋也从虫良聲一名蚚父魯當切釋蟲莫貈蟷蜋蛑郭注

聲（釋蟲釋文引字林乃郎反）蟷蜋有斧蟲江東呼爲石蜋釋文作螳蜋引說文云名

斫父（斫字）當不誤玉篇力當切螳蜋又音良廣韻收陽唐二韻

一注蟯蜋蟲

蛸　蟲蛸堂蜋子釋蟲不過蟷蠰其子

一注螳蜋　蜱蛸郭注一名蟳蟭蟷

蠰子从虫肖聲相邀切

也

蛢　䗬蟥以翼鳴者繫傳同五音韻

譜蟥作蝗誤釋蟲蛂蟥蛢虫部無蛂

古通作發鄭注考工記翼鳴發皇屬从虫幷聲薄經

切玉篇

甲蟲也

䗬　䗬蟥也从虫矞聲余律切玉篇市律

切廣韻兩收術注

並

同

蟥　䗬蟥也玉篇蟥蛢也从虫黃聲乎光切

䗐　蛄䗐

強羋也 五音韻譜同繫傳及集韻引蛄作姑釋蟲作蛄𧍪強蛘郭注今米穀中蠹小黑蟲是也建平人呼爲蛘子釋文蛘郭音芊亡婢反（本或作芊）說文作羊字林作蛘弋丈反云搔蛘也羊當作羋傳刻譌也 从虫施聲 式支切玉篇式移式豉二切米中黑甲蟲廣韻收平去二聲

蛅 蛅斯墨也 玉篇引爾雅曰螺蛅蟴蛓屬也廉田郭注虫部無螺蟴 从虫占聲 職廉切

蜆 縊女也 釋蟲蜆縊女郭注小黑蟲赤頭喜自經死故曰縊女 从虫見聲 胡典切廣韻音同玉篇戶千戶典二切

蜰 盧蜰也 釋蟲蜚蠦蜰郭注蜰即負盤臭蟲虫部無蠦 从虫肥聲 符非切

⿰虫卻 渠⿰虫卻一曰天社 从虫卻聲 其虐

切 五音韻譜社作杜御覽引作蜣蜋一曰天柱[illegible] 玉篇爲蟯之重文丘良切又其虐切
廣韻收入聲藥天神蟲其虐切又丘良切神字葢譌廣雅天柱
蟯蜋也 [illegible]桂[illegible]當不誤虫部無蟯 蠣 蠣蠃蒲盧 釋蟲作果 細要土蜂也天地之性
細要純雄無子詩曰螟蠕有子蠣蠃負之 今詩小宛作螟蛉有
子蜾蠃負之 从虫𤔔聲 古火切 蜾 蠣或从果 廣韻止收蜾 蠃
蜾蠃也从虫𣎆聲一曰虒蝓 郎果切 釋魚蚹蠃螔蝓郭注即蝸牛也虫部
無螔 玉篇力果切蜾蠃也又力戈切蜂
屬廣韻收平上二聲 平聲爲蠣之重文 夏小正十月雉入於淮爲蜄蜄者蒲盧也 蠕 螟蠕桑蟲
也从虫需聲 郎丁切 蛺 蛺蜨也从虫夾聲 兼叶切 蜨 蛺蜨

也从虫疌聲　臣鉉等曰今俗作蜨非是徒叶切五音韻譜蜨作蝶玉篇山頰切廣韻蘇協切

蚩　蟲也　玉篇蟲也又癡也笑也亂也廣韻蟲名亦輕侮字　从虫之聲　赤之切

螌　盤蝥毒蟲也从虫般聲　布還切

蝥　盤蝥也从虫敄聲　臣鉉等曰今俗作蟊非是蟊即蠿蟊蜘蛛之別名也莫交切玉篇莫交切盤蝥也又莫候切食禾根蟲又蛑蛛也廣韻收肴尤二韻

蟠　鼠婦也　釋蟲蟠鼠負郭注甕器底蟲　从虫番聲　附袁切　玉篇扶元切鼠婦蟲又步安切大也紆迴而轉曲也廣韻收元桓二韻

蛜　蛜威委黍　蛜當作蛜釋蟲作蛜詩東山作伊　委黍鼠婦也　郭注云舊說鼠婦別名然所未詳　从虫伊省

詩螽斯釋文引蝑許君思呂沈旋先呂反

聲　於脂切玉篇爲蛜之重文廣韻作蛜

蜙　蜙蝑以股鳴者　釋蟲蜇螽蜙蝑詩作螽斯毛傳螽斯蚣蝑也　从虫松聲　息恭切玉篇蜙蝑斯螽

詩螽斯釋文引許君思容反

蚣　蜙或省　臣鉉等曰今俗作古紅切以爲蜈蚣蟲名玉篇又古紅切蜈蚣也廣韻收東鍾二韻

蝑　蜙蝑也　詩螽斯釋文蝑引楊雄許愼皆云舂黍　从虫胥聲　相居切玉篇思閭思呂二切廣韻收平聲魚又收去聲禡注䗪蟅

蟅　蟲也从虫庶聲　之夜切玉篇鼠婦負蠜也廣韻作䗪注蠜司夜切蟒蝜蟲名亦作蟅按方言蟒宋魏之閒謂之蚮南楚之外謂之蟅蟒或謂之螣郭注即蝗也與鼠婦負蠜不同

蝗　螽也从虫皇聲　乎光切玉篇胡光切禮記蟲蝗爲災

釋蟲釋文引作華孟反聲類韻集並以蝗協庚韻字林音皇

蜩　蟬也从

段君云蟲當作螽

說文攷異

三十八

虫周聲詩曰五月鳴蜩徒聊切 𧍝蜩或从舟 蟬以旁鳴者玉篇蜩也以旁鳴者蟬連系續之言也釋蟲釋文引字林云蟪蛄也 从虫單聲市連切 蜺寒蜩也釋蟲蜺寒蜩郭注寒螿也似蟬而小青色 从虫兒聲五雞切玉篇午結五兮二切寒蟬也廣韻收平入二聲 螇螇鹿蛁蟟也釋蟲蜓蚞螇螰郭注即蝭蟧也一名蟪蛄齊人呼螇螰按玉篇蟟爲蟧之重文虫部無蟟蟧亦省或通作勞釋蟲虰蛵負勞釋文作蟧云本今作蟧 从虫奚聲胡雞切 蚗蛥蚗蛁蟟也方言蛥蚗齊謂之螇螰楚謂之蟪蛄或謂之蛉蛄秦謂之蛥蚗自關而東謂之虭蟧或謂之蝭蟧或謂之蜓蚞西楚與秦通名也 从虫夬聲

於悅切玉篇胡決古穴二切蛥蚗亦蟪蛄也廣韻古穴切　⿰虫丏　⿰虫丏蚗蟬屬　廣韻引⿰虫丏作蛃疑■

■■譌■　讀若周天子赧从虫丏聲　武延切玉篇廣韻並爲蝒之重文

蛚　蜻蛚也　玉篇廣韻並注蜻蛚蓋本方言陸璣草木疏云蟋蟀一名蛬一名蜻蛚　从虫列聲　良薛切

蜻　蜻蛚也从虫青聲　子盈切廣韻■音同玉篇疾性切蛪也蟬也又子盈切又蜻蛉六足四翼釋蟲蛪蜻蜻郭注如蟬而小引方言云有文者謂之螓夏小正曰鳴蛪虎懸按虫部無蛪釋蟲疏引某氏曰鳴札札者則古通用札

蛉　蜻蛉也从虫令聲一名桑根　郎丁切釋蟲虰蛵負勞郭注或曰即蜻蛉也

蠓　蠛蠓也　蠛當

作蔑詳
新附攷 从虫蒙聲 莫孔切玉
篇小飛蟲 蛶 蟲蛶也一曰蜉游
朝生莫死者 五音韻譜繫傳游作蝣［御覽七引作一名蜉蝣］艸虫部無蝣釋蟲
作蜉蝣渠略詩蜉蝣之羽毛傳蜉蝣渠略
也朝生夕死夏 从虫京聲 呂灼切玉篇作蛶注
小正作浮游 蜉蝣渠蛶朝生夕死也 蜹［作蚋］
秦晉謂之蜹楚謂之蚊 李注文選枚叔重上書後
漢書崔駰傳注引並無晉
字一切經音義卷三引作
秦人謂之蜹楚人謂之蚊 从虫芮聲 而銳切玉篇汝
銳切含毒蛇又
蚊蜹又音蓺廣
韻收去入二聲 蠨 蠨蛸長股者 从虫肅聲 穌彫
切玉
篇作蟰先幺切蠨蛸喜子廣韻收平［入］二聲並作蟰詩東
山蠨蛸在戶毛傳蠨蛸長踦也釋文蠨音蕭引

說文作蟰音夙

蝔　蟲也从虫省聲　息正切玉篇廣韻並無類篇所景切蟲也又乃定切蟲名似蟬未詳何本

蛶　商何也　釋蟲作蛶螭何廣韻引同郭云未詳玉篇作螭蚵也虫部無螭蚵　从虫寽聲　力輟切

蜡　蠅胆也周禮蜡氏掌除骴　繫傳同五音韻譜作蟲名也一曰年終祭名蓋[illegible]本廣韻[illegible]　从虫昔聲　鉏駕切　五音韻譜鉏作助玉篇子亦切蟲名又與䄍同在俗字中蓋後人補廣韻收御引周禮有蜡氏七慮切古音也又收禡爲䄍之重文䄍注年終祭名

蝡　動也　玉篇注同廣韻蟲動　从虫耎聲　而沇切

蚑　行也　李注文選七發七命引同韻會作蟲行貌蓋因廣韻改　从虫支聲　巨支切

說文攷異

切玉篇去豉切蚑行喙息䖬鹿之類行也又音岐
廣韻平聲注蚑蚑蟲行皃又長蚑蠨蛸別名出崔
豹古今注去聲 蠉 蟲行也从虫瞏聲 香沇切玉
注蟲行 篇無廣
韻上聲獮 收平聲仙 平聲注蟲行皃上聲有音無義 釋魚蜎蠉郭注井中
小蛣蟩赤蟲一名孑孑廣雅云釋文蠉郭香兖反
呂火全反 蚩 蟲曳行也 玉篇蟲伸行 廣韻伸行則曳當是伸 从虫屮聲讀若
騁丑善切 螸 螽醜螸垂腴也 五音韻譜繫傳並同釋蟲作逢螽醜螸
釋文云逢螽李孫郭並闕讀而謝孚逢反施作螽
案上有螽醜奮依謝爲得螸亦作蝂羊朱反說
文云 从虫欲聲 余足切玉篇弋朱切逢螽醜螸廣
垂腴 韻收虞引爾雅則余足切非

𧍙 蠅醜𧍙釋蟲作扇搖翼也繫傳及釋蟲釋文引同五音韻譜無也字非从虫扇聲式戰切

蛻 蛇蟬所解皮也後漢書楊球傳注一切經音義卷十二十九引蛇蟬并作蟬蛻从虫稅省輸芮切玉篇戶銳始悅二切蛇皮也廣韻收去聲祭泰過三韻又收入聲薛

蠚 螫也从虫若省聲呼各切玉篇作蓋丑略切又呼各切廣韻收藥鐸二韻並作若蟲注云亦作蠚

螫 蟲行毒也繫傳同五音韻譜蟲下有虫字非玉篇廣韻蟲行毒从虫赦聲施隻切

蝁 蚗也繫傳及集韻韻會引並同五音韻譜作蝁屬非釋魚作蚗蝁玉篇注蚗蝁也虫部無蚗从虫亞聲烏各切

蛘 搔蛘

也廣韻一切經音義卷五卷十二引同玉篇
注蛘搔也一切經音義又引禮記[illegible]蛘不敢搔今內則作癢釋文作養云本又作癢
从虫羊聲余兩切玉
篇弋掌切又音羊
廣韻止收上聲
蝕敗創也从虫人食食亦聲乘力
切廣韻作蝕引作敗瘡也非广部無瘡玉篇亦作蝕注日月
蝕也疑說文本作蝕不當从人與飾飭義别瘍注作蝕
蛟龍之屬也韻會作龍屬蓋因廣韻改廣韻龍
屬引漢書曰武帝元封五年自於尋陽
浮江親射蛟江中獲之漢書注引作龍屬也池魚滿三千六百蛟來爲之長
能率魚飛置笱水中即蛟去从虫交聲古肴切
池當作
沱
螭若龍而黄北方謂之地螻楊倞注荀子賦
篇引若作如地

作蛇恐非韻會作若龍無角而黄北方謂之土螻蓋黄氏改廣韻螭無角如龍而黄北方謂之地螻　从虫离聲或云無角曰螭　丑知切

虯　龍子有角者　韻會有作無李注文選甘泉賦謝靈運詩引並作龍無角者當不誤玉篇無角龍廣韻無角龍也王注離騷云有角曰龍無角曰虯顔注漢書楊雄傳云虯即龍之無角者並非龍子（舒蕤傳[illegible]詩集[illegible]引廣雅有角曰虯龍蓋誤今廣雅虯作蘢）　从虫丩聲　渠幽切

蜦　蛇屬黑色潛于神淵能興風雨　韻會屬作類淵作泉雨下有者字李注文選江賦引作蛇屬也潛於神泉之中能興雲致雨　从虫侖聲讀若戾艸　力屯切　五音韻譜同繫傳（作蜦）無艸字玉篇爲蜧之重文蜧力計切神蛇也廣韻收去聲霽注神蛇又收平聲諄注神蛇能興雲雨引文字

說文攷異　四十二

集略云蝦蟆大如　蜧　蜦或从戾　廣韻收霽
僂能食蛇也　大蝦蟆也　蠊　海蟲
也長寸而白可食从虫兼聲讀若嗛　力鹽切玉篇胡緘切
小蚌可食廣韻作
蠊注蜚蠊蟲　蜃　雉入海化爲蜃　廣韻注大蛤引說文
引說文作蠊　曰雉入水所化韻會
作大蛤雉入海化蓋因（黄氏改）从虫辰聲　時忍切玉篇作蜄市忍切
廣韻月令改　月令雉入大水爲蜃鄭注大水淮也大蛤曰蜃夏小正十月雉入於淮爲蜃蜃者蒲蘆也
大蛤也亦作蜃又市刃切
廣韻收上聲時　蛤　蜃屬有三皆生於海　釋魚釋文
忍切又時刃切　藝文類聚
引無蜃屬　千歲化爲蛤秦謂之牡厲　釋文作蛤厲
二字蓋脱　千歲雀所化
秦謂之牡厲藝文類聚作蛤蠣千歲鳥　又云百歲
所化也蠣即蠇之别體無下五字

燕所化　釋文作海蛤者百歲燕所化也藝文類聚作海蛤百歲鷰所化也鷰俗　魁蛤一名復
絫老服翼所化　釋文同藝文類聚脫絫字絫即纍省　从虫合聲　古沓切玉篇作蛤雀入水
爲蛤亦作⿱合金
蠯　階也　繫傳階作陛是也釋魚作蜌蠯郭注今江東呼蚌長而狹者爲蠯虫
部無蜌　脩爲蠯圜爲蠇从虫庳　臣鉉等曰今俗作𩶉或作蠯非是蒲猛切五音韻譜蠇
爲蟰誤庳下有聲字繫傳亦有韻會作蠯陛也从蚰
庳聲脩爲蠯圜爲蠇、蓋黃氏或未詳何本玉篇扶幸步支二切
蛤也廣韻收平聲支佳又
收上聲耿爲𩶉之重文
蝸　蝸蠃也　繫傳蠃作𧕄譌玉篇蝸牛即
螔蝓廣韻
蝸牛小螺　从虫咼聲　古華切五音韻譜作古蛙切是也
蚌　蜃屬　李注

文選雪賦引作蜃也玉篇注同釋魚蚌
含漿郭注蚌即蜃也廣韻蛤也　从虫丰聲　步項
切
蠇蚌屬似蝷微大出海中今民食之从虫萬
聲讀若賴　力制切賴當作糲玉篇蚌
屬也廣韻爲蠣之重文　蝓虒蝓也
釋魚蚹蠃螔蝓郭注
即蝸牛也虫部無螔　从虫俞聲　羊朱
切　蜎蜎也　韻集（當連篆文讀）
引作肙也譌（韻會作井底蟲蓋因郭注改）玉篇
蜀也[illegible]說文　从虫肙聲　狂沇切玉篇於犬於沿
二切廣韻收平上二聲
蟺夗蟺也　玉篇蚯蚓也廣
韻蛩蟺蚯蚓　从虫亶聲　常演
切　⿰虫幽　⿰虫幽
蟉也从虫幽聲　於糾切玉篇（音同）⿰虫幽蟉龍皃又於糾切
重文作蚴廣韻平聲收⿰虫幽上聲收蚴

蟉　蚴蟉也从虫翏聲力幽切玉篇力幽巨糾二切蚴蟉廣韻收平上二聲

蟄　藏也藏當作臧从虫執聲直立切廣韻音同玉篇直立切藏也和集也又蟄蟄多也又赤粒切

蚨　青蚨水蟲可還錢玉篇青蚨水蟲也廣韻青蚨蟲子母不相離从虫夫聲房無切

⿰虫匊　⿰虫匊鼀詹諸以脰鳴者鼀部作圥鼀詹諸也⿰虫匊圥聲相近蓋本釋魚今釋魚作鼀䵶蟾諸釋文音鼀為起據反是伊為去聲之字[illegible]說文玉篇並無[illegible]是圥之譌字圥又加黽為鼀矣鼀䵶字同不應並出也从虫匊聲居六切廣韻引詹諸作蟾蠩非虫部無蟾蠩

蝦　蝦蟆也玉篇蝦蟇从虫叚聲

乎加切

蟆　蝦蟆也　釋蟲螯蟆郭注蛙類虫部無螯　从虫莫聲　莫遐切玉篇作蟇莫加切蝦蟇亦作蟆

蠵　大龜也　東山經跂踵之山有水焉其名曰深澤其中多蠵龜郭注蠵觜蠵大龜也甲有文彩似瑇瑁而薄音遺知反楚辭招魂露雞臛蠵王注蠵大龜之屬也　以胃鳴者　考工記以胷鳴者釋文胷作胷云本亦作胷賈馬作胃賈云靈蠵也鄭云榮原屬也不知榮原之屬以何鳴作骨者恐非也　从虫巂聲　戶圭切　玉篇弋規切觜蠵似蝳蝐而薄有文廣韻收支齊二韻一注觜蠵大龜一注大龜

⿰虫敻　司馬相如說蠵从敻　五音韻譜繫傳作⿰虫敻是也

螹　螹離也　見上林賦史記文選同漢書作漸　从虫斬聲　慈染切玉篇才廉切

廣韻收平上二聲

蠏　有二敖八足㫄行非蛇鮮之穴無所庇　五音韻譜繫傳及集韻引並同類篇引鮮作鱓大戴禮勸學篇作蟹二螯八足非虵䱇之穴而無所寄託者用心躁也荀子勸學篇云蟹六跪而二螯非蛇蟺之穴無所寄託者用心躁也按鱣鱓聲相近魚部無䱇玉篇䱇市演切魚似蛇蓋鱓之別體䱇則鮮當爲鱓之譌虫部無螯六跪蓋言其曲處兩旁則六也　从虫解聲　胡買切玉篇廣韻作蟹

䲒　蟹或从魚　廣韻引同玉篇收魚部注鮰也蓋誤

蛫　蟹也从虫危聲　過委切廣韻音義同玉篇九毀切獸似龜白身赤首引說文云蟹也廣雅蜅蟹蛫也其雄曰蜋鱧其雌曰博帶

蜮　短狐也似鼈三足以

夏十五三月四惟蜮傳曰
蜮也者或曰屈選之屬

气䠶害人　陸璣草木疏云蜮短狐也一名射影如龜三足
江淮水濱皆有之人在岸上影見水中投人影
則殺之故曰射影也或曰含細沙射人入人肌玉篇似鼈
含沙射人爲害如狐也廣韻蟲名短狐狀如鼈含砂射人
久則爲害生南方引說文云有三足以氣射害人又引
玄中記云長三四寸蟾蜍鸑鷟鴛鴦悉食之　从虫或聲
于逼切　蟈　蜮又从國　臣鉉等曰今俗作古獲切以爲蝦蟇
之別名玉篇古麥切螻蟈蝦蟇又音
國廣韻收麥注　蛘　似蜥易長一丈水潛吞人即浮出
螻蟈蛙別名
廣韻引易作蜴
日南　非重文作蜴　从虫弔聲　吾各切　蛧　蛧蜽山川之精
物也淮南王說蛧蜽狀如三歲小兒赤黑色赤目長耳

美髮从虫网聲國語曰木石之怪夔蝄蜽文兩切國語怪下有曰字韋注蝄蜽山精好傚人聲而迷惑人也

蜽　蝄蜽也从虫兩聲　臣鉉等曰今俗別作魍魎非是良獎切

蝯　善援　釋獸猱蝯善援　禺屬从虫爰聲　臣鉉等曰今俗別作猨非是雨元切五音韻譜雨作雨是也

蠗　禺屬从虫翟聲　直角切玉篇丈卓切小廣或⿰犭翟字廣韻小廣名史記司馬相如傳賦蛭蜩蠗蝚索隱云西山經皐塗之山有獸名蠗是此字自按西山經皐塗之山作有獸焉其狀如鹿而白尾馬足人手而四角名曰玃如郭音嬰則非蠗字漢書文選作玃又譌亦

蜼　如母猴卬鼻而長尾　釋獸蜼卬鼻而長尾郭注蜼似獼猴而大黃黑色尾長數尺

似獺尾末有岐鼻露向上雨則自縣於樹以尾塞鼻或以兩指江東人亦取養之爲物捷健　从虫隹聲　余季切玉篇余季余救二切似猴而鼻仰尾長五尺雨則自懸於樹以尾塞鼻廣韻上聲旨引說文惟季切又收去聲至

蚼　北方肓蚼犬食人　五音韻譜肓作有是也繫傳同　从虫句聲　吉厚切　玉篇呼口巨俱二切蚍蜉廣韻收平聲虞上聲厚注同　海内北經作蜪犬如犬青食人從首始郭注蜪音陶或作蚼音鉤　釋獸釋文音誄引字林余繡反或餘季餘水二反

蛩　蛩蛩獸也一曰秦謂蟬蛻曰蛩从虫巩聲　渠容切　玉篇巨虛也又蟬蛻也廣韻蛩蛩巨虛獸也引說文云一曰秦謂蟬蛻曰蛩

蟨　鼠也一曰西方有獸前足短與蛩蛩巨虛比其名謂之蟨从

虫厥聲居月切釋地西方有比肩獸焉與邛邛岠虛比
爲邛邛岠虛齧甘草即有難邛邛岠虛負
而走其名謂之蟨郭注引呂氏春秋曰北方有獸其名爲
蟨鼠前而兔後趨則頓走則顛又云今鴈門廣武縣
夏屋山中有獸形如兔而大
相負共行土俗名之爲蟨鼠
蝙　蝙蝠也　玉篇蝙蝠亦名蟙蠌又名
仙鼠又名服
翼[illegible]本郭注
从虫扁聲布玄切
蝠　蝙蝠服翼也　廣韻引服
作伏非釋鳥
蝙蝠服翼
从虫畐聲方六切
蠻　南蠻蛇種从虫䜌
聲莫還切玉篇南方
也蟲也慢也傷也傷當是傷
閩　東南越蛇種
从虫門聲武巾切玉篇冒賓切東
南越廣韻收平上二聲
虹　工　螮蝀也　釋天螮蝀

虹
也狀似蟲从虫工聲明堂月令曰虹始見戶工切玉篇胡公切
螮蝀也又音絳縣廣𧈪籀文虹从申申電也繫傳
韻收平聲東去聲絳釋天釋文引字林工弄反
作蝃玉螮螮蝀虹也从虫帶聲都計切玉篇
篇同重文作蝃蝀
廣韻重文作
蝃注云見詩蝀螮蝀也从虫東聲多貢切玉篇丁孔切廣韻收平
上二聲不蠥衣服歌謠艸木之怪謂之祥禮記中庸
收去聲
釋文引同禮運釋文引祥作袄詩
柔桑釋文引作妖並非謡當作䚻禽獸蟲蝗之怪謂
之蠥五音韻譜蠥作
蠥是也繫傳同从虫辥聲魚列切

文一百五十三　重十五

說文解字攷異弟十三上

説文解字攷異弟十三下

䖵 蟲之總名也从二虫凡䖵之屬皆从䖵讀若昆 古魂切

蠶 任絲也 玉篇吐絲者 廣韻吐絲蟲 从䖵朁聲 昨含切

䖸 蠶化飛蟲从䖵我聲 五何切玉篇蠶䖸也 亦作蛾廣韻作蛾 釋蟲釋文引作蛾蠶化飛蛾也 蛾 或从虫 按虫部有蛾疑此爲重出

蚤 齧人跳蟲 廣韻注同莊子秋水篇釋文引作跳蟲齧人者 也从䖵叉聲叉古爪字 子皓切韻會作又古爪字譌 蚤 或从虫 廣韻又古借爲蚤暮字

蝨 齧人蟲从䖵卂聲 所櫛切廣韻音同玉

說文發異

篇所乙切

螽　蝗也从䖵夊聲夊古文終字　職戎切玉篇作螽蚣蝑屬也

釋螽蜇螽蚣蝑釋文蜇本又作蟴引詩作斯陸璣草木疏引爾雅曰蜇螽蚣蝑也楊雄曰舂黍也幽州人謂之舂箕舂箕即舂黍蝗類也長而青長角長股股鳴者也

𧕝　螽或从虫眾聲

玉篇作𧕝公羊經作螺

𧓎　蟲也从䖵展省聲　知衍切玉篇作蝁廣韻作蟁並注

蠽　小蟬蜩也从䖵截聲　子列切

釋蟲蠽茅蜩郭注江東呼爲茅截似蟬而小青色　釋蟲釋文引作蠽諸

蠿　蠿蟊作罔蛛蟊也从䖵𢇇聲𢇇古絕字　側八切廣韻作蠿收薛引同昌悅切又壯殺切玉篇亦作蠿之悅切蠿蟊

蟊　蠿蟊也

从䖵矛聲 莫交切玉篇亡候切蠿蟊也螣也燕曰蝳蜍齊曰松公也廣韻收尤爲蝥之重文又引釋蟲蟊蝥釋文云說文作蟊音茅說文同■

⿱寍䖵 䖵蟲也 玉篇注同 廣韻螻蛄 从䖵寍聲 奴丁切

⿱曹䖵 蠀⿱曹䖵也 五音韻譜繫傳蠀作蠐非䖵部無蠐玉篇注蠐⿱曹䖵 从䖵曹聲 財牢切

⿱羍䖵 螻蛄也从䖵羍聲 胡葛切玉篇戶瞎切注同廣韻螻蛄別名胡瞎切按釋蟲螜天螻郭注螻蛄也釋文—螜胡木反虫部無螜或以爲即⿱毄䖵字

⿱畢䖵 畢䖵蛸也 繫傳畢䖵作畢蟲譌玉篇注畢䖵蛸亦作蜱廣韻作蜱引爾雅曰蟷蠰其子蜱蛸郭璞云蟷蠰螗蜋別名重文作畢䖵 从䖵畢聲 匹標切玉篇婢移切廣韻收支引爾雅又收宵

⿱畢虫 畢䖵或从虫 玉篇

注亦作蜱蠭飛蟲螫人者廣韻引作螫人飛蟲也玉篇注同釋蟲王蠭釋文
蠭引字林云飛蟲螫人者从䖵逢聲敷容切𧖅古文省繫傳作蠭玉篇廣韻
作𧖅蠠蠭甘飴也一曰螟子繫傳脱子字韻會螟作蟆譌从䖵鼏
聲彌必切玉篇爲蠠之重文廣韻爲蜜之重文蜜注蜂所作食引山海經云穀城之上足蜂蜜之廬亦
蟲名今中山經作實惟蜂蜜之廬蜜蠠或从宓下當有虫字巨䖵巨䖵蟝
也玉篇注同廣韻引蟝作蝶非下脩一曰蜉蝣朝生暮死者爾雅作渠略从䖵巨聲強魚切
蟁齧人飛蟲廣韻引下有也字玉篇注同从䖵民聲無分切繫傳作蟁

釋鳥鷏蟁母郭注似烏鸔而大黄白雜文鳴如鴿聲今江東呼爲蚊母俗說此鳥常吐蚊因以名云

𧒂 𧒂蟁或从昬以昬時出也 繫傳同玉篇作𧒂與注合

蚊 俗蟁从虫从文 玉篇收虫部

蝱 齧人飛蟲从䖵亡聲 武庚切廣韻音同玉篇莫庚切𧒂蝱也俗作虻

蠹 木中蟲 玉篇木中蟲也白魚也廣韻食木蟲也 从䖵槖聲 當故切

螙 蠹或从木象蟲在木中形譚長說 玉篇廣韻作古文

蠡 蟲齧木中也从䖵彖聲 盧啓切按當从彖作蠡彖非聲也玉篇力兮力底二切蠡蠡

行列皃薄之而欲破也瓢也又力戈切廣韻收平聲上聲

𧕚 古文 繫傳作𧕚玉篇廣韻並無疑後人

增

蛷 多足蟲也从䖵求聲 巨鳩切玉篇亦作蛷蛷 蝬多足蟲廣韻爲蛷之重文引説文同

蛷 蛷或从虫 玉篇收虫部

蠹 蚍蠹 廣雅蛷螋蠀蛷也 也从䖵橐聲 縛牟切玉篇亦作蜉大螘也廣韻作蜉注蚍蜉大螘 丕本釋蟲

蜉 蠹或从虫从孚

雋䖵 䖵蠹食也从䖵雋聲 子兖切玉篇廣韻作雋䖵

蠢 蟲動也从䖵春聲 尺尹切玉篇作蠢動也作也或作𢧵偆廣韻出也引爾雅云作也動也釋訓愻作遜

𢧢 古文蠢从𢦔周書曰我有𢧢于西 也蠢不愻也今繫傳作𢧢玉篇收戈部作𢧵注云亦蠢字廣韻作古文今書大誥作有大艱于西土西土人亦不靜越茲蠢

文二十五　重十三

蟲有足謂之蟲無足謂之豸 釋蟲文玉篇作有足曰蟲無足曰豸廣韻引爾雅曰有足曰蟲無足曰豸蓋誤 从三虫凡蟲之屬皆从蟲 直弓切

蟊蟲食艸根者 廣韻引同藝文類聚引作蟲食苗根者也當不誤釋蟲食苗心螟食葉蟘食節賊食根蟊皆苗也 从蟲象其形吏抵冒取民財則生 徐鍇曰唯此一字象蟲形不从矛書者多誤 莫浮切 釋蟲釋文引廣韻譌作蟊玉篇作蟊注云與蟊蟊同按古文矛作𢦏則此亦矛字小變又耳蟲本象形不必又象蟲形也

蝥蟊或从敄 臣鉉等按虫部已有莫交切作

蠜　蠜蟲此重出按釋蟲釋文云蠜說文以此亦爲蠜蟲字或後人因此增

蠜　古文蠜从虫从年　蠜當作蠜

蚍　蚍蜉大螘也　釋蟲文　从䖵比聲　房脂切玉篇作螕廣韻作蠶爲蚍之重文

蚍　蠶或从䖵比聲　釋蟲作蚍

蟁　民䖵也从䖵𠕁聲　武巾切玉篇作蟁力刃切廣韻同收去聲震則武巾切非

蜚　臭䖵負蠜也从䖵非聲　房未切玉篇扶畏切大螘也蓋涉下蠜字而誤又虫部蜚扶貴切獸如牛白首一目蛇尾見山海經又蜚蠜也又音飛廣韻去聲爲蜚之重文蜚注蜚盧䖵也一名蠜即負盤臭䖵也又獸名亦引山海經[illegible]今見東山—經釋蟲蜚蠦蠜郭注蠜即負盤臭䖵

蜚　蜚䖵或从虫

蠱 腹中蟲也春秋傳曰皿蟲爲蠱晦淫之所生也 各本並同左傳昭元年作淫溺惑亂之所生也 臬桀死之鬼亦爲蠱 段君云臬當作梟 史記封禪書索隱引樂彥云左傳皿蟲爲蠱梟磔死之鬼亦爲蠱 从蟲从皿皿物之用也 公戶切玉篇事也毒也或也穀久積變爲飛蠱也

文六　重四

風 八風也東方曰明庶風東南曰清明風南方曰景風西南曰涼風西方曰閶闔風西北曰不周風北方曰廣莫風東北曰融風 韻會融作條蓋因淮南子白虎通改廣雅亦作條 風動蟲生故

蟲八日而化从虫凡聲 韻會从虫凡聲在八風也下 凡風之屬皆从風 方戎切玉篇甫融切風以動萬物也風者萌也以養物成功也散也告也聲也廣韻平聲引河圖曰風者天地之使元命包曰陰陽怒而爲風又收去聲爲諷之重文

風 古文風 繫傳作颫 玉篇作凬

䬕 北風謂之䬕 釋天作涼風 从風涼省聲 呂張切玉篇力章切北風也又力讓切 廣韻作䬕收平去二聲

䬍 小風也 初學記引作疾風也恐非 从風术聲 翾聿切玉篇小風皃廣韻作颰

飇 扶搖風也 釋天作扶搖謂之猋 从風猋聲 甫遙切玉篇廣韻作飆

颮 飆或从包 廣韻無

飄 回風也 釋天作迴風爲飄說文無迴 从風

票聲撫招切玉篇婢遙切旋風也又孚遙切廣韻兩收宵颯翔風也韻會同繫傳翔作朔[illegible]李注文選風賦引作風聲[illegible]从風立聲穌合切飂高風也廣韻注同玉篇注颯颯風从風翏聲力求切廣韻同玉篇作飄高風皃颮疾風也玉篇疾風皃廣韻疾風从風从忽忽亦聲呼骨切䬍大風也从風胃聲王勿切玉篇于貴切廣韻收去入二聲𩗗大風也从風日聲于筆切段君云日當是曰颺風所飛揚也从風昜聲與章切玉篇弋章弋尚二切風飛廣韻收平去二聲颲風雨暴疾也从風利聲讀若栗力質切玉篇力吉切颲颲暴風又力志切廣韻收去聲志注烈風引說文音栗又收入聲

質薛詩七月二之日栗烈毛傳栗烈寒
氣也釋文云說文作颲颲下颲字當是颲

颲 烈風也 繫傳
韻會同五音韻
譜烈作列譌
从風列聲讀若列 良薛切按當
是讀若烈

文十三　重二

它 虫也从虫而長象冤曲垂尾形 繫傳無垂字蓋脫
廣韻引冤作冕譌
上古艸居患它故相問無它乎凡它之屬皆从它 託何
切韻
會有刪改
故不録
蛇 它或从虫 臣鉉等曰今俗作食遮切玉篇今
市遮切又弋支切引詩云蛇蛇碩
言廣韻收戈爲它之重文
引說文又收支麻二韻

文一　重一

孫云廣肩集韻劉作廣肩

四

龜舊也外骨內肉者也从它龜頭與它頭同天地之性廣肩無雄龜鼈之類以它爲雄象足甲尾之形凡龜之屬皆从龜 居追切玉篇丈也進也外骨內肉天性無雄以蛇爲雄也又貿之寶也文疑久之譌白虎通龜之爲言久也廣韻引大戴禮曰甲蟲三百六十四神龜爲之長 四當作而見易本命篇

⿺乚田 古文龜 五音韻譜作⿺乚田 玉篇廣韻作⿺乚田

⿰夂龜 龜名从龜夂聲夂古文終字 徒冬切玉篇作⿰攵龜之戎徒冬二切廣韻收東冬二韻

⿰冄龜 龜甲邊也■从龜冄聲天子巨⿰冄龜尺有二寸諸侯尺大夫八寸士六寸 汝閻切五音韻譜汝作

汝是也廣韻有距龜

天子以下白虎通作禮三正記藝文志有巨龜三十六卷

漢書食貨志作元龜岠冉

文三　重一

黽　鼃黽也从它象形黽頭與它頭同　臣鉉等曰色其腹也五音韻譜色作象是

凡黽之屬皆从黽　莫杏切　玉篇蝦蟇屬似竈青蛙而大腹又名土鼆也

籀文黽　玉篇作竈

鼈　甲蟲也从黽敝聲　并列切

黿　大鼈也　玉篇似鼈而大也廣韻同　从黽元聲　愚袁切

鼃　蝦蟇也从黽　韻會也作鼃　音注舌諧聲同

圭聲　烏媧切　玉篇胡媧切今作蛙廣韻收佳為蛙之重文麻韻又收蛙

莊子秋水篇釋文鼃引司馬云形似蝦蟇

鼁　圥鼀詹

元板檢韻會六麻鼃部並不作蛙字內閣本九佳蛙下作蛙不引說文

諸也玉篇無鼀有䵶注鼀䵶蟾蠩似蝦蟇也蓋後人補鼀䵶同字不應並出也釋魚作鼀䵶蟾諸鼀當是圥詳虫部蝌下其鳴詹諸六書故引鳴作行非其皮鼀鼀其行圥圥从黽从圥圥亦聲七宿切䵶鼀或从酋玉篇七由切又七狄切廣韻䵶收平聲鼀收入聲𪓰䵶𪓰詹諸也詩曰得此䵶𪓰言其行𪓰𪓰今詩新臺作戚施毛傳戚施不能仰者釋訓戚施面柔也王伯厚詩攷云從御覽引薛君曰戚施蟾涂喻醜惡則作䵶𪓰是韓詩从黽爾聲式支切玉篇闕廣韻䵶𪓰蟾蜍別名鼉水蟲似蜥易長大廣韻引作水蟲也似蜥蜴而長

說攷異

大蜴字非御覽引大作丈下有所字非玉篇
江水多似蜥蜴大者有鱗采皮可以爲鼓也中山經江水多
鼉郭注似蜥蜴大者長二
丈有鱗彩皮可以冒鼓　从黽單聲徒何切　䵸水蟲也
薉貉之民食之从黽奚聲胡雞切　⿰句黽鼃屬頭有兩
角出遼東从黽句聲其俱切玉篇作⿰黽包其拘切鼃屬
又音鉤重文作⿰句黽廣韻收虞作
⿰黽包引說文又
收侯作⿰句黽
蠅營營青蠅蟲之大腹者　按營下引詩作
營營青蠅此疑後人以今詩改
李注文選張季鷹詩引作鼅鼄鼄蝥也
釋蟲鼅鼄鼄蝥
从黽从虫余陵切　鼅鼅鼄蝥也
方言鼅鼄鼄蝥
也自關而西秦晉之間謂之鼄蝥
自關而東趙魏之郊謂之鼅鼄　从黽𣉻省聲陟離切玉

篇作𪓿廣韻作鼅引說文 蜘或从虫 玉篇作蜘廣韻作蜘 鼄鼅鼄也从黽朱聲 陟輸切 蛛鼄或从虫 玉篇收虫部 鼂匽鼂也讀若朝揚雄說匽鼂蟲名 繫傳脫說字韻會有 杜林以爲朝旦非是 繫傳脫杜林以爲朝五字韻會不引此句按楚辭以爲鼂旦字漢嚴助傳鼂不及夕 从黽从旦 臣鉉等曰今俗作晁直遙切玉篇鰋鼂蟲名 廣韻作鼂引蒼頡篇云蟲名 𪛈篆文从皀 玉篇作古文廣韻以鼂爲古文

文十三　重五

卵凡物無乳者卵生象形凡卵之屬皆从卵 盧管切 玉篇作

說文解字

卯廣韻同引說文卝當〔接〕即非省詳石部磺下

𣫞 卵不孚也从卵段聲 徒玩切 王篇作㲉鍛 廣韻作㲉

文二

二 地之數也从偶 五音韻譜及集韻類篇引同繫傳韻會偶下有一字 凡二之屬皆从二 而至切繫傳自此部分卷為二十六（卷）云反不云切乃是原本

弍 古文 玉篇廣韻同繫傳作

古文二

亟 敏疾也 釋詁疾也速也 从人从口从又从二 繫傳作从人口又二韻會兩引一引同解字一引同繫傳 二天地也 徐鍇曰承天之時因地之利口謀之手執之時不可失疾也紀力又去吏切 玉篇居力切急也疾也又丘致切數也廣韻收去入二聲

恆 常也从心从舟 〔按〕恆疑从殺省殺从苟苟自急敕也 蓋聲兼意 石鼓文作亟 繹山碑 中从敀

在二之間繫傳舟上無从字韻會有上下心五音韻譜韻會同繫傳作上下一心以舟

施恒也胡登切韻會恒作引詩如月之恒非亙古文恒从月詩曰如月

之恒繫傳作亙是也玉篇作亙

亘求亘也从二从回回古文回象

亘回形上下所求物也徐鍇曰回風回轉所以宣陰陽也須緣切玉篇注同廣韻無

竺厚也釋詰文从二竹聲冬毒切玉篇丁沃切厚也又音竹廣韻兩收屋沃

凥最括也玉篇韻會引同繫傳作最括而言也恐非从二二偶也从乃

乃古文及浮芝切[illegible]繫傳偶下有其字衍及下有字字

文六　重二

土　地之吐生物者也二象地之下地之中物出形也　五音韻譜及玉篇集韻類篇引同繫傳生下有萬字中下有丨字韻會同地上更有土字地之下作地之上恐誤廣韻引釋名曰土吐也吐萬物也　凡土之屬皆从土　它魯切

地　元气初分輕清陽爲天重濁陰爲地萬物所陳列也　廣韻引同又引元命包曰地者易也言養萬物懷任交易變化含吐應節故之字亦从土從水土者爲地玉篇引气作氣　从土也聲　徒四切

墬　籀文地从㒸　繫傳作籀文地从𨸏土彖聲彖當作㒸

坤　地也易之卦也从土

从申 玉篇引申 上無从字 土位在申 有古文巛 易坤釋文云本又作巛巛今字也今字恐非 苦昆切廣韻 二 垓 兼垓八極地也

垓當是晐 國語曰天子居九垓之田 繫傳國語上有春
晐兼晐也 秋二字今鄭語作晐
田部無晐 玉篇引國語曰天子之 古哀切繫傳
田九垓以食兆民今楚語亦作晐 从土亥聲 从土亥聲在
國語 韻會引同繫傳作四方上下可
上 墺 四方土可居也 居者非李注文選西都賦引作
四方之土可定居也玉篇注 於六切玉篇於
四方之土可居並無上下字 从土奧聲 報於六二切廣
韻收去聲 㙀 古文墺 繫傳作㙀
号入聲屋 土 玉篇作埦 堣 堣夷在冀
州陽谷 韻會引同繫傳陽作
暘蓋後人因今書改 立春日日值之而出

卷七攷異 廿一

韻會不重日字繫傳作　从土禺聲尚書曰宅堣夷
立春之日值之而出
噳俱切玉篇作虞書曰分命羲仲宅堣夷本亦作嵎
今書作嵎釋文引馬云嵎海嵎也夷萊夷也又攷尚書
考靈耀史
記作禺銕　坶　朝歌南七十里地周書武王與紂戰于
坶野繫傳地下有也字書下有曰字戰下無于字韻會
地下無也字餘同玉篇引作朝歌南七十里地周書
曰武王伐紂至于坶野今書牧誓序作武王戎車三百兩虎賁
三百人與受戰于牧野經文作時甲子昧爽王朝至于商郊牧野乃誓作牧誓
从土母聲　莫六切繫傳从土
母聲在周書上　坺　阪也　玉篇注坡
坂也廣韻
坡　从土皮聲　滂禾切　坪　地平也从土从平平亦聲　皮命切繫
坂　切

傳作垩（地平也从土平聲）玉篇作垩蒲京切引説文曰地平也亦作坪又音病廣韻平聲作坪去聲作垩引説文作坪

均　平徧也　玉篇平也等也徧也廣韻平也　从土从勻勻亦聲　居勻切韻會作从土勻聲

壤　柔土也从土襄聲　如兩切釋名壤瀼也肥濡意也玉篇地之緩肥曰壤

塙　堅不可拔也从土高聲　苦角切廣韻音同高也玉篇口角切土堅不可拔又口交切

墽　磽也从土敫聲　口交切玉篇口敎口交二切引説文廣韻收平聲蕭引説文

壚　剛土也　韻會作黑剛土也書禹貢釋文引同玉篇引夏書曰下土墳壚壚疏也廣韻土黑而疏釋名土黑曰盧盧然解散也　从土盧聲　洛乎切五音韻譜作壚繫傳同非

垟　赤剛土也从土

⿰土觲省聲　息營切玉篇作垶赤堅土也重文作㙚注云出說文廣韻作垶周禮草人凡糞用騂剛用牛鄭注故書騂爲挈杜子春挈讀爲騂謂地色赤而土剛強也魯頌白牡騂剛（騂當爲觲馬部無騂）詳新附攷

埴　黏土也从土直聲　常職切玉篇時力切引夏書曰厥土赤埴墳孔傳云土黏曰埴　廣韻收去入二聲　釋名土黃而細密曰埴埴膱也黏胒如脂之膱也

坴　土塊坴坴也　从土尗聲讀若逐一曰坴梁　力竹切　繫傳逐作逯梁下有地字玉篇引作土塊坴也一曰坴梁段君云始皇本紀三十三年發諸嘗逋亡人贅壻賈人略取陸梁地爲桂林象郡（南海以適遣戍）

⿱土軍　土也　洛陽有大⿱土軍里（洛當作雒）　从土軍聲　户昆切玉篇洛陽有大⿱土軍里也重文作㷇

廣韻作墠里名在洛陽洛一本作雒

墣 塊也从土菐聲 匹角切 圤 墣或从卜 玉篇引淮南子曰土勝水者非一圤塞江

凷 墣也 一切經音義卷七卷十一引并作堅土也 廣韻引同 从土一屈象形 苦對切 繫傳作从土凵凵屈象形也韻會同玉篇爲塊之重文 塊口潰口迴二切塥也 廣韻收去聲亦爲塊之重文

塊 凷或从鬼 繫傳作俗凷从土鬼儀禮喪服傳莊子齊物論釋文並引說文塊俗凷字

塥 凷也 玉篇土塊也廣韻注土田田當是凷釋言塊塥也郭注土塊也引外傳曰枕凷以塥

堫 種也 繫傳種作穜 種玉篇集韻引廣韻注並同 一曰内其中也从土㚇聲 子紅切 繫傳一曰句韻會作埋也非

在夋聲下

塍　稻中畦也　五音韻譜及集韻類篇引同繫傳中作田玉篇後漢

無也字

書班固傳注李注文選西都賦南都賦一切經音義

■卷九卷十五引並同韻會作稻中畦埒也非釋（上釋文引作稻田畦隄埒畔）　从土

朕聲　食陵切

坺　治也一曰臿土謂之坺詩曰武王載坺

繫傳韻會詩曰作詩云今詩（非）■（長發）作旆毛傳　一曰塵

旆旗也荀子議兵篇引詩作發蓋■三家詩

㞾从土犮聲　蒲撥切玉篇扶厥切引說文並同又音跋廣韻收月末二韻

坄　陶竈

窻也　玉篇注同（廣韻引同）又引儀禮旬人爲坄於西牆下鄭玄曰塊竈本亦作𡍮又作坄　从土役省

聲　營隻切

基　牆始也　釋詁基始也玉篇始也（謀也）引詩曰基命宥密又謀也　从土

其聲居之切　垣　牆也玉篇垣牆　从土亘聲雨元切　𩫖　籒文垣从𩫏五音韻譜同繫傳作𩫖玉篇收𩫏部　圪　牆高也五音韻譜也作皃玉篇引同繫傳作牆高皃也一切經音義卷十三引作高大皃詩崇墉言言毛傳言言高大也又崇墉仡仡傳仡仡猶言言也　詩曰崇墉圪圪今詩皇矣作仡釋文云說文作圪　从土气聲魚迄切　堵　垣也五版爲一堵五音韻譜同繫傳韻會無一字玉篇注同又版六尺曰堵　从土者聲當古切　𩫨　籒文从𩫏玉篇收𩫏部　壁　垣也　从土辟聲比激切　㙛　周垣也　从土尞聲力沼切玉篇力彫切又力召切廣韻收平去二聲　堨　壁間隙也

玉篇引同蟿傳隉作隉俗从土臬聲讀若謁魚列切玉篇於割切廣韻收臬烏
葛切肎魚列切非埒卑垣也玉篇引韻會卑作庳蓋因廣韻改廣韻馬埒亦厓也還
也堤也引爾雅山上有水埒又孟康云等庳垣也从土寽聲力輟切堪地突也
廣韻引同玉篇引爾雅堪勝也蓋借爲戡从土甚聲口含切堀突也詩
曰蜉蝣堀閱今詩作掘蜉蝣虫部無蝣夏小正蜉蝣作浮游从土屈省聲苦骨切繫
傳韻會作从土屈聲在詩曰上無省字則當作堀堂殿也玉篇引同又容也从土尚
聲徒郎切坣古文堂繫傳下有如此二字𡏂籀文堂从

謙或作墆

士冠禮云設洗於西坫上鄭注云坫在堂角　古文…

高省　繫傳作臺籀文堂从尚京　埰　堂塾也　土部無塾疑

省聲　玉篇作臺注古文　古通作孰或

作墰詳　从土采聲　丁果切玉篇注　坫　屏也　釋宮垝謂之

新附攷　射垛又引說文　坫郭注在堂

隅坫端也玉篇反　从土占聲　都念切　𡏳　涂也从土泥聲

爵之坫又引說文

坫有二若明堂位云崇坫元圭及論語云兩君之好有反坫之等在廟中有之以亢圭反爵之屬此言坫者皆據堂上角為名

臣鉉等案水部已有此重出力𡏳切按土部應有塗水部

繫傳作塗也

疑後人增玉篇作塗力奉切塗也引說文木貢切廣韻

注同塗即涂之　垷　涂也　繫傳涂作塗下文墐塈　从土見

近體詳新附攷　壀注並同蓋後人改

聲　胡典切玉篇古典切引蒼頡云大阪在　墐　涂也　从土堇

塈西山又胡典切廣韻兩收銑

聲　渠吝切玉篇塗也引國語曰陵陸墐井　墍　仰涂也　从土

墐溝上之道也廣韻去聲引詩塞向墐戶

又收平聲為堇之重文

說文攷異　十五

旣聲　其冀切　繫傳作𡐨　玉篇作墍　虛旣切　御塗也　引書曰塗墍茨　又音洎　廣韻收至未二韻

堊　白涂也　玉篇引涂作塗　一曰白土也　引爾雅曰牆謂之堊　郭璞云白飾牆也　从土亞聲　烏各切

墀　涂地也　从土犀聲　禮天子赤墀　直泥切　玉篇引漢書注曰丹墀赤地也　謂以丹漆地　說文云塗地也　廣韻引說文云涂地也　禮天子有赤墀　又引漢典職曰以丹漆地　故稱丹墀　漢書曰王根作赤墀

墼　瓴適也　一曰未燒也　繫傳未作不　誤　韻會作未燒甎也　非　石部無甎　玉篇引燒也　作燒者　釋器瓴甋謂之甓　郭注甗甎也　今江東呼瓴甓　瓦部無甋　从土毄聲　吉歷切

坌　埽除也　繫傳埽上有棄字　非　玉篇引作除埽也　譌　廣韻注坌埽除也　从土弁

聲讀若糞 方問切繫傳作讀與糞同曲禮作糞少儀作拚 埽 棄也从土从帚 穌老切繫傳作从土帚聲鍇曰會意玉篇蘇道蘇悼二切引周禮隸僕掌五寢之埽除糞埽洒之事注謂汜埽曰埽廣韻去聲引說文又收上聲 扗 存也 玉篇引爾雅云存也終也察也居也〔今釋居止有〕 按■居未見 〔[illegible]居〕 田 从土才聲 昨代切繫傳聲下有此與坐同意五字玉篇存改切廣韻收上去二聲 㘸 止也从土从留省土所止也此與留同意 但臥切五音韻譜但作徂是也 繫傳作止也（从止留省）从土所止也無下文玉篇（作坐）疾果疾臥二切引公羊傳曰食必坐二子於其側幸曰坐又引說文■作㘸止也重文作㘸廣韻上聲作坐引釋名曰坐挫也骨節挫屈也以㘸爲古文又收去聲作坐注被罪

坐 古文坐 繫傳作坐古文坐如此

坻 著也 繫傳著作著韻會作著止也非廣韻收紙譌爲坘引从土氏聲 諸氏切

作著也玉篇闕

釋名作小沚曰泜泜遲也能小邑水使遲流也

釋水小洲曰坻釋文作坻云本或作[illegible]直基反本又作坻音同按玉篇坻注云水中高不渚

塡 塞也从土眞聲 陟鄰切令待季切玉篇徒堅切引賈逵曰塞也又滿也又作窴廣韻收眞先二韻

坦 安也 从土旦聲 他但切玉篇寬皃又平也明也 又收說文 易履釋文引蒼頡篇云著也

坒 地相次比也 繫傳比作坒玉篇注同

衞大夫貞子名坒 左傳昭二十年衞侯賜北宮▇喜謚曰貞子疑即此 从土比聲 毗至切玉篇毗利毗栗二切廣韻收去入二聲

堤 滯也 从土是聲 丁礼切玉篇常支多礼二切滯也引劉兆曰緣邊也又音低與隄同廣韻收平聲支上聲薺

[illegible]土

樂器也以土爲之六孔廣韻引同繫傳韻會作以土作六孔玉篇燒土爲之形如鴈卵
上有六孔釋樂大塤謂之嘂郭注塤燒土爲之大如鵝子
銳上平底形如稱錘六孔小者如雞子白虎通引樂記
曰壎坎音也又云壎在十一月壎之爲言
勳陽氣於黃泉之下默蒸而萌　从土熏聲　況袁切玉
篇有重文塤廣韻作塤引說文作壎又引釋
名曰塤喧也聲濁喧然世本曰暴辛公作塤釋樂釋文引[illegible]
（世本云暴辛公所作也圍五寸半長三寸半六孔也）
封爵諸侯之土也从之从土从寸守其制度也　韻會無守其制度句
餘同繫傳作从土㞢寸寸其制　公侯百里伯七十里子
度也祛妄篇亦作寸其制度則守字𠂊譌
男五十里　徐鍇曰各之其土也會意府容切　𡉚　古文封省　繫傳在籀文下按㞢部

有圭讀若皇不應重出祛妄篇引李陽冰云古文圭从丯一當不誤籀文亦从丯也 𡉚 籀文从丯 繫傳作籀文封从丯土 玉篇作古文廣韻無 壐 王者印也所以主土 廣韻引同玉篇引作王者之印也以主土左傳襄二十九年釋文引作王者印也以主土 从土爾聲 斯氏切 璽 籀文从王 繫傳文下有爾土字誤 墨 書墨也 玉篇引同又从土古罪墨刑 从土黑黑亦聲 莫北切 繫傳作从土黑蓋脫韻會作从土黑聲 垸 以桼和灰而髤也从土完聲一曰補垸 胡玩切 玉篇後官胡翫二切引說文同繫傳作以骨和桼丸而髤桼也一曰補垣也垣字蓋誤廣韻收平去二聲一注漆加骨灰上也一注桼補垸也 型 鑄器之

法也从土刑聲 戶經切刑當作荆玉篇作型鑄器之
法模也廣韻作型鑄鐵模也又作𡋣 𡏒
射臬也从土𦎫聲讀若準 之允切玉篇之允作埻之閏二
切引山海經云騩山是
埻于四海郭璞曰埻猶隄也重文作𡏒今西山經譌作
騩山是錞于西海錞音章閏反■無義廣韻收上聲
作埻注射的 塒 雞棲垣爲塒 繫傳棲下有於字
周禮或作準 玉篇引爾雅云鑿
垣而棲爲塒郭璞云 从土時聲 市之切 城 以盛民也从
今寒鄉穿牆棲雞
土从成成亦聲 氏征切繫傳韻會成上無从字玉篇引世本
云鯀作城廣韻引淮南子曰鯀作城
淮南原道訓云夏鯀作三仞之城諸侯背之
𩫨 籒文城从𩫏 繫傳作𩫨玉篇 墉 城垣也 玉
收𩫏部作𩫨 篇

牆也廣韻城也垣也釋宮牆謂之墉郭注引書曰既勤垣墉 𩫖古文墉 繫傳作𩫖古文墉如此按繫傳是也蓋从𩫏省𩫖乃城——郭字為部首非也玉篇𩫖部⿰𩫖庸注云古文墉亦作𩫖並譌

堞城上女垣也从土枼聲 徒叶切玉篇城上女牆也重文作堞廣韻作堞城上垣

坎陷也 玉篇引易曰坎陷也又引爾雅曰小罍謂之坎郭璞曰罍形似壺大者受一觧 从土欠聲 苦感切

墊下也春秋傳曰墊隘 段君云左傳成六年襄九年二十五年凡三見 从土執聲 都念切繫傳韻會从土執聲在春秋上玉篇■音同引虞書曰下民昏墊言天下民昏瞀墊溺皆困水災或作執廣韻收去聲豔入聲怗

坻 小渚

也釋水小渚曰沚小沚曰坻毛傳坻小渚也 詩曰宛在水中坻 从土氐聲 直宜切玉篇直飢切水中可居曰坻引方言云坻場也梁宋之間蚳蜉犂鼠之場謂之坻又音底埤蒼云坂也廣韻收平聲脂上聲紙薺 汷 坻或从水从夂 玉篇廣韻並無 渚 坻或从水从耆 廣雅至也玉篇廣韻並無

㙮 下入也 从土㬎聲 敕立切玉篇直輒切墊也廣韻收緝葉二韻

垎 水乾也一曰堅也 玉篇土乾也又引說文同又引廣雅曰垎素狂也廣韻土乾也 从土各聲 胡格切

垐 以土增大道上 从土次聲 疾資切繫傳臣鍇曰字書云即今瓷瓦字玉篇才資才即二切引說文云以土增大道也廣韻收平聲脂入聲職注以土增道

堲

說文攷異　十九

古文垐从土即虞書曰龍朕堲讒說殄行堲疾惡也廣韻收質又兩收職

增益也玉篇加也重也引爾雅云益也从土曾聲作滕切

埤增也玉篇附也助也補也增也引詩云政事一埤益我埤厚也从土甲聲符支切廣韻音同又音婢玉篇避移切

坿益也从土付聲符遇切玉篇復俱扶付二切引漢書音義云坿白石英廣韻去聲引說文又收平聲

塞隔也从土从𡨄先代切繫傳韻會作从土𡨄聲玉篇蘇代切說文云隔也又蘇得切實也滿也蔽也廣韻收去入二聲

圣汝潁之間謂致力於地曰圣廣韻無之字玉篇汝潁之間致力於地也从土从又讀

若兔窟 苦骨切繫傳作从又土讀若兔鹿窟 窟當作堀穴部有窟無窟

垍堅土也从土自聲讀若泉 其冀切繫傳韻會从土自聲在讀若泉下

埱气出土也 玉篇引气作氣繫傳作气出於土也集韻引同廣韻注氣出於地 一曰始也从土叔聲 昌六切釋詁俶始也

埵堅土也 玉篇埇也又引說文同 从土垂聲讀若朶 丁果切

埐地也从土㑴聲 子林切繫傳作从土侵省聲是也說文無㑴玉篇才心子心二切引說文廣韻兩收侵一引說文

堅土積也从土从聚省 才句切繫傳韻會作从土聚省聲

壔保也高土也从土𠷎聲 當是𠷎省 讀若毒 都皓切繫傳作一曰高土也讀若毒从土

壽聲玉篇作壔引保作堡非土部無堡廣韻亦作壔

培培敦土田山川也繫傳韻會無也字左傳定四年分之土田陪敦杜注陪增也釋文作倍云本亦作陪从土咅聲薄回切玉篇音同益也引禮記曰墳墓不培培猶治也又音部引方——言云冢或謂之培廣韻收平聲灰上聲厚

埩治也从土爭聲疾郢切玉篇仕耕切耕治也廣韻兩收耕

墇擁也从土章聲之亮切玉篇正讓止楊二切隔塞也壅也防也引國語曰縣墇洪水亦作障說文阜部無縣令魯語作鯀鄣洪水廣韻收平去二聲

⿰土則遏遮也玉篇廣韻注同繫傳遏作遏謁从土則聲初力切

埂地垠也玉篇引同李注文選七發引作地圻堮也一切經音義卷七圻下引作圻堮也則堮字當有堮即

㘿之俗體後漢書班固傳注引作界介也誤一曰岸也从土艮聲語中切廣韻作圻注圻㘿又岸也圻垠或
从斤繫傳作或从土斤廣韻以垠爲重文墠野土也玉篇引周書曰爲三壇同墠墠除地也又
引說文同禮記祭法王立七廟二祧一壇一墠鄭注云封土曰壇除地曰墠从土單聲常衍切㙁
恀也玉篇治土地名廣韻恀土地也接釋言恀恀也心部無恀蓋即㙁字从土多聲尺氏切
壘軍壁也从土畾聲力委切當作从靁畾省聲玉篇力癸切引周禮曰營軍之壘舍注云軍
壁曰壘廣韻收旨力軌切引說文垝毀垣也釋詁毀也玉篇注同垝毛傳同从土危聲詩曰
乘彼垝垣過委切陒垝或从𨸏圮毀也虞書曰方命

圮族从土己聲　符鄙切繫傳韻會从土己聲在虞書上　𨡓　圮或从手从配省聲　■繫傳作圮或从手配省非聲玉篇收酉部注酒色廣韻𩃬覆也或作嶏

垔塞也尚書曰鯀鮌垔洪水　五音韻譜鯀作鮌是也繫傳同詳魚部今洪範作鯀陻洪水　从土西聲　於眞切繫傳从土西聲在尚書上韻會同

𡊅古文垔　繫傳作古文垔如此古文上更有陻注垔或从𨸏玉篇作𡏖阜部按有陻塞也廣韻蓋古今字垔下有重文陻

塹阬也一曰大也从土斬聲　七豔切■韻會从土斬聲在一曰上玉篇引左氏傳注溝塹也字書云城隍也重文作壍廣韻爲塹之重文注云出說文

埂秦謂阬爲埂　玉篇引阬作坑非土

部無坑又引蒼頡篇云埂小坑也　从土更聲讀若井汲綆古杏切

壙　塹穴也一曰大也　玉篇空也塹穴也　从土廣聲苦謗切

塏　高燥也　玉篇引同又引左氏傳曰更諸爽塏　从土豈聲苦亥切

毀　缺也　玉篇壞也缺也破也虧也廣韻同　从土毀省聲許委切

𣫚　古文毀从壬

壓　壞也一曰塞補　玉篇引同繫傳韻會補下有也字　从土厭聲烏狎切

壞　敗也　玉篇毀也[illegible]本釋詁　从土褱聲下怪切

𡊁　古文壞省　繫傳在籀文下

𣀔　籀文壞　臣鉉等按攴部有𣀔此重出　樹玉按重出者乃攴部詳攴部

坷

坎坷也梁國寧陵有坷亭玉篇坎坷不平下同从土可聲康我切

⿰土虖坼也玉篇坼也引爾雅曰著龜醜坼郭璞云剖母背而生本亦作鏬鏬當从缶作罅从土虖聲呼訝切⿰阝虖⿰土虖或从𨸏玉篇收阜部坼裂也詩曰不坼不疈今詩生民疈作副釋文同从土㡿聲丑格切玉篇作坼重文作坼引說文

坱塺埃也从土央聲於亮切玉篇烏朗烏堂二切引楚辭曰坱兮軋兮王逸云坱霧昧皃又引說文同廣韻止收上聲

塺塵也从土麻聲亡果切玉篇武回莫賀二切引楚辭曰愈氛霧其如塺王逸曰塺塵也廣韻收平聲灰去聲過

塿塺土也繫傳塺作

塺譌 从土婁聲 洛侯切玉篇力狗切引方言云自關而東小冢謂之塿又培塿小阜也廣韻收上聲

坋 塺也从土分聲一曰大防也 房吻切玉篇扶粉切引夏書曰厥土黑墳孔安國曰色黑而墳起坋與墳同又引說文■大防上有坋字廣韻上聲引無又收去聲釋丘作墳大防

㘸 塺也从土非聲 房未切玉篇甫尾切塺也又房味切廣韻收去聲塺也

埃 塺也从土矣聲 烏開切

𡏖 塺埃也从土殹聲 烏雞切玉篇於奚切塺𡏖也又於計切廣韻收平去二聲

垽 澱也从土沂聲 魚僅切玉篇五靳切引爾雅曰澱謂之垽郭璞曰滓澱也今江東呼垽廣韻魚覲切

垢 濁也 玉篇不絜也塺也廣韻塺垢 从土后聲 古厚切

㙪 天陰塺也 玉篇

説文攷異

二十三

引麈下有起字廣韻注無

詩曰壇壇其陰 繫傳曰作云（非）玉篇不引詩令詩作曀毛傳如常陰曀曀 从土壹聲 然釋文不出壇 於計切

坏 丘再成者也一曰瓦未燒（繫傳引再作一） 玉篇引同又作坯引爾雅曰山一成坯水經注河水又東逕成皋大伾山下引爾雅山一成謂之伾許慎呂忱等竝以爲丘一成也孔安國以爲再成曰伾（按伾當作坯然則說文當是山一成者也釋丘再成銳上爲融丘則坯非丘名說文亦當是山一成也 丘一成爲敦丘再成爲陶丘 說文當由本爾雅作山一成疑後人因孔傳改） 从土不聲 芳桮切 廣韻作坯未燒瓦也

（按下議爲說後人因孔傳而竄改）

垤 螲封也詩曰鸛鳴于垤 蘿下引詩作蘿是也鳥部雗有雗音義別 从土至聲 徒結切 繫傳韻會从土至聲在詩曰上

坥 益州部謂螾場曰坥 玉篇引無州字（當非脫） 方言梁宋之間蚍蜉犁鼠之場謂之坻螾場謂之坥郭注其糞曰坥 从土

且聲七余切玉篇且餘且絮二切廣韻收平去二聲

埍徒隸所居也一曰女牢一曰亭部玉篇引無也字繫傳皖牢字部下有讀若瞏三字从土肙聲古泫切玉篇胡犬切廣韻兩收銑女牢也

𡒄囚突出也从土㕡聲胡八切玉篇胡八口沒二切注同廣韻收沒苦骨切引說文本胡八切

瘞幽薶也玉篇幽也藏也薶也引爾雅曰祭地曰瘞薶从土㾓聲於罽切

堋喪葬下土也从土朋聲春秋傳曰朝而堋見左傳昭十二年禮謂之封既夕禮乃窆之鄭注窆下棺也今文窆爲封周官謂之窆見遂人虞書曰堋淫于家方鄧切今書益稷作

朋釋文無音

垗 畔也。爲四時界，祭其中。韻會同。繫傳時作時譌。集韻、類篇引同。五音韻譜

周禮曰：垗五帝於四郊。玉篇引周禮同，亦作兆。繫傳垗作跳譌。韻會作兆。又葬地 蓋黃氏改。小宗伯作兆。

从土兆聲。治小切。繫傳、韻會从土兆聲在周禮上。

塋 墓也。玉篇引从也作地。李注文選齊敬皇后哀策同。

从土，熒省聲。余傾切。繫傳作从土，營省，亦聲。

墓 丘也。御覽引作兆域也。从土莫聲。莫故切。方言：凡葬而無墳謂之墓。郭注：言不封也。所以墓謂之墓。釋名：墓，慕也。孝子思慕之處也。

墳 墓也。从土賁聲。符分切。玉篇引爾雅云：墳，大防也。又引方言曰：冢，秦晉之間謂之墳。

壠 丘壠也。廣韻引同。繫傳、韻會作丘壠也。李注文選懷舊賦引作丘也。御覽引同。

从土龍聲。力踵切。玉篇作壟。

引方言曰冢秦晉之間或謂之壟郭
璞曰有界埒以耕壟因名也亦作壠 壇=祭場也 五音韻譜
及集韻類篇韻會引同繫傳
祭下有壇=字衍玉篇廣韻封土祭處 从土亶=聲 徒干切 塲祭
神道也一曰田不耕 玉篇引同繫傳作一曰山田不耕
者韻會作一曰山田不雜者非 雜字 一曰
治穀田也 玉篇引作一曰治穀處當不誤
廣韻祭神道處又治穀地也 圭 瑞玉也上"
圜下方 廣韻引同 繫傳圜
作員非 公執桓圭九寸侯執信圭伯執射圭皆
七寸子執穀璧男執蒲皆五寸 廣韻引同繫傳五
寸下有圭字衍 見周禮大宗伯 以封
諸侯 从重土楚爵有執圭 古畦切繫傳圭下
有者字玉篇引

應劭曰圭自然之形陰陽之始也四圭四撮孟康曰六十四黍爲圭亦瑞玉也按圭當次在部末

珪 古文圭从玉 玉篇收玉部

圯 東楚謂橋爲圯 繫傳脫爲圯二字初學記引東楚作楚人玉篇引史記曰張良步游下邳圯上東楚謂橋曰圯 从土巳聲 與之切

垂 遠邊也从土𠂹聲 是爲切

堀 兔堀也从土屈聲 苦骨切按前訓突之堀本當作堀此兔堀字疑後人增玉篇廣韻並無

文一百三十一 繫傳作一百三十二非 重二十六 繫傳作二十五非

垚 土高也 玉篇引同繫傳作土之高也非韻會作土高皃蓋因廣韻改 从三土凡垚之屬皆从垚 吾聊切

堯 高也从垚在兀土 五音韻譜繫傳土作上是也 高

遠也　吾聊切玉篇善行德義曰堯引白虎通曰堯猶嶢嶢至高之貌又引廣雅曰堯曉也　𡉴古文

堯　繫傳作𡉴　玉篇作𡉴

文二　重一

堇　黏土也从土从黄省　繫傳作从黄省从土韻會作从革省从土从黄盧氏意改　凡堇之屬皆从堇　巨斤切玉篇居隱切引禮堇塗塗有穰草也又草也引說文又巨巾切黏土也盧宋人引內則作謹塗鄭注謹當為墐聲之誤也廣韻上聲引說文又收平聲

堇　繫傳有古文堇三字　𦰩皆古文

堇　繫傳作𡎷古文　玉篇作𡎷古文

艱　土難治也　韻會無土字非玉篇引爾雅曰阻艱難也廣韻注艱難　从堇艮聲　古閑切

𡎺　籀文艱从喜

文二　重三

里居也从田从土 繫傳下有一曰土聲也五 凡里之屬皆从
字則土當是士大夫之士

里良止切玉篇邑里也引周禮曰五鄰爲里又 釐家福
引國語曰管仲制國五家爲軌十軌爲里
也从里𠩺聲 里之切廣韻音同玉篇力之切引書傳云
釐理也方言云貪也蒼頡曰賜也亦祭
餘肉又 野郊外也 冂部注郊
外謂之野 从里予聲 餘者切又常
音檣
渚切廣韻收馬引 壄古文野从里省从林 繫傳無从里
省三字韻會
說文又收語
引說文古作埜或省作埜見漢書相如傳玉篇收土部作壄
廣韻亦作埜則壄當不誤漢隸字源有壄注引校官碑

又引漢書五行志定爲
古野字然隸體不足據
文三　重一

田 陳也樹穀曰田象四口十阡陌之制也 玉篇引同繫傳制上
有形字口當作口象
回帀之形阡陌通作
千百詳前漢地理志云孝公用商君開仟伯人部無仟
凡田之屬皆从田 待季切廣韻引釋名曰
土已耕者曰田田塡也五
稼塡滿其中也
町 田踐處曰町从田丁聲 他頂切玉篇徒頂他頂
二切田踐處也又他典切
町疃鹿迹廣韻收上聲
迴銑又收平聲青
畽 城下田也一曰畽郤也 玉篇
引同
韻會無畽字郤當
作郤蓋假爲僆字
从田耎聲 而緣切玉篇仁緣奴過二切
廣韻收平聲仙上聲獮去
聲
過
疇 耕治之田也从田象耕屈之形 直由切五音韻譜同
繫傳作疇耕治之

田也从田𤰞象耕溝田詰屈也韻會
溝田作田溝餘同玉篇作𤰞爲疇之重文引說文廣韻疇𤰞引說
文作己疁或省繫傳作𤰞玉疁燒種也繫傳韻
疁譌篇廣韻並無接象耕屈不當从工會種作
種玉篇廣韻注漢律曰疁田茠艸从田翏聲力求切畬三
田不耕燒種也
歲治田也易無无妄釋文畬引馬曰田三歲說文云二歲治田
接當是馬曰田二歲說文云■三歲治田傳刻譌
也鄭康成注坊記云田一歲曰菑二歲曰畬三歲曰新田
蓋本馬釋地作二歲曰新田三歲曰畬毛傳詩采芑周
頌臣工並同玉篇田三五音韻譜同繫
歲曰畬廣韻田三歲也易曰不菑畬田傳無田字是也
从田余聲以諸切繫傳从田余和田也玉篇注同
余聲在易曰上田廣韻良田

从田柔聲　耳由切繫傳作从田柔柔亦聲也下有鄭有睬地名也六字鍇按國語依睬歷華四邑名也

畸　殘田也从田奇聲　居宜切廣韻音同玉篇居義切數畸亦作奇引說文同

𤳆　殘田也　玉篇引同集韻引作殘薉田也廣韻注同韻會薉作歲譌　詩曰天方薦𤳆　繫傳下有𤳆殘也三字玉篇引無按殘當是瘥今詩節南山作瘥毛傳瘥病鄭箋天氣方今又重以疫病　从田差聲　昨何切

畮　六尺爲步步百爲畮　繫傳下有秦田二百四十步爲畮九字（韻會作秦孝公制二百四十步爲畮蓋用廣韻改）玉篇引司馬法步百爲畮廣韻作畝引司馬法六尺爲步步百爲畝秦孝公之制二百四十步爲畝也　从田每聲　莫厚切廣韻以畮畝爲古文

畝　畮或从田十久

臣鉉等曰十四方也夂聲

甸 天子五百里內地 韻會同繫傳地作田非玉篇引夏書曰五百里甸服孔傳云規方千里之內謂之甸服又引周禮云九夫爲井四井爲邑四邑爲丘四丘爲甸四甸爲縣 从田包省 堂練切繫傳韻會省下有聲字當是从田包省田亦聲

畿 天子千里地 商頌邦畿千里毛傳畿疆也 以遠近言之則言畿也 玉篇引同繫傳遠作逮譌無也字韻會作天子千里也以遠近言之則曰畿

（地作也田非）

畦 田五十畮曰畦 韻會同繫傳作田五十畮蓋脫玉篇引作田五十畮曰畦一切經音義卷十五引作田五十畝爲畦 从田圭聲 戶圭切玉篇又引史記曰千畦薑韭韋昭云畦猶隴也

畹 田三十畮也

繫傳畞作晦五音韻譜三作二譌从田宛聲於阮切
玉篇引王逸曰田十二畝爲畹按玉篇於
王注離騷或曰田之長爲畹也
遠於萬二切廣畔田界也玉篇引同又引左氏
韻收上聲阮傳曰如農之有畔从田半聲
薄半畍境也境當作竟从田介聲古拜切繫傳作
切下放此界玉篇界引
爾雅云疆界垂也重文作畍廣韻畂境也一曰陌也趙
亦作界釋詁疆界邊衛圉垂也
魏謂陌爲畂陌通作百从田亢聲古郎切玉篇古莽
繫傳作畂
下放此切廣韻收上聲
爲畂之重文各朗畷兩陌間道也廣六尺从田叕聲
切則古郎切非
陟劣切玉篇豬衛切引詩云下國畷流畷表也本亦作
綴又引禮記云郵表畷又引說文同又陟劣切廣韻收

去入二聲今商頌作綴旒鄭注郊特牲引詩作畷郵

畛井田閒陌也从田㐱聲之忍切玉篇諸引諸鄰二切十夫之道也又引說文同廣韻收平上二聲周禮遂人十夫有溝溝上有畛

畤天地五帝所基址祭地繫傳韻會址作止地下有也字廣韻引亦作止地作也蓋譌或脫地字从田寺聲右扶風有五時廣韻韻會引同繫傳扶風下有雝字好時鄜時皆黃帝時祭鄜當作鄜或曰秦文公立也周市切繫傳曰作云無也字韻會作曰祭作築亦無也字玉篇諸以時止二切引漢書云秦襄公攻戎救周列爲諸侯而居西自以■主少昊之神作西時祠白帝獻公自以得金瑞故作畦時櫟陽而祭白帝文公作鄜時宣公作密

時靈公於吳陽作上時祭黃帝下時祭炎帝也廣韻三收止段君云地理志右扶風雍下曰有五時按雍祇有四時密時吳陽上時下時北時也史記雍五時漢志右扶風有五時蓋兼鄜縣之鄜時祀白帝而言鄜雖屬左馮翊而馮翊扶風故皆内史地故得統係之史記於高祖未立北時前曰雍四時蓋亦謂密上下鄜四時是以四時上親郊見而西時畦時上不親往別白言之也

略　經略土地也　繫傳韻會無也字左傳昭七年芋尹無宇曰天子經略諸侯正封古之制也　从田各聲　烏約切五音韻譜烏作鳥是也廣韻離灼切玉篇力灼切用功少曰略又強取也要也法也利也求也

當　田相值也　从田尚聲　都郎切玉篇音同任也直也敵也又都浪切主當也底也廣韻收平去二聲

畯農夫也玉篇田畯古之先敎田者也引爾雅曰農夫也詩傳云田大夫也从田夋聲子峻切

甿田民也从田亡聲武庚切玉篇莫綳亡鄧二切説文云田民也與氓同廣韻收平聲爲氓之重文

疄轢田也玉篇注同或爲躪廣韻田壟从田粦聲良刃切

留止也玉篇止也久也从田丣聲力求切玉篇作畱

畜田畜也淮南子曰玄田爲畜丑六切繫傳子作王韻會作子玉篇廣韻引同韻會蓋本解字篇韻則宋人引也玉篇許六切養也容也引説文同又許又丑六二廣韻入聲屋引説文又收去聲宥

畜易林玆畜釋文云本又作蓄同敕六反鄭許六反魯郊禮畜从田从茲茲益也五音韻譜同繫傳作魯郊禮畜从茲田茲益也玉篇引作魯郊禮从茲茲益也

疃禽

獸所踐處也　廣韻引同韻會無也字繫傳作禽獸所踐地處誤　詩曰町疃鹿場从田童聲　土短切玉篇吐管切鹿跡也本毛傳重文作畽又他本切廣韻疃收緩畽收混

畼不生也　玉篇注同廣韻亦同又有暢注通暢又達也　按暢即畼之俗體李注文選長笛賦引七略雅暢第十七曰琴道曰堯暢逸又達則兼善天下無不通暢故謂之暢　按艸部⿱艸畼从畼注艸茂則不字疑譌然由來已久故篇韻並同　从田昜聲　臣鉉等曰借爲通畼之畼今俗別作暢非是丑亮切

文二十九　重三

畕比田也从二田凡畕之屬皆从畕　居良切繫傳畕下有闕字注云闕疑闕

畺 界也从畕三其界畫也 居良切 疆 畺或从彊土 繫傳下有弓聲二字 非玉篇收土部

文二 重一

黄 地之色也 繫傳同韻會作土之色非易天玄而地黄玉篇廣韻中央色也 从田从炗 炗亦聲 繫傳韻會作从田炗聲 炗古文光 凡黄之屬皆从黄 乎光切 𡕛 古文黄 繫傳作𡕛 䵎 赤黄也 玉篇廣韻也作赤黄色也 類篇引作 一曰輕易入䵎姁也 繫傳入作人是也 類篇引玉篇注 歪 从黄夾聲 許兼切 廣韻同 段君云後漢書曹大家女誡視聽陜輸注陜輸不定皃蓋即䵎姁也 䵍 黄黑色也 玉篇廣韻从無也字 韻音同玉篇音古兼切

黃耑聲他耑切䵦青黃色也廣雅訓黃玉篇廣韻並注黃色从黃有聲呼辠切玉篇胡悔于鄙二切廣韻收上聲旨去聲隊䵘白黃色也繫傳無色字廣雅訓黃玉篇廣韻並注黃色从黃占聲他兼切䵷鮮明黃也从黃圭聲戶圭切玉篇胡卦戶圭二切鮮明黃色廣韻平聲齊引說文又收去聲卦上聲馬　文六　重一

男丈夫也从田从力繫傳作从力田玉篇韻會引作从田力言男用力於田也繫傳無言男二字玉篇引同韻會作用力於田也非凡男之屬皆从男那含切甥

母之兄弟爲舅 玉篇引爾雅云母之舅弟爲舅作舅同 妻之父爲外舅

句釋親文 从男臼聲 其久切廣韻作舅夫之父也亦母之兄弟

甥 謂我舅者吾謂之甥也 釋親文繫傳韻會無也字 从男生聲 所更切

文三 云曰新舉宗錄凡作月俱作保 舊本並作句 能力切宜一字析爲差

力 筋也象人筋之形治功曰力 周禮司勳文 能圉大災 繫傳作能禦大灾也 凡力之屬皆从力 林直切

勳 能成王功也 玉篇引同下有書曰有亢其勳六字惠徵君棟云說文當本有此句今孔注尚書亢作克 从力熏聲

許云切

勛　古文勳从員　繫傳員下有力字

功　以勞定國也　玉篇引同廣韻引作以勞定國曰功韻會同　从力从工工亦聲　古紅切

助　左也　繫傳韻會左作佐篇韻同非人部無佐　从力且聲　牀倨切

勴　助也　釋詁助勴也郭注勴謂贊勉　从力从非慮聲　良倨切　繫傳韻會非上無从字

勑　勞也　玉篇韻會引同　繫傳作勞勑也　从力來聲　洛代切　釋詁作倈孟子同　廣韻作倈徠　亻部無倈

劼　慎也　玉篇固也　本釋詁　从力吉聲　繫傳下有或曰非力刀也六字乃後人說　周書曰汝劼毖殷獻臣　巨乙切　酒誥文　繫傳無汝字臣下有讀若覃三字覃疑革之譌

韻會亦無汝字玉篇苦八切廣韻恪八切

鬝 趣也 一切經音義卷六引作趣疾也玉篇強也廣韻事務也又強也遽也趣也（疑本釋詁）

務 从力敄聲 亡遇切

勥 迫也从力強聲 巨良切玉篇巨兩切引說文廣韻收平上二聲

勥 古文从彊 繫傳作古文勥从彊譌

勱 勉力也周書曰用勱相我邦家 今書立政邦作國 讀若萬 五音韻譜同繫傳作讀與厲同 从力萬聲 莫話切廣韻音同勉也強也玉篇莫夬切勉也書曰勱相我邦家蓋本說文（無勱字當非脫）

𠢝 彊也 玉篇引作強力也當不誤廣韻注強力 从力厥聲 瞿月切繫傳作𠢝

勍 彊也 韻會引玉篇注強也蓋後人改

同繫傳作強也春秋傳曰勍敵之人見左傳僖二十二年从力京聲渠京切

勁彊也玉篇注同繫傳韻會作強也从力巠聲吉正切

勉彊也韻會作強也一切經音義卷八引玉篇注同从力免聲亡辨切免當作免詳前

劭勉也釋詁文从力召聲讀若舜樂韶寔照切

勖勉也釋詁文周書曰勖哉夫子牧誓文从冒聲許玉切玉篇廣韻作勗

勸勉也从力雚聲去願切

勝任也从力朕聲識蒸切玉篇舒陵切任也又舒證切強也廣韻平聲引說文又收去聲

勶發也从力从

徹　繫傳徹上　徹亦聲　臣鉉等曰今俗作撤非是丑
無从字　列切廣韻作撤注發撤又去
也經典　勶　并力也　後漢書劉虞注引作𠢾力并力也蓋因國語注加
通用徹　李注文選文賦引賈逵國語解

詁同廣韻入聲　从力翏聲　力竹切玉篇呂竹切廣　勠
韻收入聲屋平聲尤
注勠力併力也　左傳成十三年釋文引字林音遼

緣　緩也　玉篇緣緩也又　从力象聲　余兩切繫傳聲
勉也緣當作豫　下有讀若演三字
演下疑脫漾字玉篇餘掌切廣韻兩　勨　作也　玉篇作也下
收養一餘兩切一徐兩切並注勉也

引易曰六二之動直以方也　从力重聲　徒總切　𨖼　古文
廣韻躁也出也作也搖也
動从辵　玉篇收辵部　繫傳作𨖼　⿰畾力　推也　玉篇推也
一曰懷也　从力畾聲

盧對切繫傳作劣弱也玉篇劣弱也廣韻从力少力
从力靁省聲弱也鄙也少也輟
切勞劇也玉篇引同劇當从力熒省熒火燒冂用
作勮刀部無劇
力者勞魯刀切繫傳冂下有也字韻會有者也二字五音
韻譜冂作門恐非篇韻玉篇力刀切又力到切廣韻
平聲倦也勤也病也𢡚古文勞从悉■繫傳下
又收去聲注勞慰有如此二字
玉篇作𫝀碧石勮務也玉篇注同廣韻勮務也又懼
𦬞落碑作𢡚也疾也按李注文選北征賦■引說
文勮也甚■疑勮下从力豦聲勀尤極也五音
有甚也一訓■
韻譜及集韻類篇引同繫傳極作
劇恐非玉篇注勀勝也廣韻曰勝从力克聲苦得切

勩

莫

勩 勞也詩云莫知我勩从力貰聲 余制切繫傳云作曰从力貰聲

在詩上

勦 勞也春秋傳曰安用勦民 左傳宣十二年桓子曰無及于鄭而勦民將焉用之昭九年叔孫昭子曰焉用速成以其勦民也 从力巢聲 子小切又楚交切玉篇楚交子小二切廣韻收平上二聲繫傳韻會从力巢聲在春秋上

券 勞也从力卷省聲 臣鉉等曰今俗作倦義同渠卷切 繫傳作从力类聲 按人部有倦罷也可通~~繫傳作从力类聲~~非俗字廣韻倦注云說文又作券

勤 勞也从力堇聲 巨巾切玉篇巨斤切是也廣韻收欣同

加 語相增加也 玉篇益也廣韻增也上也陵也 从力从口 古牙切繫傳韻會作从力口

勬 健也从力

敖聲讀若豪　五牢切玉篇吾高切廣韻無　勈气也从力甬聲　余隴切繫傳作勇玉篇作勇果決也廣韻作勇注云說文作勈气也　㦷勇或从戈用　繫傳在恿下玉篇收戈部　恿古文勇从心　玉篇收心部　㪍排也　方言舒勃展也　李注文選七哀詩引作勃人也　从力孛聲　蒲沒切玉篇廣韻卒也　勡劫也从力票聲　匹眇切五音譜眇作妙　廣韻𠆸玉篇匹照切　劫人欲去以力脅止曰劫　廣韻引去作劫　韻會引無人字　譌索隱注史記高祖本紀引作以力脅之云劫也　或曰以力止去曰劫　居怯切繫傳無止字　韻會作一曰以力去曰劫从力去六書故云怯劫皆以去爲聲玉篇強取也　𠢕致堅也　玉篇正也

廣韻牢密又整備也　从人从力食聲　繫傳韻會力上無从字　讀若敕　恥力切

劾　法有辠也　从力亥聲　胡槩切　玉篇胡蓋胡勒二切　推劾也　廣韻收去聲代　入聲德

募　廣求也　玉篇求也　廣韻召也　从力莫聲　莫故切

文四十　重六

劦　同力也　从三力　山海經曰惟號之山其風若劦　玉篇曰作云劦下有急也二字　一切經音義卷三引作同力也亦急也　今北山經作錞于毋逢之山北望雞號之山其風如飈　郭注飈急風貌音戾　風部無飈　玉篇有力計切急風　凡劦之屬皆从劦　胡頰切

恊　同心之和　从劦从

心胡頰切繫傳作同心和也从劦心玉篇廣韻並無按
恊當爲勰協之別體疑後人增玉篇引説文同心之和
在勰下釋詁勰燮和也釋文勰本又作恊一切經音
義卷二十一恊注云又作勰叶二形又此及下並當爲
劦之重文不應加音切
勰同思之和玉篇引作同心之和也廣韻思也从劦从思
胡頰切繫傳作从劦思韻會作从思劦
協衆之同和也玉篇合也引書曰協和萬邦廣韻和从劦从十
臣鉉等曰十衆也胡頰切繫傳韻會作从劦十聲
也合也
旪古文協从曰十繫傳在叶下注云旪叶或从曰班馬字類補
遺旪引漢書五行志旪用五紀古叶字按師古曰玉篇旪讀曰叶和也
廣韻並無
叶或从口繫傳古文協作从口十玉篇收口
部注云合也古文協廣韻作古文

文一 重五

説文解字弟十三下

說文解字攷異弟十四　上

五十一部　文六百三 繫傳三作二非　重七十四 繫傳四作六非 實七十三

凡八千七百一十七字

金五色金也黃爲之長久薶不生衣百鍊不輕从革不違西方之行生於土 玉篇廣韻引同 初學記御覽引鍊作陶 从土左右注象金在土中形今聲凡金之屬皆从金 居音切 𤣩 古文金

銀白金也 玉篇引爾雅云白金謂之銀 从金良聲 語巾切 鐐白

金也从金尞聲洛蕭切玉篇力彫力弔二切引爾雅云銀美者謂之鐐廣韻收平去二聲

鋈白金也从金毛傳詩小戎同芺省聲烏酷切繫傳作从金沃聲非水部無沃

鉛青金也玉篇黑錫也引說文青金也从金㕣聲輿專切

錫銀鉛之間也韻會同繫傳銀鉛作錕鈆譌玉篇鉛錫又輿也廣韻賜也與也引方中記曰鉛錫之精爲婢

鈏錫也玉篇白錫也引爾雅曰錫謂之鈏廣韻鐵鈏从金引聲羊晉切

銅赤金也玉篇注同廣韻金之一品从金同聲徒紅切

鏈銅屬从金連聲力延切玉篇力仙切鉛礦也廣韻兩收仙注同霰並本廣雅

鐵黑金也

廣韻引同又引神異經云南方有獸名曰齧齧鐵大如水牛

色如漆食鐵飲水其糞可作兵器其利如鋼也又作鐵

从金𢧜聲天結切　鐵　鐵或省玉篇無　銕　古文鐵从夷　鍇

九江謂鐵曰鍇玉篇引同李注文選南都賦引曰作爲韻會同　从金皆聲苦駭

切玉篇器駭古諧二切廣韻收平上二聲　鋚　鐵也一曰轡首銅繫傳下有也字

玉篇注同　从金攸聲以周切玉篇大幺切廣韻收蕭注䌷頭銅飾則以周切非詩蓼蕭作鞗革

沖沖毛傳鞗轡也革轡首也采芑鉤膺鞗革箋云鞗革轡首垂也革部無鞗蓋涉革而改从革　鏤　剛

鐵可以刻鏤从金婁聲夏書曰梁州貢鏤繫傳韻會下有

金也二字禹貢梁州
貢璆鐵銀鏤砮磬　一曰鏤釜也　盧候切玉篇力俱切屬鏤劒名又音漏廣韻收
平去二聲方言鍑江淮陳楚　鐨　鐵屬　繫傳鐵類也廣
之間謂之錡或謂之鏤　韻引作鐵類
从金贊聲讀若熏　火運切繫傳熏作訓廣韻作熏
玉篇扶分切鐵也又音訓廣韻
平聲引說文
又收去聲　銑　金之澤者　一曰小鑿　一曰鐘兩角謂
釋器絕澤謂之銑
之銑　廣韻引同繫傳韻會作一曰鐘下兩角其閒謂之
銑考工記兩欒謂之銑鄭注銑鐘口兩角　从金
先聲　穌典切繫傳韻會从金
先聲在金之澤者下　鋻　剛也从金臤聲　古甸
切玉篇古田古甸二切
注同廣韻收平去二聲　鏉　金屬一曰剝也从金黎聲　郎兮

切玉篇力脂切廣韻收脂音同郎兮切錄金色也玉篇貝文也又引說文同从金
彔聲力玉切鑄銷金也玉篇鎔銷也廣韻鎔鑄从金壽聲之戍
切銷鑠金也从金肖聲相邀切鑠銷金也从金樂
聲書藥切鍊冶金也韻會同五音韻譜繫傳及集韻一切經音義卷十八引
玉篇注並作治金也从金柬聲郎甸切釘鍊鉼黃金繫傳韻會
下有也字金部無鉼錢宮詹云鉼即幷字孟子王餽兼金兼金者幷金也樹玉謂亦作餅釋器鉼金
謂之鉼鈑初學記引作餅鄭注周禮職金引鈑作版从金丁聲當經切張本玉篇的苓切又都定切無義元本注鈴釘

矛名廣韻收平去二聲亦無義鋼鑄塞也玉篇鋼鑄廣韻鋼鑄又禁下鋼也亦鑄塞也

从金固聲古慕切鑲作型中腸也型當作㘫腸當作腸从金襄聲汝羊切玉篇女羊汝羊二切鉤鑲兵器廣韻兩收陽漾同鎔冶器法也繫傳及類篇韻會引同五音韻譜冶作治譌集韻一切經音義卷二十引同食貨志冶鎔炊炭注應劭曰鎔形容也作錢模也玉篇从金容聲余封切鋏可以持冶器鑄鎔注鎔鑄也

者繫傳韻會下有也字五音韻譜冶作治譌从金夾聲讀若漁人莢魚之莢一曰若挾持古叶切玉篇劒也廣韻長鋏劒名鍛小冶也

玉篇椎也考工記作段氏爲鎛器从金段聲丁貫切鋌銅鐵樸也玉篇引同繫傳韻會樸作朴从金廷聲徒鼎切鐃鐵文也从金曉聲呼鳥切玉篇呼䢔切廣韻兩收篠吉了切又馨皛切鏡景也玉篇鑑也从金竟聲居慶切鉹曲鉹也从金多聲一曰鬵鼎繫傳脫从金多聲四字鼎下有也字玉篇引亦有釋器鬵謂之鬵鬵鉹也讀若摘一曰詩云侈兮哆兮尺氏切五音韻譜同今詩巷伯作哆兮侈兮釋文哆在侈上則陸氏所見本同王伯厚詩攷引作鉹兮哆兮譌又引崔靈恩集注本作侈兮哆兮未詳孰是繫傳摘作擿下作一曰若詩曰侈兮之移同移當作侈蓋傳寫譌

鈃似鍾而頸長 集韻韻會引同五音韻譜繫傳及玉篇類篇引鍾作鐘五經文字云鈃樂器似鐘而頸長廣韻注酒器王君曉馨云鈃當爲酒器之鍾非樂鍾也鈃在鍾上與鍾相隔甚遠莊子徐無鬼篇其求鈃鍾也以束縛釋文引字林云鈃似小鍾而長頸又云似壺而大言似壺明是酒器之鍾矣

从金幵聲 戶經切

鍾 酒器也 玉篇聚也酒器也廣韻當也酒器也又量名引左傳曰釜十則鍾

从金重聲 職容切

鑑 大盆也一曰監諸可以取明水於月 五音韻譜監作鑑是也繫傳作鑒諸下有也字周禮司烜氏以夫遂取明火於日以鑒取明水於月鄭注鑒鏡屬取水者世謂之方諸

从金監聲 革懺切繫傳韻會从

金監聲在一曰上玉篇作鑒古銜古懺二切察也形也式也盆也重文作鑑廣韻收平去二聲作鑑

鐈似鼎而長足廣韻無而字玉篇鐈鼎長足者从金喬聲巨嬌切

鐩陽鐩也司烜氏以夫遂取明火於日鄭注夫遂陽遂也从金隊聲徐醉切繫傳作鐆陽鐆也韻會同玉篇作鐆陽鐆可取火於日中重文作鐩廣韻同

鋞温器也圜直上廣韻引圜下有而字从金巠聲戶經切玉篇胡經下冷二切温器也廣韻平聲引說文上聲注似鐘而長

鑴瓽也玉篇大鑊也廣韻大鐘恐譌从金巂聲戶圭切

鑊鑴也五音韻譜繫傳鑴作鐫譌韻會作鐫非从金蒦聲胡郭切

鍑　釜大口者（韻會同繫傳釜下有而字一切經音義卷二引作如釜而大口卷十八引作如釜而口大玉篇似釜而大也廣韻引作釜而大口者則如字而字當有）从金复聲（方副切按當作鍑玉篇方宥切廣韻入聲引說文又收去聲注釜而大口）

鍪　鍑屬（廣韻兜鍪首鎧又引說文同）从金敄聲（莫浮切）

錪　朝鮮謂釜曰錪（方言鍑北燕朝鮮洌水之間或謂之錪）从金典聲（他典切玉篇他殄切小釜也廣韻兩收銑）

銼　鍑也（御覽七百五十七引作銼鑹鍑也玉篇注同廣韻銼鑹小釜）从金坐聲（昨禾切）

鑹　銼鑹也从金羸聲（魯戈切）

鉶　器也从金刑聲（戶經切玉篇作鉶羹器也魯頌毛炰胾羹毛傳羹大羹鉶

羙鎬温器也从金高聲武王所都在長安西上林苑中
也 乎老切繫傳都下有鎬字韻會無下作在 鏖温
字亦如此 長安西上林苑中豐東二十五里蓋黃氏改
器也一曰金器 玉篇止引温器也廣韻 从金麀聲 於刀
銅瓫引說文温器也 重文作鏖 切繫
傳聲下有讀 鉳温器也一曰田器 玉篇温器也 从金兆聲
若奧三字 繫傳韻會从金兆聲在一曰上 廣韻田器
以招切 玉篇弋昭切廣韻收宵蕭二韻 釋器作斛謂之疀郭注皆
古鍬揷字方言臿燕之東北朝鮮洌水之間謂之斛趙魏
之間謂 鋀 酒器也从金𧯞象器形 大口切廣韻 𧯞
之桑 或作鍮 豎
或省金 廣韻水盟皃 鐎 鐎斗也 玉篇温器有柄也廣
也說文同上 韻刁斗也温器三足

而有柄 从金焦聲 即消切 鋗小盆也 玉篇注同廣韻銅銚 从金肙聲 火玄切 鏏鼎也从金彗聲讀若彗 于歲切繫傳作讀若慧玉篇于桂切銅器三足有耳也廣韻祥歲切大鼎恐非高注淮南說林訓云鏏小鼎又云鼎無耳爲鏏 鍵鉉也一曰車轄 从金建聲 渠偃切玉篇壯也又管籥壯當是牡廣雅釋室鍵笠戶牡也廣韻爲楗之重文 鉉舉鼎也 五音韻譜及廣韻集韻類篇引同繫傳韻會鼎下有具字玉篇鼎耳也易鼎卦釋文引馬云鉉扛鼎而舉之也 易謂之鉉禮謂之鼏 士冠禮設扃鼏鄭注今文扃爲鉉古文鼏爲密 从金玄聲 胡犬切繫傳韻會从金玄聲在易上

鋊可以句鼎耳及鑪炭　集韻類篇引句作鉤韻會亦作鉤無耳字蓋脫从金谷聲一曰銅屑讀若浴　余足切玉篇余玉余鍾二切銅屑也廣韻收入聲燭注炭鉤又銅屑也引漢書曰磨錢取鋊按漢書食貨志磨錢取鋊史記平準書作摩錢裏取鎔　非寫字數別作鋊訛　注呂靜曰冶器之法謂之鎔則鋊鎔二字古當通繫傳鎔从谷聲故與玉篇鎔余鍾切也合

鎣器也从金熒省聲讀若銑　烏定切玉篇余傾切器也又烏定切廣韻收平去二聲

鑯鐵器也一曰鐫也　五音韻譜同玉篇廣韻引鐫作鑴鐫是也繫傳作鐫無也字　从金韱聲　臣鉉等曰今俗作尖非是子廉切按㦰一曰田器蓋與鑯同

錠鐙也从金定聲　丁定切

（篇徒徑都定二切錫屬引説文鐙也錫當是鍚廣韻兩收徑一注鍚屬一注豆有足曰鐙無足曰鐙）

鐙 錠也（祭統夫人薦豆執校執醴授之執鐙鄭注校豆中央直者也鐙豆下跗也）从金登聲（臣鉉等曰錠中置燭故謂之鐙今俗別作燈非是都滕切玉篇音登引説文錠也又多鄧切廣韻去聲注鞍鐙平聲作燈注燈火）

鏶 鍱也从金集聲（奏入切五音韻譜奏作秦是也玉篇音集引説文廣韻收緝葉二韻）

鍓 鏶或从咠（玉篇阻立切鐵鍱也廣韻無）

鍱 鏶也（玉篇引同廣韻銅鍱）从金枼聲齊謂之鍱（與涉切一切經音義卷九引作齊謂鍱爲鍱）

鏟 鏶也一曰平鐵从金產聲（初限切玉篇楚簡）

切平木器廣韻收上去二聲

鑪　方鑪也从金盧聲　臣鉉等曰今俗別作爐非是洛乎切玉篇闕廣韻酒盆又鑪冶也

鏇　圜鑪也　一切經音義卷十四十五引圜作圓　从金旋聲　辭戀切玉篇徐專切圓轆轤也又徐釧切轉軸裁器也廣韻收平去二聲義同

⿰金虒　器也从金虒聲　杜兮切

鐪　煎膠器也　玉篇廣韻釜屬　从金虜聲　郎古切

釦　金飾器口　玉篇下有也字　从金从口口亦聲　苦厚切

錯　金涂也从金昔聲　倉各切玉篇七各切鑢也雜也又引說文[illegible]廣韻收去聲暮入聲鐸

⿰金御　鉏⿰金卸也从金御聲　魚舉切玉篇宜呂切樂器也廣韻爲鋙之重文鋙注鉏

說文引異

鋙不相當也　鋙　𨧫或从吾　錡　鉏𨧫也从金奇聲江淮之間謂釜曰錡　魚綺切詩采蘋維錡及釜毛傳錡釜屬有足曰錡無足曰釜方言鍑江淮陳楚之間謂之錡郭注或曰三腳釜也音技玉篇宜倚切三足釜也又渠儀切廣韻收平上二聲

楚辭九辯鉏鋙難入

繫傳韻會無曰字

鍤　郭衣鍼也从金臿聲　楚洽切玉篇丑涉楚洽二切長鍼也廣韻收葉綴衣針又收洽爲[illegible]之重文

繫傳鍼作縫鍼

錄　綦鍼也　玉篇長針也管子輕重篇一女必有一刀一錐一箴一鉥房注鉥長針也　从金朮聲　食聿切玉篇時橘切廣韻無鉥有鉥鉥注針鉥餘律切疑鉥之俗體

鍼　所以縫也　玉篇廣韻引同一切經音義卷十八引作所以縫衣裳者也　从金

咸聲　臣鉉等曰今俗作針非是職深切玉篇之　鈹
林切又渠廉切廣韻侵引說文又收鹽
大鍼也一曰劒如刀裝者　韻會引玉篇廣韻注　从金
同繫傳如作而非
皮聲　敷羈切繫傳韻會从　鎩　鈹有鐸也　五音
金皮聲在一曰句上　韻譜
言錟謂之鈹郭注今江東呼大矛為鈹音彼
繫傳鐸作鐔是　从金殺聲　所拜切玉篇所界所黠
也廣韻引同　二切長刃矛廣韻去聲
引說文又　鈕　印鼻也从金丑聲　女久　⿰王丑　古文鈕从
收入聲　切
玉　銎　斤斧穿也　詩七月釋文引作斧空也
玉篇收　玉篇斤斧空也蓋本
玉部
說文廣韻一注斤斧柄　从斤巩聲　曲恭切玉篇去恭
孔一注斤斧受柄處也　切斤斧空也又銎

錣擊皃又許罽切廣韻兩收鍾

鈭鈭錍斧也廣韻注同玉篇錍作錍譌从金此聲即移切玉篇千支子移二切廣韻兩收支

錍鈭錍也玉篇引作錍鈭斧也蓋誤廣韻鈭錍斧也从金卑聲府移切

鏨小鑿也从金从斬斬亦聲藏濫切玉篇才敢切注同廣韻收平上二聲

鐫穿木鐫也宋本五音韻譜同明本鐫作鐫不成字玉篇闕廣雅鐫謂之鏨曹音鐫■醉全子兗二反廣韻鑽也斲也子泉切止收平从金雋聲一曰琢石也讀若瀸子全切

鑿穿木也从金糳省聲在各切玉篇在各切穿也鑿也又子各切二各字當有一譌

廣韻收屋鐸二韻鐸韻引古史考曰孟莊子作

銛　鍤屬　繫傳鍤作臿是也屬下有也字廣韻韻會引作臿屬玉篇注銛利也　从金舌聲　韻會作从金甜省聲　讀若棪　蓋黃氏改

桑欽讀若鐮　息廉切繫傳鐮作鐮是也金部無鐮

（孟子是以言銛之也趙注銛取也孫音義丁曰字書及諸書並無銛字郭璞方言注謂挑取物也其字从金

按从舌下

按方言卷三[illegible]棪[illegible]銛四字蓋[illegible]

孟子

鈂　臿屬　从金　冘聲　直深切繫傳聲下有讀若沈三字

⿰金危　臿屬　廣韻引同繫傳韻會作臿金也[illegible]玉篇以捩鋸齒也　从金危聲一曰瑩鐵也　廣韻韻會同繫傳瑩上有鐃字　讀若跛行　過委切繫傳跛作毀　[illegible]不誤

鐅　河內謂臿頭金也从金敝聲　芳滅切玉篇普結切鐅刃鐅字譌（蓋鐅字）廣韻收屑普蔑切江南呼鐅刃郭注方

說文攷異　十

言江東謂鑿刃爲錢銚也古田器繫傳韻會
鐅鐅音普蔑反古下有者字
从金戔聲詩曰庤乃錢鎛即淺切又昨先切繫傳
韻鎛下有一曰貨也四
字玉篇子踐切田器也又疾
延切財也廣韻收平上二聲钁大鉏也廣韻引同又引
方言云關東从金瞿聲居縛切鈐鈐鏅大犂也
名曰鹵斫也
犂當作犁一曰類梠繫傳韻會梠作耜非从金今聲巨淹切玉篇手潭
巨廉二切耕類也車鎋𨭖鈐鏅也从金隋聲徒果
也廣韻收鹽引說文
切玉篇作鏅大罪大果二切犂鎋也廣韻收
果作鏅注車轄又犂錧出玉篇文收賄作鏅
鏺兩刃

方言轄歟鍊鐯關之東西曰𨬇南楚之曰䥃趙魏之間曰鍊鐯

木柄可以刈艸　繫傳韻會木上有有字玉篇鍊也兩刃有木柄可以刈草也蓋本說文　从金

發聲讀若撥　普活切玉篇浦末切　鉵梠屬　玉篇鉏大皃廣韻大鉏　从金

蟲省聲讀若同　徒冬切繫傳無讀若同句　鉏立薅所用也　廣韻引作

立薅斫也御覽七百六十四引同■■■■■作薅斫也蓋脫　从金且聲　士魚切玉篇仕葅切田器又仕呂切廣韻平聲引說文

又收上聲　䥯梠屬从金罷聲讀若嬀　彼為切玉篇■（耜屬）廣韻作[金羆]引玉

篇云耜屬也　鎌鍥也从金兼聲　力鹽切玉篇廣韻為鐮之重文廣韻引釋名曰

鐮廉也薄其所刈似廉也　鍥鎌也从金契聲　苦結切玉篇古節切又口結切廣韻

說文攷異　十一

兩收屑

鉊大鎌也玉篇鎌也廣韻淮南呼鎌从金召聲鎌謂之鉊繫傳韻會謂上有或字方言刈鉤江淮陳楚之間謂之鉊或謂之鐹自關而西謂之鉤或謂之鎌或謂之鍥張徹說止搖切韻會同繫傳徹作脩錢宮詹云案漢人不當以武帝諱爲名疑是張敞

銍穫禾短鎌也玉篇引同廣韻引鎌作鐮非从金至聲陟栗切玉篇知栗切又之一切廣韻兩收屑

鎮博壓也一切經音義卷十十一十二二十四引並作壓也當非脫玉篇安也重也壓也廣韻壓也从金眞聲陟刃切

鉆鐵銸也玉篇注同廣韻引銸作鋤譌从金占聲一曰膏車鐵鉆敕淹切玉篇其沾切又敕淹切

廣韻巨淹切引銸鉆也从金耴聲陟葉切玉篇拔
說文又敕淹切　髮也重文作鑷
又車掑也蓋本方鉗以鐵有所劫束也廣韻爲籀之
言廣韻止收鑷　重文又引說文
同玉篇以鐵束从金甘聲巨淹切鈦鐵鉗也从金大
物又奴所著　切
聲特計切玉篇特計直賴二切鋸槍唐也从金居聲
鉗也廣韻霽引說文又收泰
居御切玉篇解截也廣韻鐕可以綴著物者繫傳
引古史考曰孟莊子作鋸　同五
音韻譖著作簪韻从金朁聲則參切玉篇子南切錐
會作綴著物者（蓋黃氏刪）　無蓋釘廣韻同
銳也廣韻引同从金隹聲職追切鑱銳也从金毚
玉篇鍼也　切

聲士銜切玉篇仕衫仕懺二切刺也、鏨也廣韻平聲引說文又收去聲 鋭 芒也从金兑聲以芮切玉篇徒會切矛也又 㓹 籀文銳从厂剡 張本弋稅切廣韻收祭泰二韻 玉篇收厂部有音無義元本注地名廣韻收祭注小割廣雅訓傷 鏝 鐵杇也 釋宮鏝謂之杇郭注泥鏝玉篇泥鏝也大戟也 从金曼聲 母官切 槾 鏝或从木 臣鉉等案木部已有此重出按廣韻槾爲鏝之重文則金部應有木部疑後人增 鑽 所以穿也从金贊聲 借官切玉篇作鑽子亂子丸二切廣韻收平去二聲 鑢 錯銅鐵也 玉篇廣韻錯也 从金慮聲 良據切 銓 衡也 玉篇平木器又銓衡也廣韻銓衡也又量也次也度也 从金全聲

此緣切

銖　權十分黍之重也　禮記儒行釋文引作權分十黍之重漢書律歷志
云一龠容千二百黍重十二銖則百黍爲一銖十黍爲
一分銖當十分則當云權十分黍之重也玉篇注十二分也蓋
本淮南子天文訓曰十二粟而當一分十二分而
當一銖禾部稱下亦本此說彼云粟此云黍稱異文耳　从金朱聲
市朱切廣韻錙銖八銖　鋝　十銖二十五分之十三也　五音
爲錙二十四銖爲兩
韻譜繫傳及集韻類篇韻會引同廣韻引作十一銖二十五分之十三
書呂刑釋文引同六書故云蜀本十下有一字段君云當作十一銖
二十五分銖之十三也十一銖計黍千一百云二十五分銖之十三者此用命分之法百黍以四除之凡二十五兩除之命爲二十五分二十五分之
十三得五十二黍命爲二十五
分銖之十三合十一銖共爲黍
千一百五十二
从金寽聲周禮曰重三鋝　考工記文　北方以二十兩爲鋝　力輟
切　戴東原編修云鄭注引說文證三鋝爲一斤四兩則當云
二十兩爲三鋝　此脫三字　玉篇力輟所劣二切量名廣韻力輟切又

音刷鍰鋝也从金爰聲罰書曰列百鍰戶關切五音韻譜繫傳及集韻類篇引並作虞書曰罰百鍰罰訓[illegible]是也虞當作周文見呂刑錙六銖也高注淮南說山訓云六銖曰錙八銖曰錘與說文合又注詮言訓云六兩曰錙倍錙曰錘則[illegible]玉篇八兩爲錙蓋本鄭注儒行从金甾聲側持切錘八銖也从金垂聲直垂切玉篇直危切稱錘也廣韻收平聲注八銖去聲注稱錘鈞三十斤也玉篇注同廣韻三作二譌从金勻聲居勻切𨥁古文鈞从旬玉篇同繫傳作銁鈀兵車也一曰鐵也司馬法晨夜內鈀車

繫傳韻會法下有曰 从金巴聲 伯加切繫傳从金
字今司馬法無此文 巴聲在一曰上韻
文志司馬法一百五十五篇入禮今所存百分之一耳
會在司馬上玉篇補加切候車也又普加切廣
韻兩收麻一引方言云江東呼鑃箭今鑃作鈀一注兵車 鐲
鉦也从金蜀聲軍法司馬執鐲 直角切周禮大司馬辨鼓鐸鐲鐃
之用兩司馬執鐸公司馬執鐲 玉篇丈角切鉦也形如
小鐘又音蜀廣韻收燭覺二韻一注
温器一 鈴 令丁也 韻會同繫傳作鈴釘也恐
注似鈴 非玉篇鈴鐸也廣韻似鐘
而从金从令令亦聲 郎丁切繫傳
小 作从金令聲 鉦 鐃也似
鈴柄中上下通 玉篇鐃也鉦以
靜之鼓以動之 从金正聲 諸盈切

鐃　小鉦也軍法卒長執鐃亦見大司馬職从金堯聲女交切玉篇似鈴無舌

鐸　大鈴也軍法五人爲伍五伍爲兩兩司馬執鐸亦見大司馬職从金睪聲徒洛切玉篇所以宣教令也文事木鐸武事金鐸廣韻大鈴也軍法用之又木鐸金鈴木舌引釋名鐸度也號令之限度也

鑮　大鐘淳于之屬五音韻譜繫傳鐘作鍾非所以應鐘磬也繫傳磬作聲譌堵以二金樂則鼓鑮應之繫傳同五音韻譜鎛作鑮是也从金薄聲匹各切玉篇旁各切似鐘而大四時之聲也又補各切廣韻兩收鐸

鏞　大

鐘謂之鏞　釋樂鐘作鐘●　从金庸聲　余封切　鐘　樂鐘也　玉篇樂器也廣韻同引呂氏春秋云黃帝命伶倫鑄十二器又引世本曰垂作鐘　秋分之音物穜成从金童聲古者垂作鐘　職茸切　銿　鐘或从甬　玉篇廣韻並爲鏞之重文注云說文與鐘同　〔[illegible]引世本垂作鐘〕　鈁　方鐘也　玉篇鐘也廣韻鑊屬　从金方聲　府良切　鎛　鎛鱗也鐘上橫木上金華也一曰田器从金尃聲　考工記鱗屬以爲筍　繫傳器下有也字从金尃聲在一曰上　詩曰庤乃錢鎛　補各切玉篇田器也又鎛解獸似人懸鐘橫木也解與鱗形相近然云獸則

非鱗屬又爲

鍠　鐘聲也从金皇聲詩曰鐘鼓鍠鍠乎光切今詩執競作喤釋文同玉篇胡觥切鐘聲也亦作韹廣韻韹收唐鍠收庚

鎗　鐘聲也玉篇金聲也从金倉聲楚庚切廣韻鼎類

鏓　鎗鏓也一曰大鑿平木者玉篇廣韻者作器李注文選長笛賦引作大鑿中木也又云然則以木通其中皆曰鏓也从金悤聲倉紅切

錚　金聲也从金爭聲側莖切玉篇爲鎗之重文

鏜　鐘鼓之聲廣韻引作鼓鐘聲也玉篇鼓聲也从金堂聲詩曰擊鼓其鏜土郎切按鼟下引詩擊鼓其鼟

釋文下增鑋字

則鐙下引詩疑後人增玉篇廣韻不引詩

鑋金聲也从金輕聲讀若春秋傳曰轚而乘它車苦定切繫傳它作他蓋後人改玉篇丘耕去政二切金聲也廣韻止收去聲左傳昭二十六年釋文引字林丘餅反按足部無轚玉篇轚丘盛切一足行見左傳昭二十六年作轚而乘於他車杜注轚一足行釋文同轚乃假借字疑當是跬玉篇跬半步也舉一足也義與轚合禮記祭義借作頃俗作蹞亦从頃聲也後人讀跬與頃殊然跬从圭聲韻書收迥則亦可收迥

鐔劒鼻也从金覃聲徐鍇曰劒鼻人握處之下也徐林切玉篇徒含切劒鼻又夕林時占二切廣韻收侵覃二韻莊子說劒釋文引三蒼云徒感反劒口也

鏌鏌釾繫傳韻會作鏌釾大戟也後漢書杜篤傳注李也注文選羽獵賦引並有大戟二字應劭注漢書賈誼

說文攷異　十六

傳云莫邪吳大夫也作寶劍因以冠名荀子性惡篇作莫邪廣雅鏌釾劍名玉篇同　从金莫聲　慕各切

釾　鏌釾也从金牙聲　以遮切

鏢　刀削末銅也　玉篇注同廣韻刀劍鞘下飾也　从金㶾聲　撫招切

鈒　鋌也从金及聲　蘇合切玉篇所及切鋌也又蘇合切廣韻收緝合二韻

鋋　小矛也从金延聲　市連切玉篇市然切廣韻兩收仙一引方言曰五湖之間謂矛爲鋋

鈗　侍臣所執兵也从金允聲周書曰一人冕執鈗讀若允　余準切繫傳作○從侍臣所執兵从金允聲周書曰冕執鈗與歲反無讀若允三字按玉篇廣韻並無鈗今書顧命作銳釋文以稅反正義引

鄭康成云銳矛屬繫傳有譌字然音與歲反當非銳字玉篇銳適當說文鈗字之次注矛也疑本說文則作鈗者乃銳之譌其亡削銳字或後人增也

鉈 短矛也从金它聲（食遮切玉篇市邪切矛也廣韻收麻又收支爲鍦之重文並注短矛）

鏦 矛也从金從聲（七恭切臣鉉等曰今音楚江切玉篇楚江切矛也撞也廣韻收鍾江二韻）

錄 鏦或从彖（玉篇同廣韻無）

錟 長矛也从金炎聲讀若老耼（徒甘切廣韻音同玉篇大甘切又他甘切）

鏠 兵耑也从金逢聲（敷容切玉篇廣韻作鋒）

錞 矛戟柲下銅鐏也（五音韻譜戟作戟是也繫傳同詩小戎釋文引作矛戟下銅鐏一切經音）

義卷二十一引說文作鐓玉篇恐非鐓大對切鐏也矛戟下
銅也重文作錞又市鈎切廣韻錞收去聲隊亦爲鐓
之重文疑並本說文又收平聲　从金享聲詩曰厹矛
諄注樂器鳴之所以和鼓蓋並非古籀許書
沃錞　徒對切沃渼韻會作鋈　鐏柲下銅也
蓋今詩引詩當音市鈎切厹當作厹
玉篇廣韻引柲作　从金尊聲　徂寸切　鐫　弩眉也一曰
秘[illegible]禾部無秘
黄金之美者　韻會無黄字非釋器黄金
謂之璗其美者謂之鏐　从金翏聲
力幽切玉篇紫　鍭　矢金鏃翦羽謂之鍭　五音韻譜繫傳下鏃
磨金本郭注
字作鍭是也釋器無矢字方言箭自關而東
謂之矢江淮之間謂之鍭關西曰箭　从金侯聲　乎鉤切

切玉篇乎溝乎豆二切廣韻𨪝聲引爾雅又收去聲

鏑　矢鏠也　繫傳鏑作鑑从金鏠蓋从俗啻聲　都歷切玉篇廣韻作鏑

鎧　甲也　廣韻引管子曰葛盧之山發而出黃金蚩尤制以爲鎧也　从金豈聲　苦亥切

釬　臂鎧也　玉篇引同廣韻釬金銀令相著　从金干聲　侯旰切

錏　錏鍜頸鎧也　玉篇注同一切經音義卷十二引鎧作飾蓋誤　从金亞聲　烏牙切

鍜　錏鍜也　从金叚聲　乎加切

鐗　車軸鐵也　玉篇無也字廣韻車間鐵也　从金閒聲　古莧切五音韻譜从下有金字

釭　車轂中鐵也　廣韻引同一切經音義卷四引作車轂頭鐵也卷七引頭作口卷十一十九引作轂

口鐵也則口當不誤李注文選西都賦引作轂鐵也脫从金工聲古雙切玉篇古紅古雙二切車釭廣韻收東引說文又收江注燈

銴車樘結也一曰銅生五色也从金折聲讀若誓時制切繫傳作銴玉篇作銴時世切注同廣韻兩收祭竝作銴

釳乘輿馬上防釳插以翟尾鐵翮象角所以防網羅釳去之韻會網作罔繫傳作冈之下有也字玉篇鐵孔也廣韻乘輿馬上插翟尾者曰方釳釳鐵也廣三寸从金气聲許訖切

鑾人君乘車四馬鑣八鑾鈴象鸞鳥聲和則敬也韻會同繫傳脫乘字則作即聲上有之字从

鉞噦聲亦不近

金从鑾鳥省　洛官切　繫傳作从金鸞省　韻會同省下有聲字　玉篇鑾和以金爲鈴也　廣韻引崔豹古今注云五輅衡上金雀者朱鳥也口銜鈴鈴謂之鑾也或謂之朱鳥鸞也鸞鳥口銜鈴故謂之鸞

鉞　車鑾聲也从金戉聲詩曰鑾聲鉞鉞　臣鉉等曰今俗作鐬以鉞作斧戉之戉非是　呼會切　今詩庭燎泮水作鸞聲噦噦采菽作鸞聲嘒嘒　玉篇鉞于月切斧也在俗字中（亦作戉）廣韻收入聲爲戉之重文　玉篇又有鐬火外切鈴聲　廣韻去聲泰亦收鐬

釋名鉞豁也所向莫敢當前豁然破散也

鍚　馬頭飾也从金陽聲詩曰鉤膺鏤鍚　今詩韓奕作錫　箋云眉上曰鍚刻金飾之今當盧也一曰鍱車輪鐵　臣鉉等曰今經典作錫　與章切　玉篇鏤鍚馬面飾　重文作錫　廣韻止收錫兵名又

馬額飾

銜　馬勒口中。从金从行。銜，行馬者也。戶監切。廣韻引無也字。繫傳韻會作从金行。銜者，行馬者也。

鑣　馬銜也。从金麃聲。補嬌切。

觻　鑣或从角。玉篇收角部。

鉣　組帶鐵也。从金劫省聲。讀若劫。居怯切。按當是去聲。

鈇　莝斫刀也。後漢書獻帝紀注引作莝刀也，馮魴傳注引作剉刀也。从金夫聲。甫無切。廣韻音同，注鈇鉞。繫傳作鈇。玉篇方于、方宇二切，鈇鉞，又剉斫刀也。

釣　鉤魚也。玉篇釣魚也。廣韻釣魚，引淮南子曰：詹公釣千歲之鯉。詹公，古善釣者。又引呂氏春秋曰：太公釣於滋泉，以遇文王。从金勺聲。多嘯切。

𨭖　羊箠耑有鐵。从金埶聲。讀若至。

脂利切爨傳作𨫛羊箠也端有鐵从金埶聲玉篇作齝利切誤
𨫛先列切田器也椹也又之二切廣韻去聲至作𨫛在
摯贄𪆐下引說文羊箠也、端有鐵又收入聲緝作
𨫛引廣雅云羊箠也今廣雅作椎也又收薛作𨫛田器又收上聲霽作𨫛所以理苗殺草並義别𨫱
鋃

鐺瑣也　繫傳瑣作鎖非玉篇同金部無鎖　从金良聲魯當切
鐺
鋃

鐺也从金當聲　都郎切玉篇音當廣韻收陽又收
庚爲鎗之重文鎗鼎類楚庚切
銕

大瑣也一環貫二者　毛傳鋂一環貫二[illegible]也正義引說
文環也一環貫二蓋脫大字玉篇大鐶一鐶貫
二也金部無鐶　从金每聲詩曰盧重鋂莫桮切
鍡
鑸

鑸不平也从金畏聲烏賄切
鍡
鑸
鍡鑸也　繫傳不平也

从金壘聲洛猥切　鑸　怒戰也从金氣聲春秋傳曰諸侯敵王所鑸許旣切左傳文四年作愾釋文同　鋪　箸門鋪首也李注文選舞賦引鋪作捕誰　从金甫聲普胡切玉篇普胡撫俱二切廣韻收虞模二韻又收去聲暮韻設也　鐉　所以鉤門戶樞也一曰治門戶器也廣韻引同繫傳作所以鉤門戶樞一曰治戶器也　从金巽聲此緣切玉篇作鏌此全切門鉤也又所劣切六兩也愚徵君云玉篇別所劣切卽鐉字[illegible]也史記作選　鈔　叉取也韻會同繫傳又作扠俗　从金少聲臣鉉等曰今俗別作抄楚交切玉篇楚敎楚交二切強取也掠也廣韻收平去二聲並爲抄之重文　鉊

以金有所冒也一切經音義卷十四引作以金銀有所冒覆也玉篇廣韻器物錔頭也从金沓聲他荅切

銽斷也从金昏聲古活切玉篇闊廣韻收末作銛引說文斷也

鉻髟剔也从金各聲盧各切廣韻收鑼引說文髟剔也又收陌注陳公鉤也玉篇古額切鉤蓋有脫字

⿰金亶伐擊也从金亶聲旨善切玉篇剸也廣韻爲剸之重文剸擊也

鏃利也玉篇箭鏃也廣韻箭鏃一切經音義卷二引字林鏃箭鏑也釋名鏃族也从金族聲作木切

鏉利也从金欶聲所右切玉篇鐵鉎也廣韻鐵生鏉

鈌刺也五音韻譜繫傳及玉篇廣韻注並同刺當是刺从金夬聲於決切

鎦殺也繫傳下有从金留聲四字韻會

說文攷異　二十一

同徐鍇曰說文無劉字偏旁有之此字又史傳所不見疑此即劉字也从金从丣刀字屈曲傳寫誤作田尔力求切按徐說非也刀字必無誤作田之理玉篇作鎦注云古劉字是也惠徵君曰留以邑氏公羊說也又見王鳳毛傳則留即劉又何疑卯金刀之說見於讖緯光武篤信之諸儒不敢言其非故說文無一言及之

錉業也賈人占錉从金昏聲武巾切玉篇作錉錉業也䓘稅也廣韻亦作錉廣雅五錉業也

鉅大剛也一切經音義卷三卷十卷二十二引並作大也玉篇廣韻注同从金巨聲其呂切

鎕鎕銻火齊繫傳下有也字玉篇注同从金唐聲徒郎切

銻鎕銻也从金弟聲杜兮切廣韻譌作鉘

鈋吪圜也

繫傳吪作鈋類篇引同玉篇當不誤削也廣韻刓也去角也　从金化聲五禾切

鐜下垂也一曰千金椎从金敦聲都回切繫傳作鐓按鐓當爲錞之正文詳前錞字下

鍒鐵之耎也从金从柔柔亦聲耳由切

錭鈍也从金周聲徒刀切

鈍錭也玉篇頑鈍也廣韻不利也頑也　从金屯聲徒困切

𨦗利也玉篇刀利也　从金朿聲讀若齊徂奚切玉篇子奚徂奚二切廣韻兩收齊利也

錗側意繫傳下有也字類篇引同　从金委聲女恚切張本玉篇竹瑞切無義元本注器名廣韻無

文一百九十七 繫傳次之曰補遺鏃一字 重十三

幵 平也象二干對構上平也 廣韻引作平也兩干對舉 凡幵之屬皆从幵 徐鉉曰幵但象物平無音義也古賢切按干當即𢆉字譌又爲干故云上平也玉篇幵部在干下五堅切平也又音肩廣韻古賢切又音牽

文一

勺 挹取也 廣韻注同一切經音義卷四引作枓也誤以杓爲勺玉篇飲器也十勺爲升亦作杓 象形中有實與包同意凡勺之屬皆从勺 之若切繫傳作勺玉篇時灼切廣韻兩收藥

与 賜予也一勺爲与此与與同 余呂切繫

傳此与作此即玉篇賜也許也
予也亦作與廣韻爲與之重文　文二

几踞几也象形周禮五几玉几雕几彤几髹几素几
司几筵髹桼作漆繫傳韻　凡几之屬皆从几居履
會雕作彫與司几筵又合　切
玉篇案也
亦作机

凭依几也从几从任周書凭几玉几繫傳
書下
有曰字今書顧命作
憑釋文引說文作凭　讀若馮臣鉉等曰人之依馮几所勝載故从任皮冰切
玉篇皮冰切依几也又皮
證切廣韻收平去二聲

尻處也从尸得几而止
繫傳韻會下有也字曹憲
廣雅音義卷二引作几聲　孝經曰仲尼尻尻謂

閒居如此　九魚切五音韻譜同繫傳作孝經曰仲尼凥閑凥如此韻會作孝經曰仲尼凥謂閑居如此今孝經作仲尼居釋文云居說文作凥玉篇處也與居同廣韻無

処　止也得几而止从几从夂　昌與切繫傳韻會作止也从夂得几而止無下文廣韻但收處注云說文又作処

處　処或从虍聲　五音韻譜繫傳処作處非廣韻收上去二聲

文四　重一

且　薦也从几足有二橫一其下地也凡且之屬皆从且　子余切又千也切玉篇七也子余二切語辭也又七序切引詩曰有萋有且廣韻平聲魚引說文又收上聲馬

俎　禮

俎也从半肉在且上側呂切玉篇斷木四足也肉俎也廣韻作俎非䖑且往也从且虍聲昨誤切玉篇譌作䖑廣韻無

文三繫傳且下有𠀃古文以爲且又以爲几字韻會引說文古作𠀃玉篇有且注古文

斤斫木也廣韻一切經音義卷十四十五引玉篇注並同繫傳韻會作斫木斧也象形凡斤之屬皆从斤舉欣切

斧斫也从斤父聲方矩切玉篇刀斧也廣韻斧（毛傳隋銎曰斧）鉞引周書曰神農作陶冶斤斧（毛傳詩七月隋銎曰斧）

斨方銎斧也毛傳七月斨方銎也从斤爿聲詩曰又缺我斨七羊切

斫擊也玉篇廣韻刀斫从斤石聲之若切

斪

釋器斫謂之鐯

斫也 玉篇鉶斸 廣韻鉏斸 从斤句聲 其俱切 斸 斫也 釋器斪斸謂之定 郭注鉏 从斤屬聲 職玉切 屬蜀 按木部欘斫与此同 斲 斫也 从斤𧯛 臣鉉等曰𧯛器也斤以斲之 竹角切 繫傳𧯛 斲會〃意引徐曰𧯛徒斗切 器也 下有聲字 𣃔 斲或从畫从丮 繫傳丮上無从字 一切經音義卷一引作劃譌 玉篇作斷當 卷二引作𣃔蓋後人改 本說文从畫聲也 釿 劑斷也 廣韻引同繫傳及一切經音義卷十四十六引作劑也 从金斤 宜引切 繫傳作从金从斤 玉篇注同釋名釿謹也板廣〃不可得制削又有節則用此釿之所以詳謹令平滅斧跡也 所 伐木聲也 从斤戶聲 詩曰伐木所所 疏與切 今詩作許 廣韻引同 又處所也 引詩曰獻于公所 斯 析也 玉篇析也 又此也 从斤其聲 詩曰斧以斯之 息移切 斮

斬也 玉篇斬也 斷也 削也 釋器魚曰斮之 从斤昔聲 側略切 玉篇音同廣韻收覺藥二韻 𢇍 截也 韻會截作截是也

从斤𢇍 𢇍古文絕 ■ 徒玩切 繫傳韻會絕下有字字 玉篇作斷丁管徒管二切截也又丁亂切決也廣韻兩收上聲又收去聲

𠃧 古文斷从皀 皀古文叀字 繫傳作𠃧無字按古文叀作𠃧 周書曰𠃧𠃧猗無他技 繫傳他作佗今當作它 書秦誓作斷斷猗無他技釋文云他本亦作它

𠃩 亦古文 繫傳作𠃩 亦古文斷 𣂔

柯擊也 玉篇擊也廣韻相擊也亦斫也 从斤良聲 來可切 新 取

木也 从斤新聲 息鄰切 五音韻譜作亲聲是也 玉篇作新初也廣韻同新舊也

斦　二斤也玉篇注同繫傳下有闕字　从二斤語斤切繫傳無从二斤亦無音切玉篇魚斤切廣韻無按繫傳質从斦聲則語斤切非或質非斦聲　文十五　重三

斗　十升也象形有柄凡斗之屬皆从斗當口切廣韻引作有柄象形

斛　十斗也从斗角聲胡谷切

斝　玉爵也夏曰琖殷曰斝周曰爵繫傳琖作醆廣韻引禮記曰夏后氏以醆商以斝周以爵按琖醆說文竝無古或作漸詳新附攷　从吅从斗冂象形與爵同意繫傳作从斗冂象形爵同意蓋傳寫譌脫　或說斝受六升古雅切

斞　量也

从斗米在其中繫傳韻會作从米在斗中讀若遼洛蕭切玉篇力弔切數也理也又音寮廣韻收平去二聲

斞量也从斗臾聲周禮曰求三斞以主切五音韻譜作斞是也繫傳同韻會求作漆與考工記合則求乃桼之譌玉篇作斞量也今作庾

斡蠡柄也从斗倝聲五音韻譜斡作斡是也楊雄杜林說皆以爲軺車輪斡烏括切廣韻音同玉篇烏活切轉也柄也又音管

魁羹斗也从斗鬼聲苦回切玉篇收鬼部注師也又北斗名師當是帥廣韻亦譌

斠平斗斛也韻會一切音義卷十四引同繫傳斛下有量字非廣韻平

斗斛从斗冓聲古岳切玉篇量也今作角

斟勺也从斗甚聲職深切玉篇取也計也酌也廣韻斟酌也益也

斜杼也廣韻引作抒也當不誤玉篇抒也散也不正也从斗余聲讀若荼似嗟切

㪺挹也从斗臾聲舉朱切廣韻同一切經音義卷四引作斞玉篇作斞（大）禮記[illegible]喪大記釋文斞音俱水斗也引隱義云容四升也

⿰半斗量物分半也玉篇注同廣韻五升从斗从半半亦聲博幔切繫傳作⿰半斗从斗半亦聲

⿰旁斗量溢也玉篇廣韻注同繫傳量下有物字恐非从斗旁聲普郎切

⿰䜌斗杼滿也廣韻引杼作抒韻會同一切經音義卷四引作抒漏也(漏)當不誤灓漏流也廣雅攣訓抒玉篇抒也量也

从斗䜌聲　俱願切玉篇九萬切廣韻芳万切又居願切

[seal character] 相易物俱等

斠从斗蜀聲　昌六切繫傳本[illegible]脫後人本解字補故音切同玉篇丁豆切物等也角力競走也廣韻收去聲候斢也角力走

[seal character] 斛旁有斛从斗也又相易物俱等則昌六切非

庣聲一曰突也一曰利也尔疋曰斛謂之鍵古田器也臣鉉等曰說文無庣字疑厂象形兆聲今俗别作銚非是土雕切按律歷志有庣字注鄭氏曰庣音條桑之條師古曰庣不滿之處也吐彫反廣韻庣收蕭注不滿之皃其字當在广部疑說文脫知收[illegible]玉篇亦無[illegible]釋器作斛玉篇作斛他幺切斛鍵古田器也亦音鍪廣韻斛收蕭引爾雅云斛謂之鍵郭音鍪鍪

收育升十龠也繫傳作十籥也韻會作籥也並非廣韻作十合也當本說文玉篇十合爲升廣雅龠二曰合合十曰升律歷志量者龠合升斗斛也合龠爲合十合爲升从斗亦象形識蒸切

文十七繫傳次立曰今文十六補遺⿱罒斛一字

矛酋矛也建於兵車長二丈見考工記象形凡矛之屬皆从矛莫浮切

𢦵古文矛从戈繫傳作𢦵祛妄篇云矛陽冰作𢦵㷍無所說鍇曰陽冰所作𢦵本出𢦵蛈賊字恐非玉篇收戈部作𢦵

䂄矛屬玉篇注同廣韻短矛从矛良聲魯當切

𥍯矛屬从矛害聲苦蓋切

矠

矛屬从矛昔聲讀若笮 士革切廣韻音同以乂矛取物也玉篇乂白側白二切矛

屬

矜矛柄也从矛令聲 居陵切玉篇爲穜之重文渠巾切矛柄也又居陵切自賢也

廣韻穜收真矜收蒸漢隸作矜（云字樣借爲矜憐字）

䂆刺也 繫傳刺作刺是也玉篇廣韻同 从矛丑聲 女久切玉篇女六切廣韻收入聲屋則女久切非

文六　重一

車輿輪之總名夏后時奚仲所造 繫傳造作作名（名下有也字）下有也字一切經音義卷六引同唯時作氏蓋誤玉篇夏時奚仲造車謂車工也一曰黃帝已有車也（海內經云番禺是始爲舟番禺生奚仲奚仲生吉光吉光是始以木爲車） 象形凡車之屬皆从車 尺遮切玉篇尺奢古魚二切廣韻收魚麻二韻釋名車古者曰車聲如居言行所以

周禮巾車王后重翟厭翟
不在安車[illegible]
謂之容 輜車後戶[illegible]
顏注急就篇云輜衣車
四面皆蔽也

居人也今曰車車舍也行者所處若車舍也 輚 籀文車 軒 曲輈藩車 繫傳韻會作曲輈轓車也車部無轓 从車干聲 虛言切 玉篇大夫車蓋本杜注左傳 輜 軿車前衣車後也 从車甾聲 側持切 玉篇注輜軿宋書禮志引字林軿車有衣蔽無後轅其有後轅者謂之輜釋名輜車藏輜重卧息其中之車也 軿 輜車也 繫傳作輜車也 韻會作輕車也 後漢書袁紹傳注引作軿車衣車也 [illegible] 釋名軿車軿屏也四面屏蔽婦人所乘牛馬也輜軿之形同有邸曰輜無邸曰軿 [illegible] 从車并聲 薄丁切 玉篇步丁部田二切 以自隱蔽之車也輜車也衣車也疑有譌 廣韻收先青二韻 轀 臥車也 玉篇轀輬車 廣韻同 从車𥁕聲

左傳定九年釋文引作衣車也疏引作輜軿衣車也前後有蔽

當不誤

當不誤

烏魂切

輬 臥車也从車京聲 呂張切

軺 小車也 釋名軺車軺遙也遠也四向遠望之車也 从車召聲 以招切 玉篇余招切 廣韻兩收宵一引說文一注使車

輕 輕車也从車巠聲 去盈切 玉篇起盈切車也不重也又去政切 廣韻收上去二聲

輶 輕車也从車酋聲詩曰輶車鑾鑣 以周切 玉篇以帚以周二切 廣韻收平上去三聲 今詩鑾作鸞

輣 兵車也 玉篇廣韻同 後漢書光武紀注引作樓車也 从車朋聲 薄庚切

軘 兵車也从車屯聲 徒魂切

䡴 陷敶車也 詩皇矣與爾臨衝 毛傳衝衝車也 釋文云衝說文作䡴陷陣車也 从車童聲 尺容切

轈 兵

高車加巢以望敵也左傳成十六年釋文引作兵車高如巢以望敵也字林同當不誤玉篇兵車高若巢以望敵也廣韻無高字从車巢聲春秋傳曰楚子登轈車鉏交切見左傳成十六年九經字樣引登作乘恐非

轝車輿也一切經音義卷十四引同韻會作車底也非廣韻車輿又多也又權輿始也玉篇車乘也从車舁聲以諸切

輯車和輯也殷敬順列子湯問篇釋文引作車輿也恐誤玉篇廣韻和也蓋本釋詁从車咠聲秦入切

𨎌衣車蓋也从車曼聲莫半切繫傳作𨎌玉篇𨎌車也廣韻𨎌戰車以遮矢也

軓車軾前也五經文字云軓車前式也見周禮从車凡聲周禮

曰立當前軓　音範玉篇音范廣韻防錽切引說文同按大行人職作立當前疾注鄭司農云前疾謂駟馬車轅前胡下垂拄地者釋文疾字無音詩小雅疏論語疏引疾作侯字形相近若軓則迥不同然說文所引當不誤蜀石經毛詩作濟盈不濡軓

軾車前也　玉篇車前軾又兵車也　从車式聲　賞職切

輅車軨前橫木也从車各聲　洛故切玉篇音同大車又盧各何格二切廣韻收去聲暮引釋名天子乘玉輅又收入聲陌作輅

較車騎上曲銅也　繫傳騎作輢廣韻韻會引同李注文選西京賦引作較車輢上曲鉤又注七啓引無輢字初學記引作較車輢上曲銅鉤　从

當不誤考工記曰較兩輢上出軾者

車爻聲古岳切玉篇爲較之重文較古學切兵車也又古孝切廣韻入聲同引說文去聲止收較

𨋎車耳反出也玉篇車耳也廣韻車耳曰𨋎从車从反反亦聲府遠切繫傳韻會作从車反聲

轛車橫軨也从車對聲周禮曰參分軹圍去一以爲轛圍追萃切繫傳作轛無軨字蓋脫（五音韻譜作對聲轛圍）玉篇作轛都憒追遂二切車飾也車橫軨也廣韻收至隊二韻

輢車旁也从車奇聲於綺切玉篇於綺巨義二切車輢廣韻收上去二聲

輒車兩輢也廣韻引作車相倚也从車耴聲陟葉切

䡇車約䡇也从車川聲周禮曰孤

桼夏軝 巾車作孤桼夏篆先鄭注云夏赤也篆讀爲圭瑑之瑑夏瑑轂有約也 一曰下

棺車曰軝 敕倫切玉篇軝下棺車重文作輴廣韻軝爲輴之重文儀禮作輴喪大記同 轖車

籍交錯也 錢宮詹云文選七發注引錯作革樹玉謂廣韻引字書作車藉交革（顏注急就篇云革轖車藉之交革也） 从車嗇聲

所力切張本玉篇闕義元本注車不行也 軨車轖間橫木 玉篇車闌也廣韻同 从車

令聲 郎丁切 䡼 軨或从霝司馬相如說 繫傳作司馬相如說軨从霝

輑 軺車前橫木也从車君聲讀若帬又讀若

褌 牛尹切繫傳帬作羣又作一曰方言輑謂之軸玉篇牛隕切車軸也廣韻收平聲車軸相逢 軫

車後横木也从車㐱聲之忍切方言軫謂之枕轐車伏兔也从車

菐聲周禮曰加軫與轐焉博木切見考工記轐車伏兔

下革也从車𤅊聲𤅊古昏字讀若閔眉殞切繫傳古

下有文字[illegible]𤅊从𤅊文婚也（按非古文此句疑後人加）

文閔作撋[illegible]非手部無撋軸持輪也玉篇杼木作軸也方言[illegible]齊

作謂之杼木从車由聲[illegible]徐鍇曰當从胄省輹

作謂之[illegible]柚直六切按胄冑並从由聲

車軸縛也从車复聲易曰輿脫輹芳六切繫傳輿作車非韻

會作輿說輹今易小畜作輿說輻釋文說吐活反

引說文云解也則本是挩字又云輻本亦作輹馬云

車下縛也玉篇 軔 礙車也 一切經音義卷二十引同五經
筳也重文作[illegible] 文字同 詩小雅維邇言是
聽惟邇言是爭箋云言見動軔則泥陷不至於遠 从車
也正義引說文軔礙車木也玉篇廣韻礙車輪木
刃聲 而振切 輮 車軔也 韻會去聲同上聲作車輞也
繫傳作車靭也鍇曰車輪外
罔木一曰牙一曰渠也按輞即罔之俗體 从車柔
又鍇作靭也廣雅輮訓輞 玉篇廣韻並注車輞
據楚金訓車輪外罔木知俗非礙車之軔矣
聲 人九切 𨏥 車輮規也一曰一輪車也 玉篇輪車也 廣韻車輮規
一曰輪車也 按鞋下亦云一曰一輪車 从車熒省聲讀若煢 渠營切 轂 輻所
葢本說文
湊也从車𣪊聲 古祿切 輥 轂齊等皃 韻會轂上有車字玉

篇廣韻注　从車昆聲周禮曰望其轂欲其輥古本切考
同——
工記作望其轂欲其眼也注先鄭云　軝長轂之軝也
眼讀如限切之限釋文眼魚懇切
以朱約之　廣韻引無也字毛傳作朱而約之　从車氏聲詩曰約軝錯
衡渠支切　軝軝或从革玉篇收革部　軹車輪小穿也詩匏
有苦葉正義引無車字玉篇引作車軸小穿也當
不誤考工記五分其轂之長去一以爲賢去三以爲
軹先鄭注云賢大　从車只聲諸氏切　軎車軸耑也廣韻引同韻會
穿也軹小穿也
無耑字非詩匏有苦葉　从車象形　廣韻引同繫傳
正義引作轊車軸端也　韻會作从車象

軎之杜林說徐鍇曰指事于濊切
形　按軎象形非指事　轊　軎或从彗　轚
傳
从作作（誤）玉篇正作轊注車軸頭　御覽引杜林說下有轂錯也三字錯當作昔
重文作軎廣韻轊爲軎之重文　輻　輪轑也从車畐聲
方六　轑　蓋弓也　韻會曰蓋上有車字釋名　一曰輻也
切　轑蓋叉也如屋構橑也
玉篇車　从車尞聲　盧皓　軑　車輨也　廣韻引作
輻也　切　車轄也詩
節南山正義　从車大聲　特計切玉篇徒蓋切又徒計
引作車轄　切轄也廣韻霽引說文又
王逸注離騷亦云車轄也　韻會端作耑轚傳作轂耑錯
收　輨　轂端沓也
秦　也玉篇轂端鐵也廣韻車轂
端　从車官聲　古滿　轅　輈也　釋名轅援也車之大
鐵　切　援也廣韻引方言云

　

轅楚衞謂之輈从車袁聲雨元切今方言楚衞下有之閒二字輈轅也从車舟聲張流切

[illegible]籀文輈輂直轅車轒也廣韻引轒下有縛字轒縛[illegible]注曲轅

轒縛韻會作直直轅輂縛从車具聲居玉切玉篇譌作

■轅車也非輂注直轅轒縛軏

車轅耑持衡者从車元聲魚厥切玉篇作軏音同車轅端曲木也

廣韻收月注同又收沒並作軏軶轅前也一切經音義卷二十三引作車前也蓋譌玉篇

牛領軶也从車戹聲於革切𨍏軶軥也繫傳及玉篇引同五音韻譜

軶作軛俗从車軍聲乎昆切廣韻還也車相避也軥軶下曲者玉篇

及左傳[illegible]十四年釋文

引同繫傳韻 从車句聲 古候切玉篇渠拘公侯公豆
會者作也非 三切廣韻收平聲虞侯去
聲 轙 車衡載轡者 从車義聲 魚綺切玉篇魚倚
候 切注同廣韻上聲
引說文又 钀 轙或从金从獻 繫傳獻上無从字鍇
收平聲 按爾雅鑣鑣當作 謂之钀
載轡謂之轙然則钀與轙異疑此說文本脫誤樹
玉謂鄭司農注司尊彝獻讀爲犧又云獻讀
爲儀是古義獻聲相近釋器二句相連疑本是
一字二義後人傳寫分爲二字郭注不能辨要非
說文脫誤也玉篇收金部魚傑切 軜 驂馬內轡繫
鑣也廣韻收入聲薛馬勒傍鐵
軾前者 韻會引玉篇廣韻注
並同繫傳軾作軓譌 从車內聲 詩曰 洪以

漢書王莽傳注引獻
歐大同者儀謂斗魁及
杓末如勺之形也儀讀
今墨

說文攷異

二十四

[illegible]軜 奴荅切繫傳韻會渼作鍪是也 ⿴行車 車搖也从車从行一曰行省聲 古絢切繫傳作从車从衘省聲是也 ⿰車丞 軺車後登也从車丞聲讀若易拼馬之拼 署陵切繫傳丞作承拼作拯並非詳拼下玉篇音拯注同廣韻收平上二聲並注軺車後登出字林 載 乘也从車𢦏聲 作代切韻會聲下有引易大車以載六字玉篇子代切年也乘也又才代切廣韻兩收代去聲又收上聲年也出方言 軍 圜圍也四千人爲軍 一切經音義卷十引字林四千人爲軍五百人爲旅也卷十八引字林軍圍也四千人爲軍二千五百人爲師與說文合然古無此說疑當是萬二千五百人爲軍繫傳从勹勹四圍也傳寫譌脫又經後人改

耳師注云二千五百人爲師　从車从包省　繫傳韻會作
从帀从𠂤𠂤四帀衆意也帀从屮之省取其四周帀也　从包省从車
軍兵車也　舉云切　玉篇衆也廣韻軍旅也引周禮夏
官司馬曰凡制軍萬有二千五百人爲軍王
六軍大國三軍次國二軍
小國一軍軍將皆命卿

軷　出將有事於道必先告
其神立壇四通樹茅以依神爲軷　詩生民釋文引
作出必告道神
爲壇ニ而祭爲軷
字林同蓋略　既祭軷轢於牲而行爲犯軷　韻會
同繫
傳祭下有
犯字無於字　詩曰取羝以軷　从車友聲　蒲撥切玉篇蒲蓋
切祭神道又蒲鉢
切轉皃廣韻
收去入二聲

範　範軷也从車笵省聲　讀與犯

同音犯玉篇害也又法也⿰車巘載高皃玉篇注同廣韻載高也从車巘
省聲五葛切繫傳作从車獻聲轄車聲也从車害聲一曰轄
鍵也胡八切玉篇口外切車聲又胡瞎切車鍵也廣韻收去入二聲轉運也韻會同繫
傳作還也蓋譌从車專聲知戀切玉篇知篆知戀二切迴也轉運也廣韻收上去二聲輸
委輸也从車俞聲式朱切玉篇音同委也更也盡也瀉也廣韻平聲引說文又收去聲
輖重也玉篇廣韻重載也从車周聲職流切輩若軍發
車百兩為輩从車非聲補妹切玉篇類也比也軋⿰車叚〔輾〕也五音

韻譜作輾也非車部無輾繫傳作輾亦譌當作輾（旁注：同）从車乙聲烏轄切按釋名乙軋也自抽軋而出也則當从乙作軋玉篇廣韻作軋

輾　轢也从車反聲尼展切按反當作㞋繫傳作輾[illegible]韻會同

轢　車所踐也从車樂聲郎擊切玉篇力的切注同廣韻收錫二韻

軌　車徹也廣韻韻會引徹作轍非車部無轍詳新附攷从車九聲居洧切

[illegible]　車迹也繫傳迹作跡非足部無跡从車從省聲臣鉉等曰今俗別作蹤非是即容切玉篇爲蹤之重文廣韻作蹤按蹤迹字古通作從

軼　車相出也从車失聲夷質切玉篇夷秩切車相過也又徒結切廣韻收質屑二韻

[illegible]　車[illegible]釳也集韻引同五音

韻譜釔作鈏繫傳作車䡩聲也一切經音義卷
四引説文䡩堅也誤又引廣雅䡩䡩然堅也今廣雅
作䡩䡩硍硍堅也按金部無釔鈏字義亦不合竊
疑當是䡩車引聲也蓋連上讀或傳寫誤倒後
人因加金旁又譌為釔耳　从車眞聲讀論語鏗尒舍瑟而作繫傳同五音
韻譜尒作爾　又讀若掔　苦閑切繫傳又作一曰張本
鏗當同鋻　玉篇之忍切無義元本
注車皃廣韻收耕口莖切車聲按詩振
旅闐闐孟子填然鼓之並从真聲之字　𨏥　抵也从
車埶聲　陟利切繫傳作𨏥執聲韻會同玉篇亦
作𨏥注前頓曰𨏥後頓曰軒重文作輊廣
韻𨏥車
前重也
軭　車戾也从車匡聲　巨王切　輫　車小缺

復合者繫傳韻會下有也字从車𣪠聲臣鉉等按网部輟與罬同此重出陟劣切按車部當有輟重出者乃网部玉篇止也廣韻止也已也

⿰車多礙也廣韻至也礙也从車多聲康禮切

轚車轄相擊也从車从毄毄亦聲繫傳轂上無从字周禮曰舟輿擊互者古歷切韻會同繫傳擊作轚是也者下有也字野廬氏凡道路之舟車轚互者敘而行之釋文轚音計沈古弔反玉篇古詣切

⿱算車治車軸也从車算聲所眷切廣韻■音同玉篇山員切⿱算車車軸也

軻接軸車也一切經音義卷六引無車字从車可聲康我切玉篇口左切轗軻也又苦何切廣韻收平上去三聲去聲注孟子居貧轗軻故名軻字

子居䡖車堅也玉篇注同廣韻車鞕又車堅牢从車殸聲口莖切輷反

推車令有所付也元本玉篇引同張本引令作令譌从車从付讀若胥

而隴切五音韻譜繫傳同繫傳有鍇按春秋後語

鬼谷子曰羣受推軵儀不如秦也乳恕反玉篇如勇

切廣韻而隴切推車或作搑高注淮南氾論訓云

軵擠也讀近茸急言之按讀若胥則當从付聲輪有輻

曰輪無輻曰輇从車侖聲力屯切輇蕃車下庳輪也

言輪韓楚之間謂之軑或謂之軝

一曰無輻也从全聲讀若饌市緣切繫傳蕃作藩一曰句在饌下玉篇有重文輲

廣韻爲輲之重文輗大車轅耑持衡者繫傳下有也字从車兒

聲五雞切 ⿰車宐 輗或从宐 棿 輗又从木 玉篇收木部 軧 大車後也从車氐聲 丁禮切廣韻注同玉篇闕 轃 大車簀也从車桼聲讀若臻 側詵切 轒 淮陽名車穹隆轒从車賁聲 符分切玉篇轒輼兵車 ⿰車宛 大車後壓也御覽引壓作掩蓋誤从車宛聲 於云切玉篇音同車後猒也廣韻收平上二聲 輂 大車駕馬也 廣韻引同韻會作大駕車馬也非 从車共聲 居玉切 輦 連車也一曰却車抵堂爲輦 繫傳却作卻是也廣韻引亦作卻無爲輦二字 从車差省聲 讀若遲

士皆切玉篇仕佳切輦連車也又
七移切廣韻脂引說文又收佳　輦輓車也从車从㚘
在車前引之　力展切繫傳作𬨎輦是也之下有也字韻
會同一切經音義卷六引作在車前人引
之也廣韻　輓引之也　繫傳韻會作引車也一切經音
義卷十四二十五引同玉篇注引也
人步挽車
从車免聲　無遠切按當
从免作輓　軖紡車也一曰一輪車从車
㞷聲讀若狂　巨王切玉篇
廣韻作軖　轘車裂人也从車睘
聲春秋傳曰轘諸栗門　臣鉉等曰睘渠營切非
聲當从還省胡慣切按
還亦从睘聲徐說非是玉篇胡串切車裂人
又胡關切廣韻收平去二聲　文見左傳宣十一年　斬

截也从車从斤　繫傳韻會斤上無从字　斬法車裂也　側減切　玉篇收

斤部斷也廣韻引周禮曰秋官掌戮掌斬

輀　喪車也从車而聲　如之切　玉篇廣韻爲轜之重文

輔　人頰車也从車甫聲　扶雨切　繫傳作春秋傳曰輔車相依从車甫聲人頰車也韻會頰作骨非玉篇俌相也接人頰車乃酺字聲同假借也上當有一曰二字輔車相依左傳僖五年文

轟　羣車聲也　李注文選王元長曲水詩序引作轟轟羣聲也蓋脫一切經音卷十二引作轟轟羣車聲也　从三車　呼宏切玉篇爲輷之重文廣韻重文作輷

文九十九　重八　繫傳次立曰今重六補遺輇棿二字

𠂤小𨸏也廣韻引作小阜也阜即𨸏之隸體玉篇小塊也象形凡𠂤之屬皆从𠂤臣鉉等曰今俗作堆都回切

𡴎危高也廣韻引同玉篇作𡶒注高危也从𠂤中聲讀若臬魚列切繫傳臬作槷槷蓋[illegible]之譌槷即𡾊字玉篇魚結切廣韻收屑薛二韻並作𡶒引說文作𡴎

官史事君也五音韻譜繫傳史作吏是也从宀从𠂤𠂤猶衆也此與師同意古九切玉篇收山部

文三

説文解字攷異弟十四上

説文解字攷異第十四下

𨸏大陸山無石者繫傳韻會者作也釋地大陸曰阜玉篇正作阜大陸也山無石也重文作𨸏廣韻引釋名曰土山曰阜阜厚也言高厚也又引廣雅曰無石曰阜象形凡𨸏之屬皆从𨸏房九切

𨺅古文繫傳作𨺅古文𨸏玉篇廣韻並無汗簡注云出尚書

陵大𨸏也釋地大阜曰陵廣韻引釋名曰陵崇也體崇高也从𨸏夌聲力膺切

𨻸大𨸏也玉篇大阜土山也从𨸏鯀聲胡本切

阞地理也玉篇地脉理廣韻地脉理坼从𨸏力聲盧則切

陰闇也水之南山之北也从𨸏侌聲於今切

陽高

明也从𨸏昜聲與章切陸高平地韻會作高平曰陸蓋因廣韻改从𨸏从坴坴亦聲力竹切繫傳韻會作从𨸏坴聲𨻐籒文陸繫傳作𨻐籒文陸如此玉篇作𨻐

阿大陵也韻會同繫傳作大陵曰阿蓋後人因釋地改玉篇倚也大陵也北也曲也水岸也邸也丘也一曰曲𨸏也从𨸏可聲烏何切繫傳韻會作从𨸏可聲一曰阿曲𨸏也

陂阪也釋地陂者曰阪一曰沱也韻會沱作池非从𨸏皮聲彼爲切繫傳韻會一曰句在皮聲下玉篇彼皮切澤鄣也池也又碑僞切傾也邪也又普何切陂陀靡迆也廣韻收平去二聲（釋地釋文引字林或彼義反）

阪坡者曰阪釋地作陂者曰阪毛傳同一曰澤障一曰山脅也从𨸏反聲府遠切玉篇甫晚步坂二切陂也山

骨也險也廣韻收阮潸二韻

陬　阪隅也从𨸏取聲　子侯切玉篇子侯側流二切阪隅也廣韻收尤侯二韻

隅　陬也　玉篇廉也角也陬也　从𨸏禺聲　噳俱切

險　阻難也从𨸏僉聲　虛檢切

限　阻也一曰門榍　榍當作榍　从𨸏艮聲　乎簡切

阻　險也　玉篇險也疑也　从𨸏且聲　側呂切

陮　陮隗高也　玉篇陮隗不平也廣韻陮隗不平狀　从𨸏隹聲　都辠切

隗　陮隗也从𨸏鬼聲　五辠切

阭　高也一曰石也从𨸏允聲　余準切玉篇余剸切高也地名也廣韻無

⿰阝厽　磊也从𨸏厽聲　洛猥切玉篇力罪切廣韻作陲落猥切陲郵果實垂又力追切

陗　陖

也从𨸏肖聲七笑切玉篇險也隱也亦作峭陖陗高也从𨸏夋聲私閏切玉篇險也高也亦作峻隥仰也从𨸏登聲都鄧切玉篇險阪也仰也或作蹬陋阨陜也繫傳阨作阸是也廣韻韻會引同从𨸏㔷聲盧候切陝隘也从𨸏夾聲臣鉉等曰今俗从山非是矦夾切玉篇不廣也亦作狹廣韻爲狹之重文陟登也从𨸏从步竹力切繫傳韻會作从𨸏步𨺝古文陟繫傳作㣥譌陟下有如此二字玉篇收人部作㣥陷高下也一曰陊也韻會同繫傳陊作陟誤一切經音義卷十三引作墮也玉篇注同廣韻入地墮也从𨸏从臽臽亦聲戶猎切繫傳韻會作从𨸏臽聲在一曰句上隰阪下溼也韻會同繫

傳溼作溼譌阪下當有也字釋地下者曰溼毛傳詩車鄰𨸏作下濕曰隰玉篇下濕也从𨸏㬎聲似入切

⿰阝區敧也从𨸏區聲臣鉉等曰今俗作嶇非是豈俱切玉篇崎嶇或作嶇廣韻嶇隅不安皃

隤下隊也李注文選高唐賦一切經音義卷六引並作墜下也玉篇壞隊下也廣韻下墜也从𨸏貴聲杜回切

隊從高隊也繫傳韻會隊作墜从𨸏㒸聲徒對切玉篇池類切從高隊也失也又徒對切部也百人也廣韻徒對切羣隊又墜直類切落也

降下也从𨸏夅聲古巷切玉篇音同又下江切降伏也亦作夅廣韻收平去二聲

隕從高下也从𨸏員聲易曰有隕自天于敏切一切經音義卷二十二引下上有而字

隉危也

从𨸏从毁省徐巡以爲隉凶也徐巡見後漢書杜林傳賈侍中說隉法度也班固說不安也繫傳韻會固下有隉字周書曰邦之阢隉韻會阢作杌蓋因今書隸變己讀若虹蜺之蜺五結切

阤小崩也从𨸏也聲丈尔切

隓敗城𨸏曰隓从𨸏𡍮聲臣鉉等曰說文無𡍮字蓋[illegible]二左也衆力左之故从二左今俗作隳非是許規切

𡐦篆文繫傳作篆文隓如此玉篇隓注云亦作隳又隳爲隓之重文廣韻隓引說文重文作隳

𨺮仄也从𨸏从頃頃亦聲去營切[illegible]繫傳作从𨸏頃聲玉篇危也亦作傾廣韻止收傾

陊落也从𨸏多聲臣鉉

等曰今俗作隓非是徒果切

阬 門也五音韻譜繫傳門作閬是也从𨸏亢聲客庚切臣鉉等曰今俗作坑非是玉篇口盎口庚二切虛也塪也池也亦作坑廣韻收平去二聲

隫 通溝也玉篇注同繫傳作通溝以防水也廣韻引同無也字从𨸏賣聲讀若■徒谷切五音韻譜若下□作瀆繫傳作洞按顏本急就篇乘風縣鐘華洞樂皇象本洞作隫則古讀洞隫通

𧮯 古文隫从谷釋山山𧮯無所通谿

阞 隄也从𨸏方聲符方切■

𨹔 防或从土玉篇同廣韻作坊

隄 唐也五音韻譜及集韻類篇引同繫傳韻會唐作塘非詳新注云見禮又音方附从𨸏是聲都兮切玉篇丁兮切塘也橋也限也又徒兮切廣韻兩收齊

阯 基也从攷

𨸏止聲諸市切廣韻音同玉篇之市時止二切　址阯或从土玉篇收土部　陘山絶坎也御覽三十八引作山中絶曰陘釋山山絶陘郭注連山中斷絶玉篇山絶也限也又縣名从𨸏巠聲戶經切　附附婁小土山也从𨸏付聲春秋傳曰附婁無松栢符又切繫傳栢作柏是也鍇曰今左傳作培按今左傳襄二十四年作部玉篇扶付切依也近也著也益也說文以附益爲坿从此附作步口切附婁小土山也今作培廣韻附收去聲遇培收上聲厚　阺秦謂陵阪曰阺从𨸏氐聲丁禮切玉篇直梨丁兮二切廣韻收平上二聲　阢石山戴土也繫傳戴作載蓋譌毛傳詩卷耳云崔嵬土山之戴石者正義曰釋山云石戴土謂之崔嵬孫炎曰石山上有土者又云土戴石爲砠

孫炎云土山上有石者此及下傳云石山戴土曰砠與爾雅正反者或傳寫誤也按石部無砠山部岨注石戴土與毛傳合蓋釋山誤岨既爲石戴土則崔嵬自當爲土戴石崔嵬阢或通似亦當作土山戴石 从𨸏从兀兀亦聲 五忽切繫傳作从𨸏兀聲玉篇午回切崔也亦作峞廣韻平聲灰止收峞高也

𨺅 崖也 釋山重甗陮 从𨸏兼聲讀若儼 魚檢切廣韻音同玉篇魚檢切重甗也厓也方也又方檢切

阸 塞也从𨸏戹聲 於革切玉篇於賣切險也塞也重文作隘又陋也急也陝也廣韻收去聲卦入聲麥

隔 障也从𨸏鬲聲 古覈切 李注文選西京賦引作塞也玉篇塞也又障也廣韻塞也

障 隔也从𨸏章聲 之亮切玉篇之尚之羊二切廣韻收平去二聲

隱 蔽也 玉篇不見也安也度

也也匿从𠂤意聲於謹切隩水隈崖也釋丘厓內爲隩外爲隈从𠂤奥聲烏到切玉篇音同廣韻去聲号引說文又收入聲屋爲澳之重文隈水曲隩也一切經音義卷二卷十四引同卷十引作水曲隈也誤李注文選西都賦引作水曲也玉篇廣韻注同又注謝詩引作山曲也誤从𠂤畏聲烏恢切𨺅𨺅商小塊也从𠂤从臾臣鉉等曰臾古文蕢字去衍切繫傳作从臾𠂤玉篇作𡋾小塊也廣韻訓同引說文作𦣞譌𨼪水衡官谷也水衡官見百官公卿表又律歷志有解谷从𠂤解聲一曰小谿胡買切玉篇小溪也亦作澥廣韻小谿又嶰注山澗間又嶰谷名案漢書只作解谷隴天水大阪也廣韻引▇阪作坂非玉篇大坂也

地理志

从𨸏龍聲力鍾切五音韻譜鍾作踵是也廣韻力踵切

⿰阝衣 酒泉天依阪也五音韻譜同繫傳依作⿰阝衣是也無也字地理志酒泉郡天⿰阝衣縣注師古曰此地有天⿰阝衣阪故名 从𨸏衣聲於希切

陜 弘農陜也古虢國王季之子所封也从𨸏夾聲失冉切

⿰阝無 弘農陜東陬也玉篇陜東縣 从𨸏無聲武扶切

⿰阝卷 河東安邑陬也玉篇河東安邑縣廣韻河東安邑聚名 从𨸏卷聲居遠切

陭 上黨陭氏阪也地理志上黨郡有陭縣河東郡有猗氏解 从𨸏奇聲於离切玉篇於奇切廣韻收平去二聲

隃 北陵西隃鴈門是也釋地鴈作雁地理志作鴈 从𨸏俞聲傷遇切玉

說文攷異

六

篇式注式朱二切北陵在鴈門
山廣韻兩收平聲又收去聲 阮 代郡五阮關也 地理志作原 玉篇 山名
又五 从𠂤元聲 虞遠切 繫傳聲下 ⿰阝吉 大𠂤也一曰右扶
阮闕 有讀若昆三字廣韻收平上二聲 平聲注五阮郡出史記
風郿有⿰阝吉𠂤 从𠂤告聲 苦沃切廣韻引玉篇注並作大阜也 陚 丘名 廣韻注同
繫傳名下有也字下隕⿰阝丁下 从𠂤武聲 方遇切 ⿰阝貞 丘名从𠂤
並同玉篇丘名又小阜
貞聲 陟盈切 ⿰阝丁 丘名从𠂤丁聲讀若丁 當經切 ⿰阝爲 鄭地
阪 繫傳阪作坂非下有也 从𠂤爲聲春秋傳曰將會鄭伯
字玉篇鄭地坂名
于⿰阝爲 許爲切 左傳襄七年作將會于鄬 玉篇
爲說許爲二切 說當是詭 廣韻收平上二聲 陼 如渚者陼

丘玉篇廣韻引同繫傳作如渚水中高者也六書故引作从𨸏者聲
者丘脱釋丘作如陼者陼丘　水中丘也
當古切玉篇之與陳宛丘舜後嬀滿之所封从𨸏从木申聲臣
切廣韻章与切　釋丘釋文音□反
等曰陳者大昊之虛畫八卦之所木德之始故从木直珍切
繫傳丘下封下有也字木上無从字韻會封下無也字餘同𨻰古　滿下無之字
文陳五音韻譜作𨻰繫傳同作陶再成丘也漢書高帝
古文陳省木玉篇作陣　紀注李注
文選應吉甫詩引並作丘再在濟陰从𨸏匋聲夏書曰東至
成也釋丘再成爲陶丘
于陶丘禹貢陶丘有堯城堯嘗所居故堯號陶唐氏徒刀切
文　玉篇作陶
刀切丘再成也樹鬱陶哀思也喜也陶丘有堯城以堯居之故号
陶唐氏又陶甄亦作匋又音搖廣韻收蕭又收豪引尸子曰

夏桀臣昆吾作陶周書神農作瓦器⿰阝⿱召土耕以臿浚出下壚土也一曰耕休田也从𠂤从土召聲之少切繫傳作从土𠂤召聲張本玉篇譌作堲界埸也元本不譌廣韻隄也界也

阽壁危也玉篇危也廣韻臨危从𠂤占聲余廉切

陯殿陛也文選李注婁引作殿階也御覽百八十五引及玉篇注亦同廣韻階也又去也从𠂤余聲直魚切玉篇直余切又直御切廣韻收平去二聲

階陛也廣韻引同又引釋名曰階梯也如梯之等差也从𠂤皆聲古諧切

阼主階也玉篇主階也阼酢東階所以荅酢賓客从𠂤乍聲昨誤切

陛升高階也韻會同繫傳階作陛蓋譌从𠂤坒聲旁禮切

陔階次也从𨸏亥聲古哀切玉篇階也隴也亦作垓際壁會也从𨸏祭■聲子例切玉篇接也壁會也方也合也隙壁際孔也一切經音義卷二十二引同李注文選沈休文詩引無孔字玉篇注同又注江文通詩引作壁縫也非廣韻壁孔也怨也閑也从𨸏从㸚㸚亦聲綺戟切繫傳韻會作从𨸏㸚聲陪重土也一曰滿也从𨸏咅聲薄回切繫傳作陪聲下有一曰陪臣陪備也七字韻會同玉篇貳也隨也加也助也益也家臣也隊道邊庳垣也从𨸏彖聲徒玩切玉篇丈轉切廣韻收上聲獮持兗切陾築牆聲也从𨸏耎聲詩云捄之陾陾如乘切玉篇耳升切築牆聲廣韻無毛傳陾陾衆

也陴城上女牆俾倪也玉篇廣韻城上女牆也从𨸏卑聲符支切詩釋文引說文音而𩫖籀文陴从𩫏玉篇收𩫏部隍城池也有水曰池無水曰隍繫傳池並作沱是也从𨸏皇聲易曰城復于隍乎光切阹依山谷爲牛馬圈也玉篇注同廣韻注依山谷爲牛馬之圈从𨸏去聲去魚切陲危也从𨸏垂聲是爲切隖小障也一曰庳城也廣韻引同重文作塢引通俗文曰營居曰塢从𨸏烏聲安古切院堅也从𨸏完聲臣鉉等按宀部已有此重出王眷切陯山𨸏陷也从𨸏侖聲盧昆切玉篇力均力昆二切山阜陷也亦作淪廣韻

收譔力述切

陙水𨸏也集韻引水作小玉篇注同廣韻小阜名也从𨸏辰聲食倫切

⿰阝戔水𨸏也从𨸏戔聲慈衍切玉篇廣韻並無

文九十二繫傳次立補遺陖一字　重九

𨸐兩𨸏之閒也从二𨸏凡𨸐之屬皆从𨸐房九切繫傳从𨸐下有闕字扶救反玉篇扶救切引作兩阜之閒廣韻[illegible]

[illegible]有扶富切兩阜間也[illegible]又英音似醉不知何本

⿰𨸐夬𨸏突也从𨸐決省聲於決切繫傳作𨸏突也从𨸏夬聲突字譌玉篇作䦍所奧切阜突也廣韻同收去聲志注山阜突也疑說文本作䦍

䧢陿也从𨸐𠔁聲𠔁籒文嗌字烏懈切五音韻譜嗌作隘譌繫傳

無此五字
隘 籀文𨼹从𨸏益 繫傳籀作篆是也無益字玉篇云今作隘 𨽻
塞上亭守熢火者 李注文選北征賦引作塞上守烽火者也烽即熢者 从𨺅从火
遂聲 徐醉切廣韻作𨽻引作塞上亭守熢者玉篇亦作𨽻注延道 𤎿 篆文省 繫傳作篆
文𨽻省廣韻作𤎿玉篇作隧
文四　重二

厽

絫坺土為牆壁 繫傳及廣韻引坺作坂譌 象形凡厽之屬皆从厽
力軌切廣韻收紙力委切玉篇力捶切累墼為牆壁也尚書以為參字七貪切段君云此謂西伯戡黎乃罪多參在上
或作厽也
絫 增也从厽从糸 繫傳韻會作从糸厽厽亦聲 絫十黍之重

漢書律歷志權輕重者不失黍絫 絫詩垂庚
絫音來戈反

也［力軌切玉篇厽部無絫糸部纍注云亦作絫廣韻收紙力委切引說文］

垒 絫墼也［廣韻引同繫傳絫作累非］从厽从土［力軌切玉篇力撲切壘也亦作壘廣韻力委切］

文三

四 陰數也象四分之形凡四之屬皆从四［息利切］

𠦃 古文四［繫傳下有如此二字玉篇作卯譌廣韻作𠦃］

亖 籀文四

文一　重二

宁 辨積物也象形凡宁之屬皆从宁［直呂切玉篇治旅治居二切引爾雅門屏之間謂之宁廣韻收平上二聲］

甾宁 輴也所以載盛米［玉篇引無載字廣韻引亦無米下有也字］从宁从甾甾缶也［陟呂切繫傳作从甾甾缶也从宁宁亦聲按甾訓缶則本是甾篆當］

作[illegible]詳艸部畕下　文二

叕　綴聯也韻會無綴字廣韻注同玉篇連也　象形凡叕之屬皆从叕　陟劣切

綴　合著也一切經音義卷二引同卷二十三引合下有令字韻會著作者譌　从叕从糸　陟衛切繫傳作从糸从叕叕亦聲玉篇收糸部知衛切緝也廣韻收去聲祭入聲薛　文二

亞　醜也象人局背之形賈侍中說以爲次弟也　繫傳弟作第俗韻會無弟字玉篇次也就也配也廣韻次也就也醜也　凡亞之屬皆从亞　衣駕切繫傳韻會作亞與叙目合

[illegible]　闕　衣駕切繫傳作[illegible]玉篇廣韻作[illegible]按西讀若[illegible]不从與篇韻合　文二

五　五行也从二陰陽在天地閒交午也　玉篇數也次四也　凡五之屬皆从五　臣鉉等曰二天地也疑古切

㐅　古文五省　繫傳作古文五如此　玉篇正作五古文作㐅

五　文一　重一

六　易之數陰變於六正於八　段君引金氏榜曰乾鑿度謂七八爲彖九六爲變故彖占七八爻占九六一爻變者以變爻占是爻占九六也六爻皆不變及變兩爻以上占之彖辭是彖占七八也公子重耳筮得貞屯悔豫皆八董因筮得泰之八穆姜筮得艮之八凡陰不變者爲八也　从入从八　繫傳作亣　从入八韻會亦作亣與敘目合　凡六之屬皆从六　力竹切

文一

七 陽之正也从一微陰从中衺出也 韻會同繫傳衺作邪 凡七之屬皆从七 親吉切 文一

九 陽之變也象其屈曲究盡之形凡九之屬皆从九 舉有切

馗 九達道也 釋宮九達謂之逵 似龜背故謂之馗馗高也从九从首 渠追切 繫傳韻會作从九首馗高也三字在逵下

逵 馗或从辵从坴 繫傳作馗或从辵坴 馗高也从坴

文二 重一

禸 獸足蹂地也象形九聲尔疋曰狐貍貛貉醜其足蹞

其厹迹繫傳韻會尒足作爾雅是也迹作跡非釋獸作貍狐貒貈醜其足蹯其跡厹凡厹之屬皆从厹人九切

蹂篆文从足柔聲繫傳作篆文禸从足柔釋獸釋文引作古文爲蹂非玉篇收足部注蹂也廣韻注同

禽走獸總名从厹象形今聲繫傳作走獸總名也頭象形从禸今聲韻會無也字作凶象頭形餘同禽离兕頭相似巨今切玉篇二足而羽也亦鳥獸總名廣韻二足而羽者曰禽並本釋鳥

离山神獸也廣韻引同李注文選西京賦引作山神獸形也當不誤但本文誤作螭玉篇山神也猛獸也从禽頭从厹从中繫傳从屮作屮聲五經文字引作從屮從禽省歐陽喬說离猛獸也臣鉉

等曰从中義無所敢疑象形吕支切
玉篇丑支切又力支切廣韻兩收支萬蟲也玉篇十千也又蟲名也廣
韻萬舞引字林云萬蟲名也从厹象形無販切繫傳韻會作象形从禸禹蟲也玉篇
蟲也舒也夏禹也廣韻舒也引字林云蟲名从厹象形王矩切禼古文禹繫傳下有如此二字
𦏀周成王時州靡國獻𦏀人身反踵自笑笑
即上脣掩其目食人北方謂之土螻繫傳重𦏀字掩作弇韻會亦重（釋獸釋文引同𦏀）掩作揜螻作婁
尔疋云𦏀𦏀如人被髮一名梟陽繫傳作尔雅曰𦏀𦏀如人被髮象形从日从
禸讀若費一曰𦏀𦏀一名梟羊釋獸作狒狒如人被髮迅
走食人郭注云梟羊也釋文引[illegible]（説文注𦏀下有）讀若費費一名梟

陽無尒雅至被髮九字按作梟是也淮南氾論訓云山出梟陽高注梟陽山精也郭注釋獸引山海經曰其狀如人面長脣黑身有毛反踵見人則笑海内南經作梟陽國在北朐之西其爲人人面長脣黑身有毛反踵見人笑亦笑左手操管郭注引周書曰州靡髴髴者人身反踵自笑笑則上脣掩其目今本作州靡費費 从厹象形 符未切

禼 蟲也从厹象形讀與偰同 私列切 玉篇蟲名廣韻引字林云蟲名也 繫傳作蟲也象形从厹讀若偰

𥝑 古文禼 繫傳作古文禼如此

文七　重三

嘼 犍也 釋畜釋文引字林云嘼犍也說文云嘼牲也 蓄譌 象耳頭足厹地之形古文嘼下从厹 繫傳作古文嘼厹也 凡嘼之屬皆从嘼 許又切 玉篇救又切六嘼牛馬羊犬豕雞也養之曰

嘼用之曰牲今作畜又許又許六二切 獸 守備者 廣韻韻會
廣韻收去聲宥注云嘼產亦作畜 引同繫傳
及釋獸釋文 从嘼从犬 舒救切繫傳韻
引者作也 會作从犬嘼亦聲 文二
甲東方之孟陽气萌動从木戴孚甲之象 五音韻譜同繫傳
韻會東上有位字
戴作 一曰人頭空為甲 五音韻譜及類篇引
載 同集韻引空作空謞繫傳作大一經
曰人頭空為甲韻會作太一經頭空為甲段君云藝文志
陰陽家有大壹兵法一篇五行家有泰一陰陽二十三卷泰一二十
九 甲象人頭 繫傳象 凡甲之屬皆从甲 古狎 甲 古
卷 作為謞 切
文甲始於十見於千成於木之象 五音韻譜作甲注同
繫傳■作甲注古文

甲始一見於十歲成於木之象鍇曰人象木也

按歲字蓋衍玉篇廣韻無古文汗簡注出尚書

文一　重一

乙　象春艸冤曲而出陰气尚彊其出乙乙也 繫傳韻會彊作強李注文選文賦引作陰氣尚強其出乙乙然 與丨同意乙承甲象人頸 繫傳韻會下有也字 凡乙之屬皆从乙 於筆切廣韻音同玉篇猗室切

乾　上出也从乙 釋名乙軋也自抽軋而出也 乙物之達也倝聲 渠焉切又古寒切玉篇巨焉切 又柯丹切廣韻收寒仙二韻

乾　籀文乾 繫傳作乾籀文乾如此玉篇廣韻並無

亂　治也从乙乙治

之也从𤔔（郎段切）繫傳韻會作从𤔔从乙乙治之也玉篇理也兵寇也或作𤔔也

尤異也从乙又聲　徐鍇曰乙欲出而見閡則顯其尤異也羽求切玉篇過也怪異也責也多也怨也

文四　重一

丙位南方萬物成炳然陰气初起陽气將虧从一入冂一者陽也丙承乙象人肩　繫傳方下肩下有也字虧作虧是也　凡丙之屬皆从丙　徐鍇曰陽功成入於冂冂門也天地陰陽之門也兵永●切

文一

丁夏時萬物皆丁實象形丁承丙象人心　繫傳韻會作夏時萬

物皆丁壯成實象形　凡丁之屬皆从丁　當經切玉篇丁承丙象人心也　多庭切強也壯也太歲在丁曰強圉又竹耕切丁丁伐木聲廣韻收耕青二韻

文一

戊

中宮也六甲五龍相拘絞也　江鄭堂藩云甲子相配六甲周止有五辰辰龍也樹玉謂律歷志云五六者天地之中合戊居中宮義或取此　戊承丁象人脅　繫傳韻會下有也字　凡戊之屬皆从戊　莫候切釋名戊茂也物皆茂盛也

成　就也从戊丁聲　氏征切玉篇平也畢也就也　徐鍇曰戊中宮成於中也官當作宮繫傳

𢦩　古文成从午　午上有戊字鍇曰午南方亦物成之義

文二　重一

己 中宮也象萬物辟藏詘形也繫傳韻會形上有之字釋名己紀也皆有定形可紀識也繫傳己承戊象人腹繫傳下有有也字凡己之屬皆从己居擬切

王 古文己繫傳下有如此二字玉篇作壬譌

巹 謹身有所承也禮記昏禮合巹而酳釋文云巹說文作蒸云蠡也字林几敏反以比巹爲謹身有所承比滑留足此玉篇作巹舒也敬身有所承也廣韻巹以瓢爲酒器婚禮用之也从己丞讀若詩云赤舄己己居隱切繫傳作巹云作曰韻會亦作巹恐譌昏義釋文引作讀若朱[illegible]几與今詩合

㠱 長踞也从己其聲讀若杞暨己切玉篇奇記切長跪也或作跽也接玉篇當本說文跽訓跽長跪廣韻無㠱蓋同㠱則跽字譌

文三　重一

𢀳

巳　蟲也或曰食象蛇　海内南經巴蛇食象三歲而出其骨君子服之無心腹之疾其爲蛇青黄赤黑一曰黑蛇青首在犀牛西又海内經西南有巴國又有朱卷之國有黑蛇青首食象　象形凡巴之屬皆从巴　徐鍇曰一所吞也指事伯加切玉篇國名又巴蛇吞象三年而後吐其骨服之無心腹病

𢀳　攈擊也从巴帚闕　博下切繫傳作从巴帚聲無闕字當不誤玉篇布招切擊也廣韻無𢀳有𢀸收宵注擊也市昭切蓋以𢀸當𢀳則博下切誤

文二

庚　位西方象秋時萬物庚庚有實也庚承己象人齎　繫傳作庚

凡庚之屬皆从庚　古行切玉篇庚猶更也釋名庚猶更也庚堅强貌也

文一

辛秋時萬物成而孰金剛味辛辛痛即泣出从一从辛繫傳韻會作从一辛按當作从一辛

辛辠也辛承庚象人股凡辛之屬皆从辛息鄰切

辠犯法也从辛从自繫傳韻會自上無从字言辠人蹙鼻苦辛之憂韻會同繫傳作言辠人蹙自辛苦之憂自字譌蹙當作感詳新附攷秦以辠似皇字改爲罪臣鉉等曰自古者以爲鼻字故从自徂賄切

辜辠也从辛古聲古乎切

㱾古文辜从死繫傳作㱾玉篇作㱾譌

辥辠也从辛𡴆聲私列切玉篇婢亦切死刑也罪也說文私列切廣韻收辥引說文又云凡從辥者經

典通作薛按玉篇音婢亦切而訓死刑蓋與辟字通其引說文當出宋人

辤不受也从辛从受受辛宜辤之似兹切繫傳作从受辛宜辤也廣韻引辤下無也字餘同

辝籀文辤从台繫傳作辝辤作辭誤

辭訟也廣韻訟也引說文曰辭說也玉當不誤篇爲辤之重文又注云理獄爭訟之辭也韻會同繫傳作辭訟也从𤔔𤔔猶理辜也𤔔理也似兹切繫傳作从𤔔辛𤔔猶理辜也韻會猶上無𤔔字餘同

𤔲籀文辭从司繫傳作𤔲玉篇收司部

文六　重三

辡辠人相與訟也从二辛凡辡之屬皆从辡方免切玉篇皮免切辡罪

相與訟之言又方免切廣韻兩收獮

辯　治也从言在辡之間　符蹇切玉篇皮免切慧也

正也理也

文二

壬　位北方也陰極陽生故易曰龍戰于野戰者接也象人

褢妊之形承亥壬以子生之叙也與巫同意　韻會同繫傳巫上有

壬字　壬承辛象人脛脛任體也凡壬之屬皆从壬　如林切

釋名壬妊也陰陽交物懷妊也至子而萌也

文一

癸　冬時水土平可揆度也象水從四方流入地中之形癸

承壬象人足凡癸之屬皆从癸居誄切玉篇作癸以𤼨爲古文　𤾊籀文从癶从矢繫傳作籀文癸从𤼨矢聲韻會同

文一　重一

子十一月陽气動萬物滋入以爲偁繫傳韻會偁作稱戴本今本曰子者孳子也象形凡子之屬皆从子李陽冰曰子在襁緥中足併也即里切玉篇兒也滋也愛也男子之通稱也　𢀇古文子从巛象髮也繫傳作古文　𢀈籀文子囟有髮臂脛在几上也繫傳韻囟上有从字玉篇作𢀈

孕褱子也易漸卦釋文引作懷子曰孕从子从几徐鍇曰取象於褱妊也以證切繫傳作孕几上無从字鍇曰几音殊草木之實垂亦取象於几𠩗字是也人褱妊似之也按一切經音義

卷十八引作字從子乃聲也仍按亦从乃聲於聲正合徐說非是

㝃　生子免身也从子从免　徐鍇曰說文無免字疑此字从𪨊省以免身之義通用爲解免之免晚冕之類皆當从㝃省芳萬切臣鉉等曰今俗作亡辯切　繫傳韻會免上無从字按免即兔字詳前此當作㝃[illegible]玉篇㝃靡辯切生子㝃身也廣韻亡辯切

字　乳也从子在宀下子亦聲疾置切　繫傳韻會作从宀子　韻會同繫傳下有愛也二字廣韻引春秋說題辭曰字者飾也又引說文乳也又愛也玉篇愛也養也生也飾也

穀　乳也从子㱿聲一曰穀瞀也古候切　廣韻韻會引同繫傳一作或玉篇奴豆切又公豆切乳也㝅也廣韻穀者作穀音奴豆切者

孿　一乳兩子也从子䜌聲呂患切　玉篇盡患切又力貟切孌也又雙產也廣韻收諫線二韻並作

䜌注云亦作孌

孺　乳子也一曰輸也輸尚小也　廣韻引作一曰輸孺尚小也玉篇稚也少也乳子也　从子需聲　而遇切

季　少偁也从子从稚省稚亦聲　居悸切繫傳無也字稚上無从字稚當作稺

孟　長也从子皿聲　莫更切

呆　古文孟　繫傳下有如此二字玉篇注云古文保字按人部呆爲古文保不應又爲孟疑後人增漢隸孟或作孟非呆也

孽　庶子也　廣韻臣僕庶孽之事謂賤子也猶樹之有孽生也又引說文同　从子辥聲　魚列切玉篇亙戞也孽孽盛飾皃

孳　汲汲生也　一切經音義卷十三引作孳孳汲汲也　从子茲聲　子之切玉篇疾利子思二切孳產也廣韻收平去二聲

𢀭　籀文孳从

綠玉篇作䜌兒 孤 無父也 玉篇特也少無父也獨也 按玉篇少無父也當本說文 从子瓜聲 古乎切

存 恤問也 从子才聲 徂尊切 繫傳作从子在聲 蓋脫 韻會作从子在省 徐曰在亦存也 會意

𡥈 放也 五音韻譜繫傳並同毛本作效也 蓋因玉篇改 从子爻聲 古肴切 玉篇公孝切效也 說文又音交 廣韻止收去聲效古孝切又音交無義

𠤕 惑也 从子止匕矢聲 徐鍇曰止不通也 矢古矢字反匕之幼子多惑也 語其切 按矢非古矢字 詳匕部 據从子止匕矢聲則當作𠤕 「聿部肄籀曰矢疑字左也 玉篇作𠤕」

文十五　重四

了 尥也从子無臂象形玉篇挂也訖也慧也又引説文同凡了之屬皆从了盧鳥切

孑 無右臂也从了乚象形居桀切大荒西經有人名曰吳回奇左是無右臂

孓 無左臂也大荒西經有人焉三面是顓頊之子三面而一臂郭注無左臂也从了丿象形居月切繫傳作無左臂象形从了丿聲則丿當是鉤逆之丿讀若橜玉篇九月九勿二切無左臂也短也廣韻收物月二韻

文三

孨 謹也从三子凡孨之屬皆从孨讀若翦旨兗切玉篇莊巻旨兗二切謹也孤兒也廣韻上聲引説文又收去聲

孱 迮也一曰呻吟也从孨在尸

下

臣鉉等曰尸者屋也士連切繫傳作𨓆也从孨在尸下一曰呻吟也一曰孨聲韻會無一曰孨聲四字餘同玉篇士連切不齊也愞弱也又士限切廣韻收平聲山仙又收上聲產

孴盛皃从孨从日韻會作从孨曰聲■讀若薿薿繫傳止一薿字晉書音義引同恐誤一曰若存魚紀切玉篇作孴牛起切盛皃又衆多皃廣韻作孴收上聲止入聲緝汗簡

孖籀文孴从二子一曰孖即奇字𡦂繫傳無即字玉篇注云牛己切見說文又牛詑切箋義之字直音阜此孖是晉字

即奇字𡦂籀文又奇字晉子刃切

文三　重一

𠫓不順忽出也从到子繫傳到作倒非易曰突如其來如不孝子突出不容於內也繫傳下有𠫓即易突字也六字並徐說凡𠫓之屬皆从𠫓他骨切

𠫓或从到古文子即易突字 繫傳及廣韻引無即易突字四字

育 養子使作善也 一切經音義卷十三引作作從玉篇注同 从𠫓肉聲虞書曰教育子 余六切今舜典作胄釋文引馬云胄長也教長天下之子弟鄭注周禮大司樂曰舜命夔典樂教胄子釋文胄作育注云本亦作胄

毓 育或从每 廣韻同玉篇作毓

疏 通也从𠫓从疋疋亦聲 所葅切玉篇所居切稀也闊也遠也通也理也分也非親也又所去切檢書也廣韻收平去二聲

文三　重二

丑 紐也十二月萬物動用事象手之形時加丑亦舉手時

也凡丑之屬皆从丑 敕九切

𦙍 食肉也从丑从肉 女久切 繫傳作从肉丑丑亦聲 玉篇收肉部爲肘之重文

羞 進獻也从羊羊所進也从丑丑亦聲 息流切 玉篇滋味也熟食也進也辱也恥也

文三

寅 髕也正月陽气動去黃泉欲上出陰尚彊 韻會下有也字 繫傳作寅亦有也字彊作強 象宀不達髕寅於下也凡寅之屬皆从寅 徐鍇曰髕斥之意人陽气銳而出上閡於宀臼所以擯之也 弋眞切 玉篇弋涔以眞二切演也瞚也敬也强也廣韻收脂眞二韻

𢍺 古文寅 玉篇作𢍺

文一 重一

丣 冒也二月萬物冒地而出象門之形故二月爲天門凡丣之屬皆从丣 莫飽切 𢁚 古文丣 文一 重一

辰 震也三月陽气動靁電振民農時也 繫傳韻會靁作雷者 物皆生从乙匕象芒達厂聲也辰房星天時也从二二古文上字 徐鍇曰匕音化乙艸木萌初出曲卷也臣鉉等曰三月陽气成艸木生上徹於土故从土厂非聲疑亦象物之出 繫傳韻會字作也 凡辰之屬皆从辰 植鄰切 釋名辰伸也物皆伸舒而出也廣雅辰振也 𠨍 古文辰 玉篇作𠨍

辱 恥也从寸在辰下失耕時於封畺上戮之也 繫傳韻會之下無也字 辰者農之時也故房星爲辰田候也 而蜀切 釋

辴或作[illegible]礼注作[illegible] 厂声近辴

厂聲豈攷

天天駟房也大辰房心尾也大火謂之大辰

文二　重一

ㄹ 巳也四月陽气巳出陰气巳藏萬物見成文章故巳爲蛇象形凡巳之屬皆从巳 詳里切玉篇徐里切嗣也起也又弋旨切退也止也此也

不疑文作㠯

弃也畢也又說也廣韻兩收止無巳訓疑巳當是㠯 廣雅釋言巳㠯也疑本說文

㠯 用也从反巳賈侍中說巳意巳實也象形 羊止切繫傳作賈侍中說巳意以實象形也 玉篇用也意也實也蓋本說文則意下巳當是也 當作賈侍中說㠯意也實也

文二

午 啎也五月陰气午逆陽冒地而出 繫傳韻會下有也字 此予矢同

意繫傳亍作与祛妄篇作與韻會同　凡午之屬皆从午疑古切　啎　逆也

从午吾聲五故切玉篇相觸也逆也重文作忤廣韻爲忤之重文　文二

未　味也六月滋味也韻會作六月之辰也非　五行木老於未象木重枝

葉也凡未之屬皆从未無沸切　文一

申　神也玉篇身也伸也重也申申容舒也廣韻身也伸也重也容也則神當是伸　七月陰气成

釋名申身也物皆成其身體各申束之使備成也

體自申束从臼自持也吏㠯餔時聽事申旦政也凡申之

屬皆从申失人切　𢀩　古文申玉篇作串　𦥔　籀文申玉篇在古文上

⿰柬申擊小鼓引樂聲也从申柬聲 羊晉切 繫傳聲下有周禮曰小樂事鼓⿰柬申讀若引十一字小樂事當是小師王篇作⿰柬申小鼓在大鼓上擊之以引樂也廣韻亦作⿰柬申周頌有瞽應田縣鼓鄭箋云田當作⿰柬申⿰柬申小鼓在大鼓旁應鞞之屬也聲轉字誤變而爲田

臾束縛捽抴爲臾从申从乙 臣鉉等曰乙屈也羊朱切繫傳作臾王篇作臾須臾俄頃也

曳臾曳也 一切經音義卷十九引作申也牽也王篇作曳申也牽也引也廣韻牽也引也 从申丿聲 余制切

文四　重二

酉就也八月黍成可爲酎酒象古文酉之形凡酉之屬皆从酉 與久切 王篇飽也酉也就也廣韻飽也老也就也首也釋名酉秀也秀者物皆成也

丣古文酉从卯卯爲春門

萬物已出酉爲秋門萬物已入一閉門象也繫傳作丣爲■秋門閉上有丣字韻會同

酒就也所以就人性之善惡从水从酉酉亦聲一曰造也吉凶所造也繫傳所造下有起字韻會同古者儀狄作酒醪禹嘗淮南脩務訓儀狄作酒高注亦見世本之而美遂疏儀狄杜康作秫酒子酉切廣韻引戰國策曰帝女儀狄作而進於禹亦云杜康作又引元命包曰酒乳也

䤍⿱𥫗⿰幸匊生衣也廣韻也作兜从酉冡聲莫紅切玉篇作醿

⿰酉甚孰⿱𥫗⿰幸匊也从酉甚聲余箴切玉篇余心才心二切熟䴭也幽也廣韻兩收侵並注熟䴭

釀醞也作酒曰釀从酉襄聲女亮切

醞釀也从酉昷

芳

聲於問切玉篇於運切廣韻收上去二聲䣞酒疾孰也玉篇酒熟也釀一宿也从酉弁聲芳萬切酴酒母也玉篇麥酒不去滓飲也从酉余聲讀若廬同都切釃下酒也詩伐木釃酒有藇毛傳以筐曰釃以藪曰湑一曰醇也从酉麗聲所綺切繫傳韻會从酉麗聲在一曰上玉篇所宜所綺二切廣韻上聲引說文又收平聲𨠬䤙酒也从酉肙聲古玄切玉篇公縣切以孔下酒廣韻收去聲霰引說文䤙酯也玉篇酯也濾酒也从酉鬲聲郎擊切醴酒一宿孰也玉篇甜酒也一宿熟也从酉豊聲盧啓切醪汁滓酒也玉篇注同一切經音義卷二引作有滓酒也

漢書景紀之高廟酎張晏曰正月旦作酒八月成名曰酎之言醇時國八月嘗酎會諸侯廟中出金助祭所謂酎金也

後漢書寇恂傳注引作兼汁滓酒也恐非从酉翏聲魯刀切

醇不澆酒也从酉享聲常倫切

醹厚酒也从酉需聲詩曰酒醴惟醹而主切繫傳韻會作詩行葦惟作維毛傳醹厚也与今詩合

酎三重醇酒也玉篇醇也釀也廣韻三重釀酒也孟華玉篇爲訓从酉从時省繫傳韻會時上無从明堂月令曰孟秋天子飲酎除柳切呂氏春秋禮記月令飲酎並在孟夏字[illegible]六書故引蜀本作从人肘省聲肘也書不誤六書故云說文蜀本曰月令孟夏飲酎从肘省聲三重醇酒也玉篇除又切廣韻收去聲宥

醠濁酒也从酉盎聲烏浪切周禮作盎鄭注盎猶翁也成而翁翁蔥白色如今酇白矣釋名盎齊盎滃滃然濁色也按玉篇酎下醲上乃

是醽音莫公切濁酒也 醲 厚酒也从酉農聲 女容切 ⿰酉茸
其醽字在後（俗字中）廣韻醽爲醲之重文當本玉篇剩玉篇爲後人改
酒也从酉茸聲 而容切玉篇有⿰酉耳無⿰酉茸⿰酉耳汝吏切重釀
也適當說文⿰酉茸字之次廣韻亦無⿰酉茸
去聲志有⿰酉耳注重釀然則當是从酉耳聲之 酤 一宿酒
字集韻去聲有⿰酉茸引字林重釀也或作⿰酉耳
也一曰買酒也 詩伐木無酒酤我毛傳酤一宿酒也鄭箋酤買也 从酉古聲 古乎切玉
篇胡古切一宿酒也又古胡切又古護切 [illegible] 酒也从酉智
賣也廣韻收平上二聲又收去聲賣也 周禮酒正泛齊鄭注泛者
省 陟离切玉篇酒厚 醠 泛齊行酒也 成而滓泛泛然
也廣韻作⿱智酉酒也
如今宜成醪矣玉篇泛醠齊行酒釋名
作汎齊浮蟻在上汎汎然也 从酉監聲 盧瞰切 醰

汎
汎

咽嗛切據繫傳補

酒味淫也从酉㦟省聲讀若春秋傳曰美而豔古禫切玉篇古禫余贍二切酒味苦也

酓酒味苦也从酉今聲咽嗛切據繫傳補

廣韻收感古禫切酒味淫也

酷酒厚味也廣韻會引作酒味厚也玉篇注同一切經音義卷四卷十引作酷急也~~雜~~从酉告聲苦沃切

醰酒味苦也五音韻譜同繫傳作䛩長味也玉篇酒味不長也（按）䛩字不字蓋衍李注文選洞簫賦引字林云醰甜同長味也廣韻有曋無醰曋注長味徒含切又徒紺切从酉覃聲徒紺切玉篇大（又音同）含切文選音同

[酉市]酒色也玉篇注同廣韻酒氣从酉市聲普活切

配酒色也玉篇匹也媲也對也當也合也从酉己聲臣鉉等曰己非聲當从妃省滂佩切按妃亦从己聲徐說非是

酏酒

色也从酉弋聲與職切玉篇徒戴與職二切酒色也甘也廣韻止收入聲酌盛酒
行觴也从酉勺聲之若切醮冠娶禮祭繫傳下有也字玉篇
冠娶妻也禮祭也从酉焦聲子肖切樵醮或从示醑歃酒也
从酉朁聲子朕切玉篇闕廣韻音同注小甘也酳少少歙也从酉
勻聲余刃切玉篇餘振切少飲也重文作酳廣韻有酳無酌醻主人進客也廣韻韻會引
同繫傳主上有獻醻二字从酉𠷎聲市流切玉篇作醻爲酬之重文廣韻同酬醻
或从州醋客酌主人也从酉昔聲在各切臣鉉等曰今俗作倉故切玉篇才各

切報也進酒於客曰獻客荅主人曰醋今音措廣韻收去聲注醬醋引說文作酢入聲止收酢引蒼頡篇云主荅客曰酬客報主人曰酢

⿰酉盡 㱃酒俱盡也 繫傳韻會㱃作飲下文同 从酉盡聲 迷必切 玉篇注同醱⿰酉俞也或作醳

釂 㱃酒盡也从酉嚼省聲 子肖切繫傳韻會作从酉爵聲

酣 酒樂也 御覽四百九十七引作樂酒也玉篇樂酒也不醉也 从酉从甘甘亦聲 胡甘切 繫傳韻會作从酉甘聲

酖 樂酒也 玉篇注同廣韻嗜酒 从酉冘聲 丁含切

醧 私宴㱃也 劉淵林注魏都賦引韓詩飲酒之醧又引許氏曰醧酒美也玉篇私也酒美也按毛詩爾雅作飫說文作⿰食芺蓋⿰食芺醧古通並為酒食燕私故或从食或从酉也 从酉區聲 依據切

醵

會歙酒也从酉豦聲其虐切玉篇其庶其虐二切合錢沽酒醵會也廣韻收平去入三聲

酟醵或从巨

酺王德布大歙酒也玉篇引歙作飲史記索隱文帝紀引作王者布德大歙酒也从酉甫聲薄乎切玉篇步胡蒲故二切廣韻大酺飲酒作樂引周禮注云蓋爲壇位如雩禁云族長無飲酒之禮因祭酺而與其民以長幼相獻酬焉又漢律禁三人以上羣飲酒故賜酺得會聚飲食也薄胡切

醅醉飽也从酉咅聲匹回切繫傳聲下有讀若僰三字恐當有脫字玉篇醉飽也未醫之酒廣韻酒未漉也

醉卒也卒其度量不至於亂也繫傳卒其度量上有各字廣韻韻會引同一曰潰也从酉从卒將遂切繫傳韻會作

一曰酒漬也从酉卒（按下當有聲字）

醺　醉也从酉熏聲詩曰公尸來燕醺醺　許云切　燕當作止鳧鷖作公尸來止熏熏鄭箋云不敢當王之燕禮故變文言來止熏熏釋文云熏說文作醺（不云止作燕）

醟　䣴也　書微子釋文引作䣴酒也　玉篇酗也廣韻酗酒　从酉熒省聲　爲命切

䣴　醉醟也　一切經音義卷十三引同書微子釋文引作酒醟非　从酉句聲　香遇切　玉篇兇酒曰䣴重文作酗廣韻作酗

醒　病酒也一曰醉而覺也　詩節南山正義引同玉篇病酒也醉未覺也當本說文　从酉呈聲　直貞切

醫　治病工也殹惡姿也　繫傳姿作恣集韻韻會引同　醫之性然得酒而使从酉

郭注海內西經引世本云巫彭作醫

王育說一曰殹病聲酒所以治病也周禮有醫酒酒正辨四飲之物一曰清二曰醫鄭注醫之字從殹從酉省也酉當作酒古文者巫彭初作醫於其切玉篇止有𨡓音醫蓋闕漢楊孟文碑作𨡓廣韻止引巫彭初作醫

莤禮祭束茅加于祼圭而灌鬯酒是爲莤象神歆之也廣韻引茅作茆俗韻會圭作主譌歆作飲蓋黃氏意改一曰莤榼上塞也繫傳無莤字韻會同从酉从艸春秋傳曰尒貢包茅不入王祭不供無以莤酒所六切繫傳尒作爾包作苞左傳僖四年作爾作包供作共莤作縮

醨薄酒也从酉

离聲讀若離呂支切繫傳離作离

醶酢也从酉韱聲初減切玉篇且冉切又初減切廣韻七漸初減二切

酸酢也从酉夋聲關東謂酢曰酸素官切

䤈籒文酸从畯玉篇作古文

酨酢漿也繫傳韻會漿作漿下文同从酉𢦏聲徒奈切玉篇作截昨載祖代二切廣韻兩收代

醶酢漿也从酉僉聲臣鉉等曰今俗作釅非是魚窆切玉篇义檻切廣韻初檻切注並同按玉篇無釅廣韻醶收去聲為部首酒醋味厚魚欠切似與醶別

酢醶也从酉乍聲倉故切臣鉉等曰今俗作在各切玉篇且故切酸也醶也今音昨為酬酢字也廣韻止收入聲

酏黍酒也从酉也聲一曰

甜也賈侍中說酏爲醬清移尔切繫傳韻會作賈侍中㠯爲醬清玉篇余支切
米酒也甜也清酒也廣韻韻會引作醢也玉篇作
廣韻收平上二聲[篆]䀋也醬注醢也重文作𤅊注云見
說文則醢也當本說文周禮醢人掌共五齊七菹凡醢物以
共祭祀之齊菹凡醢醬之物鄭注齊菹醬屬醢人者皆須
醢成味从肉从酉酒以和𤅊也即亮切繫傳韻會作从肉酉爿聲[篆]古文繫傳作𤅊古文醬如此玉篇作𤅊
[篆]籀文繫傳作籀文醬如此[篆]肉醬也玉篇醬也廣韻肉醬亦作醢从酉𥁕
臣鉉等曰𥁕甌器也所以盛醢[篆]籀文繫傳作籀文醢从鹵玉篇
呼改切繫傳韻會𥁕下有聲字是也𥁕爲𥁕之重文𥁕讀若灰一曰若賄
廣韻並無[篆]醔䤁榆醬也从酉敄聲莫候切玉篇亡候切醔䤁醬也廣

韻收平聲

䤍 醬䤍也从酉俞聲 田候切玉篇大侯切醬䤍醬廣韻收平聲模侯二韻

酹 餟祭也 玉篇餟祭也以酒祭地也 从酉寽聲 郎外切

則田候切非釋名䤍投也味相投成也

𨣍 擣榆醬也 玉篇擣榆醬 从酉畢聲 蒲計切玉篇蒲桂切醨醬也

擣字䔍譌

醓 从酉矞聲 居律切 玉篇醓醬也

䣼 雜味也从酉京聲 力讓切玉篇力醬切注同廣韻收平聲陽呂張切漿水

⿱漸酉 闕 慈冉切玉篇昨冉切⿱漸酉⿱任酉味薄也

⿰亻⿱壬酉 闕 而剡切玉篇⿱漸酉⿱任酉廣韻⿱漸酉⿱任酉味薄同

酓字篆當加在醶下

文六十七

繫傳醶下有酓酒味苦也从酉今聲 因嗛切 集韻引亦有酓則解字脫也

說文攷異　三十

玉篇畬於泰火含二切酒苦也廣韻收去聲椽注苦味也繫傳次立補遺醶一字計文六十八今去醶實（加今酉）六十七

重八

酋 繹酒也从酉水半見於上禮有大酋掌酒官也 月令仲冬乃命大酋鄭注酒孰曰酋大酋者酒官之長也 凡酋之屬皆从酋 字秋切玉篇長也酒官也熟也醳酒也液也或作⿰秋酉

尊 酒器也从酋廾以奉之（繫傳之下有也字）周禮六尊犧尊象尊著尊 繫傳同五音韻譜著作箸 壺尊太尊山尊以待祭祀賓客之禮 祖昆切司尊彝尊犧作獻太作大鄭注獻讀爲犧大尊太

古之瓦尊

䔿尊或从寸　尊當作尊臣鉉等曰今俗以尊作尊卑之尊別作罇非是釋器釋文引作字从酋寸酒官法度也

文二　重一

戌滅也九月陽气微萬物畢成陽下入地也五行土生於戊盛於戌从戊含一　繫傳韻會作陽下入地戊含一也五行土生於戊盛於戌从戊一亦聲祛妄篇作从戊一聲　凡戌之屬皆从戌　辛聿切　釋名戌恤也物當收斂矜恤之也

文一

亥荄也十月微陽起接盛陰从二二古文上字一人男一人女也从乙象褱子咳咳之形春秋傳曰亥有二首六

身見左傳襄三十年凡亥之屬皆从亥胡改切玉篇荄也依也釋名亥核也收藏百物核取其好惡真僞也丆古文亥爲豕與豕同亥而生子復從一起五音韻譜作丆繫傳作亓古文亥亥爲豕與豕同意亥生子復從一起祛妄篇云陽冰曰本象豕滅一畫二爾篆文乃从二首六身鍇曰謹案孔子家語子夏聞讀史三豕渡河知已誤爲三亥誤爲豕然則古文亥當作丆也玉篇作𢂇注云說文亥與豕同意則意字當有

文一　重一

說文解字攷異弟十四下

說文解字攷異第十五上

古者庖犧氏之王天下也仰則觀象於天俯則觀法於地（人部無俯 荀子作府）視鳥獸之文與地之宜近取諸身遠取諸物於是始作易八卦以垂憲象及神農氏結繩爲治而統其事庶業其繁飾僞萌生（繫傳飾作飭譌）黃帝之史倉頡（繫傳倉作蒼下同）見鳥獸蹏迒之迹知分理之可相別異也初造書契百工以乂萬品以察蓋取

班馬字類庭漢書公孫賀傳朝庭多事庭廷通用

諸夬夬揚于王庭言文者宣教明化於王者朝廷君子所以施祿及下居德則忌也倉頡之初作書蓋依類象形故謂之文其後形聲相益即謂之字字者言孳乳而浸多也繫傳無言字一切經音義卷二十三引亦無又無而字著於竹帛謂之書書者如也以迄五帝三王之世迄古通作訖改易殊體封于泰山者七十有二代靡有同焉周禮八歲入小學保氏教國子先以六書一曰指事

指事者（繫傳不重指事二字蓋脫）視而可識察而可見上下是也

二曰象形象形者畫成其物隨體詰詘日月是也

三曰形聲形聲者以事爲名取譬相成江河是也

四曰會意會意者比類合誼以見指撝武信是也

五曰轉注轉注者建類一首同意相受考老是也

六曰假借（古通作藉詳前）假借者本無其字依聲託事（繫傳託作記譌）令長是也及宣王太史籀著大篆十五篇

與古文或異（繫傳作或同或異）至孔子書六經左丘明述春秋傳皆以古文厥意可得而說其後諸侯力政不統於王惡禮樂之害己而皆去其典籍分爲七國田疇異畮車涂異軌律令異法（繫傳作律法異令誤）衣冠異制言語異聲文字異形秦始皇帝初兼天下丞相李斯乃奏同之罷其不與秦文合者斯作倉頡篇中車府令趙高作爰歷篇太史令胡母敬作博學篇皆取史籀大篆或

頗省改所謂小篆者也是時秦燒滅經書滌除舊
典大發隸卒興役戍官獄職務繁初有隸書以趣
約易而古文由此絕矣 徐鍇曰王僧虔云秦獄吏程邈善大篆得辠繫雲陽獄增絕
大篆 繫傳下有體字絕作減 去其繁複始皇善之出爲御史名其書曰
隸書班固云謂施之於徒隸也即令之隸書而無點畫俯仰
之勢 自爾秦書有八體一曰大篆二曰小篆三曰刻符
四曰蟲書 徐鍇曰案蟲書即鳥書以書幡信首象鳥形即下云鳥蟲是也 五曰摹印 蕭子
良以刻符摹印合爲一體徐鍇以爲符者竹而中剖之字形
半分理應別爲一體摹印屈曲填密則秦璽文也子良誤

合之　六曰署書　蕭子良云繫傳蕭上有鍇案二字署書漢高六年蕭何所定以題蒼龍白虎二闕羊欣云何覃思累月然後題之　七曰殳書　徐鍇曰書於殳也殳體八觚隨其勢而書之　八曰隸書漢興有艸書　徐鍇曰案書傳多云張竝作艸繫傳竝作芝同墨池編作竝下又云齊相杜探作據説文則張竝之前已有矣蕭子良云藁書者董仲舒欲言災異藁艸未上即爲藁書藁者艸之初也史記上官奪屈原藁艸今云漢興有艸繫傳下有書字知所言藁艸是創詞非艸書也　尉律　徐鍇曰尉律漢律篇名　學僮十七已上始試諷籀書九千字　繫傳無字字五經文字封氏聞見記載此文竝無籀字漢藝文志作能諷書九千字以上乃得爲史　乃得爲吏　江式傳作史　又以八體試之郡移太史并課最者以爲尚書史

書或不正輒舉劾之今雖有尉律不課小學不修莫達其說久矣孝宣繫傳下有皇帝二字孝平同時召通倉頡讀者張敞從受之繫傳有臣鍇按漢書蒼頡多古字俗師失其讀宣帝時徵齊人能正讀者張敞從受之傳至外孫孫子杜林為作訓也涼州刺史杜業沛人爰禮講學大夫秦近亦能言之孝平時徵禮等百餘人令說文字未央廷繫傳作庭中以禮為小學元士黃門侍郎楊雄采以作訓纂篇凡倉頡已下十四篇凡五千三百四十字羣書所載略存之矣及亡新

居攝使大司空甄豐等校文書之部自以爲應制作頗改定古文時有六書一曰古文孔子壁中書也二曰奇字即古文而異者也　繫傳有臣鍇按蕭子良云籀書即大篆新臣甄豐謂之奇字史籀增古文爲之故與古文異也　三曰篆書即小篆秦始皇帝使下杜人程之　繫傳作邈是也　所作也　徐鍇曰李斯雖改史篇爲秦篆而程邈復同作也段君云秦以下十三字當在下文佐書即秦隸書之下蓋上文已明言李斯等取史籀大篆改爲小篆不應又云程邈也邈古通作藐蔡邕聖皇篇云程邈删古立隸文　四曰佐　古通作左　書即秦隸書五曰繆篆所以摹印也六曰鳥

蟲書所以書幡信也壁中書者魯恭王壞孔子宅而得禮記段君云謂禮之記也河間獻王傳禮與禮記爲二尚書春秋論語孝經又北平侯張倉獻春秋左氏傳郡國亦往往於山川得鼎彝其銘古通作名即前代之古文皆自相似雖叵疑古作匸汗簡引作頗復見遠流繫傳作沬鍇曰沬音昧其詳可得略說也而世人大共非訾以爲好奇者也故詭更正文鄉壁虛造不可知之書變亂常行以燿於世諸

生競（繫傳作竟　下有逐字）説字解經誼稱秦之隸書爲倉頡時書云父子相傳何得改易乃猥曰馬頭人爲長人持十爲斗虫者屈中也廷尉説律至以字斷法苛人受錢苛之字止句若此者甚衆皆不合孔氏古文謬（繫傳作繆）於史籀俗儒啚（繫傳作鄙）夫翫其所習（繫傳作集蓋誤）蔽所希聞不見通學未嘗（繫傳作常）覩字之條怪舊埶（五音韻譜作執譌）而善野言以其所知爲祕妙（古通作眇）究洞

聖人之微恉又見倉頡篇中幼子承詔（古通作召）因號（繫傳作曰）古帝之所作也其辭有神僊之術焉其迷誤不諭豈不悖哉書曰予欲觀古人之象言必遵修舊文而不穿鑿孔子曰吾猶及史之闕文今亡也夫（繫傳也作矣疑後人因今論語改）蓋非其不知而不問人用己私是非無正巧說衺辭使天下學者疑蓋文字者經藝（古通作埶）之本王政之始前人所以垂後後人所以識古故曰本立而道生知天下之至嘖（繫傳作賾蓋後人因今易改說文無賾易釋文云賾京作嘖云情也）

而不可亂也今叙篆文合以古籀博采通人至於小大信而有證稽譔繫傳作撰俗其說將以理羣類解謬繫傳作緣蓋繆之譌誤曉學者達神恉徐鍇曰恉即意旨字旨者美也多通用分別部居不相雜廁徐鍇曰分部相從自許始也萬物咸覩靡不兼載厥誼不昭爰明以諭其偁易孟氏書孔氏詩毛氏禮周官春秋左氏論語孝經皆古文也其於所不知蓋闕如也

說文解字弟一

一部一　丄部二　示部三　三部四　王部五　玉部六

玨部七　气部八　士部九　丨部十　屮部十一　艸部十二

蓐部十三　茻部十四

說文解字弟二

小部十五　八部十六　釆部十七　半部十八　牛部十九　犛部二十

告部二十一　口部二十二　凵部二十三　吅部二十四　哭部二十五　走部二十六

止 部二七　癶 部二十八　步 部二十九　此 部三十　正 部三十一　是 部三十二

辵 部三十三　彳 部三十四　廴 部三十五　㢟 部三十六　行 部三十七　齒 部三十八

牙 部三十九　足 部四十　疋 部四十一　品 部四十二　龠 部四十三　冊 部四十四

說文解字弟三

㗊 部四十五　舌 部四十六　干 部四十七　𧮫 部四十八　只 部四十九　㕯 部五十

句 部五十一　丩 部五十二　古 部五十三　十 部五十四　卅 部五十五　言 部五十六

誩 部五十七　音 部五十八　䇂 部五十九　丵 部六十　菐 部六十一　廾 部六十二

𠬞部六十三　𠬜部六十四　異部六十五　舁部六十六　𦥑部六十七　晨部六十八

爨部六九　革部七十　鬲部七十一　䰜部七十二　爪部七十三　丮部七十四

鬥部七十五　又部七十六　𠂇部七十七　史部七十八　支部七十九　𦘒部八十

聿部八十一　畫部八十二　隶部八十三　臤部八十四　臣部八十五　殳部八十六

殺部八十七　𠘧部八十八　寸部八十九　皮部九十　㼱部九十一　攴部九十二

教部九十三　卜部九十五　用部九十四　爻部九十六　㸚部九十七

只當在卜前

說文解字弟四

旻 部九十八　目 部九十九　䀠 部一百　眉 部一百一　盾 部一百二　自 部一百三

白 部一百四　鼻 部一百五　皕 部一百六　習 部一百七　羽 部一百八　隹 部一百九

奞 部一百十　萑 部一百十一　𦫳 部一百十二　𥄕 部一百十三　羊 部一百十四　羴 部一百十五

瞿 部一百十六　雔 部一百十七　雥 部一百十八　鳥 部一百十九　烏 部一百二十　𠦒 部一百二十一

冓 部一百二十二　幺 部一百二十三　𢆶 部一百二十四　叀 部一百二十五　玄 部一百二十六　予 部一百二十七

放 部一百二十八　𠬪 部一百二十九　𣦼 部一百三十　歺 部一百三十一　死 部一百三十二　冎 部一百三十三

骨 部一百三十四　肉 部一百三十五　筋 部一百三十六　刀 部一百三十七　刃 部一百三十八　㓞 部一百三十九

丰部一百四十　耒部一百四十一　角部一百四十二　百當作皕

說文解字第五

竹部一百四十三　箕部一百四十四　丌部一百四十五　左部一百四十六　工部一百四十七　㠭部一百四十八

巫部一百四十九　甘部一百五十　曰部一百五十一　乃部一百五十二　丂部一百五十三　可部一百五十四

兮部一百五十五　号部一百五十六　亏部一百五十七　旨部一百五十八　喜部一百五十九　壴部一百六十

鼓部一百六十一　豈部一百六十二　豆部一百六十三　豊部一百六十四　豐部一百六十五　䖒部一百六十六

虍部一百六十七　虎部一百六十八　虤部一百六十九　皿部一百七十　凵部一百七十一　去部一百七十二

皿部一百七十三　丶部一百七十四　丹部一百七十五　青部一百七十六　井部一百七十七　皀部一百七十八

鬯部一百七十九　食部一百八十　亼部一百八十一　會部一百八十二　倉部一百八十三　入部一百八十四

缶部一百八十五　矢部一百八十六　高部一百八十七　冂部一百八十八　𩫏部一百八十九　京部一百九十

亯部一百九十一　㫗部一百九十二　畗部一百九十三　㐭部一百九十四　嗇部一百九十五　來部一百九十六

麥部一百九十七　夊部一百九十八　舛部一百九十九　䑞部二百　韋部二百一　弟部二百二

夂部二百三　久部二百四　桀部二百五　繫傳畗在㫗前誤

說文解字弟六

木部二百六　東部二百七　林部二百八　才部二百九　叒部二百十　之部二百十一

帀部二百十二　出部二百十三　𣎵部二百十四　生部二百十五　乇部二百十六　𠂹部二百十七

𠌶部二百十八　華部二百十九　𥝌部二百二十　稽部二百二十一　巢部二百二十二　桼部二百二十三

束部二百二十四　㯻部二百二十五　囗部二百二十六　員部二百二十七　貝部二百二十八　邑部二百二十九

𨛜部二百三十

說文解字弟七

日部二百三十一　旦部二百三十二　倝部二百三十三　㫃部二百三十四　冥部二百三十五　晶部二百三十六

月 部二百三十七
有 部二百三十八
朙 部二百三十九
囧 部二百四十
夕 部二百四十一
多 部二百四十二

毌 部二百四十三
𢎘 部二百四十四
東 部二百四十五
卤 部二百四十六
齊 部二百四十七
朿 部二百四十八

片 部二百四十九
鼎 部二百五十
克 部二百五十一
录 部二百五十二
禾 部二百五十三
秝 部二百五十四

黍 部二百五十五
香 部二百五十六
米 部二百五十七
毇 部二百五十八
臼 部二百五十九
凶 部二百六十

朩 部二百六十一
林 部二百六十二
麻 部二百六十三
尗 部二百六十四
耑 部二百六十五
韭 部二百六十六

瓜 部二百六十七
瓠 部二百六十八
宀 部二百六十九
宮 部二百七十
呂 部二百七十一
穴 部二百七十二

㝱 部二百七十三
疒 部二百七十四
冖 部二百七十五
𠔼 部二百七十六
冃 部二百七十七
㒳 部二百七十八

网部二百七十九　襾部二百八十　巾部二百八十一　巿部二百八十二　帛部二百八十三　白部二百八十四

㡀部二百八十五　黹部二百八十六

說文解字弟八

人部二百八十七　𠤎部二百八十八　匕部二百八十九　从部二百九十　比部二百九十一　北部二百九十二

丘部二百九十三　㐺部二百九十四　𡈼部二百九十五　重部二百九十六　臥部二百九十七　身部二百九十八

㐆部二百九十九　衣部三百　裘部三百一　老部三百二　毛部三百三　毳部三百四

尸部三百五　尺部三百六　尾部三百七　履部三百八　舟部三百九　方部三百十

儿 部三百十一　兄 部三百十二　兂 部三百十三　皃 部三百十四　兜 部三百十五　先 部三百十六

禿 部三百十七　見 部三百十八　覞 部三百十九　欠 部三百二十　㱃 部三百二十一　次 部三百二十二

旡 部三百二十三　繫傳部叙篇巛在皿前卽至序多不同通釋与此合

説文解字弟九

頁 部三百二十四　𦣻 部三百二十五　面 部三百二十六　丏 部三百二十七　首 部三百二十八　𥄉 部三百二十九

須 部三百三十　彡 部三百三十一　彣 部三百三十二　文 部三百三十三　髟 部三百三十四　后 部三百三十五

司 部三百三十六　卮 部三百三十七　卩 部三百三十八　印 部三百三十九　色 部三百四十　卯 部三百四十一

辟部三百四十二　勹部三百四十三　包部三百四十四　茍部三百四十五　鬼部三百四十六　甶部三百四十七

厶部三百四十八　嵬部三百四十九　山部三百五十　屾部三百五十一　屵部三百五十二　广部三百五十三

厂部三百五十四　丸部三百五十五　危部三百五十六　石部三百五十七　長部三百五十八　勿部三百五十九

冄部三百六十　而部三百六十一　豕部三百六十二　㣇部三百六十三　彑部三百六十四　豚部三百六十五

豸部三百六十六　𤉡部三百六十七　易部三百六十八　象部三百六十九　繫傳部叙𤉡在舄前

説文解字第十

馬部三百七十　廌部三百七十一　鹿部三百七十二　麤部三百七十三　㲋部三百七十四　兔部三百七十五

萈 部三百七十六　犬 部三百七十七　㹜 部三百七十八　鼠 部三百七十九　能 部三百八十　熊 部三百八十一

火 部三百八十二　炎 部三百八十三　黑 部三百八十四　囪 部三百八十五　焱 部三百八十六　炙 部三百八十七

赤 部三百八十八　大 部三百八十九　亦 部三百九十　夨 部三百九十一　夭 部三百九十二　交 部三百九十三

尣 部三百九十四　壺 部三百九十五　壹 部三百九十六　㚔 部三百九十七　奢 部三百九十八　亢 部三百九十九

夲 部四百　夰 部四百一　亣 部四百二　夫 部四百三　立 部四百四　竝 部四百五

囟 部四百六　思 部四百七　心 部四百八　惢 部四百九

說文解字弟十一

水部四百十　沝部四百十一　瀕部四百十二　く部四百十三　巜部四百十四　川部四百十五

泉部四百十六　灥部四百十七　永部四百十八　𠂢部四百十九　谷部四百二十　仌部四百二十一

雨部四百二十二　雲部四百二十三　魚部四百二十四　𩺰部四百二十五　燕部四百二十六　龍部四百二十七

飛部四百二十八　非部四百二十九　卂部四百三十

說文解字弟十二

乚部四百三十一　不部四百三十二　至部四百三十三　西部四百三十四　鹵部四百三十五　鹽部四百三十六

戶部四百三十七　門部四百三十八　耳部四百三十九　𦣝部四百四十　手部四百四十一　𠂹部四百四十二

女部四百四十三　毋部四百四十四　民部四百四十五　丿部四百四十六　厂部四百四十七　乁部四百四十八

氏部四百四十九　氐部四百五十　戈部四百五十一　戉部四百五十二　我部四百五十三　亅部四百五十四

琴部四百五十五　乚部四百五十六　亡部四百五十七　匸部四百五十八　匚部四百五十九　曲部四百六十

甾部四百六十一　瓦部四百六十二　弓部四百六十三　弜部四百六十四　弦部四百六十五　系部四百六十六

說文解字弟十三

糸部四百六十七　素部四百六十八　絲部四百六十九　率部四百七十　虫部四百七十一　䖵部四百七十二

蟲部四百七十三　風部四百七十四　它部四百七十五　龜部四百七十六　黽部四百七十七　卵部四百七十八

二 部四百七十九　土 部四百八十　垚 部四百八十一　堇 部四百八十二　里 部四百八十三　田 部四百八十四

畕 部四百八十五　黃 部四百八十六　男 部四百八十七　力 部四百八十八　劦 部四百八十九

說文解字弟十四

金 部四百九十　幵 部四百九十一　勺 部四百九十二　几 部四百九十三　且 部四百九十四　斤 部四百九十五

斗 部四百九十六　矛 部四百九十七　車 部四百九十八　𠂤 部四百九十九　𨸏 部五百　𨺅 部五百一

厽 部五百二　四 部五百三　宁 部五百四　叕 部五百五　亞 部五百六　五 部五百七

六 部五百八　七 部五百九　九 部五百十　禸 部五百十一　嘼 部五百十二　甲 部五百十三

乙部五百十四　丙部五百十五　丁部五百十六　戊部五百十七　己部五百十八　巴部五百十九

庚部五百二十　辛部五百二十一　辡部五百二十二　壬部五百二十三　癸部五百二十四　子部五百二十五

了部五百二十六　孨部五百二十七　𠫓部五百二十八　丑部五百二十九　寅部五百三十　卯部五百三十一

辰部五百三十二　巳部五百三十三　午部五百三十四　未部五百三十五　申部五百三十六　酉部五百三十七

酋部五百三十八　戌部五百三十九　亥部五百四十

藏據毛改本云實九千四百卅三　重實一千二百八十

又解字部有標目五百四十部乃大徐所繫傳无之故不錄

說文解字孜異弟十五上

此与繫傳多不同者逐字細注

說文解字攷異弟十五下

敘曰此十四篇五百四十部繫傳下有也字九千三百五十三文重一千一百六十三解說凡十三萬三千四百四十一字其建首也立一爲耑方以類聚物以羣分同牽條屬五音韻譜同繫傳作同條牽屬共理相貫雜而不越據形系聯繫傳系聯作聯系誤引而申之以究萬原畢終於亥知化窮冥于時大漢聖德熙明承天稽唐敦崇殷中遐古通作假邇被澤渥衍沛滂廣業甄微學士知方探嘖索

隱厥誼可傳（繫傳作䆐錯曰䆐音索）粤在永元困頓之年（徐鍇曰漢和帝永元十二年歲在庚子也）孟陬之月朔日甲申（繫傳申作子、詠）曾曾小子祖自炎神縉雲相黃共承高辛太岳佐夏呂叔作藩俾侯于許世祚（古通作胙）遺靈自彼徂召宅此汝瀕竊卬景行敢涉聖門其引如何節彼南山欲罷不能既竭愚才惜道之味聞疑載疑演贊其志次列微辭（繫傳作辤下同）知此者稀儻（古通作黨）昭所尤庶有達者理而董之召（繫傳不空）陵萬歲里公乘艸莽臣沖稽首再拜上書皇帝陛下臣伏見陛下（繫傳下有以字）神明盛德承遵聖業上考度於天下流化於民先天而天不違後天而奉（繫傳不空）天時萬國咸寧神人以和猶復深惟五經之妙皆爲漢制博采幽遠窮理盡性以至於命先帝詔侍中（騎都尉）賈逵修理舊文殊藝異術王教一耑苟有可以加於國者靡不悉集易曰窮神知（繫傳作之誤）化德之盛也書曰人之有能有爲使羞其行而國其昌臣父（文）故大

尉南祭酒慎本從逵受古學蓋聖人不空作皆有依據今五經之道昭炳光明而文字者其本所由生自周禮漢律皆當學六書貫通其意恐巧說衺辭使學者疑慎博問通人考之於逵作說文解字六藝羣書之詁皆訓其意而天地鬼神山川艸木鳥獸蚰蟲雜物奇怪王制禮儀世間人事莫不畢載凡十五卷十三萬繫傳作十二萬下有今說作十三萬六字據此則前文亦當是十二萬三千四百四十一字慎前以詔書校繫傳下有書字東觀教小黃門孟生李喜等

以文字未定未奏上今慎已病遣臣齎詣闕慎又學孝經孔氏古文說文古（繫傳作古文是也）孝經者孝昭帝時魯國三老所獻建武時給事中議郎衛宏所校皆口傳官無其說謹撰具一篇并上臣沖（繫傳無沖字）誠惶誠恐頓首頓首死罪死罪𩠐（[illegible]）再拜以聞皇帝陛下建光元年九月己亥朔二十日戊午上（徐鍇曰建光元年漢安帝之十五年歲在辛酉）召上書者汝南許沖詣左掖門（繫傳下有外字）會令并齎所上書十月十九日中黃門饒喜己（繫傳作以是也）詔

書賜召陵公乘許沖布四十匹即日受詔朱雀掖門　敕勿
謝
銀青光禄大夫守右散騎常侍上柱國東海縣開國子
食邑五百戶臣徐鉉奉直郎守祕書省著作郎直史館臣
句中正翰林書學臣葛湍臣王惟恭等奉　詔校定許
慎說文十四篇幷序目一篇凡萬六百餘字（按萬上當有脫字）聖人之
旨蓋云備矣稽夫八卦既畫萬象既分則文字爲之大輅載

籍為之六藝先王教化所以行於百代及物之功與造化均不可忽也雖復五帝之後改易殊體六國之世文字異形然猶存篆籀之迹不失形類之本及暴秦苛政散隸聿興便於末俗人競師法古文既絕譌僞日滋至漢宣帝時始命諸儒修倉頡之法亦不能復故光武時馬援上疏論文字之譌謬其言詳矣及和帝時申命賈逵修理舊文於是許慎采史籀李斯楊雄之書博訪通人

考之於逵作說文解字至安帝十五年始[illegible]上之[illegible]表書
行之已久習之益工加以行草八分紛然間出返以篆
籀爲奇怪之迹不復經心至於六籍舊文相承傳
寫多求便俗漸失本原爾雅所載艸木魚鳥之名
肆意增益不可觀矣諸儒傳釋亦非精究小學之
徒莫能矯正唐大厯中李陽冰篆迹殊絕獨冠古
今自云斯翁之後直至小生此言爲不妄矣於是刊定

説文修正筆法學者師慕籀篆中興然頗排斥許氏自
爲臆説夫以師心之見破先儒之祖述豈聖人之意乎今
之爲字學者亦多從陽冰之新義所謂貴耳賤目也
自唐末喪亂經籍道息
皇宋膺運
二聖繼明人文國典粲然光被興崇學校登進羣
才以爲文字者六藝之本固當率由古法乃

詔取許慎說文解字精加詳校垂憲万代臣等愚
陋敢竭所聞蓋篆書堙替爲日已久凡傳寫說文
者皆非其人故錯亂遺脫不可盡究今以集書正
副本及羣臣家藏者備加詳考有許慎注義序例
中所載而諸部不見者審知漏落悉從補錄復有
經典相承傳寫及時俗要用而說文不載者承
詔皆附益之以廣篆籀之路亦皆形聲相從不違六

書之義者其間說文具有正體而時俗譌變者則具於注中其有義理乖舛違戾六書者並序列於後俾夫學者無或致疑大抵此書務援古以正今不徇今而違古若乃高文大冊則宜以篆籀著之金石至於常行簡牘則艸隸足矣又許慎注解詞簡義奧不可周知陽冰之後諸儒箋述有可取者亦從附益猶有未盡則臣等粗爲訓釋以成一家之書說文之時

未有反切後人附益互有異同孫愐唐韻亍之三六今並以孫愐音切爲定庶夫學者有所適從食時而成既異淮南之敏縣金於市曾非呂氏之精塵瀆

聖明若臨冰谷謹上

左文一十九說文闕載　詳新附攷茲不錄

左文二十八俗書譌謬不合六書之體　疊亼著藝云覺黈顛毋七字詳新附攷

暮當依一字下同

暮本作莫日在茻中也　熟本作孰亯以手進之　捧本作奉从廾从手半聲經典皆如此　遨本作敖从出从放

徘徊 本作裴回寬衣也取其裴回之狀　迴 本作回象回轉之形　腰 本只作要說文象形借爲女要之要後人加肉

嗚 本只作烏烏盱呼也以其名自呼故曰烏呼後人加口　慾 說文欲字注云貪欲也此後人加心　揀 本只作柬說文从束八八柬之也後人加手

俸 本只作奉古爲之奉祿後人加人　鞦韆 案詞人高無際作鞦韆賦序云漢武帝後庭之戲也本云千秋祝壽之詞也語譌轉爲秋千後人不本其意乃造此字非皮革所爲非車馬之用不合从革

影 案影者光景之類也合通用景非毛髮藻飾之事不當从彡

斌 本作彬或份文質備也从文配武過爲鄙淺復有从斌从貝者音頵亦於義無取

悅 經典只作說

墅 經典只用野野亦音常句切

蓑 衰字本作蘇禾切从衣象形借爲衰朽之衰

賾 周易疏義云深也案此亦假借之字當通用賾

麌 說文噳字注云麋鹿羣口相聚也詩麀鹿麌麌當用噳字

池 池沼之[illegible]　沱江之別流也

篆文筆迹相承小異

尺尺　尺本作[illegible]尺本从二从古文及左[illegible]不當引筆下垂蓋前作筆勢如此後世因而不改　[illegible]　說文不从人直作[illegible]

親　左旁亲从辛从木說文不省此二字李斯刻石文如此後人因之　言　从辛从口中畫不當上曲亦李斯刻石如此上曲則字形茂美人皆効之　乃　說文作[illegible]象二屬之形李斯筆迹小變不言為異　乃　說文作[illegible]亦李斯小變又其勢李陽冰乃云从開口形亦為臆說　之　說文从屮而垂下於相出入也从入此字从屮下垂當只作[illegible]蓋相承多一畫　肉　如六切說文本作肉後人相承作[illegible]與月字相類　員　說文作[illegible]止史籀筆迹小異非別體　無　此本蕃廡之廡李斯借為有無之無後人尚其簡便故皆从之有無字本从亡李陽冰乃云不當加亡且蕃廡字从大从卌數之積也从林亦蕃多之義

若不加亡何以得爲有無之無 [篆文] 或作[篆文]亦止於筆迹小異 [篆文] 說文作[篆文]李斯筆迹小異

說文解字攷異弟十五下

銀青光祿大夫守右散騎常侍上柱國東海縣開國子

食邑五百戶臣徐鉉等伏奉

聖旨校定許慎說文解字一部伏以振發人文興崇

古道考遺編於魯壁緝蠹簡於羽陵載穆

皇風允符

昌運伏惟

應運統天睿文英武大聖至明廣孝皇帝陛下乾神
繫表降鑒機先聖靡不通 思無不及以爲經籍既正
憲章具明非文字無以見聖人之心非篆籀無以究文字
之義眷兹譌俗深惻
皇慈爰命討論以垂程式將懲宿弊宜屬通儒臣
等寔媿謏聞猥承乏使徒竆懵學豈副
宸謨塵瀆

冕旒冰炭交集其書十五卷以編袠繁重每卷各
分上下共三十卷謹詣
東上閤門進
上謹進
雍熙三年十一月　日翰林書學臣王惟恭臣葛湍等狀進
奉直郎守祕書省著作郎直史館臣句中正
銀青光禄大夫守右散騎常侍上柱國東海縣開國子食邑五[illegible]户臣徐鉉

説文攷異

說文解字　九

中書門下　　牒徐鉉等

新校定說文解字

牒奉

敕許慎說文起於東漢歷代傳寫譌謬實多六書之

蹤無所取法若不重加刊正漸恐失其原流爰命儒

學之臣共詳篆籀之蹟右散騎常侍徐鉉等深明

舊史多識前言果能商推是非補正闕漏書成上

奏克副朕心宜遣雕鐫用廣流布自　我朝之垂範俾
永世以作程其書宜付史館仍令國子監雕爲印版依
九經書例許人納紙墨價錢收贖兼委徐鉉等點檢
書寫雕造無令差錯致誤後人牒至準
敕故牒

雍熙三年十一月　日牒

給事中參知政事辛仲甫

給事中參知政事呂蒙正

中書侍郎兼工部尚書平章事李昉

說文注及叙有篆文無象形及注闕者不録

二 古文上字見古文帝注
潔 見齋注古 通作絜
徨 見彭注古 通作皇
燧 見禳注古 通作遂鐩

璵 見璠注古 通作與
瓄 見璗注或作櫝
琪 見琦注或 作基堪
畾 見瓃注當 从靁省

貽 見玖注古 通作詒
藏 見瑧注古 通作臧
蘼 見蘼注古 通作蘪
⿰虫不 見菆注古 通作衃

斳 見蘄注 未詳
睆 見睆注疑 睍之正文
荇見荇疑荇為後人增
藄 見綦注古 通作綥
希 見莃注疑 絺之古文

由 見苗注疑 即由
敝 見蔽注疑 蔽之譌
藘 見[illegible]注古 通作[illegible]盧
蒺 見薺注古 通作疾

藕 見蓳注古 通作蕅
芙蓉 見蕳注古 通作夫容
蕖 見蓮注古 通作渠
稊 見蕛注古 通作梯

說文職墨

蕍 見萸注疑 古作俞

暮 見蕣注古 通作莽

瘁 見萃注古 通作悴

條 見莜注[illegible] 通作莜

譚 見斳注古 通作鄿

菟 見莽注古 通作兔

件 見牛注疑 古作牽

塗 見捈注古 通作涂

吼 見嗀注疑 說文作吼吼之俗體 號

笑 見咲注古 通作芺

譍 見味注古 通作應

嗷 見唉注古 通作唉

喻 見嗙注古 通作諭

嗟 見嗞注古 通作䜋

嵩 見唬注疑 嵩之譌

劬 見趯注疑 古作句

低 見趆注古 通作氐

趄 見趑注古 通作且

趚 見趚注古 通作速

趌 見趌注古 通作趌

池 見趍注古 通作沱

槍 見距注古 通作槍

縕 見發注古 通作氳

昏 見逾注疑 昏之重文

峯 見逢注疑 蚤之譌

住 見䢮注古 通作駐

擠 見𨗼注古 通作𢯦

寘 見遡注疑 古作寘

棹 見逴注古通作掉
譸 見儔注疑古作𠷎
佐 見[illegible]注古通作左
粻 見齛注古或作糧
拖 見蹁注古通作拕
志 見詩注疑■避諱
䌛 見謨注古通作繇
跢 見誃注未詳
雚 見讙注未詳
墜 見畀注古通作隊
辦 見弄注古通作辦
免 見鞔注古通作免
[illegible] 見[illegible]注古通作暈
著 見顯注疑藉之省
軛 見鞙注古通作軶
屮 見[illegible]注即午之譌
拭 見㕞注古通作式
借 見叚注古通作藉
鏗 見臤注疑古作鋻
鋝 同上古通作將
揉 見㲉注古通作煣
杀 見殺注疑古作𢁆
雋 見[illegible]注古通作俊
効 見敎注古通作效
朦 見斆注古通作矇
贄 見貞注古通作摯
緻 見鷮注古通作致
耄 見眊注古通作𦒺

攜 見盺注即攜之譌

眹 見瞽注疑古作瞵

米 見者注古文旅

犮 見叒注疑古作帗

翿 見翳注古通作翳

鵋鶀 見雒注古通作忌欺

鳪 見雄注或作[illegible]

鶪 見雇注古通作鵙

矩 見䨼注古通作榘

霚 見敄注古通作霧

爿 見牂注古通作丬

僬 見羌注古通作焦

鸛 見鳳注古通作雚

崑崙 同上古通作昆侖

鶾 見隼注古通作鷻

爛 見殨注古通作爤

剔 見易注古通作鬄

嚳 見膹注或作嚳

穢 見穎注古通作薉

[阝焉] 見離注古通作傿

榦 見簜注古通作榦

簿 見藉注古通作薄

劉 見䉧注古通作鎦

糠 見簸注古通作穅

函 見曆注古通作圅

呵 見丂注古通作訶

皐 見鼓注古通作皋

[幾乞] 見譏注後人增

西社毋嚃 羹莫 鄭注 嚃謂為不嚼菜釋文嚃他荅反一音吐汁反又音退

迴 見[illegible]注疑亘之譌。
蔬 見饉注古通作疏
皓 見㰏注古通作晧
欄 見欒注或作楝
他 見杝注即佗之譌
[illegible] 見栫注古通作雝
逼 見福注疑古作畐

匜 見盥注古通作匜
[illegible] 見夌注古通作徲
櫚 見栟注古通作閭
輞 見枒注古通作罔
[illegible] 見楎注古通作彝
的 見臬注古通作的
叓 見霖注疑後人增

沃 同上古通作浂
屮 見舛注（未詳）
[illegible] 見柀注古通作粘
嚃 見榙注古通作遝（遝）
錤 見欘注古通作基
梔 見栀注古通作枙
卌 同上即世之積

峙 見饒注古通作峙
橊 見柳注或作樱
妥 見桵注疑古作委
欀 見檜注即櫰之譌
[illegible] 見栫注或作選
櫂 見櫂注古通作濯
[illegible] 見[illegible]注疑欪之譌

說文異

蕚 見韡注古 通作鄂

屋 見郝注古 通作庢

牂牁 見鼈注古 通作牂柯

詔 見盟注古 通作召

稚 見積注古 通作穉

劇 見瘢注古 通作勮

懺 見幡注古 通作識

䲃 見貝注古 通作黽

陌 見廓注古 通作百佰

昊 見郟注古 通作界

抃 見𢎘注古 通作桲

億 見秫注古 通作億

恝 見瘛注 未詳

弊 見幝注古 通作敝蔽

僐 見賈注古 通作讐

茫 見鄚注古 通作芒

姒 見鄙注古 通作似

幢 見旄注古 通作童橦

藷 見廢注疑 古作楷

耗 見瘵注古 通作秏

撊 見懮注古 通作閔

竟 見鄆注古 通作竟

揵 見駬注古 通作楗

朂 見旭注古 通作勖

鋒 見族注古 通作鏠

痾 見痾注古 通作痾

邀 見覈注古 通作徼

綷 見辭注或 作萃粹

潺 見僝注疑 古作孱

昂 見儼注古 通作卬

仙 見佺注古 通作僊

妙 見散注古 通作眇

屢 見僂注古 通作婁

吴 見疑注即 矣之譌

禬 見襘注疑 潰之譌

彩 見雜注古 通作采

慱 見覲注古 通作慱

[illegible] 見[illegible]注即 [illegible]之譌

狹 見䞟注古 通作陜

褉 見類注古 通作絜

顦 見頩注古 通作醮

潔 見髻注古 通作絜

啓 見[illegible]注 或作啟

藁 見[illegible]注古 通作槀

閔 見茂注古 通作閲

庠 見厗注即 厗之譌

礦 見卝注古 通作磺

厄 見長注到 亡也

𧖢 見豖注古 通作[illegible]

虵 見[illegible]注古 通作蛇

藺 見[illegible]注古 通作藺

[illegible] 同上疑 古作挐

猰 見貐注古 通作窫

駣 見駒注疑 古作跳

騜 見驕注古 通作皇

峘 見馺注疑 恆之譌

擾　見騷注古　通作擾

貓　見狻注古　通作苗

蓺　見藝注疑　槸之重文

褱　見戚注古　通作褱

鶉　見奄注古　通作雜

愮　見懽注古　通作搖

慄　見惴注古　通作栗

狌　見臭注古　通作猩

要　見穀注古　通作要

煤　見臭注或　作墨

縬　見黜注古　通作纔

侣　見株注古　通作呂

駑　見懦注古　通作奴

崏　見江注古　通作岷

訑　見逸注古　通作詑

蘗　見柏注古　通作檗

楅　見樸注疑　楅之譌

皴　見薰注疑　古作韡

朗　見怞注古　通作朖

覿　見愉注古　通作儥

捷　見溫注即　揵之譌

惵　見栝注古　通作鰨

洦　同上古通　作洦

𥃲　見嬰注疑　睤之省

華　見桒注或　作駾䭾疑　古作華

飲　見歷注古　通作歙

悚　見慫注古　通作竦

澠　見涂注古　通作繩

手民姑從急就章云
姝氏渾儒林傳姓録

洲　見渚注古　通作州
漫　見滔注疑　古作曼
椒　見淑注古　通作茉
杂　見染注疑　朶之譌

蹙　見頻注古　通作戚
遶　見州注古　通作繞
阨　見霸注古　通作阸
脃　見鯛注古　通作脆

杯　見閒注古　通作桮
隟　見閒注古　通作隙
批　見揆注疑　摝之省
勢　見捲注古　通作埶

麾　見杅注古　通作摩
尚　見妻注　古貴字
緡　見娠注古　通作緍
婚　見媾注古　通作婚

炔　見妜注疑　古作焆
𡿺　見㛴注即　㛴之省
鬬　見戰注即　鬭之譌
手　見我注古　[illegible]垂殺

傒　見匸注古　通作徯
⿰扌瓦　見瓬注　未詳
鼓　見強注疑　後人增
⿰牛甬　見繈注古　通作⿰牛甬

⿰户攵　見綮注即　啓之省
⿱𢇍皿　見繼注反　𢇍為⿱𢇍皿
阡　見屟注古　通作千
蜴　見雖注古　通作易

說文攷異

螌見螻注或作螌未詳

蛜見蛜注或作伊蛜

蟟見蟧注或作勞

蠛見蠓注古通作蔑

謠見聲注古通作謠

蜉蝣見堀注古通作浮游

埶見埰注或作垺

窟見圣注疑古作堀窟

鄜見時注古通作鄜

鉼見釘注古通作并餅

鐮見銛注古通作鎌

𨇨見鑿注疑古作趌

琖見斝注或作湔

𠩺見肘注疑[illegible]

釭見輴注疑古作引

𢀩見隓注或二左

虧見丙注即虧之譌

凡二百六十九字　七十字

見新附及補十九字中各凡

玉篇與說文異

上說文下玉篇小異者不録

丄上　旁旁　⿰礻𠯑⿰礻舌凡从𠯑並放此　叡壡

玥玥　藚藚　蕮蕮　董董

蘜蘜　蔚蔚　䕷葶　蘨蘨凡从繇並放此

薂薊　藹藹　藍藍　臾臾

菑菑凡从甾並放此　堇槿　蓸蓸凡从𣗥並放此　蘇蘗

攜攜　擣擣凡从𠷎並放此　氂氂　羋咩

嘷嗥　[illegible]嚋　嚴嚴　⿺辶敫邀

趖趖　⿺走弟⿺走弟　征⿺辶正　搹⿰扌卤

⿺辶尼⿺辶尼　⿰非雚⿺辶雚　⿰足叜⿺辶更　⿰彳甹⿰彳甹凡从甹並放此

⿰足啻蹢凡从啻放此　𠕋冊　支丈　⿰言心訃

⿰言冓講凡从冓放此　⿰言⿱公口訟　⿰言⿱臣壬⿰言望　⿱罒乑睪

⿱⿰𦥑口甘⿱⿰𦥑口甘　鞔鞔　⿰革𡖓⿰革要　鬲鬲凡从鬲放此

⿲⿱美火⿱美火⿱美火⿱⿰弓弓美　闠闠　乙云　⿱⿰火乂巾⿸尸帀

段段　習習　叓吏　隸隸

殼殼　殹殹　尋尋　葡葡

矃瞕 凡从𦎧多作享　睇睫　頮頮　百白

臱臱　奭奭　雍雍 凡从雍放此　鷹鷹

雜雜　翟翟　鷖鷖　奪奪

鵻鸛　鷗鷗　鴇鴇　卣卣

爯爯　丂㱙　冎另　背背

説文攷異、

制制　制制　刑刑　诵牖

觲觲　臾臾　簁簁　籫籫

[illegible]　篧篧　具具　囟茜

卣卣　愕愕　虧虧　亘亘

豈豈　勮勮　䀉䀉　飫飫

轂轂　罤罤　柍柍　榜榜

櫮櫮　柏栢　喿喿　桂柾

櫽櫽　欙樏　漆漆　櫱蘖

𠙹囲　叟㝵　𧶠賣　[illegible]

鄡鄡　鄦鄦　𣅀早　凡从𣅀並放此　[illegible]

游斿　遊遊　胥胥　肭朒

[illegible]　粢粢　䆟䅵　糲糲

棐棐　寚寚　𢘅𢘅　宎宎

窻[illegible]　凡从悤並作忽　寱寱　寐寐　疒疒

說文字異

痒癃　罟罟　惘惘　潺僝

僝僝　侸僖　𢼸微　億億

儯僐　埶唉　奠奠　𨑨似

林芘　褱褱　褏衷　踞居

舁舁　弁弁　覓覓　𦃋𦃋

余涂　顏顏（凡从頁放此）　顧顧　頟額

髯髯　𡾊巁　嶵嶵　庀秏

𠘧九　碬碫　硪礒　𨽸肆

𨽻䯂　𧰽豙　豪豪　彖彖

騮騮　⿱與馬⿱與馬　驧騊　丽丽

烏烏　獎獎　⿰犭璽⿰犭璽　⿰龍巴⿰龍巴

⿰角辡⿰角辵　閑閑　⿱羊⿰次大⿱羊⿰次大　穌煏

樊樊　⿱冖垔⿱冖垔　戴戴　⿰大舌⿰大甘

頳頳　懿懿　盭盭　[illegible]

昦昊　[illegible]　憖憖　懦[illegible]

潷潷　濦濦　浂洛　涑潄

[illegible]涇　腞漿　潩漠　夳太

[illegible]皇　䱆䲉　䱴鮔　鰲鰲

鰋鰋　鯫鯫　鮥鮥　鮁鱍

龕龕　[illegible]　徦徦　拓拍

擾擾　舉擧　揍揍　揻撼

彝

妛妛　𡡊嫂　娪嬉　身身

鍪鍪　㯤鼒　柩匛　彌彌

紝紝　䋎鞶　緯緯　繪繪

纀纀　彝彝　蚰蝠　蠆蠆

蠆蠆　蠨蠨　䔿蓋　蝕蝕

截截　蠹蠹　凬凬　飆飆

蝦蝦　臺臺　壘壘　壁壁

說文攷異

畱留　凡从畱放此　勖勗　[illegible]　錆錆

鏠鋒　[illegible]　[illegible]　[illegible]

斷斷　[illegible]　[illegible]　[illegible]

[illegible]　[illegible]　陳陳　[illegible]

[illegible]　[illegible]隧　晉晉　乂五

[illegible]　巹巹　[illegible]　疑疑

[illegible]　串串　[illegible]　[illegible]叟

臾曳　醵醵　醋醋

凡二百七十七字　重二百七十七字

玉篇闕

蒩　𧃍籀文薇　葌　蒋　菌　菻

薀蒩古文　蘊同上　蓁　叀蕢古文　菖　菰

𦵏蓐籀文　𢚛悉古文　𠸑君古文　𠁎周古文　昬昏古文　䢊

𨘊　迻　𡱝徙古文　速　對　𪘒

𦵏

跨
䛖 古文古
𧦥 古文謀
𣍔 古文誥
𢍋 古文絲
㑏 古文兵

𪔛 籀文鞀
乚 古文及
封
𢎈 古文段
豎 籀文豎
殺

伇 古文役
𠂸 古文覺
漱
𡙁 古文爽
白
皆

魯
𦣻
鏅
鏅
百
百

虘
𦍋 古文羌
鴟
鷻
鸕
𣫑 籀文棄

𡊱 古文壇
肩
臑
𢧜 古文然
冐 古文冒
𠟭 古文則

𠇺 古文剛
䏤
膶
匭 古文簋
互 笠或省
魰 篽重文

曶 籀文 曶　虍 古文 虎　號　爵 古文 爵　飪 古文 飪　饎 文 餈重

鐵　洽 古文 會　膏 文 高重　豐 古文 豊　目 古文 良　畾 古文 畾

後 文 糇重　緞 文 鍛重　雞 文 雞重　韓　槐　罍 文 罍重

檄　臬　樂　札　楳　韻 籀文 韻

賴　岵 古文 㞐　号　日 古文 日　昀　暘

鄦 闕　攸 古文 攸　䪫　稉 文 秔重　積　稞

康 穅或省　糜　鞠 文 籟重　抗 文 㧊重　宅 古文 宅　衒 籀文 疾

說文彙

㾷 瘦 霰[霰重文] 帕 倨 坐[丘古文]

睪[臬古文] 𢁐[衰古文] 褭 䏚[屍重文] 臺[屋古文] 般[般古文]

覞 吹[欠部] 羨[次古文] 顙 髡[髡重文] 卯

后 𢒉[色古文] 㦸 巵 屵 卝[礦古文]

豖 彖[彖籀文] 豙 㣇 豫[豫古文] 駢

奊 燮 𡗝[赤古文] 奎 㚖[泰古文] 敎[同上]

亣 㦙 慧 恕 悉 意[意籀文]

惕　愷　溺　洮　涇　渭
瀁　瀕　渫　衍　瀸　濫
沟　𣶒淵或省　泠淦重文　巠古文巠　涌　瀨
古文雲　鱺　鯙　壐　㩉　拜撵重文
𢷎古文拜　擢　臺古文握　捘　母　姁
媄　媱　古文民　古文琴　畾　瓹
古文弼　盤繫重文系　孫　古文續　繚　縰

絙
帢　綌重文
𦃇　緦古文
蚓　螾重文
蚔　蚳籀文
𧊇　蚳古文

蝞
蠉
鼁
鼃
坻
汷　坻重文

渚　坻重文
咢　㖾重文
協　劦重文
叶　協古文
鉄　鐵重文
鑪

鐫
銧
鋙
輀
𢉖　𠂤古文
㑭

𤰞　甲古文
𠦒　乾籀文
䤔
醫
䤅　醯籀文

凡二百二十三字

余生六歲而孤家貧不能致力於學問年近三十始知字學有說文心竊好之鑽研既久為說文新附攷又久之復為說文攷異初依陸氏經典釋文體例年近五十更錄全文即以異同分注於下卷帙一仍太徐課食奔走每隨行篋嘉慶二十年游溧陽家遭回祿長物蕩盡而此稿未毀道光改元客袁浦曼又生

司馬延余課其幼子課餘得閒爲寫定每至夜分終歲而畢許初創至此計四易稿矣蓋許書自唐至宋多有改移今所傳者止二徐本徒之以其所知改所不知非許書之本然楊玉不揣鄙陋竊以小學之存於今者說文以下無過玉篇因以玉篇爲主又旁及群書所引一一參訂冀稽還許氏之舊若鉤索折中則有專門在發明古義正其句讀具後

吾師錢竹汀先生讀書五十餘年於天文地理六書九數以及歷代官制之沿革遼金元國語之同異靡不洞究游其門者各執一事以就教而竭材仰鑽終不免有卓爾之嘆而後知吾師之學之大而精也洞庭鈕君非石深于六書得吾師正傳所為說文校錄如干卷皆平正通達不參肊見以視世之先設條例而後以典籍附合其說者其相去何如哉銳未言諷字不解正名又比年以來略涉九九於許君之書

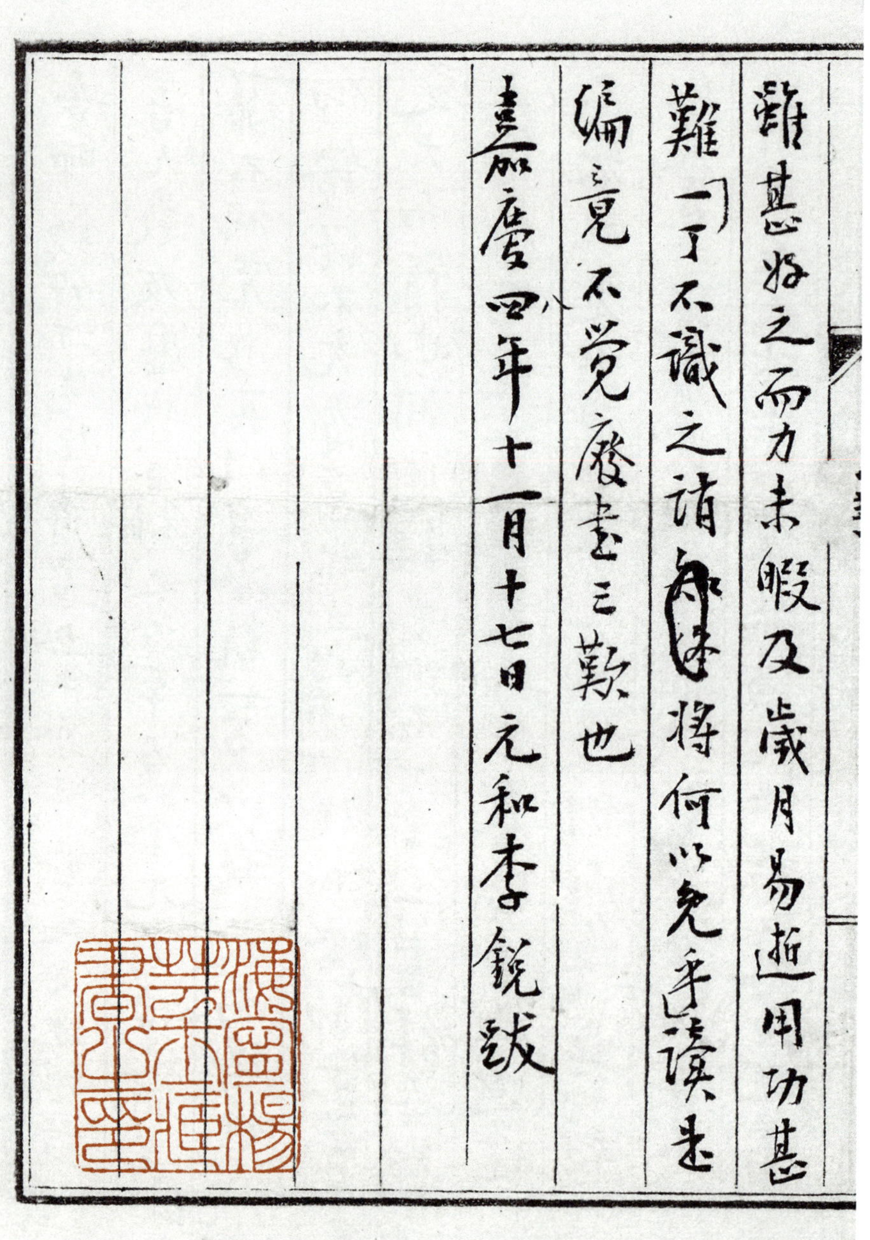

難甚將之而力未暇及歲月易逝用功甚難一門了不識之誚余深將何以免乎讀是編之見不覺廢書三歎也

嘉慶四年十一月十七日元和李銳跋